만슈타인

MANSTEIN
HITLER'S GREATEST GENERAL

히틀러의 최고 두뇌,
기동전의 대가

MANSTEIN
KODEF
안보총서
90
HITLER'S GREATEST GENERAL

만슈타인

멍고 멜빈 지음 | 박다솜 옮김

플래닛미디어
Planet Media

"나는 장군의 지휘 하에 싸운 부대들의 영웅적 업적에 대해
온 독일 국민 앞에서 경의를 표한다."
— 아돌프 히틀러Adolf Hitler —

● 1942년 7월 1일, 한때 강력한 요새였던 세바스토폴Sevastopol 해군 기지에
독일군이 4주에 걸쳐 퍼부은 맹공이 끝났다. 먼지 구름과 매캐한 화약 연기가
가시자, 만신창이가 된 항구 마을 위로 기묘한 정적이 내려앉았다. 고립된 소
련 적군Red Army 일부가 죽음을 무릅쓰고 며칠간 저항을 이어나갔으나, 크림
반도 최후의 주요 소련 진지였던 세바스토폴은 마침내 독일과 루마니아 침
략군의 손에 함락되었다. 세계 최강으로 알려진 난공불락의 세바스토폴 요
새는 히틀러Adolf Hitler에게 단순한 군사적 목표물을 넘어서 정치적 위신의
문제가 되어 있었기에, 에리히 폰 만슈타인Erich von Manstein 사령관은 노련한
제11군을 이끌고 8개월이 넘는 포위작전을 수행했다. 대공성전은 독일군
의 위대한 승리로 막을 내렸다. 이는 6개월 뒤 스탈린그라드Stalingrad에서 대
실패를 겪기 전 독일군이 제2차 세계대전에서 마지막으로 거둔 놀라운 위대
한 승리였다.

세바스토폴에서 벌어진 격전은 이제 사람들의 기억 속에서 희미해졌다. 적
어도 서유럽에서는 그렇다. 현대인의 상상을 뛰어넘는 거대한 규모로 벌어
진 필사적인 독소전에서 세바스토폴 공방전은 어둡고 아득한 한 장章에 지
나지 않는 사건으로 희미하게 기억될 뿐이다. 70여 년 전에 일어난 이 전투
의 승리자 만슈타인 역시 기억에서 거의 잊혀졌다. 1942년 6월에 있었던
마지막 공격은 중포를 동원하고 독일 국방군Wehrmacht으로부터 최대한의 항

공지원을 받았는데도 가까스로 성공했다. 양측의 손실은 어마어마했다. 그러나 독일군에게 세바스토폴 점령을 위해 벌인 유혈 전투는 결국 패배한 전쟁에서 벌어진 그저 하나의 극적인 사건에 지나지 않았음이 판명되었다. 독일군은 1942년 7월에 힘겨운 승리를 얻어냈지만, 1944년 5월에는 점령지를 전부 잃고 크림 반도에서 퇴각해야 했다. 1945년 5월 1일, 스탈린Iosif Vissarionovich Stalin은 용감무쌍한 세바스토폴을 레닌그라드Leningrad, 모스크바Moskva, 스탈린그라드와 함께 소련의 '영웅도시'로 명했다.

1942년 여름은 제2차 세계대전 중 독일의 행운이 최고조에 달한 시기였다. 6월 21일, 에르빈 롬멜Erwin Rommel 사령관이 아프리카의 서쪽 사막 지대에서 토브룩Tobruk의 근거지를 점령하자, 영국군 제8군은 황급히 이집트와 나일 강 유역으로 퇴각했다. 소련 영토에서도 연합군은 속수무책이었다. 동부전선의 소련군은 지난 몇 달 동안 레닌그라드, 우크라이나 하리코프Khar'kov 인근과 크림 반도 케르치Kerch에서 벌어진 전투에서 모두 참패했다. 만슈타인이 세바스토폴에서 승리의 기쁨을 만끽하고 있을 때, 동부전선의 독일군 주력은 청색 작전Operation Blue 하에 캅카스Kavkaz 산맥과 경제적으로 중요한 그곳의 유전지대를 향해 과도하리만큼 야심 찬 여름 공세를 개시하고 있었다. 이는 치명적인 병력 분산을 초래해 참혹한 스탈린그라드 전투Battle of Stalingrad로 이어지게 된다. 1941년 6월 22일 바르바로사 작전Operation Barbarossa이 개시된 이후 100만 명이 넘는 사상자가 발생했지만, 1942년 여름 히틀러는 지나치게 낙관적이었다고까지는 할 수 없지만 여전히 볼셰비즘Bolshevism을 타파할 수 있다는 희망에 가득 차 있었다.

한편 독일은 또 한 번의 당당한 승리를 자축했다. 그 승리로 54세의 에리히 폰 만슈타인이 군 경력의 정점이라고 할 수 있는 원수 자리에 올랐다. 베를린 라디오는 승리의 팡파르를 울린 뒤 세바스토폴 함락을 알리는 특별 공식 성명을 내보냈고, 그 직후 세바스토폴에서 정동으로 20킬로미터 떨어진 유하리 카랄레스Yukhary Karales(현 잘레스노에Zalesnoe) 타타르Tatar 마을의 제11군 전방지휘소에 히틀러의 따뜻한 축하 메시지가 도착했다.

크림 반도 전역 제11군 사령관 만슈타인 상급대장 귀하

크림 반도에서 여러 전투를 승리로 이끈 장군의 혁혁한 공적, 특히 케르치 반도의 적군을 섬멸하고 세바스토폴의 강력한 요새를 정복한 무공에 감사를 표하며 이에 장군을 원수로 진급시키려 하오. 장군을 진급시키고 크림 반도 전역에 참여한 모든 계급의 장병들에게 기념 방패를 수여함으로써 장군 휘하의 부대가 달성한 영웅적 업적에 대해 온 독일 국민 앞에서 경의를 표하오.

아돌프 히틀러

1941~1942년에 거의 외부 도움 없이 자력으로 수행한 크림 반도 전역은 쓰라린 큰 희생이 뒤따랐다. 이는 여러 의미에서 북극해의 바렌츠 해Barents Sea에서 남쪽의 흑해까지 훨씬 더 넓은 지역에서 독일과 소련 간에 벌어진 총력전의 축소판이었다. 독일의 인적·물적 손실은 계속해서 늘어났다. 반면 적군은 그때까지 '어머니 러시아Mother Russia'(조국 러시아를 인격화한 러시아 고유의 표현—옮긴이)를 지키기 위한 '성전聖戰; sviashchennaya voyna'을 수행하느라 심한 피해를 입었는데도 역량이 확실히 강화되고 있었다. 질적으로는 어떨지 몰라도, 적어도 양적으로는 그랬다.

대부분의 군사력을 서부전선에 쏟아 부었던 제1차 세계대전과 정반대로, 1941년 6월부터 계속 결정적 전투는 동부전선에서 벌어졌다. 그곳에서 만슈타인은 높아만 가는 적군의 공격력을 진압하려고 애썼고, 스탈린그라드 전투 이후의 작전 실행을 놓고 히틀러와 격론을 벌였다. 독일군 남익이 다수의 소련 전선군(전선군은 독일의 집단군에 대응하는 개념)에 에워싸일 위험에 처해 있었으므로, 만슈타인은 작전 수준에서 광범위한 역습을 가할 수 있도록 기동의 자유를 반복해서 요구했다. 거대한 적군을 동요시킨 뒤 무력화하여 승리를 얻기 위해서였다. 하지만 만슈타인이 말했듯이, 이러한 접근법은 총통 히틀러의 사고방식에 부합하지 않는 것이었다. 그의 머릿속에는 결정적 일격을 가하기 위해 일보 후퇴할 줄 아는 섬세한 펜싱 선수의 이미지보다는 전선 앞에서 피 흘리며 죽어가는 대규모 적군의 이미지가 들어 있었다.

만슈타인 원수는 총통과 끊임없이 언쟁을 벌인 끝에 1944년 3월 말에 결국 집단군사령관직에서 해임되었다. 군인으로서 만슈타인은 언제나 고집 센 부하이자 자신감 넘치는 지휘관이었다. 히틀러와 만슈타인의 관계는 대개 화기애애했으나, 지켜본 사람들은 두 사람이 마음속으로는 서로에게 증오를 품고 있다는 사실을 뻔히 알고 있었다. 위기를 맞은 동부전선은 거침없이 서쪽으로 밀려나고 있었고, 날이 갈수록 독일의 패배는 불가피한 운명으로 보였다. 1944년 1월 10일 《타임Time》지에는 만슈타인이 '독일의 페탱Pétain'이 되어 그의 국가수반을 배신할 것인지를 다룬 도발적인 기사가 실렸다. 그러나 만슈타인은 끝내 히틀러를 배반하지 않았다. 그가 한 레지스탕스 단원에게 "프로이센 원수는 배신하지 않는다"라고 응수했다는 유명한 일화는 진위 여부가 불분명하나, 그의 입장을 정확히 대변해준다. 만슈타인은 독일을 파멸로 이끈 히틀러의 의사결정에 반대했지만, 클라우스 그라프 폰 슈타우펜베르크Claus Graf von Stauffenberg(1907~1944. 히틀러 지배 하의 제3제국 대령이자 북아프리카 전선의 육군 참모와 베를린 육군본부에서 예비군 참모를 지냈다. 프로이센 귀족 출신 군인으로 명예를 중시한 그는 한때 히틀러를 '독일 민족을 구할 진정한 지도자'로 존경하기도 했지만, 제2차 세계대전이 발발하자 유대인 학살 등 나치 친위대의 잔혹한 만행을 목격하면서 충격을 받아 이때부터 '반나치주의'로 돌아섰다 1943년 북아프리카 전선에서 크게 부상을 당해 왼쪽 눈, 오른손과 왼손 손가락 2개를 잃고 본국으로 귀환한 뒤 국방군본부에 근무하며 예비군 참모로 지냈고, 루트비히 베크를 중심으로 비밀리에 결성한 반히틀러 조직에 가담했다. 1944년 히틀러 암살을 계획하여 실행에 옮겨 나치 정부를 전복하려 했으나, 실패로 돌아갔고, 1944년 7월 21일 총살당했다-옮긴이)처럼 손수 마지막 일격을 날리지는 않았다. 마침내 만슈타인은 히틀러와의 대결에서 실패하여 총통의 완강한 의지가 이성적인 군사적 판단을 누르고 승리하는 결말을 지켜봐야만 했다. 남부집단군 사령부를 떠날 때 만슈타인은 자신을 몹시 충직하게 따르던 참모들로부터 싸우고 있는 수탉 두 마리를 그린 네덜란드 거장의 유화 작품을 선물로 받았다. 이는 만슈타인과 총통의 전투적인 관계를 신랄하게 비유한 것이었다. 히틀러 휘하의 장군들 가운데 만슈타인만큼 유능하면서도 히틀러의 군사적 결정을 끊임없이 반박한 인물은 단 한 명도 없었다.

오늘날 만슈타인은 탁월한 공적에도 불구하고 논쟁의 여지가 있는 인물이다. 독일 병영 중에는 만슈타인의 이름을 딴 것이 없다. 그의 이름을 붙이자마자 어마어마한 정치적 저항이 뒤따를 것이 분명하기 때문이다. 제2차 세계대전 이후, 특히 지난 30년 동안 편찬된 역사서들은 만슈타인과 같은 고위 장교들을 부정적으로 보고 독일 국방군을 범죄조직으로 부르는 경향이 있다. 물론 만슈타인의 군 경력에서 좋게 평가할 수 없는 부분은 철저히 조사해야 한다. 그가 1949년에 영국 군사재판에 회부되었다는 사실도 무시할 수 없다. 만슈타인은 소련 전쟁포로들이 인도적으로 대우받는지 확인할 책임을 다하지 않았다는 이유로 전쟁범죄의 17개 죄목 가운데 '의도적·비의도적 직무유기죄'로 기소되었다. 실제로 소련 전쟁포로들은 대다수가 사망하거나 나치 친위대SS 소속의 보안대SD에 넘겨져 처형당했다. 만슈타인의 군대가 당시 만연했던 빨치산 총격에 참여하고, 이동학살부대인 아인자츠그루펜Einsatzgruppen D의 유대인 대량 학살에 협력하고, 잔인한 초토화 정책을 실행했다는 주장 역시 만슈타인의 유죄를 강력히 시사했다. 만슈타인은 8개 죄목은 무죄, 9개 죄목은 유죄 판결을 받아 18년을 구형받았으나, 나중에 12년으로 감형되었다.

전쟁이 끝나면 정의나 강력한 징벌 문제 외에도 선전포고 없는 비판전 속에서 전쟁의 원인과 결과에 대한 분석이 필연적으로 계속된다. 한쪽이 승리를 거둠으로써 찾아온 평화 상태에서 벌어지는 첫 번째 싸움은 바로 전쟁에서 살아남은 주요 인물들의 눈을 통해 본 과거의 사건과 인물들에 대해 재평가하는 회고록 싸움이다. 전쟁에 참여한 지휘관의 시각에서 쓰인 전쟁의 역사란 좀처럼 객관적이기 어렵다. 그러지 않기를 바란다면 순진한 기대일 것이다. 군사평론가 클라우제비츠Karl von Clausewitz의 말을 인용하면, 전쟁은 본질적으로 위험하고 육체적 고통이 따르며 불확실성과 우연이 개입되는 영역일 뿐만 아니라 자아egos가 개입되는 영역이기도 하다. 전쟁에서 한 발짝 떨어져 객관성을 가져야 하는 것은 군사사가의 역할이지 참전

군인의 역할은 아니다. 하지만 사건에 직접적으로 관련된 사람들의 시각을 배제한다면 어떠한 역사도 신빙성과 진정성이 떨어질 것이다.

제2차 세계대전이 막을 내리자 승자와 패자 양측에서 회고록이 쏟아져 나왔다. 호기심 많고 성미 급한 대중들은 회고록을 통해 사건의 자초지종을 이해하고 수백만 명의 목숨을 앗아간 결정이 내려진 과정을 알고 싶어했다. 저자가 이미 유명한 인물이라면 그들의 회상과 의견에 대한 사람들의 관심은 확실히 보장된 것이나 다름없었다. 연합군 측에서 내놓은 브래들리Omar Nelson Bradley의 『한 군인 이야기A Soldier's Story』, 아이젠하워Dwight Eisenhower의 『유럽의 십자군Crusade in Europe』, 몽고메리Bernard Law Montgomery의 『회고록The Memoirs』은 전부 "우리가 어떻게 전쟁에서 이겼는가"를 기술한 읽기 쉬운 책으로, 다른 인물들에 대한 논평이 독자들의 흥미를 자극하여 판매량이 올라갔다. 소련에서는 전쟁에 대한 기술이 국가적 선전의 수단이자 개인적으로 유리한 고지를 차지하기 위한 방편이었다. 격론을 불러일으킨 회고록 선집 『히틀러가 패배한 전투Battles Hitler Lost』가 그 대표적 사례였고, 많은 부분이 편집된 주코프Georgii Konstantinovich Zhukov 원수와 추이코프Vasily Chuikov 장군 등의 개인 회고록도 같은 범주에 들어간다.

당연한 이야기지만 독일군은 다른 관점, 즉 패배자의 관점에서 회고록에 접근해야 했다. 독일에서 출간된 가장 읽기 쉽고 유명한 회고록으로는 구데리안Heinz Wilhelm Guderian의 『구데리안: 한 군인의 회상Erinnerungen eines Soldaten』, 케셀링Albert Kesselring의 『마지막 날까지 군인Soldat bis zum letzten Tag』(영어 번역본 제목은 『한 군인의 기록A Soldier's Record』), 만슈타인의 『잃어버린 승리Verlorene Siege』를 꼽을 수 있다. 이 세 편의 회고록은 하나같이 독일 국방군이 힘들게 얻어낸 전술적 성과가 전략적 결함으로 인해 무용지물이 된 까닭을 국가적 자원의 부족, 그리고 무엇보다도 아돌프 히틀러가 범한 정치적·군사적 실수 탓으로 돌리며 '결백한' 무적 독일 국방군의 신화를 부지런히 만들어냈다.

만슈타인의 회고록은 회고록에 담긴 내용과 일부러 뺀 내용을 종합했을 때 여러 면에서 가장 명쾌한 회고록이다. 만슈타인은 대체로 독일군이 작전과 전술 면에서 거둔 성공에 집중하며 자연스럽게 자신이 전투에서 수행한 뛰어난 역할에 초점을 맞춘다. 넓은 맥락에서 독일의 전쟁은 타국에 대한 침략이자 반인류적인 범죄였음에도 불구하고 만슈타인의 회고록에는 홀로코스트에 대해 일언반구 언급도 없다. 나치 보안대나 친위대뿐 아니라 독일군 전반이 전쟁포로와 점령지역 민간인에게 행한 잘못에 대해서도 자세한 설명을 찾아볼 수 없다. 만슈타인이 회고록을 쓴 목적은 따로 있었던 것이다. 만슈타인은 히틀러가 장군들의 조언을 들었더라면 전쟁의 결과가 크게 달라졌으리라고 주장하는데, 이러한 자기합리화는 그의 확연한 한계점을 보여준다. 바로 만슈타인 본인을 비롯하여 다수의 고위 장교들이 자신들에게 성공과 영광을 안겨준 나치 정권을, 적어도 전쟁의 물결이 독일에 불리하게 흘러가기 전까지는 기꺼이 지원했다는 사실 말이다. 그 후 총통을 노린 여러 암살 계획이 있었으나 예정된 재앙을 막고 패배를 향해 아찔한 내리막길로 들어선 독일의 명운을 되돌리기에는 이미 늦은 상황이었다.

1950년대에 지그프리트 베스트팔Siegfried Westphal 장군은 동료 참모장교들에 대한 평가에서 만슈타인에 대해 이렇게 평했다.

"그는 아주 뛰어난 전략적·군사적 재능을 가지고 있었다. 진취적이며 늘 새롭고 좋은 아이디어로 가득했고 때로는 아주 기막힐 정도로 훌륭한 아이디어를 내놓기도 했다. 천재적인 조직가이며, 까다로운 부하이자 관대한 상관이었기에, 육군의 승패가 달린 상황에서 언제나 중요 인물로 꼽혔다."

소련의 원수 로디온 야코블레비치 말리노프스키Rodion Yakovlevich Malinovsky는 이렇게 말했다고 전해진다.

"밉살맞은 만슈타인이야말로 가장 위험한 적수라고 생각한다. 그가 단 한 번의 예외 없이 모든 상황에서 보여준 기술적 탁월함은 감히 누구와도 견줄 수 없는 것이었다. 독일 국방군의 모든 장군이 그와 같은 재능을 지녔더라면 우리는 난처한 상황에 처했을 것이다."

영국 역사가 B. H. 리들 하트Basil Henry Liddell Hart는 만슈타인의 "탁월한 전략적 감각"에 근거해 그를 "가장 유능한 독일 장군"으로 평가했다.

적과 아군 양측 모두로부터 존경받은 작전의 명수, 현대 비평가들의 힐난을 받는 전쟁범죄자, 이 두 극단 사이에 '진짜' 만슈타인이 있다. 제2차 세계대전에서 활약한 주요 지휘관에 대한 평전이 속속 출간되었으나 오로지 만슈타인만을 다룬 평전은 지금까지 없었다. 늦어도 한참 늦은 것이다. 만슈타인이 전장에서 거둔 여러 성과도 관심의 대상이지만, 총통과의 복잡미묘한 관계나 범죄로 얼룩진 히틀러 정권에 대한 양면적인 태도에 대해서도 연구할 거리가 무궁무진하고, 만슈타인의 성격과 기질도 흥미로운 주제다.

이 책에서는 만슈타인의 생애와 군 경력을 살펴보고, 제2차 세계대전에서 그가 세운 다양한 공적을 조명하는 한편 아돌프 히틀러의 의사결정을 되돌리거나 조정하려 애썼던 수많은 시도를 파헤친다. 꼭 히틀러와 파시즘을 옹호하는 사람만이 만슈타인의 작전적 기량을 호의적으로 평가할 수 있는 것은 아니다. 만슈타인은 히틀러를 적극적으로 지지하지도, 나치당에 가입하지도 않았다. 만슈타인이 총통 히틀러에게 보여준 충성심의 실체를 파악하고 1944년 7월 20일의 히틀러 암살 시도에 그가 개입한 범위를 확인하기 위해서는 심도 있는 조사가 필요하다.

이 평전에서는 우선 만슈타인이라는 한 인간의 뿌리인 유년기와 청년기를 들여다본다. 이 시기 만슈타인은 제1차 세계대전에 참전한 뒤 바이마르 공화국의 탄생과 나치즘의 부상을 목격했고, 바이마르 공화국군과 신설된 독일 국방군에서 복무했다. 그 다음으로 제2차 세계대전에 참전한 만슈타인이 여러 사령관 및 참모 직책에서 거둔 성과를 조망한다. 마지막으로 만슈타인이 영국 전쟁포로로 수감되고 군사재판에 회부되어 선고를 받은 후 투옥되는 과정을 살펴본다. 에필로그에서는 만슈타인 원수의 회고록을 살펴보며 그가 남긴 역사적 유산과 함께 1950년대 중반 독일 연방군이 창설될 당시 고문으로서의 역할에 대해 탐구한다.

역사적·영웅적 의미에서 군 사령관의 중요한 역할은 승리를 추구하는 것이다. 그러나 승리를 쟁취하는 데 필요한 군사적 천재는 경험, 지성, 기질의 삼박자가 조화를 이루는 경우에만 발현되므로 드물다. 만슈타인은 이런 자질들을 보여주었으며, 기동전의 대가로서 크게 존경받았다. 장군 만슈타인을 이해하기 위해서는 먼저 그의 성장기와 개인적 강점 및 약점을 알아야 한다. 만슈타인이라는 인물은 프로이센 귀족 가문의 전통과 학교 수업, 군사적 교육을 통해 형성되었다. 제2차 세계대전에서 그가 보여준 타의 추종을 불허하는 역량은 제1차 세계대전 중 동부전선과 서부전선에서 참모장교, 그리고 격변의 바이마르 공화국 시기 중대장과 대대장으로 복무한 경험에 기반을 두고 있다. 이 모든 경험이 군인 만슈타인의 탄생에 일조했다.

제1차 세계대전 이후, 프로이센의 귀족 출신 참모장교였던 만슈타인이나 당시 무명의 전직 바바리아군 상병이었던 '평민' 아돌프 히틀러나 강제명령이나 다름없던 1919년의 베르사유 조약Treaty of Versailles 체제에 대해 여러 모로 유사한 관점을 취했을 것이다. 두 인물 모두 독일이 "등 뒤에서 칼에 찔렸다"고 느꼈을지 모른다. 그럼에도 성장 배경과 태도가 극과 극으로 달랐던 만슈타인과 히틀러는 그로부터 20년 후 갈등 관계에 놓이게 된다. 군사적 전략과 작전술을 둘러싼 두 사람의 협력과 갈등은 서부전선에서는 좋은 결과를, 동부전선에서는 나쁜 결과를 낳으며 전체적으로 제2차 세계대전의 명운을 결정짓는 데 큰 역할을 했다.

만슈타인에 관한 분석에서 가장 중요한 주제는 고위사령관 만슈타인과 국가수반 히틀러 사이의 복잡한 관계에 대한 탐색일 것이다. 만슈타인의 경우처럼 전쟁이라는 극한 상황에서 정치인의 의지와 전문 군인의 의견이 상충하는 것은 충분히 있을 수 있는 일이다. 불화의 기본적인 원인과 정권의 성격을 불문하고 결국 자리를 떠나야 하는 것은 정치지도자가 아니라 고위 장교다. 해임되었든 자신의 뜻으로 사임했든, 장교는 그 뒤에 자신의 양심과 행적을 되돌아봐야 한다.

만슈타인의 군 경력은 근본적으로 결함이 있는 데다가 이데올로기에 종속된 과도한 정치적 야망을 미흡한 군사적 수단으로써 달성하려 할 때 불가피하게 일어나는 갈등으로 점철되어 있다. 거리낌 없이 전쟁을 요구하는 상부의 압력은 재앙을 초래하여 동부전선의 병사들에게 상상할 수 없는 고통을 안겨주었다. 그 후로 70년이 지난 오늘날 국제 지형은 상당한 변화를 겪었지만 제2차 세계대전의 교훈은 여전히 유효하다. 전쟁이란 결국 단순한 군사력의 충돌을 넘어 사상과 사람의 충돌이기도 하다. 따라서 고위 사령관들은 작전술과 전술, 그것을 실행에 옮기는 데 필수적인 기술들만 익힐 것이 아니라 전쟁이 정치, 경제, 사회에 광범위하게 미치는 영향에 대해서도 이해해야 한다. 작전을 계획하고 수행할 때는 자국과 타국의 국민들이 전쟁에 대해 어떻게 인식하고 반응하는지 숙고하는 한편, 필수적인 전역을 지원하기에 충분한 자원이 확보되었는지 여부를 따져보아야 한다. 오늘날 정책과 전략 입안자들은 국제법의 제약을 무시할뿐더러, 위험하게도 이러한 기본적인 진실마저 간과하고 있다.

| 차 례 |

(Vatutin)

5th Guards Army
Prokhorovka
Donets

69th Army

5th G
Tank

제1장
프로이센의 아들

"그는 영리하면서도 매우 진중한 젊은이였다."

— 마르타 폰 슈페를링-만슈타인Martha von Sperling-Manstein —

가족과 유년 시절

만슈타인이라는 이름으로 더 잘 알려진 에리히 프리츠 폰 레빈스키Erich Fritz von Lewinski는 공교롭게도 그의 적수인 영국군 버나드 로 몽고메리Bernard Law Montgomery와 같이 1887년에 태어났다. 두 사람은 제1차 세계대전 중 독일과 영국에서 각각 참모장교로 활약하며 군인 생활을 시작해 종전 후에는 뛰어난 참모장교 교관 및 병사들의 교육훈련 장교가 되었다. 제2차 세계대전에서 제각기 여러 전투를 대승으로 이끈 두 사람은 모두 전쟁 중 육군원수로 진급했으며 훗날 논란의 여지가 있는 회고록을 집필하여 오늘날까지도 엇갈리는 평가를 받고 있다. 제2차 세계대전이 끝난 후에는 자국 군대를 재조직하는 데 공헌했다. 두 사람은 이렇듯 비슷한 업적을 남겼다.

만슈타인과 몽고메리는 성격에 있어서도 몇 가지 유사점이 있다. 우선 두 사람 모두 남에 대해 비판적이었고, 많은 이들에게서 오만하다는 평을 들을 만큼 자신감이 강했다. 하지만 조직력이 뛰어나고 능력 있는 그들의 참모들은 충성심이 아주 강했다. 아니나 다를까 만슈타인과 몽고메리는 탁월한 군사적 능력에도 불구하고 상관들에게 예외 없이 눈엣가시가 되었다. 이런 특성은 몽고메리에게서 더 두드러지게 나타났던 것으로 보인다. 하지만 성격상의 유사점을 제외하면 대대로 독일 황제에게 충성을 바친 귀족 집안에서 태어난 프로이센 고관의 아들 만슈타인과 대단치 않은 아일랜드계 영국인 집안에서 성공회 목사의 아들로 태어나 훗날 장교로 임관한 몽고메리 사이에는 공통점이 거의 없다. 귀족의 피가 흐르는 패장敗將 만슈타인은 전범戰犯으로 기소되었으나 본인을 비롯해 많은 사람들이 그가 '승자의 정의'의 희생자가 되었다고 평가했다. 반면 태도는 겸손하지 않을지 몰라도 출신 성분만은 분명히 미천한 몽고메리는 승자였기 때문에 영국에서 국가적 영웅으로 환대받았다. 두 사람은 영영 만나지 못했다. 전쟁이 막바지에 달한 1945년 5월 초, 만슈타인이 뤼네부르크Lüneburg 초원에서 몽고메리를 찾아가 개인적으로 항복하려 시도했지만 만남이 성사되지 않았다.

그로부터 58년 전, 독일 튀링엔Thüringen 주 루돌슈타트Rudolstadt의 작은 마을에 베를린Berlin으로부터 전보 한 통이 도착했다.

"오늘 사내아이가 태어남. 어머니와 아이 모두 무사함. 행운이 함께하길.
헬레네와 레빈스키로부터."

1887년 11월 24일에 에두아르트 율리우스 루트비히 폰 레빈스키Eduard Julius Ludwig von Lewinski(1829~1906)의 열 번째 아들이자 그의 두 번째 아내 헬레네(처녀 적 성은 폰 슈페를링von Sperling)(1847~1910)의 다섯 번째 자녀 에리히가 출생했음을 알리는 내용이었다. 에리히를 임신한 헬레네는 만약 사내아이가 태어나면 아직껏 아이가 없던 여동생 헤드비히Hedwig(1852~1925)에게 입양시키기로 정해놓았다. 이러한 실용적인 결정은 가문의 전통으로 보인다. 이전에 헤드비히와 그녀의 남편 게오르크 폰 만슈타인Georg von Manstein(1844~1913)은 해군 장교로 복무하다가 근래에 사망한 헤드비히의 오빠 에리히 폰 슈페를링Erich von Sperling(1851~1889)의 어린 딸 마르타Martha를 입양한 바 있었다.

레빈스키·만슈타인·슈페를링 가家는 유서 깊은 귀족 가문으로서 프로이센 왕가에 오랫동안 충성을 바쳤으며 매 세대 장교를 배출한 것을 자랑스럽게 여겼다. 그중 특히 눈에 띄는 인물은 7년 전쟁 당시 오스트리아군에 맞서 뛰어난 무용을 과시한 크리스토프 헤르만 폰 만슈타인Christoph Hermann von Manstein(1711~1757) 장군이다. 그는 1757년 6월 18일 콜린 전투Battle of Kolín를 패배로 이끈 것에 대해 필요 이상으로 비난을 받았으나 프리드리히 대왕Frederick the Great은 프로이센 장군들에 대한 평가에서 그를 관대하게 '트레봉très bon', 즉 '아주 훌륭함'으로 평했다.

18세기 후반에도 왕실과의 인연은 계속되었다. 프리드리히 빌헬름 2세King Frederick William II 시대에 보병대장 부관Generaladjutant von der Infanterie이자 왕국의 군사 서신을 담당하는 시종무관으로 복무한 중령이 폰 만슈타인 가의 사람이었다. 만슈타인의 조부 알브레히트 구스타프 폰 만슈타인Albrecht Gustav von Manstein(1805~1877)은 1864년 대對덴마크 전쟁과 1866년 대對오스트리아 전쟁에서 프로이센군 제6사단을 이끌었다. 1870~1871년의 프랑스-프로이센 전쟁에서 그는 슐레스비히-홀슈타인Schleswig-Holstein 지역을 담당하는 제9군단의 군단장으로서 그라블로트와 르망 전투Battles of Gravelotte and Le Mans에서 뛰어난 공적을 세웠다. 1872년에는 알토나Altona(현 함부르크Hamburg) 시에서 명예시민훈장을 받기도 했다. 따라서 19세기 마지막 25년간 만슈타인이라는 이름은 지역적으로 명성을 떨쳤다. 슐레스비히에 주둔한 제84보병연대는 그의 이름을 따 '만슈타이너Mansteiner'라고 불렸으며, 오늘날까지도 베를린과 함부르크, 슐레스비히에는 만슈타인슈트라세Mansteinstrasse라는 이름의 거리가 있다.

빌헬름 시대 독일에는 전체적으로 뿌리 깊은 군사적 전통이 존재했다. 만슈타인 일가도 예외가 아니었다. 알브레히트 구스타프 폰 만슈타인은 퇴임할 때 휘하 군단으로부터 감사의 뜻으로 기념 단검을 수여받았다. 그가 활약한 전투지인 뒤펠Düppel, 알센Alsen, 쾨니히그래츠Königgrätz, 그라블로트, 오를레앙Orléans, 르망의 이름이 새겨진 이 단검은 프로이센 통일 전쟁에서 가장 유명했던 전투지의 색인과도 같았다. 만슈타인은 조상들의 선례를 따라 이 기념물을 군 생활 내내 지니고 다녔다. 만슈타인의 생부 레빈스키는 1864년, 1866년, 1870~1871년의 전쟁에서 프로이센군 참모로 복무했으며, 1895년에 포병대장으로 퇴임했다. 그의 외조부 오스카 폰 슈페를링Oskar von Sperling 소령(1814~1872)은 프랑스-프로이센 전쟁 중 슈타인메츠Steinmetz-괴벤Goeben군의 참모장으로 복무했다. 만슈타인의 양모 쪽 외삼촌들 역시 전부 장교였다. 헤드비히의 여동생 게르트루트 폰 슈페를링Gertrud von Sperling(1860~1914)은 1879년에 훌륭한 신랑감인 파울 폰 베네켄도르프 운트 폰 힌덴부르크Paul von Beneckendorff und von Hindenburg(1847~1934)와 결혼했다. 탄넨베르크 전투Battle of Tannenberg의 승자이자 제1차 세계대전의 국가적 영웅이었으며 1925~1934년에는 독일 제국 대통령을 역임한 인물이었다. 이처럼 군과 인연이 깊은 집안에서 성장한 만슈타인은 본인의 말을 인용하자면 "당연히 어렸을 때부터 군인이 되고 싶었다."

어린 에리히 폰 만슈타인은 비교적 부유한 가정에서 성장했다. 만슈타인 가문은 몇 세대 전에 동프로이센의 소유지를 잃었지만 친조부와 외조부 모두 프로이센-프랑스 전쟁에서의 공적을 인정받아 제국의회Reichstag로부터 큰 하사금을 받았다. 따라서 만슈타인 가문은 손꼽히는 부자는 아닐지언정 일정 수준의 지위와 경제적인 부를 누리고 있었다. 만슈타인의 양부는 보수적인 프로이센 장교로 만슈타인을 엄하게 키웠고 때때로 재미없는 유머로 분위기를 띄우곤 했으나 그 엄격함 뒤에는 근본적으로 다정한 마음이 감춰져 있었다. 에리히 폰 만슈타인은 가족들과 진정으로 허물없이 지낸 것으로 보인다. 그는 양자로서 자신의 위치를 정확히 인지하고 있었다. 특히 양모로부터 따뜻한 사랑을 받았으며 이따금 슐레지엔Schlesien의 슐로스 Schloss 부르크비츠Burgwitz-트레브니츠Trebnitz를 방문하여 생부모와의 인연을 이어나갔다.

만슈타인은 유년 시절에 생부모의 가정과 양부모의 가정 양쪽에서 사랑과 행복에 감싸여 지냈다고 회상했다. 그는 세 살 위 누이 마르타(1884-1956)와도 가깝게 지냈다. 두 사람은 서로에게 다정한 남매였다. 마르타 폰 슈페를링-만슈타인Martha von Sperling-Manstein의 회고록에서는 남동생에 대한 누나의 깊은 사랑이 느껴지며, 두 남매가 가정과 휴양지에서 보낸 평온하고도 행복한 유년 시절을 엿볼 수 있다. 에리히는 가족 내에서 평생 '에를리Erli'라는 애칭으로 불렸고, 마르타는 어린 에리히가 처음에 잘못 발음한 대로 '아타Atta'라는 애칭으로 불렸다. 남매 모두 양부와 양모를 '이모'와 '이모부'라고 부르는 대신, 격의 없이 '아빠Väterchen'와 '엄마Mütterchen'라고 불렀다.

당시 귀족 가문 대부분은 적어도 아들 한 명 이상을 군인으로 키웠다. 이는 프로이센 왕과 독일 황제에 대한 서약으로 인해 뿌리내린 전통이었다. 만슈타인의 성격에는 서로 긴밀히 연결된 당대 프로이센 군인 가문들의 공통적인 미덕인 의무, 명예, 복종, 타인에 대한 책임감이 배어 있었다. 이러한 자질들은 만슈타인이 성장기 동안 몸에 익힌 진지하고 실용적인 독일-프로이센식 노동윤리와 유사한 것이었다. 나중에 만슈타인이 회고했듯이, 그의 마음속에는 "조금 단조롭지만 광활한 독일 북부의 풍경과 마르크Mark(현 브란덴부르크Brandenburg), 포메라니아Pomerania, 프로이센의 고요한 숲과 호수, 북해, 넓게 트인 동부 평야, 그리고 성처럼 우뚝 서서 동쪽을 지켜보는 교회의 웅장한 벽돌 돔"이 아로새겨져 있었다.

어린 만슈타인은 성미가 급하고 똑똑하며 다정한 아이였다. 그는 가정에서 관습을 중시하는 교육을 받았음에도 학교의 우둔한 권위주의에 분개할 줄 알았다. 이따금 가해진 체벌의 영향으로 가족, 특히 양부의 말을 새겨듣기는 했으나 따지기를 좋아했고 동료 학생들에게나 교사에게나 다루기 까다로운 소년으로 여겨졌다. 만슈타인은 신체적으로 강하지 않았기 때문에 자신의 기지機智에 의존해 학교생활을 했다. 수업에서는 생기가 넘치고 적극적으로 발언하는 학생이었으나 눈에 띄게 근면하지는 않았다. 따라서 그의 생활기록부에는 예상 가능한 평가가 되풀이되었다. "보다 노력을 기울이면 훨씬 더 큰 성과를 낼 것입니다." 우리는 여기서 만슈타인이라는 인물의 본성을 엿볼 수 있다. 그는 나중에 자신에 대해 "다루기 쉽고 만만한 부하는 아니었다"라고 말했다. 그는 어떤 일이든 "군말 없이" 받아들이기보다는 장단점을 놓고 적극적으로 토론하기를 원했다.

훗날 본인이 인정했듯이 만슈타인은 "차갑고 날카로운 어조"를 띠기 일쑤였는데, 이는 종종 다른 사람의 반감을 샀다. 특히 만슈타인을 잘 모르는 이들에게 그는 냉혹하고 쌀쌀맞은 사람으로 보였을 수 있다. 만슈타인은 1920년에 결혼한 사랑스러운 아내 유타-지빌레 폰 뢰슈Jutta-Sibylle von Loesc의 온화한 성격이 그의 '자기본위적인 경향'을 억누르는 데 도움이 되었다고 자평했다. 이 역시 몽고메리와의 묘한 유사점 가운데 하나다.

만슈타인은 프로이센의 땅이었던 독일 동부, 북동부, 서부 지역에서 복무한 양부를 따라 수비대 주둔 도시를 전전하며 학교생활을 했다. 그가 거주한 도시는 오늘날 튀링엔 주에 위치한 슈바르츠부르크-루돌슈타트 소공국의 루돌슈타트, 전 메클렌부르크Mecklenburg-슈베린Schwerin 대공국의 수도 슈베린Schwerin, 그리고 마지막으로 알자스Alsace의 스트라스부르Strasbourg였다. 프로이센-프랑스 전쟁 이후 알자스Alsace-로렌Lorraine이 독일령이 되었기 때문에 스트라스부르는 엘자스-로트링엔Elsass-Lothringen의 슈트라스부르크 Strassburg라는 새로운 독일식 지명으로 불렸다.

만슈타인의 유년기에 스트라스부르는 전략적·지정학적 가치가 높은 국경도시이자 복잡하게 얽힌 프랑스와 독일 역사의 현장이었으므로 엄중히 수비되었고, 우수한 군단이 주둔해 있었다. 만슈타인의 아버지는 스트라스부르 요새에 본부를 둔 제132프로이센보병연대의 연대장이었다. 만슈타인은 나중에 슈트라스부르크가 원래 독일 제국의 자유도시였는데 루이 14세 Louis XIV가 이 도시를 점령한 1681년 이후 프랑스가 200년 가까이 지배하면서 슈트라스부르크의 맥이 끊어진 것이라고 강조했다. 만슈타인이 스트라스부르에서 학창 시절을 보낸 1894년에서 1899년 사이에 프랑스인과 독일인 사이의 긴장은 교실이나 거리에서는 티가 나지 않았으나, 수면 바로 아래에서 끊임없이 들끓고 있었다.

만슈타인은 스트라스부르 쉴티히하이머Schiltigheimer-토르Tor에 위치한 부모님의 빌라에서 그의 가족과 보낸 유년 시절 즐거웠던 많은 기억들을 회상했다. 당시 만슈타인의 가장 소중한 보물(생일 선물과 크리스마스 선물 목록 1순위)은 바로 그가 아끼던 하인리히센Heinrichsen 표 주석 병정이었다. 만슈타인은 식탁 위에서 장난감 병정들을 데리고 숱한 전투를 벌였다. 하지만 건강한 사내아이라면 항상 실내에만 틀어박혀 있을 수는 없는 법. 누나 마르타는 두 사람이 함께 보낸 유년의 전형적인 하루를 이렇게 기록하고 있다.

에를리의 생일인 11월 24일, 우리는 겨울의 추위는 안중에도 없이 코트를 입지 않고 밖에 나가 뛰어놀았다. 이처럼 특별한 날이면 아버지의 연대에 소속된 군악대가 공연을 해준다는 사실에 우리는 큰 자부심을 느끼고 있었다. 우리는 군악대원들과 지휘자에게 감사의 인사를 드려야 했다. 음악이 시작되자 우리가 키우던 대형견 뉴펀들랜더가 짖기 시작해서 나는 쥐구멍에라도 숨고 싶은 심정이었다. 나는 녀석의 목줄 끈을 붙들었고, 우리는 함께 감사 인사를 드렸다. 나는 연주에 대해, 녀석은 연주가 끝난 것에 대해 감사를 표한 것이다.

스트라스부르 요새는 어린 만슈타인의 호기심을 자극했고 군사와 관련된 모든 것에 대한 열정을 품게 만들었다. 스트라스부르는 어찌나 난공불락의 요새였던지, 1870~1871년 전쟁에서 프로이센 군대조차 방어벽을 돌파할 수 없었을 정도였다! 마르타는 그녀의 조숙한 남동생이 어리벙벙한 소위 한 명을 호위병으로 이끌고 무기고와 포대를 누비며 여러 세부사항에 대해 질문을 쏟아부었던 것을 기억했다.

성인이 된 만슈타인은 세계적으로 유명한 고딕 대성당을 중심으로 아름다운 구시가지가 펼쳐진 스트라스부르의 문화와 역사를 깊이 이해하고 있었다. 그에게 '슈트라스부르크'와 '엘자스' 지방은 프랑스와 독일이라는 두 훌륭한 국가에 지난 3년 동안 큰 슬픔을 안겨준, 아물지 않은 상처의 상징이었다. 로마 조약Treaty of Rome 체결 1년 후인 1958년에 만슈타인은 스트라스부르가 유럽 공동체의 수도가 되어야 한다고 주장했다. 그는 이미 영국의 전쟁포로수용소에 수감되어 있던 1946~1948년 집필한 미출판 저작 『세계 평화로 가는 길Der Weg zum Weltfrieden』에서 유럽 공동체의 형성을 요구한 바 있었다. 여기서 만슈타인의 예언자다운 면모가 엿보인다. 오늘날 유럽연합European Union의 경제적·정치적 허브는 브뤼셀Brussel이지만 스트라스부르에서도 연간 열두 번의 유럽의회 총회가 열린다. 현재 유럽의 군사적 통합을 상징하는 유럽방위군 본부가 스트라스부르에 있다는 것 또한 우연이 아니다.

스트라스부르에서 보낸 즐거운 학창 시절은 갑작스럽게 막을 내렸다. 만슈타인은 이윽고 길고 성공적인 군인 인생의 첫발을 내딛음으로써 인생의 새로운 국면에 돌입했다. 1899년 양부 게오르크가 가을 프로이센군에서 퇴역하면서 그의 부모는 베를린에서 잠깐 겨울을 난 뒤 독일과 해외로 일련의 여행을 떠났다. 어린 만슈타인에게는 학교와 지낼 곳이 필요했기에 그는 열두 살 미성숙한 나이에 1900년 부활절 후 시작된 학년부터 프로이센 왕립학생사관훈련단Royal Prussian Cadet Corps에 들어갔다. 이는 만슈타인 자신과 아버지의 바람에 꼭 들어맞는 행보였다. 만슈타인은 생도로서 첫 2년을 홀슈타인Holstein 플뢴Plön에 있는 소년사관학교junior cadet school에서, 그 다음 4년을 베를린 그로스-리히터펠데Gross-Lichterfelde에 있는 프로이센 중앙 소년사관학교Prussia's senior cadet institution, Hauptkadettenanstalt에서 보냈다.

어린 사관생도 만슈타인은 플뢴의 소년사관학교에서 수업, 체육, 스포츠 등으로 잘 짜인 교육을 받으며 고등교육의 8학년Untertertia과 9학년Obertertia을 수료했다. 플뢴의 소년사관학교 학생들 가운데는 왕실 자제들도 있었다. 만슈타인 재학 시절 프로이센의 왕자 오스카Oskar도 같은 학교를 다니고 있었지만, 왕자는 대체로 다른 학생들과 분리되어 교육을 받았다. 만슈타인은 왕자의 특별 개인 강습 동안 왕자와 함께 교육을 받지는 못했지만, 그가 왕자들이 다니는 최고 교육기관에서 훈련받은 것만은 확실하다. 이를 계기로 만슈타인은 다음 수순으로 상급 군사교육을 받고 궁중에서 근무하게 되었다.

만슈타인은 사관생도였으나 아직도 긴 방학이면 집으로 가는 앳된 젊은이였다. 1900년에 그는 훗날 유명한 해변 리조트로 개발되는 발트 해의 어촌 마을 아렌스호프Ahrenshoop에서 마르타와 함께 마지막으로 목가적인 여름방학을 보낸다. 마르타는 그해 여름 에를리가 도착하던 장면을 이렇게 회상했다.

에를리는 그 애에겐 너무 헐렁한 생도 유니폼을 입고 나타났다. 딱딱한 칼라가 부드러운 목을 감싸고 있었다. 에를리는 왕립소년사관학교 제복이 자랑스러워 어쩔 줄 몰랐지만 어머니는 그 모습을 보고 경악을 금치 못하셨다. 에를리의 반항에도 불구하고 어머니는 그 애더러 당장 세일러복으로 갈아입으라고 했다. 에를리는 제국 해군만이 그런 옷을 입을 수 있다는 데 생각이 미치고서야 고분고분해졌다.

❶ ❷

❸

❶ 1898년 11세 때 에리히 폰 만슈타인.
(Manstein archive)

❷ 1907년 1월 27일, 중위로 진급한 만슈
타인의 모습. (Manstein archive)

❸ 1906년 사촌 마르타와 양부모(게오
르크와 헤드비히 폰 만슈타인)와 함께.
(Manstein archive)

지방에 있던 플뢴 소년사관학교와 달리 그로스-리히터펠데 중앙소년사관학교는 훨씬 크고 웅장한 기관으로, 1900년대의 전성기에는 한번에 1,600명이 넘는 생도가 재학했으며 1878년에는 왕실의 후원으로 베를린 남서쪽의 널따란 부지로 이전했다. 그로스-리히터펠데 중앙소년사관학교는 14세에서 18세까지의 학생들을 받았지만 학생들에게 지도자로서 봉사한다는 장교 윤리를 심어주었기 때문에 여러 면에서 독일의 샌드허스트Sandhurst(영국 육군사관학교)나 웨스트포인트West Point(미국 육군사관학교)에 해당하는 기관이었다. 제2차 세계대전에서 빛을 발한 장교 대다수가 이곳에서 교육을 받았다. 게르트 폰 룬트슈테트Gerd von Rundstedt는 만슈타인보다 12년 앞서 이곳에서 생도 생활을 거쳤다. 만슈타인은 그로스-리히터펠데에서 모든 교육을 수료한 뒤 민간인들이 다니는 레알김나지움Realgymnasium(독일의 중등교육기관으로, 수업연한은 9년이다. 김나지움이 라틴어와 그리스어 등의 고전학습을 중시하는 데 대해 레알김나지움은 그리스어 대신에 현대 독일어를 가르치고 수학과 자연과학의 학습에도 중점을 두었다-옮긴이) 졸업생과 동등하게 졸업시험인 아비투어Abitur(대학 진학을 위해 치르는, 김나지움Gymnasium 상급반이나 이에 상응하는 교육기관의 졸업시험-옮긴이)를 통과했다. 대학에 진학하여 학위를 딸 자격을 갖춘 것이었다. 그러나 만슈타인은 일반적인 사관학교 졸업생의 행보를 밟아 생도 교육을 마치자마자 야전군에 들어갔다. 당시 영국, 프랑스, 미국에서와 마찬가지로 프로이센에서도 대학 교육을 받는 군인은 드물었다.

사관생도로서의 생활은 육체적·정신적으로 고되었다. 때로는 잔인하기까지 한 생활은 당시의 영국 공립학교나 미국 군사기관의 훈육 방식이 그러했듯 일정 부분 의도된 것이었다. 후배 생도의 '교육'은 공식적인 교과 수업과 신체 단련을 제외하면 중대장, 반장, 기숙사 사감의 역할을 맡은 선배 생도들의 손에 달려 있었다. 이런 직위의 선배 생도들에게는 공식적으로 후배들을 지도할 책임이 있었다. 독일의 사관학교에서 괴롭힘, 폭력, 육체적 체벌이 일어난다는 소문이 끊이지 않았기 때문에 사관학교에 대한 대중적 인식은 좋지 않았다. 그러나 스파르타식 시스템에서 살아남은 이들 대부분은 사관학교에서 많은 것을 배웠다고 생각했으며, 학교에 대해서도 긍정적으로 평가했다. 만슈타인의 행보를 그대로 따라 1903년에 그로스-리히터펠데 중앙소년사관학교에 입학한 하인츠 구데리안Heinz Guderian은 이렇게 회상했다.

"내 청소년기의 강사들과 교사들을 떠올리면 마음속에 깊은 곳에서 고마움과 존경심이 우러나온다. 물론 프로이센왕립학생사관훈련단의 군사 교육은 엄격하고 단순했지만, 그 기저에는 친절과 정의가 있었다."

생도들은 동지애와 우애를 소중히 여겼다. 만슈타인은 장교나 공무원 가정 출신의 비슷한 배경을 가진 생도들과의 사이에서 생긴 강한 단결심에 대해 회고했다. 그는 이러한 동질성이 획일성으로 변질될 위험이 도사리고 있음에도 불구하고 "모든 군대에게 필수적"이라고 주장했다. 만슈타인을 비롯한 생도들은 임무, 복종, 책임과 같은 일반적인 기준 및 가치들을 습득했다. 자기규율과 자기절제, 자신감을 통해 두려움을 극복해내는 능력, 그리고 특히 어려운 일을 당해도 참고 견디는 인내심과 같은 자질들을 배우는 것은 아주 중요했다. 만슈타인에 따르면, 아일오브와이트Isle of Wight 오즈본Osborne의 '영국왕립해군대학'이 독일에서 그렇게 유명해진 것은 바로 인내심 교육 덕분이었다.

귀족 출신인 만슈타인은 생도 생활 중 왕궁의 견습사관으로 선발되었다. 그는 회고록에서 자신이 맡은 여러 견습사관 업무를 굉장히 자랑스럽게 기술하고 있다. 만슈타인의 설명을 읽노라면 1918년 독일 황제의 퇴위와 함께 역사의 뒤안길로 사라진 왕실의 화려한 의식에 대한 그리움이 확연히 느껴진다. 왕궁의 온갖 복잡한 기관과 행사들, 형형색색의 유니폼, 음악과 무도회, 신비로운 기사단과 예부터 전해진 엄중한 규칙들은 어린 만슈타인에게 깊은 인상을 남겼다. 만슈타인과 같은 야망 넘치는 귀족 젊은이에게 왕족, 고위 군인, 외교단과 어깨를 나란히 할 수 있는 베를린 궁의 웅장한 알현실은 화려하고도 매혹적인 세계였다.

만슈타인은 왕궁 알현실에서 행사가 열릴 때면 뒤에 서서 병풍 역할을 하는 잘생긴 소년 견습사관 호프파게Hofpage와 그보다 더 영광스러운 직책인 개인수행원 라이프파게Leibpage 역할을 동시에 수행했다. 귀부인을 모실 때는 야회복 드레스 뒤꽁무니에서 길게 늘어진 옷자락을 받쳐 들었다. 왕궁 견습사관의 임무 가운데 압권은 단언컨대 근사한 결혼식과 대규모 무도회, 만찬회, 그리고 흑독수리기사단을 비롯한 기사단 서임식이었다. 만슈타인은 이런 행사들에 대해 비판적 시각을 갖거나 그 과도한 비용에 관해 숙고하지는 않았던 것으로 보인다. 그는 독일 황제와 프로이센 왕의 요구에 대해 조금이라도 의문을 품지 않았으며, 양부로부터 '굳은 충성In Treue fest'이라는 개인적 신조를 이어받았다.

만슈타인은 머리를 식혀주는 왕궁 견습사관 임무를 즐기면서도 학업을 게을리 하지 않았다. 그로스-리히터펠데에서 보낸 네 번째 해에 그는 13학년(오베르프리마Oberprima)을 마치고 '우수'라는 썩 훌륭한 성적으로 아비투어 시험을 통과했다. 만슈타인은 이 결과가 "몇몇 교사를 놀라게 했다"라고 회고했다. 그는 학창 시절에 이미 지나친 스트레스에 시달리지 않고도 시험을 통과하는 능력을 보여주었다. 압박받는 상황에서 평정심을 유지하는 기질은 훗날 그가 군인으로서 명성을 쌓는 데 큰 도움을 준다.

사관생도 만슈타인은 때때로 문화생활도 즐겼다. 그는 종종 누나 마르타와 함께 베를린의 극장에 갔다. 마르타는 키가 크고 늘씬한 16세 소년 만슈타인과 함께 연극 〈파우스트Faust〉를 관람한 어느 날의 나들이에 대해 이렇게 기록했다.

"영리하면서도 아주 진중한 소년이었던 남동생은 우리가 관람한 공연이 오후 공연이라 무언가 빠진 것이 있지 않을까 염려하여 연극을 괴테의 원전과 꼼꼼히 비교했다."

군사 업무에 있어서든 일상생활에 있어서든, 만슈타인의 세심한 주의력은 오래도록 전설로 남게 된다.

근위대 입대

사관후보생 만슈타인은 그로스-리히터펠데 중앙소년사관학교를 졸업한 뒤 그의 외삼촌 힌덴부르크가 복무했던 명성 높은 프로이센군 제3근위보병연대에 입대했다. 친척이 복무했던 부대라는 것이 입대 이유였다. 입대 첫해인 1906년에 만슈타인은 코블렌츠Koblenz 북부 노이비트Neuwied 인근에 위치한 엥어스암라인Engers am Rhein의 왕립군사학교royal military school에서 전문 사관교육과정을 이수한 뒤 베를린의 원소속 연대로 복귀했다. 1907년 1월 27일에 만슈타인은 소위로 진급했고, 임관은 1905년 6월 14일로 소급 적용되었다.

정예 프로이센 근위보병대에서 젊은 소위의 삶은 우아한 사교 모임이 이어지는 삶과는 거리가 멀었으나, 베를린의 생활에는 나름대로 분명한 매력이 있었다. 만슈타인이 소속 연대에서 처음 맡은 임무는 파견된 신병들을 훈련시키는 것이었다. 여기에는 군대의식 준비뿐 아니라, 사격이나 야전 전투기술과 같은 핵심 전투기술 교육도 포함되었다. 그가 담당한 병사들은 대부분 프로이센 전역에서 모집된 자원병으로 현지에서 징집된 기존 전열 보병보다 우수한 자질을 지니고 있었다. 연간 군사훈련은 중대, 대대, 연대 수준에서 이루어지는 평범한 훈련과 연습이 계속 이어지다가 사단 및 군단 단위의 대규모 가을 군사훈련으로 끝이 났다. 만슈타인은 되버리츠Döberitz 황야와 같은 인근 훈련장에서 훈련을 하고 봄, 가을마다 으리으리한 황제의 사열식이 열리는 템펠호프Tempelhof 연병장에서 임무를 수행하면서 자신이 담당한 젊은 군인들을 파악할 기회를 가졌다. 그러나 만슈타인은 회고록에서 근위병들은 우선적으로 전투병이었기 때문에 기본적인 임무 이외의 "열병 훈련은 추가적인 부담이었다"라고 강조했다.

만슈타인은 근위연대에서의 사교생활에 대해 상세히 기술했다. 오늘날 영국 육군도 여전히 그렇지만, 당시 연대 생활과 전통의 중심에는 장교 클럽Offizierskasino이 있었다. 뒤펠Düppel 참호 급습(1864년 4월 18일), 쾨니히그래츠 전투Battle of Königgrätz(1866년 7월 3일), 유명한 생프리바St Privat 근위병 급습(1870년 8월 18일) 등의 전투와 황제 탄신일(1859년 1월 27일)을 기념하기 위해 열리는 귀빈 초대의 밤은 근위연대의 중요한 연간 행사였다. 이러한 기념행사와 월간 부대 공식 연회에는 전직 장교들은 물론, 연대 소속 장교들의 지인들이 초대되었다. 따라서 행사는 엄숙한 분위기였음에도 다채로운 인물들을 사귈 수 있는 장₩이었다. 이 근위연대에서 복무한 장교는 타 부대로 전출되거나 퇴역한 뒤에도 장교 클럽에 명예회원으로 남았다. 연대 내 장교들은 실로 가족처럼 서로를 보살폈다.

고급장교들은 현역이 아니라 해도 비공식적인 멘토로서 후배들을 이끌어주어야 했다. 만슈타인처럼 베를린이나 근처의 포츠담Potsdam에서 복무하는 젊고 열정적인 근위병들은 이외에도 특별강의를 듣거나 참모본부General Staff 들어가기 위해 개인 과외를 받을 수 있는 이점이 있었기 때문에 좋은 경력을 쌓을 가능성이 높았다. 장교 클럽에서 자신의 일에 대해 얘기하면 빈축을 샀다. 젊은 장교들은 보다 넓은 문화적 취향과 관심사를 지니도록 권장되었기 때문이다. 레크리에이션 스포츠도 그중 하나였다. 만슈타인은 소속 연대가 보유한 요트 2척을 요긴하게 활용하여 여름날 일요일이면 베를린 근방의 슈프레Spree 강 상류로 뱃놀이를 나갔다. 또한 자신의 말 프레히다크스Frechdachs('뻔뻔한 녀석'이라는 뜻)를 정기적으로 운동시키기도 했다.

젊은 만슈타인은 이렇듯 평화로운 시대에 복무했기 때문에 긴 휴가를 즐길 수 있었고, 발트 해에서 스위스에 이르는 독일 지역을 널리 여행했다. 1908년 9월 말에 그는 열차와 증기선을 타고 4주 동안 터키, 그리스, 이탈리아로 흥미진진한 여행을 떠났다. 이처럼 긴 여행의 기회를 얻은 것은 그와 개인적으로 깊은 우정을 나누고 있던 동료 소위 '디코Dico'라는 애칭으로 불린 빌헬름 디트리히 폰 디트푸르트Wilhelm Dietrich von Ditfurth 덕분이었다. 콘스탄티노플Constantinople에서 터키군의 독일인 교관으로 근무하고 있던 그의 아버지가 만슈타인과 또 다른 친구 게브하르트 폰 비스마르크Gebhard von Bismarck를 집으로 초대하여 아들과 함께 여행하게 해준 것이었다. 만슈타인과 두 동료는 터키에 체류하는 동안 바자에서 이국적인 먹거리를 맛보고 아야 소피아Aya Sofia(소피아 대성당)와 같은 매력적인 건축을 구경하는 한편, 군사적으로도 견문을 넓혔다. 터키 수비대 훈련을 참관한 만슈타인은 터키 군인들이 상당히 열의에 차 있었으며, 대다수가 독일 교관으로부터 훈련받은 장교들 역시 "인상이 좋았다"고 기록했다.

터키를 떠난 세 친구는 즐거이 지중해를 누비며 그리스와 아테네를 잠시 둘러보고, 이탈리아에서 한 주를 보내는 동안 메시나Messina, 나폴리Napoli, 카프리Capri, 폼페이Pompeii,, 로마를 방문했다. 넓은 지역을 여행한 이때의 '그랜드 투어'는 만슈타인의 청년기에서 가장 소중한 추억 중 하나로 남았다. 그는 이 경험을 통해 자기 자신과 친구들을 더 깊이 이해하는 한편, 베를린과 독일 바깥의 넓은 세계에 대해 알게 되었다. 오늘날에는 해외여행을 통해 시야를 넓히는 것이 당연하게 여겨지지만, 한 세기 전만 해도 이는 젊은 독일 장교가 누리기 어려운 특별한 기회였다. 만슈타인은 이 기회를 훌륭히 활용했다고 할 수 있다.

1910년은 프로이센군 제3근위보병연대 설립 50주년을 맞는 해였다. 만슈타인의 회고록에는 수천 명의 전직 장교와 근위병들이 베를린으로 찾아와 열병식과 기념행사에 참여했다고 기록되어 있다. 모두가 자부심을 느끼고 눈시울을 적시는 날이었다. 만슈타인은 독일 및 타국의 군대에 소속된 수천 명의 다른 젊은 장교들처럼 자신의 연대 내 임무를 수행하면서 전쟁에서 살아남을 경우 평생 지속될 동지애와 우애를 다졌다. 그가 속한 연대에는 디트푸르트와 비스마르크 외에도 힌덴부르크 외삼촌의 아들로서 만슈타인 가와 꾸준히 교류해온 오스카도 있었다. 그러나 전쟁 전 이렇듯 근심 없는 나날 속에서 그 누가 1914년 늦여름에 유럽을 집어삼키는 재앙이 닥치리라고 예견했겠는가.

1910년 전반기에 만슈타인은 베를린 남부 뷘스도르프Wünsdorf의 군체조기관Military Gymnastics Institute으로 파견되었고, 그 후 1911년 7월에는 제3근위보병연대 수발총병대대장 부관으로 임명되었다. 복무를 성공적으로 마친 뒤 그는 베를린의 육군대학교Kriegsakademie에 입학하여 1913년 가을에 참모장교 교육을 받았다. 만슈타인이 지닌 군인으로서의 재능은 점점 더 분명하게 드러났다. 그의 대대장이었던 폰 슐첸도르프von Schulzendorff 중령은 부대를 떠나는 만슈타인을 두고 "내 휘하에 있던 부관들 중에 최고"라고 평가한 바 있다.

1911년 제3근위보병연대 대대 부관 시절 애마 프레흐닥스(Frechdachs)를 탄 만슈타인. (Manstein archive)

참모본부 입성

제1차 세계대전 발발 이전, 전 세계 어떤 군대도 독일 육군 참모본부General Staff의 전통, 명예, 평판을 따라갈 수 없었다. 19세기 초반 탁월한 프로이센 군사개혁가 그나이제나우August Graf Neidhardt von Gneisenau와 샤른호르스트Gerhard von Scharnhorst의 손에서 탄생한 참모본부는 1864년, 1866년, 1870~1871년 의 전쟁에서 프로이센이 거둔 눈부신 승리로 인해 국제적 명성을 얻게 되었다. 반면 미국군과 영국군의 참모본부는 각각 1903년과 1906년에야 만들어졌다.

독일 참모본부는 1857년에서 1888년까지 수장을 맡은 헬무트 폰 몰트케Helmuth Karl Bernhard von Moltke(대몰트케)의 지도 하에 두 갈래로 발전했다. 베를린에 둥지를 튼 총참모본부Great General Staff, Grosser Generalstab는 오로지 전략적인 기능만을 담당하여 전쟁을 위한 병력의 집중과 배치를 준비했다. 작전 및 전술 수준에서 작전을 계획하고 실행한 것은 야전참모본부Field General Staff, Truppengeneralstab의 요원들인 군단 및 사단 참모장교들이었다. 프로이센 군뿐만 아니라 작센과 바이에른에서 온 상당수의 파병대로 구성된 독일 제국군 내 여러 부대의 목적을 합치시키고, 방법론적인 합의를 이끌어내기 위한 방편이었다. 이때 참모본부의 역할에는 좀처럼 일치하지 않는 왕족 사령관들의 독특한 의견들을 조율하는 것도 포함되었다.

19세기 후반에 독일 군대가 보여준 작전적 효율성은 전장에서의 기술적 우위뿐 아니라 탄탄한 조직, 세심한 준비, 현실적인 훈련에 크게 힘입은 것이었다. 참모본부의 철도 및 지도제작 담당부서는 아주 정밀한 철도시간표와 지도를 제작하여 부대 배치를 용이하게 했다. 참모본부는 작전 중 병력 운용을 위한 통일된 이해 체계를 마련하고자 야전복무규정 형태의 군사 교리를 작성했다. 그뿐 아니라 장교들의 임무를 세밀하게 기록한 편람을 펴냈는데, 영국군에서 참모본부를 신설할 때 이를 베껴 사용했을 정도로 그 내용이 알찼다.

또한 참모본부는 과거의 전쟁을 치밀하게 연구하여 미래에 활용할 교훈을 얻었다. 끊임없이 전쟁을 수행한 영국, 일본, 러시아와 달리 독일은 1871년 프랑스에 승리한 뒤 대형 전투나 전쟁을 전혀 벌이지 않았다. 1900~1901년에 다른 서양 열강들과 함께 중국의 의화단 운동을 제압하고 1904년에 남서아프리카의 식민지에서 헤레로족Hereros과 호텐토트족Hottentots을 잔인하게 정복한 것이 전부였다. 그러나 그 기간 동안 독일군은 앞서 말한 전문적인 업무들을 수행하고 있었으므로 누구도 독일 또는 프로이센이 군대를 등한시했다고 비난할 수 없었다. 실상은 그와는 정반대였다. 유럽에서 가장 전문적으로 조직되고 훈련된 독일군은 전 세계에 패기를 과시할 준비를 마치고 대규모 전쟁을 기다리고 있었다.

참모장교들은 육군대학War Academy에서 훈련, 워게임war game, 전적지 답사를 통해 전문 분야에 대한 이해를 높이고 역량을 키웠다. 만슈타인은 남들보다 늦게 육군대학에 입학했으나 참모장교로서 많은 것을 배웠고, 역으로 교육에 크게 기여하기도 했다. 그가 받은 참모장교 훈련은 범위와 철저함 면에서 다른 어떤 나라도 따라올 수 없었다. 특히 전적지 답사는 새로운 작전계획을 검토하고 사령관과 장교들의 작전 수행 능력을 확인하는 장으로서 군의 핵심 행사로 부상했다. 헬무트 폰 몰트케의 두 번째 후임이었던 원수 알프레트 폰 슐리펜Alfred Count von Schlieffen 백작은 부하들에게 크리스마스 이브에 전술 문제를 내주고 크리스마스 다음날인 12월 26일 복싱데이Boxing Day까지 해법을 찾아오라고 했다는 이야기가 전해진다. 파리Paris 외곽에서 대규모 우회 침공으로 프랑스를 패배시킨다는 작전계획의 주창자였던 슐리펜은 전쟁사 마니아였다. 그는 기원전 216년 한니발Hannibal이 칸나이Cannae를 포위하여 로마군을 격파한 사건에 매료되어 이것이야말로 군사적 성공의 성배聖杯라고 믿었다. 그의 '칸나이 이론Cannae thesis'은 작전 교리가 되었다. 두꺼운 전쟁사의 한 페이지에서 발굴해낸 이 탁월한 사례 연구는 이후 한 세대 동안이나 독일군의 전술적 사고방식에서 되풀이되는 '라이트모티프Leitmotiv'(악극, 표제 음악 따위에서 주요 인물이나 사물 또는 특정한 감정 따위를 상징하는 동기. 곡 중에서 반복하여 사용함으로써 극의 진행을 암시하고 통일감을 준다. 우리말로 시도 동기, 유도 동기, 지도 동기라고 한다-옮긴이)로서 기능했다. 한니발은 출중한 리더십과 전술로 칸나이 포위섬멸전을 승리로 이끌었다. 그러나 로마인들은 더 우월한 전략적 수단과 더 훌륭한 인력자원을 갖추고 있었으며 특히 해군력이 강했기 때문에 제2차 포에니 전쟁에서 최종적으로 승리했다. 독일인들은 이 교훈을 잊어버린 탓에 두 번의 세계대전에서 뼈아픈 대가를 치러야 했다.

만슈타인은 1913년 10월 5일 베를린의 왕립프로이센육군대학Royal Prussian War Academy, Königlich Preussische Kriegsakademie의 3년 교육과정에 입학했다. 성격, 지성, 근면성, 잠재력을 기준으로 치열한 경쟁을 뚫고 선발된 젊은 장교들은 완벽히 신뢰할 수 있고 사고가 유연한 사령관 부관으로 육성되었다. 이 교육의 구체적인 목적은 "육·해·공을 막론하고 한정된 수의 자질 있는 장교들을 군사과학의 고급 분야에 입문시켜 지식의 범위를 넓히고 깊이를 더하는 한편 장교들의 군사적 판단력을 날카롭게 벼리는 것"이었다. 육군대학의 평가와 시험이 어찌나 혹독했던지, 입학생 가운데 3년을 채우고 졸업하는 이는 겨우 20퍼센트에 지나지 않았다.

육군대학은 베를린 중심부를 나란히 지나는 두 거리 운터덴린덴Unter Den Linden과 도로테엔슈트라세Dorotheenstrasse 사이에 있는 우아한 건물에 들어서 있었다. 만슈타인이 이곳에 입성했을 때쯤 육군대학은 군인대학으로서의 본래 성격을 일부 잃어버린 상태였다. 1910년에 비군사 교과의 비율이 50퍼센트에서 36퍼센트로 떨어졌고, 남아 있는 교과 대부분조차 선택 과목이 되었다. 다채로운 역사적 전통은 유지되었으나, 육군대학은 점차 하급장교 대상의 단과대학으로 변질되어가고 있었다. 수도 베를린에 위치한 이점을 활용하여 여러 대학에서 교수진을 초빙했음에도 이러한 변화를 막을 수 없었다.

만슈타인을 포함하여 168명의 장교들이 1913년에 육군대학에 입학했다. 만슈타인은 동기 중 최연소는 아니었다(최연소 학생의 영예는 그보다 한 살 아래인 동기 하인츠 구데리안Heinz Guderian에게 돌아갔다). 여기서 중요한 것은 독일 육군은 장교들을 20대 중반에서 후반까지 3년 동안 교육시키는 데 반해, 영국을 비롯한 다른 나라 육군은 이보다 더 나이 많은 장교들을 대상으로 더 적은 시간의 교육을 시킨다는 사실이다. 육군대학의 교육은 군사적으로 자양분이 되는 경험이자 인생 전체에 대한 투자였다. 제1차 세계대전 발발로 만슈타인의 참모장교 교육은 1년 만에 끝이 났고, 이로 인해 그의 전문군사교육은 '현장에서' 완성되었다고 볼 수 있다. 만슈타인은 전쟁 중 다양한 임무를 맡아 능력을 시험받는 한편, 계속해서 역량을 키워나갈 기회를 얻었다. 구데리안을 제외하고 1913년 입학생 가운데 주목할 만한 또 다른 인물로는 1941년 여름 소련 침공 당시 제4기갑집단 사령관이자 만슈타인의 직속상관이었던 에리히 회프너Erich Hoepner가 있다. 회프너는 아돌프 히틀러 반대파의 주요 인물로서 1944년 7월 20일 총통암살계획이 실패함에 따라 처형되었다.

만슈타인은 회고록에서 육군대학 시절을 다루고 있지 않은데, 이는 그가 이후에 참모장교의 전문군사교육을 담당하기도 했다는 점을 감안하면 놀라운 일이 아닐 수 없다. 마찬가지로 그는 제1차 세계대전 당시 군 생활에 대해서도 말을 아끼고 있는데, 그의 표현을 빌리자면 그가 "커다란 사건의 자그마한 바퀴 하나"에 지나지 않았기 때문이다. 그럼에도 불구하고 다른 자료들을 통해 그가 받은 참모장교 교육과 제1차 세계대전 시절 군 생활에 대해 간략하게나마 엿볼 수 있다.

육군대학의 3년에 걸친 교육과정은 전술과 전쟁사를 다루는 필수과목을 중심으로 이루어졌으며, 참모장교 업무가 마지막 해에 추가되었다. 만슈타인이 재학한 시기의 수강 과목에는 병기학, 축성학, 군사측량학, 군법, 수송학이 있었다. 이처럼 육군대학의 교육은 대체로 작전에 초점을 맞추었다고 할 수 있다. 인사, 정보, 병참과 같은 과목이 의외로 누락된 까닭은 해당 분야에 대한 깊은 연구를 꺼리는 독일-프로이센 전통에 입각한 것이었다. 학생들은 필수과목인 일반역사 이외에 이과과목(수학, 물리학, 자연지리학)이나 일반지리 및 언어과목(프랑스어, 러시아어, 폴란드어 또는 영어) 중에서 선택해 수강했다. 1, 2학년생은 일주일에 총 25시간의 공식 교육을 받았고, 남은 시간은 자습과 스포츠로 하면서 보내도록 권장되었다. 베를린에는 분명히 다른 오락거리도 많았지만, 학생들은 건전한 몸과 마음을 유지해야 했다.

양차 세계대전 이전 독일 참모장교 교육의 또 다른 약점은 전술과 작전에 초점을 맞춘 나머지 보다 넓은 시각의 전략 연구는 배제하다시피 했다는 것이었다. 그 결과 독일에서 몇 세대 동안 배출된 중상급 장교들은 분명히 기술적으로 탁월하며 적군보다 능력이 뛰어났으나 외교·경제·군사라는 국력의 세 가지 상호의존적인 요소에 대해서는 전혀 배울 기회를 갖지 못했다. 하급 장교 교육에서 고급 전략을 다루는 것이 부적절하다는 판단이었을지도 모르나, 참모장교들은 육군대학을 졸업하고 나면 공식 교육을 받을 기회가 전무했다. 기껏해야 워게임이나 전적지 답사와 같은 특별 훈련 행사에 참여하는 것이 전부였으며, 그조차도 전략이 아닌 작전 수준에서 이루어졌다.

만슈타인의 경우 제1차 세계대전 이후 참모장교 교관으로 임명되면서 비공식적 학습이 계속되었다. 그는 군 생활 내내 군사 교과는 물론 비군사 분야까지 광범위하게 연구하며 지식의 지평을 넓혀갔다. 다양한 주제의 장서가 가득한 그의 개인 서재가 살아 있는 증거다. 그 덕분에 만슈타인은 아주 박학다식한 인물이 되었다. 제2차 세계대전 당시 그의 부관aides-de-camp, ADC이었던 루돌프 그라프Rudolf Graf는 만슈타인과 함께 프랑스에서 복무하던 시절을 회고하며 그가 유독 문화적 관심이 컸다고 언급한 바 있다.

내가 보기에 폰 만슈타인 원수는 탁월한 예술 감각을 지니고 있었으며 감정을 이입하는 능력도 뛰어났다. 내가 보좌한 모든 여행에서 그는 대성당, 화랑, 미술관, 성을 방문할 기회를 절대 놓치지 않았다. 나는 만슈타인 원수가 프랑스 역사는 물론 건축, 회화, 미술에 대해 해박한 지식을 지닌 것에 항상 놀라곤 했다.

아이러니하게도, 미래의 최고사령관 히틀러가 군사지휘 분야의 독학자였듯 만슈타인은 예술 분야의 독학자였던 것이다.

제1차 세계대전

유럽 대륙 위로 차츰 먹구름이 몰려들고 있던 1914년 운명의 여름, 만슈타인과 그의 육군대학 동기들은 야전군 예하 부대에 파견되어 임시 근무를 하고 있었다. 이는 통상적인 교육의 일부로서 학생들이 군대의 서로 다른 병과에 대해 배우고 다양한 수준의 본부에서 참모 경험을 쌓음으로써 이론과 실제의 균형을 맞추도록 하는 핵심적인 과정이었다. 그러나 1914년 8월 2일 동원령이 떨어지자 모든 학생들은 원대복귀를 명령받았다. 만슈타인은 베를린의 원소속 부대로 복귀하여, 제1예비사단 소속 제2예비보병연대장 부관으로 임명되었다. 이로써 만슈타인은 이어지는 석 달 동안 서부전선과 동부전선 양쪽에서 격렬한 전투를 경험하고 폴란드에서 심한 부상을 입게 된다.

만슈타인은 회고록에서 제1차 세계대전 당시 자신이 어떤 감정을 품고 있었는지 언급하지 않았으나, 독일인 및 독일군의 전반적 정서와 크게 다르지 않았으리라는 추측이 가능하다. 그즈음 독일인들은 프랑스군과 러시아군에 맞서 자국 군대가 신속하게 얻어낸 승리로 인해 하나같이 자신감에 차 있었다. 만슈타인의 어머니는 전장으로 떠나는 아들에게 이런 내용의 편지를 썼다.

"사랑하는 아들아, 이 편지를 심장 위에 놓아두렴. 이게 너를 보살피고, 보호해줄 거야. 엄마의 넘쳐나는 사랑이 여기 담겨 있단다. 나의 에를리, 우리 부부의 축복……. 경애하는 황제 폐하의 깃발 아래에서 위풍당당하게 행군하려무나."

만슈타인은 이 편지를 부적으로 삼아 전쟁 내내 가슴의 주머니에 넣고 다녔다.

1914년 8월 4일, 독일은 중립국 벨기에를 침범하고 리에주Liège를 공략하기 시작했다. 벨기에를 점령하면 독일군 우익이 플랑드르Flanders를 우회하여 프랑스로 침투할 수 있었다. 막스 폰 갈비츠Max von Gallwitz 포병 장군이 이끄는 프로이센 예비군단 소속 제1예비사단은 첫 2주 동안 전투에 참여하지 않았다. 제1예비사단이 처음으로 참가한 주요 군사행동은 상브르Sambre 강과 뫼즈Meuse 강의 합류 지점에 위치한 벨기에의 나뮈르Namur 요새 습격이었다. 프로이센 예비군단은 우익의 제1군, 좌익의 제3군과 함께 메스Metz를 둘러싸며 거대한 곡선을 이루고 있던 칼 폰 뷜로브Karl von Bülow 장군의 제2군에 속해 있었다. 1905년에 슐리펜이 퇴임한 후 독일의 전쟁계획 입안자들은 독일이 벨기에를 침공하지 않으면 프랑스가 선수를 칠 것이며, 만약 독일의 침공으로 인해 영국이 참전하게 된다 해도 영국 육군의 전투력은 시시한 수준일 것이라고 예측했다. 한편 프랑스 최고사령관 조제프 조프르Joseph Joffre 장군은 독일군 우익이 강해질수록 중앙부는 약해지리라는 판단을 내리고 전쟁 전에 수립된 작전계획 17번의 잘못된 논리와 비현실적인 목표에 의거해 아르덴Ardennes과 로렌Lorraine으로 동시 진격을 명했다.

젊은 만슈타인 중위를 비롯하여 첫 전쟁에 참여한 연합군 및 동맹군 소속 수만 명의 군인들에게 이와 같은 전략적·작전적 숙고는 중요하지 않았다. 그들에게는 그저 국지적 전술의 성공이라는 임무를 달성하는 것이 중요했다. 만슈타인의 연대는 1914년 8월 19일과 20일에 뫼즈 강의 북단을 따라 리에주에서 나뮈르로 행군하던 중 작은 마을 안덴Andenne에서 첫 전투를 경험했다. 프랑스와 벨기에의 후위 부대는 독일 선봉대에 맞서 맹렬히 반격했으나 혼란과 불안에 휩싸여 퇴각했다.

벨기에의 독일군은 이미 흥분 상태였다. 행군 중 특히 도시 지역에서 프랑스 의용군으로 추측되는 이들이 그들을 막아섰기 때문이었다. 200명이 넘는 사망자가 발생한 안덴의 벨기에 민간인 학살에 제2예비보병연대의 군인이 정확히 몇 명이나 개입했는지는 현존하는 증거로 알 수 없다. 이 사건은 전쟁이 발발한 첫해 여름에 연합군과 중립국을 격분시킨 독일군의 점령지 주민에 대한 끔찍한 잔혹행위들 중 하나였다. 연대장의 오른팔이자 작전장교였던 부관 만슈타인은 당연히 이 사건을 인지하고 있었을 것이다. 그러나 그가 회고록에서 제1차 세계대전에서의 경험에 대해 극히 적은 지면을 할애하고 있으므로, 그가 이 사건을 의도적으로 누락시켰다는 주장은 부당하다. 다만 제2차 세계대전과 전후 재판, 전범으로서의 선고에 이르기까지 만슈타인의 경험을 종합해보면 1870년부터 1945년 사이에 독일군이 지속적으로 민간인 무장 레지스탕스에 대해 잔혹한 반응을 보였다는 것은 분명하다.

나뮈르를 원형으로 둘러싼 주변 요새들과 장엄한 성채에 대한 공세에는

'빅 베르타Big Bertha'라는 별명이 붙은 420mm 공성용 곡사포를 비롯해 8월 4일~16일에 리에주를 함락할 때 쓰인 것과 동일한 중포와 초중포들이 지원되었다. 벨기에 제4보병사단은 샤를 랑르작Charles Lanrezac 장군 휘하의 프랑스 제5군이 도착할 때까지 버틴다는 계획이었다. 그러나 전쟁에서 자주 그러하듯, 이처럼 부주의한 낙관주의는 적군의 예기치 않은 행동으로 좌절되었다. 독일군은 상브르 강 건너의 샤를루아Charleroi와 뫼즈 강 건너의 나뮈르 남부를 향해 동시에 공격을 퍼부었다. 딱하게도 랑르작은 정신적으로나 육체적으로나 옴짝달싹 못 하는 처지에 놓였다. 그는 독일 제2군과 제3군의 위협에 겁을 먹고 사면초가에 몰린 벨기에 주둔군에게 형식적으로 1개 여단을 파견하는 데 그쳤다. 8월 21일~23일, 사흘에 걸쳐 무시무시한 대폭격이 이루어지자 유명한 군사공학가 브리알몽Henri Alexis Brialmont이 설계한 강화 콘크리트 요새마저 흔들리고 금이 가기 시작했다. 독일군이 샤를루아에 침투하자 벨기에군은 함락 직전의 나뮈르에서 철수하기로 결정했고, 마지막 요새가 8월 25일 점령되었다. 북쪽과 동쪽의 상황도 악화일색이었는데 설상가상으로 나뮈르까지 함락되자 랑르작은 상브르 강에서 전체적인 퇴각을 명하기에 이르렀다. 1870년 9월 2일, 나폴레옹 3세Charles Louis Napoléon Bonaparte가 프로이센군에게 굴욕적으로 항복한 스당 전투Battle of Sedan를 재현하지 않기 위한 선택이었다. 한편 서쪽에서는 영국군 원수 존 프렌치John French 경이 이끄는 원정군이 1914년 8월 24일 몽스Mons에서 알렉산더 폰 클루크Alexander von Kluck 장군 휘하 제1군 소속 2개 군단에 맞서 용감하게 싸운 뒤 질서정연하게 퇴각하고 있었다.

만슈타인이 나뮈르 포위전에 사용된 전술을 관찰하여 거의 28년 후 세바스토폴 공성전Siege of Sevastopol에 활용했는지는 그저 추측만 할 수 있을 뿐이다. 개전 20일 후인 8월 24일, 독일은 국경 전투Battle of the Frontiers의 승자로 확정되었지만, 상당히 많은 인명과 그만큼이나 중요한 시간을 대가로 치렀다. 동부전선에서도 독일군은 많은 사상자를 냈다. 특히 8월 20일 국경 근처 굼비넨Gumbinnen에서 출혈이 컸다. 게다가 독일 제8군을 위협할 목적으로 러시아군이 2개 군을 이끌고 동프로이센으로 진격하고 있다는 소식에 최고육군지휘부Oberste Heeresleitung, OHL는 중요했다. 참모총장 헬무트 폰 몰트케Helmuth Johannes Ludwig von Moltke(소몰트케)는 제8군이 러시아 침략군을 저지할 능력이 없다고 판단하고 8월 26일 2개 군단을 서부전선에서 동부전선으로 이동시켰다. 그중 하나가 바로 예비군단이었다. 이 지시가 없었더라면 예비군단은 1914년 9월 6일~10일에 벌어진 제1차 마른 전투Battle of the Marne에서 영국군과 프랑스군이 반격해왔을 때 투입될 수 있었을 것이다. 이로써 슐리펜 계획이 좌절되었고 신속하게 결정적인 승리를 얻겠다는 독일의 꿈은 순식간에 깨지고 말았다.

러시아군이 계속 진격해오자 동프로이센에 주둔해 있던 제8군 사령관 막시밀리안 폰 프리트비츠-가프론Maximilian von Prittwitz und Gaffron 장군은 겁을 먹고 내뺐고, 67세의 파울 폰 힌덴부르크Paul von Hindenburg 원수로 교체되었다. 퇴임하여 하노버Hannover의 우아한 빌라에서 지내고 있던 힌덴부르크는 너무 급하게 호출되어 현대화된 회색 군복조차 갖고 있지 않았다. 참모장으로서 그를 보필한 것은 당시 군대 내에서 급부상하고 있던 인물들 가운데 한 명인 에리히 루덴도르프Erich Ludendorff였다. 그는 과감한 리에주 요새 정복으로 막 명성을 얻은 참이었다. 한편, 1914년 8월 31일에 다시 아헨으로 행군해 간 만슈타인의 연대는 다음날 기차를 타고 동으로 향해 9월 3일, 4일, 엘빙Elbing 동쪽에 집결되어 있던 병력에 합류했다. 그러나 만슈타인의 연대는 너무 늦게 도착한 탓에 탄넨베르크 전투Battle of Tannenberg(8월 16일 ~31일)나 삼소노프Alexander Samsonov 휘하 러시아 제2군 괴멸이라는 극적인 사건에 참여할 수 없었다. 만슈타인의 연대는 제1차 마수리아 호수 전투First Battle of the Masurian Lakes(9월 9일~14일)에서 렌넨캄프Paul von Rennenkampf가 지휘한 러시아 제1군에 맞서 마우어Mauer 호수 북쪽의 알렌부르크Allenburg와 벨라우Wehlau 사이에서 군사행동을 시작했다. 힌덴부르크와 루덴도르프는 탄넨베르크에서 결정적인 승리를 얻어내며 동부전선의 상황을 반전시킨 공적으로 이름을 알렸으며, 마수리아 호수 지대에서의 잇따른 성공으로 평판을 굳혔다.

만슈타인의 연대에게는 전투에서 회복할 시간적 여유가 없었다. 제1예비사단이 오버슐레지엔Oberschlesien에서 폴란드로 침공하는 독일 제9군에 합류하도록 비스와Wista 강변에 재배치받았기 때문이었다. 1914년 9월 28일, 제1예비사단은 바르샤바Warszawa 근방까지 300킬로미터 행군을 시작했다. 비스와 강까지의 행군은 전술적 성공을 거두었지만, 작전적 효과는 오래가지 못했다. 또 여러 전략적 요인이 러시아군에게 유리한 쪽으로 작용했다. 이는 제2차 세계대전 중 동부전선에서 발생한 유사 사건들의 전조였다. 첫째, 러시아군은 동프로이센에서 큰 수모를 겪었으나 치명적인 일격을 당하지는 않았다. 훌륭한 장비와 지휘관이 없었지만 병력은 여전히 충분히 남아 있었다. 둘째, 일본이 영국과 동맹을 맺은 덕분에 극동아시아에서의 안보가 보장되어 시베리아에서 증원 병력을 지원받을 수 있었다. 셋째, 동부전선은 양측 모두 작전 공간이 충분하여 러시아군이 행동해야 하는 현시점에 공격 및 방어 기동에 유리했다. 넷째, 독일군의 지나친 자신감이 빚어낸 길고 얇은 노출된 측면은 공격하기에 좋았다. 따라서 러시아 최고사령부 스타브카Stavka는 북서쪽과 남서쪽의 전선군을 활용하여 대규모 공격을 새로 시작할 기회를 노리고 있었다. 이런 정황을 고려하면 독일군의 폴란드 진격은 날이 갈수록 위태로워 보였다. 특히 독일군과 남익을 구성한 오스트리아-헝가리군 사이의 협동이 깨지면 불안이 가중될 것이었는데, 실제로 동맹관계에는 금이 가고 있었다. 따라서 독일군 제9군과 오스트리아-헝가리 제1군을 최대한 섬멸시키려는 러시아의 대규모 역습이 벌어질 무대는 이미 준비된 셈이었다.

제1예비사단을 포함하여 즉석에서 조직된 보이르쉬Woyrsch 군단이 속해 있던 독일군 제9군은 우월한 러시아군에 직면하여 질서정연하게 퇴각했다. 이 '철수 작전', 즉 후퇴 중에 만슈타인은 심각한 부상을 입었고, 그 때문에 연대 내 임무에서 벗어나 참모장교 보직을 맡게 되었다. 만슈타인은 짧은 개인적 기록에서 그가 속한 사단이 오버슐레지엔 국경지대에 방어진지를 구축한 1914년 11월 17일의 사건을 이렇게 묘사했다.

우리는 적군의 공격을 예상했다. 차르tsar의 정예부대인 2개 캅카스군단이 전선을 앞으로 밀어붙이고 있었다. 그러던 중 1914년 11월 16일, 마켄젠Mackensen 이 쿠트노Kutno에서 승리를 거뒀다는 소식이 들려왔다. 모든 연대에게 추격대를 구성하고 그날 바로 진군하라는 무선명령이 떨어졌다. 나는 연대장 폰 크라머von Cramer 대령에게 진군 허가를 요청했다. 그는 딱딱거리는 말투로 허가했다. 그러나 곧 무선명령이 틀렸다는 사실이 밝혀졌다. 러시아군은 퇴각을 고려하고 있지 않았다. 따라서 우리 대대는 카토비체Katowice를 공격하면서 적진으로 달려 들어간 꼴이 되었다. 기수 폰 바세비츠von Bassewitz 소령과 내가 적군 참호에 거의 다다랐을 때 러시아군이 총검으로 공격해왔다. 이어진 백병전에서 나는 총탄에 맞고 바닥에 쓰러졌다. 적 또한 총탄을 맞고 내 위로 쓰러졌다. 두 번째 총탄을 맞았을 때 나는 몸이 마비되었다.

왼쪽 어깨와 왼쪽 무릎에 총상을 입은 만슈타인은 독일군 진지로 옮겨졌다. 그의 연대장은 "교훈이 될 거다"라는 좀처럼 잊기 어려운 말을 남겼다. 만슈타인은 독일로 돌아가 보이텐Beuthen과 비스바덴Wiesbaden의 군병원에서 치료와 재활로 6개월을 보냈다. 이렇게 첫 전쟁을 경험한 그는 용맹함을 인정받아 2급 철십자훈장을 수여받았다.

충분히 간호를 받고 요양휴가까지 마친 뒤 만슈타인은 1915년 6월 17일에 이전에도 사령관으로 모신 적이 있는 막스 폰 갈비츠 장군 휘하의 동부전선 제10군 참모본부에 배속되었다. 그의 첫 번째 보직은 Ia(제1참모장교이자 작전참모)를 보좌하는 작전참모보좌관이었다. 만슈타인은 참모본부에 소속되어 작전을 계획하고 조직화하는 복잡한 업무를 실전에서 배웠다. 그는 1년 이상 보직의 변화 없이 폴란드 북부와 리투아니아 대부분을 정복한 1915년 7월~9월의 여름 공세와 헝가리에서 도나우Donau 강을 건너 세르비아로 진군한 제11군의 1915년 10월 공세에 참가했다. 공세는 겨울까지 이어졌고, 그 결과 몬테네그로와 알바니아를 점령하는 성과를 얻었다. 그사이 만슈타인은 1915년 7월 24일에 대위로 진급했다.

1916년 4월 만슈타인은 서부전선에 복귀했다. 서부전선에서는 2월 21일부터 뫼즈 강 동쪽 연안의 베르됭Verdun에 대한 대공세가 진행 중이었다.

갈비츠 휘하의 장교들은 뫼즈 강 좌안을 공격하기 위해 '서뫼즈West Meuse' 특별본부를 설립했다. 그곳에서 만슈타인은 르모르트옴므Le Morte-Homme('죽은 사람'이라는 뜻으로 독일어로는 Toter Mann) 능선에서 벌어진 필사적인 전투를 포함해 여러 차례의 피 튀기는 소모전을 목격했다. 그는 1년 동안 제1차 세계대전에서 가장 유능한 독일군 사령관 중 한 명이었던 갈비츠가 세 번의 전역을 수행하는 것을 지켜봄으로써 "공격전의 계획과 시행에 있어 최고사령관의 요건에 대한 통찰"을 얻었다고 회고했다.

1916년 8월 1일, 만슈타인은 프리츠 폰 벨로브Fritz von Below 장군 휘하 참모본부의 Ib(보급참모)로 임명되었다. 그의 새 참모장은 바로 프리드리히 '프리츠' 폰 로스베르크Friedrich 'Fritz' von Lossberg 대령이었다. 그는 독일군에서 가장 재능 있는 전술가로 명성이 높았으며, '방어의 사자'라는 별명을 갖고 있었다. 방어전의 명수로서 평판이 하늘을 찔렀던 그는 '서부전선의 소방수'로서 위기를 맞은 부대에 연달아 불려 다녔다.

만슈타인은 육군전투지휘소라는 비교적 안전한 곳에 있기는 했지만, 지옥 같은 베르됭 전투 대신 내키지 않기는 마찬가지인 솜 전투Battle of the Somme에 참가했다. 만슈타인이 배속된 새 참모본부는 1916년 7월에서 11월 사이에 새로운 공격을 계획하는 대신 영국군-프랑스군 연합공격을 저지하려 분투하고 있었다. 솜 전투는 영국의 국가적 자존심에 큰 손상을 입혔으나, 독일군을 약화시킨다는 데는 큰 성공을 거두었다. 그 결과 1916~1917년 겨울에 독일군 최고사령부는 지그프리트 선Siegfried-Stellung(영어로는 힌덴부르크 방어선Hindenburg Line)까지 전략적 후퇴를 명했다.

만슈타인은 솜 전투 이후 1916년 가을에서 1917년 봄 사이에 '진지전에서 방어 시 지휘의 원리'라는 유연한 새 정책이 도입되면서 독일군이 큰 변화를 겪는 것을 목도했다. 독일군은 "무슨 대가를 치르더라도 진지는 지켜야 한다"라는 기존의 고수방어 원칙을 폐기하고 방어 시 힘을 아끼는 동시에 공격해오는 적이 전투력을 소진하도록 유도하는 유연하고도 깊이 있는 지연전 개념을 도입했다. 만슈타인이 이 새로운 접근법을 특정하여 논평한 적은 없지만 제2차 세계대전에서 그의 전술이 이 정책에 큰 영향을 받았다는 사실은 명약관화하다. 동부전선 집단군 지휘관으로서 만슈타인의 두드러진 특징 가운데 하나가 바로 '유연한 방어'였다.

1917년 봄에 만슈타인의 초기 군 경력에서 중요한 순간이 찾아왔다. 제 2차 엔 강 전투Second Battle of the Aisne에서 프랑스가 니벨Nivelle 공세에 실패한 후, 독일 황제 빌헬름 2세Wilhelm II가 스당Sedan에서 남쪽으로 50킬로미터 떨어진 르텔Rethel의 제1군 본부를 방문했다. 젊은 참모장교 만슈타인은 폰 벨로브 장군이 황제에게 보고하는 자리에 동석하는 영광을 누렸다. 폰 벨로브는 최근 실시된 작전에서 프랑스군이 결정적 돌파구를 찾지 못하고 큰 손실을 입었으나, 프랑스군이 장악한 몇몇 고지를 즉각적인 역습으로도 되찾을 수 없었다고 보고했다. 만슈타인은 그 직후 일어난 사건에 관해 개인적 감상을 곁들여 이렇게 기록했다.

> 황제가 끼어들었다. "물론 고지는 다시 점령해야 하오." 폰 벨로브 장군은 침착한 태도로 이 발언을 무시했다. 우리(참모들)는 모두 군대의 최고지휘권자인 황제의 발언이 전술에 어떤 영향도 주지 않을 것이며 줄 수도 없다는 사실을 명백히 깨달았다. 군에는 역습을 실행할 병력이 남아 있지 않았으며 그런 목적으로 상부에서 병력 지원을 받지도 않을 것이었다. 설령 역습이 작전 수준에서 성공을 거둔다 해도 예상되는 희생을 합리화할 수는 없었다. 군주의 명령과 의지의 표현, 나아가 실제 발언조차도 이처럼 쉽게 무시될 수 있다는 사실로부터 나는 황제가 어느 정도로 실권을 포기했는지 가늠할 수 있었다. 왕명은 거역 불가라고 교육받은 모든 젊은 장교에게 이 장면은 큰 충격으로 다가왔다.

만슈타인이 회고록에서 생략한 내용은 '어떤' 고위사령관이라도 이와 유사한 상황에 놓일 수 있다는 것이었다. 새로운 방어정책의 기조에 위배되는 결과를 낳을 것으로 예상되는 부적절한 명령을 무시하는 것은 고위사령관의 의무였다. 25년 뒤 제2차 세계대전에서 만슈타인은 아돌프 히틀러와의 관계에서 상관에 대한 개인적 책무와 국가 최고지휘관에 대한 충성 및 경의를 조율해야 하는, 몹시 까다로운 회색지대에 놓이게 된다. 만슈타인은

제1차 세계대전 당시 작전참모였을 때의 모습. (Manstein archive)

이날의 사건에서 중요한 교훈을 얻었다. 훗날 총통 히틀러를 대할 때 그는 여러 면에서 폰 벨로브 장군을 참고한 것으로 보인다. 그러나 폰 벨로브 장군과 만슈타인의 상황에는 결정적 차이점이 하나 있었다. 1917년 독일 황제 빌헬름 2세는 전쟁 고위지휘관으로서의 역할에 무관심해져 있었으나, 히틀러는 끝까지 휘하의 장군들을 완전히 장악하고 있었다는 것이다.

만슈타인은 서부전선의 폰 벨로브 본부에서 1년이 조금 넘는 복무를 마친 뒤 1917년 10월 1일, 리가Riga에 주둔한 제4기병사단에 Ia(작전참모, 참모장에 준하는 지위)로 배치되었다. 11월 16일에 어머니에게 보낸 편지에서 그는 "이곳은 항상 비가 내리고 별다른 일이 없습니다. 러시아군은 뒤나Düna 강(드빈스크Dvinsk 강) 건너편에 머무르며 백기를 흔들고 있습니다"라고 썼다. 한 달 후 독일과 러시아 사이의 휴전협정이 발효되었고, 곧이어 강화협상이 시작되었다. 그러나 1918년 2월 10일, 볼셰비키의 외교담당 인민위원이었던 트로츠키Leon Trotsky가 강화협상장을 뛰쳐나가면서 회담이 결렬되었다. 2월 18일, 삼국동맹(독일,오스트리아, 헝가리)은 이에 대응하여 휴전협정을 공식 부인했다. 그 결과 독일은 "볼셰비키 러시아로부터 각 국가의 독립을 수호하기 위해" 전 러시아 영토였던 리블란드Livland(대략 오늘날의 라트비아Latvia 위치)와 에스토니아Estonia를 무력으로 점령했다. 이 작전에 만슈타인의 사단이 투입되었다.

3월 3일, 레닌Vladimir Il'ich Lenin은 상황의 압박을 이기지 못하고 이전 협상에서보다 훨씬 더 불리한 조건을 수용하며 브레스트-리토프스크 조약Treaty of Brest-Litovsk에 서명했다. 그 결과 러시아의 볼셰비키 정부는 핀란드, 신생 발트3국(에스토니아, 라트비아, 리투아니아), 벨라루스, 폴란드, 우크라이나, 크림 반도, 그리고 캅카스 일부 지역에 대한 소유권을 포기하게 되었다. 동부전선에 강제적으로나마 평화가 찾아온 덕분에 1918년 봄, 독일은 44개 사단을 서부전선으로 이동시킬 수 있었다. 만슈타인의 사단도 그중 하나였다. 독일군의 의도는 최후의 총공격을 펼쳐 영국군과 프랑스군을 패배시키고, 미국의 군사력이 감당할 수 없을 만큼 성장하기 전에 전쟁을 끝내는 것이었다.

만슈타인은 1918년 5월 4일 폰 함머슈타인von Hammerstein 소장 휘하의 제213보병사단에 배속되었다. '공격형 사단'인 그의 새로운 부대는 '폭풍 전술'에 관한 특별 훈련을 받았다. 기껏해야 전선을 지키는 것이 고작인 일반적인 '방어형' 보병사단과는 성격이 다른 사단이었기 때문이었다. 만슈타인은 1918년 7월의 랭스Reims 최종 공세에 참여했다. 공세는 이내 교착상태에 빠졌다. 랭스 공세는 그해 6번의 주요 공세를 이끈 루덴도르프의 마지막 도박이었으며, 서부전선 독일군을 탈진 상태로 만들면서 종결되었다. 앞서 있었던 공세들은 부분적으로 전술적 성공은 물론 중요한 작전적 성공까지도 거두었지만, 1918년에 독일군이 전쟁에 쏟아부은 막대한 노력은 전략적 실패로 끝나고 말았다. 예컨대 5월 27일에서 6월 18일 사이에 실시

1918년 6월, 랭스(Reims) 북서쪽 르뒤 드 슈나이(Reduit de Chenay)에서 제213보병사단장과 참모들과 함께한 만슈타인. (Manstein archive)

된 '괴르츠Görz' 작전에서 제213보병사단은 랭스 서부에서 5일 동안 프랑스군 전선을 17킬로미터나 돌파했다. 그러나 그 대가로 어마어마한 병력을 잃어야 했다. 함머슈타인의 사단은 실종자를 제외하고도 장교 85명, 병사 3,134명에 달하는 사상자를 냈다. 3주 동안 무려 병력의 3분의 1을 잃은 셈이었다. 설상가상으로 보급선은 끝없이 길어졌고, 사상자는 늘어만 갔으며, 전투 가능한 기동예비대의 수는 부족하기 짝이 없었다. 이런 상황에서 독일군이 프랑스군 전선에 아무리 깊이 파고들어도 전술적 돌파를 결정적인 작전적 기동으로 전환시킬 수는 없었다. 전략적 승리는 언감생심焉敢生心이었다.

그런 상황에서 만슈타인은 간간이 근심을 내비쳤다. 일례로 1918년 7월

25일 어머니에게 쓴 편지에서 그는 치약과 담배를 보내달라고 부탁하면서 전투에 대해서 "이곳은 아직도 시끌벅적해서 할 일이 많습니다. 지금 우리는 전과 달리 방어전을 치르고 있는데 썩 유쾌하지 않아요"라고 간결하게 덧붙였다. 제2차 마른 전투Second Battle of the Marne 중 7월 18일에 미국군 2개 사단과 손잡은 프랑스군이 역습을 가했고, 8월 8일에는 영국군이 아미앵Amiens에서 역습을 가했다. 독일군에게 운수가 아주 나쁜 이틀이었다. 한 역사가가 말했듯이 랭스 공세에는 훗날 제2차 세계대전에서 이름을 떨치게 되는 독일 장교 여럿이 참전했다. 군단 참모장은 게르트 폰 룬트슈테트였고, 사단 참모에는 만슈타인 이외에도 발터 모델Walter Model, 에발트 폰 클라이스트Ewald von Kleist, 하소 폰 만토이펠Hasso von Manteuffel, 에르빈 폰 비츨레벤 Erwin von Witzleben 등 유명한 인물들이 포진해 있었다.

마침내 전쟁의 흐름이 바뀌었다. 1918년 8월, 연합군은 새로이 활기를 띠고 서부전선을 가로질러 진격해왔다. 아주 효율적인 포병, 전차, 항공지원을 비롯하여 보다 개선된 제병협동 전술이 유의미한 작전적 성공을 거둔 것은 물론, 일취월장하는 미국군의 군사력이 군사전략적 균형을 연합군 쪽으로 기울게 만들었다. 대조적으로 독일군은 진이 빠진 상태였다. 병력, 보급품, 장비, 훈련까지 무엇 하나 부족하지 않은 것이 없었다. 군인들은 스페인독감에 걸려 죽어나갔다. 승리할 수 있다는 희망은 완전히 사라져버렸다.

독일 작가 에른스트 윙거Ernst Jünger가 회상했듯이, 독일군 최고사령부는 "영국 전쟁포로수용소에서 보낸 근사한 삶"을 격찬하는 연합군의 선전 전단에 완전히 겁을 먹었고 전단을 주워 오는 이들에게 장당 30페니히의 포상금을 지급했다. 이 시점, 독일에게 있어 제1차 세계대전은 국내 전선의 붕괴와 상관없이 이미 진 전쟁이었다. 전후 많은 이들이 독일군이 전장에서 패배했다는 사실을 부인했으나, 만슈타인과 수백만 명의 독일 국민들은 패전이라는 가혹한 현실을 직시해야 했다.

독일 해군 수병들의 반란(제1차 세계대전 막바지인 1918년 11월 3일 독일 제국 발트 해 킬Kiel 군항에서 무리한 출병 요구에 반대해 수병들이 일으킨 반란-옮긴이)과 함께 군사적으로나 외교적으로나 아무런 방편이 남아 있지 않은 상황에서 전선에는 기아가 엄습했고 국내에서는 민간인들의 동요가 심해져만 갔다. 1918년 11월 9일, 결국 황제가 폐위되기에 이르렀다. 황제는 이미 자신의 명을 따르지 않겠다는 군대의 뜻을 받아들이고 있었다. 독일군은 (슐리펜이 적에게 타격을 주려고 계획했던) 한 번의 결정적 전투에서 괴멸되지는 않았지만, 8월 이후 일련의 전투를 치르면서 서서히 본토를 향해 밀려나고 있었다. 이때의 전투들은 오늘날 베르됭 전투나 솜 전투처럼 사람들의 기억 속에 각인되지는 않았지만 유혈이 낭자한 격전이었다. 봄만 해도 독일군은 무모한 낙관을 품고 있었으나 늦여름과 가을에 연합군이 가해온 역습, 그리고 본국으로부터 들려오는 침울한 소식들로 인해 희망의 불씨는 꺼져갔다.

패배와 물자 부족의 연속타를 맞고 독일군과 독일 국민은 심한 정신적 충격을 받았다. 따라서 만슈타인이 회고록에서 봄과 여름에 거둔 군사적 성공보다 정전협정에 따른 충격적인 경험과 본국을 향한 긴 행군, 1918년 말의 혁명에 관해 훨씬 더 상세하게 기술하고 있다는 것은 놀라운 일이 아니다. 만슈타인의 군 경력은 제1차 세계대전 중 그의 업무 수행 못지않게 전쟁의 최종 결과에 많은 영향을 받았다고 해도 과언은 아니다. 어쨌든 그는 자신의 경험을 통해 훨씬 더 현명해졌다.

제2장
떠오르는 별:
공화국군시절

"내가 보기에 전쟁의 미래는
소규모지만 우수한 기동군 이용에 달려 있다……"
— 한스 폰 젝트Hans von Seeckt

집으로 가는 길

1918년 11월, 서부전선에서 제1차 세계대전이 마무리되고 있을 때 만슈타인이 소속된 사단은 프랑스의 산업 중심지로서 군사적 유산이 풍부하다는 점 외에는 내세울 게 없는 도시 스당에 집결해 있었다. 제213보병사단은 여러 번의 격렬한 방어전에 참전했다. 아르곤Argonne-뫼즈Meuse 공세 중에는 '빅 레드 원Big Red One'이라는 별명의 미 제1보병사단과 싸우기도 했다. 11월 11일 정전협정이 발효되자 뫼즈 강이 독일군의 최전선이 되었다. 1870년 9월 2일에 대몰트케Helmuth Karl Bernhard von Moltke가 나폴레옹 3세에 맞서 거둔 유명한 승리로 독일 영토가 된 스당은 이제 독일 패배의 땅이 되었다.

스당 내에서는 명령체계가 붕괴되고 기강이 해이해졌다. 독일군 징집병들은 지치고 굶주린 데다 사기가 저하되어 있었고 집에 돌아가고 싶다는 생각뿐이었다. 당시 술만은 충분한 양을 구할 수 있었기 때문에 독일군은 술에서 일시적인 위안을 얻었다. 음주의 유혹이 얼마나 셌던지 만슈타인은 "군인들이 술에 접근하지 못하게 하려면 와인셀러 입구에 다이너마이트를 설치해야만 할 정도"라고 기록했다. 그보다 더 심각한 문제가 하나 있었다. 군인들 사이에 혁명적 사상이 들끓기 시작한 것이었다. 최고육군지휘부OHL는 이를 잠재우기 위한 실용적인 방법으로 군인들의 불만을 지휘계통을 통해 전달받기로 했다. 그에 따라 11월 11일 제213보병사단에 내려진 명령에는 명백히 모순적인 지시가 담겨 있었다. "모든 수단을 강구하여 군의 기강을 바로잡아라. 그리고 최고육군지휘부의 명령에 따라 보병중대, 포병중대, 기병대대에서 장교와 병사의 자유투표를 통해 군인회를 구성하라." 군권이 이내 재확립되었다. 휴식을 취하거나 패배를 곱씹을 시간은 없었다. 연합군이 세운 빡빡한 일정에 맞춰 라인 강 동쪽으로 철수 및 후퇴하기 위해서 제213사단은 지체 없이 본국으로 향한 여정에 올라야 했다.

이와 관련된 모든 세세한 참모 업무는 만슈타인의 꼼꼼한 손을 거쳐 처리되었다. 그러나 당시 독일군에서는 종이 부족이 심각했기 때문에 그는 지도 뒷면이나 낡은 공책에서 찢어낸 종이에 지시 사항을 적어야 했다. 만슈타인이 속한 사단의 진로는 룩셈부르크, 트리어Trier, 모젤 계곡Moselle valley을 거쳐 훈스뤼크Hunsrück 삼림지대를 통해 동진하다가 뤼데스하임Rüdesheim에서 라인 강을 건너 '개선행렬처럼' 프랑크푸르트 암마인Frankfurt am Main에 입성하는 것이었다. 이들은 각급 참모본부에 의해 조직되었고 계절에 어울리지 않게 날씨까지 좋아서 질서정연하게 본국으로 돌아올 수 있었다. 이 모든 것이 독일군이 패하지 않았다는 잘못된 신화에 일조했다. 이로써 군 지휘부에 대한 신뢰가 일부 회복되기도 했다. 당시의 한 저명한 역사가가 평했듯이, 독일의 "군사기구military machine(전쟁을 치를 수 있게 조직한 기구로서 병력, 장비, 경제력 따위를 총괄해 지칭한 것-옮긴이)는 변혁을 겪었을지는 몰라도 조금도 손상을 입지 않았다."

만슈타인은 프랑크푸르트에 들어서며 "휘날리는 깃발들과 군대를 맞으러 나온 사람들의 환호 소리, 화환으로 장식된 도시 정경"에 깊이 감동받았다. 그러나 불행히도 "혁명파의 선전에 의해 군대의 규율은 곧 약화되었다." 군인들은 당연히 크리스마스를 집에서 보내고 싶어했지만, 그건 불가능했다. 연대원들이 집으로 가는 기차를 타려던 찰나에 제213사단에게 동쪽으로 100킬로미터 더 행군해 가서 1919년 1월까지 바트 키싱엔Bad Kissingen에 주둔하라는 새로운 명령이 떨어졌다. 당연히 갑자기 변경된 계획을 모두가 달갑게 생각할 리 없었다. 새로운 목적지로 향하는 동안 사단 소속 공병대대가 잠시 폭동을 일으켰다. 식량 공급이 끊기자 그들은 재빨리 원상태로 복귀했다.

한편 만슈타인은 독일군의 패배와 잇따른 혁명, 빌헬름 2세의 폐위, 그리고 그 모든 사건들이 독일과 독일인에게 미친 영향에 관해 심사숙고했다.

황제 폐위 결정은 1918년 11월 9일 베를린에서 막스 폰 바덴Max von Baden 수상에 의해 발표되었으나, "프로이센과 독일 제국의 왕좌를 영구히 포기한다"라는 공식 선언은 30일에 이루어졌다. 만슈타인과 같은 장교들에게 빌헬름 2세의 간결한 폐위선언문은 실존적인 의미가 담긴 것이었다.

이로써 나는 독일 제국과 프로이센의 모든 공무원과 장교 및 부사관, 해군, 프로이센군을 황제이자 왕이자 최고사령관인 나에 대한 충성의 맹세로부터 해방한다.
그들이 독일 제국에 새로운 질서가 확립될 때까지 독일의 실권자를 보조함으로써 독일인들을 무정부주의, 기근, 외세의 지배로부터 보호하기를 기대한다.

독일 제국 육군 장교라는 만슈타인의 초기 군 경력은 이로써 갑자기 끝이 났다. 군주제 지지자를 자처하던 만슈타인은 충성을 바칠 대상을 황제라는 개인으로부터 독일과 독일 국민이라는 집단으로 바꿔야만 했다. 만슈타인의 시각에서 프로이센 군인은 황제에게 개인적으로 충성을 맹세했기 때문에 빌헬름 2세의 폐위가 단지 새로운 형태의 정부를 암시하는 것은 아니었다. 실로 이 사건은 프로이센 군인들에게 "온 세상의 붕괴"와도 같았다. 만슈타인은 엄숙한 충성의 맹세가 황제와 군인들을 단순한 정치적·윤리적 관계 이상으로 끈끈히 결속시켰다고 주장했다. "이는 독일어 '게폴크슈트로이에Gefolgstreue(개인적 충절)'라는 용어로만 설명할 수 있을 것이다." 만슈타인은 수만 명의 직업장교들과 함께 신생 바이마르 공화국이라는 가혹한 현실을 직면해야 했다. 곧 다가올 몇 년 동안 독일군의 충성심은 군주라는 한 사람에서부터 국가사회주의, 즉 나치즘 하에서 보다 심오하고 어두운 상징을 띠게 될 추상적인 국가Reich와 국민Volk으로, 궁극적으로는 히틀러라는 개인에 대한 충성으로 바뀌게 된다.

베르사유 조약의 결과
만슈타인은 제1차 세계대전의 유혈 전투에서 살아남았다. 연대 내 보직보다는 본부에서 하급 참모장교로 보낸 시간이 더 길었기 때문이었다. 독일 육군의 관점에서 만슈타인의 경우처럼 설사 교육을 끝마치지 않았다 해도 얼마 안 되는 젊은 참모장교들의 지적 능력을 활용하는 것이 그들의 육체적 힘과 부족한 실력으로 무모하게 돌격대를 이끌게 하는 것보다는 훨씬 이득이었다. 따라서 만슈타인은 무용보다는 지력으로써 전쟁에 기여했다고 할 수 있다. 그는 에르빈 롬멜Erwin Rommel이나 에른스트 윙어Ernst Jünger처럼 최전방 군인으로서 모두가 탐내는 무공훈장 푸르 르 메리트Pour le Mérite(영어로는 블루 맥스Blue Max)을 받지는 못했지만, 그래도 가치 있는 공적을 세웠다. 그는 1급·2급 철십자훈장과 프로이센 호헨촐레른 왕실 검 기사철십자훈장Knight's Cross with Swords of the Royal Prussian Order of Hohenzollern을 수여받았다.

또한 독일 육군은 현명하게도 전방 임무가 높은 군사적·사회적 명성과 결부되긴 하지만 참호에서 보낸 시간보다는 본부 참모로서 역량을 키우고 경험을 쌓으며 보낸 시간이 훗날 최고사령부에 입성하는 데 보다 탄탄한 기반이 되어주리라는 사실을 인정했다. 만슈타인은 1914년 8월에 발발한 전쟁으로 인해 참모장교 교육을 수료하지 못했으나 사단·군단·군 수준에서 그가 겪은 폭넓은 전시 경험을 통해 군대의 조직과 운용에 관한 훌륭한 기초 지식을 배우고 현실적인 시각을 갖게 되었다. 이는 육군대학에서 마저 받지 못한 2년의 군사교육을 벌충하고도 남는 경험이었다.

제1차 세계대전 종전 후, 만슈타인은 1939년 9월 독일의 폴란드 침공 당시 집단군 참모장으로 또다시 실전에 참가했다. 그사이 21년 동안 만슈타인을 비롯한 독일인들은 제1차 세계대전에 종지부를 찍은 베르사유 조약이 불러온 새로운 상황에서 고군분투하고 있었다. 베르사유 조약 하에 독일은 개전의 책임을 인정하고, 연합군에게 배상금을 지불하고, 해외 영토와 식민지를 포기하고, 알자스-로렌 지방을 프랑스에 반환하고, 동쪽 국경의 넓은 영토를 폴란드에 양도하고, 군사력에 대한 엄격한 제한을 받아들여 라인란트Rhineland를 비무장지대화했다. 독일군의 규모는 장병 10만 명으로 제한되었고 징집은 금지되었으며 명성 높은 참모본부는 해산을 요구받았다. 만슈타인은 다른 4,000명의 장교들과 함께 신설 공화국군Reichswehr에 소속되었다. 베르사유 조약에서 공군을 금지했기 때문에 공화국군에는 육군과 해군만 있었다. 게다가 베르사유 조약에 의해 장갑차, 중포, 항공기와 잠수함의 보유 역시 금지되었다. 나아가 독일은 평화에 우호적이라는 증거를 보여야만 신설된 국제연맹League of Nations에 가입할 수 있었다.

베르사유 평화회담에서 독일 군사대표단의 수장은 1915년 이후 동부전선에서 군 및 집단군의 참모장으로서 탁월한 역량을 보이며 급부상한 인물, 한스 폰 젝트Hans von Seeckt 장군이었다. 1917년 12월에 그는 오스만 튀르크 제국 야전군의 참모장이 되었으나, 그의 탁월한 조직력으로도 "구제불능 집단을 구제할 수는 없었다." 작전기동과 연합전의 명수라는 명성을 지닌 폰 젝트는 여러 면에서 만슈타인과 같은 참모장교들의 귀감이 되었다. "날씬하고 붉은 칠면조 같은 목과 표정을 읽을 수 없는 얼굴, 빼놓지 않는 외눈안경"이 특징인 폰 젝트는 결코 우아하다고는 할 수 없는 인물이었으나, 장기 계획 입안에 있어 보기 드문 재능을 타고났다.

1919년 7월, 폰 젝트는 병무국Truppenamt이라는 이름으로 위장한 참모본부 대체 조직의 첫 수장으로서 지휘권을 넘겨받아 지난 전쟁에서 얻은 교훈을 포괄적으로 연구하고 군사교리를 재작성하기 시작했다. 1920년 3월에는 육군부 총감의 자리에 올라 1926년 10월에 사임하기 전까지 독일 육군의 수장으로 역임했다. 한마디로 폰 젝트는 공화국군을 엘리트 전문직업군으로 키워낸 아버지라 할 수 있었다. 군대의 원칙, 훈련, 조직에 대한 그의 사고방식은 7년에 걸쳐 공화국군의 발전에 큰 영향을 미쳤다.

이러한 모든 행동은 연합국통제위원회Allied Control Commission가 독일군이 베르사유 조약을 위반하지 않는지, 금지된 기술을 사용하지는 않는지 감시하는 가운데 이루어졌다. 폰 젝트는 프로이센-독일 군대의 전통을 갈망하는 인물로서 여러 면에서 보수주의자였으나 유연한 전술적 사고를 가지고 있었다. 창의성은 양차 세계대전 사이 유럽 군대의 수장에게서 찾아보기 어려운 자질이었다. 그러나 폰 젝트는 분명 민주주의자는 아니었다. 그는 바이마르 공화국을 경멸했으며 군대가 정치와 민중으로부터 거리를 유지하도록 했다. 군대를 '비정치적'으로 만듦으로써 그는 공화국군을 원치 않은 좌파적 영향으로부터 보호했으며, 군의 현실 인식과 세계관이 우파적이고 비민주적인 성향을 띠게 만들었다.

황제 폐위와 히틀러의 집권 사이 기간에 만슈타인은 이런 환경에서 군 복무를 계속했다. 정치적·경제적 격변의 시대에 그는 결혼을 하여 가정을 꾸렸고, 탁월한 군인 자질 덕분에 독일군의 떠오르는 별이 되었다. 그의 회고록에는 치명적 결점이 내재된 바이마르 공화국 시대에 힘든 나날을 보내던 독일인의 삶에 관한 매혹적인 묘사가 담겨 있다.

당시 독일은 수많은 내부적 긴장만큼이나 과다한 외적 위협을 받고 있었다. 외세 개입 위험성은 바이마르 공화국의 내재된 취약성과, 주권을 수호하기 위한 현대적 군대의 육성 필요성을 계속해서 떠올리게 만들었다. 만슈타인은 슐레지엔과 폴란드 국경 지대에 있던 장인의 토지를 폴란드에 빼앗긴 것에 관해 짧게 언급했다. "폴란드인들은 독일어를 사용하는 그 지역민들이 스스로 결정하는 것을 부인할 권리는커녕 역사적으로나 민족적으로나 이 지역에 대해 어떠한 권리도 가지고 있지 않다."

폴란드에 대한 만슈타인의 관점은 결코 극단적이거나 이례적인 것이 아니었다. 제1차 세계대전 이후 독일인들은 집단 죄의식을 느끼지 않았다. 강압적으로 체결된 베르사유 조약은 만슈타인을 비롯해 수백만 명의 다른 독일인들에게 치욕스러운 '강제명령'으로 여겨졌다. 독일 인구의 대부분을 차지한 국수주의자들은 승자의 자리에 올랐어야 하는 독일이 이제 폴란드처럼 하찮은 세력에게 위협받고 있다는 사실을 절대 인정할 수 없었다. 이때의 통렬한 감정은 훗날 국가사회주의가 공산주의를 국민투표로 제치고 뿌리내릴 비옥한 토양이 되었다. 1922년에 폰 젝트는 이렇게 선언했다.

"폴란드의 존재 자체를 견딜 수 없다. 이는 독일의 생존과 양립 불가능하다. 폴란드는 사라져야만 한다. 내부적 약점을 공략하여, 그리고 러시아에 힘을 실어주어서 폴란드를 없애야만 한다……. 폴란드가 몰락하면 베르사유 조약의 가장 강한 기둥 가운데 하나인 프랑스의 우위 역시 없어진다."

이러한 단도직입적인 견해는 군인에 한정된 것이 아니었다. 같은 해, 함부르크 대학 교수 막스 렌츠Max Lenz는 『의지, 권력, 운명Wille, Macht und Schicksal』

이라는 제목의 책에서 역사적 사실을 무시하고 이렇게 썼다.

"우리는 폴란드인들의 손아귀에서 가장 심한 치욕과, 견딜 수 없는 크나큰 불명예를 겪어야만 했다……. 자기 힘으로는 아무것도 창조할 수 없었던 그 사마리아인들의 손에서 말이다……. 우리는 용서하지도, 잊지도 않을 것이다."

한편 제1차 세계대전 종전 이후 만슈타인은 처음에는 진급이 느렸으나 뛰어난 지적 능력과 근면성 덕분에 점점 더 중요한 참모 보직에 배치되었다. 제213사단이 동원 해제되면서 만슈타인은 1919년 1월에 베를린으로 돌아갔다. 그는 1914년 11월에 부상으로 떠나야 했던 옛 부대 제2예비보병연대로 복귀하려 했으나, 당시 아직 해산되지 않았던 참모본부에는 다른 계획이 있었다. 만슈타인은 막데부르크Magdeburg에서 제대 군인으로 구성된 자원부대, 일명 자유군단Freikorps 모집을 지원하도록 명령받았다. 당시 자유군단은 폴란드와 발트3국에서의 전투뿐 아니라 독일 내의 극좌파와 공산주의자들을 진압하는 데 투입되었다. 어느 비판적인 역사가의 표현에 따르면, 자유군단은 "악랄한 극우파로서 민주주의의 적들로 구성된 집단"이었다. 당연히 독일 내 일부 지역에서는 약탈을 일삼는 자유군단 조직원에 대한 반감이 심했다. 예를 들어 작센 지방에서는 자유군단에 대한 공식적인 지원이 없다시피 해서 모집을 위해 부단히 노력하던 만슈타인은 자유군단이 아니라 독일-폴란드 국경 방어 임무를 맡은 동부국경수비대Grenzschutz Ost라는 이름으로 모집 공고를 내야 했다.

1919년 2월에 국경수비대 (남부)사령부에 참모로서 합류하자마자 만슈타인은 정말로 혼란스런 상황에 맞닥뜨렸다. 그의 주요 군사적 임무는 여러 인종이 혼재되어 있는 프로이센주의 포젠Posen(현 포즈난Poznań)의 대부분을 민중봉기로써 점령한 폴란드인들이 서쪽으로 더 침범해 들어오지 못하게 막는 것이었다. 현지의 어려움도 여럿 있었다. 슐레지엔의 민정 당국은 작센에서와 마찬가지로 군대를 의심했고, 군대 내에는 불평분자가 꽤 많았다. 명성이 높은 프로이센군의 '기강'은 거의 찾아볼 수 없었다. 그럼에도 독일군은 1919년에 국경분쟁지대에서 계속된 폴란드의 '무장단체'들과의 산발적인 전투에서 승리했다. 기습을 통해 빼앗긴 포젠 영토 전부를 수복할 계획이 수립되었으나, 대규모 군사적 개입은 서방 연합국의 성난 반응을 불러일으킬 것이기에 계획은 무산되었다.

1919년 7월, 연합국이 폴란드의 영유권 주장을 받아들이면서 베르사유 평화회담이 종결되자, 사태는 정점에 이르렀다. 독일은 또다시 위기에 빠졌다. 오버슐레지엔, 포젠, 서프로이센 지방의 많은 부분을 포기한다는 조건을 받아들일지의 여부를 정해야 했던 것이다. 동프로이센은 독일 본토에서 유리되었고, 고립된 단치히Danzig는 자유시로 선포되었다. 많은 독일인들은 오래전부터 독일 영토였던 땅(국토의 13퍼센트에 해당하는 규모)을 빼앗긴 것에 분개했다. 그러나 우려했던 최악의 상황보다도 더욱 가혹하며, 독일인의 입장에서는 명백히 불공정해 보이는 조약이 그들의 화를 더욱 돋웠다.

베르사유의 독일 대표단은 연합국에 맞서 팽팽한 토론을 벌였으나 연합국의 침공 가능성과 봉쇄조치 연장이라는 위협 앞에서 조약을 체결해야 한다는 압박감을 느꼈다. 이러한 외부적 압력에 더해 좌파와 공산주의자들의 의한 내분이 확산되었다. 이로 인해 독일 우파는 "등 뒤에서 칼에 찔렸다"는 생각을 더 확실히 갖게 되었다. 참모차장이었던 빌헬름 그뢰너Wilhelm Groener 장군은 정전협정 발표 전날 밤에 "독일 육군은 아주 건재하다. 독은 고국으로부터 퍼져 나온 것이다"라고 선언했다. 한편 사회주의자였던 프리드리히 에베르트Friedrich Ebert 대통령은 베를린으로 복귀하는 근위대 부대들을 맞으며 선언했다.

"기쁜 마음으로 귀국을 환영한다. 적은 그대들을 패배시키지 않았다."

이런 식으로 독일인들은 황제의 군대가 패배하지 않고 본국으로 행진해 왔다는 위험한 믿음을 주입당했다. 공화국군이 새로 편제되고 있는 동안, 독일에서 가장 강력한 군사력은 잡다한 어중이떠중이가 모인 집단인 자유군단이었다.

만슈타인이 넌지시 주장했듯 "(식민지의) 흑인 군대를 앞세운" 프랑스에 점령당할지도 모른다는 위협이 독일이 베르사유 조약에 서명한 궁극적인 요인인지 여부는 증명되지 않았다. 우드로 윌슨Woodrow Wilson 미국 대통령

이 제시한 14개 항에 따라 1918년 11월 11일에 항복했다는 독일의 주장
은 협상에서 우월한 위치를 차지하는 데 아무런 도움이 되지 않았다. 브레
스트-리토프스크에서 독일이 러시아를 아주 불공평하게 대우한 것은 너무
최근(1918년 3월 3일)의 일이라서 기억에 생생하게 남아 있었다. 복수심에
불타던 프랑스인들은 1871년에 독일이 보인 선례를 따라 그들이 입은 큰
손해에 대해 과도한 배상금을 요구했다(1871년 프로이센-프랑스 전쟁에서 패
배한 프랑스는 독일에 전쟁 배상금 50억 프랑을 지불해야 했다-옮긴이)

  만슈타인을 비롯하여 독일군 내의 많은 사람들은 당시 정치적·경제적·
군사적으로 상황이 불가피했음에도 불구하고 강제명령을 받아들인 것을
커다란 실수라고 보는 경향이 있었다. 대전략Grand Strategy(국가 목표의 달성,
특히 전쟁의 정치적 목표를 달성하기 위해 국가의 전 자원 또는 군의 전 자원을 조
정하고 통제하여 가장 효과적으로 사용하는 방법-옮긴이)과 정치적 교묘함이 독
일 참모본부의 강점인 적은 없었지만, 독일에 보다 관대한 조약이 맺어졌
더라면 어떤 일이 벌어졌을지에 대한 가정은 유혹적이었다. 만슈타인이 회
고록에서 주장한 것처럼 만약 그랬더라면 결과적으로 히틀러의 집권도, 따
라서 제2차 세계대전도 없었을 것이라는 가설은 이러한 조건법적인 논증
과 궤를 같이한다. 히틀러와 나치당원이 없었다 해도 유럽에 또 한 번의 거
대한 충돌을 촉발하기에 충분한 국제적 불화가 일어났을지 여부는 20세기
역사에서 중요한 '만약'의 문제로 남아 있다.

  1919년 여름에 만슈타인의 동부전선 복무는 끝이 났다. 베를린에서 잠
시 휴식기를 보낸 뒤 그는 1919년 8월에 카셀Kassel에 위치한 신설 제2집단
군 사령부Gruppenkommando II에 배치되었다. 공화국 육군의 2개 본부 중 하나
였던 이곳의 주 임무는 50만 명의 육군 병력을 7개 보병사단과 3개 기병사
단으로 새로 재편하는 것이었다. 솜 전투에서 상관으로 모셨던 참모장 프
리츠 폰 로스베르크 휘하에서 만슈타인은 '임시 공화국군'을 베르사유 조
약에 부합하는 조직으로 탈바꿈시키는 작업에 밀접하게 관여했다. 독일군
은 재편 과정에서 가능한 한 많은 전투력을 보존하려 고군분투했다. 그들
의 목표는 전투근무지원 보직을 없애더라도 전투부대를 유지하는 것이었

다. 정비와 수송은 민간조직에 의존한다는 계획이었다. 그 덕분에 군사적 병참로는 상업적 영역으로 이관되어 연합국의 시야에서 벗어날 수 있었다. 이러한 접근법은 조약의 규정을 회피하려는 독일의 여러 시도 가운데 작은 사례에 지나지 않았다. 1920년대에 독일군은 점점 더 교묘한 방식으로 연합군통제위원회의 허점을 찌르려 시도했다.

한편 만슈타인은 베를린에서 무산된 카프 반란Kapp Putsch(1920년 3월 13일~17일)의 여파를 카셀에서 목격했다. 카프 반란이란 보병대장 발터 뤼트비츠Walther Lüttwitz 남작이 볼프강 카프Wolfgang Kapp 박사와 모의하여 민주적으로 선출된 사회민주당의 구스타프 바우어Gustav Bauer 수상을 끌어내리려 꾸몄던 음모를 말한다. 베를린 외곽의 되버리츠Döberitz 훈련장에서 해산 대기 중이던 에르하르트Ehrhardt 해군 여단을 포함하여 자유군단 2개 여단으로부터 병사를 제공받는다는 계획이었다. 공화국 정부가 수도 베를린을 버리고 슈투트가르트Stuttgart로 달아났음에도 1920년 3월 13일의 혼란스러운 혁명은 총파업으로 인해 베를린에 뿌리를 내리는 데 실패했다. 폰 젝트의 명을 받은 독일 전역의 공화국군은 반란군을 지원하지도, 저지하지도 않았다.

군대가 반란분자와 한통속이라고 믿은 대규모 군중이 위협적인 태도로 집단사령부 건물 앞에 집결했을 때 카셀에도 심상치 않은 분위기가 감돌았다. 만슈타인과 동료들은 베를린에서 벌어진 사건의 경과를 듣고 "경악했다". 만슈타인은 그날 "사회주의자들이 장악한 카셀"의 긴장이 얼마나 팽팽했던지 장교들은 자기보호를 위해 무장을 하고서야 자유롭게 돌아다닐 수 있었을 정도라고 기록했다. 베를린에서 반란이 실패했다는 것이 확실해졌을 때야 비로소 대중들은 미심쩍어하면서 해산했다.

만슈타인은 회고록에서 카프의 실패한 집권 시도의 함의와 그 영향을 분석하는 데 많은 지면을 할애했다. 그는 카프 박사와 뤼트비츠 장군이 개인적 동기가 아니라 애국적 동기에서 행동했다고 확신했다. 만슈타인은 뤼트비츠 장군의 참모이자 사위였던 쿠르트 폰 함머슈타인-에크보르트Kurt von Hammerstein Equord 남작이 뤼트비츠 장군이 "마지막 순간에 국가를 구하기 위해" 반란을 시작한 것이라고 설명했다고 기록했다. 동기야 어쨌든 간에 만슈타인은 카프에 대해 어느 정도 존경심을 품었음을 인정했다. 베르사유 조약에 의해 많은 영토를 빼앗긴 독일 동부의 많은 군인과 그곳의 인구 대다수가 카프의 대의에 공감했기 때문이었다.

만슈타인의 결혼

제1차 세계대전 종전 당시 31세였던 만슈타인은 생부모와 양부모 4명 가운데 오직 양모 헤드비히만이 생존해 있었고 아직 미혼이었다. 그 정도 나이와 계급의 장교에게 드문 일은 아니었다. 만슈타인은 1920년 1월 초, 슐레지엔 디히슬라우Diechslau에서 친척인 폰 쾰른von Coelln 가족과 사냥을 하다가 훗날 아내가 되는 유타-지빌레 폰 뢰슈Jutta-Sibylle von Loesch를 만났다. 몸매가 가녀리고 머리색이 짙은 19세 소녀로, 신체는 연약하나 정신력은 강한 여자였다. 만슈타인과 폰 뢰슈는 서로에게 첫눈에 반한 것으로 보인다. 두 사람은 만난 지 3일 후인 1월 10일에 약혼했고 정확히 5개월 후인 1920년 6월 10일에 남슬라우Namslau 인근 로어첸도르프Lorzendorf에서 결혼식을 올렸다. 만슈타인의 아내는 예비역 기병대위 아르투어 폰 뢰슈Arthur von Loesch와 그의 아내인 아말리 폰 뢰슈Amaly von Loesch(결혼 전 성 폰 샤크von Schack)의 외동딸이었다. 참석한 사람들의 이야기에 따르면, 두 사람의 결혼식은 폰 뢰슈 집안의 저택(단순한 농가가 아니라 대지주의 저택이었다)에서 품위 있는 전통식 혼례로 치러졌다. 저택은 수많은 꽃으로 아름답게 장식되었고, 하객들은 군인 정복을 입거나 발끝까지 화려하게 차려입고 결혼식 파티에 참석했다.

폰 뢰슈 집안은 여러 세대 동안 슐레지엔에서 농장을 일궈왔으며, 슐레지엔의 주도인 브레슬라우에 땅을 소유하고 있었다. 제1차 세계대전이 끝나고 겨우 경제가 회복되기 시작한 시기에 이 지역은 다시 찾아온 평화를 위협하는 중부 유럽 국경 분쟁에 휩쓸렸다. 1920년 여름, 새로운 독일-폴란드 국경선이 발효되었을 때 아르투어 폰 뢰슈는 남슬라우의 세 지역(로어첸도르프, 헤너스도르프Hennersdorf, 부트슈카우Butschkau)에 소유했던 땅 가운데 부트슈카우의 땅을 빼앗겼다. 만슈타인의 처가는 보수적이고 지역에서 자리

1920년 6월, 크라이스 남슬라우 인근 로어첸도르프에서 유타-지빌레 폰 뢰슈와 결혼한 만슈타인.
(Manstein archive)

를 확실히 잡은 선한 기독교 집안이었다. 폰 뢰슈 내외는 일꾼들을 대표하여 사회기여활동을 했으며, 만슈타인의 주장에 따르면 "프로이센의 보수적 토지귀족인 '융커Junker'에 대한 편향된 선전 이미지와는 정반대되는 사람들이었다." 일꾼들의 숙소를 지어주고 고아원 건립 기금을 보탠 것에서 아르투어 폰 뢰슈의 인자한 온정주의를 엿볼 수 있다. 슐레지엔의 고즈넉한 전원적 삶은 1945년 1월, 갑자기 러시아 적군이 나타났을 때 막을 내렸다. 슐레지엔은 이때 점령된 이후로 다시는 독일 영토에 편입되지 못했다.

만슈타인 부부는 곧바로 두 자녀를 얻는 축복을 누렸다. 딸 기젤라Gisela는 1921년 만슈타인 부부의 첫 결혼기념일에 세례를 받았다. 두 사람의 장남 게로Gero는 1년 뒤 섣달그믐날에 태어나 실베스터Sylvester(스코틀랜드에서 섣달그믐을 뜻하는 하그머네이Hogmanay에 해당하는 독일어)라는 가운데 이름이 붙었다. 그로부터 7년이 지난 1929년에 차남 뤼디거Rüdiger가 태어났다. 기젤라와 뤼디거는 제2차 세계대전에서 목숨을 건졌으나, 게로는 1942년 10월 동부전선에서 아버지가 한때 속했던 제18보병사단 장교로 복무하다가 작전 중 전사했다.

만슈타인 부부의 금슬이 아주 좋았다는 데는 이견의 여지가 없다. 두 사람은 서로에게 큰 의지가 되어주었다. 만슈타인의 삼촌 파울 폰 힌덴부르크는 아내 게르트루트Gertrud에 대해 "최고의 친구이자 동지"라는 성의 없는 말 한마디만 남겼을 뿐이지만, 만슈타인은 아내의 미덕을 칭찬하는 데 훨씬 관대했으며 회고록을 아내에게 헌정하기도 했다. 그는 다음과 같이 아내를 극찬했다.

지금껏 살면서 숱한 일을 겪었으나, 아내의 사랑으로 모든 슬픔과 어려움을 극복할 수 있었다. 아내는 자녀들에게 더 이상 상상할 수 없을 정도로 아주 다정한 어머니가 되어주었다. 그녀의 애정과 남을 기꺼이 도우려는 마음은 가족과 친척들로 대상이 제한되어 있지 않았다. 아내는 누군가 자신을 찾아오면 그가 누구든 간에 무엇을 필요로 하는지 알아차리고, 자신이 내줄 수 있는 만큼을 내주었다. 그러면서도 자신의 몫으로는 아무것도 요구하지 않았다. 아내는 언제나 우리 가족과 남들의 삶을 개선시키기 위해 자신의 바람을 뒤로 미룰 준비가 되어 있었다.

만슈타인 부인은 남편에게 실로 소중한 존재였다. 만슈타인 부부가 콜베르크Kolberg, 베를린, 그리고 먼 훗날 리그니츠Liegnitz에서 사교 생활을 할 때 만슈타인 부인은 사랑스러운 여주인으로서 이름을 날렸다. 그녀는 조언을 구하는 이에게 기꺼이 상담을 해주었고, 가능할 때마다 뒤에서 조용히 사람들을 도왔다. 제2차 세계대전 중에는 자신의 자녀뿐 아니라 다른 여러 가족의 아이들도 돌보았다. 남편이 함부르크Hamburg에서 전범재판을 받은 1949년에는 매일 법정에 출석하여 남편을 심적으로 지지해주었다.

만슈타인의 행복한 결혼 생활은 그 후 46년 동안 그가 겪게 되는 전쟁과 평화의 여러 우여곡절을 극복하게 해준 든든한 등대와도 같았다. 제2차 세계대전과 전쟁포로 생활(1945~1949년), 그리고 수감 생활(1949~1953년)

로 인해 부부가 떨어져 지낸 기간에도 마찬가지였다. 따라서 만슈타인은 자신의 회고록을 읽는 독자들이 자신의 모든 행동과 의견, 판단에 동의해 주리라고는 기대하지 않았으나, 다만 한 가지에 대해서만은 존중해달라고 요청했다. 아내에 대한 기술만은 믿어달라는 것이었다. 전쟁으로 인해 많은 것을 견뎌야 했던 많은 독일인들의 아내들과 어머니들에게 귀감이 된 유타-지빌레 폰 만슈타인은 남편의 표현에 따르면 "애정이 가득하고, 용감하고, 충직했다." 만슈타인 부부의 혼인서약은 요한복음 1서 4장 16절이었다. "하나님은 사랑이시라. 사랑 안에 거하는 자는 하나님 안에 거하고 하나님도 그의 안에 거하시느니라." 두 사람 모두 이 혼인서약을 지키려 노력했다.

중대장 시절: 자신만의 리더십 기술과 훈련법을 개발하다

1921년 10월 1일, 만슈타인은 공화국군 제2보병사단 예하의 제5(프로이센)보병연대 제6중대 중대장으로 임명되었다. 전 프로이센 제5근위보병대의 전통을 이어받은 이 부대는 베를린과 슈테틴Stettin(현 폴란드령 슈체친 Szczecin)의 대략 중간 지점에 위치한 브란덴부르크Brandenburg의 소도시 앙어뮌데Angermünde 병영에 속해 있었다. 만슈타인은 "스코틀랜드인이 살면서 목도하는 가장 고귀한 장면은 잉글랜드로 향하는 큰길이다!"라는 영국의 시인이자 평론가인 새뮤얼 존슨Samuel Johnson 박사의 유명한 농담을 의도치 않게 모방하여, "이 마을에서 가장 훌륭한 것은 다른 곳으로 떠날 수 있는 기차역이었다."라고 언명했다. 그러나 그가 자인했듯 이 신랄한 평가는 약간 불공정했다. 앙어뮌데에는 아름다운 중세의 구시가지가 있었고, 우커마르크Uckermark의 숲과 호수로 둘러싸인 자연경관 역시 매력적이었다.

앙어뮌데에는 1694년부터 프로이센 수비대가 주둔했고, 1880년대에는 슈베터슈트라세Schwedterstrasse에 새로운 병영이 세워졌다. 1920년대 초의 활기 넘치는 베를린에 비하면 인구 5,000명에 지나지 않는 앙어뮌데는 독일인들이 말하는 '전형적인 소도시'로서, 독일 지방 특유의 희극적인 오락거리가 있었다. 예를 들어 도시경비회가 지역 전통을 지키고 밀접한 민군 관계를 조성하는 데 중심적인 역할을 했다. 회장은 성실한 괴짜 고트Gott 씨였다. 만슈타인은 고트 씨가 1871년 전투에 참전한 유명한 군인으로서 "과거 속했던 근위경기병연대의 군복 착용을 허가받았다"라고 회고했다. 만슈타인 대위는 도시경비회의 긴 회의를 지겹게 여겼을지도 모른다. 과정상의 세세한 부분을 짚고 넘어가기 좋아하는 프로이센-독일의 관료적 회의에서는 아무리 인내심이 강한 사람이라도 나가떨어지기 마련이었으니 말이다. 그러나 만슈타인은 이런 하기 싫은 일을 기꺼이 떠맡았다.

한편 직업적인 면에서 만슈타인은 부대 지휘에 관한 한 상당한 자율권을 얻는 행운을 누렸다. 대대장은 차로 1시간이 채 걸리지 않는 40킬로미터 거리의 프렌츨라우Prenzlau에 있었고, 연대장과 사단장은 2시간 거리의 슈테틴Stettin 병영에 있었다. 따라서 만슈타인의 부대는 의례적인 방문과 조사를 제외하면 별로 간섭을 받지 않았기 때문에 만슈타인은 시대의 요구에 부합하는, 자신만의 독립적인 근무 방식을 만들어나갈 수 있었다.

앙어뮌데에서 중대장으로 복무하는 동안 만슈타인은 자신만의 리더십 기술과 훈련법을 개발할 수 있었다. 훈련에서 그는 각급 지휘관들이 매번 사전 허가를 구하는 것이 아니라 필요에 따라 직접 생각하고Denken 행동해야Handeln 할 필요성을 강조했다. 부대 수준에서 이 접근법은 본질적으로 실용적인 것이어서 교실 수업보다는 실제 야전 훈련을 통해 눈에 띄게 발전했다. 만슈타인의 중대 소속 프란츠 폰 개르트너Franz von Gaertner 소위는 공화국군 복무 시절에 대한 회고록에서, 앙어뮌데에서는 "일주일에 사흘은 행군과 전술훈련을 했고, 하루는 소총사격연습을 했다. 병영 임무에 배정된 날은 단 하루뿐이었다"라고 기록했다. 제3근위보병연대에서 받은 교육과 현 중대의 뿌리 깊은 역사적 전통에도 불구하고 만슈타인은 과도한 반복 연습과 때 빼고 광내는 데 병사들이 시간을 허비하지 않도록 했다. 야전에서의 전술적 역량이 열병에서의 정확성보다 훨씬 중요하다고 생각했기 때문이다.

이렇듯 만슈타인은 자기 방식대로 중대를 운영했다. 그는 임무형 지휘Auftragstatktik, 즉 부하에게 '무엇을' 달성해야 할지를 지시하며 그 '방법'은 알려주지 않는 지휘 철학을 기조로 삼았다. 여기에는 숨겨진 목적이 있었다. 언젠가 독일군의 확장이 이루어지면 그때는 주도적으로 전투를 이끌 수 있는 자신감 있는 지휘관들이 여럿 필요해질 것이 분명했다. 또한 장교와 부사관은 자신의 담당 부대 수준에서 스스로 생각할 뿐 아니라, 최소한의 준비만으로 상관의 업무를 위임받을 수 있는 능력을 키워야 했다. 따라서 만슈타인은 부하들에게 임무를 숙지시키고 나서는 대체로 감독 없이 스스로 문제를 해결하도록 했다.

독일군 부대들은 베르사유 조약의 허점을 이용하여 부사관 대 사병의 비율을 필요한 것보다 훨씬 높게 유지했다. 이는 위와 같은 리더십 훈련의 확실한 기반이 되었으며, "양보다 질"을 강조한 폰 젝트의 창의적 개념에 큰 힘을 실어주었다. 폰 젝트는 부하들을 고무시키는 리더십으로 "용병이 아니라 지휘관으로 구성된" 군대를 탄생시켰다. 이런 방식으로 '지휘관 중심의 군대Führerheer'는 실현되었다. 육군지휘부의 폰 젝트가 품고 있던 의도는 만슈타인과 롬멜처럼 똑똑한 하급 지휘관에 의해 강화되었다.

제국군은 참호에서는 어쩔 수 없이 가깝게 지내야 했으나, 본래 독일군 장교단과 징집병 간의 골이 깊었다. 야전 부사관들에게 장교로 임관할 수 있는 기회를 부여하여 사회적으로 대등하게 만들었음에도 두 집단 사이의 거리를 좁힐 수는 없었다. 이런 상황에서 폰 젝트 체제 하의 부대장들에게 생활의 질과 근무 시설을 개선하고 무엇보다도 휘하의 자원병 개개인으로부터 최고의 자질을 끌어내라는 지시가 떨어졌다. 목표는 군대 내 권위와 기강을 희생하지 않으면서도 과거 제국군 시절보다 더 끈끈한 동지애를 형성하는 것이었다. 이런 측면에서 공화국군은 완전히 현대적인 자원군으로 변모하고 있었다. 매년 12년간의 군 복무 지원병 모집에서 똑똑하고 건강한 젊은이 8,000명을 선발할 수 있었다.

만슈타인은 그의 중대에서 핵심 부하들을 키우는 데 고군분투했다. 상관과 부하 사이의 상호이해가 전술적 성공의 기반이 된다는 사실을 인식하고 있었기 때문이었다. 만슈타인은 뒤이어 대대장 및 사단장을 맡았을 때에도 같은 목표를 갖고 방법을 찾아나갔다. 그는 제1차 세계대전 종전 후 이렇게 기록했다.

내 목표는 부하들을 잘 훈련시키는 것, 특히 야전 전투와 직결되는 기술을 습득시키는 것과 군대가 확장되었을 때 분대장, 소대장을 맡을 핵심 하급 장교들의 실력을 키워주는 것이었다. 나는 중대장을 역임한 2년 동안 이 목표 달성에 성공했다고 자평한다. 오늘날 팀워크가 화제이며, 누구나 팀워크가 군사 훈련과 전장 활동의 기틀이라고 말한다. 그러나 이 생각은 이미 우리 시대에 현실화되었다. 당시에 기본 팀 단위는 기관총 혹은 소총분대였으며, 이들의 구성은 변하지 않고 유지되었다.

뿐만 아니라 만슈타인이 강조했듯이 이러한 독특한 분위기를 깨뜨릴 이유는 없었다. 게다가 지휘관과 부하, 노병과 신병 사이에 '올바른 분위기'를 조성하는 것이 부대의 건전성에 아주 중요한 역할을 했다. 만슈타인 개인 또는 독일 공화국군만이 팀워크를 강조한 것은 아니지만, 이는 다른 유럽군에 비하면 시대를 앞서가는 접근법이었으며, 제2차 세계대전 동안 잔혹행위로 국방군이 자처한 부정적 이미지와는 정반대였다.

폰 젝트는 공화국군의 수적·기술적 열등함을 절감하고 있었으나 "더 높은 기동성과 개선된 훈련, 지형의 뛰어난 활용, 꾸준한 야간작전으로 현대 무기를 부분적으로 대체할 수 있다"는 것에 주목했다. 그의 정력적인 지휘 하에 전문가로 구성된 위원회가 위촉되었고, 연구 결과 신규 육군규정 487Heeresdienstvorschrift 487 '지휘 및 제병협동 전투Führung und Gefecht der verbundenen Waffen'가 작성되었다. 이 새로운 규정의 핵심 원칙은 지휘관(특히 예하 부대 지휘관)이 시의적절한 결정을 내리고, 주도권을 잡고(만슈타인의 접근법과 유사함을 알 수 있다) 공세를 펼쳐야 한다는 것이었다. 1933년에 육군규정 300이 후속 발표되면서 이러한 원칙은 제2차 세계대전 내내 독일군의 전반적인 전술적 역량과 잦은 성공의 기반이 되었다. 이처럼 공화국군은 전차나 항공기와 같은 현대 기술 및 무기는 빈곤했을지 몰라도 미래 전쟁의 필수 요건을 내다보고 있었으며, 적어도 지휘법과 협동전법에 대해서는 최신 사상을 받아들이고 있었다. 그리하여 독일군이 자체 기갑부대를 전선에 배치하기 훨씬 이전에 원칙과 훈련 프로그램 면에서 전쟁에 대한 기동적 접근법의 기틀이 세워졌다. 전격전Blitzkrieg이 뿌리내릴 수 있는 비옥한 토양이 형성된 것이었다.

만슈타인에게는 병사 훈련 외에도 다른 임무가 있었다. 그가 중대장을 맡은 시기, 독일에 극심한 인플레이션이 닥쳐 라이히스마르크Reichsmark의 가치가 급락했다. 만슈타인은 병사들이 월말에 지급받는 봉급이 항상 모자라 보였다고 기록했는데, 이는 비단 이 시기의 독일군에만 한정된 이야기는 아닐 것이다. 1923년에 라이히스마르크는 실제로 하루가 다르게 가치가 떨어졌다. 봉급 지급을 담당하는 연대 장교들은 뒤늦게 앙어뮌데로 찾아와 모자란 금액을 내밀기가 일쑤였다. 만슈타인이 지역 가게에서 그들 대신 돈을 빌리거나 신용거래를 해주어야 한 적도 여러 번이었다. 여기서 만슈타인이 부대원들을 따뜻하게 보살핀 장교였다는 사실을 알 수 있다.

노련한 중대장 만슈타인은 병사들의 병영 생활을 개선하고자 노력했다. 생활 공간 활용에 있어 최대한 자유를 준 것도 그 일환이었다. 만슈타인은 8인 분대에게 할당된 2개의 방을 균등하게 나누어 사용할지, 아니면 생활 공간과 수면 공간을 분리하여 사용할지를 분대원들이 직접 결정하도록 했다. 만슈타인은 또한 주말 휴가를 권장했다. 앙어뮌데에서 빈둥거리느니 집으로 돌아가거나 베를린에서 휴식을 취하는 편이 낫다는 것을 알고 있었기 때문이다.

참모장교 교관

참모장교였던 만슈타인은 중대장으로서 최소 의무 기간인 2년간의 복무를 마치고 1923년 10월에 다시 참모본부에서 4년간의 근무를 시작했다. 이는 그의 경력에서 중추를 이룬다고 할 수 있는 아주 중요한 기간이었다. 만슈타인은 대위의 신분으로 참모장교 후보생 교관직에 임명되었다. 베르사유 조약은 참모본부를 금지했지만, 폰 젝트는 교육과 실습을 통해 참모본부의 훈련 방식과 조화로운 '사고방식Generalstabsmentalität'을 계속해서 유지하고자 했다. 조직 면에서 베를린 국방부 소속 병무국이 이전 총참모본부Great General Staff의 역할을 대신했다. 개개의 참모장교들은 '지휘부 보좌관Führergehilfen'

또는 '지휘부 참모장교Führerstabsoffiziere'로 위장되었다.

　제1차 세계대전 이후 베를린의 육군대학은 강압에 의해 문을 닫았다. 그러나 공화국군은 머리를 짜내어 효과적인 해법을 찾아냈다. 학생들을 교사에게 보내는 것이 아니라, 교사를 학생들에게 보내는 것이었다. 훈련받을 참모장교 후보생들은 육군대학이 아니라 자신의 근무지에서 4년간 지도를 받게 되었다. 첫 2년은 근무 외 시간에 지역 군관구사령부regional military district headquarters, Wehrkreiskommando에서 수업을 듣고, 과제로 많은 책을 읽고 연구 프로그램에도 참가해야 했다. 3년 차에는 사단 본부에 수습 참모장교로 배치되어 실습을 했다. 마지막 4년 차에는 베를린의 국방부에 배속되어 병무국에서 선발한 교관들의 집중 감독 하에 근무했다. 이 프로그램을 시작한 수습 참모장교 가운데 4년 과정을 수료하는 이는 평균적으로 3분의 1에 지나지 않았다. 1920년대에 독일군은 타국의 어떤 군대와도 비교할 수 없는, 가장 진보된 참모장교 훈련체계를 갖추고 있었다. 이에 필적한 것은 소련군이 유일했다. 그러나 독일군에게는 한정된 수의 참모장교만을 배출할 수 있다는 한계가 있었다. 노련한 참모장교가 부족하다는 사실은 1930년대 중반에 군이 빠른 확장을 시작했을 때에야 분명하게 드러났다.

　공화국군이 가장 뛰어난 장교들을 참모장교 교관으로 배치했음은 두말하면 잔소리다. 각 군관구 본부에는 3명의 참모장교 교관이 배정되었다. 만슈타인은 슈테틴의 제2군관구 본부에 배치되어 그곳에서 1년을 보냈다. 슈테틴에서 마땅한 숙소를 구하지 못한 그는 어쩔 수 없이 아내와 세 살도 되지 않은 두 어린 자녀와 함께 앙어뮌데에 머무르며 매일같이 기차를 타고 200킬로미터 거리를 통근해야 했다. 당시 만슈타인의 형편으로는 4등석 기차표밖에 살 수 없었다. 거주지에서 근무지까지의 긴 이동 거리를 내세워 통근비를 신청했으나 오히려 역효과가 났다. 폰 젝트가 그의 불만에 대해 크게 꾸짖은 것이었다. 결국 만슈타인은 이 일로 1주간 가택 연금을 당했고, 참모본부로의 정식 입성도 2년 늦춰졌다. 이러한 부당한 처사는 이로부터 13년 후인 1936년 만슈타인이 참모차장이 되었을 때 바로잡았다. 폰 젝트의 진보된 정책들은 일개 대위의 권리와 요구사항 같은 것은 전혀 안

중에도 없었던 것이다. 폰 젝트는 군사사상에 있어서는 근대주의자였으나, 마음속으로는 여전히 구식 프로이센 전통주의자였다. 육군 최고사령부의 엄격한 권위를 지키는 데 있어서는 특히 더 그랬다.

슈테틴에서 교관 겸 개인교사로 첫해를 보낸 뒤 만슈타인은 드레스덴Dresden의 제4군관구 본부로 배치되어 같은 임무를 맡게 되었다. 그와 가족 모두에게 기쁜 소식이었다. '엘베Elbe 강의 피렌체Firenze'라고 불리는 드레스덴은 부동산이 비싸다는 단점이 있었으나, 그럼에도 불구하고 만슈타인 가족은 즐겁게 생활했다. 촌스러운 앙어뮌데와 비교했을 때 활기 넘치는 작센의 주도 드레스덴에는 볼거리가 많았다. 아름다운 풍경, 인상적인 건축물, 풍요로운 문화생활로 인해 드레스덴은 인기 높은 근무지였다. 제2차 세계대전 중에는 전진하는 적군으로부터 달아난 사람들의 피난지가 되기도 했다. 그러나 1945년 2월 13일~14일에 폭격을 받아 도시는 황폐해졌다. 만슈타인이 전후에 기록했듯, "불행히도 1945년의 무분별한 야만성이 드레스덴을 폐허로 만들었고, 피난민으로 북적이던 도시에서는 셀 수 없는 사상자가 나왔다."

드레스덴에서 복무하는 동안(1923~1927년) 만슈타인은 전쟁사와 전술 교육에 열성을 다했다. 또한 그가 기꺼이 인정했듯, 교관인 본인도 그 과정에서 학생들만큼이나 많은 것을 배웠다. 솔직한 사령부 및 참모대학의 교관이나 교육훈련참모들이라면 누구나 성공적인 교육은 지적 욕구를 충족시키고 학습 의욕을 고취시키는 지식을 요구할 뿐 아니라 통찰력과 이해력을 요구한다는 사실을 인정한다. 소규모 젊은 참모장교 후보생들을 멘토링하면서 만슈타인은 개인적으로 큰 만족감을 느꼈고, 본인의 전문성도 개발할 수 있었다. 또 이외에 다른 보상도 주어졌다. 참모장교 후보생 교관으로서 그는 전적지 탐사의 일환으로 작센을 비롯하여 독일 전역을 수차례 여행해야 했는데, 이는 바쁜 일상에서 한숨 돌릴 수 있는 기회가 되어주었다. 만슈타인과 학생들은 신선한 바깥공기를 마시며 전술적 문제를 논했고, 시골 마을 여관에서 고기를 안주삼아 와인이나 맥주를 홀짝이며 군사나 다른 주제에 관해 즐겁게 이야기를 나누었다. 때로는 짧게나마 문화생활을 누릴 기회도 있었다. 이 시기 만슈타인의 가장 즐거운 추억은 건축의 거장 발타자르 노이만Balthasar Neumann의 경이로운 작품으로 명성 높은 뷔르츠부르크Würzburg의 레지덴츠Residenz 궁전 공원에서 벌어진 모차르트 축제에 참석한 일이었다.

나아가 만슈타인은 드레스덴에서 여가시간에 스페인어를 배웠고 '지휘관 중심의 군대'를 주제로 한 군 에세이 대회에서 입상하여 국방부로부터 여행자금을 지원받기도 했다. 그는 이 돈으로 아내와 함께 스페인으로 여름휴가를 떠났다. 만슈타인 부부는 안달루시아Andalusia와 카탈루냐Cataluña를 두루 돌아보며 지역 문화와 건축을 감상했다. 그러나 국방부는 상금에 대해 마냥 후하지 않았으므로 만슈타인 부부는 현금이 부족해서 마드리드Madrid와 바르셀로나Barcelona에서의 짧은 체류를 제외하면 여행 기간 내내 '소박한 게스트하우스'에서 묵어야 했다. 그러나 그들은 이 경험을 통해 "현지 주민들의 일상과 활기 넘치는 여가에 대해 세계일주를 하는 관광객보다도 훨씬 더 잘 알게 되었다."

1927년 10월부터 1929년 8월까지 만슈타인은 막데부르크의 제4보병사령관Infantry Commander IV(막데부르크에 주둔한 보병사단의 위장명)의 참모장교로 복무했다. 실제로 그는 3개 보병연대와 1개 공병대대의 훈련을 맡은, 그림자 같은 존재인 사단장 루돌프 크란츠Rudolf Krantz 장군의 참모장이었다. 그는 제1차 세계대전 이전의 연대 보직 이후 처음으로 쉬운 임무를 맡았다. 하지만 그럼에도 불구하고 만슈타인은 크란츠를 보좌하며 많은 것을 배웠다. 특히 크란츠의 지휘법을 관찰한 것이 유익했다고 인정했다. 그러나 풍요로운 문화생활과 생기 넘치는 풍경을 즐길 수 있었던 드레스덴에 익숙해진 데다 스페인 여행까지 다녀온 만슈타인에게 거대한 대성당을 제외하면 내세울 것이 전혀 없는 칙칙한 막데부르크에서의 생활은 상대적으로 지루하게 느껴졌을 것이다. 경력 면에서도 그의 미래 전망은 충분히 비관할 만했다. 공화국군 시대에는 엘리트 참모장교들조차 아주 느리게 진급했기 때문이다.

1928년 2월 1일, 만슈타인은 40세의 나이에 겨우 소령으로 진급했다.

대위로서 13년을 보낸 뒤였다. 딸 기젤라는 아버지가 마침내 장군 계급으로 진급하자 "가족 모두가 큰 자부심을 느꼈고 기뻐했다"고 회상했다. 그녀의 표현에 따르면 소령이 된 만슈타인은 "이제 중요인물이었다." 반면 영국군의 몽고메리는 제1차 세계대전 종전 시점에 이미 중령이었다. 실제로 독일군과 영국군 사이에는 큰 차이가 있었다. 영국군은 직위에 따라 진급시켰음에 반해, 독일군은 복무 기간과 상대적 연령을 우선적으로 고려하고, 그 다음으로 성과를 감안하여 진급시켰다.

국방부 근무

1929년 10월 1일, 막데부르크에서 근무를 마친 만슈타인은 베를린 벤들러 슈트라세Bendlerstrasse에 위치한 국방부 내 병무국에 배치되었다. 재능 있는 참모장교라면 군인으로서 성공하기 위해 누구나 국방부 내 순환근무를 거쳐야 했다. 군사-정치 간의 복잡한 관계는 물론, 가능한 군사적 수단과 바라는 정치적 목표가 상충하기 일쑤인 군사전략의 실제에 대한 이해가 필요했기 때문이다. 공화국군 시대 베를린에서 "책상 앞에서 싸운" 독일 참모장교들은 이런 현실에 맞닥뜨렸다. 만슈타인은 병무국의 제1부서이자 현대의 참모본부 또는 합동참모본부의 작전계획국에 해당하는 'T₁' 내 3개 과 중 하나의 과장으로 임명되었다. 독일군의 조직 및 지휘, 그리고 내외적 위협으로부터 국가를 수호하기 위한 군의 투입을 담당하는 부서였다.

만슈타인의 과에 떨어진 주요 임무는 두 가지였다. 첫째는 육군사령관의 작전계획참모 역할이었고, 둘째는 교육 중인 지휘관들과 참모장교들에게 작전 훈련의 주제 및 자극제로서 기능할 워게임과 전적지 답사를 준비하는 것이었다. 이 두 가지 역할에서 만슈타인은 자신의 강점을 드러냈다. 그는 전략적·전술적 이해력이 뛰어났고 계획가로서의 능력 또한 탁월했다. 만슈타인은 이곳에서 3년 동안 근무하며 군사에 대한 이해를 심화시키는 한편 전략가로서의 명성을 쌓아갔다. 부하, 동료, 상관들과의 관계에서 때때로 긴장감이 감돌았지만 실무적으로는 긴밀한 관계를 맺어나갔다. 만슈타인은 군인으로서 입지를 다지던 시기에 운 좋게도 훗날 높은 자리에까지 오른 역량이 뛰어난 참모장교 2명을 부하로 두었다.

그중 첫 번째는 아돌프 호이징어Adolf Heusinger였다. 그는 제2차 세계대전 동안 육군최고사령부OKH의 작전참모장으로 근무했고, 1957년에는 독일 연방군Bundeswehr 최초 감찰관직에 올랐다. 만슈타인보다 열 살 아래였던 호이징어는 1927~1930년에 시행된 참모장교 훈련계획이 배출한 장교로서 참모본부에서 만슈타인의 뒤를 잇는 가장 젊고 뛰어난 두뇌로 간주되었다. 호이징어는 제2차 세계대전이 끝나고 한참 뒤에 쓴 글에서 이렇게 고백했다.

"처음 만슈타인 밑에서 복무를 시작했을 때는 아주 힘들었다. 전에는 다뤄보지 못한, 완전히 새로운 작전 수준의 임무를 맞닥뜨렸기 때문이다. 게다가 만슈타인은 뛰어난 인물로서 작업 속도가 몹시 빨랐는데, 부하에게도 같은 것을 요구했다."

따라서 호이징어에게 만슈타인은 모시기에 "항상 편안한" 상관은 아니었다. 하지만 국방부에서 몇 달 동안 근무하며 일을 손에 익힌 뒤 그는 깐깐한 상관을 위해 몇 년 동안이나 "열정적으로" 일했다.

만슈타인의 중요한 또 한 명의 부하는 훗날 루프트바페Luftwaffe (독일 공군) 대장이 되어 전시 독일 최초의 통합대공방어체계인 '캄후버 라인Kammhuber Line'을 탄생시킨 장본인 요제프 캄후버Josef Kammhuber였다.

만슈타인은 육군 통수부장인 쿠르트 폰 함머슈타인-에크보르트 남작과 업무적으로 친밀했다. 두 사람은 제1차 세계대전 이전에 제3근위보병연대에서 복무했다는 공통적인 배경을 가지고 있었다. 바이마르 공화국 말기에 수상의 자리에 앉게 되는 쿠르트 폰 슐라이허Kurt von Schleicher도 같은 연대 출신이었다. 만슈타인은 함머슈타인-에크보르트 장군이 그가 만나본 사람들 중에서 가장 똑똑한 사람에 속하나, 정교한 참모 업무에는 부적격했다고 평했다. 만슈타인은 "야전근무규정은 둔한 이들을 위한 것이다"라는 말이 그의 입에서 나온 것이라고 주장했다. '평범한 장교'에 반대되는 '훌륭한 장교'에게는 이러한 지적 도구가 필요 없다는 의미였다. 만슈타인이 정말 그랬다면, 이는 아이러니한 일이 아닐 수 없다. 역사상 가장 중요한 군사교리의 하나인 육군규정 300 '부대의 지휘 및 통제Truppenführung'를 승인한 이가 바로 함머슈타인-에크보르트이기 때문이다.

전술과 작전술에서 '타고난 천재'였던 만슈타인이 교리의 가치에 대해 비판적인 의견을 갖고 있었으리라 짐작하는 것도 무리는 아니다. 실제로 그는 회고록에서 교리의 중요성을 단 한 번도 언급하지 않았다. 이는 독일군 최고위직으로 진급하기 위해서는 전술과 작전 수준의 이해가 필수적이었다는 사실을 반영한 것일지도 모른다. 사회적 계급, 인맥, 스포츠에 대한 식견이 아무리 뛰어나더라도 재능 있는 아마추어는 군에서 환영받지 못했다. 계급의 고저를 막론하고 모든 장병은 직업적 능력을 요구받았고, 자신을 계발해야 했다. 교관과 훈련생들은 통합을 원칙으로 하는 군대정신에 초점을 맞춤으로써 부대 간 경쟁의식을 억눌렀다.

그럼에도 불구하고 나중에 군대의 부분적 기계화가 진행되면서 기갑부대를 열렬히 지지한 하인츠 구데리안과 같은 '개혁가'들과 만슈타인의 멘토가 되는 루트비히 베크Ludwig Beck를 비롯한 보수적 사상가 사이에 긴장감이 감돌게 된다. 그러나 한 가지 아주 중요한 면에서 독일군은 명백히 다른 서유럽 국가의 군대를 앞서 나갔고, 계속해서 선두를 유지했다. 바로 보병, (훗날 기갑부대로 발전하는) 기병, 포병이 공병부대의 지원을 받아 전장에서 힘을 합쳐 싸운다는 '제병협동' 개념이었다. 이러한 전술적 개념은 신설된 독일 공군(루프트바페)의 우선 임무인 근접항공지원의 형태를 취하여 공지합동작전으로 발전했다.

베르사유 조약을 우회하는 방법

국방부에서 만슈타인이 처음으로 맡은 임무 중 하나는 베르사유 조약으로 인해 병력이 10만 명으로 제한된 상황에서 독일을 방어할 좀 더 믿을 만한 수단을 찾기 위해 군대를 확대할 방법을 찾는 것이었다. 베르사유 조약 하에서는 어떠한 종류의 동원도 허락되지 않았기 때문에 이는 쉽게 해결할 수 있는 문제가 아니었다. 만슈타인이 국방부에 처음 배치되었을 당시에는 기존 7개 보병사단과 3개 기병사단에 16개 보병사단을 추가하는 계획 초안이 작성되어 있었다. 이 동원 계획은 병무국의 편제담당 T2 과장이었던 빌헬름 카이텔Wilhelm Keitel 중령(1938~1945년 국방군 최고사령관)의 손에서 탄생한 것이었다. 그러나 예비역과 제1차 세계대전 참전 군인들이 다시 군복을 입는다 해도, 늘어난 보병사단에 보급할 충분한 장비가 없었고 단번에 군 편제를 완성시킬 해결책도 없었다. 베르사유 조약이 내건 제한 사항 외에도 국내의 정치적·사회적·경제적 제약으로 인해 군은 운신의 폭이 좁았다. 1929년 10월 24일 뉴욕 월스트리트 증권시장이 붕괴하면서 발생한 대공황이 독일을 강타하여 국내 실업자 수는 300만 명에 이르고 있었다. 카이텔의 표현을 빌리자면 "터무니없이 높아진 실업 수당" 때문에 군사비 확대는 2순위로 밀려나야 했다.

만슈타인은 회고록에서 이러한 예산 문제나 정치에 대해서는 아무런 언급도 하지 않고 만약 군대를 확장시킨다면 이들을 어떻게 무장시킬 것인가 하는 난해한 문제를 풀기 위해 매달렸다. 그는 무기의 예비 재고를 파악하고, 시설 목록을 샅샅이 파헤치고, 지원 무기의 수를 줄일 수 있는 방법을 고민한 끝에 계산 작업을 했다. 그러고는 군대 확대 계획을 설계해나갔다. 동원령이 떨어지면 기존의 각 보병연대(그 다음은 각 보병사단)를 새로운 2개 보병연대로 늘릴 계획이었다. 그러나 이런 식으로 군대를 확대하려면 기존 계획의 많은 부분을 수정해야 했다. 지금과 마찬가지로 그때도 국방부 내에서 변화에 대한 저항을 극복하기란 쉽지 않았지만, 카이텔이 이룬 성과의 많은 부분이 무로 돌아가고 만슈타인의 계획이 승인되었다. 만슈타인의 군대 확대 계획은 갓 국방부에 입성한 그에게 큰 명성을 안겨주었다. 그는 사전에 군대 확대를 위한 기반을 마련하는 데 있어서 T2나 카이텔의 계획을 거의 신뢰하지 않았다.

만슈타인은 회고록에서 군대 확대가 베르사유 조약 위반이라는 사실을 거리낌 없이 기술했다. 만슈타인을 비롯한 많은 독일인들에게 '강제명령'이 었던 베르사유 조약에는 도덕적인 힘이 없었다. 그들은 조약이 가능한 한 빨리 폐기되기를 바랄 뿐이었다. 만슈타인은 잠재적 적국인 체코슬로바키아, 프랑스, 폴란드가 개별적으로 대적해오거나 연합해서 대적해올 때 독일이 그들에 비해 수적으로 열세라는 점을 근거로 "가장 기초적 형태의 안보"

를 달성할 필요가 있다는 점을 합리화했다.

　군대 확대 계획에 더하여 독일의 방어력을 개선하기 위한 다른 수단도 필요했다. 그 첫 번째 수단은 체코슬로바키아와 폴란드와의 국경에 국경수비군을 조직하는 것이었다. (약한 1개 여단과 맞먹는) 지원병으로 구성된 연대가 30개나 고정적으로 배치되었으며 각 연대는 1개 경포병 분견대의 지원을 받았다. 하지만 만슈타인은 외세의 침략 시 국경수비군의 군사적 가치에 대해 높이 평가하지 않았다. 그는 국경수비군을 (헤이그 협약Hague Convention의 용어를 빌려) "적이 접근하면 무기를 들고 군의 조직적 지휘 하에 일어나 전쟁의 규칙과 관습을 따르는 민중"에 비유했다.

　두 번째는 독일의 동부 국경에 요새를 세운다는, 1931~1932년에 수립된 계획이었다. 당시 독일인들이 가장 큰 위협으로 느낀 것은 폴란드였다. 동프로이센과 맞닿은 국경에서 벌어진 일련의 동원연습이 독일을 당황케 했다. 누가 선수를 칠 것인가? 베르사유 조약 하에서 국경 요새 건설은 금지되어 있었기 때문에 만슈타인은 우세한 폴란드군에 맞서 독일이 효과적인 방어선을 구축할 시간을 벌 수 있도록 일명 하일스베르크 삼각지대 Heilsberger Triangle로 불리는 동프로이센의 배후지에 견고한 보루를 쌓자고 주장했다. 국방장관 빌헬름 그뢰너는 만슈타인의 계획을 승인했다. 곧 철조망과 대전차용 장애물이 설치되고 콘크리트 벙커가 건설되었다. 이러한 방어체계는 훗날 베를린을 폴란드의 직접적인 공격으로부터 보호한 오더-바르테 방어선Oder-Warthe Line과 프랑스와의 국경에 세워진 유명한 지그프리트 방어선Siegfried Line[독일어로 Westwall(서부방벽)]에 설치된 독일의 대규모 방어시설들의 선례였다.

　만슈타인의 회고록에서는 별로 중요하게 언급하지 않고 있으나, 가장 의미심장한 변화는 바로 소련과의 긴밀한 협력 하에 전차와 항공기를 개발한 것이었다. 이는 베르사유 조약을 분명히 위반한 것이었다. 무기 생산을 전체적으로 늘리고 소규모 공군을 설립한다는 계획도 이때 세워졌다.

　이 모든 작업은 1933년 1월 히틀러가 집권하기 '이전에' 이루어졌고, 육군과 공군을 확대할 수 있는 확고한 기반이 되어주었다. 만슈타인은 공화국군이 착수한 초기 작업에 대해 세세히 기록하지는 않았다. 그러나 공화국군이 남긴 결과물은 1933~1939년에 히틀러가 빠른 속도로 군비 확장과 재무장을 강행하던 시기에 그에게 큰 도움이 되었다.

해외 출장

1931년과 1932년에 만슈타인은 몇 번 해외로 출장을 갔다. 독일의 잠재적 적국을 방문하여 민중과 군대, 그리고 주요 군사인물에 대해 귀한 통찰력을 얻을 수 있는 기회였다. 첫 번째 해외 출장은 1931년에 체코슬로바키아의 가을 기동훈련을 견학하러 간 것이었다. 폴란드 당국의 독일 군사사절단 프라하Praha 파견 항의에도 불구하고 견학은 강행되었다. 물론 실제로 '군사사절단'이 있었던 것은 아니지만, 이런 항의는 독일-폴란드 간의 과열된 분위기에서 일어날 수 있는 일반적인 것이었다.

만슈타인은 다른 나라의 재외 주재 대사관 육군 무관들을 방문하고 그들을 평소처럼 신랄하게 묘사했다. 그는 육군 무관이 옷에 달고 있는 훈장의 수는 출신국의 군사력에 반비례한다고 지적했다! 폴란드와 다른 나라에서 만난 영국 육군 무관들에 대해서 그는 이렇게 평했다. "파견국에 대한 그들의 지식은 인상적이었다. 한 국가의 주요 인물들을 만날 때는 무관심한 듯 태연하게 아주 공식적인 행사에서도 말채찍을 들고 나타나곤 했다." 이와는 대조적으로 프라하의 미국 육군 무관은 "참관한 것에 대해 놀라울 정도로 솔직한 감상을 늘어놓았다." 기동훈련 자체에 대해서는 부대의 위장은 훌륭했으나 전술적 기량은 "썩 좋지 않은 정도는 아니고 평균 수준"이라고 평했다. 그는 체코슬로바키아 군대에 대해 이질적인 구성이 눈에 띄는 약점이라고 지적하면서 "소수의 독일인, 헝가리인, 슬로바키아인으로 구성된 부대가 국가를 위해 열의를 다해 싸울 것 같지 않다"고 언급했다.

소련과 독일은 1922년 라팔로 조약Treaty of Rapallo과 뒤이은 1926년 베를린 조약Treaty of Berlin으로 우호관계를 공고히 했다. 이러한 외교적 약속을 맺게 된 것은 정치적·경제적 이유 때문이었으나, 이로 인해 소련과 독일의 군사관계 역시 좋아졌다. 신규 전술 및 기술에 대한 긴밀한 협력은 상호간의 이득이 되었다. 1920년대 중반부터 공화국군은 소련 영토의 비밀 기지에서 베르사유 조약 하에 금지되었던 항공기, 전차, 화학무기를 생산했다. 소련군 역시 이러한 연구개발과 독일 참모본부 훈련, 공화국군 견학에서 이득을 보았다.

만슈타인이 처음 소련을 방문한 것은 1931년 9월로, 당시 그는 실태조사차 출장에 오른 빌헬름 아담Wilhelm Adam 장군의 보좌관이었다. 그의 회고록에는 언급되지 않았으나 이 파견단에는 카이텔과 발터 폰 브라우히치Walther von Brauchitsch(당시 T₄의 과장이었으며 1938년에 독일 국방군 육군 최고사령관이 된다) 대령도 포함되어 있었다. 소련군 장교들로부터 따뜻한 환영을 받은 독일인 손님들은 모스크바Moskva, 하리코프Khar'kov, 키예프Kiev에 위치한 일련의 경제·군사시설을 견학했다. 하리코프에서는 신설된 트랙터 공장을 둘러보았다. 소련인들은 체류 내내 몹시 호의적이었으며, 파견단을 예정된 방문지 외에도 발레와 오페라 공연에 초대하여 러시아 전통 문화를 소개하기도 했다.

당시 중급 참모장교였던 만슈타인은 소련군의 주요 인물 몇 명을 만나는 황금 같은 기회를 얻었다. 그중 일부는 스탈린Iosif Vissarionovich Stalin이 여론 조작용 재판과 즉결 처형을 반복하던 1936~1939년에 숙청되었고, 일부는 제2차 세계대전에서 살아남았다. 만슈타인은 훗날 장군이 된 클리멘트 예프레모비치 보로실로프Kliment Yefremovich Voroshilov(1891-1972), 세묜 미하일로비치 부됸니Semyon Mikhailovich Budenny(1883-1973), 미하일 니콜라예비치 투하체프스키Mikhail Nikolayevich Tukhachevsky(1893-1937)에 대해 개인적 기록을 남기기도 했다.

모스크바에 도착하고 얼마 되지 않아 만슈타인은 국방 인민위원이었던 보로실로프가 주최한 만찬에 초대받았다. 크렘린Kremlin궁에 위치한 보로실로프의 아파트는 잘 꾸며져 있었으나 만슈타인은 방의 개수가 "그 같은 직위에 어울리지 않게 많지 않았다"라고 기록했다. 그는 "볼셰비키 정권 최상층의 인물들이 여전히 소박한 생활을 하고 있다"는 인상을 받았지만, 보로실로프가 독일인 손님들에게 대접한 식사는 "호화로웠다." 러시아식 애피타이저인 자쿠스카zakuska를 먹는 데만도 2시간이나 걸렸을 정도였다. 만슈타인은 소련 고급 장교들의 아내들 역시 같은 테이블에서 식사하는 것을 보고 놀랐으나, 매력적인 그녀들과의 동석을 즐겼다. 그는 러시아어를 한 마디도 하지 못했기 때문에 프랑스어가 능통했던 당시 소련 참모총장 알렉산드르 일리치 예고로프Aleksandr Ilyich Yegorov의 아내와만 대화를 나눌 수 있었다. 만슈타인은 이성에 대한 기록을 거의 남기지 않았으나, 모스크바의 이 특출한 미녀에 대해서는 "만찬에 참석한 부인들 가운데 유일하게 굉장히 우아하게 차려입은 인물"이라고 기록했다. 갈리나 안토노프나 예고로바Galina Antonovna Yegorova의 고급스러운 의상은 "영화배우라는 화려한 직업"에서 비롯된 것이었음에 틀림없다.

러시아 내전의 영웅적인 기병대장으로서 콧수염과 당당한 풍모가 인상적인 부돈니에 대해 만슈타인은 간략하게 "구식의 늙은 군마"라고만 기록했다. 두 사람은 1932년 출장에서도 재회했다. 1942년 봄, 부돈니는 북캅카스 방면군의 최고사령관으로서 크림 반도 전역에서 만슈타인과 대치했으나 곧 스탈린에 의해 좌천당했다. 만슈타인은 전후에 이 사실을 기록하며 조소를 아끼지 않았다. 그는 부돈니가 육군대학 시절에 얻은 군사적 지식이 "최고사령관이 갖춰야 하는 수준에 확실히 모자랐다"고 평하면서 다른 모든 장군들과는 달리 부돈니가 "항상 인민위원들의 얼굴 표정을 따라 짓지는 않았다"라고 덧붙였다. 부돈니에게도 장점이 하나쯤은 있었던 것이다.

만슈타인은 보로실로프와 부돈니에 비해 투하체프스키에 대해서는 보다 긍정적으로 묘사했다.

국방 인민위원 대행은 의심의 여지 없이 흥미로운 인물이었다. 그는 제정 러시아 근위대에서 복무했음에도 혁명가가 되었다. 내가 보기에 그는 똑똑한 만큼이나 경솔한 사람이었다. 공화국군과의 기술적 협력에 열의를 보였으나-최대한 많은 것을 얻어내고 적게 주자는 입장이었지만- 소련군 사령관에게 허용되는 범위 내에서 프랑스군에 동조하는 듯했다.

아이러니하게도 훗날 투하체프스키는 독일군에 동조했다는 이유로 스탈린에게 힐난을 받게 된다. 그러나 두 사람 사이의 불화는 그보다 훨씬 더 근본적인 것에서 비롯되었다. 소련의 지도자 스탈린은 혁신적이고 독자적인 사상가였던 투하체프스키를 두려워했던 것이다. 만슈타인은 회고록에서 전 참모총장이었던 투하체프스키가 당시 소련군의 기술무기부장이라는 사실은 언급하지 않았다. 특출한 재능을 타고난 작전이론가이자 개혁가였던 투하체프스키는 1936년에 획기적인 임시 야전규정을 작성한 주 저자이기도 했다. 그는 히틀러의 나치 독일에 협력했다(히틀러의 나치 독일에 대해 경고한 사실과는 다르게)는 누명을 쓰고 스탈린의 지시에 따라 총살당했다. 투하체프스키에게 유죄를 선고한 군사재판소에는 용감한 부됸니가 속해 있었다. 이로써 나치 독일은 제2차 세계대전에서 투하체프스키와 맞붙지 않아도 되었다는 점에서 운이 좋았다.

귀국길에 아담 장군은 독일 대표단을 대표하여 보로실로프의 환대에 감사를 표했다. 그들을 초대했던 나이 든 소련인은 1932년 초에 이렇게 답장을 썼다.

우리나라에 체류하는 동안 견학이 만족스러우셨다니 기쁘군요. 저 또한 장군께서 적군의 훈련 및 현 상황에 대해 평해주신 것에 대해 심심한 감사를 표하고 싶습니다. 우호국의 대표이자 저명한 군사전문가이신 장군의 논평은 제게 굉장한 가치가 있습니다.

이로부터 채 10년도 지나지 않아 나치 독일은 소련을 침공하여 역사상 가장 잔인하고도 대가가 큰 전투를 치르게 된다. 독소 관계의 비극적 전개는 국제관계가 10년 사이, 혹은 그보다 훨씬 짧은 기간 동안에도 급격히 변화할 수 있다는 가혹한 현실을 일깨워준다. 오늘 새로 사귄 친구는 지금은 매력적일지 모르지만, 언제든 다시 적으로 돌아설 수 있는 것이다.

1931년, 1932년 두 차례에 걸친 만슈타인의 소련 출장 기록은 그가 10년 후 동부전선에서 전투를 벌이며 작성한 회고록을 이해하는 데 있어 중요한 맥락을 제공한다. 이 두 번의 출장 동안 만슈타인은 소련군을 관찰하고 훗날 제2차 세계대전에서 전투를 치르게 되는 지역의 지리를 살펴볼 훌륭한 기회를 얻었다. 만슈타인에게 여러 면에서 영향을 미친 이때의 경험은 돌이켜보면 분명히 가치가 있었을 것이다. 만슈타인은 부당하게도 소련군을 그다지 좋지 않게 보았는데, 이는 나중에 그가 소련군의 군사적 잠재력을 과소평가하고 고위 지휘관들이 내린 의사결정의 수준을 폄하하는 원인이 되었다. 제2차 세계대전 이후 만슈타인은 소련군에 대해 "최고사령부는 무능하고 책임감이 부족하며, 전체주의 체계 하에서 참모들은 만족할 만한 성과를 내지 못하고, 하위 지휘관들과 병사들은 진취성이 부족했다. 이 모두가 전쟁 초기 소련군의 패배에 일조했다"라고 혹평했다.

한편 동부전선에서의 '잃어버린 승리'에 대해서는 씁쓸한 어조로 이렇게 회고했다.

전쟁 발발 당시 독일군은 일부 장비 면에서 앞서 있었을 뿐, 수적인 면에서 열세했다. 소련군 지휘관들은 전쟁을 하면서 교훈을 얻은 게 분명했다. 하지만 결국 그들이 성공을 거둔 것은 독일군 최고사령부의 오판 때문이 아니라 압도적인 수적 우위 덕분이었다. 그런데 수적 비율이 5 대 1, 7 대 1이나 되는 상황에서는 용병술이 자리할 여지가 없었다. 소련군 지휘관들은 지휘술을 발휘할 필요가 없을 정도로 충분한 병력과 무장을 보유하고 있었다.

히틀러는 1941년 6월 소련 침공 전에 소련군에 대해 개인적으로 아는 것이 하나도 없었다. 하지만 나중에 원수의 자리에 오르는 브라우히치, 카이텔, 만슈타인을 비롯한 그의 주요 고문들은 분명히 소련군을 알 기회가 있었다.

독일군은 소련 침공을 계획하면서 소련군의 군사적 역량을 평가절하한데다 경제적 잠재력마저 과소평가하는 심각한 오류를 저질렀다. 다른 사람은 몰라도, 만슈타인과 카이텔은 그보다 올바른 판단을 내렸어야 한다. 가령 1931년 여행을 마치고 아버지에게 보낸 편지에서 카이텔은 소련에 대한 예리한 관찰력을 보여준다. 그는 이렇게 강조했다.

"광활한 공간과 이용한 가능한 엄청난 원자재, 이 두 가지는 독립적인 경제의 전제조건입니다. 그들은 (산업적) 발전에 대해 흔들림 없는 믿음을 갖고 있고, 5년 계획을 세워두었더군요. 작업은 최고속도로 진행되고 있습니다."

확실히 카이텔, 브라우히치, 만슈타인은 소련의 경제적·군사적 능력이 급성장하리라는 것을 추론할 수 있었을 만큼 많은 것을 보고 돌아왔다.

나중에 자세히 다루겠지만, 히틀러와 만슈타인을 비롯한 국방군 고위 지휘관들은 하나같이 소련군과 그 지도자들이 이전의 실패로부터 얼마나 많은 교훈을 얻었을지 예측하는 데 실패했다. 그들은 소련군이 제병협동 교리를 실행하기에는 전술적 역량이 분명히 부족함에도 불구하고 전략 및 작전 수준에서 독일군을 능가하리라고 생각하지 못했다. 소련군의 성공은 만슈타인의 주장과 달리, 단지 수적으로 우세한 부대를 전투에 내보냈기 때문만이 아니었다. 만슈타인은 소련군이 우월한 작전술을 이해하고 적용하여 위대한 승리를 얻어냈다는 사실을 무시했다. 그러나 제2차 세계대전 이후 잘못된 평가를 내린 것은 만슈타인뿐만이 아니었다. 냉전이 정점에 이르렀던 1980년대 초반만 해도 헤르만 발크Hermann Balck와 프리드리히 폰 멜렌틴Friedrich von Mellenthin 같은 80대의 노장군들은 순진한 미국 육군을 청중으로 앉혀놓고 소련군의 강점과 약점에 대해 강의하곤 했다. 멜렌틴 장군은 이렇게 말했다.

"우리 이야기를 믿으세요. 러시아 군인은 집단이고 유럽 군인은 개인입니다. 그게 바로 그들과 우리의 차이입니다."

이는 사실일지도 모른다. 그러나 레닌의 유명한 발언처럼 "양이 곧 질이다."

1932년에 떠난 두 번째 소련 출장에서 만슈타인은 캅카스를 방문하여 적군Red Army의 가을 기동훈련을 견학했고, 모스크바에서 잠시 머물렀다. 돌아와서 그는 대대장에 임명되었다. 25년도 더 전에 제3근위보병연대에 입대한 이후 처음으로 만슈타인은 다음 근무지를 자신이 정할 수 있었다. 체질이 약한 맏아들 게로가 급성천식에 시달리고 있었으므로, 만슈타인은 바다 공기가 아들의 건강에 좋으리라고 판단하고 발트 해 연안에 위치한 포메라니아Pomerania의 콜베르크Kolberg를 근무지로 선택했다. 만슈타인의 근무지 배정 요구는 수용되었다. 그의 가족은 이 선택을 단 한 번도 후회하지 않았다.

(Vatutin)

5th Guards Army
Prokhorovka

69th Army

Donets

5th G
Tank

제3장
히틀러 휘하에서

"새로운 정권에는 우리 군인들과 대중의 마음에 들지 않는 요소가 많았다."

– 에리히 폰 만슈타인 –

대대장 시절

페르산테Persante 강어귀에 위치한 콜베르크Kolberg(현 폴란드령 코워브제크 Kolobrzeg)는 오늘날 포메라니아 해안의 보석으로 불리는 발트 해의 우아한 휴양지다. 이곳은 지리적 여건이 뛰어나며 역사의 현장으로서도 명성이 높다. 동프로이센 출신인 비스마르크Otto Eduard Leopold von Bismarck는 "발칸 반도 전부를 합쳐도 건장한 포메라니아 머스킷총병 한 명의 가치에도 미치지 못한다"라는 신랄한 발언으로 콜베르크를 비롯한 북프로이센을 옹호했는데, 실제로 그랬다. 콜베르크는 오랫동안 프로이센의 중요한 요새이자 1807년 프랑스군을 용맹하게 막아낸 공성전이 펼쳐진 장소로서, 독일인들이 자긍심을 가질 만한 특별한 곳이었다. 히틀러가 이끌던 제3제국은 아주 기이하게도 거금을 들여 콜베르크 공성전에서 힘을 모아 분투하는 수비대와 마을 주민들을 그린 영화 〈콜베르크〉를 제작했다. 제2차 세계대전이 한창이던 1943~1944년에도 히틀러는 영화 제작에 아낌없이 돈을 퍼부었다. 전선에 투입되어야 할 병사 1만 명 이상이 엑스트라로 고용되었다. 하지만 편집을 마친 〈콜베르크〉가 마침내 독일 영화관에서 개봉된 것은 히틀러 집권 12주년을 맞은 1945년 1월 30일이었다. 독일군이 모든 전선에서 패하고 막대한 손실을 입은 뒤였기 때문에 국민들의 사기를 진작시키기에는 이미 너무 늦었다. 가장 광적인 나치당원을 제외한 모두가 독일의 패배를 기정사실로 받아들이고 있었다. 놀랍게도 포위된 수비대가 저항을 계속하고 있던 대서양 연안의 라로셸La Rochelle 요새에도 〈콜베르크〉의 필름이 투하되었는데 그

효과가 어땠는지 역사에는 기록되어 있지 않다. 모르긴 몰라도 그것은 제2차 세계대전을 통틀어 가장 쓸데없는 행위로 기억될 것이다.

1932년 10월 1일, 만슈타인은 콜베르크에 주둔한 공화국군 제4보병연대의 경보병Jäger 대대장에 임명되었다. 영국의 윌리엄 슬림William Joseph Slim 원수는 유명한 전쟁회고록『승리를 향해Defeat into Victory』에서 최고의 부대 단위는 "소대, 대대, 사단, 군"이라고 서술한 바 있는데, 만슈타인 역시 이 말에 동의했을 것이다. 만슈타인은 아주 다른 군대 문화와 환경을 경험했으나 이 4개 수준의 부대를 이끈 경험을 특히 소중하게 여겼다. 대대장 임무는 베를린에서의 판에 박힌 참모장교 업무에서 벗어나 기분전환을 할 수 있는 반가운 기회였다. 휘하에 대대를 거느린 만슈타인은 다시금 병사들과 개인적으로 접촉할 수 있었다. 그는 "독일 젊은이들을 애국심 가득하고 유능한 병사로 교육시키는 것"이야말로 다른 무엇보다도 보람찬 임무라고 주장했다.

만슈타인은 든든한 경보병대대원들을 극찬했다. 그들은 직업군인으로서 "국가의 미더운 자산이자, 과거 전쟁에서 독일을 지켜낸 선조들의 후예"였다. 경보병대대는 훌륭한 학교 교육을 받은 인재들을 모집했다. 그들 중 많은 사람들은 나중에 임업에 종사했다. 만슈타인은 임업 종사자들의 자제들이 "듬직한 군인"이었다고 언급했다. 하지만 그는 대도시를 중심으로 퍼져나가던 탐탁지 않은 사회주의적 사고를 최소화하기 위해 공화국군이 정책적으로 시골 지역에서 집중적으로 모병을 실시했다는 사실은 그의 회고록에서 일절 언급하지 않았다. 두루 존경받는 능력자 아돌프 슈트라우스Adolf Strauss 대령을 연대장으로 모신 것은 만슈타인에게 행운이었다. 아돌프 슈트라우스 대령은 1940년에 서부 전역에서 제9군을 지휘하게 된다. 두 사람은 돈독한 관계를 쌓았고, 서로에게 든든한 버팀목이 되었다. 만슈타인은 그를 존경했다. 슈트라우스 밑에서 만슈타인은 중대장 시절처럼 자신의 방식대로 자율적으로 병사를 훈련시킬 기회를 얻었다. 1급 군대의 훌륭한 사령관이라면 누구나 해당되는 이야기겠지만, "만슈타인의 대대원들이 자신이 속한 대대에 대해 자부심을 느꼈던 것처럼 만슈타인 역시 자신의 대대원들에 대해 자부심을 느꼈다."

만슈타인과 그의 가족은 군부대 외에도 볼거리가 많은 콜베르크에 배치받은 것을 크게 기뻐했고, 바닷가와 가까운 집을 임대하여 여름에는 자유 시간의 대부분을 해변과 바다에서 보냈다. 만슈타인의 딸 기젤라는 이렇게 회상한다.

"아버지는 여름이든 겨울이든 게로와 나를 데리고 맨발로 해변에서 달리기를 했다. 날씨가 아주 안 좋을 때에는 집 안에 머무르며 실내운동을 했다."

만슈타인은 가벼운 운동과 수영으로 건강을 유지했고, 지역 훈련장에서 대대원들의 수렵에 참여하는 등 가능할 때마다 승마를 즐겼다. 그는 제2차 세계대전 내내 스포츠에 관심을 기울였으며 운동할 기회를 절대 놓치지 않았다. 만슈타인의 직속 부하들에게는 확실히 달갑지 않은 취미였을 것이다.

만슈타인 일가는 지역의 소귀족들에게 환대를 받았으며 그들과의 교류를 몹시 즐겼다. 그들은 여름 휴가 끝무렵인 8월 '시즌'마다 포메라니아와 슐레지엔의 부유층과 함께 콜베르크 해안에 모여들었다. 어느 지역 재담꾼은 이 현상에 대해 "포메라니아 귀족들은 케케묵은 숲과 보석으로 치장한 아내들에게서 탈출하여 바닷물에 몸을 던지기 위해 이곳까지 전진해왔다"라고 표현했다. 8월마다 찾아오는 연례 마술馬術대회 역시 훌륭한 볼거리였다. 만슈타인은 콜베르크 생활에 대해 이런 총평을 했다.

"콜베르크에서 보낸 시절은 근위대에서 소위로 근무하던 때와 더불어 내 군 생활에서 가장 유쾌하고 근심 없는 나날이었다."

반어법적인 발언은 아니겠지만, 사실 이런 평가는 퍽 놀랍다. 그가 발트해 연안에서 근무하는 동안 베를린과 독일 전역에서 일어나기 시작한 일련의 사건들의 먹구름에서 자유롭지 못했을 것이 확실하기 때문이다. 그 정점은 1933년 1월 30일, 히틀러의 수상 취임이었다.

만슈타인이 대대장으로서의 복무를 즐기는 동안 독일 경제 상황은 점점 더 극단적인 상황으로 치닫고 있었고, 정치적 상황은 사상 최고로 불안정했다. 1930년 9월 14일 총선거에서 국가사회주의독일노동자당NSDAP(일명 나치당) 기존의 12석에서 9배나 많은 107석을 차지하며 히틀러가 처음으로 정계에 정식 등장했다. 세계를 덮친 대공황으로 인해 1932년 초 독일

실업자 수는 600만 명에 달하고 있었다. 국가사회당은 1932년 7월 31일 의회 선거에서 총 608석 중 230석을 차지하며 가장 많은 의석을 얻은 최대 당이 되었으나 과반을 얻는 데는 실패했다. 공화국군의 암묵적 지원 하에 힌덴부르크가 히틀러를 1933년 1월 30일에 수상으로 임명할 때까지 헌정 위기 상황과 불확실성은 계속되었다.

콜베르크는 국가사회주의자들이 1933년 3월 5일 바이마르 공화국 최후의 연방의회 선거에서 다수당의 자리에 등극하며 불러온 '국가 혁명'의 영향권 안에 있었다. 선거 단 6일 전에 연방의회 의사당Reichstag 방화사건이 일어났다. 당시 만슈타인의 대대는 되버리츠 훈련장의 사격장에서 사격훈련을 하고 있었다. 기묘한 우연으로, 당시 콜베르크에서 베를린으로 휴가를 가 있던 무명의 만슈타인 대대 소속 부사관 한 명이 2월 27일 저녁에 마침 연방의회 의사당 옆을 지나가다가 불타고 있는 건물을 목격하고 최초 신고를 했다. 그는 나중에 이에 대한 치하의 의미로 독일 정부로부터 포상을 받았다. 후에 밝혀지겠지만, 연방의회 의사당 화재는 나치 독일 설립의 배경이 되는 핵심 사건들 가운데 하나였다. 독일인이 누려야 할 시민으로서의 자유를 위협하는 공산주의자의 테러로 규정된 이 사건으로 말미암아 히틀러에 대한 어떠한 반대도 금지하고 언론 자유를 철폐하는 내용의 '의회 방화에 관한 법령Reichstag Fire Decree'이 탄생했다.

1933년 3월 5일 이후 입지를 공고히 한 나치 정부가 취한 첫 행동은 3월 24일에 전권위임법(수권법)을 압도적인 득표수로 통과시킨 것이었다. 이 법은 '의회 방화에 관한 법령'과 더불어 의회 민주주의의 기틀을 해체하는 결과를 낳았고, 만슈타인의 표현대로 "히틀러의 독재로 가는 문을 열었다." 바야흐로 법치국가의 붕괴가 시작된 것이다.

만슈타인은 회고록에서 1933년 독일 사회를 뒤흔들고 공화국군에게도 영향을 미친 극단적인 변화의 중심에 있던 두 가지 사건에 대해 기록했다. 그 첫 번째는 프로이센 주 신임 내무장관이었던 헤르만 괴링Hermann Göring이 콜베르크에서 열린 나치당 전당대회에 방문한 사건이었다. 베를린으로부터 이 행사를 위해 의장대를 편성하라는 명이 떨어졌다. 그러나 독일의 군사 전통에 따르면, 의장대는 국가수반이 방문할 때나 편성되는 것이지, 일 개 당의 정치적 목적을 위해 불려 다닐 수 없었다. 만슈타인에 따르면 그와 콜베르크에 있던 공화국군 동료들은 베르너 폰 블롬베르크 국방장관이 나치당에 노골적으로 아첨하려는 의도로 이런 명령을 내렸다고 보고 열병식에서 가능한 한 그의 목적이 성사되지 않도록 노력했다. 의장대장은 괴링이 아니라 연대장 슈트라우스 대령에게 보고한 다음, 베를린에서 온 살찐 거물인 괴링과 동행하여 '자신의' 군대를 사열했다. 하지만 소름끼치는 군부의 정치화에 이처럼 작은 반대의 걸음을 내딛음으로써 만슈타인은 괴링을 적으로 만들었는지도 모른다. 두 사람의 서로에 대한 증오는 제2차 세계대전 중 만슈타인이 최고사령부에 입성한 이후에 명백하게 드러나지만, 알고 보면 시작은 그보다 훨씬 전이었다.

두 번째 사건은 유대인에 대한 공격이 날로 증가한 것인데, 시골보다는 도시에서 그 여파가 더 컸다. 만슈타인은 이것이 "콜베르크처럼 작은 도시에서 특히 혐오스러운 결과를 낳았다"라고 묘사했다. 특히 한 사건이 그의 주의를 끌었다. 지역 고아원의 선임 의사이자 제1차 세계대전에서 1급 철십자훈장을 받은 전 군의관이 피해를 입은 사건이었다. '반+아리아인'이었던 그는 지역 나치들 때문에 직업을 잃었다. 그러나 슈트라우스와 만슈타인이 개입한 덕분에 의사는 한시적으로나마 직위를 유지할 수 있었고, 그 뒤로도 계속해서 장교 클럽에 초대되었다. 이에 지역 나치당 관계자들은 약이 올랐다.

1933년 독일에 시행되기 시작한 반유대주의적 조치에 대해 독일군은 별로 반대하지 않았다. 힌덴부르크 대통령이 유대인 참전용사들에 대한 차별에 대해 히틀러에게 불만을 표함으로써 그나마 군의 위신을 세웠다. 그는 이렇게 편지를 썼다. "만약 그들이 독일을 위해 싸우고 피 흘렸다면, 계속해서 자신의 직위에서 조국을 섬길 자격이 있다." 이에 히틀러는 냉소적으로 답했다. "구프로이센이 청렴했던 이유는 유대인들에게 공직에 접근할 수 있는 기회를 제한했기 때문이다. 당시 장교단은 자발적으로 거의 완전한 순수성을 유지했다." 즉, 군대는 이미 조직적 차별을 묵과한 전적이 있으므로 반유대주의에 대해 불평할 입장이 아니었던 것이다. 마침내 반유대주의법이 약간 수정을 거쳐 제정되었다. 그에 따라 독일 공무원들과 군인들은 아리아인 혈통을 증명해야 했다. 힌덴부르크의 실패한 개입 조치에 만슈타인도 연관되었는지 여부는 알려지지 않았으나, 그는 훗날 차기 참모장교 선발에서 유대인 장교들의 편에 섰다. 독일 전역에서 유대인들의 상황은 점점 악화되었다. 냉대나 위협을 받는 정도에서 그치면 다행이었고, 심하면 폭행을 당하거나 살해당하기도 했다.

한편 공화국군과 에른스트 룀Ernst Röhm이 이끄는 갈색 셔츠를 입은 나치의 사병 조직인 돌격대Strum-Abteilung, SA 사이에는 벌써부터 마찰이 일고 있었다. 콜베르크에서는 만슈타인의 대대원과 현지 돌격대 사이에 싸움이 몇번 벌어졌고, 폭행은 걷잡을 수 없는 수준으로 치달았다. 만슈타인이 냉담하게 기록했듯 이 사태에서 긍정적인 점이라고는 "경보병대대원이 아니라 돌격대원이 패했다는" 사실이 유일했다. 블롬베르크가 군에 돌격대원을 훈련시킬 인력을 파견하라고 지시하자, 두 집단 사이의 갈등은 공식적으로 표면화되었고, 그들의 관계는 악화일로를 걷기 시작했다. 제2차 세계대전후 만슈타인은 —비록 한참 뒤에 회고한 것이지만— 그 당시에 자신이 느꼈던 것을 이렇게 기록했다. 이는 그 당시의 많은 독일인들의 생각을 대변해주고 있다.

……그때는 히틀러가 부하들의 실수, 무례, 악행에 대해 아무것도 모르고 있으며, 만약 알았더라면 절대 그런 행위를 승인하지 않으리라는 견해가 지배적이었다. 독일인들은 오랫동안 이처럼 속고 있었다. 되돌아보면 부하의 행동에 대해 상관의 책임을 묻는 우리 군인들이 히틀러에게는 똑같은 잣대를 적용하지 않았다는 것이 이상하게 여겨진다. 하지만 우리는 군인의 세계와 정치인의 세계는 돌아가는 방식이 다르겠거니 생각하고 같은 규칙을 적용할 수 없다고 믿었다.

그러나 누가 무엇을 부정하고, 누구를 기만하고 있었던가? 당시 복무 중이던 장교 만슈타인은 나치당에 가입한 적이 없었다. 하지만 수백만 명의 독일인들과 마찬가지로 그도 제2차 세계대전이 발발하는 시점까지, 그리고 그 이후에도 두어 해 동안은 히틀러의 암묵적 지지자였을 가능성이 크다.

당시 국가사회주의 이데올로기는 엄청난 인기를 얻고 있었다. 히틀러는 민주적으로 선출되었다. 노동계급, 중간계급, 대부분의 상류계급, 특히 산업계의 거물들이 그를 지지했다. 괴벨스Paul Joseph Goebbels에 의해 교묘히 조작된 교활하고 비양심적인 선전으로 말미암아 지긋지긋한 경제적 빈곤과 정치적 무질서에서 벗어났다는 안도감과 국가가 재활하고 있다는 믿음이 너무 강해서 정부의 행위에 대해 집단 차원에서 도덕적 분개를 느끼기 어려웠다.

나중에 전체주의 국가에 대항해 아무런 행동을 하지 않은 사람들을 비난하는 것은 뒷북을 치는 것에 불과할 뿐, 그런 상황에서 직접 저항을 시도하는 것과는 완전히 다른 일이다. 자유에 익숙하고 독립된 언론과 민주주의를 누리고 있는 오늘날의 현대인들은 나치의 만행 앞에서 맹목적이고 수동적으로 대처한 수백만 명의 사람들을 너무나 쉽게 비난한다. 그러나 그때는 아직 나치의 방종이 만천하에 드러나기 이전이었다. 도를 넘는 지나친 행위들은 알려지지 않았다. '진실'이란 항상 모든 것을 온전히 담고 있는 것은 아니다. 때때로 사람들이 보고 싶어하는 것이 진실일 때도 있으니까. 그렇긴 하지만 폭행을 당하거나 직업을 잃거나 비인간적으로 감금당하거나 결국에는 처형당할 수도 있다는 공포는 실제로 존재했다. 1933년에 사회민주주의자, 공산주의자, 그리고 그 밖의 다른 나치 반대 세력의 수에 대한 추산은 각기 다르지만 최소 10만 명에 달했다는 것이 중론이다. 독일 강제수용소의 첫 수감자들은 유대인이 아니라 이러한 정치범들이었다.

만슈타인은 "마을부터 국가에 이르기까지 모든 수준의 정치적·사회적·공동체적 삶에 전면적으로 영향을 미친" 히틀러의 독일 사회 '통일' 정책, 즉 획일화Gleichschaltung 정책에 관해서도 언급하지 않았다. 변두리 도시였던 콜베르크 역시 독일 전국을 아우르는 이 과정에서 성역으로 남을 수는 없었을 것이다. 나치당원들의 무자비한 폭력과 유대인의 생명과 소유물에 대한 경멸 등 국가사회주의에는 분명히 어두운 면이 있었고, 만슈타인이 이를 축소시켜 기술했음은 짚고 넘어가야 할 점이다. 어떠한 개인적 회고록에서든 이야기한 것만큼이나 이야기하지 않은 것에 의미가 있기 마련이다. 만슈타인도 이런 원칙을 비켜갈 수는 없다. 어쨌거나 부정할 수 없는 슬픈 사실은 많은 독일인들이 히틀러에게 아부하고 지지를 보냈다는 점이다. 군인들도 예외가 아니었다. 그중 만슈타인의 입장은 모호했으며, 모순적이라고 해도 좋을 것이다. 독실한 기독교인으로서 그는 인간의 존엄성에 대해 깊이 이해하고 있었기 때문에 나치당 폭력배들이 거리에서 행한 만행들을 몹시 경멸했다. 하지만 히틀러가 너무나도 달콤하게 약속한, 자신만만한 강국 독일에 대해서는 국가주의자이자 애국자로서 전적으로 찬성했다.

군관구 참모장 시절

만슈타인은 1933년 12월 1일에 대령으로 진급했고, 1934년 2월 1일에 제3군관구사령부의 참모장에 임명되어 다시 베를린으로 돌아갔다. 다른 참모장교들처럼 콜베르크에서 통상 2년의 대대장 근무를 마치게 해달라는 만슈타인의 요청은 당시 육군 통수부장이었던 쿠르트 폰 함머슈타인-에크보르트 남작에 의해 각하되었다. 그의 후배가 훗날 참모본부의 요직에 오르려면 보다 넓은 경험이 필요하다고 판단했던 것이다. 만슈타인이 새로운 보직에 오르자, 전 제3관구사령관이었던 베르너 폰 프리치Werner Freiherr von Fritsch가 함머슈타인-에크보르트의 후임으로 육군 최고사령관에 취임했다. 제3관구사령관에는 만슈타인이 드레스덴에서 함께 참모장교 후보생 교관으로 일하며 가깝게 지냈던 에르빈 폰 비츨레벤Erwin von Witzleben이 올랐다. 만슈타인은 비츨레벤의 자질을 높이 평가했으며, 특히 그가 자신에게 많은 권한을 위임했기 때문에 존경했다. 상관의 전적인 신뢰 하에 임무를 스스로 알아서 수행한다는 것은 만슈타인처럼 유능한 참모장에게 반가운 일이었다. 비츨레벤은 나중에 반히틀러 세력의 주요 인물로서 1944년 7월 20일 쿠데타 실패 이후 처형당했다.

만슈타인 휘하 참모장교 가운데 주목할 만한 인물로는 작전부장 한스 그라프 폰 슈포네크Hans Graf von Sponeck 대령이 있었다. 그는 1941~1942년에 만슈타인 휘하에서 사단장 및 군단장으로서 크림 전역에 참가하게 된다. 그의 비극적 최후에 대해서는 나중에 기술하겠다.

그사이 독일 내에서는 국내 문제로 결전의 날이 다가오고 있었다. 군인과 일반 민중에 대한 돌격대와 돌격대 소속 거리 폭력배들의 범죄행위가 점점 더 격렬해지고 사회적 불안을 조성하면서 시민 질서를 위협할 뿐만 아니라 경찰과 군의 역할을 위태롭게 하는 데까지 이르렀다. 지난 몇 달 동안 군대와 돌격대의 관계는 악화되었고, 둘 사이의 긴장은 룀이 군에 돌격대를 위해 훈련병을 제공하라고 요구한 사건으로 절정에 이르렀다. 결전이 빠르게 다가오고 있었고, 히틀러는 행동을 취해야 할 필요성을 느꼈다.

1934년 2월 28일, 히틀러는 공화국군 수뇌부와 돌격대SA 및 친위대SS 지휘자들을 베를린 란트베어Landwehr 운하 변에 위치한 국방부에 소집했다. 히틀러의 소환을 받은 이들은 국방부의 대형 회의실에 집결했다. 만슈타인이 총통 히틀러를 가까이에서 보고 그의 목소리를 가까이에서 들은 것은 이때가 처음이었다. 그는 히틀러에게서 강한 인상을 받지 못했다고 기록했으나, 바이마르 공화국을 "베르사유의 족쇄에서 해방시키겠다"는 목표를 부르짖은 히틀러의 연설만은 상당히 세세한 부분까지 기억했다. 히틀러가 그 선행조건으로 제시한 내용 중에는 "국민 통합과 군 재무장에 의한 대외 안전보장"이 포함되어 있었다. 만슈타인은 히틀러가 말한 독일인을 위해 필요한 생활권Lebensraum 확보에 대해서도 기록했다. 연설에서 만슈타인에게 가장 의미 있었던 부분은 국방군Wehrmacht(독일의 군사력을 집합적으로 일컫는 표현으로서 아직 공식 명칭으로 채택되기 이전이었다)이 "독일에서 유일하게 무기를 소지할 수 있으며" 앞으로도 그럴 것이라는 단언이었다. 이는 돌격대를 정조준한 위협사격으로서 군 내의 사기를 눈에 띄게 진작시켰다. 흥미롭게도 만슈타인은 히틀러의 팽창주의적 대외정책이 군에 영향을 미치리라는 사실은 기록하지 않았다. 히틀러는 필수적인 생활권을 확보하기 위해 "우선 서쪽으로, 그 다음 동쪽으로 짧은 결정타를 날려야 할 필요가 있을 것이다"라고 선언했다. 이때부터 11년 동안 전쟁의 징후가 독일에 긴 먹구름을 드리우게 된다.

유대인 문제: 홀로 아리아인 조항에 반대하다

국가사회주의 정책 가운데 독일 내 유대인의 처우에 대한 만슈타인의 개인적 입장은 타협과 모순으로 점철되어 복잡하다. 그는 유대인 장교 고용을 금지하는 법에는 반대했다. 이는 1934년에 그가 베를린 제3군관구사령관 참모장직을 맡자마자 병무국장이었던 루트비히 베크에게 보낸 공식 서한에서 잘 드러난다. 만슈타인의 개입은 유대인의 공무원 및 군인 신규 임용을 막고 현직자도 자리에서 물러나게 하는 소위 아리아인 조항Aryan Paragraph에 대한 유일한 저항으로 기록되어 있다. 하지만 1934년 4월 21일 만슈타인이 발송한 서한과 첨부된 제안서(타자기로 작성한 긴 문서였다)를 검토해보면, 그가 독일 내 유대인의 운명에 대해 취한 입장은 애매하다는 표현이 어울린다.

그렇다면 만슈타인이 공개적으로 항의 서한을 보내게 된 계기는 무엇이었을까? 그는 콜베르크에서 지휘했던 연대에 속한 젊은 대위 한 명으로부터 편지를 받았다. "인격, 신념, 능력"이 훌륭해서 만슈타인이 특히 높이 평가한 부하였다. 만슈타인은 항의 서한에 이 대위의 편지를 동봉하여 병무국장 베크에게 보내며 (아리아인 조항의 소급 적용과 관련된) 유감스러운 특정 사례뿐 아니라 더 나아가 이 일에 대해 장교단이 어떤 입장을 취해야 하는가 하는 문제에 대해 걱정하고 있다는 것을 명확히 했다.

만슈타인의 제안서는 단도직입적인 문장으로 시작한다. "본인과 배우자 모두 순수한 아리아인 혈통일 것"이라는 국방군의 조건이 1933년 1월 30일부로 "미래를 위해 당연한 절대적인 조치라고 가정합시다." 이어 그는 "장기 복무한 군인들에게 아리아인 조항을 소급 적용하는 것"에 한정하여 주장을 펼쳤으나, 동봉한 편지에서는 제1차 세계대전에 참전한 비아리아인 군인들을 콕 집어 언급했다. 만슈타인은 계속해서 강경한 태도로 "판사, 변호사, 의사 직종이 유대인과 반유대인으로 넘쳐난다는 사실에는 아무도 이의를 제기하지 못할 것"이라며 "엄격한 정화"가 필요하다고 썼다. 그러나 그는 유대인의 비율이 미미한 군대에도 동일한 조치가 적용되어야 할 필요성에 의문을 제기했다.

만슈타인이 아리아인 조항에 반대한 주된 이유는 군인이라는 직업에 특수성이 있다는 판단 때문이었다. 군인은 국가를 위해 생명을 바칠 준비가 되어 있어야 한다. 그러니 궁극의 희생을 위해 1년 내내 준비한 군인에게 갑자기 "이제 자네는 진짜 독일인이 되기에는 부적합하네"라고 말해서는 안 될 일이다. 둘째로, 만슈타인은 군에 가해진 정치적 압박에 목소리를 높여 반대하고 있었다. 그는 군부가 "군대를 흔들어놓고 군과 장교단이 유대인으로 이루어졌다고 거짓 비난을 하는 반군 인물들에게 굴복하고 있다"고 주장했다. 따라서 모든 것을 고려했을 때, 어떤 종류의 숙청이든 "다른 직업에서는 긴급히 요구되는 반면" 군에는 요구되지 않는다는 것이었다.

요컨대 만슈타인은 아리아인 조항이 장교단의 명예를 위협한다고 느꼈던 것이다. 그는 선언했다. "지금이야말로 우리 군인들이 동지애에 대해 말뿐 아니라 행동으로 보여줄 때입니다." 그리고 이렇게 덧붙였다. "아리아인 조항이 국방군 내부에도 적용되어야 한다는 지시가 떨어진 이상, 일반적인 경우라면 명령을 돌이킬 수 없습니다. 하지만 이 명령은 이미 독일 사회의 많은 부분에서 바라던 효과를 달성했습니다." 만슈타인은 향후 비아리아인 장교가 계속 복무할지 여부를 판단하는 주체가 장교단이어야 한다고 주장하면서 다음과 같은 기준을 제안했다.

1. 해당 장교가 신념과 행동에 있어서 순혈 독일인임을 지속적으로 보여주었는가?
2. 장교단은 조금이라도 타민족의 피가 섞인 해당 장교가 타민족의 영향을 받지 않고 기본적인 아리아인식 태도를 유지하고 있다고 확신하는가?
3. 장교단은 해당 장교가 모든 자격을 갖춘 독일군 장교로서 적합하다고 여전히 믿고 있는가?

만슈타인은 이 세 가지 문항의 대답이 모두 긍정적일 경우 장교단의 보증으로써 출생증명서를 대체하는 방안을 제시했다.

만슈타인의 서한은 직속상관이었던 비슬레벤뿐 아니라 베크와 프리치의 승인까지 받았으나, 독일군 내 유대인이나 유대계 장병들의 처우 개선으로 이어지지는 않았다. 국방장관 폰 블롬베르크는 만슈타인의 건방진 행동에 대해 징계 처분을 내릴 생각까지 했다. 돌이켜보면 만슈타인의 저항은 순진한 것이었다. 참모본부의 일개 대령이 반대했다고 해서 히틀러가 마음을 바꿔먹을 리는 없었다. 만슈타인도 더는 반대를 표명하지 않았기 때문에 이 사안은 조용히 유야무야되었다.

물론 만슈타인은 국방군의 다른 모두가 침묵을 지키고 있을 때 홀로 아리아인 조항에 반대함으로써 상당한 도덕적 용기를 보여주었다. 그러나 "만슈타인은 자신이 품은 이데올로기의 건전성이 의심받지 않는 방식으로 저항했다"라는 평도 있다. 어쩌면 이러한 해석이 타당한 것인지도 모른다. 정부의 기조에 대해 이보다 더 강경하게 반대하는 것은 직업적 자살이나 다름없었을 것이다. 이 사건은 또한 프리치와 베크가 촉망받는 참모장교였던 만슈타인이 견책을 받지 않도록 감싸주었다는 것을 보여주는 좋은 증거다. 어쨌든 만슈타인의 군 경력은 이 사건의 영향을 전혀 받지 않았다. 그러나 나중에 상술하겠지만 1939년 4월 20일, 히틀러의 50번째 생일에 그의 정책을 찬양하는 연설을 한 것을 보면 그사이에 만슈타인의 입장이 미묘하게 바뀐 것으로 보인다. 독일군이 성공 가도를 달리던 제2차 세계대전 초기에 유대인에 대해 만슈타인이 사용한 말은, 특히 소련에 대해 "볼셰비키주의자-유대인 체계"라는 용어를 사용한 것은 나치 정권의 일반적인 수사법과 큰 차이가 없다. 사실, 그는 인종차별주의적인 정책을 근본적으로 반대한 것이 아니라 법의 '적용'에 대한 도덕적 분노를 표현한 것뿐이었다.

유대인 문제와 똑같이 중요하며 훨씬 더 광범위한 시급한 문제도 있었다. 만슈타인은 유대계 장교의 처우가 군의 명예가 걸린 중차대한 문제임에도 독일군이 정치적 압력 앞에서 묵인한 것을 두고 예언자적인 경고문을 썼다.

"오늘 우리가 우리 원칙들 중 작은 한 부분을 양보한다면, 내일 사람들은 나머지 다른 원칙들의 머리를 내놓으라고 요구할 것이다! …… 윤리적 영역을 위반하면 분명히 복수가 따른다."

장검의 밤 사건

1934년 전반기에 독일 국방군(특히 군 내부)과 돌격대 사이의 긴장은 점점 고조되었다. 히틀러는 쿠데타가 일어날 것을 두려워했다. 아니, 두려운 척했다는 표현이 더 맞을지도 모르겠다. 룀이 히틀러를 거역하는 언행을 한 것은 명백하나, 그가 어느 정도까지 반란을 계획했는지는 학계에서 여전히 논란거리다. 이 사건의 진정한 의미는 히틀러가 상황을 자신에게 유리한 쪽으로 돌려놓았다는 데 있다. 그는 돌격대라는 위험 요소를 제거하고 국방군의 환심을 사는 동시에 그들을 자신의 보호 하에 둔다는 일석이조의 효과를 얻었다. 히틀러는 돌격대가 군인들을 위협하도록 조종하여 군부가 돌격대에 대해 우려하게끔 만들었다. 실제로 만슈타인은 회고록에서 히틀러가 공격을 개시한 1934년 6월 30일 장검의 밤Night of the Long Knives(1934년 6월 30일 아돌프 히틀러가 돌격대장 에른스트 룀과 반反히틀러 세력을 숙청한 사건-옮긴이) 바로 직전에 생명의 위협을 느꼈다고 기록했다. 돌격대는 군관구사령부 본부 건물 근처 가택에 기관총 사수들을 배치해 위협을 가했고, 만슈타인은 밤낮으로 자기방어를 위해 권총을 휴대해야 했다. 당시 그는 아내와 아이들을 슐레지엔에 있는 처가에 보낸다는 핑계로 탈출시킬 정도로 큰 위험을 감지하고 있었다. 딸 기젤라 링엔탈Gisela Lingenthal은 이렇게 회상한다.

"우리를 학교에서 데리고 나온 건 정말 아버지답지 않은 일이었지만, 아버지는 우리가 과일 수확을 도와야 한다고 말했다. 우리는 물론 로첸도르프에서 평소보다 긴 여름휴가를 보낼 기회를 환영했다."

만슈타인은 그가 히틀러의 동태에 대해 미리 경고를 받지 못했다고 기록했으나, 독일의 다른 지역에서 돌격대 숙청 중 군대가 경찰 행동을 지원했다는 것은 엄연한 사실이다. 이는 일종의 연합작전이 있었음을 방증한다. 룀과 그의 패거리, 폰 슐라이허von Schleicher 장군 부부와 폰 브레도브von Bredow

장군의 처형에 대해 만슈타인은 엇갈린 반응을 보였다. 한편으로 만슈타인은 돌격대 탄압을 지지했다. 돌격대는 독일의 대내 안보에 있어 잠재적, 혹은 실제적 위협이라고까지 할 수 있었으며, 이는 두 번째 혁명의 위기와 그에 수반되는 혼란으로 이어질 수도 있었기 때문이다. 만슈타인은 룀의 죽음에 대해서는 어떠한 유감도 표명하지 않았다. 만슈타인의 생각에 룀은 노골적인 동성애자로서 감옥에 갇혀 있는 편이 옳았다. 오늘날 이것은 가혹하고 편협한 표현으로 들릴지 모르지만, 우리는 만슈타인을 현재가 아닌 당대의 관습을 기준으로 평가해야 할 것이다. 그가 회고록을 쓴 1950년대 중반에 그의 견해는 당시 사회의 전형적인 관점과 일치했다. 다른 한편으로 만슈타인은 돌격대 숙청에 사용한 잔혹한 방법에 대해서는 크게 비난했는데, 그 방법이 법치국가 독일의 종말을 상징한다고 보았기 때문이었다.

만슈타인은 퇴역 군인이자 장관이자 전 수상이었던 쿠르트 폰 슐라이허의 죽음에 분개했다. 두 사람은 1907~1910년에 같은 근위보병연대에서 복무한 적이 있었다. 만슈타인은 슐라이허의 후임으로 부관에 임명되었고, 두 사람은 정기적으로 연락하며 베를린 제3보병연대 장교 식당에서 함께 식사를 하곤 했다. 만슈타인이 제1차 세계대전 이후에도 슐라이허와 가깝게 지냈다는 증거는 없으나, 어쨌든 그는 동지 한 명을 잃은 것이었다.

6월 30일 장검의 밤 사건 직후에 만슈타인은 블롬베르크가 어떤 반응을 보이리라 기대했다. 이 사건에 국방부가 공모했거나 최소한 묵인했다는 사실을 몰랐던 것이다. 블롬베르크가 침묵하자, 그는 상관인 비츨레벤에게 폰 프리치 장군과 이야기해보라고 호소했다. 만슈타인은 프리치가 상관인 블롬베르크에게 히틀러에 맞서라고 호소했으나 블롬베르크가 거절했다고 주장한다. 전해진 바에 따르면, 슐라이허는 프랑스와 공모하고 있었다는 이유로 처형당했다. 그럴듯하게 들릴 수도 있는 이야기였지만, 물증은 전혀 없었다. 블롬베르크는 나아가 상급 장교들이 슐라이허의 장례식에 조문하는 것을 금지하기까지 했다. 최근 퇴역한 함머슈타인-에크보르트 장군이 홀로 장례식을 찾았으나, 만슈타인이 (블롬베르크의 명령에 저항하는 의미로) 그와 함께 장례식에 참석했는지는 알 수 없다. 히틀러의 행위에 대해서는 히틀러 개인이 책임을 져야 할 것이다. 그러나 군부 역시 일부는 히틀러를 지지하고 일부는 히틀러의 살인을 막지 못했으니 책임이 있다. 그 결과로 군부의 일원마저 죽임을 당했다.

장군들은 어떤 반응도 보이지 않았다. 단지 마지막 양심의 보루로 살해당한 동지들을 대신하여 명예선언을 했을 뿐이었다. 만슈타인이 회고록에서 슐라이허에게 할애한 지면(무려 9페이지나 된다)을 살펴보면 슐라이허의 운명에 뚜렷한 비극과 회한이 담겨 있었음을 알 수 있다. 만슈타인은 이렇게 결론지었다.

"슐라이허는 기본적으로 국가사회주의, 특히 히틀러에 대한 정치적 판단을 잘못했다. 하지만 그는 (국가를 위해) 싸울 준비가 되어 있었고, 오늘날 우리가 알고 있듯이 독일을 엄청난 불행으로 이끈 이들의 손에 애국자로서 쓰러졌다."

군부 지도자들이 행동하지 않았다는 사실은 당연히 히틀러에게 그들이 유약하다는 증표로 여겨졌다. 공화국군이 여론의 물결을 거스르려면 미래에 벌어질 일들에 대한 상당한 선견지명과 집단의 도덕적 용기가 필요했을 것이다. 그러나 당시 그들에게는 그런 용기가 없었다. 6월 30일 사건의 결과 군부 내에서, 그리고 대중들 사이에서 공공질서를 위협하는 조직을 없앤 히틀러의 입지는 의심의 여지없이 높아졌다. 하지만 인기가 독재를 합리화하기는 힘들다. 만슈타인은 다른 여러 장교들과 함께 1934년 7월 13일 크롤 오페라하우스Krolloper에서 열린 의회에 소환되어 사건 경위에 대한 히틀러의 설명을 들었다. 아니나 다를까 그가 2시간 동안 늘어놓은 자기 본위적인 연설은 자신이 돌격대에 대해 결정적인 조치를 취한 이유를 설명하고 자신의 주도 하에 국가를 통일시킨다는 내용이 주를 이루었다. 얼마 전 13명에 달하는 의회 의원이 숙청당한 것을 기억하고 있는 청중들이 그의 사과나 속죄를 기대했다면, 실망했을 것이다.

히틀러는 다음과 같은 간담이 서늘한 고도의 예술적 표현을 써가면서 연설을 했다.

"나는 이 반역에서 가장 죄가 큰 자를 총살하라고 지시했다. 그리고 내부자가 우물에 푼 독과 외국에서 들어온 독으로 궤양이 생긴 살점을 태우라고 지시했다."

만슈타인은 이 독기 품은 문장을 기억하지 못했지만, 히틀러가 자신의 계획이 실패한다면 도저히 살아갈 수 없으니 권총으로 자살하겠다고 극적으로 선언한 것은 기억했다. 사람들은 모든 상황이 종료된 뒤에야 히틀러의 예언이 얼마나 아이러니했는지를 판단할 수 있었다. 이 발언은 1945년 4월 30일에 히틀러의 베를린 벙커에서 숙명적으로 실현되었다.

힌덴부르크의 죽음

룀이 숙청된 직후, 독일 민중의 관심은 힌덴부르크의 죽음과 그 여파에 집중되었다. 존경받는 원수이자 바이마르 공화국의 대통령이었던 힌덴부르크는 1934년 8월 1일에 서거했다. 공화국군 소속 군인들은 황제와 프로이센군으로부터 이어진 군사적 전통의 화신化身과도 같았던 사령관을 잃은 것이었다. 만슈타인은 1934년 봄, 나이든 이모부(힌덴부르크)의 건강이 급격히 나빠지기 전에 그를 두 번 만났다. 한 번은 단순한 가족 모임에서였고, 또 한 번은 베를린 대통령궁에서 개최된 야간 연주회에서였다. 만슈타인은 고령의 힌덴부르크가 모든 손님들의 이름을 기억하는 것을 보고 깜짝 놀랐다. 하지만 더욱 놀라웠던 것은 힌덴부르크가 히틀러에게 공개적으로 보여준 호의였다. 히틀러 총통 역시 힌덴부르크 대통령에게 경의를 표했다. 하지만 두 사람의 관계가 항상 좋았던 것은 아니었다. 1931년 10월 10일에 히틀러를 처음 만난 힌덴부르크는 히틀러에 대한 경멸을 숨기는 시늉조차 하지 않고 그에게 자리를 권하지 않았다. 힌덴부르크는 히틀러의 정치적 견해에도 아무런 감명을 받지 못했고, 히틀러가 체신부 장관이라면 모를까, 수상감은 아니라고 생각했다. 히틀러 집권 사흘 전인 1933년 1월 27일에 힌덴부르크는 "그 오스트리아인 상병을 국방장관이나 공화국 수상 자리에 앉힐 생각은 조금도 없다"라고 선언했다.

그로부터 18개월 뒤 힌덴부르크가 서거하자, 독일은 긴 어둠에 뒤덮였다. 히틀러는 장례식을 자신에게 유리하게 이용하려는 마음을 먹고 원래는 고인의 뜻에 따라 힌덴부르크의 소유지가 있는 노이데크Neudeck에서 열기로 한 장례식을 장소를 바꿔 동프로이센의 탄넨베르크 기념관에서 하기로 했다. 죽은 아내 곁에 묻히고 싶다는 고인의 뜻을 거스르면서까지 영상 및 라디오를 활용하여 선전 효과를 극대화하려는 히틀러의 책략이었다. 만슈타인은 친척, 전 소속 연대, 독일 국민 모두와 함께 힌덴부르크를 애도했다. 그는 아주 격식 있고 장엄하게 거행된 장례식에 큰 감명을 받았다. 부관이 연설 원고를 제자리에 두지 않은 바람에 히틀러가 즉석에서 한 연설조차도 장례식의 위엄을 해치지는 못했다. 힌덴부르크의 영혼을 발할라Valhalla(북유럽 신화에서 오딘Odin을 위해 싸우다가 살해된 전사들이 머무는 궁전. 지붕이 방패로 덮여 있는 아름다운 궁전으로 묘사되어 있다-옮긴이)에 맡긴다는 히틀러의 말에 만슈타인과 많은 조문객들이 놀랐지만 말이다. 힌덴부르크의 관이 마침내 기념탑의 매장지에 묻히는 동안 제3보병연대의 장엄한 행진곡이 연주되었다. 국가 행사에서 이 음악이 연주된 것은 아마도 이때가 마지막이었을 것이다.

독일은 대통령을 잃자마자 전혀 예상치 못한 새로운 대통령을 맞았다. 히틀러가 영악하게도 대통령직과 수상직을 통합했기 때문이었다. 이 극적이고도 의미심장한 헌법 개정은 덴부르크의 서거 이후 발효되었다. 그에 따라 히틀러는 총통Führer 겸 수상Reichskanzler(약칭 총통)으로 불리게 되었다. 의회에서는 이에 대해 공개적인 토론도, 정치적 갑론을박도 없었으나, 히틀러는 이에 대한 국민투표를 실시하여 승리함으로써 총통이라는 새로운 직위를 인정받게 되었다. 이외에도 놀랄 일이 하나 더 있었다. 항상 히틀러에게 고분고분했던 블롬베르크의 제안으로 1934년 8월 2일, 독일 군부 전원이 히틀러에 대한 지지 선언을 한 것이었다. 공화국군의 모든 장병은 이렇게 선서해야만 했다.

"나는 신의 이름으로 이 신성한 맹세를 한다. 나는 독일 국가와 국민의 총통이자 국방군의 최고사령관인 아돌프 히틀러에게 무조건적으로 복종할 것이며, 이 맹세를 지키기 위해 한 사람의 용감한 군인으로서 언제든 목숨을 바칠 준비가 되어 있다."

1934년 8월 2일 히틀러는 권력의 최정점인 총통에 취임했다. 제2차 세계대전 종전 이후, 만슈타인은 공화국군의 군인들이 이런 선서를 할 수밖에 없었다고 변호했다. 그들이 치른 대가는 혹독했다. 국방군은 그 후 몇 년 동안 독일을 분별없이 이끄는 히틀러에게 좋을 때나 나쁠 때나 지지를 보내야 했기 때문이다. 군인의 입장에서 선서를 깬다는 것은 군인 인생의 기저에 깔린 모든 군사적 가치를 저버리는 일이었다. 히틀러에게 반대하고자 하는 이들은 바로 이러한 양심의 가책을 극복해야 했다. 한편 만슈타인과 같은 장교들을 포함한 대다수의 군인들에게 이 선언은 히틀러에 대항하여 아무런 행동도 취하지 않은 것에 대한 편리한 핑계가 되어주었다. 나중에 만슈타인의 멘토가 되는 참모총장(1936~1938) 루트비히 베크Ludwig Beck 장군은 대령 시절인 1930년 9월 14일에는 그가 이끄는 포병연대의 장교 식당에서 나치당이 압승한 선거 결과에 기뻐했으나, 1934년 8월 2일에는 "내 인생에서 가장 어두운 날"이라고 말했다고 전해진다. 히틀러 반대파의 군사적 지도자로서 베크는 1944년 7월 20일 총통암살계획이 실패하자, 자살을 강요받고 권총 자살을 시도했으나 실패하여 한 병장이 쏜 치명적인 일격에 최후를 맞았다.

공화국군은 사실 힌덴부르크 서거 이전에 이미 히틀러와 타협한 상태였다. 히틀러는 군에 상당한 관심을 보였고, 전투력을 향상시키기 위해 기술 개발 소식을 하나라도 놓치지 않으려고 했다. 만슈타인은 총통이 베를린 남부 초센Zossen 훈련장에서 제3군관구가 실시한 훈련에 참관했다고 적었다. "당시 선보인 장비 중에는 최초 경전차 시험 모델이 포함되어 있었다. 초기 개발 단계라 포탑과 포 없이 차대만 있었다. 제9기병연대 소속 분대와의 모의전에서 이 괴상한 장비를 마주한 말들은 겁을 먹었다. "분개한 기병들은 전차 갑판이 열려 있었기 때문에 무방비 상태였던 전차장들을 군도로 공격했다." 만슈타인은 히틀러가 아침식사 시간에 아주 노련하게 장교들 사이에 섞여 그들과 어울렸다고 말했다. 그는 청중에 맞춰 말투와 목소리를 조절하며 "객관적이고, 명료하고, 온건하게" 말했다.

1935년 3월 16일 징병제도의 부활은 비츨레벤과 만슈타인 두 사람 모두를 경악하게 만들었다. 7개 보병사단 규모로 제한한 베르사유 조약의 규정을 어기고 군을 확대하기 위한 1단계로 7개 보병사단을 총 36개 사단으로 구성된 12개 군단으로 확대한다는 새로운 군 구조 계획은 히틀러의 아이디어였다. 이 분야의 전문가였던 만슈타인은 이미 몇 년 전에 그가 세밀히 계획했던 대로, 우선 군대를 3배 늘려 21개 사단을 만들고 단계적으로 병력의 수를 증가시키는 방법을 선호했을 것이다. 만슈타인이 기록했듯 징병 제도의 부활과 군의 빠른 양적 확대는 군의 성격 자체를 바꿔놓았다. 히틀러유겐트Hitler-Jugend(독일 나치당이 만든 청소년 조직)의 구성원들이 포함된 새로운 징집병들은 나치가 지배하는 새로운 정치적 질서와 사회관을 반영하고 있었다.

한편으로는 숨 가쁜 속도로 장비의 현대화가 이루어지고 있었다. 신설 기갑부대가 도입되었고, 보병사단 내에는 중포와 대전차 부대가 조직되었다. 육군 대대 및 연대가 새로 육성되었고, 이윽고 더 많은 수의 부대들로 쪼개졌다. 이와 동시에 공군Luftwaffe이 창설되었다. 창설된 공군은 인적 구성을 위해 타군으로부터 노련한 장교들을 차출했고, 자금과 기술 면에서도 막대한 투자가 필요했다.

따라서 육군은 눈코 뜰 새 없이 바빴다. 만슈타인은 육군이 독일 내의 정국 추이를 감시하지 못한 까닭은 그럴 여유가 없었기 때문이라고 주장했다. 이러한 당시 사정이 만슈타인의 주장을 정당화할 만한 근거가 되는가? 공화국군은 (카프 반란처럼) 우파가 일으킨 반란의 경우에는 정치에 관여하지 않는 전통이 있었다. 그러나 군부의 고위 지휘자들은 정치에 관심이 많았다. 1932~1933년의 계속된 정치적 위기 동안에는 특히 더 그랬다. 동시에 나치는 독일 사회 전체에 그러했듯이 군부에도 광범위한 영향을 미치고 있었다. 독일군이 군 확대와 기계화를 두 손 들어 반겼다는 것은 의심의 여지가 없다. 과거 공화국군 시대의 승진 체계는 누구 하나 물러나지 않으면 진급이 어려울 정도로 느리고 답답했다. 그에 비해 군이 전체적으로 개선되고 확대된 이 시대에는 그에 맞게 승진 체계도 개선되어 직위 고하를 막론하고 군인 개개인이 군 경력에 있어 훨씬 유망한 미래를 꿈꿀 수 있었다.

다시 육군 참모본부로

만슈타인 대령은 급격한 군 확장의 주역이자 직접적인 수혜자였다. 그는 1935년 7월 1일에 육군 참모본부 작전과장에 임명되었고, 뒤이어 1936년 10월 1일에 소장으로 진급하면서 제1참모차장Oberquartiermeister I에 임명되었다. 이로써 사실상 그는 참모본부의 2인자이자 베크 장군의 오른팔이 되었다. 만슈타인은 구스타프 폰 비터스하임Gustav von Wietersheim의 뒤를 이어 이 두 직책에 올랐다. 히틀러의 대외 정책과 재무장 정책이 독일을 전쟁으로 인도하고 있던 그 시점에 알짜배기 보직이었던 작전과장과 제1참모차장을 맡으면서 만슈타인은 육군의 전략 계획을 수립하고 영향력을 행사하는 핵심 인물로 부상했다. 만슈타인은 베크뿐 아니라 최고사령관 폰 프리치 상급대장 역시 직접 보좌했다. 그의 군 경력은 이제 가파른 상승세를 타고 있었다. 실제로 만슈타인은 채 3년도 되지 않는 기간 동안 대령에서 소장으로 고속 승진했다. 당시 독일군에는 준장 계급이 없었고, 만슈타인은 일반적으로 대령이 맡는 연대장 보직을 건너뛰었기 때문이었다.

만슈타인이 참모본부 작전과장으로 임명된 1935년에 '베르사유 조약의 족쇄'는 이미 풀려 있었고, 베크 장군은 프로이센군을 대표하는 대몰트케와 알프레트 폰 슐리펜이라는 걸출한 선조들의 전통을 이어받아 병무국을 다시 참모본부로 개조한 상태였다. 하지만 만슈타인이 언급했듯, 군 지휘체계에 있어 참모총장의 권위를 약화시키는 중대한 변화가 있었다. 독일 제국 시대의 참모총장은 직접 국가수반에게 곧바로 보고할 수 있는 권한을 가진 반면, 지금은 국방군 최고사령관이기도 한 전쟁부 장관Reichskriegsminister과 육군 최고사령관이 그 사이에 끼어 있었다. 그렇긴 해도 새로 설립된 육군 참모본부는 예전에 비해 몸집이 크게 불어나 있었다. 전 병무국의 5개 과가 13개 과로 늘었으며, 그 상위에 4개 부서가 있고 각 부서는 참모차장Oberquartiermeister, OQ이 이끌었다.

1935년에 만슈타인은 작전과장으로서 3명의 훌륭한 참모장교 지그프리트 베스트팔Siegfried Westphal과 헤닝 폰 트레스코브Henning von Tresckow, 그리고 제1차 세계대전에서 명성을 떨친 로스베르크Fritz von Lossberg 장군의 아들인 베른하르트 폰 로스베르크Bernhard von Lossberg를 휘하에 두는 행운을 누렸다. 나중에 반히틀러 레지스탕스로 이름을 날리는 트레스코브와 만슈타인의 밀접한 관계는 이 시기에 형성된 것으로 보인다. 베스트팔은 1935년 8월 1일에 출근하자 만슈타인 대령이 자신을 "더없이 친근하게 맞아주었으며, 지금부터 그의 개인적 지휘 하에 작전적 수준의 조직, 장비, 훈련에 관여하는 새로운 부서를 조직할 것이라고 말했다"고 기록했다. 만슈타인은 이처럼 핵심적인 업무를 맡았기 때문에 독자 노선을 유지하면서도 참모본부 전체에 영향을 미칠 수 있었다. 만슈타인과 베스트팔은 3년이 넘게 업무적으로 돈독한 관계를 유지했다. 베스트팔은 회고록에서 상관에 대한 찬사를 늘어놓았다.

(만슈타인은) 점잖은 남자였고, 군사적 천재였다. 그는 제2차 세계대전 중 그가 맡은 모든 직책에서 이 사실을 입증했다. 만슈타인은 믿을 수 없이 빠른 속도로 일했다. 보고가 길어지면 견디지 못했다. 그는 관대한 상관이자 완벽한 신사였지만 부하로서는 까다로운 사람이었다. 동료들 중에도 친구가 많지 않았다. 이는 그가 그들을 설득하려고 애쓰는 성향이 아니었기 때문이다. ……나는 그에게서 많은 것을 배웠고, 불친절한 말은 단 한마디도 듣지 못했다.

베스트팔은 만슈타인이 "독일군 참모본부의 걸출한 인물"이라고 판단했다. 1936년, 작전을 담당하는 제1참모차장OQ I으로서 만슈타인은 다른 3명의 참모차장인 루돌프 슈미트Rudolf Schmidt(제2참모차장OQ II – 보급 담당), 칼-하인리히 폰 스튈프나겔Carl-Heinrich von Stülpnagel(제3참모차장OQ III – 정보 담당), 프란츠 할더Franz Halder(제4참모차장OQ IV – 훈련 담당) 가운데 일인자였다. 그는 전쟁계획 외에도 군대 편제, 방어시설 건설, 지도 제작, 그리고 마지막으로 가장 중요한 기술 연구개발을 담당했다.

이때에도 만슈타인에게는 재능 있는 부하가 많았다. 만슈타인의 뒤를 이어 작전과장을 맡은 에릭 한센Erik Hansen 대령은 훗날 크림 반도 전역에서 제11군 예하 제54군단장으로서 신뢰받는 지휘관이 되었다. 또 다른 주목할 만한 과장은 야심 찬 발터 모델Walter Model 대령이었다. 기술 개발 담당이었던 그는 만슈타인의 표현을 빌리자면 "새로운 아이디어로 가득한 정력가"였다. 제2차 세계대전 중 모델은 사단장에서 1944년 4월 만슈타인 후임으로 남부집단군을 맡으며 집단군사령관으로 진급했다. 과감한 작전 기동보다는 견고하고 전술적인 방어전의 명수였던 모델은 히틀러로부터 두터운 신임을 받았다.

1935년에서 1938년 사이에 만슈타인이 참모본부에서 맡은 두 직책에서 가장 중요한 임무는 전쟁계획이었다. 만슈타인은 전략적으로 중요한 계획 단계에 자신이 관여한 내용을 회고록에 상술했는데, 이는 독일을 전쟁으로 내몰고 있던 히틀러와 (베크로 대표되는) 몇몇 군부 지도자들 사이의 긴장을 여실히 드러내고 있어 당시의 상황을 조명하는 역사적 자료로서 가치가 있다. 전략적·작전적·전술적 수준에서 전쟁계획에 착수할 때 일반적으로 가장 먼저 검토해야 하는 요소는 장소와 적의 병력이다. 제2차 세계대전이 막을 내리고 오랜 세월이 흐른 지금은 이상하게 보일지 모르지만, 당시 독일은 언제 어느 때 공격해올지 모르는 인접국에 둘러싸여 있다고 느꼈다. 양차 세계대전 사이에 독일은 폴란드, 프랑스, 체코슬로바키아를 의심의 눈초리로 보았다. 따라서 지금까지 살펴보았듯이 폰 젝트 장군이 이끄는 공화국군의 우선순위는 국가 수호를 위해 베르사유 조약의 제약 내에서 가능한 한 많은 전투력을 위장시켜 보존하고, 소련에서 전차와 항공기 같은 신무기를 비밀리에 개발하는 것이었다.

만슈타인은 전에 병무국에서 근무하는 동안 이미 육군의 발전에 크게 공헌한 바 있었다. 히틀러가 집권한 이후 전쟁계획은 방어에 초점을 맞추어 설계되었다. 확실히 1938년까지 독일 국방군은 프랑스와 같은 주적에 맞서 대규모 공격전을 벌일 형편이 아니었다. 만슈타인은 다시금 육군 참모본부에서 근무하는 동안 주로 '방어적인' 배치 계획에 관여했으나, 1936년 3월 라인란트Rhineland 재점령 계획에도 참여했다. 2년 뒤(1938년 3월) 만슈타인은 사단장 자리를 인계받으며 오스트리아 합병을 위한 군사 지원을 준비하는 데 있어 핵심적인 역할을 했다.

1934년 1월 26일, 독일과 폴란드가 불가침조약을 체결하자 프랑스가 독일 안보를 위협하는 가장 큰 세력으로 떠올랐다. 그에 따라 1935/1936년에 프랑스가 침공해올 것에 대비한 '적색 작전Fall Rot' 계획이 작성되었다. 독일인들은 마지노선Maginot Line 건설로 고스란히 드러난 프랑스의 방어 중심적인 태도를 인지하지 못했던 것처럼 보인다. 그들은 프랑스가 칼스루헤Karlsruhe와 마인츠Mainz 사이의 라인Rhine 강 중류를 향해 공세를 가할 것이라고 추측했다. 그 다음에 공세가 어떻게 전개될지에 대해서는 몇 가지 그럴듯한 가설이 있었다. 어떤 가설은 프랑스군이 오덴발트Odenwald와 슈바르츠발트Schwarzwald 사이를 돌파한 뒤 보헤미아Bohemia에서 진군해오는 체코슬로바키아군과 연계함으로써 독일의 남북을 분리시킬 것이라고 예측했다. 만슈타인은 마인Main 강 북부의 프랑스 주력부대가 '독일의 심장'으로 날카롭게 파고든 뒤 북쪽을 향한 우회기동으로 루르Ruhr 지역을 포위하는 전개도 첫 번째 가설만큼 가능성이 높다고 보았다. 만슈타인은 프랑스군이 벨기에를 통해 라인 강 하류로 공격해올 확률은 낮다고 평가했다. 따라서 독일군은 강력한 3개 군이 라인 강에서 프랑스군의 공격을 방어하는 한편 폴란드와 체코슬로바키아의 국경에는 약한 군을 각각 1개씩 배치하고 동부 국경 수비군의 지원을 받는다는 계획을 세웠다. 이 시나리오로 워게임을 실시한 독일군은 만약 프랑스가 침공해올 경우 체코슬로바키아가 라인 강 전투의 결과를 기다리는 대신 곧바로 독일 본토를 향해 직접 대공세를 개시할 기회를 잡을 것이라고 확신했다. 따라서 체코슬로바키아 대공세 가능성에 대비한 예방공격 성격의 '녹색 작전Fall Grün' 계획이 작성되었다. 이는 우선 독일군 대다수를 투입해 동쪽의 적(체코슬로바키아)을 집중공격하고, 서쪽의 프랑스에 대해서는 적은 노력을 들이며 경계·감시한다는 계획이었다.

이 계획을 어떻게 이해해야 할까? 독일군이 한 개 이상의 전선에서 싸워야 하는 대륙 내 전쟁을 수행하고 승리할 방법을 계획하고 있었다는 사실은 역사적 관점에서 전혀 놀라운 일이 아니다. 대몰트케의 시대부터 참모본부는 전선 사이에 병력을 전환시키는 방법을 연구해왔다. 그들은 경제적·군사적 목적으로 건설된 광범위한 철도망을 독일 내 병참로로 활용했

다. 만슈타인은 독일의 군비 확장과 재무장이 적극적으로 진행되는 동안에
도 계속해서 모든 군사적 선택이 "훗날 전쟁을 '피하기' 위한" 필요성만을
지향하고 있었다고 주장했다. 또한 "독일은 (유럽의) 중앙에 위치하기에 전
쟁의 개시는 독일에 있어 항상 양면전의 위험성을 내포하고 있다. 제1차 세
계대전의 경험을 돌이켜보건대 이는 무슨 수를 써서라도 막아야 한다"라고
말했다. 만슈타인은 회고록에서 '적색 작전'과 '녹색 작전'은 모두 육군 참
모본부가 외세의 침공을 받을 가능성에 대비해 설계했을 뿐, 히틀러의 확
장주의적 계획과는 전혀 관련이 없다고 반복해서 강조했다. 그에 따르면
국방군 수뇌부가 처음으로 히틀러의 속뜻을 알아차린 것은 "1937년 11월",
악명 높은 호스바흐 각서Hossbach Memorandum(히틀러가 전쟁을 사전에 면밀히 계
획했다는 것을 증명하기 위해 전후 뉘른베르크 재판소에 제출된 문서 중의 하나로,
히틀러의 전쟁 책임을 말해주는 자료다. 1937년 11월 5일 장시간 히틀러는 최측근
들만을 소집해 비밀회의를 주재했고, 이 회의의 내용은 그의 부관 프리드리히 호스
바흐Friedrich Hossbach 대령이 11월 10일에 작성했다. 이 문서의 명칭은 이 회의의 내
용을 작성한 프리드리히 호스바스 대령의 이름에서 비롯되었다-옮긴이)에 기록된
주요 군사정책 및 대외정책 고문들과의 회동에서였다.

하지만 기록이 보여주는 사실은 만슈타인의 주장과는 사뭇 다르다. 히틀
러는 1925년과 1927년에 출간한 논쟁적인 2권짜리 저서 『나의 투쟁Mein
Kampf』에서 자신의 의도를 이미 명백히 드러낸 바 있었다. 1933년 1월 30
일 집권 전후 일련의 연설에서 그는 독일이 국민들을 위해 생활권을 넓혀
야 한다고 부르짖었다. 또한 1933년 2월 3일, 그는 군관구사령관들에게 이
렇게 통보했다.

"나는 마르크스주의를 절멸한다는 목표 달성 시한을 6년에서 8년으로 정
했소. 군은 적극적인 대외정책을 수행할 수 있어야 하며, 독일인의 생활권
을 확장한다는 목표는 무력으로 달성될 것이오. 목표지는 아마도 동쪽이
될 것이오."

3년 뒤인 1936년 여름에 작성된 4개년 계획 각서에서 히틀러는 선언했다.
"우리는 지체 없이 독일 국방군을 훈련, 부대 편성, 무장, 그리고 무엇보

다도 정신교육 면에서 세계 제일의 군대로 발전시켜야 한다. 만약 이에 실패한다면, 독일은 패배할 것이다."

국방군이 "국민들을 위해 역사에 남을 생존 투쟁"을 벌여야 한다는 그의 말뜻은 아주 분명했다. 독일군은 미래에 있을지 모를 적의 공격을 막기 위해 견제용으로 설계된 것이 아니라 적을 공격하기 위해 설계된 것이었다. 독일군에는 이미 "결정적인 침략 전쟁을 벌일 역량"이 있었고, 독일 경제는 모든 용역 부문을 질적으로나 양적으로나 효과적인 군사적 수단으로 변환시키기 위해 맹렬히 돌아가고 있었다. 여기에 전쟁 준비가 아닌 다른 이유가 있었겠는가?

만슈타인의 설명이 미심쩍은 또 다른 이유는 블롬베르크가 1937년 6월 24일에 내린 '국방군 통합 준비태세 명령'에 "독일은 전방위 공격에 대비해야 한다"라는 문장이 들어 있었다는 사실이다. 독일군의 고위 계획참모였던 만슈타인이 히틀러의 공격적 정책과 그것을 실현시키기 위한 국방군의 미래 역할에 대해 오랫동안 몰랐다는 주장은 신빙성이 거의 없다. 게다가 만슈타인은 타국의 잠재적 전쟁계획을 분석하면서 독일의 잠재적 적들이 전략적 기회주의를 따를 것이고 작전적 기교가 훌륭하다고 믿는 전형적인 오류를 범했다. 그러나 이는 프랑스나 체코슬로바키아보다 정서나 설계 면에서 오히려 독일에 훨씬 더 가까운 분석이었다. 이후 라인란트Rhineland, 오스트리아, 주데텐란트Sudetenland, 그리고 나머지 체코슬로바키아 지역에 독일군이 배치되었음을 고려하면, 1939년에 히틀러가 '백색 작전Fall Weiß'이라는 작전명 하에 폴란드 침공을 지시한 것이 최초의 (공식적으로 의도된 계획이라는 의미에서) 진정한 공격적 전개 계획이라는 만슈타인의 발언은 넓은 의미에서 보면 틀린 것이다.

1937년에 이르자 전쟁계획은 전략적 방어를 우선 방침으로 상정했다. 단, 체코슬로바키아와 같은 부차적 전선에서는 "공세적 전투를 펼칠 것"이었다. 만슈타인은 전쟁계획을 다듬고 시험하기 위해 전적지 답사를 계획하고 실행하는 데 깊숙이 관여했다. 전적지 답사는 참가자들이 군단 및 군 수준의 대규모 군대를 지휘하는 방법을 실제로 터득하게 한다는 목적도 있었다. 전적지 답사에서 사용한 실제 및 가상 시나리오는 고전적 전술 요소인 지형, 병력, 시간, 공간의 요소를 전부 고려해 작성했다.

공통 교육과 교리를 통해 군사사상을 일치시켰음에도 불구하고 훈련과 작전 중 업무상 불화가 생길 여지는 항상 있었다. 당시 동프로이센 알렌슈타인Allenstein에 주둔한 제11사단의 참모장교였던 아돌프 호이징어Adolf Heusinger는 만슈타인이 베크 장군을 대신하여 계획을 맡았던 1936년 동계 워게임을 회상했다. 워게임에 참가한 최고위직은 그 지역 군단장인 발터 폰 브라우히치 장군이었다. 최종 토론에서 브라우히치와 만슈타인은 서로 다른 해결책을 내놓았다. 호이징어에 따르면, 이때부터 "브라우히치와 만슈타인이 서로 반감을 갖게 되었으며" 이는 "만슈타인에게, 그리고 훗날 전쟁 수행에 영향을 미쳤다."

국토 방어에 초점을 맞추어 전쟁을 준비하는 것은 참모장교의 적법하고도 핵심적인 업무였다. 작전적 기동을 통해 결정적 전투에서 승리를 얻는 것을 기조로 하는 독일의 전통적 수비 개념은 공격전술행동과 방어전술행동의 융합이 필요했다. 독일군 장군들은 제2차 세계대전 동안 자만심에 차서 작전적 수준의 사고를 군사전략과 융합시켰지만, 기계화부대의 최대 잠재력이 입증되기 이전인 1930년대 중반에는 아직 현실적인 목표를 품고 있었다. 그러나 독일군에 전통적으로 내려오는 지나친 자신감과 적의 역량을 무시하는 본능은 이때도 여전했다. 일례로 1935년에 병무국은 전적지 답사를 통해 체코슬로바키아군 절멸을 위한 공세 이전counter-offensive(적의 공격을 무력화하고 주도권을 확보하기 위해 방어에서 적극적인 대규모 공세 행동으로 전환하는 것으로서 반격과 동의어임-옮긴이)에 관해 연구했다. 만슈타인은 이에 대해 베크에게 조언을 했는데, 그 마지막 문장은 다음과 같았다. "적에 대한 신속하고 결정적인 작전의 성공 전망은 여러 이유로 대단히 미심쩍다고 보아야 합니다." 베크를 다룬 평전의 저자가 주목했듯, 이 전적지 답사에 참여한 장군과 참모장교의 대다수는 "그보다 훨씬 더 낙관적인 해법을 내놓았다."

하지만 하나의 전역에서 승리하려면 여러 번의 전투를 치러야 하는데, 여기에는 적절한 수의 증원 부대와 병참 지원이 필요하다. 따라서 공세적 전쟁을 치를 준비가 되었는지를 보여주는 실제 지표로는 작전 수준의 연구와 훈련뿐 아니라 대외정책의 목표를 추구하면서 공격적 전략을 실행하기에 충분한 병력, 장비, 비축품 확보가 있다. 이를 위해서는 군사적 역량뿐 아니라 기회와 정치적 의지, 그리고 무엇보다도 결단이 필요하다. 히틀러의 경우는 '기회주의적인 의도'가 강했으며 적을 겁주기 위해 허세와 무력을 함께 사용했다. 장기전은 막대한 금전적·물질적 자원을 사용하기 때문에 경제적 손실이 크다. 따라서 국가적 수준에서 침략 전쟁을 준비한다는 결정은 군사적 결단이라기보다는 정치적·경제적 결단에 가깝다. 1936년에 수립된 독일의 4개년 계획은 확장주의 정책을 위한 발판을 마련해주었고, 이에 따라 독일 육군은 4년 안에 전쟁 준비를 위해 모든 것을 완벽히 갖추어야 했다.

1940년 초에 독일 육군은 260만 명이 넘는 병력으로 구성된 102개 사단으로 확장되었다. 이는 더 이상 수비군으로 보기 어려운 규모였다. 실제로 독일군은 1939년 9월에 폴란드에서 첫 번째 전격전을 치르면서 공격력을 확실히 입증했다. 하지만 우리가 만슈타인의 말을 그대로 믿는다면, 독일군 수뇌부는 1939년 봄 히틀러가 폴란드 침공 준비를 지시하기 전까지 군 확장을 순수하게 방어적인 개념으로만 생각하고 있었다.

기술적 발전

독일 기갑부대는 독일이 제2차 세계대전 초기에 연달아 승리를 거두고, 결과적으로는 불가피했던 패배를 지연시키는 데 중요한 역할을 했다. 기갑부대의 탄생에는 누구보다도 하인츠 구데리안의 공이 크다. 사이렌 소리를 울리는 Ju 87 슈투카Stuka(급강하폭격기)와 독일군 주력전차 4호 전차 Panzerkampfwagen IV의 위협적인 모습은 전격전의 상징으로 남아 있다. 하지만 독일군 기갑부대Panzerwaffe의 발전은 기술적 발전만큼이나 전술적·작전적 혁신에 기반을 두고 있었다.

만슈타인은 회고록에서 구데리안이 에너지와 투지가 넘치는 '기갑부대의 창설자'로서 굉장한 성과를 이룬 것은 사실이나, 그럼에도 불구하고 기갑부대의 잠재력을 이해한 사람이 단지 구데리안만은 아니었다고 애써 강조했다. 독일 육군에는 기갑부대의 잠재력을 이해하지 못하는 보수적 인사들이 있었으나, 참모본부에는 없었다. 그런데 이 견해는 일반적인 통념과 반대되는 것이다. 구데리안의 평전을 저술한 우호적인 전기작가 케네스 맥시Kenneth Macksey도 언급했듯이, 구데리안은 베크가 새로운 기갑부대의 핵심 '방해자'였다고 말했다. 케네스 맥시는 구데리안의 말을 충실히 전하며 베크에 대해 간결하게 덧붙였다.

베크는 새로운 무기와 체계—전차, 항공기, 오래도록 지휘권을 쥐고 있던 참모본부에 대항하는 신설 국방군 중앙(기갑)참모본부—의 능력을 확신하지 못한 참모본부 내 유력 인사들이 벌인 대규모 저항의 구심점이었다. 1945년 이후에 구데리안이 베크와 같은 장군들이 "육군 참모본부를 장악하고 항상 자신과 같은 사고방식을 가진 장교들이 참모본부의 주요 요직을 맡도록 개인적으로 수를 썼다"라고 한 말은 부당한 말이 아니다.

어떤 이는 만슈타인이 구데리안이 방해자로 비난한 이들의 전형이었다고 추론하기도 한다. 만슈타인은 제2차 세계대전 종전 후에 국방군 참모조직에 대해 많은 비판을 했지만, 기갑부대 개발과 관련해서는 참모본부를 옹호하는 입장을 취했다. 그는 구데리안과 마찬가지로 영국군의 J. F. C. 풀러Fuller 소장과 리들 하트 대위의 시행착오 및 저서들로부터 긍정적인 영향을 받았다고 인정했다. 그러나 현대의 역사학자들은 리들 하트의 저서가 독일에 영향을미쳤다는 것에 대해 의심의 눈초리를 보낸다. 리들 하트가 전쟁이 끝나고 나서 구데리안과 만슈타인에게 자신의 역할을 부각시켜 달라고 부탁했다는 증거가 여럿 있기 때문이다. 나중에 살펴보겠지만, 리들 하트는 만슈타인이 전쟁포로로 붙잡혀 전범재판을 받고 투옥되는 동안 계속해서 만슈타인을 지지해주었고, 만슈타인의 전쟁 회고록 『잃어버린 승리』의 영문판 출간에 밀접히 관여했다.

다시 제2차 세계대전 이전 독일의 발전 이야기로 돌아가자. 참모본부의 작전과장, 그리고 이어서 제1참모차장을 맡은 만슈타인은 당시 창설되기 전이었던 자주화된 기갑군단 및 기갑군의 작전적 투입을 연구하는 임무를 맡았다. 만슈타인은 참모차장으로 재임한 1935~1937년에 전적지 답사를 다니며 독일인다운 철저한 방식으로 이 실험적 연구를 수행했다. 만슈타인은 베크가 구데리안의 성공에 찬물을 끼얹으려 했다는 사실은 가감 없이 인정했으나 "위험을 무릅쓰기보다는 장단점을 신중히 견주어보는 것이 베크의 천성이었다"라고 말하며 베크를 옹호했다. 그럼에도 불구하고 만슈타인이 강조했듯 독일군은 1939년 9월 1일 제2차 세계대전이 발발했을 때 작전 투입용으로 현역 4개 기갑군단(다섯 번째 기갑군단은 즉석에서 구성 중이었다), 4개 경기갑사단, 4개 차량화 보병사단을 보유하고 있었다. 독일군 기갑부대가 다른 모든 군에 훨씬 앞서 있었다는 만슈타인의 주장은 비교 대상을 폴란드, 프랑스, 영국으로 한정하면 사실이었다. 그러나 이 시점까지 소련군의 발전 양상을 반영했다면 틀린 주장이라 할 수 있다.

한편 구데리안과 만슈타인은 보병부대를 지원하는 데 있어 기갑부대의 역할을 놓고 의견을 달리했다. 만슈타인(그리고 참모본부의 대부분)은 제1차 세계대전의 경험에 비추어 기관총의 방어력에 대항해 보병의 잠재적 공격력을 복원하는 것이 더 시급하다고 주장했다. 기갑부대가 공격력에서 가장 큰 기여를 해야 한다는 것을 지지하면서도 장비 제한으로 인해 독일 육군이 기본적으로 보병사단에 기반을 두어야 했기 때문이었다. 게다가 전차의 전술적 가치가 분명히 밝혀지긴 했어도 작전적 수준에서는 전차의 종심 투입으로 얻을 충격 효과가 아직 입증되기 전이었기 때문에 베크는 새로운 기갑부대에 명운을 거는 것을 망설이고 있었다.

만슈타인은 기갑부대의 잠재력을 완전히 실현시키기 위해서는 기동작전을 수행할 수 있도록 보병의 전투력을 개선시켜야 한다는 사실을 이해했다. 그는 공격 시 중기갑여단을 보병에 동반시키는 것은 무의미하다는 구데리안의 의견에 동의했다. 베크와는 뜻을 달리한 것이었다. 독일은 기갑군단 육성 기간 동안 중기갑여단을 아주 소수밖에 육성할 수 없었다. 이 점에 있어서 독일군은 보병사단에 직접 전술지원을 할 수 있는 독립 기갑여단 혹은 독립 전차여단을 개발한 영국의 행보를 따르지 않았다. 제2차 세계대전 중 대부분의 기간에 독일 기갑부대는 기갑(그리고 나중의 차량화 기갑척탄병)사단에 집중되어 있었다. 보병사단에는 포가 달린 새로운 장갑전투차량이 지급되었다. 이것이 바로 '돌격포storm artillery'였다.

구데리안이 독일 기갑부대의 창설자라면, 돌격포를 개발한 만슈타인은 그보다 더 인정을 받을 만하다. 돌격포는 주로 보병 지원용 무기로 설계되었으며, 대전차방어용으로 매우 효율적이었던 장포신 고속사포의 도입 이후에 개발되었다. 제1차 세계대전에서 일단 적군의 1차 방어선을 전술적으로 돌파하고 나면, 그 다음 가장 어려운 점은 포탄으로 구멍이 난 지역을 기포병이 빠르게 통과하며 적군 진지 깊숙이까지 공격을 퍼부은 뒤 빠져나와야 한다는 것이었다. 만슈타인은 이를 가능케 할 해답이 바로 전차 차대 기반의 자주포를 개발하여 공세를 펼치는 보병사단에 동행시키는 것이라고 생각했다. 그럼으로써 적의 기관총 진지와 근거리에 있는 포병대를 진압한다는 계획이었다. 따라서 만약 돌격포가 침투와 돌파를 수행하는 무기로 선택된다면, 다음 단계인 전과 확대와 추격은 전차의 전유물로 남게 될 터였다.

만슈타인은 1935년 가을에 돌격포에 대한 보고서를 작성했다. 포병, 기갑, 대전차 전문가들은 입을 모아 거세게 반대했다. 당시 독일군 수뇌부가 자기 확신이 강한 포병 장군들로 구성되어 있었다는 사실도 만슈타인에게는 도움이 되지 않았다. 예를 들어 베크는 이렇게 말했다. "흠, 친애하는 만슈타인, 자네가 이번에는 영 빗나간 것 같군그래." 프리치를 설득하는 데는 그나마 운이 따랐다. 만슈타인은 돌격포를 도입함으로써 포병이 단지 간접화력을 제공하는 데 그치지 않고 전투에 직접 참여하는 과거 전투의 전통을 이을 수 있다는 사실을 내세워 최고사령관의 관심을 끄는 데 성공했다. 기포병 출신인 프리치는 이러한 명예심에 대한 호소에 확실히 마음이 움직였고, 보병이 아니라 포병을 신무기에 탑승시킨다는 만슈타인의 제안에 매력을 느꼈다. 당시나 지금이나 영국군의 큰 근심거리인 병종 간 경쟁은 독일군에서도 무시할 수 없는 현상이었던 것이다. 독일군 참모본부의 직업적 객관성은 그때는 물론이고 오늘날까지도 자부심의 대상이나, 돌격포의 역사는 병종 간 자존심을 건 경쟁이 역설적으로 이로운 결과를 가져올 수도 있다는 사실을 보여준다.

프리치의 지원을 등에 업은 독일군은 여러 요구 사항들을 고려하며 놀라운 속도로 돌격포의 연구개발을 진행했다. 육군 조달부장 칼 베커Karl Becker 장군이 만슈타인을 든든하게 지지했다. 베커 장군은 2호 전차 차대에 75mm 단포를 장착한 첫 번째 프로토타입을 개발했는데, 여기에는 돌격포와 전차를 구분 짓는 회전포탑은 장착되지 않았다. 처음 개발된 장비의 현장 시연은 1937/1938년 겨울에, 합동전법 훈련은 1938/1939년에 이루어졌다. 1937년 가을, 프리치는 2년 뒤인 1939년 가을까지 모든 현역 보병사단에 3개 포대로 구성된 돌격포 분견대를 배속시킬 수 있도록 3호 전차의 차대를 기반으로 4개 포(나중에 6개 포로 늘어난다)를 장착한 돌격포를 충분히 생산하라는 명령을 내렸다. 추가적으로 새로 창설된 기갑사단 각각에도 1개 돌격포 분견대를 배정했으며, 보병·기갑·경보병·차량화보병사단의 정찰대에는 전부 1개 돌격포 소대를 배정했다.

그러나 이처럼 야심 찬 목표는 결국 달성되지 못했다. 전후에 만슈타인이 씁쓸한 어조로 기록했듯, 1938년 초에 프리치와 만슈타인이 참모본부를 떠난 뒤 참모총장에 오른 발터 폰 브라우히치Walther von Brauchitsch 상급대장이 이 지시를 취소했기 때문이었다. 이는 군사교리의 변화라기보다는 '현실주의에 입각한' 경제적 조치였던 것으로 보인다. 사실 그 당시 독일군은 중무기 조달 속도보다 더 빠르게 확장하고 있었던 것이다. 따라서 1940년 전반기에 6개 돌격포 포대만이 조직되어 훈련을 마쳤고, 이 가운데 오직 4개 돌격대 포대만이 프랑스 전역에 투입되었다. 돌격포 포대가 작전에서 역량을 충분히 입증하자, 돌격포의 가치에 대한 의심은 눈 녹듯 사라졌다. 돌격포의 생산은 그 뒤로 꾸준히 증가했으며, 만슈타인이 4년 전에 예측했듯 각각 3개 돌격포 포대로 구성된 돌격포 분견대가 만들어졌다. 이 부대들은 육군 부대로 간주되었고, 경우에 따라 군단 혹은 사단에 배속되었다.

적진을 향한 돌격과 대전차 방어라는 두 가지 기능 때문에 구축전차라는 명칭으로도 잘 알려진 돌격포는 전투 수행 능력이 뛰어났다. 만슈타인이 크림 반도 전역을 치르며 확신했듯, 돌격포는 가치가 높고 유연한 무기체계였다. 믿음직스러운 화력지원 수단이자 대전차 방어 수단이었으며, 전차보다 생산 비용이 적게 든다는 장점이 있어 더욱 훌륭했다. 따라서 만슈타인은 돌격포의 작전적 필요성을 인지하고 돌격포 도입을 주창한 자신에 대해 자랑스러워할 만했고, 실제로 강한 자부심을 느꼈다. 제2차 세계대전 이후 수감 생활을 마친 만슈타인은 수많은 군대 행사, 특히 칼슈타트 암 마인 Karlstadt am Main의 돌격포 행사에 줄곧 귀빈으로 초대받았다.

제4장
권력의 핵심에서

"참모본부에서 내가 쌓은 경력은
나중에 참모총장의 자리에 오르기에 충분했다.
– 에리히 폰 만슈타인 –

베를린 생활

1930년대 중반에 베를린에서 보낸 생활에는 나름대로 장단점이 있었다. 만슈타인은 전쟁부War Ministry(오늘날의 국방부)에서 바쁘게 일했지만, 그럼에도 수도에 거주하는 이점을 최대한 누렸다. 세 아이의 아버지로서 그는 가족에게 가능한 한 좋은 사회적 환경을 제공하려고 열성을 다했다. 1936년, 그는 베를린 남서쪽 우아한 교외 지역인 달렘Dahlem의 틸 공원Thielpark 근처 파라다이벡Faradayweg에 근사한 빌라를 구매했다. 이곳은 원래 유명한 유대인 여배우 엘리자베트 베르크너Elisabeth Bergner가 거주하던 집이었는데 그녀가 런던으로 탈출하면서 매물로 나왔다. 만슈타인의 가족은 가장의 배경, 지위, 계급에 걸맞은 안정된 생활을 누렸다. 파라다이벡에 살던 만슈타인의 이웃 사람들은 "영화배우와 부유한 자본가가 드문드문 섞인 상류층"이었다. 만슈타인의 가족 역시 이곳에서 사치스럽다고는 할 수 없지만 편안한 생활을 꾸려나갈 여건이 되었다. 집을 방문하는 손님들도 많았다. 기젤라는 독일 전역에 사는 친척들이 베를린을 방문하면 초대하지 않았는데도 자신의 집에 묵었던 때를 떠올리며 이렇게 말했다. "우리는 곧 그것에 익숙해졌지만, 한 번은 침대가 모자라서 내가 욕조에서 자야 했던 적도 있었다!"

만슈타인은 소장으로서 거의 1,200라이히스마르크에 달하는 월급을 받았다. 이는 산업노동자 평균 월급의 10배나 되는 고액이었다. 육군에서 붙여준 당번병도 한 명 있었고, 만슈타인 가족은 슐레지엔에서 청소부와 요리사를 데려올 만큼 형편이 넉넉했다. 세 아이는 지역 학교에서 순조롭게

위 1930년경 만슈타인 부인과 아이들의 모습(왼쪽부터 기젤라, 유타–지빌레, 뤼디거, 게로). (Manstein archive)

아래 1937년. 유타–지빌레 폰 만슈타인 부인. (Manstein archive)

학업을 계속하고 있었다. 아내 유타-지빌레는 돈을 버는 직업을 따로 갖고 있지 않았는데, 당시에는 장군의 아내는 물론이고 장교의 아내는 직업을 갖지 않는 것이 관례였다. 이러한 군인 사회의 규범은 남편을 내조하고 손님을 접대하고 가정을 꾸리고 자선 사업을 하는 것이 군인의 아내가 해야 할 역할이라는 전통적인 관점에서 비롯된 것이었다. 장교의 아내가 직업을 갖는 것은 예외적인 경우가 아니면 부적절하게 여겨졌다. 그런 의미에서 독일 장교는 당시 미국, 영국, 프랑스 군인과 다를 것 없는 평범한 가족생활을 누렸다. 적어도 그 후로 한 세대 동안은 그랬다.

한편 이는 공교롭게도, "자녀, 부엌, 교회"를 보살피는 것만이 여성의 역할이라는 국가사회주의 여성관에 부합하는 부분이 있었다. 하지만 만슈타인 가족을 포함하여 수천 세대의 독일 군인 가족들은 자신들의 생활양식이 정치적으로 설계된 것이라고는 꿈에도 생각지 못했을 것이다. 만슈타인의 아내는 나치당에 가입했지만 복무 중인 장교였던 만슈타인은 정치와 거리를 둬야 했기 때문에 가입할 수 없었다. 전쟁에서 살아남은, 만슈타인 부부의 아들 뤼디거에 따르면, "어머니는 나치당과 정권에 대한 속내를 내비치지 않기로 유명했던 남편을 보호하기 위해" 나치당에 가입했다고 한다. 만슈타인은 가족과 군사 현안을 놓고 대화하지 않는 것을 원칙으로 했다. 만슈타인 가족은 다양한 군인과 민간인 손님을 저녁식사에 초대하여 호화롭지는 않지만 후한 대접을 하곤 했다. 사람들은 이 저녁식사 자리에서 정치보다는 주로 문화에 대해 이야기를 나누었다.

그렇긴 해도 만슈타인 가족은 당시 총통 히틀러와 그의 정부를 여전히 긍정적으로 평가하고 있던 독일 대다수의 국민과 크게 다르지 않았다. 만슈타인은 1949년 함부르크에서 당시 나치가 "노동계급과 중산계급 사이의 깊은 골에 다리를 놓는 데 성공하기"를 바랐다고 발언했다. 1933년 1월 30일의 '혁명'과 룀 사태의 충격, 뒤이은 1934년의 피비린내 나는 여름으로부터 2년이 지나자, 독일의 급속한 재무장과 민간 영역의 재건에 힘입어 경제가 상당히 성장했다. 실업자 수 역시 200만 명 수준까지 감소했다. 1936년 3월 7일의 라인란트 점령은 군부의 염려에도 불구하고 총성 한 발 울리지 않고 평화롭게 이루어졌다. 독일은 긴장을 푼 것처럼 보였다. 그 해 여름 베를린에서 개최될 제11회 올림픽을 앞두고 다른 나라들에게 긍정적인 인상을 심어줘야 한다는 이유로 히틀러는 유대인에 대한 공적인 모욕과 학대를 완화하라는 명령을 내렸다. 독일 국민들은 민족공동체Volksgemeinschaft 의식으로 똘똘 뭉쳐 있었다. 앞으로 끔찍한 일들이 일어나리라고는 전혀 예상하지 못한 채 말이다.

한편 만슈타인은 전쟁부에서 산더미 같은 일을 처리해야 했다. 그는 여러 분야에 관여하고 있었고 베크의 부관으로서 육군 최고사령부의 일과를 매일 감독해야 했기 때문에 늦은 시간까지 일해야 했다. 1936년에 겨우 일곱 살이었던 차남 뤼디거는 베를린에 살던 시절, 일요일과 휴일을 제외하고는 아버지를 본 적이 거의 없다고 회상한다. 반대로 같은 시기에 아버지의 생활에 대해 훨씬 더 많은 것을 기억하고 있던 장녀 기젤라는, 그가 근무 시간을 잘 조절해서 5시면 칼같이 "집에 돌아와 저녁에 1시간 동안 휴식을 취했다"고 말했다. 만슈타인은 때때로 일거리를 들고 퇴근해야 했다. 일례로 1937년 여름에 그는 프로이덴슈타트Freudenstadt 슈바르츠발트의 한 마을에서 아내와 당시 15세이던 장남 게로와 휴가를 보내는 동안 최고사령부에 대한 보고서 초안을 작성했다. 만슈타인은 이처럼 군인생활을 우선적으로 생각했음에도, 일과 가정생활의 균형을 세심하게 맞추었다. 그는 여유가 있을 때면 클래식 음악(특히 모차르트 음악), 건축, 역사, 외국어, 정원 가꾸기와 같은 여러 취미에 몰두했다. 기젤라 링엔탈은 이렇게 회상한다.

"아버지는 일에 대해서는 일언반구도 하지 않으셨다. 그건 금기였다."

또다시 해외 출장

만슈타인의 임무는 베를린과 독일 전역의 군 본부 및 훈련장을 돌아보는 것에 한정되지 않았다. 만슈타인은 몇 년 전 공화국군 대표로 러시아 등지를 방문했던 것과 마찬가지로, 육군 최고사령부와 참모본부를 대표하여 일련의 해외 출장을 떠났다. 그는 이전 해외 출장 때처럼 이번에도 좋은 경험을 많이 했다. 해외에서 체류하는 동안 그는 잠재적 적군들의 군사적 역량을 가늠하는 한편, 그들의 생활과 문화에서 좋은 점들을 배울 기회도 가졌다.

예를 들어, 1936년 8월에는 이탈리아 나폴리 근방에서 열린 이탈리아군의 성대한 기동훈련에 초대받았다. 행사 첫날에 무솔리니Benito Mussolini가 몸소 참석하여 외국에서 온 손님들을 맞았고, 둘째 날에는 빅토르 엠마누엘Victor Emmanuel 왕이 참석했다. 만슈타인은 이 훈련이 놀랍도록 괴상한 방식으로 전개되었다고 기록했다. '일 두체Il Duce'(파시스트 당수인 무솔리니의 칭호)는 여러 파견대에게 노래를 부르도록 명했고, 수도원 방문, 스포츠 행사 참가, 심지어 극장 방문과 같은 예정에 없던 일정을 포함한 다양한 일정을 이유로 군사 활동을 중지시켰다. 기동훈련 자체에 대해서 만슈타인은 "특별히 유익한 것은 없었다"라고 평했다. 차량화부대의 호송대 규율과 위장술은 좋았다고 인정했으나, 만슈타인의 눈에 전술적 훈련은 "독일군의 기준에 부합하지 않았으며" 이탈리아 전차들은 "장갑도, 무장도 충분하지 않았다." 만슈타인은 지령이 본부 내에서, 혹은 본부와 다른 본부 사이에서 어떻게 전달되는지 목격할 기회가 없었다. 그렇지 않았더라면 노련한 교관이었던 만슈타인은 이를 단서로 이탈리아군 지휘체계를 짐작할 수 있었을 것이었다. 왕 앞에서 과시하듯 근사한 열병을 실시한 것을 끝으로 기동훈련이 마무리되자, 만슈타인에게는 휴식과 회복의 시간이 주어졌다. 그는 남은 일정 동안 카프리Capri를 방문하고, 베수비오Vesuvio 화산을 등반하고, 폼페이Pompeii 유적을 답사하고, 이스키아Ischia 해변에서 수영을 하고, 제1차 세계대전 발발 전 젊은 소위였을 적에 방문했던 로마를 다시 찾아 잠시 머물렀다. 정부 업무치고는 나쁘지 않았다. 그럼에도 만슈타인은 독일의 통화 규제로 인해 손에 쥐고 있던 현금이 팁을 주기에도 빠듯했다고 불평했다.

그는 이탈리아에서 보낸 나날에 대한 감상을 기록으로 남겼다. 20년이나 지난 뒤에 쓰인 것이고 추억은 미화되기 마련이라는 점 역시 무시할 수 없지만, 양국의 군부와 파시스트 정권 사이의 관계에 대한 비교와 무솔리니의 성격에 대한 평가는 역사적으로 주목할 만한 가치가 있다. 만슈타인은 이탈리아의 고위 장교들마저도 "무솔리니에 대한 공포 속에 살아갔고, 그의 반감을 사지 않기 위해 무엇이든 했다"라고 적었다. 하지만 독일 장교 가운데 지적으로 히틀러에게 완전히 복종하고 있던 최측근 몇몇을 제외하고는 히틀러에게 과잉충성하는 인물은 없었다는 그의 주장은 조금은 공허하게 들린다. 이 점에 있어 만슈타인은 어쩌면 총통과 타협하지 않는 자신의 태도가 일반적인 것이라고 생각하는 오류를 범한 것일지도 모른다. 반면 무솔리니에 대한 그의 관찰은 적확했다. 만슈타인에 따르면 '일 두체'는 위압적이고 스타일이 멋졌다. 그는 당면한 상황에 맞춰 행동을 능숙하게 조절하는 법을 알아서 "때로는 독재자처럼, 때로는 친절한 집주인 혹은 좋은 친구처럼 자신을 연출할 줄 알았다." 히틀러와 비교했을 때 무솔리니는 훨씬 인간적으로 보였다. 하지만 그럼에도 만슈타인은 이탈리아의 지도자에 대해 다음과 같이 평할 수밖에 없었다.

그는 이탈리아 국민들의 빈곤과 삶에 대한 열정을 무시한 채 그들을 고대 로마인처럼 육성하고 싶어했고, 새로운 로마 제국을 건설하기를 원했다. 하지만 히틀러가 날이 갈수록 국민과 자신을 운명공동체로 여긴 것과 달리, 그는 국민의 운명을 자신의 운명과 묶어 생각하지 않았다. 무솔리니는 국민들의 힘을 과대평가했으나 히틀러처럼 그들의 신뢰와 영웅주의를 악용하지는 않았다. 그렇기는 하지만, 이 두 가지 특성이 우리 독일 국민이 보여줬던 것만큼 이탈리아 국민에게서 두드러지게 나타났던 것은 아니다.

만슈타인은 당시 많은 독일인들이 마음속에 품고 있었을 생각을 이와 같이 직설적으로 요약했다. 케셀링이나 롬멜 원수와 달리 그는 1943년 초에 동부전선에서 이탈리아 제8군의 괴멸을 목도한 것을 제외하면 제2차 세계대전 내내 이탈리아군과 거의 엮이지 않았다.

다음 해인 1937년에 만슈타인은 헝가리와 불가리아 군대의 기동훈련에 참석했다. 헝가리에는 독일 육군 인사국장이었던 폰 슈베들러Viktor von Schwedler 장군과 동행했는데 이탈리아와 오스트리아에서 온 손님들과 함께 극진한 대접을 받았다. 만슈타인은 헝가리 군대의 직업 정신에 깊이 감명받았다. 그는 헝가리 장교단이 "프로이센군 시대부터 지금까지 독일군이 성장 기반으로 삼아 지켜온 병역에 대한 기사도적인 관점"을 다른 어떤 군대보다 뚜렷이 보여주었다고 기록했다. 이때의 훈련에는 저명한 헝가리인 2명이 참석했다. 원수인 요세프Joseph 대공과 섭정 호르티Horthy 제독이었다. 만슈타인은 부다페스트Budapest에 위치한 호르티 제독의 성에서 접대를 받았다. 훗날 그는 말했다. "호르티가 1946년 뉘른베르크의 증인용 수감실에서 나와 매일 브리지를 하는 파트너가 될 거라고 누가 생각했겠는가." 두 귀족은 기사도 정신이 담긴 이 게임을 여러 판 했을 것이 틀림없다. 그러나 두 사람이 자국의 운명과 이렇게 껄끄러운 상황에서 재회하게 된 까닭에 대해서도 이야기를 나누었는지는 알려지지 않았다. 이것이 전쟁의 아이러니다.

만슈타인의 기록에 담긴 불가리아 출장에 대한 군사적·지리적 내용은 흥미진진하지만, 불가리아의 전력이나 그가 불만족스럽게 여긴 요소를 이해하는 데에는 별로 도움이 되지 않는다. 베를린으로 돌아왔을 때, 만슈타인은 자신이 독일 육군 최고사령부 및 참모본부의 '2인자'로서 보낸 시대가 막바지에 다다랐다는 사실은 짐작조차 하지 못했다. 그가 작전을 연구하거나 지휘 및 통제의 문제와 씨름하면서 마냥 일에 파묻혀 있었던 지난 몇 년 동안, 베를린의 몇몇 인물들은 만슈타인을 고깝게 보고 있었다. 특히 신설 국방군 참모들은 그와 우호적 관계가 아니었다. 만슈타인은 1938년 2월, 히틀러가 최대 규모의 장군 숙청을 벌였을 때 다른 많은 인물들과 함께 보직에서 해임되었다. 그때까지 만슈타인은 국방군 최고사령부와 (그리고 간접적으로 히틀러와) 두 가지 문제─평시 군 확장 방법과 전시 독일 군대 지휘 통제 방법─에서 생각이 달랐다. 갈등은 곪아 터질 지경에 이르렀다. 만슈타인은 앞으로 독일 군대가 밟아야 할 단계에 관해 아주 명료한 의견을 갖고 있었고, 이에 대해 거침없이 발언했다. 이 분야에 있어 그의 확실한 전문성은 20년 후 그가 서독 정부의 특별군사고문으로 임명되었을 때 다시 한 번 확인된다.

육군의 확장

일반 징병제의 도입과 함께 독일의 군비 확장이 시작되면서 히틀러와 육군 최고사령부 사이에는 근본적인 의견 차이가 있었다. 현대적 표현을 빌리자면, 히틀러는 정치적 목적을 위해 성장한 독일의 국력을 "진열장에" 전시하여 전 세계에 강한 인상을 남기는 데 연연하고 있었다. 따라서 만슈타인이 말한 것처럼 히틀러는 가파르게 성장한 "군인 및 사단의 수"와 "그들의 현대적인 무장"을 과시하는 데 주력했다. 이 부분에서만큼은 제2차 세계대전 중 충분히 많은 야전 병력을 모아 훈련시키고 배치하고 유지하지 못하는 영국군에 좌절하곤 했던 처칠이나 히틀러나 별로 다를 바가 없었다. 만슈타인은 전후에 히틀러가 처음부터 공세전을 벌일 계획이었다는 것을 인정했지만, 그것이 군부에는 오랫동안 비밀이었다는 주장을 고수했다. 여기서 다음과 같은 중요한 의문 하나가 생길 것이다. 독일군 수뇌부가 히틀러가 품고 있던 계획의 진정한 성격과 목적을 눈치챈 것은 어느 단계에서였는가? 만슈타인이 피고측 주요 증인 중 한 명으로 서게 된 뉘른베르크 군사재판에서 육군 최고사령부의 주요 죄목 가운데 하나가 바로 이 문제에 관한 것이었다. 그러니 만슈타인이 회고록에서 앞서와 같이 제2차 세계대전이 일어나기 전 히틀러와 육군 최고사령부가 서로 다른 입장을 취했다고 설명한 것은 놀라운 일이 아니다. 그는 계속해서 히틀러의 유죄와 육군 최고사령부의 무죄를 입증하는 것을 목표로 삼고 있었다.

만슈타인은 독일 육군이 오로지 방어전 수행을 목적으로 공격력을 갖추어야 했다는 육군 최고사령부의 견해를 대변했고, 나아가 쉽게 유추할 수 있겠지만 육군 최고사령부가 "내실 있는 일"을 하고 싶어했다고 강조했다. 구체적으로 말하면 "단순한 수치보다는 군대 기강, 교육, 훈련이 더욱 중요했다." 현대 군사교리 접근법에 따라 설명하자면, 요컨대 군비 확장은 단지 유형의 물리적인 요소뿐 아니라 무형의 기강과 전투력이라는 개념적 요소까지 아우르는 견고한 기반을 갖추는 것이다. 만슈타인은 히틀러가 현대적 무기에 열렬한 관심을 보였다는 부정할 수 없는 사실에도 불구하고 궤도형 돌격포의 사례를 제외하면 무장 프로그램의 모든 주요 장비가 히틀러 집권 이전에 이미 개발 중이었다는 것을 입증하려 애썼다. 또한 만슈타인은 히틀러가 로켓 공학의 잠재력을 인식하지 못하고 몇 년 동안이나 로켓 개발을 막고 있었던 것을 비판했으나, 그 결과에 대해서는 기술하지 않았다. 어쨌든 과학적·기술적 걸림돌이 많았으므로 설사 히틀러의 방해가 없었다 해도 V₂ 로켓과 같은 V-무기Vegeltungswaffen(보복병기)가 더 일찍 도입될 수 있었을지는 미지수다.

제2차 세계대전 중의 실제 작전 수행을 살펴보면, 충분한 군수품의 보급과 훈련된 예비병력 확보를 기준으로 군대의 지속가능성을 논한 만슈타인의 주장이 옳다는 것을 알 수 있다. 특히 연합군에 비해 독일 육군은 병참이 원활하게 이루어지지 않았다. 만슈타인은 히틀러가 병참에 관한 참모본부의 요구사항에 귀 기울이지 않았다고 주장했다. 소련 전역이 시작되고 몇 달 후 터진 위기가 그 증거였다. 주포인 경곡사포의 탄약이 몹시 부족했던 것이다. 보병에 대한 탄약 보급도 충분하지 않았는데, "제1차 세계대전 중에도 이런 일은 단 한 번도 벌어지지 않았다." 만슈타인은 탄약 요구량이 전투의 격렬함에 비례한다는 사실은 지적하지 않았다. 소련에 대해 공세를 펼치는 동안 탄약 재고가 바닥난 데에는 여러 원인이 있었지만, 무엇보다 병참로가 길게 늘어진 데다 적에게 노출되어서 보급품 전달이 어려웠다는 것이 가장 큰 이유였다.

만슈타인은 독일 육군이 균형 잡힌 확장을 마치려면 아무리 빨라도 1942년은 되어야 할 것이라고 주장했다. 제2차 세계대전 발발 전 육군 최고사령부의 의견도 그와 동일했다. 만슈타인은 1942년에도 증가된 병력은 '방어전'만을 치를 수 있는 수준일 것이라고 보았으나 이때 방어전이 정확히 어떤 속성을 띤 것인지 부연하지는 않았다. 히틀러의 제1부관 프리드리히 호스바흐Friedrich Hossbach 대령이 악명 높은 호스바흐 각서에 기록했듯 1937년 11월 5일에 총통, 외무장관 콘스탄틴 폰 노이라트Konstantin von Neurath 남작, 고위 군사고문 블롬베르크, 각 군 수장이 비밀리에 가진 회동에서 히틀러는 국방군이 1943~1945년까지 전쟁을 치를 준비를 완전히 마치지 못하리라는 사실을 받아들이고 있었다. 그럼에도 불구하고 그는 장군들의 부정적 태도에 좌절했다. 바로 이 회동에서 히틀러는 독일 국민의 충분한 생활권을 확보하기 위해 무력을 행사할 필요성을 내세우고 오스트리아와 체코슬로바키아를 향한 태도를 분명히 하는 등 확장주의 정책을 강력하게 주장했다.

만슈타인은 히틀러와 육군 참모본부 사이의 마찰이 사라지기는커녕 점점 악화된 원인으로 이러한 견해 차이를 들었다. 둘 사이에 국방군 최고사령부가 끼어들자 사태는 오히려 더 악화되었다. 만슈타인은 제2차 세계대전 이후에 당시를 회상하며 초반에 폴란드를 상대로 놀라운 승리를 거두고 프랑스를 빠르게 패퇴시킨 뒤에도 베크를 위시한 참모본부가 우려에 찬 경고의 목소리를 줄이지 않았다고 기록했다. 그는 정확히 이렇게 적었다.

폴란드에서의 성공은 연합군이 여간해선 이해할 수 없는 이유로 그들에게 활짝 열린 기회를 걷어차버렸기 때문에 가능했다. 전쟁 이전에는 프랑스군 사령부가 독일의 공세 앞에서 이렇게 속수무책일 거라고는, 그리고 프랑스의 레지스탕스가 이렇게 빨리 붕괴할 거라고는 상상조차 할 수 없었다.

만슈타인이 회고록에서 빼놓은 사실은 폴란드와 프랑스에서의 승리가 독일군의 역량에 대한 과대평가로 이어져 대소련 공세에서 치명적인 결과를 낳았다는 것이다. 탄약, 연료, 장비, 인력과 같은 물자와 병력의 부족은 독일군 작전 수행에 핵심적인 제약으로 작용했다. 하지만 국방군의 역량에 대해 오만한 평가를 내린 것은 히틀러뿐만이 아니었다. 1940년 6월 프랑스를 함락시킨 이후로 이러한 자만심은 독일군 수뇌부에 고질병처럼 퍼져 있었다.

한편, 1935~1939년에 독일군은 급속도로 성장해나갔다. 보다 점진적인 확장을 주장했던 베크의 심기를 불편하게 하는 속도였다. 조직 내부적으로 필수적인 장비, 훈련 병력, 기반시설을 제공하기가 어려웠던 것도 문제였지만, 베크는 무엇보다도 히틀러가 새로 얻은 군사력으로 전쟁을 일으킬 위험을 우려하고 있었다. 군비 확장 계획 자체는 1933년 히틀러 집권 이전에 시작되었으나, 그전까지는 전시 21개 사단을 운영한다는 장기 목표를 위해 점진적인 확장을 기조로 하고 있었다. '평시 군대Friedensheer'와 '전시 군대

Kriegsheer'는 조직 및 전투력 면에서 차이가 있고 그것은 중요했다. 1933년 12월, 4년 안에 평시 군대 21개 사단을 만든다는 결정이 내려졌지만, 히틀러는 기존의 4년을 1년으로 단축시켜 1934년까지 이 목표를 달성하라고 요구했고, 프리치와 베크는 항의 끝에 겨우 마감기한을 1935년 가을로 연장할 수 있었다. 군비 확장 계획은 이처럼 수정을 겪은 뒤에도 난항을 겪었다. 1935년 3월에 히틀러가 난데없이 12개 군단 예하에 36개 사단을 둔다는 계획을 발표한 것이다. 이는 전시 군대가 63~73개 사단이려면 평시에 30~36개 사단을 갖추어야 한다는 병무국의 과거 연구에 기반을 둔 계획이었다. 이번에도 목표 달성의 시기를 두고 히틀러와 군부 사이에 의견 차가 있었다. 아무리 빨라도 1941년 이전에는 불가능하다는 것이 육군 최고사령부의 주장이었다. 총 36개 사단의 부분적 기계화를 마치기 위해서는 새로운 기갑부대와 차량화보병사단을 육성하고, 필수적인 군단 및 부대를 편성해야 했으므로 절대적으로 시간이 부족했다.

히틀러가 강경하게 밀어붙였으나 1936년 10월에 완성된 평시 편제는 여전히 계획에서 10만 명이 부족한 52만 명, 36개 사단이었다. 그러나 이는 사실 대단한 성과였다. 독일군은 채 4년도 되지 않는 기간 동안 5배 이상의 규모로 확장되었을 뿐만 아니라 전시에 그보다 훨씬 많은 병력을 동원할 준비까지 마쳤다. 이제 상황이 변했으므로 군부에 대한 요구사항도 바뀌었다. 과거의 계획은 자연스럽게 폐기되거나 광범위한 수정을 거쳐야 했고, 조직 및 운영 계획 역시 완전히 개정되어야 했다. 만슈타인은 이러한 정교한 참모 업무의 핵심에 있었으며, 역사에는 거의 기록되지 않았으나 그의 재능으로 히틀러가 훗날 제멋대로 오용하는 군대를 만들어내는 데 일조했다. 간단히 말해, 제2차 세계대전 초기 독일군이 거둔 성공의 대부분은 그의 빛나는 작전적 아이디어뿐만 아니라 그의 천재적 조직력에 기반을 둔 것이었다. 그가 오늘날까지도 기억되고 있는 것은 바로 이러한 이유 때문이다.

최고사령부의 문제

1936~1938년에 군 확장을 제외하고 베크와 만슈타인을 가장 불안하게 한 문제는 평시 및 전시 국방군 최고사령부의 문제였다. 1935년에 국방군 국Wehrmachtamt이 설립되었다. 이때 육군 최고사령관이었던 프리치와 전쟁부 장관(1935년 국방부가 전쟁부로 개명됨-옮긴이) 겸 국방군 최고사령관이었던 블롬베르크는 우호적인 관계 하에서 일했으나 그와 별개로 육군 최고사령부는 점점 기반이 약화되기 시작했다. 육군은 자원 및 상부의 관심을 두고 괴링이 이끄는 신설 공군과 경쟁해야 했다. 공군은 지속적으로 히틀러에 대한 충성을 강조하며 급속 성장 계획을 추진했다. 하지만 만슈타인이 가장 불안을 느끼고 있었던 문제는, 전에 베크도 이와 유사한 문제들을 걱정한 바 있었는데, 그것은 바로 전시에 최고사령부가 어떻게 영향력을 행사하게 될 것인가 하는 문제였다. 단일군 관점에 대한 그의 명확한 설명과 충실한 옹호는 오늘날 미국, 영국, 독일 군대에도 반향을 불러일으키고 있다. 이 나라들은 성공 정도는 각기 달랐지만 각 군이 자기 위주의 편견을 극복하고 군사 전략 및 작전적 수준의 지휘에서 '통합' 구조를 받아들였다.

1937년 여름에 만슈타인은 육군 참모총장 베크와 육군 최고사령관 프리치가 히틀러, 블롬베르크, 중앙 국방군 참모들과 토론할 때 참고용으로 삼을 수 있도록 '국방군의 지휘 조직'이라는 보고서를 작성했다. 주된 논점은 대륙 한가운데 위치한 독일은 지상전을 수행할 수밖에 없으니 자연스럽게 주된 군종軍種인 육군이 작전의 계획과 실행을 우선적으로 책임져야 한다는 것이었다. 만슈타인의 관점에서는 육군 최고사령관이 최고군사평의회 Oberster Kriegsrat의 의장으로서 독일군에 필수적인 전략적 방향을 제시하고, 전체 군을 지휘하는 것이 마땅해 보였다. 최고군사평의회는 각 군의 내부를 속속들이 파헤치지 않고도 각 군 간의 관계를 조정하는 중요한 기능을 맡게 될 터였다. 따라서 보다 정확히 말하자면 독일군 (합동)참모총장은 "국방군 최고사령관(총통)에게 전시의 군사 지휘를 조언하는 고문이 될 것이다……. 전쟁의 전략적 방향과 군사 지휘의 통합을 보장하기 위해 독일군 (합동)참모총장은 육군 최고사령관이 맡아야 한다."

만슈타인의 회고록에는 이 보고서의 바탕이 되는 생각이 담겨 있다. 현대 전쟁의 조건 하에서는 한 인물이나 한 부서가 두 가지 역할, 즉 전시의 군사 '지휘'(전략적·작전적 계획의 작성 및 실행)와 전쟁을 위한 국가의 '조직'을 동시에 맡을 수 없다는 것이었다. 이때 후자는 국가의 전쟁 목표를 달성하는 데 수반되는 충분한 인력과 물자를 확인하고 조직하고 투입하는 전략적 역할을 의미했다. 이처럼 군대에 자원을 제공하는 일은 만슈타인에 따르면 국방장관의 몫이었고, 전략 및 작전 계획을 담당하는 참모총장의 임무와는 명확하게 구분되어야 했다. 만슈타인은 국방장관이 전쟁의 '수단'을, 참모총장이 전쟁의 '방식'을 정하므로 두 인물 사이에 갈등의 가능성이 있다는 사실을 인정했으며, 이는 국가의 정치 지도자가 현재 작용하는 정치적·경제적 요인을 반영하도록 전략적 '목표'를 지시하고 승인하고 조정함으로써 해결될 수 있다고 주장했다.

현대 국가에서나 히틀러 시대의 독일에서나 정책이 몇몇 인물에 의해 좌지우지될 수 있다는 것은 엄연한 사실이다. 만슈타인은 육군 최고사령부가 블롬베르크에 대해 "군은 결의를 가지고 히틀러에게 맞설 인물은 아니다"라고 평했다고 기록했다. 만슈타인이 보기에 블롬베르크는 3군 지휘를 맡길 만큼 강한 인물이 아니었고, 특히 아주 제멋대로 굴던 괴링에게 자신의 의지를 관철시키기에는 역부족이었다. 설상가상으로 육군과 공군 간에는 교리상의 차이마저 생겨나고 있었다. 1930년대 중반에 독일 공군은 일단 제공권을 장악한 다음 공군력으로 적군의 전력을 공격하여 적국 국민의 사기를 떨어뜨려야 한다는 '작전적 공중전operativer Luftkrieg' 전략을 추구하고 있었다. 만슈타인이 나중에 언급했듯 이는 영미 공군이 1944년까지 철석같이 믿고 따르다가 실패한 전략과 완전히 동일한 것이었다. 반대로 육군 최고사령부는 국방군 예하 모든 군의 합동작전으로 적군을 패배시킬 때만 승리할 수 있으며, 이것이 전쟁을 성공적으로 끝내기 위한 첫걸음이라는 전형적인 클라우제비츠적 관점을 따랐다.

만슈타인이 계획을 진척시키는 데 있어 주된 걸림돌이 된 것은 한 육군 장교, 정확히 말하자면 당시 국방군국장의 자리에 앉아 있던 포병대장 빌헬름 카이텔Wilhelm Keitel이었다. 그는 육군의 입지를 굳히기는커녕 블롬베르크에게 육군 참모본부 대신 통합 국방군의 역량과 권력을 강화시키라고 조언했다. 그러잖아도 히틀러는 육군 수뇌부 인물들이 소심하며 사고가 구식이라고 판단하고 실망한 터라 언제라도 그런 조치를 내릴 생각이었다. 1938년 2월, 블롬베르크와 프리치를 제거하자 카이텔이 이끌던 국방군국을 국방군 최고사령부Oberkommando der Wehrmacht, OKW로 탈바꿈할 기회가 왔다. 만슈타인은 국방군 최고사령부를 신랄하게 비판했으나 국방군 작전참모였던 알프레트 요들Alfred Jodl 대령과는 좋은 업무적 관계를 유지했다. 만슈타인은 요들이 이렇게 말했다고 기록했다.

"문제는 육군 최고사령부에 더 강력한 인물들이 포진해 있다는 것입니다. 프리치 장군과 베크 장군, 만슈타인 장군께서 국방군 최고사령부 소속이셨다면 만슈타인 장군께서도 지금처럼 생각하시지는 않았을 겁니다."

만슈타인은 1937년에 보고서를 작성하며 고위 참모장교와 비교했을 때 고위 사령관이 갖추어야 할 역량에 대해 숙고할 기회가 있었는데, 그는 실제로 그로부터 5년 동안 그러한 자질들을 입증해야 했다. 만슈타인이 블롬베르크라는 인물을 염두에 두고 숙고한 고위 사령관의 자질은 오늘날에도 유효하다.

사령관이 필수로 갖춰야 할 조건은 이해력, 지식, 경험이다. 그러나 이런 자질의 부족은 사령관이 참모장의 조언을 기꺼이 따른다면 어느 정도까지는 메워질 수 있다. 그보다 더 중요한 것은 사령관이 기개와 인간미 있는 심성을 갖춰야 한다는 것이다. 이러한 자질을 갖춰야만 전쟁에서 불가피한 위기들을 의연하게 이겨낼 수 있다. 이러한 자질들은 전문성 외에 어려운 상황에서 과감한 결정을 내리는 기반이 된다. 마지막으로 사령관이 이끄는 군대에 대한 신뢰는 주로 사령관이 얼마나 꿋꿋한 사람인가에 달려 있다.

만슈타인의 분석에 의하면, 블롬베르크는 최고사령관으로서 자격 미달이었다. 여러 상황에서 그는 히틀러에게 맞설 수 있는 도덕적 용기를 자신이 충분히 가졌다는 것을 보여주지 못했다. 하지만 그가 해임되면서 독일군, 특히 육군은 설상가상의 상황을 맞게 된다. 1938년 초의 사건들이 그 좋은 예다.

돌이켜보면 만슈타인의 최고사령부에 대한 보고서는 처음부터 다른 군종 조직과 그 소속 인물들의 거센 저항을 받을 수밖에 없는 운명이었다. 공군과 해군의 수장이었던 괴링과 래더Erich Raeder는 카이텔과 마찬가지로 이에 극렬히 반대했다. 무엇보다도 히틀러는 이 보고서를 읽고 '육군이' 자신의 권위에 도전했다고 받아들였다. 1938년 6월 13일 주데텐란트 위기에 뒤이어 총통은 합동참모본부 역할을 할 국방군 최고사령부OKW를 최상위 지휘기관으로 정했다. 그러나 그 수장인 카이텔은 국방군 최고사령관의 권한도, 참모총장의 권한도 부여받지 못했다. 신설 기관의 독일군에 대한 계획과 조정 권한은 제한적이었다. 국방군 최고사령부는 끝까지 진정한 의미에서 독일의 합동참모본부가 되지 못했다. 이렇듯 히틀러는 제2차 세계대전 내내 작전의 계획과 수행에 있어서 독일군의 발목을 잡은 혼란스러운 지휘체계를 만들어냈다.

블롬베르크와 프리치의 위기

1938년은 독일군의 지휘 구조와 만슈타인의 군 경력에 예기치 못한 큰 변화가 찾아온 해였다. 새해는 평년과 별다를 것 없이 시작되었다. 만슈타인은 1월 마지막 주에 육군 최고사령부 대표로 동프로이센 쾨니스베르크Königsberg(현 칼리닌그라드Kaliningrad)의 군관구사령부에서 열린 워게임에 참여했다. 참석 인물 가운데 가장 고위직은 당시 제1집단군사령관으로서 쾨니스베르크 군관구를 책임지고 있던 게르트 폰 룬트슈테트Gerd von Rundstedt 상급대장이었다. 워게임이 끝나자 만슈타인은 룬트슈테트를 보좌하여 쾨니스베르크에서 베를린으로 돌아가는 기차에 같이 올랐다. 단순히 상호 편의를 위한 조치였다. 그런데 룬트슈테트는 갑작스럽게 '위급상황'이 발생했으니 귀환하라는 베크의 소환으로 베를린에 가고 있다고 만슈타인에게 털어놓고는 더 자세한 이야기는 하지 않았다. 룬트슈테트는 이 위급상황이 최근에 있었던 전쟁부 장관 베르너 폰 블롬베르크 원수의 결혼식과 관련이 있어 보인다고 이야기해주었으나 그 이상은 함구했다.

1월 31일 아침, 베를린의 프리드리히슈트라세 역에 도착한 만슈타인은 베크가 개인적으로 마중 나온 것을 보고 더 깊은 의문을 품게 되었다. 베크와 룬트슈테트는 믿음직스러운 만슈타인을 역에 세워둔 채, 정부 차량을 타고 급히 출발했다. 다음날인 2월 1일 아침 만슈타인이 전쟁부에 출근하자 베크는 자신의 이상한 행동에 대해 사과를 하며 블롬베르크와 프리치를 상대로 심각한 음모가 진행되고 있으나 비밀 서약을 했기 때문에 현 단계에서는 더 말할 수 없다고 덧붙였다. 만슈타인은 그때까지 아무것도 모르고 있었다.

하지만 2월 초의 며칠 동안 만슈타인은 육군, 국방군, 나아가 독일이라는 나라 전체를 완전히 뒤흔드는 선정적인 스캔들을 최측근의 입장은 아니더라도 아주 가까운 위치에서 지켜보았다. 그로부터 1주일 만에 블롬베르크와 프리치 모두 불명예를 안고 강요에 의해 사임했다. 두 주요인물 외에도 많은 장군들이 퇴임하거나 전보 조치되었다. 만슈타인은 이때 벌어진 군사 및 정치 보직의 대규모 개편에서 폰 노이라트Konstantin von Neurath 외무장관 역시 해임되었다고 덧붙였다.

60세의 홀아비였던 블롬베르크는 나이가 그의 반밖에 안 되는 전쟁부 소속 타자수 에르나 그룬Erna Gruhn과 사랑에 빠졌다. 블롬베르크는 지난 5년 동안 자신의 주된 임무는 국방군을 국가사회주의로 이끄는 것이라고 믿으며 총통을 충실히 섬겼다. 만슈타인이 비판적인 어조로 언급했듯, 나치 정권에 대한 그의 충성심은 1934년 여름에 벌어진 룀 위기에서 폰 슐라이허와 폰 벨로브 장군을 위해 개입하지 않았다는 것에서 여실히 드러났다. 총통은 1936년 블롬베르크를 원수로 진급시킴으로써 그의 충성 서약에 보답했고, 같은 해에 그에게 나치당(국가사회주의독일노동자당NSDAP) 금메달을 수여하기도 했다. 블롬베르크는 히틀러의 수족과 같은 인물이었다. 전혀 그답지 않은 정사 사건이 터질 거라고는 누구도 예상하지 못했다. 히틀러와 괴링 역시 1938년 1월 12일에 열린 전쟁부 장관 블롬베르크와 한 민간인의 결혼식에 개인적인 증인으로 출석하면서 곧이어 심상치 않은 일이 일어날 거라고는 꿈도 꾸지 못했을 것이다.

그러나 불운하게도 결혼식으로부터 얼마 지나지 않아 블롬베르크의 새 아내가 출신이 미천할 뿐 아니라, 더욱 충격적이게도, 도덕성이 의심스럽다는 것이 밝혀졌다. 그녀가 전직 창녀였으며 지금은 임신 중이라는 지저분한 사실이 폭로되었고, 이 사실은 독일군과 장교단에게 불명예를 안겨주었다. 더 중요한 것은 이 사실을 안 히틀러가 크게 실망하고 당황했다는 것이었다. 그룬의 전 동료들이 언론에 이 이야기를 흘리자 상황이 더욱 악화되었다. 명예로운 독일군 장교 가운데 누구도 그녀를 "원수 부인"이라고 칭할 수 없었다. 블롬베르크는 "신부는 평판이 흠 잡을 데 없이 깨끗해야 하고, 국가에 충직해야 하며, 존경할 만한 충실한 가문 출신이어야 한다"라는 국방군 내부 규약을 깼으므로 의지할 곳이 없었다. 하인리히 히믈러Heinrich Himmler나 그만큼이나 기분 나쁜 그의 부하 라인하르트 하이드리히Reinhardt Heydrich가 블롬베르크와 '만인의 여자' 사이에 계급을 초월한 위험한 사랑에 대해 히틀러에게 일부러 알리지 않았다는 얘기가 진짜인지 아직 증명되지 않았듯이, 블롬베르크와 프리치를 제거하기 위해 오랫동안 치밀하게 계획된 음모가 실제로 있었다는 얘기 역시 마찬가지로 증명되지 않았다. 하지만 만슈타인이 언급했듯이 이미 경찰국가로 변해버린 독일에서 그룬과 같은 여인의 과거를 몰랐다는 것은 참으로 이상한 일이 아닐 수 없다. 누군가는 독일어로 창녀를 칭할 때 풍기단속경찰Sittenpolizei 담당, 즉 "경찰의 관리를 받는 여인"이라고 완곡하게 돌려 말하는 것에는 충분한 이유가 있다고 덧붙일지도 모른다.

블롬베르크가 1938년 1월 27일에 사임했을 때 히틀러가 적임자를 찾느라 진퇴양난을 겪었다는 것은 분명한 사실이다. 그 자리는 장관 겸 독일군 전체의 지휘를 책임지는 사령관으로서 정치와 군사 양쪽을 아우르는 자리였다. 공군 최고사령관이었던 괴링은 군 수뇌부의 핵심 직위라 할 수 있는 이 자리에 눈독을 들이고 있었으나, 히틀러는 괴링과 같은 정치적 야심가를 원치 않았다. 많은 이들이 당연히 블롬베르크의 후임이 되리라 짐작한 프리치는 육군의 존경과 충성을 한 몸에 받는 인물이었으나, 히틀러는 그처럼 자기주장이 강하고 권위적인 군인 또한 원치 않았다. 만슈타인에 따르면, 히틀러와 프리치는 서로를 신뢰하지 않았다. 그렇다 해도 1937년 11월의 호스바흐 각서(만슈타인은 이에 대해 종전 시까지 전혀 몰랐다고 주장했다)에서 언급된 바와 같이, 프리치가 히틀러의 대외정책에 대해 우려를 표했기 때문에 몰락의 길로 떠밀렸다는 것이 사실인지는 알 수 없다. 미리 계산된 응수였는지는 모르겠으나, 기회주의자였던 히틀러는 이 사건을 스스로 국방군 최고사령관 자리에 오를 기회로 삼았다. 그는 카이텔을 자신의 참모장, 보다 정확히 말하면 국방군 최고사령관으로 임명했다. 카이텔은 블롬베르크의 후배이자 동료였다. 블롬베르크는 1935년 10월 1일에 그를 전쟁부 국방군국장으로 임명한 바 있었다. 블롬베르크의 막내딸 도를레Dorle(도로테Dorothee의 애칭)가 카이텔의 장남 칼-하인츠Karl-Heinz Keitel와 1938년 1월에 약혼하면서 최근에 두 사람은 사적으로 사이가 더욱 돈독해졌다.

히틀러가 블롬베르크의 후임으로 카이텔을 선택했다는 것은 많은 것을 시사한다. 블롬베르크는 그의 전도유망한 부하로서 훗날 국방군 최고사령부 지휘참모부 작전부장 알프레트 요들의 부관이 되는 발터 바를리몬트Walter Warlimont 앞에서 이날의 장면을 회상했다. 바를리몬트의 기록에 따르면, 마땅한 국방군 최고사령관 후보를 찾아내지 못한 히틀러는 블롬베르크에게 이렇게 물었다고 한다.

"지금까지 국방군국에서 근무한 그 장군의 이름이 무엇이오?"

블롬베르크는 대답했다.

"아, 카이텔 말이십니까? 그자는 생각할 필요도 없습니다. 그저 사무실을 관리하는 자에 불과합니다."

히틀러는 이 기회를 놓치지 않고 곧바로 말했다.

"내가 찾고 있는 인물이 바로 그런 사람이오."

카이텔은 1946년 10월 16일 뉘른베르크에서 목숨으로써 죄를 갚지만, 사실은 정당한 자격으로 사령관이나 전장의 지휘관 노릇을 한 적은 한 번도 없었다. 그는 국방군 최고사령관이 된 첫날부터 총통의 심복이자 주 서기 역할을 할 운명이었다. 카이텔이 히틀러에게 어쩌나 충직했던지, 그의 성 카이텔과 독일어로 '하인'을 뜻하는 라카이Lakei를 조합한 "라카이텔 Lekeitel"이라는 불손한 별명이 붙을 정도였다. 이러한 비하적인 별명은 카이텔이 뛰어난 행정적 기술과 조직력을 갖춘 인물이 아니었음을 방증한다. 카이텔은 점점 심해지는 히틀러의 적대감과 모멸을 참고 제3제국이 몰락할 때까지 국방군 최고사령관 자리를 지켰으나 마지막까지 독일 해군·육군·공군 최고사령부의 존경을 얻지 못했다. 그 자신의 말을 빌리자면, "히틀러 휘하의 참모장으로서 나는 불가능한 직책을 맡은 것이었다……. 실제로 나는 권한 없는 참모장이었다. 히틀러가 진정으로 무엇을 원했는지 몰랐고 그로부터 말을 듣지도 못했다."

만슈타인은 카이텔이나 국방군 최고사령부에 대해 거의 언급하지 않았다. 단지 전후에 이렇게 기록했다.

"히틀러는 국방군 최고사령부를 시작부터 군사사무국으로 강등시켜놓았다. 어쨌든, 그 수장인 카이텔은 히틀러에게 전략에 대해 조언할 인물로서는 최악의 역량을 지니고 있었다."

이렇듯 만슈타인은 히틀러 휘하에서 손을 여러 번 더럽힌 카이텔에 대해 조금도 연민을 보이지 않았다. 사실 두 사람의 서로에 대한 반감은 오래전부터 시작되었다. 1930년대 초에 병무국에서 참모장교로 복무했던 두 사람은 동원 계획에 대해 심각한 견해 차이를 보였다. 그때 만슈타인은 자신이 카이텔보다 지적으로 우월하거나, 적어도 그보다 능력이 떨어지지는 않는다는 사실을 입증해 보였다. 그렇다면 1944년 3월에 괴링과 함께 히틀러에게 만슈타인을 실각시키도록 압력을 넣은 이가 바로 만슈타인에게 쓴맛을 보고 질투심을 키워온 카이텔이었을까? 카이텔의 관점에서 보면 상황이 조금 다를지도 모른다. 카이텔은 처형 직전에 집필한 회고록에서 자신이 세 번이나 히틀러에게 만슈타인을 육군 최고사령관으로 임명하라고 설득했다고 밝혔다.

"첫 번째는 서부 전역을 펼치기 전이었던 1939년 가을, 두 번째는 브라우히치가 떠난 1941년 12월, 세 번째는 요들과 나 사이에 불화가 생긴 1942년 9월이었다."

그래도 변함없는 사실은 만슈타인뿐 아니라 역사 전체가 카이텔에게 매정했다는 것이다. 어쩌면 뉘른베르크에서 교수형보다 덜한 형벌을 내렸어야 했는지 모른다.

한편 프리치는 간계의 무고한 희생자가 되었다. 그는 동성애자라는 거짓 혐의를 받고 그것이 사실이 아님을 장교로서 그리고 신사로서 열렬히 항변했으나 강압에 의해 1938년 2월 3일에 사임했다. 뒤이어 괴링이 주최한 명예 군사법정에서 무고가 증명된 뒤에도 그는 육군 최고사령관 자리로 돌아가지 못했다. 그 무렵 프리치를 제거한 히틀러는 자신에게 더 고분고분한 발터 폰 브라우히치 장군을 후임으로 임명한 상태였다. 프리치는 형식적인 복직 조치에 의해 제12포병연대의 명예연대장Chef으로 발령받았다. 그는 뤼네부르크Lüneburg 황야의 조용한 전원적 삶을 받아들이고, 복무 중 도르프마르크Dorfmark 남서쪽 아흐터베르크Achterberg의 널찍한 농가에서 여러 번 즐거운 휴가를 보냈다. 1938년에 베크와 브라우히치가 프리치의 무죄를 공식적으로 완벽하게 입증하려 시도했으나 허사로 돌아갔다. 프리치는 제2차 세계대전이 발발하자 자신의 연대에 합류하여 폴란드까지 행군해갔고, 1939년 9월 22일 바르샤바 외곽에서 전사했다. 프리치를 항상 동경했던 만슈타인이 전쟁이 막바지에 달한 1945년에 아흐터베르크로 피신한 것은 기이한 우연의 일치가 아닐 수 없다.

다시 1938년 2월 4일 이른 오후로 돌아가서, 만슈타인은 블롬베르크와 프리치의 조처에 관한 히틀러의 설명을 듣기 위해 다른 고위 장교들과 함께 수상관저로 향했다. 총통은 언제나처럼 영악하고 긴 자기합리화를 늘어놓았는데, 만슈타인은 이를 놀라울 만큼 세세히 기록했다. 만슈타인의 회고는 사건으로부터 20년이 지난 뒤 쓰인 것이므로 신중하게 접근해야 하나, 그럼에도 당시 만슈타인과 그의 동료들이 처해 있던 도덕적 딜레마를 잘 보여준다. 히틀러는 두 스캔들이 독일의 평판에 미칠 영향에 대해 염려했고, 자신을 주된 희생자로 묘사했다. 만슈타인은 블롬베르크의 추락한 위신에 대해 다음과 같이 씁쓸한 어조로 기록했다.

그 자리에 배석한 장성 누구도 히틀러가 자신이 손수 원수로 진급시킨 전 국방군 최고사령관의 행동에 대해 매우 실망하여 진정으로 괴로워하고 있으며 이에 대해 분개하는 것이 당연하다는 인상으로부터 벗어날 수 없었다. 특히 우리 육군 장군들은 장교단의 최고 직위에 앉아 있던 블롬베르크가 히틀러의 기대를 배반함으로써 장교단 전체에 오명을 씌웠다는 사실을 받아들여야 했다. 정치가인 히틀러가 국방군 명예의 수호자 행세를 하는 것이 몹시 치욕스러웠다.

히틀러는 무엇보다도 프리치의 스캔들에 대해 맹비난했다. 만슈타인은 그 자리에 있던 장성들이 그의 말을 단 한마디도 믿지 않았다고 확신했다. 프리치는 그를 아는 사람들에게 "머리부터 발끝까지 신사"라는 평을 받는 사람이었다. 수상관저에 모인 장성들 중 가장 지위가 낮았던 만슈타인은 히틀러가 프리치 사건을 묘사하는 방식에 격분한 나머지, 그의 말이 전부 파렴치한 거짓말이라고 대들고 싶은 충동을 느꼈다. 하지만 이때는 히틀러와 만슈타인 사이에 그런 극적인 장면이 연출되지 않았다. 만슈타인은 당시 행동하지 않은 것에 대해 "내가 따랐어야 하는 본능을 관습과 상식이 억눌렀다"라고 해명했다. 그는 다른 많은 이들과 마찬가지로 블롬베르크 사건으로 인해 무력감을 느꼈다. 만슈타인은 나아가 "남들이 종종 주장하는 것처럼 우리가 그때 입을 다물고 있었던 것은 도덕적 용기가 부족해서가 아니었다. 이 사건을 보면 상상을 능가하는 저열함 앞에서 명예로운 사람들이 얼마나 무력해지는지 알 수 있다"라고 적었다. 하지만 카이텔은 유일하게 만슈타인이 히틀러의 말에 끼어든 인물이었다고 또렷이 기억했다.

"그는 '국방군 참모총장'이라는 직책이 생길 수 있는지 물었고, 히틀러는 곧장 '적당한 때가 되면 그럴 것이오'라고 답했다."

진실은 알 수 없지만, 몇몇 역사가들에 따르면 히틀러는 2월 4일에 장성들이 반대의 뜻을 표하거나 적어도 해명을 요구할 거라고 예상했다고 한다. 그러나 만슈타인 외에는 누구 하나 입도 벙긋하지 않았다. "독일 육군을 노련하게 압도하고, 패배시키고, 굴욕을 주고, 박해한" 독재자의 승리가 확실시된 것이었다. 육군은 그 후로 이보다 훨씬 끔찍한 수모를 수없이 겪게 된다.

독일 국민들에게 히틀러의 결정을 처음 전해준 것은 1938년 2월 4일 저녁 늦게 편성된 특별 라디오 방송이었다. 활자화된 내용은 다음날 발표되었다. 만슈타인은 히틀러가 고위직에 대한 숙청을 발표하기 전에 자신의 운명을 이미 알고 있었다. 그는 2월 4일 아침, 혹은 그 전날 오후에 베크로부터 육군에 영향을 미칠 주요 전보 조치에 대해 들었다고 회상했다. 베크는 만슈타인의 동료인 프란츠 할더Franz Halder 장군이 현재 그의 직책을 맡을 것이며, 만슈타인은 리그니츠Liegnitz의 제18보병사단장에 임명되었다고 알렸다. 베크는 만슈타인에게 자신은 이러한 사건의 전개와 전혀 관련이 없으며, 의견조차 낼 수 없었다고 강조했다. 그렇다면 만슈타인이 급작스럽게 참모본부를 떠나게 된 까닭은 무엇이었을까? 만슈타인이 적당한 때에 사령관 보직으로 이동해야 했다는 것은 사실이었으나, 그는 아직 제1작전차장이자 참모총장 부관으로서 근무 기간을 마치지 않은 상태였다. 만슈타인은 자신을 잘 알지도 못하는 히틀러가 수를 썼다고는 생각하지 않았다. 하지만 만슈타인이 프리치와 베크의 충직한 부하일 뿐 아니라 전시에 육군 최고사령부가 국방군 최고사령부보다 우위에서 작전을 지시해야 한다는 주장의 강력한 옹호자라는 사실은 블룸베르크와 카이텔 두 사람 모두 잘 알고 있었다. 즉, 만슈타인은 지휘체계 내에서 거추장스러운 부하였던 것이다. 만슈타인이 상관들의 눈엣가시로 여겨진 것은 물론 이때가 마지막이 아니었다.

만슈타인은 며칠 뒤 카이텔의 행동을 보고 그가 자신을 좌천시켰다고 확신했다. 베크는 카이텔을 사무실로 불러 미리 상의를 하지 않고 만슈타인을 야전에 배치한 것에 대해 설명을 요구했다. 이윽고 두 사람 사이에 말다툼이 일어난 듯했다. 베크가 카이텔을 문자 그대로 문밖으로 내쫓았기 때문이었다. 카이텔은 빠르게 자리를 뜨면서 참모총장 사무실에 모든 인사이동이 기록된 쪽지를 놓고 갔는데, 놀랍게도 그 쪽지에는 만슈타인의 이름뿐 아니라 베크의 이름도 있었다! 베크의 이름 옆에는 물음표와 함께 메모가 한 줄 적혀 있었다.

"훗날 집단군사령관 임명, 후임은 할더."

대단한 선견지명이 담긴 메모였다. 그해에 베크가 주데텐란트 위기에 대해 책임지고 자리에서 물러나자, 실제로 할더가 뒤이어 참모총장을 맡았다. 베크는 히틀러의 나치 정권에서 자발적으로 사임한 유일한 독일 장군이라는 명예를 얻었다.

만슈타인은 자신이 상황의 불운한 희생자라고 느꼈는데, 그럴 만한 타당한 이유가 있었다. 그는 사단장을 기대한 것 못지않게 "폰 프리치 장군과 베크 장군처럼 내가 깊이 존경하는 상관들과 이별하는 것이 가슴 아팠다." 게다가 당시에 그는 참모장교로서의 경력을 포기해야 한다고 생각했다. 만슈타인과 같은 전통적인 프로이센 참모장교만이 느낄 수 있는 비애였겠지만, 그는 과거에 몰트케, 슐리펜, 베크가 앉았던 저명한 자리, 즉 참모총장직에 오를 가능성이 사라졌다는 사실에 속이 상했다. 하지만 만슈타인이 쌓아온 경력을 보면 이 단계에서 그의 비애에 완전히 공감하기는 쉽지 않다. 그는 사단에서 집단군까지 모든 수준에서 훌륭한 사령관이었다. 게다가 사실 만슈타인은 연대장 보직을 건너뛰었으므로 더 빨리 현장으로 복귀했어야 했다. 여러 상황을 종합해보면 당시는 만슈타인이 사단장으로서 "전선으로 복귀"하기 알맞은 때였다. 또한 원론적으로 부대 지휘 경험이 있다고 해서 훗날 참모총장 임명에서 제외되지는 않을 터이니, 오히려 만슈타인의 미래 경력에는 보탬이 되는 발령이었다고도 할 수 있다.

만슈타인의 가족은 슐레지엔의 리그니츠로 이사하기 직전에 복잡한 감정에 휩싸였다. 유타-지빌레는 베를린의 세련된 저택을 떠나야 한다는 소식에 슬퍼했지만 결혼해서 처음으로 고향인 슐레지엔에 살면서 친척들을 자주 만날 수 있다는 것을 기쁘게 받아들였다. 딸 기젤라에 따르면, 유타-지빌레는 리그니츠의 장점을 설명하며 남편의 기운을 북돋아주었다고 한다. 그녀는 배데커Baedeker 여행 가이드를 집어 들고 리그니츠 항목을 소리 내어 읽었다. "독일과 체코슬로바키아의 국경에 위치한 리젠Riesen 산맥 발치의 주거도시 리그니츠는……" 여기서 그녀는 극적인 효과를 더하기 위해 말을 멈췄다. "…… 방문할 가치가 없다." 만슈타인은 슬픈 목소리로 답했다. "거봐요, 그럴 거라지 않았소." 기젤라에 의하면, 깊은 우울에 빠진 만슈타인은 "절대 전쟁부로 돌아가지 않겠다고, 아니 베를린에 아예 돌아가지 않겠다고 다짐했다."

하지만 막상 그는 1928년 2월까지 리그니츠로 떠날 수 없었다. 국제 위기로 인해 일시적으로 전쟁부에 머물러야 했던 것이었다. 히틀러는 꿈꿔왔던 오스트리아 합병을 추진할 적기가 되었다고 판단하고 일을 꾸미고 있었다. 오스트리아 합병은 그가 거둔 가장 위대한 정치적 승리 가운데 하나로 판명된다. 오스트리아 합병을 이룬 히틀러의 무혈 군사 개입인 '꽃의 전쟁 Blumenkrieg' 계획에서 만슈타인은 주요 역할을 했다.

오스트리아 합병

만슈타인은 막 상급대장으로 진급한 포병장군 프란츠 할더에게 무거운 마음으로 제1참모차장 자리를 넘겼다. 두 사람의 계급 차이는 만슈타인의 상처에 소금을 뿌렸을 것이다. 그는 1938년 4월 1일에야 중장으로 진급했기 때문이었다. 만슈타인이 참모본부를 떠나려던 때 상황이 묘해졌다. 할더에게 사무실 열쇠를 안전하게 넘기고 통명스럽게 "안녕히 계십시오"라는 인사를 건네고 빠르게 걸어 나가던 찰나, 참모총장 베크가 만슈타인에게 일시적으로나마 육군 최고사령부에서 근무를 계속하라고 지시했다. 베크는 만슈타인이 자기 곁에 남아 신임 육군 최고사령관인 발터 폰 브라우히치 장군에게 군대의 배치 및 확장 계획, 국경 방어시설의 건설에 대해 보고하기를 원했다. 블롬베르크와 프리치가 제거되기는 했으나 최고사령부의 문제 역시 해결해야 했다. 물론 이는 터무니없는 제안은 아니었다. '공동의 기억력'을 대변하는 만슈타인이 참모본부에 남아 있으면 할더 역시 위의 안건들에 대해 함께 토론할 수 있기 때문이었다.

자리를 비운 브라우히치의 직무를 대행하고 있던 베크가 갑자기 수상관저로 호출된 1938년 3월 7일 월요일 오전 11시, 만슈타인은 여전히 베를린에 머물러 있었다. 히틀러의 안건은 오스트리아 문제였다. 베크는 총통과의 특이한 회동에 만슈타인과 동행하기로 결정했고(당일 할더의 행방은 기록에 남아 있지 않다), 히틀러는 막 국방군 최고사령관이 된 카이텔과 함께 두 사람을 따뜻하게 맞았다. 만슈타인의 기록에 따르면, 히틀러는 독일과 오스트리아의 합병 문제를 당장 해결하고 오스트리아에서 국민투표가 열리는 3월 13일 이전에 행동을 개시해야 한다고 말했다. 히틀러는 오스트리아 연방 수상인 슈슈니크Kurt Schuschnigg가 타의에 의해 국민투표에 동의했으며, 국민투표의 결과가 국민들의 바람을 '공정하게' 반영하지 않을지도 모른다고 판단했다. 히틀러는 오스트리아 국민이 독일의 개입을 반길 것이라고 믿었고, 혹시 다른 외세가 개입한다 해도 이탈리아군을 제외하고는 전부 무시할 수 있는 수준일 것이라고 생각했다. 민주적 투표가 열리기 전에 선수를 치려 한 히틀러의 목적은 뜻대로 이루어지지 않았을지 몰라도, 그의 분석은 만슈타인을 완전히 확신시킬 만큼 강력했다. 실제로 그 직후 일어난 일련의 사건들은 히틀러의 분석이 옳았음을 보여주었다. 만슈타인은 이 회동에서 처음으로 히틀러가 대중의 인기에 영합하는 연사로서가 아니라 '냉철한 정치인'으로서 말하는 모습을 봤다고 기록했다. 어쩌면 회동이 아주 소규모로 이루어졌기 때문에, 만슈타인은 그 전후의 많은 이들과 마찬가지로 히틀러의 매력적인 마법에 잠시 걸려든 것일지도 모른다.

히틀러는 지정학적 상황을 간략히 언급하고 나서 오스트리아 침공에 필요한 예상 병력의 수를 물으며, 어떤 일이 있더라도 침공이 1938년 3월 12일 토요일 이른 새벽에 이루어져야 한다고 덧붙였다. 수많은 장성들의 숨을 멎게 할 어마어마한 결정이었다. 수반되는 위험도 위험이거니와 무엇보다도 계획하고 수행해야 하는 작전의 규모에 비해 너무 짧은 시간이 주어졌다. 그러니 그날 아침 히틀러가 독일군 최고의 작전가 2명과 대화할 수 있었던 것은 갑절의 행운이었다고 할 수 있다. 베크는 만슈타인과 짧게 논의한 뒤, 즉석에서 작전 하나를 추천했다. 오스트리아 군대와 국민 양쪽 다 독일의 침공에 대항하지 않는다는 전제 하에 체코슬로바키아군 또는 이탈리아군의 움직임을 저지할 만한 병력이 필요했다. 양국은 독일군이 약화되고 허울만 남았다고 생각하여 오스트리아 침공에 끼어들거나, 독일에 조건을 걸 수도 있었다. 베크는 이번 군사 임무를 위한 임시 육군본부 휘하에 바이에른의 2개 보병군단(제7보병군단과 제13보병군단)과 제2기갑사단을 두고 작전을 수행하라고 조언했다. 히틀러는 이 조언을 받아들였고, 나중에 연대규모의 개인 친위대인 라이프슈탄다르테 아돌프 히틀러SS Leibstandarte Adolf Hitler(아돌프 히틀러 친위연대) 역시 기갑군단 본부와 함께 작전에 참여토록 지시했다.

이 논의에서 가장 어려운 점은 육군에게 충분한 소집 시간이 필요하다는 사실을 히틀러에게 납득시키는 것이었다. 부대의 투입은 물론이거니와 소집, 동원, 준비, 배치가 진짜로 무엇을 의미하는지 이해하는 정치가는 드물다. 군에서 임무의 달성을 위해 요구하는 사항들을 가감 없이 설명하고, 지도자가 시기적절한 정치적 결정을 내리도록 하는 것이 고위 장성의 임무다. 히틀러 역시 일반적인 정치가처럼 군 문제에 무지했기 때문에, 베크는 그에게 적시적소에 충분한 병력이 준비되도록 보장하기 위해서는 어떠한 정치적 위기가 수반되더라도 부분적 동원령을 내려야 한다고 설득해야 했다. 베크가 바로 그날 오후 16시에 동원령을 내려야 한다고 덧붙였을 때도 히틀러는 여전히 확신하지 못했다.

베크와 만슈타인은 곧장 벤들러슈트라세Bendlerstrasse에 있는 전쟁부 건물로 복귀했다. 동원령과 배치 명령의 초안을 작성하려면 1초도 낭비할 수 없었다. 불행히도 불완전하고 검증되지 않은 참모 연구에 불과한 오토 작전 Case Otto 외에 만일의 사태에 대비한 우발 계획Contingency Plan(예측되거나 예측할 수 없는 사태로 기본계획의 시행이 곤란하거나 불가능 할 경우에 대비하여 준비한 계획-옮긴이)은 없었다. 그러나 오토 작전은 히틀러를 비롯해 베크와 만슈타인의 생각을 고무시켰을 것이다. 따라서 엄청난 시간적 압박 하에 필수적인 세부사항을 전부 재검토하는 작업이 이루어져야 했다. 놀랍게도 만슈타인과 그의 동료들은 시간 내에 지령을 완수했다. 하지만 아주 효율적인 독일군의 전신타자기를 통해 신호 메시지를 발송하기 전에 먼저 히틀러의 승인을 받아야 했다. 사안의 긴급성을 이해한 히틀러는 한시도 지체하지 않았다. 제2차 세계대전 중 여러 번 중대한 순간에 시간을 끌어 만슈타인과 많은 고위 사령관들을 절망에 빠뜨린 것과는 사뭇 다른 모습이었다. 베크와 만슈타인, 그리고 동원계획 입안자들에게 천만다행으로 16시 30분에 총통의 승인이 떨어졌다. 전개 명령을 발령하기에는 아직 늦지 않은 시각이었다.

작전 투입 사단의 주의를 끄는 몇몇 사소한 문제와 빈Wien으로 향하는 기갑부대 차량의 갑작스런 고장을 제외하면 작전은 대체로 순조롭게 진행되었다. 만슈타인에 따르면 독일군은 오스트리아 침공에서 부분 동원과 부대 배치에 대해 많은 것을 배웠다. 또한 그들은 그해 여름 히틀러가 다음 목표물로 삼은 주데텐란트를 침공하기 전까지 지휘와 보급의 문제를 바로잡을 수 있었다. 그렇게 짧은 시간 동안 그렇게 많은 병력을 즉흥적으로 소집하고 배치할 수 있는 군대는 전 세계, 전 시대를 훑어보아도 드물다. 하지만 독일군은 실제 전투에서 총알 한 발 쏘지 않았다. 합병을 통해 오스트리아를 '대독일로 편입'시키는 데 성공한 것은 히틀러의 가장 과감한 정치적 행동 가운데 하나로 손꼽히지만, 그 성공의 대부분은 독일군 참모본부의 조직적 능력에 기반한 것이었다. 만슈타인과 그의 휘하 작전참모들의 공이 컸던 것이다.

베크는 히틀러가 너무나도 손쉽게 자기 뜻대로 오스트리 합병에 성공한 것에 더욱 큰 염려를 품게 되었다. 히틀러의 다음 목표는 무엇일까? 체코슬로바키아를 침공하겠다고 협박하거나 실제로 침공하면 분명히 유럽 전체가 전쟁에 휩쓸릴 터였다. 독일은 아직 그렇게 큰 전쟁을 치를 준비가 되지 않았다. 그러나 1938년 3월 7일에 베크와 만슈타인이 히틀러에게 건넨 냉철하고 정확한 조언은 얄궂게도 총통의 위험천만한 모험주의에 불을 붙이는 결과를 낳았다.

믿음직한 부관을 잃은 베크는 더 많은 해외 침공을 벌이려는 히틀러를 직접 말렸는데, 이는 외로운 싸움이었지만 무용하지는 않았다. 한편 만슈타인은 리그니츠에서 사단장 보직을 맡기 전에 또 하나의 임무를 처리해야 했다. 그는 브라우히치를 보좌하여 빈으로 가서 오스트리아군이 독일군에 편입될 수 있는 방안을 조사했다. 그리고 오스트리 빈에 참모본부의 부서 하나를 만들고 오스트리아의 7개 여단을 4개 사단으로 편성하는 안을 내놓았다.

빈에서 돌아온 만슈타인은 베를린에서 남아 있는 일을 마저 처리한 뒤 마침내 리그니츠로 떠날 수 있었다.

(Vatutin)

5th Guards Army
Prokhorovka
Donets

69th Army

5th G
Tank

SOU
anstein

제5장
다시 전장으로

"우리가 내세운 대의의 정당성은 문제가 되지 않소.
문제는 오로지 승리뿐이오."

— 1939년 8월 21일, 아돌프 히틀러 —

슐레지엔의 사령관

만슈타인은 1938년 3월 31일 리그니츠의 제18보병사단장으로 취임하여 독일이 폴란드 침공을 준비하는 동원령을 내리기 직전인 1939년 9월 1일까지 17개월 동안 근무했다. 그러나 기이하게도 그는 두 권의 회고록 어디에도 사단장 시절에 대해 많은 지면을 할애하지 않았다. 만슈타인은 개인적 생활보다는 주데텐란트 합병이나 히틀러의 체코슬로바키아 점령, 폴란드와의 임박한 전쟁 같은 독일의 전략적 행보를 설명하는 데 더욱 집중했다. 그러나 가족의 증언과 다른 기록을 기반으로 만슈타인이 상술하지 않은 부분을 충분히 유추할 수 있다.

만슈타인에게 지휘권을 넘겨준 것은 1934년 10월부터 제18사단을 지휘한 헤르만 호트Hermann Hoth 중장이었다. 두 장군의 군사적 인연은 이후로도 계속 이어진다. 1942~1943년에 벌어진 스탈린그라드 전투Battle of Stalingrad와 쿠르스크 전투Battle of Kursk에서 호트가 이끄는 군이 만슈타인이 지휘하는 집단군에 속해 있었던 것이다. 1938년 봄, 만슈타인은 선임자 호트가 제15기계화군단장으로 발령 대기 중이라는 애매한 상황에 봉착했다. 호트와 그의 가족은 떠날 때까지 리그니츠의 군인용 임대 아파트에 머물 예정이었으므로 만슈타인은 숙소를 따로 찾아야 했다. 주거 정책이 바뀌어 만슈타인은 공식적으로 레지던스호텔에서 장기 숙박을 할 수 있었지만, 급하게 적합한 숙소를 찾지 못해 여러 임시 거처를 옮겨 다녀야 했다.

이때 만슈타인은 정확한 이유는 알 수 없지만 나머지 가족은 베를린에

둔 채 딸 기젤라만을 리그니츠로 데려왔다. 기젤라는 남학교였던 근처 김나지움에 유일한 여학생으로 등록했고, 17세에 아비투어를 수료했는데 이는 흔치 않은 일이었다. 마침내 만슈타인 가족은 리그니츠 도심 근처 홀타이슈트라세Holteistrasse에 있는 우아하게 개조된 빌라로 이사할 수 있었다. 기젤라는 "과실수가 자라는 넓은 정원과 그 옆에 말 두 마리가 지내는 마구간"을 애틋하게 회상한다. 1938년 한 해 동안 그녀는 아버지와 아침 일찍 승마를 했고, 때로는 아버지를 따라 연례 후버투스Hubertus 수렵대회를 비롯한 군대의 체육행사와 연이은 사교행사에 참석했다. 이즈음 만슈타인은 베를린의 저택을 팔아버렸다. 아내와 의논한 끝에 내린 결정이었으나 딸과 맏아들은 베를린의 집을 아예 떠난다는 생각에 아쉬워했다. 하지만 만슈타인은 이미 베를린에서 완전히 벗어나기로 결심을 굳힌 상태였다.

유타-지빌레는 새 집에 가구를 들이고 실내 장식을 마치고 나서 호트 부인을 초대했다. 이때 만슈타인의 성격을 새로운 각도에서 보여주는 재미있는 일이 벌어졌다. 기젤라는 그날의 일을 이렇게 설명한다.

아버지가 부인들의 다과회를 워낙 싫어했기 때문에, 어머니는 일부러 아버지가 체코슬로바키아 국경 사찰을 나가기로 한 날에 호트 부인을 초대했다. 우리는 호트 부인을 기다리며 차를 가지러 갔다……. 그런데 바로 옆에 있는 아버지의 서재에 들어가니 아버지가 계신 게 아닌가. 막 도착해서 코트조차 벗기 전이었는데, 한눈에도 기분이 아주 안 좋아 보였다. 출장에서 짜증스러운 일이 있었던 것이 분명했다. 어머니가 아버지를 달래러 다가갔다. "어머 좋아라. 집에 돌아오셨네요. 그런데 오늘 다과회가 있어서 호트 부인이 집에 올 거예요." "제발, 그것만은 싫소." 아버지가 대답한 바로 그 순간에 호트 부인이 아버지 앞에 등장했다. 새로 고용한 하녀 트루델Trudel이 깜박하고 호트 부인의 도착을 알리지 않았던 것이다. 끔찍한 순간이었다. 나는 그 자리에서 사라져버리고 싶었다. 하지만 호트 부인은 미소를 지으며 아버지를 향해 걸어오더니 자기 남편이라도 똑같이 행동했을 거라고 말했다. 그날부터 호트 부인은 아버지가 존경하고 말을 섞는 극소수의 여인 중 한 명이 되었다.

이 사건을 계기로 만슈타인 가족과 호트 가족은 친분을 쌓기 시작했다. 기젤라는 또래인 호트의 외아들 요헨Jochen과 같은 김나지움에 다니며 '절친한' 사이가 되었다.

만슈타인은 새로 맡은 사단을 파악하고 병사들의 기량을 확인해보느라 정신없이 바빴다. 분권화된 지휘를 강조하는 것이 당시 독일군의 기조이긴 했지만, 예하 부대들의 효율성과 훈련 상태를 관리함으로써 중앙 군부의 지휘와 각 부대의 자율권 사이의 균형을 맞추는 것이 사단장의 임무였다. 따라서 만슈타인은 여러 하위 부대들을 사찰하거나 방문하느라 많은 시간을 이동하는 길 위에서 보냈다.

제18보병사단은 만슈타인의 오랜 친구 에른스트 부슈Ernst Busch가 지휘하는 제8군단의 주요 3개 부대 중 하나로서 하슐레지엔의 7개 도시에 널찍이 분산되어 주둔해 있었다. 만슈타인의 담당 구역은 북쪽의 그륀베르크Grünberg(현 폴란드령 지엘로나구라Zielona Góra), 남동쪽의 브레슬라우Breslau(현 폴란드령 브로츠와프Wrocław), 남서쪽의 괴를리츠Görlitz로 둘러싸인 삼각지대였다. 사단 본부 소재지이자 제51보병연대(전 황제의 척탄병연대Kaiser's Royal Grenadier)와 제18포병연대가 주둔한 리그니츠를 제외하면 주된 요새는 오데르Oder 강 연안의 글로가우Glogau와 나이세Neisse 강 서쪽(라우지츠Lausitz 지역)이었는데, 여기에는 규모가 큰 제54보병연대와 제30보병연대가 각각 주둔해 있었다. 만슈타인은 이 대규모 4개 연대 외에도 사단 내 기관총·대전차·공병·통신·의무·보급대대를 지휘했는데, 병력 1만 7,000명, 말 5,000필, 차량 1,000대, 오토바이 500대에 달하는 규모였다.

호트는 만슈타인에게 잘 훈련된 부대를 넘겨주었다. 그러나 만슈타인의 평에 따르면 제18보병사단은 "결코 전쟁 준비가 되어 있다고는 할 수 없었다." 몇 개 대대는 인원이 부족했고, 포병연대에는 중포분견대가 없었다. 그럼에도 만슈타인은 "일급 사령관들과 뛰어난 제1참모장교 폰 슈트라흐비츠von Strachwitz 장군이 이끄는 잘 조직된 참모부의 보좌를 받으며 사단장으로서 근무하는 것은 큰 즐거움이었다"라고 말했다. 어쩌면 그는 사단이 준비가 덜 되어 있어서 더욱 흡족했을지도 모른다. 만슈타인은 사단 본부와 예하 부대들을 훈련시키고 야지에서 전투배치 연습을 하는 데 집중했다. 1940~1941년, 군단장을 맡았을 때도 마찬가지였다. 해당 사단에 소속된 기록관이 평했듯 만슈타인은 "부대의 기틀을 탄탄히 다졌고 워게임과 연습을 통해 장교단을 교육시키는 데 주력했다." 자연히 만슈타인의 사단은 코앞에 위치한 자간Sagan 남동쪽의 노이함머Neuhammer(현 폴란드령 스비에토슈프Świętoszów) 훈련장을 정기적으로 찾게 되었다.

만슈타인은 사단의 훈련 계획에 대해 자세한 설명은 생략했으나, 이때의 경험을 즐겼고 자신의 성취를 자랑스럽게 여긴 것은 틀림없다. 그는 "슐레지엔은 기억할 수 없을 정도로 아주 오래전부터 훌륭한 군인들을 배출해왔기 때문에 슐레지엔 군인들을 군사적으로 교육시키고 새로운 부대를 훈련시키는 것은 보람찬 일이었다"라고 회상했다. 또 그는 이렇게 덧붙이기도 했다.

1938년 4월 첫날부터 나는 사단장 직책에 완전히 몰입했다. 일은 —다른 어느 때보다 사단장으로 있는 동안에 특히 더— 아주 만족스러웠다. 그러나 군대 확장 계획은 여전히 갈 길이 멀었기 때문에 나는 아껴두었던 모든 힘을 쏟아 부어야 했다. 계속해서 새 부대가 창설되었으므로 기존 부대들을 끊임없이 재편성해야 했다. 고도로 훈련된 안정적인 군대를 완성하여 독일 안보를 강화한다는 목표를 달성하기 위해 빠르게 재무장이 이루어지고 있었고, 장교단과 부사관의 수 역시 눈에 띄게 증가하고 있었다. 이는 곧 각급 부대 사령관들에게 상당한 부담이 주어졌음을 의미했다.

만슈타인이 회고록에서 누락시킨 내용은, 그때 독일군이 '다른' 나라의 주권에 위협이 될 정도의 규모로 성장하고 있었다는 것이었다.

만슈타인은 권력의 핵심인 베를린에서 슐레지엔으로 좌천되었음에도 제2차 세계대전이 눈앞에 다가왔을 때 여전히 정치적 영향력과 선전에서 자유로울 수 없었다. 이 시기에 주목할 만한 사건이 하나 벌어졌다. 바로 만슈타인이 사적인 모임이 아니라 대중에게 공개된 공적인 자리에서 대놓고 히틀러에 대한 지지 발언을 했던 것이다. 총통의 생일인 1939년 4월 20일, 만슈타인은 열병한 부대 앞에서 연설을 했다. 그 내용은 다음 날 지역 신문인《리그니츠 일간신문Liegnitzer Tageblatt》에 게재되었다.

병사들이여, 동료들이여! 오늘 국방군과 독일의 전 국민은 총통의 50번째 생일을 기념하고 우리의 최고지도자에게 애정과 충성 어린 마음으로 존경과 감사를 보냅니다. 오늘 우리는 독일인에게 이렇게 훌륭한 자녀를 보내주시고, 제1차 세계대전의 폭풍이 몰아치는 동안 최전선에서 용감히 싸운 그를 지켜주시고, 그가 투쟁한 기간 동안 생명을 지켜주시고, 마지막으로 총통직에 오른 그의 지도를 너무나 뚜렷이 축복해주신 신께 감사드립니다. 또한 우리는 지난 6년 동안 우리를 이끄신 총통께 찬사를 보냅니다. 총통께서는 몇 세기에 걸친 분열에서 전 독일인의 통합으로, 가장 빈곤한 시대에서 일자리와 먹을 것이 있는 시대로, 무력함에서 안전함으로, 치욕과 무능에서 탁월함으로 우리를 이끌어주셨습니다! 우리는 라인란트, 독일-오스트리아, 주데텐란트, 보헤미아, 모라비아Moravia, 메멜란트Memelland를 아우르는 대독일 제국으로 향하는 이정표를 세우신 총통의 업적을 기억할 것입니다.

오늘 독일 국민이 총통께 고마워한다면, 그것은 총통께서 우리를 평화의 길로 이끌었기 때문입니다. 하지만 그가 전사이자 군인으로서 이 길을 걸어갔다는 사실을 잊지 맙시다. 우리는 총통의 군사적 능력에 전력을 다해 답할 것을 맹세합니다. 국민들의 무한한 사랑으로, 독일에 대한 굳건한 믿음으로, 용감한 행동과 강인한 투지와 우리의 제국에 대한 완전한 헌신으로 답할 것을 맹세합니다! 우리의 총통께서 뜻을 완수하지 못하도록 독일을 고립시키려는 반대세력이 있으므로, 오늘 우리는 총통께 맹세합니다. 우리는 모든 고난을 넘어 총통께서 이루신 것들을 보호하고, 그분이 우리를 어디로 이끌든 그의 의지를 실현할 것입니다! 총통의 50번째 생일인 오늘 우리의 맹세가 온 세상에 울려 퍼지게 합시다. 아돌프 히틀러, 훌륭하신 우리의 총통, 승리 만세!

만슈타인의 발언을 어떻게 이해하면 좋을까? 의미심장하게도 그는 이 사건에 대해 회고록에서 일언반구도 하지 않았다. 그가 신중하게 빚어낸, 히틀러의 비판자로서의 명성에 하등 도움이 되지 않을 것이기 때문이었다. 물론 만슈타인이 히틀러를 반대한 주된 이유는 정치보다는 군사에 대한 판단 때문이었다. 만슈타인이 당시 얼마나 큰 확신을 갖고 이런 연설을 했는지는 불명확하다. 그는 단지 자신의 임무를 충실히 수행하고 있었던 것일까? 아니면 당시 전반적인 국민의 분위기를 반영한 것일까?

독일 역사가 롤란트 코프Roland Kopp의 세밀한 연구에 따르면, 국방군 수뇌부에서 히틀러의 생일을 맞아 수비군 사령관들에게 당일 아침에 군인들 앞에서 연설을 하라고 지시했다고 한다. 뒤이어 수천 명의 관중들이 몰릴 수 있는 공개 열병식을 거행할지 여부는 전적으로 부대 사령관의 선택이었다. 코프는 그날 벌어진 부대 행사를 무려 280개나 조사했다. 만슈타인과 유사한 연설을 한 사령관은 5명 중 4명꼴로 대다수를 차지했다. 게다가 만슈타인의 발언은 코프가 연구에서 제시한 28개의 연설문과 비교했을 때 아주 다르지 않았다. 그렇긴 해도 만슈타인이 회고록에서 자신이 당시에 히틀러를 상당히 존경했음을 넌지시 보여준 것은 엄연한 사실이다. 그는 이렇게 적었다.

히틀러는 볼셰비즘과 높은 실업률이라는 치명적인 위기를 타파한 구세주처럼 보였다. 그 방법이 퍽 잔인하긴 했지만, 그는 내전의 위협을 종식시키고 동시에 노동계급과 중산계급 사이의 깊은 골을 메울 가능성을 열어주었다. 국방군은 자신이 빼앗겼던 주 임무를 히틀러가 되찾아주는 것을 목도했고, 마침내 다시 제 기능, 즉 국가를 외부의 위협으로부터 지키는 방패 역할을 할 수 있게 되었다.

군부 내에서 이런 생각을 한 것은 만슈타인뿐만이 아니었다.

주데텐란트 위기와 히틀러에게 반대한 베크

히틀러는 1938년 봄 오스트리아 합병 성공에 만족하지 않았다. 그는 다른 나라의 독일계 주민들이 여전히 대독일 제국에 합류할 기회를 놓치고 있다고 믿었으며, 특히 체코슬로바키아 서부의 독일어 사용 지역인 주데텐란트에 주목했다. 언제나처럼 히틀러는 정치적 방안과 군사적 방안 양쪽 모두를 염두에 두고 있었다.

1938년 여름, 만슈타인은 빌헬름 리터 폰 레프Wilhelm Ritter von Leeb가 지휘하는 제12군의 참모장으로 파견되었다. 제12군은 바이에른과 체코슬로바키아의 접경지대에 배치되어 주데텐란트를 점령할 주 병력이 될 것이라고 사람들은 예상했다. 참모본부 소속 귄터 블루멘트리트Günther Blumentritt 대령을 필두로 한 소규모 계획참모 조직이 이미 작전을 준비하고 있었다. 한편 만슈타인은 블루멘트리트와 레프와의 회동에서 히틀러의 대외정책이 필연적으로 "독일이 승리할 수 없는 전쟁"을 불러일으키리라는 염려를 표출한 베크의 보고서 내용을 전해 들었다. 만슈타인은 오늘날 베크 각서로 알려진 이 문서를 보지 못했다고 적었지만, 실제로 그는 사임하려는 베크의 의도를 알아채고 이를 말리려고 애썼다.

사실 베크는 지난 몇 달 동안 히틀러의 대외정책 문제들을 비판하는 각서를 여러 번 작성했다. 히틀러가 체코슬로바키아를 침공할 의도를 품고 있으며, 그러다가 영국 및 프랑스와 충돌하게 되면 독일군이 준비를 마치기 전에 전장으로 끌려 나갈 수도 있다는 자각이 이러한 각서 전쟁을 하도록 자극했다. 1938년 5월 5일에 작성한 첫 번째 각서에서 베크는 독일이 자국군보다 강력한 연합군에 맞서 승리를 바라서는 안 된다고 주장했다. 베크는 5월 28일에 히틀러가 장군들 앞에서 한 연설에 답하여 5월 29일에 또 다른 각서를 썼다. 여기서 그는 독일 국민에게 생활권이 필요하며 체코슬로바키아 문제 역시 신속하게 해결해야 한다는 히틀러의 견해에는 동의했지만, "지원군(영국과 프랑스)"이 개입할 경우 "대체코슬로바키아 전역에서는 승리할지 몰라도 전쟁 자체는 패할 것이다"라고 결론지었다.

6월 3일에 작성된 세 번째 각서에서 베크는 브라우히치를 염두에 두고 군사기술적으로 자세한 내용을 상술했다. 7월 16일에 작성된 네 번째 각서에서는 독일의 대외정책 및 안보정책의 방향을 선회시키려 분투했다. 다섯 번째이자 마지막이었던 '대체코슬로바키아 전쟁의 군사적 승리 가능성의 희박함에 관해 최고사령관에게 보내는 각서'에서 베크는 "전쟁 준비를 멈추고 군사적 조건이 충분히 개선될 때까지 체코슬로바키아 문제의 무력 해결을 연기할 것"을 국방군 최고사령관에게 요구했다. 같은 날에 작성된 보충 연설 원고에서 베크는 "책임 있는 지위에 있는 모든 공정하고 진중한 독일인"들에게 "결국 독일의 종말을 의미하는 세계 전쟁을 촉발할 대체코슬로바키아 전쟁을 막기 위해 상상 가능한 모든 수단과 방법"을 동원해야 한다고 호소했다. 군부는 국방군 최고사령관에게 복종해야 하지만, 자신의 지식, 양심, 책임감에 따라 명령의 실행을 거부할 수밖에 없을 때도 있다. 이러한 상황에서 그들의 조언과 경고가 통하지 않는다면 사임하는 것이 그들의 권리이자 국민과 역사에 대한 의무다. 곧 베크는 이러한 권리이자 의무를 다해야 한다는 판단 하에 참모본부의 지휘권을 다른 사람에게 넘기게 된다.

1938년 7월 21일에 만슈타인은 베크에게 장문의 보고서를 올렸다. 그는 정치적 상황에 대한 언급을 피하는 한편, 예전부터 그와 베크가 즐겨 논하던 화제인 국방군 최고사령부 이야기를 꺼내며 재검토가 필요하다고 주장했다. 그러나 만슈타인은 독일군에게 필요한 변화에 관한 구체적인 논거들을 늘어놓음으로써 핵심을 놓치고 있었다. 바로 부적절한 군부 구조의 문제가 아니라 히틀러의 '정책'이 독일을 전쟁으로 내몰고 있다는 사실 말이다. 베크는 반대로 만슈타인이 동의하지 않는 전략적 관점에서 의견을 피력하고 있었다. 그럼에도 만슈타인은 베크에게 충심을 담아 이렇게 말했다.

그 누가 장군의 후임으로 참모총장이 되더라도 지금 장군이 누리는 존경과 권위를 얻지는 못할 겁니다. 필수적인 (군사령부의) 통합을 지금 저희가 바라는 방식이나 또는 다른 방식으로라도 이루기 위해서는 그러한 입지가 꼭 필요합니다. 하지만 육군에는 장군의 능력과 강인한 성품에 견줄 만한 인물이 없습니다. 장군을 대신해서 장군과 비슷한 방식으로 오늘날 우리가 직면한 지난한 군사적 문제를 해결할 인물이 없다는 말입니다. 제 솔직한 발언으로 기분이 상하지 않기를 바랍니다. 싸구려 아부가 아니라, 마음속의 확신에서 비롯된 의견입니다.

한마디로 베크에 대한 만슈타인의 지지는 조건부였다고 볼 수 있다. 그는 베크에게 사임하지 말라고 조언했지만, 한편으로는 전략적 책임의 부담은 정치지도자의 몫으로 남겨두고 대체코슬로바키아 전쟁에서 군사적 성공을 얻어내는 주역이 되라고 부추겼다.

흥미롭게도 만슈타인은 회고록에서 전자와 동등하게 중요한 후자의 내용에 대해서는 언급하지 않았다. 하지만 베크는 자신의 영민한 전 부관이 참모본부를 대표하여 전략적 견해를 피력할 참모총장의 의무를 인정하기보다는 작전적 수준에서 사고하고 정치지도자에게 복종하는 것을 보고 실망했을 것이다. 실제로 두 사람은 이때부터 사이가 멀어지기 시작했다. 7월 31일에 베크는 만슈타인에게 변화를 불러오기에는 이미 "너무 늦었다"고 언급하면서, 이러한 상황에서는 더 이상 참모총장직을 수행할 수 없음을 암시하는 답장을 썼다. 그러나 이 편지는 만슈타인에게 전달되지 않았는데, 베크가 8월 9일 베를린에서 만슈타인을 만났을 때 직접 말로 자신의 의지를 전달했기 때문이다. 만슈타인은 이 대화에 대해 아무런 기록도 남기지 않았으나, 짐작건대 참모총장 베크는 그에게 브라우히치가 8월 4일 고위 육군 사령관들과 가진 회동에서 7월 16일의 각서를 낭독했다는 사실을 알린 것으로 보인다. 실망스럽게도 브라우히치는 히틀러에 대항하기를 거질했고, 독일의 고위 장성들은 군말 없이 명을 따랐다.

그 결과, 베크는 육군 내에서 고립되었다고 느꼈으며 실제로도 그랬다. 전쟁의 가능성이 높아질수록 우려도 커졌지만, 그럼에도 히틀러의 정책에 적극적으로 반대하는 인물은 베크 한 명뿐이었다 해도 과언이 아니었다. 그의 후임인 할더를 비롯한 몇몇 인물들이 뒤에서 조용히 책략을 짜고 있었던 것을 제외하면 대체로 베크는 홀로 고군분투해야 했다. 하지만 베크와 뜻을 같이하는 이들이 만슈타인과 같은 독일 장교를 포함한 엘리트를 대변한다고 볼 수는 없었다. 그들은 전통에 따라, 그리고 개인적 성향에 따라 정치는 정치인들의 몫으로 남겨두는 것을 선호했기 때문이었다. 따라서 베크가 바라던 대로 대규모 사임은 일어나지 않았다. 그렇긴 해도 히틀러는 베크의 항의에 일시적으로나마 불안을 느꼈던 것으로 보인다. 특히 참모본부라는 형태에 담긴 육군의 집단정신이 그의 심기를 크게 거슬렀다. 히틀러는 자신이 추진하는 정책의 확실성에 대해 군부를 설득하려고 애썼다.

북해 질트Sylt 섬의 리조트에서 여름휴가를 보내고 돌아온 만슈타인은 9월 10일에 알프스 베르히테스가덴Berchtesgaden에 있는 히틀러의 개인 별장에서 열린 회담에 호출되었다. 히틀러가 이 회동을 연 목적은 육군을 설득하기 위해서였다. 그는 고위 사령관들이나 베크처럼 골칫거리인 인물들 대신, 대체코슬로바키아 작전에 참전하게 될 부대의 참모장들을 불러 모았다. 그중 하나가 만슈타인이었다. 그에게는 히틀러의 속내가 빤히 들여다보였다. 육군 최고사령부로부터 거센 반대에 부닥치자 소장파 장성들을 설득시키는 것이 더 쉬우리라고 생각한 것이었다.

히틀러는 숨이 멎도록 아름다운 알프스의 전경이 내다보이는 베르크호프Berghof 별장의 웅장한 응접실에서 장성들을 맞았다. 만슈타인은 조찬에서 히틀러 바로 옆에 앉았다. 이때 만슈타인은 처음으로 총통과 바로 가까이에서 대화할 수 있는 기회를 가졌다. 평소에는 말수가 많은 총통이지만 만슈타인은 이날 그가 "깊은 생각에 빠져서 자신의 생각을 쉽게 드러내지 않았고 말을 섞기 어려웠다"라고 기록했다. 무거운 정치나 군사 안건을 논하고 싶지 않았던 만슈타인은 과감히 화제를 돌려 히틀러에게 최근 뮌헨의 독일 미술 전시회에서 본 그림 몇 점에 대한 평을 들려주었다.

만슈타인은 체코슬로바키아 문제에 대한 총통의 2시간짜리 연설을 세세히 기록했다. 히틀러는 현재의 유럽 정세와 독일 민족이 계속해서 타국에 정복당하는 상황, 그리고 다양한 조건 하에서 잠재적 적군으로 간주되는 체코슬로바키아의 비가시적인 위협 등에 대해 일장연설을 늘어놓았다. 만슈타인에 따르면 이 회담의 진정한 의미는 히틀러가 청중에게 들려준 연설의 내용이 아니라, 이윽고 진행된 토론 시간에 히틀러가 간접적인 비판에 반응한 방식에 있었다. 만슈타인은 그 장면을 이렇게 묘사했다.

히틀러는 (대체코슬로바키아 군사행동의 위험에 관한) 걱정 어린 의견들에 반론을 펼치며 우려를 잠식시키려고 노력했으나, 서쪽 국경 수비군의 참모장으로 임명된 구스타프 폰 비터스하임Gustav von Wietersheim 장군이 서부방벽을 거론하자 갑자기 폭발했다. 서부방벽이 있다고는 해도 당장 독일군이 기용할 수 있는 약한 병력으로는 프랑스 공세를 버텨낼 수 없다는 비터스하임의 주장(이는 그의 상관 아담 장군의 의견과 일치했다)에 히틀러는 격분하여 얼굴이 붉으락푸르락해졌다. 그러고는 장군들이 전부 머스킷총병만큼 용감하다면 서부방벽으로써 어떤 적이라도 장기적으로 방어할 수 있다는 취지의 답변을 했다.

만슈타인에 의하면 히틀러는 그 후로 다시는 장군들에게 솔직하고 직설적으로 의견을 표명할 기회를 주지 않았다. 이 사건이 주는 교훈은 분명하다. 군사고문들의 조언에 귀를 기울이지 않는 정치지도자는 그 결과 어떤 실패가 닥치더라도 전적으로 혼자서 책임져야 한다는 것이다.

독일군은 순조롭게 체코슬로바키아 국경에 배치되었다. 9월 29일에 뮌헨 협정이 체결된 결과, 그 다음날 체코슬로바키아는 전투 한 번 벌이지 않고 독일에 항복했다. 주데텐란트는 10월 1일에 독일에 할양되었다. 독일군은 노골적으로 병력을 과시함으로써 국제적으로 인정되었던 국경마저 하루아침에 바꿔버렸다. 이는 엄연한 침공이었는데도 당시 영국 수상 네빌 체임벌린Neville Chamberlain은 히틀러와의 회동을 마치고 런던으로 돌아와 "우리 시대의 평화가 찾아왔다"는 악명 높은 발언을 했다. 실제로 짧은 기간 동안 평화가 찾아왔을지도 모른다. 하지만 불쌍한 체코슬로바키아인들은 독일을 달래려던 영국과 프랑스에 사기를 당한 셈이었다. 체코슬로바키아는 이때 산업 시설의 대부분을 잃었을 뿐 아니라 나아가 강력했던 국경 방어 시설도 빼앗겼다.

제12군의 임시 참모장으로 복무하던 만슈타인은 주데텐란트 현지의 독일인들이 1938년 10월 1일에 국경을 넘어온 독일군의 행진을 "환희에 차서 맞았다"고 기록했다. 이는 만슈타인이 직접 관찰한 내용에 호트 장군 휘하에서 작전에 참여한 제18사단의 일원들로부터 보고받은 내용을 섞은 평일 가능성이 높다. 그런데 주데텐란트를 점령하고 나자 또 다른 문제가 닥쳤다. "부대에 보급품을 전달하기가 너무 어렵다"는 것이었다. 이는 만슈타인 같은 작전 전문가를 필요로 하는 사안이 아니었으므로, 만슈타인은 다시 자신의 사단으로 복귀하겠다고 요청했다. 하지만 만슈타인은 뮌헨 회담이 열린 바로 그 시기에 할더가 유럽의 전쟁을 막기 위해 히틀러에 대한 군사반란을 모의하고 있었다는 사실은 전혀 몰랐던 것으로 보인다.

만슈타인은 1945~1946년 뉘른베르크 증인수감실에서 할더의 모의에 대해 처음 들었다고 주장한다. 할더는 에르빈 폰 비츨레벤Erwin von Witzleben 장군 및 한스 오스터Hans Oster 대령과의 긴밀한 협조 하에 제23보병사단과 그 예하 부대인 제9보병연대를 비롯한 믿음직한 사령관들 휘하의 독일 육군 부대를 이끌고 포츠담에서 베를린까지 행군하여 히틀러로부터 권력을 탈취한다는 계획을 세웠다. 하지만 쿠데타를 개시하라는 지령은 끝내 떨어지지 않았다. 저명한 독일 역사가 골로 만Golo Mann은 "히틀러에 대한 독일의 저항이 1938년 8월과 9월에 절정에 달했다"고 평했지만, 그렇다 해도 이렇게 대담한 계획이 성공했을지는 의문이다. 독일과 전 유럽으로서는 안타까운 일이나 총통에 대한 군사적 반대는 그때나 훗날에나 결코 실현될 수 없었다. 강력한 육군과 민중을 포섭하지 못했기 때문이다.

뮌헨 회담의 결과로 할더는 완전히 날개가 꺾였다. 주데텐란트 위기가 평화적으로 해결되자, 히틀러에 대항해 군사반란을 일으킬 대의도, 동기도 사라졌다. 계획은 허사로 돌아갔다. 만슈타인은 전후에 이 당시를 회상하며 어쨌든 쿠데타는 성공 확률이 낮았다고 평했다. 그는 1938년 독일에서 히틀러에 저항해 쿠데타를 일으키거나 실제로 "충성서약을 한 최고사령관에 저항해 무기를 들 준비가 된 장교"를 찾는다는 것은 불가능한 일이라고 생각했다. "지조 있다고 평가받아 마땅할 독일군 장교들은 1944년까지 끔찍한 전개를 지켜보고 나서야 국가수반을 제거할 시도를 시작할 수 있었다"라고 그는 단언했다. 어쨌든 만슈타인이 표현한 대로 장군의 직무는 "전쟁을 하는 것이지 정치놀음을 하는 것이 아니었고, 정부를 실각시키는 것은 더더욱 아니었다." 게다가 "독일 장군들은 그런 기술을 배운 적도, 실행에 옮겨본 적도 없었다. 이는 독일군의 전통에서 찾아볼 수 없는 것이었다."

주데텐란트 점령 이후에 만슈타인은 리그니츠의 평시 임무로 돌아갔다. 1939년 3월 15일 히틀러의 프라하Praha 입성과 체코슬로바키아 전역의 불법 점령에 차량화부대가 투입되었다. 제2차 세계대전 종전 후 만슈타인은 이때의 체코슬로바키아 점령을 평하며 국가의 자주권에 대해 모순된 생각을 드러냈다. 그는 회고록에서 뮌헨 협정의 결과 베르사유 협정에서 "자결권을 무시하고" 만들어진 국가인 체코슬로바키아가 처음으로 부딪힌 진지한 시험을 통과하지 못했다고 적었다. 즉, 외세의 침략에 저항하는 데 실패했다는 것이었다. 그는 이런 의문을 제기했다. "3개의 민족 집단을 국민의 과반수도 차지하지 못한 한 민족 집단이 억누르고 있는데, 억압받는 민족의 형제 격인 민족이 바로 이웃국가에 살고 있는 상황"에서 어떻게 국가 구조가 존속되겠는가?

따라서 만슈타인의 관점에서 다민족국가인 체코슬로바키아는 국가로서 존속될 자격이 없었다. 그렇다고 해서 이때 그가 체코슬로바키아가 체코 공화국과 슬로바키아 공화국으로 소위 벨벳 이혼Velvet Divorce을 통해 우호적으로 분리되는 60년 후의 사건을 예견했다고 볼 수는 없다. 어쨌든 만슈타인은 독일의 주데텐란트 합병에 잘못된 점은 없었으나 나라 자체를 해체시킨다는 것은 조금 지나친 생각이었다고 평했다. 만슈타인이 회고했듯, "주데텐란트를 제외한 체코슬로바키아에 대한 히틀러의 행동은 도덕적·법적 자결권을 무시한 행위로서 타국뿐 아니라 히틀러가 다른 국경 역시 침범할까 우려하는 독일 국민에게도 피해를 주는 것이었다. 그 후로 유럽에는 전운이 감돌았다." 사실이었다. 그러나 오래되어 지금은 거의 잊혀졌지만 1939년 4월 20일에 그가 리그니츠에서 행한 연설에서는 이런 우려를 눈곱만큼도 엿볼 수 없었다. 제2차 세계대전 후 만슈타인은 대부분의 일에 대해 놀라울 정도로 정확하게 기억했지만, 때로는 자신의 편의에 따라 선택하여 회고한 부분도 있었던 것으로 보인다.

독일이 뮌헨 협정의 허점을 이용하여 보헤미아와 모라비아를 보호령으로, 슬로바키아를 의존국으로 만들었을 때 교육받은 독일인 대부분은 서구 열강들이 히틀러의 진면목을 알아볼 때가 되었다고 생각했을 것이다. 그러나 독일 내에서는 또 한 번의 성공적인 '꽃의 전쟁'으로 행복감이 퍼져 있었던 데다 히틀러가 대중에 영합하고 있었기 때문에 유럽에서 게임의 법칙이 달라지고 있다는 사실이 드러나지 않았다. 히틀러는 이번에도 무혈 승리를 거둠으로써 반대를 표명한 군부보다 한 수 앞서 나갔지만, 지금까지 무력 분쟁을 요리조리 피해간 그의 행운은 슬슬 바닥을 드러내고 있었다. 유럽의 평화는 빠르게 끝으로 치닫고 있었다. 두 번의 대체코슬로바키아 작전에 짧게 투입되었던 독일 전역의 예비군들은 곧이어 훨씬 길고 치명적인 전투에 투입되어 다시는 돌아오지 못할 터였다.

폴란드 전역의 서곡

1939년 7월까지 만슈타인은 때와 장소를 가리지 않고 전쟁을 준비하는 데 노력을 집중했다. 그는 평소의 훈련에 더해 몇 개 부대를 투입하여 폴란드와의 국경에 세운 동부방벽Ostwall을 강화했다. 만슈타인은 폴란드가 독일 안보에 진정한 위협으로 느껴지던 과거에 이러한 국경 방어를 위한 초기 계획 일부를 담당했었다. 그러나 이러한 군사행동은 대규모 전략적 기만작전에 지나지 않았다. 히틀러가 폴란드 침공을 다음 목표로 잡고 있었기 때문이다. 히틀러는 1939년에 몇 달 동안이나 외교적 수단을 통해 단치히Danzig를 수복하고 동프로이센과 도로 및 철도를 연결시키려 노력했지만 허탕만 쳤다. 결국 그는 군사적 해법이 필요하다는 확신을 품게 되었다. 독일의 정치적 압박이 심해질수록 당연히 폴란드의 반응 역시 강경해졌으며, 폴란드 내 독일 주민은 대가를 치러야 했다. 베를린에서는 이를 자민족에 대한 눈 감을 수 없는 억압으로 간주했고, 기꺼이 선전의 소재로 삼았다.

한편 1939년 봄에 폴란드에 대한 백색 작전 계획은 이미 몇 개월 진척된 상태였다. 폴란드 침공에는 육군 산하 2개 집단군과 강력한 기갑부대, 공군이 투입된 신속한 기동전이 벌어질 것으로 예상되었다. 폴란드 침공을 위한 동원령 및 배치령이 떨어졌을 때 만슈타인은 게르트 폰 룬트슈테트 상급대장이 이끄는 남부집단군 사령부의 참모장으로 내정되어 있었다. 1939

년 초여름, 베를린에는 남부집단군의 작전을 계획하기 위해 귄터 블루멘트리트 대령 지휘 하에 소규모 참모 팀인 룬트슈테트 실무참모진Arbeitsstab Rudnstedt이 꾸려졌다.

만슈타인과 룬트슈테트는 업무적으로 좋은 관계를 유지했다. 만슈타인은 룬트슈테트에게 경외심까지는 아니더라도 상당한 존경심을 품었으며 그와 일하는 것을 즐겼다. 만슈타인은 그에 대해 이렇게 회고했다.

룬트슈테트는 작전술의 대가로서 어떤 문제든 순식간에 본질을 파악하는 재능이 뛰어난 군인이었다. 사실 그는 그 밖의 다른 일에는 신경을 쓰지 않았고 사소한 일에는 아주 무관심했다. 그는 보수적인 구식 신사였다. 한때는 삶에 유쾌한 변화를 주기도 했지만 지금은 안타깝게도 사라져가고 있는, 그런 종류의 신사 말이다.

룬트슈테트의 뛰어난 능력은 베스트팔 장군도 인정했다. 베스트팔은 1930년대 중반에 육군 최고사령관 프리치 장군을 대신하여 만슈타인과 함께 전적지 답사를 계획하고 진행하면서 "룬트슈테트, 리터 폰 레프, 폰 보크와 할더 장군은 감히 비견할 이를 찾을 수 없을 만큼 탁월했다"라고 기록했다.

만슈타인과 블루멘트리트는 주데텐란트 작전 당시 제12군사령부에서 이미 긴밀하게 일한 적이 있었다. 만슈타인은 그보다 직위가 낮은 블루멘트리트와 "아주 긴밀한 신뢰관계"를 쌓았다고 말했다. 한편 블루멘트리트는 룬트슈테트의 참모장이었던 만슈타인을 "정력적이고 유능하며 추진력 있는 폰 만슈타인 대장"이라고 묘사했다.

1939년 8월 19일, 룬트슈테트와 만슈타인은 히틀러가 오버잘츠베르크Obersalzberg에서 여는 이틀간의 회담에 참석하라는 통지를 받았다. 다음날 두 사람은 리그니츠에서 린츠Linz까지 차를 타고 가서 만슈타인의 처남인 프리드리히 폰 뢰슈Friedrich von Loesch의 농가에서 하룻밤을 묵고 다음날 아침 오버잘츠베르크에 도착했다. 육군 산하 모든 집단군 및 군의 사령관과 참모장은 물론 해군 및 공군 사령관들까지 히틀러의 연설을 듣기 위해 베르그호프Berghof에 집결했다. 만슈타인이 회고록에서 짧게 언급했듯, "그는 이전 해에 참모장들과 벌어진 사건 이후로 회담을 열린 토론의 장으로 만들 생각이 없었다." 히틀러가 연설장에 도착하기 전에 괴링이 "마치 가면무도회에 초대받은 양 소프트칼라가 달린 흰 셔츠 위에 커다란 노란 가죽 버튼으로 장식된 녹색 조끼를 입고 두둑한 배에는 화려하게 금으로 상감한 붉은 가죽 검대를 두르고 거기에 장식용 단검을 매단 채" 등장했다. 만슈타인이 보기에 이는 심각한 안건을 놓고 열린 회담에 완전히 부적절한 옷차림이었다. 그는 괴링에게 경멸의 시선을 던지며 북부집단군 참모장으로 임명된 동료 한스 폰 잘무트Hans von Salmuth 중장에게 속삭였다. "저 뚱뚱한 남자는 폭력배 노릇을 하러 왔나 보지?"

만슈타인은 전후에 이날 히틀러의 연설이 뉘른베르크 국제군사재판에서 검사 측 증거로 사용된 것이 불공정했다는 견해를 넌지시 밝혔다. 만슈타인은 자신의 관점에서 보다 공정한 사실을 보이려는 의도로 설명을 덧붙였지만, 결과적으로는 연설을 둘러싼 논란을 가중시켰을 뿐이다. 그는 히틀러가 "만약 전쟁이라는 대가를 치르게 되더라도 이번에야말로 독일-폴란드 문제를 결판 짓겠다는 투지"에 차 있었고, 그와 동시에 서구 열강들이 반드시 독일에 맞서 싸울 거라고는 생각지 않는다고 말했다고 회상했다. 이에 대해서는 기록들마다 차이가 있으나, 청중은 그의 말을 믿지 못하는 것처럼 보였다.

예컨대 할더는 히틀러가 "영국과 프랑스가 틀림없이 응수해올 것이다"라고 강조했다고 기록했다. 그에 따르면 총통의 뒤따른 선언은 더욱 불길했다. "우리는 단지 특정한 선에 도달하거나 새로운 국경을 수립하기 위해 폴란드 문제의 해결에 착수하는 것이 아니오. 우리는 적의 절멸을, 그것도 완전히 새로운 방법으로 추구해야 하오."

할더는 히틀러의 발언 가운데 다음과 같은 말을 특히 더 강조했다. "우리가 내세우는 대의의 정당성은 문제가 되지 않소. 중요한 것은 오로지 승리뿐이오."

그는 또한 히틀러가 장군들에게 이렇게 요구했다고 기록했다.

"장군들은 냉혹하고 무자비해질 필요가 있소. 우리는 모든 인도주의적 논리에 대항하여 마음을 굳게 먹어야 하오!"

만슈타인은 폴란드의 전면적인 파괴를 요구하는 등 꽤나 공격적이었던 히틀러의 발언이 실제로 그가 폴란드 국민을 전멸시키기로 결심했다는 것을 의미한다고 보지 않았다. "히틀러의 발언은 그가 이후에 폴란드인을 어떻게 처리하려 하는지에 대해 어떠한 암시도 주지 않았기 때문"이다. 하지만 히틀러가 소련과의 불가침조약(몰로토프-리벤트로프 조약Molotov-Ribbentrop Pact) 체결이 임박했다는 패를 꺼내들자 만슈타인은 경악했다. 실제로 이 조약은 8월 24일 새벽에 체결되었다. 만슈타인은 회고록에서 문제의 회담에 대해 보충 설명을 하면서 히틀러가 자신의 유일한 걱정거리는 "몇몇 치사한 놈들이 마지막 순간에 중재안을 내미는 것"이라고 말했다는 것은 단연코 부정했다. 그러나 이 주목할 만한 발언은 독일의 공식적인 제2차 세계대전사에 실려 있다.

히틀러의 부관 게르하르트 엥엘Gerhard Engel에 따르면, 히틀러는 "장성들 앞에서 펼친 자신의 연설에 스스로 감동받았다." 히틀러는 자신의 말이 청중에게 어떤 효과가 있는지 파악하는 능력을 가졌다고 자랑했지만, "가면이라도 쓴 것 같은 얼굴로 나를 빤히 쳐다보기만 하는 나이 든 장군들은 아무것도 보여주지 않기에 그들의 속내를 읽기란 어렵다고 느꼈다. 그런데 오늘도 그랬다." 그러나 고위 장성들은 이 단계에 이르러서도 여전히 독일이 전쟁을 향해 전진 중인지 아닌지를 확신하지 못하고 있었다. 만슈타인은 회고록에 이에 대한 생각을 적어두었다. 소련과의 불가침조약이 "애초부터 폴란드의 입장에서 모든 희망을 빼앗아버렸기 때문에" 영국과 프랑스가 다시 한 번 굽히고 들어올 수도 있다는 것이었다. 어쩌면 모든 상황이 히틀러의 정교한 허풍에 불과할지도 몰랐다.

만슈타인은 베르히테스가덴Berchtesgaden을 떠나며 하루 휴가를 내서 리그니츠의 집으로 돌아갔다. 그는 자신이 이렇게 행동한 것은 "마음속으로는 전쟁 발발 가능성을 믿지 않았기 때문"이었다고 주장했다. 하지만 만슈타인은 히틀러의 베르그호프 연설에 대해 국방군 최고사령부 소속 전쟁기록관 헬무트 그라이너Helmuth Greiner가 요약한 기록과 동일하게 기억한다고 말했는데, 그라이너의 기록을 보면 히틀러가 대폴란드 전쟁을 실제로 의도했다는 점이 명백히 드러난다. 그렇지 않다면 왜 히틀러가 "제1차 세계대전의 승전국들과 전면전을 치르기 전에 제한전에서 새로운 독일 국방군을 시험해보는 것이 대단히 중요하다"라고 말한 까닭이 무엇이겠는가? 게다가 히틀러는 "국방군의 역량을 입증하는 것이 군 자신에게나 대중의 평판을 얻는 데 아주 중요하다"고 믿었다.

독일이 다가오는 전쟁을 위해 동원태세를 갖추는 동안, 만슈타인은 룬트슈테트의 남부집단군 사령부에 합류하기 위해 남부집단군이 주둔한 야전으로 향하고 있었다. 남부집단군 사령부는 슬로바키아와의 접경지대에 니사크워즈카Nysa Ktodzka 강을 동쪽에 두고 자리 잡은 슐레지엔의 유서 깊은 요새도시 나이세Neisse 근처에 있었다. 남부집단군은 성십자가 수도원의 일부 공간을 징발해서 쓰고 있었다. 신언회Steyler Missionäre 수사들은 기독교의 임무를 다하는 한편 신학생으로서의 훈련을 계속 받았지만, 만슈타인과 블루메트리트의 기록에 따르면 "세상 물정에 밝은" 수도원장은 몇 번의 만찬에서 룬트슈테트와 참모들과 함께 심오한 토론을 했다고 한다. 그는 "지구의 먼 지역에서 일하는 선교사들의 자기희생적 행위"에 대한 이야기로 사령관과 고위 참모들을 즐겁게 해주었다. 만슈타인이 기술한 것처럼 대담한 선교사들의 이야기가 실제로 "당장 임박한 미래의 문제를 해결하는 임무"로부터 "반가운 기분전환"이 되었는지 여부는 확인할 수 없다. 모르긴 해도 점점 더 높아지는 유럽 전쟁의 가능성이 화제로 오르지 않았을 리 없다.

폴란드의 전략적 입지는 위태로웠다. 양과 질 측면에서 모두 독일군에 압도당했으며 지형마저 불리했다. 평시 폴란드군은 30개 보병사단과 1개 산악여단, 11개 기병여단, 2개 차량화여단으로 구성되어 있었다. 여기에 동원령이 떨어지면 최대 10개 보병사단을 구성할 수 있는 예비역 연대와 역량이 일정치 않은 국경 및 향토수비대가 있었을 뿐이었다. 요컨대 폴란드 공군은 독일 공군의 발끝에도 따라가지 못했다.

폴란드는 완전히 포위되어 있었다(714쪽 지도 1 참조). 독일군은 동프로이센을 통해 북쪽에서, 포메라니아와 슐레지엔을 통해 서쪽에서, 슬로바키아를 통해 남쪽에서, 혹은 이 모든 방향에서 동시에 공세를 펼칠 수 있었다. 동쪽의 소련 역시 폴란드에게는 또 다른 위협 요소였다. 남쪽의 카르파티아 산맥Carpathian Mountains을 제외하면 폴란드에는 자연적인 방어선이랄 것이 없었고, 어느 쪽의 전선에도 현대화된 요새가 구축되어 있지 않았다. 영국이나 프랑스로부터 직접적인 군사 지원을 받는 것도 불가능했다. 하지만 용맹한 폴란드인들은 조국 땅을 수호하려는 투지를 불살랐고, 그 결과 독일의 침공으로 펼쳐진 첫 번째 전격전에서 양측 모두 악전고투했다.

폴란드는 독일 침공을 저지하기 위해 육군을 7개 군으로 편성하여 북부·서부·남부 국경을 맡겼고, 중앙의 모들린Modlin-바르샤바Warszawa-루블린Lublin 지역에 흐르는 비스와Wista 강에는 몇 안 되는 예비대만 남겨두었다. 부크Bug 강 동쪽의 소규모 부대들은 단지 소련 국경을 수비할 뿐이었다.

만슈타인은 회고록에서 1939년 폴란드의 전략적 입지 평가에 상당한 지면을 할애했다. 그가 보기에 "독일과 가장 가까운 포즈난Poznań 지방을 비롯하여 모든 지역을 방어하려는 목표를 세운 폴란드의 병력 배치는 패배를 불러올 수밖에 없었다." 따라서 폴란드에게 남은 유일한 선택지는 "서구 열강들이 독일에게 폴란드 전역戰域에서 병력 대다수를 철수하라고 강요할 때까지 버티는 것"뿐이었다. 만슈타인이 보기에 이처럼 시간을 벌기 위한 전략적 대응의 성공 여부는 폴란드군이 남북에서 치고 나와 폴란드군을 포위한다는 독일군의 작전에 대항하여 얼마나 버틸 수 있느냐에 달려 있었다. 폴란드는 또한 서쪽 전선에서 가능한 한 시간을 벌고, 슐레지엔을 통한 독일의 주공격에 대항할 수 있을 만큼의 병력을 폴란드 중앙에 남겨두어야 했다. 요컨대 "폴란드로서는 후방의 보브르Bobr-나레프Narew-비스와-산San(또는 두나예츠Dunajec)에 결정적인 방어선을 구축하고, 전방에서는 그저 시간을 끌 목적으로 전투하는 것만이 유일하게 가능한 계획이었다."

사후 분석은 실제로 벌어진 일을 관찰한 뒤 이루어진다는 유리함을 안고 있다. 만슈타인의 경우도 예외는 아니었을 것이다. 어쨌든 폴란드가 서구 열강에 의해서만 구제받을 수 있다는 만슈타인의 주장은 분명히 옳았다.

1939년 9월, 유럽 대륙에서 독일을 공격할 수 있을 정도의 전투력을 갖춘 군대는 동원령을 내리면 100개 이상의 사단을 소집할 수 있는 프랑스군이 유일했다. 그러나 막상 독일이 폴란드를 침공하자 프랑스는 총공격 개시를 거부하고 무의미한 자를란트Saarland 공세를 펼쳤다. 그리하여 폴란드의 운명은 정해졌다. 프랑스에 최초로 배치된 영국 해외파견군British Expeditionary Force, BEF은 규모가 4개 사단에 그쳐 전략적 가치가 없다시피 하여 제2차 세계대전 발발 시점에 작전에 거의 보탬이 되지 않았다.

독일은 동프로이센과 포메라니아에서 진격하여 폴란드를 공격하기 위해 북부집단군 소속 제3군을 동프로이센에, 제4군을 포메라니아에 배치했다. 주력부대는 남부집단군이었다. 룬트슈테트의 명령에 따라 제8군과 제10군이 각각 중부 슐레지엔과 오버슐레지엔에서, 제14군이 모라비아 동쪽과 슬로바키아 서쪽 사이의 오버슐레지엔 공업지역에서 치고 나왔다. 독일군이 폴란드 공격에 투입한 병력은 24개 보병사단, 3개 산악사단, 4개 차량화보병사단, 6개 기갑사단, 4개 경기계화사단 등으로 총 42개 정규 사단에 달했다. 여기에 10개 예비 사단이 더 있었다. 아직 병력이나 무기 면에서 육군을 위협하는 수준이 아니었던 나치 무장친위대Waffen SS는 총통 경호 임무를 맡은 차량화연대인 라이프슈탄다르테 아돌프 히틀러Leibstandarte Adolf Hitler에 합류했다. 군비 면에서 독일은 장갑차량 3,600대, 항공기 1,929기를 동원했다. 반면 폴란드의 군비는 장갑차량 750대, 항공기 900기에 그쳤다.

독일은 서부 국경의 수비에 46개 보병사단을 배치했는데, 그중 11개 사단만이 완전한 훈련을 거친 부대였다. 국방군의 기동부대는 전부 폴란드 침공을 위해 동부 국경에 배치되어 있었기 때문에 서부에 배치할 만한 기동 전력이 없었던 것이다.

남부집단군은 "적에 대한 주도권을 잡기 위해 신속하게 공격하라"는 육군 최고사령부의 요구를 반영한 계획을 세웠다. 특별히 남부집단군에는 "슐레지엔에서 진군을 시작하고, '강한 병력(제10군)'을 비엘룬Wieluń과 자비에르치Zawiercie 사이에 집중시켜 바르샤바를 향한 공세를 펼치고, 바르샤바의 남북을 흐르는 비스와 강을 점령하라"는 지령이 떨어졌다. 그 뒤 북부집단군과 협동작전을 펼쳐 "폴란드군 다수가 아직 비스와 강 서쪽에 있을 때 포위한다"는 것이 육군 최고사령부가 세운 목표였다. 이 핵심 작전계획은 기동부대, 그중에서도 특히 기갑사단과 경기계화사단이 강력한 항공지원 하에 폴란드에 깊숙이 침투함으로써 폴란드 방어선을 붕괴시키고 예비 병력이 투입되기 전에 선수를 친다는 독일군의 폴란드 전역 계획의 근간을 이루었다.

남부집단군은 이 임무를 달성하는 동시에 300킬로미터가 넘는 넓은 전선에서 최대한 기습과 추진력을 얻기 위해서 첫 작전을 위한 제대 편성에 3개 군의 25개 사단을 투입했고, 예비 병력으로는 오직 8개 사단만을 남겨놓았다. 이러한 병력 배치는 폴란드군이 조직과 장비 면에서 허술하리라는 추정 하에 위험요소를 신중히 계산한 결과였다. 그러나 독일군은 전역 중에 투입 가능한 예비 병력의 부족으로 아찔한 상황을 맞기도 했다.

이런 배치로 초반의 전투에서 승리를 거둔 독일군은 제2차 세계대전 내내 과다한 병력을 전선에 배치하는 나쁜 습관을 버리지 못했다. 이는 전체적으로 병력이 부족했기 때문이기도 했다. 독일군은 뛰어난 전술적 능력을 갖췄지만, 공격에서나 방어에서나 깊이 있는 전략은 고사하고 깊이 있는 작전조차 충분히 개발하지 못했다. 1939년과 1940년에 폴란드군과 프랑스군도 동일한 오류를 범했다.

남부집단군의 최종적인 기동 계획은 상대적으로 약체인 제8군의 5개 사단이 최대한 신속히 우치Lódź로 진군하는 동시에 남쪽에 배치된 제10군의 북익을 엄호한다는 것이었다. 남부집단군의 주력부대로서 7개 기동사단(기갑사단 및 경기계화사단)을 포함한 13개 사단을 예하에 둔 제10군은 비스와 강으로 빠르게 밀고 들어가서 폴란드군과 교전하는 것이 목표였다. 한편 3개 기동사단을 포함한 12개 사단을 거느린 제14군은 서갈리치아West Galicia로 진군하여 크라쿠프 근방에 집결해 있는 폴란드 병력을 포위한다는 계획이었다.

최초의 전격전

히틀러의 폴란드 침공은 시작부터 순탄치 않았다. 8월 25일, 다음날 새벽 4시 3분에 공격을 개시하라는 명령이 떨어졌지만 선두의 정찰부대와 다른 차량화부대가 국경을 넘기 직전에 아슬아슬하게 철회되었다. 하지만 동원령은 철회되지 않았다. 독일군은 히틀러의 이러한 기이한 행동을 무력을 내세워 마지막으로 외교적 해결을 모색하려는 의도로밖에 해석할 수 없었다. 이때 동원된 부대들에게는 훈련 탄약과 실탄이 둘 다 지급되었기 때문에 군인들은 이 상황을 전투 상황에서 실시된 대규모 훈련으로 받아들였다.

히틀러는 망설이며 잠시 '정지' 신호를 보내는 듯했으나, 결국은 9월 1일 공격 개시 시각 새벽 4시 45분에 다시 한 번 '출격'을 명했다. 그사이 독일군은 병력을 동원하고 서부 국경 안보를 보다 강화하고, 동부에 가능한 모든 병력을 집결시킬 6일의 시간을 추가로 얻을 수 있었다. 제2차 세계대전 개전 첫날 아침, 룬트슈테트의 남부집단군 사령부에는 팽팽한 긴장이 감돌고 있었다. 만슈타인은 그의 휘하 참모들과 같은 상급부대의 참모들에게 "공격 개시 순간은 긴장과 불안으로 가득 찬 기다림의 기간이 시작되었음을 의미한다"고 말했다. 그리고 "예하 부대들은 당연히 전투의 진행 상황에 대해 질문 받는 것을 싫어하는데, 그들은 이를 불안함의 증표로 해석하는 경향이 있기 때문이다"라고도 덧붙였다. 이는 오늘날까지도 유효하다. 만슈타인은 이렇게 결론지었다. "따라서 그냥 앉아서 기다리는 게 최선이다." 만슈타인과 그의 작전참모들은 이내 작전 상황을 모니터하고, 공군 제4항공군과 남부집단군 소속 3개 군의 군사행동을 조율하고, 집단군의 기동 계획이 진행되는 과정에서 필요할 때마다 예비 병력을 투입하느라 눈코 뜰 새 없이 바빴다.

만슈타인은 수도원에서 분주하게 참모 업무를 처리하면서도 여전히 아내에게 편지를 쓸 짬을 냈다. 그가 제2차 세계대전 내내 아내와 정기적으로 주고받은 편지는 전쟁 중 벌어진 사건들에 대한 그의 정치적·군사적 견해와 개인적인 가족사에 대해 많은 단서를 남겼다. 9월 1일에 그는 이렇게 썼다. "이제 주사위는 던져졌소. 오늘 아침 일찍, 우리는 모두 국경을 넘었소……. 지금까지 서구 열강들의 태도를 감안하면 총통이 대결단을 내린 거라고 볼 수 있소. 그가 폴란드 문제를 해결하겠다며 꺼내든 제안은 상당히 정중한 것이었소. 영국과 프랑스가 정말로 평화를 원했다면 히틀러의 요구를 받아들이라고 폴란드를 압박했어야 하오."

만슈타인은 그 전날 예전에 그가 이끌던 사단을 방문한 이야기를 하며 이렇게 덧붙였다.

"내가 갑작스레 나타났을 때 참모들이 반가워하는 것을 보고 크게 감동받았소. 그 친구들은 이제 전투에 나가 있을 거요."

3주 뒤, 만슈타인은 룬트슈테트와 출장길에 올라 교전 중인 제18사단과 다시 마주쳤다. 그는 후임과의 만남에 대해 자부심에 찬 어조로 이렇게 썼다.

"크란츠Cranz는 전쟁에서 이렇게 잘 훈련된 사단을 지휘하게 되어 기쁘다고 말했소. 당연히 그러리라고 믿고 있었으나, 직접 들으니 기분이 좋았소."

다시 전쟁 첫날로 돌아가서, 독일 육군과 공군은 작전적·전술적 기습에 성공하여 최초 목표를 달성했다. 폴란드 공군에 큰 피해를 입힌 것도 그중 하나였다. 격렬한 공중전이 펼쳐졌고 국경지대에서의 교전 역시 뜨거웠으나 폴란드군은 계속 뒤로 밀려나고 있었다. 독일군의 지상 공세는 추격전의 형태로 전개되기 시작했는데, 특히 남부집단군이 담당한 지역에서 그러한 양상이 두드러졌다. 하지만 폴란드의 강한 부대가 아직 참전 전이었으므로 역습의 가능성이 남아 있었다. 9월 3일, 만슈타인은 첫날과 둘째 날 전투를 되돌아보며 적군의 의도를 숙고했다. 그는 "적군은 지금까지 병력의 일부만을 내보냈고, 국경 근처에서 수비할 의도가 없다. ……산-비스와 방어선 앞쪽에 병력을 집결시키려고 할 수도 있다"라고 결론지었다. 그는 진군 중인 군, 특히 제8군의 노출된 측면이 위험하다고 지적했으나, 그럼에도 불구하고 집단군 수준에서는 "무조건 비스와 서쪽에서 적군을 섬멸하기 위해" 빠르게 밀어붙여야 한다고 강조했다. 그로부터 한 주도 지나지 않아 만슈타인이 예견한 대로 폴란드 전역에서 가장 규모가 크고 격렬했던 전투가 벌어졌다.

사적인 면에서 만슈타인은 매일같이 비슷한 일과를 보냈다. 그는 아내에게 이렇게 하루 일정을 설명했다.

나는 6시 30분에 일어나 수영을 하고, 7시까지 출근을 하오. 아침 보고를 받고 커피를 마시고 나면 R(룬트슈테트)과 업무를 처리하거나 출장을 나가지. 정오에는 야전식당에서 밥을 먹고 30분 동안 휴식을 취하오. 저녁식사는 점심때처럼 참모장교들과 함께 들고, 그 다음에는 저녁 보고를 받소. 11시 30분까지 이렇게 일과가 계속되오.

전쟁 초반에 있었던 가장 극적인 군사행동 가운데 하나는 9월 8~14일에 제10군 예하 부대들이 폴란드군을 라돔Radom에 몰아넣고 포위한 것이었다. 그 직후에 브주라Bzura에서 더 큰 전투가 벌어졌다. 제8군의 북익이 포즈난과 포모제Pomorze의 폴란드군으로부터 맹공격을 받은 것이었다. 만슈타인은 제10군이 중요한 상황에 놓였던 9월 10일에 대해 이렇게 회상한다.

"우리에게 대승을 거둘 기회가 왔다. 적군의 강한 부대들이 비스와 강 서쪽에서 교전 중이었기 때문에 우리가 제대로 군사행동을 취한다면 그들을 괴멸시킬 수 있을 터였다."

독일군은 제8군, 제10군, 제4군에서 무려 6개 군단을 투입하여 폴란드군을 고립시키고 그들이 남쪽이나 동쪽으로 탈주하여 바르샤바로 향하지 못하도록 막았다. 공군과 육군 부대를 조화롭게 재배치하고 조율하기 위해서는 남부집단군 사령부가 개입해 직접 전투를 세밀하게 관리해야 했다. 9월 8~19일에 만슈타인은 룬트슈테트를 대신하여 빠르게 전개되는 전투를 지휘했다. 이때 그는 공세적 항공지원과 긴밀하게 연계하여 유연한 지상 기동을 펼침으로써 최고의 성과를 얻었다.

폴란드 전역을 통틀어 "자력으로 치러낸 최대 군사행동"이었던 브주라 전투에서 독일군은 "폴란드군 9개 보병사단, 3개 기병여단, 그 외에 10개 사단의 예하 부대들"을 무찔렀다. 만슈타인은 이 교전이 "실제 결과로는 나중에 러시아에서 벌어진 대규모 포위전에 미치지 못하나, 그 당시로서는 사상 최대의 포위전이었다"고 회상했다. 더욱 의미 있는 것은 "브주라 전투가 미리 세운 계획에 따라 처음부터 강력한 전차부대로 적군 전선을 돌파하는 식의 전투가 아니라 적군의 군사행동에서 비롯된 예기치 못한 큰 기회를 잡아서 벌어진 전투였다"는 점이었다. 즉, 이는 독일군이 숙련된 의사결정으로써 작전적 수준에서 주도권을 쥐고 유연하게 지휘한 사례라 할 수 있다. 만슈타인은 훗날 러시아 적군과 맞설 때에도 이러한 능력을 발휘한다. 이처럼 즉흥적이면서도 정교한 기동을 수행할 수 있었던 것은 결정적인 효과를 얻기 위해 적시에 공격 방향을 바꿀 수 있는 역량을 갖춘 잘 훈련된 예하 부대 사령관들과 부대들이 있었기 때문이다.

만슈타인은 전역 내내 집에 정기적으로 편지를 썼다. 하루는 이렇게 적었다. "어제 나는 R과 이동 중이었소. 엉망이 된 도로, 붕괴된 다리, 쑥대밭이 된 마을들이 끝없이 이어졌소. 불행히도 최전방까지 훑어볼 시간이 없었소. 가끔은 후방에 앉아만 있는 게 참으로 어렵구려."

며칠 뒤, 만슈타인은 1914년에 행군해갔던 도로를 따라 운전하며 다시 전쟁의 현실을 실감하는 한편 과거의 기억을 되새겼다.

"총에 맞아 부상을 입었던 바로 그 장소를 지날 때 나는 잠시 차에서 내렸소. 그때 나는 내가 전쟁에서 살아남을 확률이 상당히 희박하다고 생각했소. 그로부터 25년이 지난 뒤 다시 전쟁이 일어나고, 내가 정확히 같은 자리에 서 있다고 생각하니 아주 기이한 기분이 들더군. 마음속에서 신에 대한 감사가 북받쳐 올랐소."

브주라에서 만슈타인은 제1차 세계대전 때 참여했던 전투 이후 처음 찾아온 작전적 위기를 노련하게 돌파했다. 하지만 전역 자체는 아직도 진행 중이었다. 1939년 9월 17일에 소련이 폴란드 동부를 침공하고 비스와 강 주변에 군사분계선이 생기자, 히틀러는 어서 바르샤바를 함락시키라고 압박을 가했다. 그가 제시한 기한은 9월 말까지였다. 독일군은 9월 8일과 16일에 행군 방향을 돌려 바르샤바를 점령하려 시도했으나 실패하여 심각한 손실만을 입었다.

만슈타인은 남부집단군이 "바르샤바 시가전에 참여하기를 원치 않았다"고 기록했다. "폴란드 민간인과 공격 부대 모두에게 극심한 피해를 안겨줄 것이 분명하기 때문"이었다. 따라서 바르샤바 함락 임무를 부여받은 제8군에게는 '요새 지역'을 포위하라는 명령이 떨어졌다. 계획에 따르면 바르샤바는 "포격과 공습에 견디지 못하고 항복할 것이었다. 그게 아니라면 식량과 식수의 부족으로 인해 항복할 수밖에 없을 것이었다." 만슈타인은 특히 다음 내용을 공들여 강조했다.

이전에 남부집단군 사령부는 공군에 의한 도시 폭격을 바라는 히틀러의 계획을 무산시킨 바 있었다. 그때 우리는 그 시점에서 공습을 하는 것은 군사작전에 직접적으로 아무런 연관이 없으며 도움이 되지도 않을 것이라고 주장했다. 하지만 현 상황에서는 그때와 같은 이유로 폭격이 정당화되었다.

사실, 바르샤바는 전쟁이 시작된 시점부터 이미 대규모 공습을 당하고 있었다. 물론 많은 바르샤바 시민들은 도시의 점령 여부에 자신의 운명을 맡길 생각이 전혀 없었기 때문에 독일의 포위망을 뚫고 나가려고 애썼다. 9월 24일에 할더는 만슈타인의 보고를 받았다.

수많은 난민들이 우리 전선을 향해 서쪽으로 몰려오고 있습니다. 야간 총격 허가령이 떨어졌습니다. 난민들이 떠나도록 놔둔다면 바르샤바의 보급을 차단하여 항복을 얻어낸다는 계획은 무용지물이 됩니다. 게다가 바르샤바의 수비대는 복잡한 문제들이 수반되는 시가전을 치를 기회를 최대한 활용할 수 있을 겁니다. 결단을 내려야 합니다.

9월 25일('지옥의 일요일')에 독일군은 공습을 연장하고, 도심을 비롯하여 시내의 중요 보급 중심지와 바르샤바 외항에 포격을 가했다. 다음날 수비대와 바르샤바 시민들에게 강화된 폭격을 예고하며 항복을 요구하는 전단이 뿌려졌다. 만슈타인은 바르샤바가 이날 또 한 차례의 어마어마한 폭격을 받았으며 지역 주민들을 구하기 위한 20시간 휴전 제안을 독일군이 거절했다는 사실을 기록하지 않았다.

폴란드의 수도에 팽팽한 긴장감이 감돌던 9월 25일, 히틀러가 남부집단군 사령부를 방문했다. 만슈타인은 아내에게 이 사건에 대해 들려주었다.

총통이 방문해서 우리 모두 하루 종일 밖에 나가 있었소……. 룬트슈테트와 라이헤나우Walther von Reichenau가 총통에게 보고를 했소. 총통은 아주 감명받은 눈치였고, 우리가 거둔 큰 성공에 흡족해 보였소. 그리고 나서 우리는 포격과 교외에 대한 공습이 진행되고 있는 바르샤바 포위망 근처까지 그를 데려갔소……. 총통은 아주 다정한 작별인사를 하고 떠났소……. 총통을 모시고 지나가는 동안, 곳곳의 병사들이 총통을 보고 기뻐하며 도로를 향해 달려왔소. 모두가 만면에 미소를 띠고 있었지. 그걸 보고 나도 기분이 좋았소. 그건 그렇고, 이곳의 전쟁은 대충 끝난 것으로 보이오.

독일군은 심한 포격 및 공습을 가하여 바르샤바의 수도 시설을 파괴했다. 공격받은 도시 구역에서는 대단히 큰 민간인 인명 피해(2만 5,800명 사망, 약 5만 명 부상)가 발생했다. 바르샤바는 독일군에 더 맞서 싸울 수도 있었다. 그러나 소련이 개입하기 시작한 반면 서구 열강들은 손을 놓고 있었고, 이 상황에서 폴란드의 전략적 입지는 더 이상 가망이 없었다. 바르샤바 역시 같은 운명이었다.

9월 27일 정오, 룬트슈테트와 만슈타인은 바르샤바의 외진 항구 하나를 습격하고 있던 제18사단을 다시 방문했다. 그때 그들은 폴란드 수비대가 백기를 들었다는 소식을 듣게 되었다. 나중에 만슈타인은 아내에게 이렇게 털어놓았다.

"우리는 이 결과를 듣고 더 이상 피를 보지 않아도 된다는 사실에 몹시 기뻤소. 주거 밀집지역을 공격하는 것은 끔찍한 일이오."

그리고 나서 만슈타인은 그때까지의 전역을 돌아보았다.

"나는 우리 집단군이 거둔 성공에 대해 큰 만족과 대단한 자부심을 느끼오. 이보다 더 많은 것을 바랄 수는 없을 거요."

독일군은 10월 1일에 바르샤바에 입성했다. 터덜터덜 걸어 나온 폴란드군은 포로로 붙잡혀서 불확실한 미래와 마주했다. 다음날 룬트슈테트는 '쑥대밭이 된' 바르샤바 도심을 통과하여 행군하는 제18사단을 포함한 독일군 부대의 경례를 받았다. 만슈타인은 이렇게 적었다.

"내가 전에 지휘했던 사단이 바르샤바에 입성하는 것을 보고 너무나 기뻤다. 이는 내가 항상 바라던 것이었다."

그러나 지난 4주 동안 승리와 군사적 성공을 거뒀음에도 불구하고 만슈타인은 남부집단군 사령부가 폴란드에 남을 것이라는 소식을 듣고 기분이 좋지 않았다. 10월 3일, 히틀러는 룬트슈테트를 동부전선 최고사령관으로 임명하며 독일 점령군의 지휘를 맡겼다. 고령의 룬트슈테트 장군 역시 이 명령을 별로 달가워하지 않았다.

북부집단군 사령부는 서부전선으로 이동하라는 명령을 받았다. 만슈타인은 실망을 숨기지 않았다. 그의 견해로는 남부집단군이 폴란드 전역에서 가장 큰 몫을 했기 때문에, 새로운 임무를 받는 것도 남부집단군이어야 했다. 룬트슈테트도 만슈타인도 점령된 폴란드에서 더 이상 어떠한 역할도 맡고 싶어하지 않았다. 아마 폴란드 국민들이 이미 큰 고난을 겪었고 더 심한 상황이 닥칠지도 모른다는 사실을 자각하고 있었기 때문이었을 것이다. 블루멘트리트는 다음과 같은 말로 후자가 그 이유일 수 있다는 것을 넌지시 내비쳤다.

"나치당 지구 지도자들이 폴란드에 들어섰다. 전역이 치러지는 동안 이미 룬트슈테트와 그들 사이에 첨예한 의견 대립이 벌어졌기 때문에, 다들 폴란드에서 벗어나려고 무진 애를 썼다."

만슈타인도 이에 동의했다. 그는 "나치당의 저명한 인사가 관리하는 땅에서 점령군 행세를 하는 것은 좋아 보이지 않았다"라고 적었다. 여기서 그가 말한 인물이 훗날 폴란드 총독의 자리에 오르게 되는, 그 유명한 한스 프랑크Hans Frank다.

10월 5일, 히틀러가 제3제국 군부 최고지도자들과 바르샤바에서 개선행진을 하기 위해 돌아왔을 때 만슈타인은 폴란드에 오래 남아 있고 싶지 않다는 뜻을 분명히 했다. 그는 육군 최고사령부에 지휘 구조를 바꾸라고 강력하게 영향력을 행사했고, 할더의 부관인 작전담당 제1참모차장 칼-하인리히 폰 스튈프나겔에게 서부전선에서 어떤 전역이 벌어지더라도 1개 이상의 집단군 사령부가 필요할 것이라고 주장했다. 이에 육군 최고사령부는 계획을 재검토하기 시작했다. 1939년 10월 15일, 마침내 육군 최고사령부 작전참모인 아돌프 호이징어 대령이 방문하여 블루멘트리트, 룬트슈테트, 만슈타인 모두에게 기쁜 소식을 전달했다. 그들은 서부의 코블렌츠에서 새로운 집단군 사령부를 설립하게 될 것이었다.

폴란드 전역에서 거둔 놀라운 승리는 독일군 무기가 성취해낸 위업이었음이 증명되었다. 만슈타인은 회고록에서 군사적 단점에 대해서는 얼버무리며 넘어갔고, 폴란드 국민이 당면한 운명과 그들이 그때부터 제2차 세계대전 내내 겪어야 했던 고통에 대해서는 입도 벙긋하지 않았다. 그는 단지 독일군의 미덕을 칭송하는 데 집중했다.

신설 국방군은 의기양양하게 첫 번째 시험을 통과했다. 지금까지 육군 참모본부는 외부의 방해 없이 행동할 수 있었다. 야전 사령관들은 지휘권을 완전히 장악했다. 부대들은 전적으로 군사적인 전투를 치르면 되었고, 따라서 병사들은 아직까지 기사도 정신에 입각해 싸울 수 있었다.

만슈타인은 독일군이 두 가지 조건이 충족된 이상 "폴란드 전역에서 승리할 수밖에 없었다"고 전략적으로 올바른 분석을 했다. 그 조건은 다음과 같았다. 첫째, "독일이 서부전선에서 고도의 위험을 무릅쓰게 되더라도 동부전선에서 필요한 우세를 점한다." 둘째, "서부 열강들은 폴란드를 적시에 도울 수 있는데도 독일을 공격할 기회를 활용하지 않는다." 단기적 관점에서 독일에게는 해볼 만한 도박이었다. 베크가 경고한 대로 프랑스와 영국이 개입하여 세계대전이 일어날 더 큰 위험이 가시화되고 있었지만, 독일군은 작전이 좁은 영역 내에서 빠르게 진행된다면 독일식 전쟁 방법이 승리를 안겨줄 것이라고 믿었다.

작전적 수준에서 독일 군부는 상당한 민첩성을 보였다. 브주라에서 전술의 차질로 위기를 맞았을 때 남부집단군이 빠르게 대응하여 작전적 승리를 얻어낸 것이 좋은 예였다. 만슈타인과 룬트슈테트가 특히 훌륭하게 대처한 덕분에 예비대의 부족은 티가 나지 않았다. 이처럼 위험을 무릅쓰는 독일군의 습관은 폴란드 공세에서는 좋은 결과를 얻었지만, 훗날 소련 공세에서 역효과를 낳았다.

폴란드 전역은 히틀러가 거둔 최초의 '속전승리Blitzsieg'(번개와 같이 빠른 승리)였다. 이 용어는 다시 '전격전Blitzkrieg'(번개와 같이 빠른 전투)으로 격상되어 전차와 항공기를 결합한 신기술을 활용하는 전투를 일컫게 되었다. 그러나 전격전으로 대표되는 전투 혁명은 신기술뿐 아니라 훌륭한 작전에 힘입은 것이었다. 독일의 폴란드 정복은 양차 대전 사이 수년 동안 도상연습, 전적지 답사, 전술 시험, 소규모로 실시된 야외 훈련을 반복하며 개발한 군사교리와 개념들이 낳은 것이었다.

만슈타인의 주장처럼 폴란드 전역 중 독일군이 전술적 수준에서 기사도 정신에 입각해 싸웠는지 여부는 오늘날까지 뜨거운 논란의 대상이다. 뉘른베르크 국제군사법정이 열린 1945~1946년에 이미 독일 보안대원들 사이에서 범죄행동이 널리 자행되고 있었다는 것을 시사하는 증거가 산처럼 쌓여 있었다. 일단 폴란드 지식인들과 유대계 인구 대부분이 박멸 대상으로 선정되었다는 것은 역사적 사실이다. 오늘날 연구의 초점은 나치 친위대SS나 보안대SD가 아닌 일반 독일군이 전역이 끝나고 행정이 군부에서 민간의 손으로 넘어가기 이전에 저지른 범죄가 어느 정도였냐 하는 것이다. 역사가 이안 커쇼Ian Kershaw는 나치 친위대의 '마구잡이식 악행'에 대해 "독일 국방군과 좋은 관계를 유지해야 하기 때문에 처음에는 총살의 범위가 좁았고, 사격이 무차별하게 이루어지지도 않았다"라고 기록했다. 한편 만슈타인에 대해 아주 비판적인 저서를 쓴 올리버 폰 브로헴Oliver von Wrochem은 이렇게 적었다.

"국방군 병사들은 많은 곳에서 미친 듯이 날뛰었다. (민간인) 1만 6,000명이 처형당해 사망한 것으로 추정된다. 특히 남부집단군이 담당한 지역에서는 일반적인 교전 중에, 그리고 그 이후에 대량학살과 전쟁포로에 대한 학대가 있었다."

10년 뒤, 만슈타인은 폴란드에서의 전쟁범죄에 관련된 3개 혐의에 대해 답해야 했다.

중요한 추신

『잃어버린 승리』의 영문판에서는 분량을 줄이기 위해 만슈타인의 개인적인 회고 대부분을 잘라냈다. 그 결과, 영어권 독자들은 만슈타인을 가까운 사람의 사망을 비롯하여 전쟁의 여러 우여곡절을 겪은 한 사람으로 보기보다는 단지 냉정한 군사기술자로만 보는 경향이 있다. 그러나 만슈타인은 회고록에 폴란드 전역에서 사망한 세 사람을 추모하는 내용을 담았다.

그가 특별히 언급한 첫 번째 인물은 제12포병연대 명예연대장으로서 현역에 복귀하여 연대원들과 함께 싸운 상급대장 폰 프리치 남작이었다. 그는 1939년 9월 22일 바르샤바 외곽에서 전사했고, 장례식은 9월 26일 베를린에서 국장으로 치러졌다. 만슈타인은 제2차 세계대전이 발발했을 때 프리치가 베크에게 작별인사를 하며 "지금 같은 삶을 계속할 수는 없소"라고 말했다고 전해 들었다. 이 유언은 이루어졌다. 죽어가던 프리치는 부상을 치료하는 부관들에게 이렇게 말했다고 한다.

"놔두게. 그럴 가치가 없어."

만슈타인 개인에게 가장 큰 상실로 다가온 죽음은 가장 오래되고 막역한 친구였던 빌헬름 디트리히 폰 디트푸르트Wilhelm Dietrich von Ditfurth 대령의 죽음이었다. 만슈타인과 디트푸르트는 플뢴Plön과 리히터펠데Lichterfelde의 소년사관학교에서 같이 생도생활을 했고, 제3근위보병연대에서 함께 장교로 근무했다. 두 사람은 제1차 세계대전 중 솜 전투가 벌어지는 동안 같은 참모본부에서 일했으며, 디트푸르트가 독일 황태손의 개인교사로서 근무한 시기에도 계속해서 관계를 유지했다. 제1차 세계대전 이후에 만슈타인 가족과 디트푸르트 가족은 굉장히 가깝게 교류했다. '디코 삼촌'은 만슈타인 저택에 정기적으로 방문했다. 만슈타인은 그가 "내가 만나본 가장 친절하고 호감 가는 사람이었다. 굉장히 성숙하고 영리했으며 아름답고 선한 모든 것에 열린 마음을 가지고 있었다"라고 회상했다. 디트푸르트는 라돔 전투 중 차량화보병연대 선두에서 싸우다가 전사했다.

또 다른 개인적인 아픔은 아내 유타-지빌레의 오빠였던 콘라트 폰 뢰슈Konrad von Loesch의 전사였다. 정찰분대 소속 예비역 기병대위였던 그는 9월 9일 브주라 전투 중 척추에 총탄을 맞는 중상을 입고 베를린의 유명한 샤리테Charité 병원에서 치료받던 중 1940년 3월에 결국 사망했다. 만슈타인은 그의 죽음이 "우리 모두를 시름에 잠기게 했으나, 특히 성장기를 함께 보낸 한 살 위 오빠를 잃은 아내의 상심이 가장 컸다"라고 기록했다.

『잃어버린 승리』의 영문판은 폴란드 전역에 대한 만슈타인의 기술에서 또 하나를 빠뜨렸다. 그것은 집단군 사령부에 찾아온 한 여성 방문객과 관련된 아주 중요한 사건이었는데, 영어로 번역하는 과정에서 아마 누락된 듯했다. 9월 12일에 한 영화감독이 사전 통지 없이 (현 루블리니츠Lublinitz에 마련된) 남부집단군 사령부에 촬영팀을 거느리고 나타났다. 만슈타인은 "이 우아한 빨치산"이 독특하게도 "튜닉과 승마용 반바지에 부드러운 장화를 착용하고 가죽벨트에는 권총을 차고" 나타났다고 자세히 묘사했다. 그리고 그녀는 "바이에른식으로 부츠에 칼을 찔러넣었는데, 이는 근접전에 대비한 보조무기였다." 만슈타인은 모종의 이유로 그녀의 이름은 밝히지 않았다. 어쩌면 그는 제3제국의 재능 있는 선전가였던 그녀의 이름을 자신이 말 안 해도 대부분의 독자가 알아차리리라 기대했는지도 모른다. 그녀는 바로 레니 리펜슈탈Leni Riefenstahl로, 뉘른베르크 궐기대회를 다룬 영화 〈신념의 승리Der Sieg des Glaubens〉와 〈의지의 승리Triumph des Willens〉, 1936년 베를린 올림픽 다큐멘터리인 〈올림피아Olympia〉로 세계적인 명성을 얻은 감독이었다. 당시 그녀는 리펜슈탈 특별 영화부대Sonderfilmtrupp Riefenstahl를 이끌고 있었다.

만슈타인은 리펜슈탈에게 전선으로 가는 것은 위험하다고 경고했으나, 리펜슈탈은 전투 장면을 필름에 담기 위해 가던 길을 가겠다고 버텼다. 만슈타인의 정보참모(Ic)였던 루돌프 랑호이저Rudolf Langhaeuser 소령은 그녀를 발터 폰 라이헤나우 장군이 이끄는 제10군 사령부로 보낸다는 훌륭한 아이디어를 냈다. 라이헤나우 장군과 리펜슈탈은 서로 잘 아는 사이였기 때문이었다. 그래서 리펜슈탈은 제10군 사령부로 향했다. 그러나 그녀는 곧 괴로워하는 기색이 역력한 얼굴로 집단군 사령부로 돌아왔다. 촬영팀과 함께 1939년 9월 12일 폴란드 중부의 작은 마을 콘스키에Końskie의 시장 광장에서 있었던 유대인 처형을 우연히 목격하고 충격에 빠진 것이었다. 리펜슈탈은 후에 범죄 현장을 직접 목도하지는 못했고 사건 직후에 이야기를 전해 들었을 뿐이라고 주장했다. 어쨌든 그녀는 항의의 뜻으로 종군기자직을 사임했다.

만슈타인은 이처럼 끔찍한 사건이 벌어진 이유가 "광장에 모여 있던 사람들 사이에서 이유 없이 혼란이 발생했고 바로 그때 하필 그곳에 도착한 한 대공포병 장교가 긴장한 나머지 무분별하게 총격을 가했기 때문"이었다고 강조했다. 그는 문제의 장교가 즉시 군사재판에 회부되어 직위 해제되고, 다년의 수감형을 받았다고 기록했다. 만슈타인은 이것이 육군 수뇌부가 "이런 상황에서 엄한 조치를 취했다는 증표"라고 강조했으며, 소련 침공이 시작될 즈음부터는 "히틀러가 민간인이 연루된 사건에서는 육군의 사법권을 인정하지 않았기 때문에" 이처럼 강경한 조치를 취할 수 없었다고 적었다. 그는 대량학살죄를 엄벌에 처한 것을 라이헤나우의 공으로 돌렸다. 그러나 만슈타인을 가장 신랄하게 비판한 이들 중 한 명인 브로헴은 이 사건이 법정에서 다뤄진 이유가 리펜슈탈이 히틀러에게 개인적으로 요청했기 때문이라고 주장한다. 브로헴에 따르면, 사건의 가해자인 소위는 관대하게도 1년 징역을 선고받았고 이조차도 나중에 기각되었다.

진실이 어떠하든 간에 이 사건은 만슈타인이 회고록에서 유일하게 언급한 전쟁범죄이기 때문에 주목할 가치가 있다. 1949년 함부르크의 법정에선 만슈타인에게 씌워진 17개 혐의 중 3개가 남부집단군 관할 지역에서 벌어진 범죄와 관련된 것이었다. 그는 이 3개 혐의에 대해서는 무죄로 판명되었다. 사실 만슈타인은 전쟁 중 폴란드나 다른 지역에서 독일군이 벌인 더 큰 악행에 대해서는 지나가는 말로도 언급하지 않았다. 따라서 『잃어버린 승리』 영문판을 읽은 독자들은 악명 높은 '정치장교 처리에 관한 명령 Commissar Order'에 대한 짤막한 설명을 제외하고는 독일군의 범죄 사실에 대한 기록을 전혀 찾아볼 수 없을 것이다.

당시 군부의 몇몇 인물들은 자신의 입장을 밝히고 현재 자행되고 있는 일들에 대해 반대했다. 그중 핵심 인물은 나치 보안대와 경찰부대의 불법적인 살인행위에 대해 삽화를 곁들인 신랄한 각서를 작성하여 육군 최고사령부에 제출한 요하네스 블라스코비츠Johannes Blaskowitz 상급대장이었다. 이 각서는 카이텔의 손에까지 들어갔다. 그러나 카이텔은 그 내용을 인정하지 않았을 뿐만 아니라 내친 김에 이런 식의 개입을 전면 금지해버렸다. 엥엘의 주장에 따르면 히틀러는 1939년 11월 18일에 이 각서를 보고 "격분하여 육군 최고사령부의 '유아적인 태도'를 맹비난하며 구세군의 방식으로 전쟁을 할 수는 없다고 말했다." 이러한 반응은 전혀 놀랄 만한 것이 아니었다. 히틀러는 이미 한 달 전에 카이텔에게 국방군이 폴란드의 민정 책임에서 벗어난 것을 행운으로 여겨야 한다고 말한 바 있었다.

독일의 정사正史에는 폴란드 전역에 대한 아주 놀라운 결론이 나온다.

"……국방군이 전역의 시작부터 주도권을 잡을 수 있었다는 사실은 뒤이은 성공의 필수적인 선행조건이었다."

만슈타인은 폴란드 전역에서 제몫을 다해야 했다. 하지만 정사에 나오는 다음과 같은 최종 논평과 비슷한 내용을 그의 회고록 어디에서도 찾아볼 수 없다.

폴란드 전역의 결과로서 다른 것들과 똑같이 중요한 것이 바로 나치 독일이 국민들의 상상 이상으로 비인간적인 수탈적·인종차별적 정책을 거의 무제한적으로 펼칠 기회를 잡게 되었다는 것이다. 열광적이기까지 한 것은 아니었다 해도 기꺼이 폴란드로 출정한 국방군은 정치지도자와 폴란드에 대한 언뜻 정당해 보이는 그의 요구에 따라 국제법에 반하는 점령정책의 선행조건을 만들어냈다. 국방군은 이 점령정책을 속수무책으로 지켜보았고, 따라서 나치 정권과 책임을 공유해야 한다는 힐난을 받게 되었다. 이것이 국방군이 대체로 수동적이었으며 점령된 폴란드의 민정 책임을 아무런 항의 없이 포기했다는 사실에도 불구하고 앞으로 전개될 상황에 대해 나치 정권과 같은 죄를 저질렀다는 혐의에 대해 무죄를 주장할 수 없었던 이유다.

만슈타인은 제2차 세계대전 이후에 국방군이 폴란드를 비롯한 일련의 전역에서 "깨끗한 전쟁"을 치렀다고 일관되게 주장했지만, 이는 오늘날 신빙성이 전혀 없는 것으로 밝혀졌다. 1946년 8월 12일 뉘른베르크 법정에서 "우리는 우리 병사들과 함께 전쟁을 군사적 방식으로 수행했다"고 한 그의 증언은 이런 맥락에서 해석되어야 할 것이다.

(Vatutin)

5th Guards Army
Prokhorovka
Donets
69th Army
5th G
Tank

제6장
승리의 설계자

"그자는 내 입맛에 맞지 않지만,
일을 성공시키는 방법은 확실히 안다."
– 아돌프 히틀러 –

황금 같은 기회: 히틀러와의 조찬

1940년 2월 17일 베를린에서 잘 알려지지 않은 단순한 사건 하나가 벌어졌다. 하지만 그 사건은 세계사의 행로를 바꿔놓았다. 이날, 만슈타인은 아돌프 히틀러와 조찬을 하기 위해 제3제국 수도 베를린으로 향했다. 두 사람 모두에게 큰 행운이 따른 날이었다. 이날의 회동이 서부 전역을 독일의 승리로 이끄는 데 일조했기 때문이다. 히틀러가 만슈타인의 참신한 계획을 받아들인다면 프랑스, 벨기에, 네덜란드의 운명은 이미 끝난 것이나 다름없었다. 하지만 포스슈트라세Vossstrasse에 도착해서 알베르트 슈페어Albert Speer가 설계한 위압적이고 화려한 신축 총통관저의 널찍한 현관 계단을 밟아 올라가며 만슈타인은 마냥 달콤한 기분은 아니었을 것이다. 육군 최고사령부 내에서 반대 여론에 부닥친 만슈타인은 자신의 의견을 총통에게 직접 전달할 황금 같은 기회를 꼭 잡아야 했다. 대부분의 독일 고위 장성들은 히틀러에게 완전히 휘둘려서 뜻을 명료히 전달하지 못하고 자기주장을 관철시키는 데 실패하기 일쑤였다. 그러나 직업적 통찰력에서 나온 자기 의견을 절대 꺾으려 들지 않았던 만슈타인은 이번에야말로 목소리를 높여야겠다는 투지에 불타고 있었다. 이날도 그는 자기 의견을 내세우기 위해 총통관저에 왔다. 앞으로 여러 번, 특히 전쟁 후반인 1942~1944년에 동부전선에서 집단군을 지휘하면서 그는 자주 히틀러와 회동을 갖게 될 터였다.

만슈타인은 1월 27일에 베를린에서 북동쪽으로 200킬로미터 떨어진 슈테틴의 제38군단장으로 임명되었다. 이는 곧 코블렌츠에 사령부를 둔 A집단군 참모장 보직에서 해임되었다는 것을 의미했다. 만슈타인은 2월 9일에 라인 강변의 유서 깊은 도시 코블렌츠를 떠났고, 군단장으로 부임하기 전에 리그니츠의 집으로 돌아가 휴가를 보냈다. 고위직까지 진급을 노리는 야심 찬 장교에게 참모에서 사령관에 오른 것은 크게 환영받을 일이었다. 적어도 대부분의 군에서는 그러했다. 하지만 만슈타인은 참모장이 사령관을 대신해서, 혹은 자기 선에서 계획을 발안하고 지휘할 권한과 임무가 있는 프로이센 참모장교 체계의 산물이었다. 특히나 전쟁 중 가장 강력한 공세를 퍼부을 태세를 취한 집단군의 참모장이 된다는 것은 그저 그런 참모 역할과 달랐다. 그리고 만슈타인은 알다시피 그저 그런 군인이 아니었다.

자신이 입안한 낫질 작전Sichelschnit에 대해 육군 최고사령부의 승인을 얻으려던 만슈타인의 끊임없는 노력은 육군 최고사령관 발터 폰 브라우히치 상급대장과 육군 참모총장 프란츠 할더 두 사람 모두의 빈축을 샀다. 만슈타인은 야전 사령관직을 동경했으나, 여러 면에서 A집단군 사령관 게르트 폰 룬트슈테트 상급대장 휘하에 남아 있기를 바라기도 했다. 두 사람은 방금 폴란드 전역이라는 만족스러운 합작품을 만들어낸 콤비이자 실무에서 "손을 뗀" 느긋한 사령관과 정력적이고 역량이 탁월한 참모장의 이상적인 조합이라 할 수 있었다. 하는 일이 별로 없었던 룬트슈테트는 영국군의 해럴드 알렉산더Harold Alexander 원수처럼 범죄 소설을 읽으며 지루함을 해소했다. 두 사령관 모두 자신들의 무해한 취미를 숨기려 애쓰다가 들키는 통에 능력이 걸출한 참모장들에게 즐거움을 안겨주었다는 이야기가 전해진다.

룬트슈테트가 명목상의 사령관 그 이상의 존재였다면, 만슈타인은 지적 자극제였을 뿐 아니라 추진력에 있어서 따라갈 사람이 없었다. 따라서 룬트슈테트와 만슈타인의 동반자 관계는 제1차 세계대전에서 힌덴부르크와 루덴도르프의 관계와 유사했다. 하지만 힌덴부르크와 루덴도르프의 쌍두마차가 황제에게 의지를 관철시킬 수 있었던 반면, 룬트슈테트나 만슈타인은 각자, 혹은 힘을 합쳤을 때조차 선배들만큼 국가수반에게 영향력을 행사할 수 없었다. 단, 예외적인 경우가 있었는데 1940년 2월 17일이 그중 하나였다.

군부에서 만슈타인을 후방인 슈테틴의 보병군단장으로 전보시킨 것은 분명히 위로상懸勞賞은 아니었다. 할더는 자꾸 성가시게 굴던 코블렌츠의 참모장이 더 이상 '개인적인 전쟁'을 계획하지 못하도록 제거하고, 그의 자리를 최고사령부와 생각이 맞는 다른 인물로 대체하기로 결심했다. 그러나 만슈타인을 조직적으로 군부에서 밀어냄으로써 잊혀지게 만든다는 목표는 보기 좋게 실패했다. 히틀러는 만슈타인의 작전 아이디어에 대해 어렴풋이 아는 정도가 아니었고, 어떤 면에서는 이미 그와 같은 생각을 가지고 있었다. 전쟁 초기 단계였던 이때 히틀러의 본능적인 정치적 감각과 전략적 가능성에 대한 직감은 아직 유효했다. 그가 1940년 5월 10일 벨기에 에방에마엘Eban Emael 요새에 대한 극적인 기습 계획에 밀접하게 관여한 것에서 볼 수 있듯이, 혁신적이고 관습에서 벗어난 방법에 대한 편애도 여전했다.

그 전해 가을에 A집단군 사령부, 육군 최고사령부OKH, 국방군 최고사령부OKW, 그리고 히틀러는 전역 계획을 놓고 난상토론을 벌였다. 여러 사람의 아이디어와 자존심이 격렬하게 충돌했고, 여기에 모든 군대에 존재하지만 나치 독일에서 특히 두드러졌던 업무상의 질시가 더해졌다. 만슈타인의 입장에서는 전역 계획에 대한 입씨름이 전장에서의 기동보다도 더 어렵게 느껴지는 때도 있었을 것이다. 코블렌츠에서 참모장으로 보낸 시절에 만슈타인이 느낀 씁쓸함은 그가 이 시기를 한마디로 "불만의 겨울"이라고 묘사한 데서 생생히 드러난다. 이 표현을 인용한 셰익스피어William Shakespeare의 희곡 『리처드 3세Richard III』에서처럼 "영광의 여름"이 뒤따를지 여부는 아직 미지수였다.

이런 상황에서 만슈타인이 베를린의 총통관저에서 히틀러와 회동할 수 있었던 것은 개인적으로 수를 썼기 때문이었다. 히틀러의 수석전속부관이자 개인참모였던 루돌프 슈문트Rudolf Schmundt 대령(훗날 중장의 자리에 오르며, 1944년 7월 20일 라스텐부르크Rastenburg에서 있었던 히틀러 암살 시도에서 부상을 입어 사망한다)은 전역 계획을 둘러싼 긴장을 인지하고 있었고, 만슈타인과 육군 최고사령부 사이에 마찰이 빚어지고 있다는 것 역시 잘 알았다. 그는 만슈타인의 가장 재능 있고도 믿음직한 참모였던 헤닝 폰 트레스코브

중령의 오랜 친구였기 때문에 트레스코브의 초대로 코블렌츠를 방문하기도 했다. 두 사람은 전원의 산책로에서 한참 동안 함께 걸으며 미래의 작전을 논했다. 훗날 독일 육군의 최연소 소장이 되는 트레스코브 중령은 대히틀러 레지스탕스에 깊숙이 관여했으며 1944년 7월 총통 암살 계획이 실패로 돌아간 뒤 자살했다.

다시 1940년으로 돌아가서, 만슈타인은 트레스코브의 인맥을 활용해서 슈문트를 자신의 편으로 끌어들였다. 슈문트가 A집단군 사령부의 작전 아이디어에 대해 히틀러에게 보고하자, 히틀러는 관심을 표하며 만슈타인을 직접 만나보고 싶어했다. 하지만 육군 최고사령부의 의심을 사지 않고 만슈타인을 베를린으로 불러들일 방법을 생각해야 했다. 이때 만슈타인의 전보 발령이 이상적인 눈가림이 되어주었다. 만슈타인은 다른 4명의 신임 군단장, 그리고 에르빈 롬멜 신임 사단장과 더불어 조찬 회의에 참석하라는 명령을 받았다. 만슈타인은 일기에 이렇게 썼다.

다른 장군들과 함께 총통에게 도착을 보고했다. 이어서 조찬이 시작되었다. (히틀러는) 모든 국가의 군사기술 혁신에 대해 놀라운 지식을 과시했다. 그 뒤에 나는 1시간 동안 남아서 그와 작전에 대해 의논했다. 나는 육군 최고사령부에 제출했던 각서의 핵심 사항을 보고했다. 히틀러는 내 의견에 완전히 동의했다. 우리는 애초부터 견해가 같았기 때문에 놀랍게도 의견이 일치했다.

만슈타인의 전후 회고록에는 그의 일기에 비해 히틀러에 대한 과장된 묘사가 덜하다. 만슈타인과 히틀러가 서재에서 사적인 면담을 갖기 전, 조찬 자리에서 히틀러는 전날(2월 17일) 노르웨이 해역에서 독일 보급선 하나가 영국의 구축함 코삭 호^{HMS Cossack}에 나포된, 소위 알트마르크^{Altmark} 사건의 영향에 대해 토론했다. 히틀러는 이를 놓고 '소국이 중립성을 유지할 수 없는 이유'에 대해 일장연설을 늘어놓았다. 돌이켜보면 이는 실로 예언적인 발언이었다. 독일은 1940년 4월 6일에 알트마르크 사건을 얄팍한 구실로 삼아 노르웨이를 사전 경고 없이 침략하고, 한 달 뒤 룩셈부르크, 벨기에,

네덜란드에도 공격을 가한다.

2월 17일의 회동 직후에 만슈타인은 이날 토론의 핵심 논점을 세세하게 정리한 보고서를 전 소속 사령부에 제출했다. 그의 논평은 다음과 같았다.

'서쪽에서의 공세 목표'는 '지상전에서 결정적 승리를 얻는 것'이어야 합니다 (원문대로 강조 표시함). 현재 전개 명령은 벨기에에 집결한 다수 병력을 패퇴 시키고 영국해협 연안의 일부를 점령한다는 제한된 목표를 세우고 있기 때문 에 정치적·군사적 위험성이 너무 높습니다. 목표는 지상전에서 최종 승리를 거 두는 것이어야 합니다. 따라서 프랑스에서 최종 담판을 짓고 프랑스 레지스탕 스를 소탕할 수 있도록 (즉시) 작전의 방향을 바꾸어야 합니다.

독일군의 강점을 이용하고 적군의 취약점을 파고드는 참신한 작전으로 전략적 승리를 따낸다는 것, 이는 곧 낫질 작전의 핵심이었다.

모든 전역 계획의 중심에는 지적 기반과 뒤따를 작전계획의 기틀 역할 을 하는 기본적인 '작전 아이디어'가 있다. 작전 아이디어 설계 시에는 아 군의 군사행동뿐 아니라 적군의 예상되는 대응을 심사숙고해야 한다. 이처 럼 작전 아이디어는 초반에 우세를 확보하기 위한 기동에 한정되어서는 안 된다. 오히려 '결과'는 참전국들의 심리에 크게 영향을 미치는 기동과 대응 을 통해 결정된다. 적시적소에 필요한 병력을 계산하기 위해서는 군사과학 이 필요하지만, 전체적으로 볼 때 무엇보다 필요한 것은 창조적 군사행위, 즉 작전술이다. 작전 아이디어는 달성하기 힘들다. 성공적인 작전 아이디어 는 경험, 직관, 이해력이 보기 드물게 하나로 조합되어 나타나는 군사적 천 재성의 증표다. 만슈타인의 이름은 플랑드르Flanders와 프랑스에서 연합군을 패퇴시킨 대담한 계획과 함께 영원히 기억될 것이다. 많은 위대한 개념과 마찬가지로, 낫질 작전 역시 힘들고 고통스러운 잉태 기간을 거쳤다. 만슈 타인은 훗날 원수의 자리에 올랐을 때 이렇게 말했다.

"신이 아닌 평범한 인간은 목표를 달성하기 전에 항상 고된 작업과 노력 을 거쳐야 한다. 제우스의 머리에서 팔라스 아테나가 튀어나온 것처럼 이미 완성된 작품이 머리에서 튀어나올 수는 없는 것이다."

낫질 작전의 탄생

이제 다시 1939년 가을로 돌아가 코블렌츠에서 만슈타인이 어떻게 낫질 작전을 창안했는지 살펴보자. 1939년 10월 24일에 만슈타인은 라인 강을 굽어보는 일류 호텔 리젠-퓌르스텐호프Riesen-Fürstenhof에서 체류하고 있었다. 그가 출근하는 제34사단 사령부 건물은 모젤Moselle 강과 라인 강의 합류 지점인 도이체스 에크Deutsches Eck 근방에 있었다. 우아한 호텔과 건물을 둘러싼 아름다운 경치는 만슈타인에게 몹시 친숙했다. 그는 제1차 세계대전이 발발하기 전에 이곳에서 북쪽으로 10킬로미터가량 떨어진 엥어스Engers의 바로크식 궁전에 위치한 프로이센 군사학교에서 교육을 받았다. 당시 만슈타인은 자신의 전쟁일지에 이렇게 썼다.

"근처 엥어스에서 나는 전술을 배웠다. 당시 나는 훗날 내가 이곳에서 집단군 참모장으로서 그때 배운 것을 활용하게 되리라고는 생각지 못했다. 하지만 고맙게도 젊은이의 꿈은 더 높이 솟아오르는 법이다."

만슈타인은 개인적 감상에 젖거나 라인 강을 따라 늘어선 쾌적한 카페에서 여유롭게 '커피와 케이크'를 즐길 시간이 없었다. 프랑스와의 전쟁은 소위 '가짜 전쟁Drôle de guerre'이라고 불릴 정도로 지지부진했지만, 만슈타인에게는 중요한 임무가 있었다. 그는 이미 코블렌츠에서 리그니츠까지 차로 장거리 이동을 하는 동안 서부전선에서 있을 공세에 대해 장시간 숙고하고 그것에 대한 초안을 작성했다. 그는 그것에 대해 10월 24일 전쟁일지에 기록했다.

만슈타인은 현 상황에서 독일이 즉각 공세에 돌입하는 것의 장단점을 신중하게 따져보았다. 그에 따르면, 공격을 미룰 때의 단점은 "더 오래 미루면 미룰수록 영국군은 더 강력해질 것이고 벨기에군과 프랑스군도 요새를 개발할 시간을 벌게 될 것"이라는 점이었다. 반대로 공격을 미뤄야 하는 이유는 여러 가지가 있었는데, 그중 하나는 기상조건이 나빠 독일군의 차량화 부대 투입이 지연될 우려가 있다는 것이었다. 자칫하면 만슈타인이 말했듯

"좋은 패 하나를 잃어버리는 셈"이 될 수도 있었다. 적의 측면에서 볼 때, 결정적 요소는 "프랑스 국민과 군부가 가능한 한 전쟁을 피하려고 한다는 점"이었다. 만슈타인은 프랑스가 먼저 공격하도록 유도하면 독일이 유리한 고지에 설 수 있음을 깨달았다. 만약 반대로 독일군이 먼저 공격한다면 "프랑스군은 언제나처럼 '성스러운 프랑스 국토'를 지키기 위해 싸울 것이 분명했다." 따라서 최선의 방법은 프랑스군과 영국군을 중립국 벨기에로 꾀어내어 싸우게 만들어 전력을 분산시키는 것이었다. 군사적 관점에서 이 모든 것을 감안할 때 "독일군은 완전히 준비를 마치고 손에 든 패를 잘 활용할 수 있는 시점에, 특히 연합군이 벨기에로 진군하도록 유도할 수 있을 때" 공격을 개시해야만 했다. 만슈타인은 또한 독일 육군의 공격력이 적군의 방어력보다 더 빠르게 성장할 것이기 때문에 너무 질질 끌지만 않는다면 공세를 약간 미루는 것도 이점이 있으리라고 보았다.

만슈타인은 공격 '방법'에 대한 요구사항을 상당히 명확히 밝혔다. "육군의 결정적 공격력은 단지 결정적 성공을 추구할 때에만 투입되어야 한다." 나아가 그는 이렇게 썼다.

단지 적 육군의 일부를 파괴하고, 영국해협 해안지대의 상당 부분을 탈취하는 것만으로는 원하는 성공을 거둘 수 없다는 사실을 확실히 이해해야 한다. 현재로서는 프랑스군이 전투를 거부하는 상황을 제외하면 영국과 프랑스와의 지상전에서 완전히 결판을 낼 수 있다는 확신이 서지 않는다. 독일군 내 지휘 구조의 정리와 충분한 병력 확보라는 선행조건이 달성되지 않았기 때문이다. 무엇보다도 현재 육군 최고사령부의 작전 명령에서는 대승을 '노리는' 의지가 느껴지지 않는다. 승리에 대한 믿음이 부족한 것이다. 우리가 이처럼 나쁜 상황에 몰린 것은 바로 이 때문이다!

그해 가을, 작전이 미뤄지면서 전쟁계획은 그만큼 더 정교하게 다듬어졌다. 작전이 지연된 이유는 단지 악천후 때문만은 아니었다. 독일군 군부 내에서 그리고 군사에도 점점 더 큰 영향을 미치고 있는 정치지도자 히틀러와 군부 사이에서 발생한 심각한 의견 충돌로 인해 계획은 난항을 겪었다.

암호명이 황색 작전인 전역계획에서 만슈타인이 개인적으로 행한 역할을 평가하기 전에 1939~1940년 독일의 전략적 입지를 되돌아볼 필요가 있다. 폴란드에서 놀라운 승리를 거두고 이어진 서부전선의 전투에서도 승승장구한 독일에서는 전격전의 신화가 탄생하고 있었다. 전격전의 신화는 당대에는 정부가 주도한 선전에 의해, 전후에는 많은 책과 영화를 통해 널리 알려졌다. 그러나 현대 역사가들의 관점은 조금 다르다. 1939~1941년에 독일이 군사적 맹위를 떨친 것은 사실이나, 전격전이 제2차 세계대전 발발 이전에 창안된 전략적 개념은 아니라는 것이다. 전격전은 완전히 새로운 전쟁 수행 방식인 것처럼 보였지만, 실상은 독창적인 전략이라기보다는 지상에서의 견고한 전술과 효율적인 근접항공지원, 훌륭한 리더십을 기반으로 한 즉흥적인 작전에 가까웠다. 기갑, 보병, 포병, 전투공병대가 펼치는 무적의 합동작전이나 공지합동작전을 그 자체로 전략으로 부르기에는 부족함이 있었다. 만슈타인은 '전략가'로서의 능력이 뛰어났던 인물로 자주 거론되나, 이는 군사전략의 역할에 대한 근본적인 오해에서 비롯된 것이다. 군사전략이란 전쟁 수행에 필요한 경제적 자원을 포함하여 더 광범위한 국력 수단을 결합해 전략적·작전적·전술적 수준에서 전쟁을 준비하는 것이다. 전술이 한 걸음이고 작전이 도약이라면, 전략은 길을 인도하고 지도를 만드는 것이다. 만슈타인은 단연코 전략이 아닌 '작전' 수준의 천재, 즉 천재 '작전가Operateur'였다.

국가 전략 혹은 대전략grand strategy은 안보 및 국방정책을 추진하는 가장 적합한 방식을 결정함으로써 군사 및 동원 가능한 다른 수단을 이용해서 전체 목표 혹은 목적의 균형을 추구한다. 이러한 정책을 개발할 때 국가의 선택지는 전략지정학적 위치에 좌우된다. 동맹국은 물론, 친선관계 혹은 적대관계에 놓인 인접국의 지리, 인구, 경제력을 자국과 비교해봐야 하는 것이다. 독일군은 양차 대전 전장에서 어떤 전술적·작전적 묘수로도 내재된 군사적·정치적·경제적 약점을 만회할 수는 없다는 것을 보여주었다. 독일군은 서부전선과 동부전선 사이에 있는 병력을 교체할 수 있는 내륙 전략 병참선이 있다는 명백한 이점을 갖고도 제1차 세계대전에서처럼 모든 면에서 부족한 군사적 자원을 보충할 수 없었다.

이와 반대로 전술이나 심지어 작전에서의 차질은 상황을 안정화하고 급패를 면할 수 있는 충분한 시간, 공간, 병력이 남아 있다는 전제 하에 전략적 군사력으로써 극복될 수 있다. 따라서 전쟁 초기에 한쪽이 우위를 점한 것처럼 보인다 해도 뒤이어 반대쪽이 반드시 그럴 필요는 없지만 일반적으로 연합해서 무기를 생산하는 등 더 우월한 전략적 자원을 적용하고 다른 적들로부터 보고 배웠을지 모르는 전술·작전 방법을 (필요에 따라 개선해) 채택하면 패배할 수도 있다. 독일은 끝까지 영국의 훌륭한 전략적 자산인 해군력을 성공적으로 무력화시킬 수 없었다. 나중에 살펴보겠지만 소련은 1941년 6월 독일군의 공격을 어렵게나마 견뎌냈고, 12월에 레닌그라드와 모스크바 코앞까지 육박한 독일군도 막아냈다. 이어진 전쟁에서 소련군이 베를린에 도착한 것은 1945년 4월이나 되어서였지만, 우랄 산맥 서쪽만 보더라도 소련은 폴란드나 프랑스가 갖지 못한 전략적 깊이와 국가 자원을 보유하고 있었다.

두 번의 세계대전에서 독일은 스스로 자초한 전략적 딜레마를 해결하기 위해 '작전적' 해법을 추구했다. 양면 전선의 적군들이 형세를 독일에게 불리하게 바꾸기 전에 가능한 한 신속하게 전쟁을 끝내려는 것이었다. 만슈타인이 프랑스를 패배시킨 독창적 해법을 제시한 것은 사실이지만, 그는 히틀러가 독일을 또 한 번의 세계대전으로 밀어넣는다면 결국 패배하고 말거라고 예견한 그의 멘토 베크 상급대장처럼 대전략가는 아니었다. 저명한 독일 전쟁사가 클라우스-위르겐 밀러Klaus-Jürgen Miller가 지적한 대로 여기에는 '얄궂은 아이러니'가 있다. 서부전선에서 펼쳐진 전역을 승리로 이끈 아이디어는 바로 베크파였던 만슈타인에게서 나온 것이었다. 만슈타인의 작전은 독일을 제2차 세계대전의 승리로 이끌 것처럼 보였지만 현실은 그와 달랐다.

1939년 가을에 독일은 정치·경제·군사 부문에서 전략적 문제에 직면해 있었다. 다른 한편으로 폴란드 패배 후 영국과 프랑스가 패배를 인정할 것인가? 더 이상의 무력 충돌을 피할 수 있을 것인가? 실제로 히틀러는 1939년 10월 6일 베를린 의회에서 독일 국민들과 외국의 청중들을 염두에 두고 전쟁을 피하겠다는 결의를 내비치는 연설을 했다. 그는 유럽의 평화와 안보를 지키고, 어떤 경우라도 벨기에와 네덜란드의 중립을 존중하기 위해서 국제 회담을 열 가능성을 제시했다.

만약 공세전을 벌여야 한다면 개시일이 연기될수록 유리해지는 쪽은 한창 전시경제를 강화하고 방위체제를 개선하고 있던 영국과 프랑스일 터였다. 그래서 1942년까지는 독일 육군이 마지노선을 뚫기에 충분한 힘을 확보하지 못할 것이라는 육군 최고사령부의 연구에도 불구하고, 히틀러는 공세전에 대해 제동을 건 장군들의 경고를 받아들이지 않았다. 히틀러는 스탈린이 불가침조약을 깨고 동쪽에서 침략해오기 전에 프랑스(그리고 영국)를 패배시키겠다는 결의에 차 있었다. 1914년처럼 우선 서부전선에서 승리를 거두기로 결정했던 것이다. 히틀러는 독일과 정치적으로 화해하지 않겠다는 서구 연합국의 정치적 결의를 잘못 판단했을지는 몰라도, 연합군의 한정된 군사적 역량을 과대평가하지는 않았다. 그는 프랑스와 영국의 약점을 보고 공격을 결정했다. 따라서 전략적 목적은 서부전선에서 결전을 벌이는 것으로 확정되었다. 문제는 독일이 갖고 있는 한정된 경제적 자원과 전술적 수단으로써 목표를 달성할 적절한 작전을 수립하는 것이었다.

독일이 폴란드를 침공하자 프랑스군은 동원령을 내리고 병사들을 방어진지에 배치했다. 북쪽 룩셈부르크에서 남쪽 스위스 국경에 이르는 마지노선에도 병력이 배치되었다. 벨기에 국경에는 프랑스군 4개 군이 독일군의 공격에 대비하여 집결해 있었다. 한편 영국 해외파견군은 처음에는 단 2개 군단(4개 사단)만이 합류했다. 1940년 5월, 독일군의 공격에 맞선 것은 5개 차량화보병사단, 5개 경기병사단, 3개 경기계화사단, 3개 기갑사단을 포함해 총 92개 사단이었다. 기갑사단은 1940년 1월에서 3월 사이에 육성된 것이었다. 영국은 프랑스 내 자국 야전군을 3개 군단(9개 보병사단과 1개 전차여단)으로 확장했고, 제51사단(하이랜드 사단)을 프랑스군과 함께 자르Saar에 배치했다. 그러나 1917~1918년에 서부전선에서 싸웠던 영국군 4개 군

(60개 사단)에 비하면 이번 영국 해외파견군은 연합군에 기여한 바가 훨씬 적었다. 한편 독일군은 1939~1940년 겨울에 확장을 거듭하여 총 157개 사단으로 늘어났고, 그중 93개(10개 기갑사단 포함)가 1940년 5월 서부전선 공격에 투입되었다.

1939년 9월 폴란드 전역에서의 승리가 확실시되자 육군 최고사령부는 서부전선의 전역을 준비하며 1914년에 있었던 슐리펜 계획의 재탕으로 보이는 계획을 세웠다. 벨기에 북부를 통해 영국해협 해안까지 전면 포위하는 것이 공격의 주요 목표였다. 만슈타인은 주로 전략적 관점이 아니라 작전적 관점에서 이에 반대했다. 여기서 전략과 작전의 구별이 중요하다. 만슈타인은 승리를 쟁취하기 위해 보다 나은 작전적 '방법'을 추구했지만, 다른 장군들은 침략전쟁의 전략적 '목적'과, 훗날 침략전쟁의 수행 중 이루어진 범죄 행위에 반대했다. 1939년 가을 육군 최고사령부의 요직에 앉아 있던 인물들은 전부 서유럽에서 전쟁을 벌이는 것에 반대하고 있었다. 브라우히치, 할더, 칼-하인리히 폰 스튈프나겔 등이 반전파의 주요 인물이었다. 하지만 만슈타인은 전쟁의 이 시점에서는 물론 이후에도 히틀러를 몰아내거나 암살하는 것을 목적으로 한 정치적·군사적 반대파에 적극적으로 가담하지 않았다.

만슈타인은 회고록에서 전략가로서의 이미지를 정교하게 구축했고 생전에나 지금이나 전략가로서 명성이 높지만, 만슈타인의 강점은 기본적으로 작전술이었다. 간단히 말해 만슈타인이 탁월한 능력을 발휘한 영역은 대규모 작전과 전역의 계획이었지 전쟁 자체의 계획이 아니었다. 이 구별은 굉장히 중요하다. 만슈타인은 영국의 몽고메리나 미국의 패튼George Smith Patton 보다 역량이 뛰어났을지는 몰라도 영국의 육군 원수 앨런 브룩Alan Brook(훗날 앨런브룩 자작이 된다)이나 미국의 장군 조지 마셜George C. Marshall처럼 위대한 전략가라고는 할 수 없었다. 만슈타인은 이들처럼 능숙하게 국가 수준에서 참모장 노릇을 해내지 못했다.

만슈타인 역시 전략적 수준에서 자신의 한계를 알고 있었던 듯하다. 그래서 히틀러를 대할 때 어떠한 저항도 하지 못했던 것 같다.

히틀러는 자신이 작전 상황에서 영향력을 행사하지 못하고 있다고 느낄 때마다 곧바로 정치적 혹은 경제적 영역으로 초점을 돌렸다. 어떠한 최전선의 사령관도 정치적·경제적 상황에 대해 히틀러만큼 알지 못했으므로 이러한 분야에 대한 히틀러의 주장을 대체로 반박하기 어려웠다. 이때 그들이 사용할 수 있는 마지막 수단은 히틀러가 당장 우리의 제안이나 요구를 받아들이지 않으면 군사적 상황이 악화되어 정치·경제에 더 나쁜 영향을 미치게 될 것이라고 주장하는 것뿐이었다.

미래의 육군 원수 만슈타인은 작전적 수준에서 계획을 세우는 자신의 역량과 그와 관련된 상급 부대를 지휘하는 기술에서 자신감을 얻었다. 대부분의 고위 장교들은 어리석은 행동에 관대하지 못하다. 만슈타인도 예외는 아니었다. 만슈타인의 경우 탁월한 군사적 지성을 갖추고 있었으나 그것으로도 직설적인 성격을 누르지는 못했다.

만슈타인과 함께하는 생활은 때로는 힘들지만 큰 보상이 따랐고 조금 별났다. 일례로 만슈타인은 1939년 10월 31일에 집으로 보낸 편지에 "최근에 라디오에서 내보낼 만한 하찮은 소식조차 없을 때 틀어주는 행진곡과 멍청한 댄스 음악에서 탈출하기 위해 좋은 실내악 음반을 틀어놓고 일하려 했는데 또 실패하고 말았다"고 적었다. 그는 아내에게 이렇게 불평을 털어놓았다. "이런 식의 선전과 엔터테인먼트가 더 지속되도록 놔둔다면, 우리는 모두 다리를 떨며 돌아다니게 될 거요."

그가 부하들로부터 강한 충성심을 이끌어낼 수 있었던 것은 다름 아닌 분명한 견해와 위기 시에도 변함없이 꿋꿋한 태도 덕분이었다. 만슈타인의 사고와 행동은 그가 담당한 영역에 국한되지 않고 여러 분야의 사람들로부터 존경심을 불러일으켰다. 어쨌든 프랑스, 벨기에, 네덜란드를 패퇴시키고 6주 동안 진행된 '전격전' 전역을 통해 영국군을 유럽 대륙에서 몰아낸다는 전략적 성과를 얻은 것은 그가 입안한 작전 덕분이었다. 이는 어느 모로 보아도 사소한 업적이라고 할 수 없었고, 제2차 세계대전 기간 동안 독일군과 맞서 싸운 연합군 장군 중에서 이에 버금가는 즉각적인 전략 효과를 거둔 장군은 단 한 명도 없었다. 아이젠하워, 몽고메리, 패튼의 성과조차 만슈타인의 작전에는 비견할 수 없었다. 작전술의 대가로서 만슈타인은 소련을 제외한 다른 연합국에서는 적수가 없었다. 그러나 나중에 보겠지만 1941~1944년 동부전선에서 소련의 주코프 장군 등을 상대하며 만슈타인은 자신의 한계를 시험하게 된다.

다시 1939년으로 돌아가서, 10월 9일에 발표된 히틀러의 '전쟁 수행을 위한 지령 6호'는 서부에 대한 공세의 목적을 이렇게 설명했다.

프랑스군과 프랑스의 편에서 싸우는 연합군 병력을 최대한 격파하는 동시에 네덜란드, 벨기에, 프랑스 북부에서 가능한 한 넓은 지역을 점령하여 성공적인 대영국 공중전 및 해상전을 수행하기 위한 기지로 삼고, 경제적으로 중요한 루르 공업지대를 지키기 위한 보호구역으로 삼는다.

이에 따라 육군 최고사령부는 10월 19일에 작전계획의 초안을 발표했다. 코블렌츠로 향하기 전 짧은 휴가를 냈던 만슈타인은 10월 21일에 베를린 남부 초센Zossen에 있던 육군 참모본부에서 계획의 사본을 입수했다. 따라서 지체 없이 작전계획에 대한 개인적인 분석을 시작할 수 있었다. 블루멘트리트를 비롯한 계획참모들로 구성된 소규모 팀이 그를 보좌했다.

그 당시 만슈타인의 마음속에는 작게나마 정당한 개인적 명예욕이 자리잡고 있어서 일에 집중할 수 없었다. 그는 폴란드 전역 서훈자 명단을 기다리고 있었다. 하지만 상을 받으리라고 기대한 사람이 빈손으로 돌아가는 것은 흔히 있는 일이다. 만슈타인은 기사훈장Ritterkreuz을 기대하고 있었지만 돌아온 것은 실망뿐이었다. 그는 일기에 이때의 좌절감을 쏟아냈다.

"R(룬트슈테트)이 2개 훈장에 나를 추천했지만 (목록에 내 이름이) 없다……. 지난 몇 년 동안 나는 실망에 익숙해지고 있다……. 물론 폴란드 전역의 명성은 군대와 사령관이 얻어낸 것이다. 하지만 내 역할도 충분히 컸다고 생각한다. 나 혼자서 그 작전을 제안하고 명령서를 작성했으니까."

만슈타인은 아내에게 이런 편지를 썼다.

어쨌든 집단군이 아무리 위대한 성공을 거두었다 해도 참모장이 기여한 바를 인정받기에는 불충분했던 모양이오. "겉보기보다 더 뛰어난 사람이 되어라"라는 말이 그 어느 때보다도 더 와닿는 것 같소. 이러한 대우를 받고 난 지금, 나는 사령관직에 지원할까 생각 중이오. 이류로 취급받는 직위에 남아 있고 싶은 마음이 전혀 없소.

그러나 만슈타인에게는 미래에 대한 생각에 잠길 여유가 거의 없었다. 집단군 참모들이 코블렌츠에 도착하자마자 10월 29일에 육군 최고사령부로부터 수정 계획이 도착했다. 독일군은 B집단군, 즉 독일군의 우익으로서 북을 향해 주력 공세를 펼칠 예정이었다. 기존 계획과 수정 계획 사이에는 미미한 차이밖에 없었다. 이에 대한 설명은 만슈타인이 10월 31일에 이미 룬트슈테트의 승인 하에 브라우히치에게 보내는 비판적인 답장의 초안을 작성했다는 것만으로 충분할 것이다.

만슈타인은 전역계획을 수정하기 위해 개인적으로 엄청난 노력을 쏟아부었다. 그는 군 지휘계통에 여섯 부나 되는 보고서를 보냈다. 만슈타인은 상당히 성가신 일을 해냈지만, 독일군 참모본부는 작전 아이디어를 숙고하고 널리 알리기 위해 공식적인 건의서Denkschrift의 사용을 권했다. 영국의 공식 전쟁사는 이를 잘못 이해하고 룬트슈테트가 낫질 작전의 창안자라고 기록하는 실수를 범했다. 독일 참모본부 체계에서는 참모장이 사령관을 대신하여 안을 작성하고 나아가 직속 상위 부대의 참모장과 직접 소통할 권한이 있었다는 사실을 간과한 것이다.

폴란드 전역에서 성공적인 파트너십을 보여준 이후로 만슈타인과 룬트슈테트의 관계는 1939년 가을 동안 무르익었다. 룬트슈테트는 참모장인 만슈타인과 다소 거리를 두었으나, 12살이라는 무시할 수 없는 나이 차이는 두 사람의 상호 존경으로 어느 정도 메울 수 있었다. 당시에는 훗날 영국 전쟁포로로 잡힌 두 사람 사이에 냉기가 감돌 거라고는 상상조차 할 수 없었다. 코블렌츠에 머무는 동안 만슈타인은 그의 사령관과 가까워지기 위해 노력했다. 매일같이 라인 강변을 따라 산책하는 룬트슈테트와 여러 번 동행하기도 했지만, 얇은 고무 레인 코트로 버티느니 제대로 된 겨울 코트에 투자하는 편이 나을 거라고 사령관을 설득하는 데에는 실패했다. 룬트슈테트는 1940년에 이미 65세의 백전노장이었다. 1880년대에 스파르타식의 생도 생활을 거친 것이 말년에, 특히 영국군의 전쟁포로로 수감되어 있을 때 그에게 큰 도움이 되었다.

1938년에 퇴역 생활을 청산하고 전장으로 불려 나온 룬트슈테트는 히틀러에게 두 번 해임되었으나, 그때마다 다시 복귀 명령을 받았다. 짧은 휴식을 제외하면 제2차 세계대전의 처음부터 끝까지 복무한 셈이다. 만슈타인처럼 룬트슈테트도 나치당에 가입하지 않았다. 황제를 섬기도록 교육받은 전통적인 군주제 지지자로서 두 사람 모두 히틀러와 그의 수행원들과 나치 정권을 싫어했다. 만슈타인은 실수로 괴벨스의 주간뉴스를 상영하는 지역 영화관에 룬트슈테트를 데리고 간 적이 있었다. 나이는 지긋했지만 정신은 멀쩡했던 사령관은 상투적인 선전에 전혀 감명을 받지 못했고, 내내 경멸조로 논평을 해댔다. 한편 만슈타인은 상관의 직설적인 혼잣말을 누구도 듣고 있지 않다는 것에 안도해야 했다.

만슈타인은 룬트슈테트의 개인적인 습관에 적응하는 데 꽤 오랜 시간이 걸렸다. 그는 11월 초에 아내에게 털어놓았다. "룬트슈테트는 호인이지만 가끔은 욕을 지나치게 해대오." 정확히 한 달 뒤, 나이든 상관은 또 욕을 해댔다. "어제저녁에 룬트슈테트가 하도 욕을 해대서 나는 지체 없이 침대로 갔소." 룬트슈테트는 무엇에 그리 짜증이 났던 걸까? 만슈타인은 이렇게 설명했다.

룬트슈테트를 괴롭히는 것들 가운데 일부는 사실 그가 마음먹고 손을 대면 바꿀 수 있는 것들이오. 나는 지금 그의 속을 태우는 모든 문제들에 그가 집중할 수 있는 시찰 프로그램을 기획하라고 지시했소. 그러면 첫째 기적과 같은 놀라운 성과를 얻을 수 있을 것이고, 둘째 룬트슈테트가 긍정적인 일에 전념하게 될 것이오. 당신도 알다시피 까다로운 아이들에게 특효약은 주의를 딴 데로 돌리게 하는 것 아니겠소!

하지만 만슈타인 본인이 나중에 집단군사령관 직위에 올랐을 때, 자신의 참모장이 선의로 기획한 이와 같은 치료법을 호락호락 받아들였을 것 같지는 않다.

이때 룬트슈테트와 만슈타인의 생각과 행동을 온통 사로잡고 있던 것은 두 사람의 업무적 관계가 아니라 앞으로의 공세 계획이었다. 현대적 관점에서 독일군이 이 단계에서 작전을 어떻게 설계했는지 들여다보면 선전을 통해 공고해진 전격전의 대중적 이미지를 뒷받침할 근거가 희박하다는 것을 알 수 있다. 놀랍게도 폴란드에서 이미 그 가치를 증명한 신설 기갑부대나 공군에게 중요한 역할이 거의 주어지지 않았다. 만슈타인은 기습공격을 강행하고 무엇보다도 전역의 진정한 의도를 적에게 감춰야 할 필요성을 포함해 표준 독일군 작전 평가 기준인 병력, 시간, 공간의 관점에서 보았을 때 기동 계획이 진부하다는 이유로 육군 최고사령부의 작전계획에 반대했다. 따라서 그는 긴밀한 협력 하에 작전하는 기갑부대와 공군의 기대 충격 효과를 과신하지 않고 대체로 전통적인 용어를 사용하여 자신의 주장을 신중하게 제시했다. 계획이 진척됨에 따라 서부 전역에서 기갑부대와 공군은 결정적 역할을 할 수 있는 능력을 점점 더 인정받게 되었다.

1939년 10월 31일 룬트슈테트가 육군 최고사령관에게 보낸 편지는 참모장 만슈타인의 작전적 통찰력뿐만 아니라 룬트슈테트 본인의 군사적 감각을 잘 보여준다. 이날부터 룬트슈테트와 만슈타인은 새로운 전역계획을 관철시키기 위해 결연히 싸웠다. 두 사람의 공통된 목표는 독일 공세의 주력부대를 B집단군에서 A집단군으로, 다시 말해 자신들이 이끄는 집단군으로 바꾸는 것이었다. 그러나 그것이 훗날 일부 독일군, 소련군, 영미군의 작전계획과 실행을 어렵게 만들었다는 점에서 보면 두 사람이 이와 같이 주장한 것은 개인적 명성을 추구하려 했던 것은 아닌 것 같다. 룬트슈테트의 지시에 따른 만슈타인의 접근법은 오히려 엄격할 만큼 객관적이었다. 만슈타인은 이때나 이후에나 자신의 주장을 3인칭 단수로 수식어 없이 간결하게 표현했다. 이처럼 냉정하고 강력한 논리는 참모장교 교육과 전통에서 비롯된 것이었다.

육군 최고사령부가 내세운 전략적 개념이 단지 서부전선 전역에서의 승리를 목적으로 한 '부분적인 해법'만을 제시하는 것이라면 이는 수정되어야 했다. 그리고 만슈타인은 무엇이 수정되어야 하는지 알고 있었다. 좀 더 자세히 말하면, A집단군은 육군 최고사령부의 계획에 대해 이렇게 평했다.

벨기에군과 전방에 배치된 프랑스-영국군에 맞서 전역 초반에 승리할 수는 있다. 하지만 (전역 전체의) 성공은 이러한 초반의 결과에 달려 있지 않다. 정면 공격이 능사가 아니라, 벨기에와 솜 북쪽의 적군 병력을 '완전히 파괴'해야만 보다 광범위한 성공을 거둘 수 있다. 게다가 프랑스군이 언제든 남쪽이나 남서쪽에서 치고 올라올 수 있으니 반격을 반드시 막아야 할 것이다.

이를 기반으로 만슈타인은 상호보완적인 통합 작전 아이디어 두 가지를 생각해냈다. 첫째는 솜 북쪽의 연합군 대부분을 벨기에로 유인하여 전체를 포위하는 것이었고, 둘째는 작전적·전략적 수준에서 프랑스 예비대의 모든 대기동을 패퇴시키는 것이었다(715쪽 지도 2 참조).

만슈타인의 독창적인 천재성은 이 두 가지 목적이 한 번의 대담한 기동으로 달성될 수 있다는 것을 이해한 데서 드러난다. 그것은 훗날 낫질 작전 Sichelschnitt으로 알려지게 된다. 만약 독일군이 충분히 빠른 속도로 아르덴 Ardennes을 통과하여 프랑스 수비선을 돌파한 뒤 뫼즈Meuse 강을 도하할 수 있다면, 그 추진력으로 피카르디Picardy 평원을 가로지르며 전과를 확대하여 연합군이 미처 대응하기 이전에 종심 목표인 영국해협 해안에 도달할 수도 있다. 리들 하트가 회상하며 비유한 것처럼 '투우사의 망토'를 흔들 듯, 북쪽의 B집단군이 주공격을 퍼부을 거라는 무선전신으로 적을 기만한다. 이와 동시에 중앙(A집단군)의 주력부대는 적이 예상하지 못할 경로로 움직이며 공격 4일차에 스당 근방에서 뫼즈 강을 건너 기습공격을 가한다. 집중적인 근접항공지원을 받는 강력한 기갑부대만이 이러한 놀라운 성과를 거둘 수 있었다. 노련한 체스플레이어였던 만슈타인은 독일의 초반 수만큼이나 연합군의 예상 반응과 실수까지 고려한 결정을 내리려고 했다. 이처럼 역동적이면서 직관적인 만슈타인의 접근법은 적군과 아군 대다수가 품고 있던 기계론적 사고와 차별화되는 것이었다. 그러나 훗날 만슈타인도 동부전선에서 정보의 부족으로 인해 소련이 펼친 기만작전의 희생물이 된다.

만슈타인의 주된 걱정은 남쪽에서 프랑스군이 반격을 해오는 것이었다. 특히 랭스Reims 근처에 집결해 있는 기갑 예비대의 반격이 큰 위협 요소였다. 이처럼 낫질 작전은 상당히 위험성이 높았다. 그러나 작전상의 위험을 감수하지 않고서는 결정적인 전략적 이득을 얻을 수 없는 법이다. 만슈타인은 "A집단군에는 위험과 대성공을 거둘 기회가 공존했다. 특히 적군이 북익을 강화한다면 성공은 극대화될 것이다"라고 썼다. 복잡한 요인들을 계산하고 이론을 현실로 옮기는 것은 그의 전문 분야였다.

만슈타인과 룬트슈테트는 기동계획의 실행에 내재된 본질적인 문제를 파악했다. 그것은 바로 병력의 부족이었다. 집단군 병력이 보강되지 않는 한 목적, 방법, 수단의 미적분은 해결 불가능한 문제로 보였다. 따라서 이때부터 A집단군과 육군 최고사령부는 이와 아주 밀접하게 관련된 두 가지 문제를 놓고 서신과 의견을 교환했다. 첫째는 공격의 의도된 목표물과 방법이었고, 둘째는 병력 보강의 필요성이었다. A집단군에는 제12군과 제16군만이 소속되어 있었으므로 필수적인 작전 임무를 수행하기에는 병력이 부족했다. 만슈타인은 또 다른 1개 군을 요청하는 동시에 예하 2개 군의 대규모 강화를 요구했다.

(늘 그러했듯이 만슈타인과 그의 계획참모가 열심히 초안을 작성한) 룬트슈테트의 세 가지 요구 사항은 다음과 같았다. 첫째, 서부전선의 독일군 공세의 주력을 북에서 중앙으로 옮겨 남익을 강화할 것. 둘째, 벨기에 북쪽에 있을 것을 예상되는 연합군의 '뒤통수를 치기 위해' 강력한 차량화부대를 중심축으로 하여 진군할 것. 셋째, 남쪽에서 예상되는 프랑스군의 반격을 막기 위해 1개 군을 공세에 투입할 것. 하지만 육군 최고사령부는 A집단군이 제시한 야심 찬 기동작전을 받아들이지 않았다. 11월 3일에 코블렌츠를 방문한 브라우히치는 추가 병력 요청을 "가능한 병력이 있다면 보내주겠소"라는 말로 일언지하에 묵살했다. 만슈타인의 관점에서 이 말은 아무리 긍정

적으로 보아도 육군 최고사령관이 작전계획에 동의하지 않는다는 말로 들렸다. 더 나쁘게는 그가 작전계획 자체를 이해하지 못했다는 뜻으로도 해석할 수 있었다. 이때부터 두 사람 사이의 개인적 대립이 심화되기 시작했다. 이는 만슈타인의 군 경력에 영향을 미쳤을 것이다.

1939년 11월 초에 코블렌츠의 A집단군은 사령관, 참모장, 작전참모 할 것 없이 상당히 의기소침해 있었다. 상위 사령부에게 묵살당하는 것은 언제든 아주 곤란한 일이기는 하지만, 작전을 계획하고 수행하는 도중이라면 특히 더 난감할 수밖에 없다. 11월 6일에 A집단군에서 육군 최고사령부로 발송한 작전 의도 요약 보고서에 대한 답변이 돌아오지 않자 좌절감은 더 커졌다. 하지만 11월 12일에 육군 최고사령부가 히틀러가 A집단군 내에 기동부대를 신설하라고 지시했다는 통신을 보내오자, A집단군 참모들은 깜짝 놀랐다. 구데리안의 제19군단에 기반을 둔 이 기동부대에는 제2·제10기갑사단, 1개 차량화사단, 라이프슈탄다르테(무장친위대의 제1기갑사단), 그리고 엘리트 차량화부대인 보병연대 그로스도이칠란트Grossdeutschland가 속해 있었다. 신설 기동부대의 최초 임무는 두 가지였다.

벨기에 남부에 배치된 적군 기동부대를 패퇴시킴으로써 제12군과 제16군의 임무를 경감시킬 것. 또한 제4군과 제6군에 배속된 기갑부대가 임무를 완수하지 못했을 경우를 대비하여 스당이나 스당 남동쪽 뫼즈 강 서안을 장악하여 작전이 지속될 조건을 만들어낼 것.

히틀러가 이러한 전력 보강을 지시한 이유는 무엇이었을까? 만슈타인은 회고록에서 이처럼 반가운 상황이 전개된 데에는 제16군사령관을 맡고 있던 그의 친구 에른스트 부슈가 손을 쓴 것으로 보았다. 부슈는 A집단군의 생각을 잘 알고 있었고, 얼마 전 히틀러에게 자신의 작전계획을 직접 설명한 적이 있었는데, 그때 아르덴을 통한 기갑부대 공격 아이디어가 논의되었을 수도 있다. 하지만 훗날 부슈가 이 계획에 대해 회의적인 태도를 취한 것을 보면 그랬을 가능성은 낮다. 그보다는 히틀러 본인이 이러한 기동작전이 불러올 수 있는 기회를 알아차렸을 가능성이 있다. 훗날 두 사람의 불편한 관계를 감안했을 때 상당히 관대하게도, 만슈타인은 히틀러의 혜안을 인정했다.

히틀러는 전술적으로 가능한 것을 판단할 수 있는 예리한 시각을 지녔고, 지도를 연구하며 오랜 시간을 보냈다. 그는 스당이 뫼즈 강을 건너기 가장 쉬운 지점이며 더 하류에서는 제4군 기갑부대의 도하가 어려울 거라는 사실을 알아차렸는지 모른다. 또한 히틀러는 스당에서 뫼즈 강을 건넌다는 것은 유리한 점[B집단군 남익을 위한 뫼즈 선Meuse-line의 틈(원문 그대로)이라는 의미]을 만드는 것임을 인식하고 언제나처럼 모든 구미가 당기는 목표들을 동시에 추구하기를 원했다.

한편 제19군단장인 구데리안은 기갑부대를 분산시킨 것에 대해 달가워하지 않았다. 이는 "아낌없이 집중 강타하라Klotzen, nicht Kleckern"는 그의 유명한 원칙에 위배되는 것이었다. 기갑부대로 아르덴을 통과하고 스당 근처에서 뫼즈 강을 도하하는 것에 대해 조언해달라는 요청을 받았을 때 구데리안은 만슈타인과 비슷한 답변을 내놓았다. 앞서 살펴보았듯이 만슈타인 역시 이 지역에 대해 속속들이 잘 알고 있었다. 1917년 봄 상파뉴Champagne 방어와 1918년 5월과 7월의 랭스 공세에 참여했으며 같은 해 가을에는 그가 속해 있던 제213보병사단이 스당 지역에서 싸웠기 때문이다.

구데리안은 1918년 초에 스당에서 참모장교 교육 과정을 밟았기 때문에, 21년 전의 개인적 기억을 되살리는 한편 지도를 세밀하게 연구하여 "(만슈타인이) 계획한 작전은 실제로 수행 가능하다"라고 확언했다. 하지만 그는 아주 의미심장한 단서를 덧붙였다. "충분한 기갑 및 차량화사단을 투입해야 하며, 가급적이면 그들 전부를 투입해야 한다." 이러한 지원사격은 만슈타인에게 반가운 것이었다. 독일군 기갑부대를 이끄는 인물이 자신의 계획을 지지한다는 것도 중요했지만, 무엇보다도 만슈타인은 히틀러가 구데리안의 조언을 새겨듣는다는 사실을 알고 있었다. 구데리안과 만슈타인은 1913년 베를린의 육군대학에서 함께 수학했으며 서로 말을 놓는 친한 친구사이까지는 아니었으나 두 사람의 회고록에서 분명히 드러나듯 서로에게 동경에 가까운 존경심을 품고 있었다. 전후에 만슈타인은 구데리안에 대해 관대한 평가를 내렸다. "전차들이 적군 후방을 우회하여 영국해협 해안으로 돌진할 수 있었던 것은 궁극적으로 구데리안의 기백 덕분이었다."

제19군단의 합류로 병력이 보강되고 구데리안이 개인적으로 힘을 보탰는데도 육군 최고사령부는 계속해서 만슈타인을 무시했다. 11월 21일에 브라우히치와 할더가 B집단군 사령관 페도르 폰 보크Fedor von Bock 상급대장과 함께 코블렌츠에 있는 A집단군 사령부를 방문했다. 두 집단군의 사령관이 모두 참여한 가운데 A집단군 사령관은 나중에 발언권을 얻었다. 만슈타인은 집단군 참모장으로서 할 말이 산더미 같았으나 이 자리에 초대받지 못했다.

이러한 개인적인 모욕에 굴하지 않고 만슈타인과 그의 계획참모는 다가오는 공세에 대한 제안서를 다듬어 11월 21일에 보고서로 제출했다. 여기에는 아직도 추가 병력이 필요하다는 주장이 조심스럽게 담겨 있었다. 이 보고서는 12월 6일에 작성된 보다 정밀해진 후속 문서와 함께 설득력 있게 상황을 파악(혹은 추정)하고 간단명료하게 표현한 모범 사례로서 오늘날 사령관 및 참모 교육 과정에서 자료로 사용된다. 넓은 의미에서 집단군의 '최초' 의도는 아르덴을 통과하는 공격으로 기습을 달성하고 최고 속력으로 룩셈부르크를 지나서 프랑스가 효과적인 방어선을 구축하기 전에 벨기에 국경의 요새를 돌파하고 마지막으로 벨기에 서부에서 프랑스 병력을 무찌르는 것이었다. 이 대작전은 뫼즈 강 서안을 넘어 솜 강 어귀까지 주공을 계속하는 동시에 남쪽 방향으로도 적극적인 공격 전선을 구축할 조건을 만들어낼 터였다. 나아가 예기치 못한 방면에서 뜻밖의 시점에 기습하면 시너지 효과가 날 것이라는 큰 장점도 있었다. 연합군은 독일군의 공세 속도가 당황할 정도까지는 아니지만 놀라울 정도이며 의사결정을 마비시키는 효과가 있다는 사실을 상당한 대가를 치르고서야 알게 되었다. 만슈타인이 이 작전에 가장 크게 기여한 부분은 뫼즈 강으로 향하는 첫 단계를 계획한 것이 아니라, 그 '후에' 프랑스 북부에서 작전적·전략적 수준의 결정적 성공을 얻어내기 위해 필요한 조건을 산출해낸 데 있었다.

만슈타인은 코블렌츠에서 참모장으로서 압박감을 안고 눈코 뜰 새 없이 바쁘게 일했으나, 아내 유타-지빌레에게 정기적으로 편지를 보낼 짬은 낼 수 있었다. 그는 편지에서 개인적인 생활과 가족의 일을 의논했다. 군 경력의 어떤 단계에서 좌절을 겪은 영리한 인물들이 으레 그렇듯, 이때의 만슈타인도 과거의 일을 즐겨 회상했다. 그는 편지에 이렇게 썼다.

(많은 면에서) 내가 베크의 후임이 되지 못한 것은 우울한 일이오. 그랬더라면 최고사령부의 사안을 다루는 데 있어서 육군 최고사령부가 지금보다 더 유리한 위치를 차지하도록 했을 것이오. 할더보다 더 뛰어난 독창력을 발휘하여 우려를 표명하기보다는 초기에 긍정적인 안을 제시함으로써 이것을 이루려고 했겠지. 하지만 내가 성공했을지는 미지수요.

만슈타인의 처지는 실로 동정을 살 만했다. 부하의 입장에서 자신보다 능력이 떨어지는 상관을 모시는 것보다 더 불행한 일은 없다. 상관이 이 사실을 인정하고 부하의 재능을 최대한 활용할 만큼 똑똑하지 못하다면 특히 그러하다. 룬트슈테트는 비판받을 점이 많지만 적어도 만슈타인이 집단군과 전역 전체를 위해 자신의 아이디어를 밀고 나가도록 놔둘 만큼 영민했다. 그것이 바로 룬트슈테트가 전역계획에 가장 크게 기여한 바였다. 그는 참모장의 능력을 썩히지 않고 마음껏 활용했다. 연합군에서는 상상도 할 수 없는 일이었지만, 독일 육군 내에서는 이처럼 특이한 방식이 효과가 있었다.

다시 공세계획으로 돌아가서, A집단군이 11월 21일에 제출한 보고서를 받고도 육군 최고사령부는 꿈쩍하지 않았다. 그 당시 할더는 여전히 군부의 새로운 사고를 막고 있었다. 만슈타인이 알 리가 없었지만, 이즈음 히틀러는 이미 필요에 따라 구데리안의 군단을 보강할 것을 고려하고 있었다. 아직까지 주력부대를 북부의 B집단군에서 중앙의 A집단군으로 바꿀 의사는 없었으나, B집단군이 기대만큼 빠르게 진군할 수 없다면 주력부대가 바뀌어야 한다는 것을 내심 생각하고 있었던 것이다. 총통은 양다리를 걸치고 있다가 전역이 잘 진행되면 승자로 부상하는 쪽의 손을 들어주려고 했다. 즉, 만슈타인이 생생하게 묘사한 것처럼 총통은 '토끼 뒤쫓기'를 하려 했던 것이다. 이론상으로는 훌륭해 보였지만 실행하기는 어려운 일이었다. 지상에서 이런 식으로 융통성을 발휘하는 것은 매우 어려운 일이었기 때문이다. 일단 초기 배치가 완료되고 나면, 기갑부대가 작전적 수준에서 새로 지정된 주력부대를 지원할 수 있을 만큼 빠르게 이동한다는 것은 불가능에 가까웠다. 그 대신 공군력(그리고 지금은 전투항공력)을 활용하는 것이 유일하게 효과적인 방법이다.

12월 6일자로 작성된 후속 보고서에서 만슈타인은 뛰어난 군사적 판단력을 여실히 보여주면서 A집단군이 매우 유망해 보이는 낫질 작전을 실현시키는 데 필요한 추가 병력을 요청했다. 첫 번째 군(제19군)은 벨기에 남부를 거쳐 솜 강 하류를 향해 치고 나가서 B집단군과 교전하는 적군 후방을 공격할 것이었다. 두 번째 군(제12군)은 프랑스군의 어떠한 반격도 막아내기 위해 남서쪽에 배치해야 했다. 세 번째 군(제16군)은 이전에 구상한 대로 주 마지노선의 북쪽 끝과 서쪽 스당 사이의 깊은 남익을 책임질 것이었다.

만슈타인은 4개 예비 집단군을 포함해 총 40개 사단을 투입할 계획이었다. 여기서 눈길을 끄는 것은 어느 정도 진척된 이 계획 단계에서도 그가 기갑 및 차량화사단은 단 2개(제19군단과 제14군단)만을 요청했다는 사실이다. 당시 만슈타인은 A집단군을 주력으로 삼을 가능성을 염두에 두고 있었으나, A집단군에는 아직 연합군에게 정신적 충격을 줄 만큼 차량화부대가 많지 않았다.

필수적인 기습작전을 성공시키는 데 핵심은 다수의 기갑부대가 빠르게 뫼즈 강을 도하하고 그 뒤에도 계속해서 추진력을 유지해야 한다는 것이었다. 하지만 만슈타인이 상부에 굴복할 수밖에 없었기 때문에, 독일군 (10개 기갑사단 중 8개, 4개 차량화보병사단 중 2개를 포함한) 기동부대의 대다수가 B집단군 소속으로 남았다. 따라서 낫질 작전은 아직 필수적인 예리한 칼날을 얻지 못한 상태였다. 12월 18일자로 작성된 만슈타인의 다음 제안서로 도 기갑 및 차량화부대의 배치는 바뀌지 않았다. 구데리안이 주력부대에 확실히 힘을 실어주기 위해 기갑 및 차량화부대를 집결시킬 것을 조언했으 나, 모종의 이유로 그의 의견은 받아들여지지 않았다.

만슈타인이 계획의 실행에 필요한 충분한 기동부대를 요구하길 망설인 이유는 분명하지 않으며 회고록에도 설명되어 있지 않다. 어쩌면 그는 룬 트슈테트에게 기동부대의 잠재력을 이해시키는 데 실패했거나, A집단군에 기동부대를 보내달라고 요구하기에는 아직 때가 무르익지 않았다고 판단 했는지도 모른다. 어쨌든 만슈타인은 기갑부대의 필요성을 암시하면서도 추가 기갑 병력을 명확하게 요청하지 않았다. 한편 당시 구데리안의 불만 은 만슈타인보다는 룬트슈테트를 향하고 있었다. 구데리안이 보기에 룬트 슈테트는 기갑 전투에 대한 이해가 부족했다. 반대로 베크가 이끄는 참모 본부에 속해 있던 만슈타인은 1935~1936년의 전적지 답사 동안, 그리고 1938년의 체코슬로바키아 침공을 앞두고 그 전해에 수행된 녹색 작전계획 에서 기갑군은 물론 기갑군의 투입에 대해 연구한 바 있었다.

만슈타인의 말에 따르면, 1940년 1월 A집단군은 "벨기에 남부에서 기습 에 성공하고 적군을 우회하여 솜 강 어귀로 진군하는 데 성공할 가능성을 조금이나마 높이려면 '처음부터 A집단군 휘하에' 반드시 충분한 기갑부대 가 있어야 하는데" 여전히 이에 대한 요구는 묵살당했다. 만슈타인은 이때 이미 A집단군에 배속되어 있던 것보다 더 많은 기갑사단을 염두에 두고 작 전을 짜고 있었던 것이 분명하다. 그는 구데리안과 기갑부대 안건을 논의 한 이후로 계속해서 그렇게 생각하고 있었을 가능성이 높다. 전쟁사 전문 역사학자 칼 하인츠 프리저Karl-Heinz Frieser의 표현대로 만슈타인은 히틀러와 의 회동에서 "외교적 자기절제를 포기할 수밖에 없었다." 만슈타인은 "강한 기갑부대가 아니면 필요 없습니다"라고 요구했다. 중요한 사실은 2월 17일 의 회동 이후에 충분한 기갑부대가 B집단군에서 A집단군으로 실제로 전환 되었다는 것이다.

작전계획을 위한 워게임

한편 작전의 방향에 변화를 가져다줄 다른 사건들이 일어나고 있었다. 소위 메헬렌 사건Mechelen incident으로 독일군의 전역계획 일부가 유출되면서 작전 보안에 심각한 허점이 있음이 드러났다. 1940년 1월 10일, 악천후 속에서 피젤러 슈토르히Fieseler Storch 정찰기를 타고 뮌스터Münster에서 쾰른Köln으로 향하던 제7공수사단의 라인베르거Helmuth Reinberger 소령은 규정을 위반하고 제1항공군의 작전 지령을 몸에 지니고 있었다. 그런데 조종사가 길을 잃은 통에 비행기 연료가 떨어져 벨기에에 불시착했고, 라인베르거는 문서를 태워버리려고 했지만 일부가 손상되지 않은 채 벨기에군의 손에 들어갔다. 국방군 최고사령부는 당장 계획을 바꾸지는 않았으나 자국의 의도가 연합군에 알려졌을 가능성을 무시할 수 없었다.

브라우히치는 1월 25일에 다시 코블렌츠의 A집단군 사령부에 방문하여 예하 부대 사령관들이 참석한 회담에 동석했다. 만슈타인은 이때 또 한 번 자신의 작전 아이디어를 발표하며 제19군단만을 아르덴으로 투입시키는 것은 미봉책으로 스당에서 바라던 성공을 거두지 못할 것이라고 강조했다. 하지만 브라우히치는 육군 최고사령부 예비대에 속해 있던 제14차량화군단을 후속 부대로서 내주기를 거부했다. 따라서 작전이 시작되기 전까지는 주력부대에 변동이 없을 것이었다. 이는 만슈타인에게 잠재적으로 계획을 절충할 의사가 있다 해도, 육군 최고사령부의 사고를 근본적으로 바꾸기에는 역부족이었다는 뜻이다. 입증되지는 않았지만 이때 브라우히치와 만슈타인 사이의 업무적 의견 충돌이 불복종의 선을 넘나드는 격렬한 말다툼으로 번졌다는 설도 있다. 어쨌든 만슈타인은 바로 이틀 뒤에 전보 조치를 받았다. 이를 우연의 일치라고 보기는 어렵다.

만슈타인은 코블렌츠를 떠나기 전인 2월 7일에 A집단군 내에서 워게임을 진행했다. 워게임은 프로이센(이후 독일) 참모본부가 오랫동안 사용한 도구로서, 작전계획을 개발하고 정교하게 다듬기 위해 공격과 반격을 모의 연습하는 것이다. 이 워게임을 실시한 결과, 구데리안의 제19군단이 홀로 스당에서 뫼즈 강을 도하하는 것은 아무리 긍정적으로 보려 해도 문제가 많았다. 더 많은 기갑부대가 필요했다. 만슈타인은 이 워게임을 참관한 할더가 "드디어 우리 주장의 유효성을 깨닫기 시작했다"는 인상을 받았다. 실제로 할더는 일지에 이렇게 기록했다.

공격 5일차에 기갑군단이 홀로 뫼즈 강을 도하해 공격한다는 것은 말도 되지 않는다고 생각한다. 육군 최고사령부는 아무리 늦어도 공격 3일차까지는 뫼즈 강을 건너 총공격을 가할 것인지, 아니면 집단군들이 각자 알아서 결전을 치르게 할 것인지 결정해야 한다.

이 워게임은 만슈타인이 A집단군 사령부에서 공식적으로 맡은 마지막 임무였다. 훈련이 끝나자 룬트슈테트는 모든 참가자들 앞에서 자신의 참모장에게 감사를 표했다. 만슈타인은 이 친절한 행동에 큰 감동을 받았고, 회고록에 이렇게 기록했다.

이때 폰 룬트슈테트가 세심하게 골라 사용한 말에는 훌륭한 사령관인 그의 친절함과 기사도 정신이 배어 있었다. 나는 구데리안 장군과 더불어 우리 집단군 소속 군사령관인 부슈와 리스트Wilhelm List 장군이 내 전보轉補 소식을 듣고 개탄했을 뿐 아니라, 진심으로 낙담했다는 사실로 만족했다.

룬트슈테트는 이 일에 대해 아무런 기록도 남기지 않았지만, 구데리안은 만슈타인이 떠나던 날 이렇게 솔직하게 썼다.

만슈타인은 …… 최고사령부에서 적대감을 산 나머지 보병군단장으로 전보되었다. 그는 적어도 기갑군단을 지휘하게 해달라고 요청했지만, 그의 요청은 받아들여지지 않았다. 그 결과 독일군에서 가장 명석한 작전가는 야전으로 나가 공격의 제3선에서 군단장 노릇을 하게 되었다. 작전이 대단한 성공을 거둔 것은 그의 훌륭한 계획 덕분이었는데도 말이다.

만슈타인은 2월 9일에 짧은 휴가를 내서 리그니츠의 집에 들렀다가 새로 지휘하게 된 제38군단으로 향했다. 한편 국방군 최고사령부 작전부장 알프레트 요들 중장은 2월 13일의 일지에 히틀러가 서부 공세 계획을 검토하고 싶어한다고 기록했다. 요들은 총통에게 스당에서 기습을 가할 수 있는 기회를 부각시킨 보고서를 제출했다. 앞서 보았듯 할더는 A집단군에 충분한 기갑부대를 투입하여 주력부대로 삼는 아이디어에 슬슬 이끌리고 있었다. 코블렌츠에서 이루어진 워게임이 그의 마음을 완전히 돌려세웠다. 객관적인 판단이 만슈타인에 대한 개인적 반감을 누르기 시작한 것이었다.

2월 14일, 할더는 마옌Mayen에 있는 제12군 사령부에서 벌어진 2차 워게임에 참석했다. 이 워게임에서는 참가자들 사이에 점차 갈등이 커지고 있다는 것이 명백히 드러났다. 할더는 "구데리안과 폰 비터스하임은 성공을 자신하지 못했다⋯⋯. 전차 작전 전체가 잘못 계획되었다!"라고 기록했고 제12군 사령관 빌헬름 리스트 상급대장은 "기갑부대, 공군, 재래식 병력 간의 협동작전을 위한 새로운 방법을 모색하는 데 힘을 쏟고 있었다." 이 워게임에 대한 구데리안의 설명을 읽어보면 토론이 얼마나 격하게 진행되었는지, 그리고 뫼즈 강을 도하하기 전에 보병사단이 기갑군단을 따라잡아야 한다고 주장하는 보수적인 사람들과 구데리안 사이에 얼마나 큰 견해 차이가 있었는지 알 수 있다. 그는 룬트슈테트가 "전차의 잠재력에 대한 분명한 생각을 가지고 있지 않았고, 보다 신중한 방법을 지지한다고 자신의 의견을 피력했다"고 비판했다. 그는 이에 대해 격분했고, 이렇게 적었다. "바로 지금이 우리에게 만슈타인이 필요한 순간이다!"

1913년에 육군대학에 입학한 두 재능 있는 군인이 낫질 작전의 계획 단계에서 긴밀하게 협력한 것은 독일군에게 크나큰 행운이었다. 그러나 안타깝게도 이와 같은 바람직한 협업은 되풀이되지 않았다. 나중에 살펴보겠지만, 만슈타인과 구데리안이 1943년 여름 쿠르스크 전투를 계획하던 중 의견이 충돌했기 때문이다. 전쟁 초기에 독일군(그리고 훗날 소련 적군)이 서구 연합군과 달리 워게임에 상당히 관심을 가졌다는 것은 중요하다. 1940년 봄에 독일군은 자국군과 연합군의 계획을 폭넓게 연구하고 성실하게 연습한 반면, 연합군은 그러지 않았다. 몽고메리는 '결함 있는 지휘체계'에 대해 불만을 터뜨리며 이렇게 적었다.

영국 해외파견군 총사령부는 우리가 프랑스에 처음 발을 디딘 순간부터 작전이 개시된 1940년 5월까지 훈련이라고는 단 한 번도 실시하지 않았다. 무선통신이 새어나갈까 우려된다는 핑계를 댔지만 실내에서 모형을 활용하여 연습하는 쉬운 방법조차 택하지 않았다. 그 결과 영국 해외파견군에는 공통된 정책이나 전술적 교리라고 할 만한 것이 전혀 없었다. 의견의 차이는 조율되지 않았고 상부는 군 전체를 휘어잡지 못했다.

지휘 조직 및 방식에 있어서 독일군과 서구 연합군은 상당히 차이가 있었다. 물론 독일군 내에서도 작전을 계획하고 실행하는 동안 여러 개인적·업무적 의견 차이가 불거졌지만, 그들은 적어도 공통의 목적과 동일한 교리로 똘똘 뭉쳐 있었으며 연합군에서 특히 부족했던 훈련 프로그램도 갖추고 있었다. 죽음을 불사하고 싸우겠다는 결의로 더욱 군건해진 이러한 공통된 군사적 이해의 틀은 어떠한 기술적 발전보다 더 독일군이 전역에서 승리하는 데 근간이 되었다. 독일군이 승리한 것은 단지 연합군의 무능함 때문만은 아니었던 것이다.

히틀러의 장군들 대부분은 앞으로 있을 서부전선 전역을 자신의 능력을 인정받고 진급할 수 있는 이상적인 기회로 여겼다. 이와는 대조적으로 동부에서 보병군단을 훈련시키는 비교적 소박한 역할을 맡게 된 만슈타인은 미래에 대한 전망이 밝지 않았다. 전역의 제1막이었던 황색 작전에서 그는 대체로 관중 역할에 만족해야 했다. 그러나 프랑스를 완전히 무너뜨리기 위한 두 번째 작전인 적색작전에서는 운 좋게도 자신의 군단을 이끌고 훌륭한 전과를 거두었다. 한편 그에게는 군단의 지휘권을 넘겨받기 전에 해야 할 중요한 일이 하나 있었다. 바로 베를린에서 히틀러를 만나는 것이었다.

이미 앞에서 살펴보았듯이 1940년 2월 17일 베를린에서 열린 조찬에서 만슈타인은 히틀러에게 직접 자신의 작전 아이디어와 기동계획을 브리

펑할 기회를 얻었다. 사람들의 말에 따르면, 총통은 '강력한 기갑부대의 투입'을 포함한 만슈타인의 제안에 열광했다고 한다. 이때쯤 할더는 이미 만슈타인의 아이디어를 실행시키고 A집단군에 더 많은 기갑부대를 제공하기 위해 세부요소들을 계산하고 있었다. 그러나 전후에 그는 만슈타인이 육군 최고사령부의 본래 계획을 저지하고 새로운 계획을 제안하는 데 핵심적인 기여를 했다는 사실을 부인했다. 1967년의 인터뷰에서 그는 만슈타인의 군사적 역량을 칭찬하면서 특히 동부전선에서의 공로를 인정했지만, "실제로 실행된 프랑스 전역 계획은 만슈타인으로부터 나온 것이 아니다"라고 주장했다. 하지만 그의 견해를 반박하기란 너무나 쉽다. 할더가 만슈타인의 아이디어를 자기 것이라고 주장했다고 해서 사실 관계가 바뀌는 것은 아니다. 세간의 말처럼 "성공은 아버지가 많지만, 실패는 고아다success has many fathers, but failure is an orphan."("잘되면 자기 탓, 못되면 조상 탓"이라는 우리 속담과 같은 말—옮긴이)

히틀러는 구식 프로이센 참모장교에 대한 개인적 혐오에서 잠시 벗어나 만슈타인의 전례 없는 작전 아이디어에 손을 들어주었다. 영국해협 해안을 따라 연합군 북익을 전면포위한다는 만슈타인의 계획은 육군 최고사령부가 봤을 때는 터무니없고 위험하다고 생각되었지만, 주공을 바꿔 남쪽 방면 부대가 맡는다는 총통의 직감과 일치했다. 이는 전문적인 군사고문들보다 총통의 군사적 판단이 더 나았다는 것을 보여준다. (할더처럼) 히틀러 역시 이 탁월한 아이디어가 자신의 것이라고 사람들이 믿게 만들고 싶었지만, 전략적 결과를 추구한 만슈타인의 광범위한 '작전적' 계획과 스당을 향한 히틀러의 '전술적' 결정 사이에는 엄연한 차이가 있었다.

히틀러가 2월 13일에 요들과 슈문트와 나눈 토의에서 이미 스당이 뫼즈강을 도하하기에 가장 편리한 지점이라는 생각을 품고 있었다는 데는 의심의 여지가 없다. 그에 비해 만슈타인은 프리저가 짚어낸 것처럼 "영국해협 해안까지 진군할 생각을 품고 있었다." 따라서 낫질 작전을 최종 형태로 다듬은 공로는 할더와 히틀러가 나눠 가질 수 있을지는 몰라도, 본래의 작전적 개념은 온전히 만슈타인의 것이었다. 폰 킬만제크Graf von Kielmansegg 백작은 이 점을 깔끔하게 한 문장으로 표현했다.

"그 아이디어는 완전히, 전적으로 만슈타인의 것이었다."

만슈타인이 슈테틴으로 쫓겨나 있던 1940년 3월에서 5월까지 할더가 낫질 작전에 기여한 바는 이 새로운 계획에 대한 반대를 물리쳤다는 것이다.

(Vatutin)
5th Guards Army
Prokhorovka
69th Army
Donets
5th G
Tank

제7장
영광의 여름

"난타당한 적군은 이제 국지적이고 일시적인 저항 외에는 아무것도 할 수 없었다."

– 에리히 폰 만슈타인 –

냉혹한 시작

전쟁 초반 아직까지는 예의를 갖춰 공손하게 대했다. 1940년 2월 17일 만슈타인은 히틀러를 독대한 뒤 히틀러의 두 부관 루돌프 슈문트 대령과 게르하르트 엥엘 소령의 정중한 에스코트를 받으며 총통관저 문을 나섰다. 드디어 히틀러에게 자신의 작전계획을 보고한 만슈타인은 의외로 회동의 결과에 마냥 기쁘지만은 않았다. 다가올 공세에서 자신에게 결정적인 역할이 주어지지 않으리라는 것을 알고 있었기 때문이다. 엥엘은 이렇게 썼다.

"만슈타인은 육군 최고사령부가 자신의 아이디어가 참신하지 않다고 말했다고 불평했다. 사실 그는 기갑군단 지휘권을 요청했으나, 그에게 치하의 뜻으로 주어진 것은 보병군단이었다. 할더는 이제 그 조치를 물릴 수 없을 것이다. 베크가 있었더라면 상황이 아주 달랐을 거라고 본다."

따라서 다가올 작전에 만슈타인을 참여시키지 않는다는 결정은 바뀌지 않았다.

만슈타인은 명령에 따라 베를린에서 슈테틴으로 향했다. 제38군단 사령부는 3주 전인 1940년 1월 27일에 캉브레Cambrai 병영에 자리를 잡기 시작했다. 당시 독일군(그리고 서구 연합군)의 관례에 따르면, 군단 사령부는 책임져야 할 부대가 고정되어 있지 않았다(군단의 임무에 따라 보강된 포병·방공·공병 및 보급부대와 같은 사단 및 군 부대들이 임시로 배속되었다). 1940년 초 만슈타인의 주된 임무는 그의 군단 사령부 인력과 통신부대를 훈련시키는 것이었다. 그는 2월에서 4월까지 몇 주 동안 도상 및 지휘소 훈련을 여섯 차례 수행했다.

신임 군단장은 병력 투입을 놓고 한참 동안 숙고했다. 그는 제38군단이 프랑스에서 결국 맡게 될 역할을 불가사의할 정도로 정확하게 예상했다. 예를 들어 네 번째 훈련의 개전 시나리오는 "강 건너 적군의 공세에 의해 군단이 넓게 퍼져나가 전투부대의 지원이 분산되고 보급이 어려워져 난관에 처한 전투"를 다뤘다. 이것은 다가오는 6월에 그가 솜 강, 센Seine 강, 루아르Loire 강이라는 장애물에 부딪혀 직면하게 될 상황과 정확히 일치했다. 여섯 번째 도상훈련도 도하작전을 다뤘다. 고된 시험배치와 야전훈련 연습을 마친 1940년 4월 5일에 제38군단 사령부는 작전 투입 준비를 완료했음을 선언했다. 대단한 성과였다. 만슈타인뿐만 아니라 정력적인 참모장 아르투르 하우페Arthur Hauffe와 자신감 넘치는 숙련된 참모들에게도 그 공을 돌려야 할 것이다.

3월에서 5월 초까지 만슈타인과 군단 사령부 인원들은 육군 최고사령부의 명령에 따라 포메라니아와 최근 독일에 합병된 바르테가우Warthegau(현재 폴란드 북서부)에서 육성 중이던 5개 신규 보병사단을 시찰했다. 유독 추웠던 1940년 3월 만슈타인이 방문한 부대 가운데는 포즈난 근처 지역에서 훈련 중이던 제197보병사단이 있었다. 사단 참모장인 Ia 장교는 참모본부 소속의 영리하고 자신만만한 젊은 소령 프리드리히 빌헬름 폰 멜렌틴 Friedrich Wilhelm von Mellenthin이었다. 멜렌틴은 회고록에서 1939/1940년 겨울에 만슈타인을 우연히 만난 일과 얼마 지나지 않아 그가 제197사단을 방문했을 때의 얄궂은 후일담을 소개했다.

기차를 타고 동쪽으로 가던 중, 나는 베를린의 한 기차역에서 서부전선 A집단군 참모장인 폰 만슈타인 중장과 마주쳤다. 그는 거만한 말투로 빈정댔다. "멜렌틴, 나는 서쪽으로 가려는 참인데, 바르테가우(독일이 막 점령한 폴란드 서부의 땅)에는 무슨 볼일인가? …… 그런데 놀랍게도 몇 주 뒤 우리 사단을 시찰하러 온 군단장이 바로 만슈타인이었다. 순조롭게 진행된 시찰의 막바지에 나는 만슈타인 바로 옆에 서서 참지 못하고 일침을 가했다. "장군님, 일이 생각대로 잘 풀리지 않았나 보네요!"

독일군이 하나같이 무표정하고 유머감각이라곤 찾아볼 수 없다는 영미권의 편견과 달리, 독일 육군 내에서는 실제로 이처럼 거리낌 없이 대화하는 상하관계가 존재했다. 군사계급보다는 공통된 교육을 받으며 성장한 배경을 더 중요하게 여기는 참모본부 소속 장교들이 특히 더 그랬다. 반대로 연합군의 몽고메리나 브래들리Omar Bradley의 경우, 부관ADC을 제외하면 계급이 한참 아래인 장교와 거리낌 없이 대화를 나눈다는 것은 상상할 수 없는 일이었다.

만슈타인은 회고록에서 1940년 봄에 대해 두 문단으로 압축해 설명하고 있을 뿐, 방문했던 부대나 참모들의 이름을 일일이 언급하지 않았다. 이는 이후 제2차 세계대전에서 겪은 다른 사건들과 인물들에 대해 자세하게 설명한 것과는 극명한 대조를 이룬다. 다행히도 당시 만슈타인의 상급 부관이었던 루돌프 그라프Rudolf Graf 대위는 짧지만 유용한 기록을 남겼다. 이 기록은 병영에서 군단장으로서 준비에 여념이 없던 만슈타인에 대한 흥미로운 이야기를 제공해준다.

"우리는 보통 보고와 식사 때만 그를 볼 수 있었다. 그는 대부분의 시간을 자신의 방에 틀어박혀 있었다. 밤늦게까지 지도와 군사문서 작성에 여념이 없었던 것이다."

만슈타인의 회고 기록은 서부전선에서 독일이 프랑스 침공을 개시한 1940년 5월 10일이 되어서야 활기를 되찾는다. 전역계획이 어찌나 비밀스럽게 진행되었는지 만슈타인조차 작전이 시작되었다는 사실을 라디오를 통해 처음 들었을 정도였다. 짧은 성령강림절 휴일에 만슈타인은 리그니츠의 집에 머물렀고 그의 부관은 결혼식을 올렸다. 그날 저녁 제38군단 사령부는 남동쪽의 브라운슈바이크Braunschweig로 이동하라는 지시를 받았고, 그다음에는 B집단군 사령부가 있는 뒤셀도르프Düsseldorf로 이동하라는 명령을 받았다. 새신랑인 그라프는 단 이틀간의 짧은 신혼여행을 마치고 뒤셀도르프에서 다시 군단장 만슈타인과 합류했다. 군 생활을 하다 보면 이러한 불운한 일들이 있게 마련이다.

전역계획의 전개

프랑스 전역 및 저지대 국가(스헬데 강, 라인 강 그리고 뫼즈 강의 낮은 삼각주
지대 주변에 위치한 지역 일대를 일컫는 말로, 오늘날의 벨기에, 네덜란드, 룩셈부르
크 그리고 프랑스 북부 지역 일부와 독일 서부 지역 일부가 이 지역에 포함된다–옮
긴이) 전역(황색 작전)의 제1단계는 만슈타인의 작품이라 해도 과언이 아니
었다. 육군 참모총장 프란츠 할더는 뒤늦게야 만슈타인의 작전 아이디어를
이해하고, 만슈타인이 그렸던 결정적 성공을 얻을 수 있도록 A집단군에 충
분한 병력을 보강했다. 낫질 작전의 잠재력을 최대한 이끌어내기 위해 A집
단군 내의 7개 기갑사단과 3개 차량화보병사단을 '작전적 수준에서' 투입하
는 조치가 시행되었다. 이 사단들의 대다수는 에발트 폰 클라이스트Ewald von
Kleist 장군의 기갑집단에 속해 있었다. 기갑집단이란 즉석에서 만들어진 실
험적 부대로서 규모 면에서는 군단과 군의 중간 수준이며, 총 1,222대의 전
차를 보유하고 있었다. 이는 독일군 기갑 병력의 절반에 해당하는 수였다.
구데리안의 제19기갑군단과 한스 라인하르트Hans Reinhardt 중장의 제41기갑
군단이 기갑집단이라는 창의 뾰족한 창촉을 형성했고, 보병대장 구스타프
안톤 폰 비터스하임의 제14차량화군단이 그 뒤를 따랐다. 여기에 더해 집
단군의 우익(북익)에 투입된 한스 귄터 폰 클루게Hans-Günther von Kluge 상급대
장의 제4군에 직속된 헤르만 호트 보병대장의 제15기갑군단이 있었다.

10개 사단으로 구성된 클라이스트의 기동부대는 뫼즈 강에서 프랑스 방
어선을 돌파하고 적진 중심까지 공격을 계속한다는 임무를 맡았다. 적군의
공습과 병참로 신장이라는 이중고를 떠안은 상황에서 추진력을 잃지 않고
두 임무 모두를 완수하기 위해서는 힘이 필요했다. 이는 기존의 군사훈련
에서는 볼 수 없는 획기적인 것이었다. 프랑스군은 독일군 보병부대가 대
규모 포병부대의 지원 하에 공격을 퍼부으면 기갑부대가 보병부대·포병부
대를 뒤따라 전과 확대와 뒷처리를 맡을 것이라고 예상했을 것이다(2년 뒤
인 1942년 10월에 몽고메리가 엘 알라메인El Alamein에서 이 방법을 사용했다). 하

지만 독일군은 기존 군사적 사고의 틀을 깨고 공군이 포병의 역할을 대신하도록 했다. 프랑스군은 경악했다. 사실 이 방법은 독일 육군 내에서도 구데리안 같은 근대주의자와 룬트슈테트 같은 보수적인 사상가 간에 상당한 갈등을 불러일으키기도 했다.

대담한 상상력과 명석한 사고력, 그리고 주도적인 영향력을 가진 만슈타인이 없는 상황에서 A집단군의 사령관과 참모들은 낫질 작전의 실행 가능성을 전반적으로 의심하기 시작했다. 특히 검증되지 않은 실험적 방식으로 기갑부대를 투입하는 것이 과연 현명한 것인지를 문제 삼았다. 칼 하인츠 프리저는 상세한 조사를 거쳐 독일군의 서부 전역 연구에 있어 독보적인 저작이라고 할 수 있는 『전격전 신화The Blitzkrieg Legend』에서 만슈타인의 후임인 게오르크 폰 조덴슈테른Georg von Sodenstern이 이러한 반대 여론의 중심에 있었다는 사실을 밝혀냈다. 만슈타인으로부터 참모장 자리를 넘겨받은 지 2주도 채 지나지 않은 1940년 2월 22일, 그는 룬트슈테트에게 공식적으로 우려를 표출했다.

기갑 및 차량화부대를 보강한다 해도 작전 목적을 달성할 수 있는 규모로 뫼즈 강을 도하한다는 것이 가능한지 확신이 서지 않습니다. 우선, 기갑부대가 여기저기 흩어져서 뫼즈 강을 건너는 입장에서 뒤따르는 보병사단들이 작전적 전과 확대에 필요한 규모와 깊이를 달성할 때까지 교두보를 마련하고 유지할 수 있을지 의문입니다……. 설령 이에 성공한다 하더라도 그때쯤이면 기갑 및 차량화부대가 완전히 '기진맥진'해 있을 것이니, 그들을 적 후방 깊숙이 투입하는 전술이 성공을 거둘 가능성은 전혀 없을 겁니다.

조덴슈테른은 3월 5일에 이러한 비판을 보강해 상세한 보고서를 올려 아르덴을 통한 공격이 어려운 이유 몇 가지를 설득력 있게 제시했다. 뫼즈 강 앞에서 프랑스군 지연부대와 맞닥뜨릴 가능성이 있었고, 공습을 받아 행군로의 교통이 마비될 수도 있었다. 무엇보다도 '보병이 약한' 기갑사단들이 적의 종심에 작전 수준의 공격을 가하는 것은 고사하고 질서정연하게 뫼즈 강을 도하할 수 있을지 의문이었다. 이러한 보수적인 평가는 조덴슈테른의 사고가 제2차 세계대전에서 만슈타인이 보여준 급진적인 작전적·전략적 설계보다는 제1차 세계대전에서 루덴도르프가 보여준 전술적·작전적 수준의 방법론과 더 유사하는 것을 보여준다.

연합군에게 불운하게도, 독일군 지휘계통 내에서 제기된 이러한 비판은 할더, 클라이스트, 구데리안이 연합하여 반박했다. 그 결과, 낫질 작전은 뫼즈 강에서 방심한 프랑스군을 기습하기에 충분할 만큼 강력하고 빠르게 실행되었고, 이윽고 영국해협 해안에 이를 때까지 연합군을 완전히 뒤흔들어 놓았다. 이 작전이 효과가 있었던 것은 구조·지휘 및 통제, 그리고 무엇보다도 의지와 기강 면에서 프랑스군에 내재되어 있던 구조적 약점을 이용하는 등 아주 대담할 정도로 참신했기 때문이다. 나중에 리들 하트가 평했듯이 연합군이 벨기에 북부로 밀어붙일수록 독일군이 남쪽에서 성공을 거둘 가능성은 높았다. 회전문의 작동 원리를 이용한 것이었다. 만슈타인 대신 조덴슈테른이 1939년 가을에 A집단군의 참모장 자리에 앉아 있었더라면 독일군에게서 이처럼 독창적인 공격계획은 상상하기 어려웠을 것이다. 그리고 구데리안, 호트, 라인하르트 같은 군단장들의 의지와 기술, 그리고 그들 휘하에 있던 군인들의 용기와 기백이 아니었더라면 1940년 5월에 독일군이 거둔 놀라운 승리는 없었을 것이다. 공군은 장비와 인력 면에서 막대한 손실을 입었으나, 마찬가지로 독일군의 승리에 기여한 바가 컸다.

무엇보다도 공이 큰 인물을 꼽으라면 처음에는 만슈타인과 그의 과감한 계획에 대한 비판의 선봉에 섰다가 1940년 2월 중순부터 마음을 바꿔먹고 새로운 계획을 책임진 할더를 들 수 있을 것이다. 만슈타인이 없는 상황에서 그는 낫질 작전을 최종 형태로 발전시키는 한편 조덴슈테른을 비롯한 장성들의 반대를 물리쳤다. 보크는 5월 13일 스당에서 구데리안이 돌파를 감행할 때까지 이 계획의 결과를 확신하지 못했다. 할더는 그에게 강경한 어조로 말했다.

"성공 가능성이 겨우 10퍼센트밖에 안 된다 해도 나는 이 작전을 고수할 거네. 이것이야말로 적을 전멸시킬 유일한 방법이야."

한편, 1940년 봄에 명성을 얻은 인물이 한 명 더 있었다. 클라이스트의 아주 정력적인 참모장 쿠르트 차이츨러Kurt Zeitzler 대령은 개념적으로나 역사적으로나 전례가 없어 참고할 교리나 절차도 없는 백지 상태에서 단 두 달 만에 기갑집단을 조직해냈다. 클라이스트와 차이츨러는 차량화사단의 집결지를 관할하는 보병부대들 사이에 벌어진 관료주의적 마찰에도 대응해야 했다. 차이츨러는 1942년 9월에 할더의 후임으로 육군 참모총장의 자리에 오르게 되고, 따라서 만슈타인은 제2차 세계대전 후반에 그를 자주 마주하게 된다.

낫질 작전의 구경꾼

1940년, 아르덴과 뫼즈 강에서 전쟁의 역사가 새로 쓰이고 있을 때, 그 첫 2주 동안 구데리안은 영국해협으로 달려가고 있었던 반면, 만슈타인은 그의 표현을 빌리면 구경꾼 신세에 처해 있었다. 작전이 점점 빠르게 진행되면서 만슈타인의 제38군단 사령부는 계속해서 서쪽으로 이동했다. 만슈타인은 틈을 내서 군사관광차 5월 10/11일에 글라이더를 타고 강하한 독일 보병 및 공병대의 손에 함락된 벨기에 에방 에마엘 요새를 둘러보았다. 5월 16일 A집단군 관할 구역에 들어온 그는 바로 다음날 (코블렌츠에서 바스토뉴Bastogne로 전진 배치된) 선 사령부를 방문했다. 만슈타인은 룬트슈테트와 조덴슈테른으로부터 따뜻한 환대를 받았으나, 짐작컨대 자기 처지에 어느 정도 울분을 느꼈을 것이다.

룬트슈테트의 사령부에서 그는 제38군단 사령부가 리스트 장군이 이끄는 제12군에 배속되리라는 사실을 알게 되었다. 두 집단군의 공격은 순조롭게 진행되고 있었으나, A집단군 남익이 계속해서 연장되는 것에 대한 우려가 불거졌다. 그러나 프랑스군에는 독일군의 걱정과 달리 작전적 수준에서 역습을 가할 수 있을 정도로 집결된 병력이 없었기 때문에, 독일군의 두려움은 결국 근거 없는 것으로 판명되었다.

프랑스군 최고사령부는 소중한 3개 기동사단이 포함된 제7군을 연합군 전선 좌익 끝에 투입하고 랭스 지역에 집결해 있던 3개 중기갑사단의 예비

1940년 5월, 프랑스 침공 전날의 만슈타인. (Manstein archive)

대를 분열시킴으로써 작전과 전략 수준에서 활용할 예비대를 전부 소진해 버렸다. 고위 지휘관의 주된 임무 가운데 하나는 작전적·전략적 효과의 달성을 위해 결정적인 시간과 공간에 투입할 수 있도록 예비대를 신중하게 아끼는 것이다. 뜻대로 활용할 수 있는 예비대가 없고 당장 위기에 처하지 않은 지역에서 예비대를 새로 편성할 방도도 없는 지휘관은 존재 자체가 무의미해질 위험이 있다. 그 덕에 독일 국방군은 서부 전역의 첫 한 주 동안 작전적 주도권을 손에 넣었고, 이는 분명히 전략적 주도권으로 이어졌다. 하지만 당시 군부에서는 상황이 점점 더 유리해지고 있다는 사실이 지금처럼 명백해 보이지 않았던 모양이다.

5월 16일 아침에 룬트슈테트가 기갑사단들에게 일시정지 명령을 내렸다. 히틀러는 다음날 A집단군 사령부를 찾아가 명령을 승인함으로써 이번 전역의 작전 수행에 처음으로 직접 손을 댔다. 룬트슈텐트는 보몽Beaumont－몽코르네Montcornet선 서쪽에서 선발대를 제외한 부대들의 어떠한 이동도 금지했다. 그의 관점에서 이 명령은 보병사단에게 기갑사단을 따라잡을 시간을 주기 위해 계획된 예방 조치였다. 그러나 히틀러는 오히려 프랑스가 대규모 반격을 가할 가능성과 그에 따른 작전 차질이 정치적·심리적으로 부정적인 결과를 낳을까 봐 우려하고 있었다. 그래서 히틀러는 영국해협까지 곧장 진군하라고 압박하는 대신 우선 엔Aisne 강을 따라서, 그리고 순차적으로 솜 강을 따라서 랑Laon을 둘러싼 지역에 탄탄한 방어선을 구축하는 데 더 관심을 가진 듯했다. 기갑부대들이 회랑을 따라 진격하는 것을 즉각 멈추는 것이 기갑부대의 고속 전진으로 인해 노출된 측면을 보호하는 데 반드시 도움이 되는 것은 아니었을 것이다.

지금까지 전역에서 거둔 대단한 성공에도 불구하고 독일군 최고사령부는 축제 분위기가 아니었다. 내부적으로 작전 전개를 놓고 견해가 상충했기 때문이다. A집단군은 히틀러의 끊임없는 우려와 같은 맥락에서 불안해했지만, 할더는 냉정을 잃지 않았다. 그러나 그는 대승을 거두지 못하자 갈수록 좌절감이 커져만 갔다. 이 작전에 연관된 여러 군단장과 사단장들 사이에도 좌절감이 퍼져나갔다. 집단군의 남익을 보호하기 위해 상당수의 병력을 배치했음에도 불구하고 히틀러는 됭케르크Dunkerque를 함락시키기 전까지 계속해서 프랑스의 대반격 가능성이 있었기 때문에 지나치게 좌불안석했다. 만슈타인과 할더가 똑같이 말했듯이 히틀러는 운을 믿지 않는 것처럼 보였고, 프랑스군의 회복력을 과대평가하고 독일군 기갑부대의 상황에 대해서 우려—이러한 우려가 전혀 타당성이 없는 것은 아니었지만—를 표하는 등 낫질 작전 계획 전체에 대해 자신감을 잃어가고 있었다. 5월 17일에 할더는 격분하여 이렇게 기록했다.

상당히 불쾌한 날이다. 총통은 끔찍이도 신경이 곤두서 있다. 그는 자신이 지금까지 거둔 성공에 겁을 먹고 어떠한 모험도 두려워하고 있다. 그래서 우리의 고삐를 붙들고만 있는 것이다. 좌익에 대한 걱정 때문이라는 핑계를 대면서 말이다! 카이텔이 총통을 대신해서 집단군들에 전화를 걸었고, 총통은 A집단군을 직접 방문했다. B집단군에 대해서는 그저 어리둥절해하고 의심할 뿐이었다.

당시 만슈타인은 고민하는 수뇌부에 더 이상 영향력을 미칠 수 없는 위치였는데, 회고록의 어조로 미루어보건대 이에 대해 꽤 유감이었던 듯하다. 그에게는 2선에서 제2군의 전진을 안내하는 임무가 주어졌다. 이는 기본적으로 도로기동연습을 위한 행정상의 준비 외에 작전적 수준의 전문지식은 거의 필요없었다.

그러나 막상 뚜껑을 열어보니 이 임무는 전역에 중요한 기여를 하게 된다. 독일군 선두가 꾸준히 영국해협을 향해 서진하는 동안 공세—그리고 측면 보호—를 위해 투입 가능한 보병부대를 계속 보내주는 것이 중요했기 때문이다. 만슈타인의 참모들은 바쁘게 뛰어다녀야 했다. 그라프는 이렇게 기록했다.

"사령부는 밤낮없이 일했다. 작전·인사·정보·보급 참모를 포함하여 모든 투입 가능한 인력이 교통정리팀을 지원하기 위해 중요 교차로와 합류점에 배치되었다."

참모들의 추측처럼 육군 최고사령부가 만슈타인의 사령부에게 특별히 중대한 임무를 맡겼는지 여부는 알 길이 없으나, 어쨌든 낮질 작전 성공의 많은 부분이 여기에 달려 있었다.

만슈타인은 『잃어버린 승리』에서 상당한 지면에 걸쳐 전역 개시 후 1주일 동안 상부 의사결정이 전역에 미친 영향에 대해 논하면서 이때 히틀러가 육군 참모총장의 전문적인 군사판단을 무시함으로써 나쁜 선례를 남겼다는 사실을 강조했다.

"지금 널리 알려져 있다시피 히틀러는 독일 공세의 남익에 일시적인 위기조차 허용하지 않을 만큼 소심한 인물이었는데도 불구하고 이때 이미 육군 작전의 세밀한 부분까지 직접 통제할 권리를 주장하고 있었다."

만슈타인은 1940년 5월 17일의 진군 정지 명령에 룬트슈테트도 일조했다는 것을 인정하지 않는 듯 보였다. 이날의 정지 명령 때문에 기갑부대는 영국해협 해안을 향한 진군에서 적어도 하루를 손해 봐야 했다. 5월 21일, 영국군이 아라스Arras에서 반격해옴에 따라 5월 24일에 또 한 번의 진군 정지 명령이 내려지면서 기갑부대는 또 이틀을 손해 보아야 했다. 이는 연합군에게 행운이 아닐 수 없었다.

구데리안이 이끄는 군단의 선발대인 제2기갑사단의 차량화보병부대는 전역 개시 12일차인 5월 21일 새벽에 이미 아브빌Abbeville 북서쪽 영국해협 해안 도시 누아이엘Noyelles에 다다랐다. 같은 날 아라스에서 영국군의 주도로 이루어진 반격은 전술적으로 실패했으나 독일군 지휘계통 내에 작전적 위기감을 불러일으켰다. 독일군은 연합군의 반격에 대해 과도하게 호들갑을 떨며 일시적으로 마비상태가 되었고, 독일군 기갑부대의 진군도 잠깐 동안 정지되었다. 5월 22일에 구데리안은 휘하의 사단들에게 영국해협 항구도시를 하나씩 목표로 배정했다. 제2기갑사단은 불로뉴Boulogne를, 제1기갑사단은 칼레Calais를 제10기갑사단은 됭케르크를 배정받았다. 하지만 아라스 전투를 치르고 나서 제10기갑사단은 클라이스트의 기갑집단 예비대로 남아야 했다. 불로뉴는 3일 만에 함락되었고 영국군 제30여단이 용맹하게 맞서 싸웠음에도 불구하고 칼레마저 5월 26일 아침에 함락되었다. 한편 프랑스군이 릴Lille에서 영웅적이라 할 만한 저항을 계속하는 바람에 독일군

몇 개 사단의 부대들은 퇴각 중인 영국군 및 프랑스군을 마음껏 공격하거나 추격할 수 없게 되었다. 그 덕분에 연합군은 뜻밖의 숨 쉴 틈을 얻게 되었다.

A집단군과 B집단군의 선두 사단들은 벨기에군, 영국 해외파견군, 프랑스 제1·7·9군 예하 부대들이 지키고 있는 좁디좁은 골목에 가까워지고 있었다. 곧 망치(B집단군)가 모루(A집단군)를 내려치며 그 사이에 있는 모든 것을 박살낼 터였다. 5월 24일 저녁에 독일군 기갑부대들은 해안도시 그라블린Gravelines 옆을 흐르는 아Aa 강 양안에 버티고 서 있었다. 됭케르크 도심에서 채 15킬로미터도 떨어지지 않은 지점이었다. 영국군과 프랑스군은 됭케르크 주위의 방어를 조금이나마 강화하기 위해 가능한 병력을 전부 철수시킬 수밖에 없었다.

만슈타인의 군단 사령부는 여전히 열심히 일했다. 5월 21일, 만슈타인의 군단 사령부 휘하에는 진군에 투입할 수 있는 사단이 최소 12개나 되었다. 3일 뒤, 군단 소속 기록관은 이렇게 적었다.

"계속해서 무자비한 서진이 계속되고 있다. 남북에서 돌파를 시도하는 적군에 대항하여 가능한 한 많은 사단을 영국해협 해안으로 이동시키는 것에 이번 작전의 승패가 달려 있다."

5월 28일 벨기에군이 항복하고 영국 해외파견군이 됭케르크에서 덫에 걸려들고 솜 강과 우아즈Oise 강 북쪽의 프랑스군이 패배하면서 만슈타인이 창안하고 할더가 전개한 낫질 작전의 성공을 위한 모든 선결요건이 충족되었다. 독일은 전략적으로 중요한 승리가 눈앞에 다가왔다. 이제 승리를 손에 거머쥐는 일만 남아 있었다.

솜 강 도하 전투

만슈타인은 됭케르크에서 벌어지고 있던 긴박한 상황에서 어떠한 역할도 하지 못했다. 군단장으로서 그의 임무는 제38군단에 할당된 솜 강 하류를 방어하고 프랑스를 완패시키기 위한 새로운 대규모 작전(적색작전)을 준비하는 것이 전부였다. 참으로 아이러니한 것은 이전에 만슈타인이 '공세적 수단'을 사용해 남익을 보호해야 한다고 주장했는데, 이 전역에서 그가 처음으로 전투에 참여해 한 일은 아브빌Abbeville과 아미앵Amiens에 있는 교두보를 방어하는 것이었다는 사실이다. 앞에서 보았듯이 만슈타인은 12개 사단으로 구성된 1개 군 전체가 솜 강을 하류에서 도하하여 반격하는 적군을 분열시키고 방어진지 구축을 막아야 한다고 생각했다. 영국군과 프랑스군은 작전적 수준에서 기용할 수 있는 예비대가 얼마 되지 않았음에도 불구하고 솜 강을 도하하는 독일군을 막으려고 전력을 다했다. 대대에서 사단까지 각급 부대가 참가하여 대체로 두서없는 공격을 펼쳤다. 이때 독일군 최고사령부가 됭케르크에 초점을 맞추고 있었기 때문에 프랑스군은 전례 없는 속도로 솜 강, 우아즈 강, 엔 강을 따라 베이강선Weygand Line으로 불리는 강한 방어진지를 구축할 수 있었다. 그러나 프랑스가 세운 마지막 방어선은 금세 독일 육군과 공군의 총공격의 시험대 위에 놓이게 된다.

5월 27일~6월 4일에 펼쳐진 솜 강 도하 전투에서 영국 육군은 제2차 세계대전에서 처음이자 마지막으로 만슈타인이 직접 지휘하는 독일군과 조우했다. 이러한 이유로 제2차 세계대전 동안 만슈타인은 롬멜과 달리 영국 대중의 마음을 사로잡지 못했다. 5월 20일, 임시변통으로 만들어진 아브빌과 아미앵의 영국군 수비대는 구데리안의 제1·2기갑사단에게 완패당했다. 구데리안의 제1·2기갑사단은 비터스하임이 이끄는 제14군단 예하의 제2차량화사단과 제9기갑사단과 교대하여 투입된 것이었다. 만슈타인이 교두보 방어 책임을 맡게 된 5월 27일 아침, 제57·9보병사단이 방어 임무를 인계받기 위해 속속 도착하고 있었다. 독일군이 평소 반복한 연습 덕분에 전투가 벌어지고 있는 가운데서도 인수인계는 아무런 혼란 없이 진행되었다.

비터스하임은 임무를 넘겨주며 만슈타인에게 "적군이 어떠한 대규모 군사행동도 하지 않을 것"이라고 자신있게 말했다. 그러나 이 말은 과신에서 비롯된 얼토당토 않은 말로 드러났다. 1시간 뒤 두 교두보 모두 중전차 공격을 받고 있다는 보고가 들어왔던 것이다. 만슈타인은 아미앵에서 "프랑스 중전차 몇 대가 나가떨어졌고" 아브빌에서는 영국군이 "총 30대의 경·중전차를 잃었다"라고 기록했다. 5월 27일 최근 유럽 대륙으로 넘어온 영국군 제1기갑사단의 제2·3기갑여단과 프랑스군 제2·5경기병사단의 일부 부대를 포함한 아주 강력한 영국-프랑스 연합군이 공격을 실시했다. 그러나 작전은 참담하게 실패했다. 공식적인 영국사는 이 사건을 이렇게 기록하고 있다.

프랑스군 사단과의 합동작전은 비효율적이었고 밀접한 상호 지원은 없는 거나 마찬가지였다……. 독일군이 솜 강과 교두보를 지켜낸 반면, 영국군은 포병과 보병의 지원 없이 순항전차를 투입하는 바람에 심각한 손실을 입었다. 65대가 적군에 의해 손상되었고, 그중 일부는 수리되었다. 기계적 결함이 있었던 것도 55대나 되었는데, 대륙에 상륙하자마자 쉴 틈 없이 전투에 투입된 터라 보수할 여유가 없었기 때문이었다.

만슈타인은 이에 대한 전술적 대응으로 홀로 군단 수준의 반격을 개시하려 했으나, 제4군 사령부는 어떠한 공격적 기동도 금지했다. 영국군 제1기갑사단이 재편성에 들어가 6월 4일까지 솜 강 도하 전투에 참가하지 못하게 된 반면, 프랑스군은 5월 28일에 또 한 번 공격을 가해왔다. 이윽고 드골Charles De Gaulle 장군이 이끄는 제4기갑사단이 5월 29일과 30일에 연달아 공격을 퍼부었지만, 만슈타인의 사단을 교두보에서 몰아내는 데는 실패했다. 절박해진 연합군은 헛된 시도를 되풀이했다. 6월 4일, 제51(하이랜드)사단, 제1기갑사단 소속 혼합연대(심한 피해를 입은 2개 기갑여단의 잔여 병력을 그러모아 조직한 부대), 프랑스군 제31보병사단과 제2기갑사단 예하 부대들이 아브빌 교두보를 공격했으나 허사로 돌아갔다. 연합군은 또 한 번 커다란 손실을 입었을 뿐이었다.

독일군은 솜 강 전투에서 복합 방어전의 대가大家임을 입증해 보였다. 부관의 기록에 따르면, 만슈타인은 현장에서 부대들과 함께했다.

매일 새벽 우리 사령관은 믿음직스러운 운전수 나겔Nagel 병장이 모는 차에 올라 전방 부대를 방문하여 개인적으로 상황을 파악하고 기강을 점검했다. 그는 최전선에서 싸우는 보병들과 대화할 기회를 놓치지 않았고, 특히 그들이 무엇을 걱정하는지에 귀를 기울였다. 병사들은 항상 그의 말을 경청하고 자신들의 의견을 솔직하게 털어놓았다. 우리 사령관은 언제나 아부 섞인 존경의 말보다는 활기 찬 대답을 좋아했다.

전투는 빠르고 격렬하게 진행되었다. 5월 27일, 제2차량화사단 소속 대전차포병인 후베르트 브링크포트Hubert Brinkforth는 아브빌에서 남서쪽으로 10킬로미터 떨어진 위피Huppy에서 20분 동안 극적인 전투를 벌여서 영국군 전차 9대를 파괴했음을 보고했다. 그는 이 공로를 인정받아 곧장 상병으로 진급했고, 만슈타인은 처음으로 기사철십자훈장에 사병을 추천했다.

영국군 교육 연구서인 '바솔로뮤 보고서Bartholomew Report'에서 독일군의 효율적인 대전차 방어를 물리치기 위한 제병협동 전술 개발 필요성에 대한 언급은 조금도 찾아볼 수 없었다. 영국군은 이때, 그리고 훗날 서부 사막에서 직무태만의 대가를 피로써 치러야 했다. 독일군의 입장에서도 솜 강 방어 전투는 밝은 면만 있었던 것은 아니었다. 만슈타인의 군단 사령부 전쟁일지에는 첨언 없이 이렇게 한 줄만 기록되어 있다. "아미앵에서 반복적으로 일어난 광범위한 방해공작으로 10명의 인질이 사살되었다." 이처럼 제2차 세계대전은 '정정당당한' 전쟁과는 거리가 멀어져가고 있었다.

최종막

6월 5일 새벽, 독일 육군과 공군이 솜 강 너머에 맹공을 퍼부으며 새로운 공세의 시작을 알렸다. 독일군에게 있어 전역의 2단계는 한가로운 공원 나들이와는 거리가 멀었다. 프랑스군은 특히 솜 강을 방어하기 위해 군건히 버텼으며 용맹하게 싸웠다. 그들은 전투 초반에 비해 훨씬 더 질서정연했고 결의에 차 있었다. 방어진도 깊게 형성했고 군 전체의 기강도 일시적으로 되살아났다. 그럼에도 불구하고 독일군은 공중과 지상 양쪽에서 여전히 우세를 유지했다.

5월 10일, 연합군에 비해 수적으로 불리해진 독일군은 작전적 수준의 기습과 그 직후 연합군의 정신을 쏙 빼놓을 만큼 빠른 진군, 원활한 공지협동 작전, 제병협동전투 수행 시 견고한 전술적 역량에 의존해야 했다. 6월 초가 되자 전쟁의 저울이 독일 쪽으로 크게 기울었다. 벨기에와 네덜란드의 항복을 받고, 프랑스 제1·7·9군을 제거하고, 영국군 대다수를 대륙에서 내쫓고 나니 서부전선에 투입된 독일 육군 104개 사단(그중 19개는 예비대)이 대적해야 하는 적군의 수는 크게 줄어 남아 있는 것이라고는 오합지졸인 프랑스군 66개 사단과 대륙에 남은 영국군의 제51(하이랜드)사단 및 제1기갑사단뿐이었다. 여기에 더해 독일 공군과 기갑부대의 우월함이 증명되었으니 적색작전의 결과는 따놓은 당상이었다.

따라서 서부전역에서의 최종 승리는 결정된 것이나 다름없었다. 이제 문제는 그것을 '언제' 달성하느냐 하는 것이었다. 1940년 6월에 독일군이 이처럼 양과 질에서 모두 연합군보다 우세했다는 것은 놀라운 일이지만, 이보다 더 놀라운 것은 제2차 세계대전에서 이처럼 독일군이 압도적인 우위를 차지한 것이 이때가 마지막이었다는 사실이다(1941년 초여름 발칸 반도에서 수행된 작전을 제외한다면 말이다.) 독일군은 다시는 그와 같은 확실한 승리를 거머쥐는 공격을 펼치지 못했다. 독일 육군이 전역의 두 단계를 전개하는 동안 재편성 및 재배치를 실시하며 보여준 행정상의 민첩함과 공군의 확실한 근접항공지원 역시 주목할 만했다. 이 시기에 독일 국방군은 전력, 병참의 유연성, 작전의 우월성에서 확실히 절정에 달해 있었다.

독일군 작전계획에 따라 B집단군은 6월 5일에 솜 강 너머로, A집단군은 6월 9일에 엔 강 너머로 공격을 개시했고, C집단군은 공격 명령을 기다리고 있었다. B집단군은 제4·6·18·9군과 클라이스트의 기갑집단(제14·16군단)과 함께 공격의 우익을 형성하며 아미앵 동부를 공격했다. A집단군의 공격에는 제2·12·16군과 함께 구데리안이 창설한 기갑집단(제39·41군단)이 주요 기동타격부대로 참여했다.

6월 15일, C집단군은 제1·7군을 이끌고 공격을 시작했다. 자신감이 하늘을 찌르던 육군 최고사령부는 A집단군과 B집단군을 서로 다른 축으로 진군시켰다. 그러나 폰 클라이스트의 기갑집단은 공격 개시 후 나흘 동안 아미앵 남쪽과 동쪽에서 예상치 못한 프랑스군의 강경한 저항에 부딪혀서 결국 구데리안이 이끄는 기갑집단의 진로와 평행하게 동쪽에 재배치되었다. 그로 인해 최소 4개 기동군단이 남동쪽으로 공격을 개시하게 되었다. 안쪽에 있던 구데리안은 스위스 국경을 향해 동진하여 —공격 중이던 C집단군과 연합하여— 프랑스군 제3·5·8군의 병사 약 50만 명을 마지노선의 동쪽 경계인 로렌Lorraine 돌출부에 몰아넣었다. 남은 프랑스 육군을 우측에서 강력한 일격으로 포위해 절멸시킨다는, 낫질 작전의 속편인 만슈타인의 두 번째 작전 아이디어가 그대로 실현된 것이었다.

만슈타인의 군단은 제4군 소속으로 1940년 6월 5일 솜 강에서 벌어진 작전에 참여했다. 그는 이날의 전투와 그 후로 2주 동안 프랑스 패잔병들을 루아르Loire 강까지 추격한 것에 대해 설명하면서 이때가 자신의 군인 인생에서 가장 신나고도 보람찬 시기였다고 기록했다(716쪽 지도 3 참조). 그는 작전 전개를 속도감 있게 서술하면서 지휘에 관해 철학적 해설을 하고 짧게 방문한 르망Le Mans 성당, 그가 머문 프랑스의 여러 '성城'에 대한 묘사와 최근에 그 성을 떠난 성주城主들의 일화를 덧붙이기도 했다.

만슈타인은 완전히 차량화된 부대와 같았던 휘하의 3개 보병사단을 활용해 그의 우측에 있던 호트의 제15기갑군단만큼이나 빠르게 진군했다. 이 작전 내내 만슈타인은 자신이 단호하고 유연하고 대담한 군단장이라는 사실을 입증해 보였다. 그는 제1차 세계대전에 참전했고 솜 강 교두보를 방어하기도 했지만, 빠르게 진행되는 기동전에서 대규모 부대를 지휘해본 것은 이때가 처음이었다. 그러니 이번 작전을 어느 정도 자세히 살펴보는 것도 의미가 있을 것이다. 제38군단은 3개 '표준' 보병사단인 제6사단(베스트팔렌), 제27사단(슈바벤), 제46사단(주데텐)으로 구성되었다. 이들은 전부 두 다리와 말을 주 이동수단으로 하는 부대들이었다. 실은 제2차 세계대전 중 독일군 대다수가 처한 현실이 이러했다. 기갑부대와 차량화부대는 극소수에 불과했던 것이다. 그러나 보병사단은 내부적으로 차량화 선발대 Vorausabteilung를 편성할 수 있었고, 만슈타인은 최고의 기동력을 자랑하는 기갑 및 차량화부대의 공격 전술을 모방해 사용했다. 필수적인 차량은 사단

내 대전차부대, 정찰대, 공병대대에서 차출했다.

솜 방어선 돌파 뒤에 이어진 추격의 속도는 선발대에 달려 있었다. 그들은 측면이 노출되었다는 사실은 개의치 않고 오토바이와 '부드러운' 바퀴가 달린 차량에 올라 맨 앞에서 강을 요리조리 피하고 가장 저항이 덜한 길을 찾아 다녔다. 나중에 기동전 이론가들이 만든 용어를 사용하면, 이는 '정찰대의 인도reconnaissance-pull'가 최고 효과를 입증해 보인 것이었다. 묘책은 적군의 방어선에서 빈틈을 찾아 막무가내로 밀어붙이며 가능한 한 빨리 후방으로부터 지원부대를 끌어들이는 것이었다.

전역의 2단계에서 만슈타인이 당면한 가장 어려운 과제는 솜 강 도하였다. 클루게가 이끄는 제4군 소속이었던 그의 군단은 영국해협 해안에 단단히 기반을 둔 독일군의 우익에 배치되었다. 솜 강 전선에서는 제2군단이 아브빌 교두보를 책임지고 있었다. 제11차량화보병여단에 의해 전력이 보강된 제2군단은 해안과 평행선을 이루며 공세를 벌일 예정이었다. 중앙에는 제4군의 주력부대인 호트의 제15기갑군단이 있었다. 여기에 롬멜의 제7기갑사단이 속해 있었다. 그 옆 제4군의 좌익에 만슈타인의 제38군단이 위치했다. 만슈타인 군단의 왼쪽에는 처음에 제6군의 공격지대에서 작전을 벌이던 비터스하임의 제14군단이 아미앵 교두보에서 벗어날 태세를 갖추고 있었다.

제15군단과 제14군단 사이의 좁은 공간에 끼어 있던 만슈타인 군단의 전선은 폭이 20킬로미터밖에 되지 않았다. 공격을 맡은 2개 사단(제46·27사단)은 독일군 교리에 따라 더 좁게 전개해 있었다. 언제나 그렇듯이 강습도하 작전의 계획과 수행에는 참모대학에서 배운 엄격한 요령보다는 실제 지형과 적군이 펼치는 방어전의 성격이 더 큰 영향을 미치게 마련이다. 만슈타인은 자신의 군단 앞에 놓인 지형이 이상적인 것과는 거리가 멀었다고 묘사했다.

우리 쪽 고지대는 솜 강 쪽으로 완만한 기복을 이루고 있었고 병사들을 효과적으로 보호해줄 숲 같은 건 전혀 없었다. 남쪽 강둑은 경사가 가팔라서 우리가 물에 뛰어드는 게 적군에게 훤히 보일 터였다. 하지만 폭이 겨우 몇 백 미터밖에 안 되는 솜 강 계곡은 물가에 덤불이 무성해서 양측 최전선을 시야로부터 가려주었다. 계곡 남쪽에 있는 브레이Breilly, 아이Ailly, 피퀴니Picquigny 같은 마을들은 적군의 손에 들어간 듯 보였다. 대부분의 프랑스 마을처럼 이 마을들도 방어하는 측에게 중요 거점이 될 커다란 집과 벽이 여럿 있었다. 가파른 남쪽 강둑 뒤의 고지는 적군 방어지대의 후방인데, 여기에도 마을이 여러 개 있고 꽤 넓은 숲도 많아서 적군이 저항활동의 중심지로 삼을 수 있었고, 포병이 몸을 숨기기도 좋았다.

1940년 6월 5일 새벽, 솜 강 도하가 시작되었다. 프랑스군의 제13(알자스)사단과 제5(북아프리카)식민지사단이 독일군을 기다리고 있었고 지형 역시 까다로웠다. 만슈타인은 최대한의 전술적 기습 효과를 거두기 위해 사전에 포병 준비 없이 공격을 개시했다. 독일군 제27·46사단은 성공적으로 강을 건넜으나, 제6사단은 투입되지 않고 공격 2선에 머물렀다.

5월 13일 스당에서 뫼즈 강을 도하하는 구데리안의 군단을 보고 줄행랑친, 기강이 해이한 프랑스군 제55사단 소속 병사들과 달리, 만슈타인을 상대한 프랑스군은 마을을 요새로 삼고 고지에 훌륭한 진지를 구축하여 열심히 싸웠다. 만슈타인은 현대의 시각으로 보기에는 노골적인 인종차별적 표현을 사용해 적군을 칭찬했다.

기질상 잔인하고 인명을 경시하는 흑인, 제1차 세계대전 때 독일에 많은 훌륭한 병사를 제공했던 알레만 사람답게 거친 알자스인들로 구성된 적군은 용감하게 싸웠다. 이 게르만인(원문 그대로) 청년들을 지금 전투에서 적으로 만난 것은 참으로 비극적이다.

그럼에도 불구하고 독일군의 공격은 수월하게 진행되었고, 6월 5일 저녁에 이르자 만슈타인의 군단은 포병대가 솜 강을 도하해도 될 만큼 충분한 깊이를 달성했다. 그의 양 옆 군단들은 상대적으로 진척이 덜했다. 서쪽의 제15군단은 죽기 살기로 싸우는 프랑스 저항군에 붙들려 있었고, 롬멜의 제7기갑사단은 케누아-쉬르-아렌Quesnoy-sur-Araines을 통과하는 핵심 도로를 확보하기 위해 격전을 벌이고 있었다. 그러나 만슈타인은 그의 바로 우익에서 벌어진 이와 같은 격전에 대해서는 일언반구 언급하지 않았다. 사실, 롬멜의 이름은 만슈타인 회고록 어디에서도 찾아볼 수 없다. 동쪽의 제14군단은 아미앵 남쪽의 지뢰매설지역에 가로막히는 바람에 전진축의 남남동쪽으로 방향을 틀어 만슈타인의 군단과 갈라지게 되었다. 제38군단 내에서는 제27·46사단이 그들의 목표인 솜 강 남쪽 고지를 점령했다. "그러나 손실이 적지 않았다."

성공적으로 강을 도하해 전투를 마치고 나면 병사들은 으레 방어를 위해 새로 쟁취한 교두보를 강화한다. 지친 부대들은 아무리 훈련이 잘 되어 있다 해도 이를 꾹 참고 강제로 해야 한다. 그러나 상황에 따라 이것은 분명히 잘못된 행동이 되기도 한다. 적군의 저항이 약하거나 명령이 내려졌다면 지체 없이 계속 공격해야 한다. 헤르만 발크Hermann Balck 중령은 5월 13/14일 밤에 전면의 프랑스군이 뿔뿔이 흩어졌음을 감지하고 지칠 대로 지친 제1차량화보병연대(제1기갑사단)를 채찍질하여 스당 근처 프레누아Frénois에서 뫼즈 강 남쪽 301지점 너머까지 전과를 확대한 것으로 명성을 얻었다. 이러한 강경한 조치에 대해 발크가 한 통찰력 있는 발언은 지금까지도 전해 내려오고 있다.

"오늘 쉽게 할 수 있는 일을 내일 하려면 피의 강물을 봐야 할지도 모른다."

그로부터 채 한 달이 지나지 않은 어느 날, 솜 강에서 비슷한 상황이 벌어졌다. 단, 이번에는 고위 사령관이 그 주역이었다. 6월 6일 새벽에 만슈타인은 제46사단 지휘소로 가서 모든 병사들이 "격렬한 하루를 보낸 다음 날답게 여전히 반쯤 잠들어 있는" 모습을 확인하고는 서둘러 전방 연대로 향했다. 전방에 적 활동의 낌새가 없음을 느낀 만슈타인은 퀴벨바겐Kübelwagen(폴크스바겐Volkswagen 사에서 개발한 독일군의 전시 차량으로, 미국에서 생산된 윌리스 지프Willis Jeep에 상응한다)을 타고 우아시Oissy로 향했다. 그는 마을이 무방비 상태라는 것을 알아차리고 돌아와서 우아시 점령 임무를 맡은 보병연대장에게 이를 알리며 "이따가 직접 정찰해보라"고 제안했다.

만슈타인이 분명히 자랑하듯 기록한 이 작은 전술적 행동에는 그의 여러 의도가 담겨 있었다. 만슈타인은 사령관이 때때로 상황의 요구에 따라 "과감한 선례를 보여야 한다"고 말했다. 여기서 우리는 만슈타인의 성격과 리더십 스타일에 대한 단서를 엿볼 수 있다. 만슈타인은 "전투부대원들이 아직 나를 모르기 때문에" 이러한 행동이 필요하다고 느꼈던 것이다. 독일 육군 교리는 이 점에 대해 다음과 같이 분명하게 적시했다.

리더십을 발휘해야 하는 장병들이 솔선수범하여 좋은 태도를 보이는 것은 병사들에게 결정적인 효과가 있다. 적에 맞서 냉정하고 결단력 있고 용감하게 행동하는 장교는 부대를 잘 지휘할 수 있다. 또한 장교는 병사들의 감정과 사고방식을 이해하고 그들을 이타적으로 보살핌으로써 그들로부터 애정과 신뢰를 얻을 수 있다.

제2차 세계대전 동안 구데리안과 롬멜이 최전방 부대들과 가까이 지냈기 때문에 과찬에 가까운 대중적 명성을 얻은 반면, 만슈타인은 그렇지 못했다. 구데리안의 '날쌘 하인츠schnelle Heinz'나 롬멜의 '사막의 여우Wüstenfuchs' 같은 친근한 별명도 얻지 못했다. 연합군 측을 살펴보면, 몽고메리는 '몬티Monty', 아이젠하워는 '아이크Ike'라는 애칭으로 불렸고 이들 휘하의 병사들은 사령관의 얼굴은 몰라도 이름만은 알고 있었다. 제2차 세계대전의 사례에 비추어보건대, "현대의 장군들은 자신이 지휘하는 대규모 병사들에게 거의 알려져 있지 않다"라는 웨이벌Wavell의 견해에 동의하기는 어렵다. 만약 성공한 장군이라는 명성이 전장에서의 존재감보다 앞서 만들어지는 것이라면, 우선 명성을 얻어야 할 것이다.

만슈타인이 집단군 사령관 시절(1942~1944년)에 쌀쌀맞은 인물로 보였다는 견해는 어느 정도 사실일지 모른다. 그러나 프랑스에서 군단장을 맡았을 때, 그리고 훗날 소련에서 군단과 군을 차례로 이끌었을 때 (1941~1942년) 만슈타인은 병사들과 긴밀히 접촉하고 전투에서 그들의 맥박을 직접 느껴야 한다는 잔소리가 불필요한 사령관이었다. 보다 효율적인 커뮤니케이션 방법이 도입된 오늘날에도 지휘 훈련은 —특히 전술적 수준에서— 여전히 중요한 시간과 장소에 지휘관이 나타나 결정적 시점에 책임을 다할 것을 요구한다. 만슈타인은 그의 제2부관이었던 폰 슈베르트너von Scwerdtner 중위와 운전수 프리츠 나겔 병장이 사소한 정찰 임무에도 큰 열정을 쏟았다는 사실을 자부심에 찬 어조로 기록했다. 그는 이처럼 충성스러운 팀이 그를 가까이에서 보좌했다고 밝혔다. 그러니 2년 뒤 세바스토폴 요새에 대한 최종 공격 직전에 나겔이 죽었을 때 만슈타인이 개인적으로 깊은 회한에 사로잡힌 것은 당연하다.

한편 솜 강에서 프랑스군은 아직 뫼즈 강에서처럼 뿔뿔이 흩어져 달아나기 전이었다. 그들은 느리지만 꾸준히 독일군을 밀어붙였다. 제38군단 기록관은 마지못해 이렇게 적었다. "적군은 깊숙이 포위당했음에도 불구하고 마을과 숲속에서 집요하게 저항하고 완강하게 방어하고 있다." 하지만 충분한 압력을 가하다 보면 언젠가는 봇물이 터지는 법이다. 6월 6/7일에 만슈타인은 다시 사령부를 그의 공격 사단 바로 뒤까지 전진시켰다. 막바지에 이른 전투를 최대한 가까이에서 지켜보기 위한 조치였다. 그가 말했듯이 "이런 상황에서 확실한 정보 보고서가 상황을 명료하게 전달해주기만을 기다리는 야전사령관에게는 전쟁의 여신이 미소를 보낼 가능성이 거의 없다."

루아르 강을 향한 추격

격전이 벌어지고 나흘이 지난 6월 8일, 독일군의 솜 강 도하를 막지 못한 프랑스군이 새로운 활력과 각오로 다음 주요 장애물인 센 강에서 방어를 시도하리라는 것은 분명했다. 따라서 만슈타인은 적군이 효율적인 방어진을 치기 전에 센 강을 도하해야 한다고 확신했다. 이 작전은 빠른 속도로 프랑스 진지의 종심에 침투한 뒤 공격에서 추격 양상으로 바뀌고 있었다. 추격은 끈질기게 "모든 인간과 짐승이 마지막 숨을 내뱉을 때까지" 계속되어야 했다.

그날 저녁, 선두부대조차 아직 센 강에서 70킬로미터가량 떨어진 상황에서 만슈타인은 급조한 차량화 선발대에게 6월 9일에 센 강을 도하할 수 있도록 빠르게 진군하라는 명령을 내리고, 이와 더불어 사단의 주력인 보병연대와 기포병에게도 최대한 속도를 내어 '같은 날에' 센 강에 도착하라는 명령을 내렸다. 제6사단(6월 7일에 아미앵에서 남서쪽으로 28킬로미터 떨어진 푸아Poix에서 혁혁한 공을 세우고 이 무렵에 제27사단과 교대했다)은 레장들리 Les Andelys에서, 제46사단은 베르농Vernon에서 강을 도하할 예정이었다. 사단장들은 교량을 멀쩡한 상태로 점거할 수만 있다면 프랑스군의 센 강 방어선 공격이 훨씬 수월해질 것임을 알고 있었다. 간단히 말해, 땡볕이 내리쬐는 여름날의 행군이 아무리 진을 빼놓더라도, 그에 따르는 전술상의 잠재적 이득은 모든 어려움을 감수할 만한 가치가 있다는 판단이었다. 따라서 작전을 빠른 속도로 유지하는 것이 관건이었다.

만슈타인 역시 이 상황이 작전 수준에서 신속한 행동이 필요한 상황임을 그의 사령부에 이해시켰다. 센 강 하류를 지체 없이 도하한다면 파리를 지키는 프랑스 수비대를 혼란에 빠뜨릴 수 있었다. 제38군단과 그 이웃 부대들은 선수를 쳐서 프랑스군을 포위할 것이고, 프랑스군은 파리와 그 근교에 붙들려 있는 것을 피하기 위해 퇴각할 수밖에 없을 것이다. 따라서 센 강으로 전과를 확대할 수 있는 기회를 당장 잡아야 했다. 만슈타인은 이미 자신이 적군보다 유리한 입지를 확보하기 위한 대규모 기동을 계획할 수 있을 뿐만 아니라 계획을 자신감 있게 실행에 옮길 수 있다는 것을 보여주기 시작했다. 모든 견습생에게는 작품을 다듬기 위한 시간과 장소가 필요하다. 루아르 강으로의 돌격은 만슈타인이 진정한 작전의 거장으로 거듭나기 위한 이상적인 시험대를 마련해주었다.

만슈타인 휘하의 사단들은 임무를 충실히 수행하여 6월 9일 센 강에 도착했다. 제6사단이 레장들리에 도착했을 때 다리는 이미 폭파된 상태였다. 그럼에도 불구하고 병사들은 오후에 이미 강 너머로 공격을 하기 시작했고, 부교를 이용해 강을 건널 준비를 하고 있었다. 반면 제46사단의 상황은 그만큼 좋지 않았다. 그들은 행군 시작부터 3시간을 지체했고, 사단장은 수색대와 통신이 끊겼다. 이것이야말로 전쟁에서 실제로 겪게 되는 마찰이다.

그럼에도 불구하고 그날 이른 저녁에 제46사단 예하 부대들은 건너편 강둑에서 쉴 새 없이 쏟아지는 기관총 총알을 뚫고 강에 접근하기 시작했다. 만슈타인은 직접 제46사단에 그날 밤 도하를 시작하라는 명령을 내렸다.

이상적으로 만슈타인에게는 센 강 너머로 공세를 쭉 밀어붙이고 지체 없이 추격을 계속할 지치지 않은 기동부대가 필요했다. 제27사단은 2선에 남아 군단의 전진축 왼쪽에 있는 제46사단의 뒤를 따라갔다. 만슈타인은 제4군 예비대에 있던 제1기병사단을 할당받아 총 4개 사단을 지휘하게 되었지만, 여기에는 중요한 조건이 하나 붙었다. 새로운 사단은 우아즈 강에서 독일군 왼쪽 측면 종심을 엄호하는 데에만 사용한다는 조건이었다. 만슈타인은 상태가 좋은 병력을 센 강 남쪽을 향한 추격에 투입하고 싶었을 테지만, 어쨌든 동쪽 측면이 길게 늘어져 프랑스 기갑부대로부터 공격받을 위험에 노출되어 있었던 것은 사실이었다. 실제로 6월 11일, 제1기병사단은 그곳에서 연합군의 강력한 전차 공격을 격퇴했다. 군사령관으로서 클루게의 판단이 옳았다는 것이 입증된 순간이었다. 하지만 만슈타인은 그 점을 인정하지 않고 추격의 성공률을 높이기 위해 센 강 남쪽에 해당 사단을 투입하게 해달라고 다시 요청했다. 앞으로도 여러 번 보겠지만, 만슈타인은 구데리안만큼이나 호락호락하지 않은 부하였다. 하지만 클루게는 결정을 바꾸지 않았다. 그는 제1기병사단의 소속을 제38군단에서 군의 2선에 있던 제1군단으로 전환시켰다. 제1기병사단은 여전히 우아즈 강 유역의 측면을 방어하는 임무를 맡았다.

그래서 만슈타인은 기존의 3개 보병사단으로 작전을 계속해야 했다. 그는 여기서 전술적 고려 사항은 항상 작전적 수준의 이익을 따라야 한다는 귀중한 교훈을 얻었다. 인색한 할더마저 일지에 긍정적인 평가를 내렸다. "제4군 관할 영역에서 아주 고무적인 전개가 있었다. 대단히 훌륭한 지휘 하에 제4군은 센 강 북쪽 루앙Rouen 일부를 확실히 장악했고 폰 만슈타인이 이끄는 병력이 레장들리를 점령했다."

1940년 6월 9/10일에 있었던 센 강 도하는 우여곡절 끝에 성공했다. 프랑스군은 솜 강에서처럼 필사적으로 저항하지 않았지만, 레장들리와 베농에서 독일군이 설치한 부교는 프랑스군으로부터 집중포격을 당하고 영국 공군 비행기의 폭격을 받았다. 영국 공군 전방공중타격부대 소속 전투기와 폭격기사령부 소속 블렌하임Blenheim 폭격기의 공격으로 베농의 임시 부교는 제 기능을 하지 못했고 도하 역시 방해를 받았다. 제27사단을 포함한 제38군단이 강을 건너는 데 이틀이나 걸린 이유의 하나가 이처럼 공습을 받았기 때문이었다. 이는 영국군 제30군단의 제43(웨섹스Wessex)사단이 거의 같은 지점에서 반대 방향으로 센 강 도하를 시도한 1944년 8월 30일, 독일군이 공병대대로부터 제한적인 지원만을 받은 것과는 극명한 대조를 이룬다.

만슈타인의 군단은 제4군에서 처음으로 센 강 남쪽으로 가는 거점을 확보했지만, 그의 예하 부대들은 고립된 채 공중 및 지상 공격에 노출되었다. 6월 11일과 12일, 좌측 전방에 위치한 제46사단이 강력한 기갑부대로부터 공격을 받았다. 만슈타인은 솜 강 교두보 전투에서 그랬듯이 이런 상황에서 최고의 해법은 직접 적을 공격하는 것이라고 생각했다. "공격의 주도권을 잡고 적을 몰아세워 안절부절 못 하게 해야 했다." 붙들린 적군 병사에게서 대규모 퇴각이 계획되어 있다는 내용의 문서를 입수하고 내린 판단이었다. 그가 3개 사단 전체에게 총공격을 명하자마자 중요한 방문객이 찾아왔다. 제4군 사령관이었다. 모든 군 고위 장성들은 부하들에게 곤란한 시간과 장소를 골라서 방문하는 재주가 있는 듯한데, 클루게도 예외는 아니었다. 그는 휴식이라고는 모르는 만슈타인이 이웃한 군단들의 사정을 봐주지 않고 공격을 감행할까 봐 우려하고 있었다. 제4군의 관점에서는 부대의 재편성과 재배치가 필요했으나, 만슈타인은 그렇게 생각하지 않았다. 롬멜의 사단은 6월 8일 이른 시각에 루앙 근처에서 센 강에 도달했다. 그러나 클루게는 솜 강에서 퇴각 중이던 프랑스군 제10군 예하 제11군단을 함정에 빠뜨리기 위해 제15군단 전체(그리고 뒤따르는 제2군단의 예하 부대들)를 북서쪽으로 방향을 돌려 영국해협 해안으로 향하도록 했다. 만슈타인은 이제 적군에게 노출된 제4군의 남쪽 끝에서 자력갱생해야 할 판이었다.

롬멜의 사단은 빠르게 센 강에서 생발레리앙코Saint-Valéry-en-Caux로 이동해서 제51(하이랜드)사단 예하의 2개 여단을 포로로 잡았다. 빅터 포춘Victor

Fortune 소장은 제7기갑사단에게 가로막혀 르아브르Le Havre에 이르지 못했다. 6월 11일에 르아브르를 둘러싸고 벌어진 일방적인 전투에서 포춘과 그의 병사들은 "해변에서 밤을 지새며" 후송을 기다렸으나 아무도 오지 않았다. 안개로 인해 영국 해군이 해안에 접근할 수 없었던 것이다. 다음날 프랑스군 제51사단이 속한 제9군단이 선수를 쳐서 항복하자, 포춘은 다음날 아침나절에 롬멜에게 항복할 수밖에 없었다. 이 비극적인 상황이 됭케르크에서처럼 극적인 철수작전으로 이어지지는 않았다. 영국군과 프랑스군을 통틀어 총 2만 명이 넘는 병사가 포로로 잡혔다.

한편 만슈타인은 무질서하게 후퇴 중이던 프랑스군과 영국군을 추격하기 위해 센 강을 넘어 진격할 준비를 하고 있었다. 6월 12일 21시, 제38군단 사령부는 제4군에 "센 강 남부에 3개 사단이 멈춰서 있다"고 보고했다. 제4군은 당장 중요한 결정을 내려 제38군단이 어디까지 진군할 것인가를 정해야 했다. 6월 14일로 예정된 총통명령 15호를 기다리고 있던 만슈타인은 더 이상 시간을 낭비하지 않고 진군하고자 했다.

제4군 우익이 해안을 따라 루아르 강 어귀를 향해 진군하고 샤토티에리Chateau-Thierry 지역에서 우회기동하여 오를레앙Orléans 위쪽에 있는 루아르 강으로 향하면 센 강 하류와 파리 지역에 있는 적군은 격렬하게 추격당하게 될 것이다. 가능한 한 빨리 파리를 점령해야 할 것이다.

클루게는 원칙적으로는 이에 동의하는 것으로 보였으나, 상위 사령부에서 새로운 작전 목표를 지정해줄 때까지 기다려야 한다고 느꼈다. 그러나 그는 우려하면서도 센 강 너머 남쪽으로 에브뢰-파시Évreux-Pacy 선까지 20킬로미터 진군해도 된다는 제한적인 전진을 허락했다.

6월 14일, 육군 최고사령관 브라우히치가 제38군단 사령부를 방문했다. 만슈타인은 둘 사이에 개인적인 악감정이 남아 있다는 인상은 받지 못했다고 기록했다. 하지만 업무는 엄격하고 공적인 분위기에서 진행되었다. 브라우히치는 그때까지 제38사단이 거둔 성공을 주목하고 있었으나, 미래의 목표에 대해서는 어떠한 암시도 주지 않았다. 상급부대 사령관의 방문은 상부의 의사결정을 통보하기 위한 것이기 마련인데, 이번에도 역시 그랬다. 바로 다음날인 6월 15일, 클루게는 만슈타인에게 제4군의 새로운 목표가 남서쪽으로 130킬로미터 떨어진 르망Le Mans—즉, 루아르 강까지 반 이상 온 지점—이라고 통보했다. 제4군 사령관 클루게는 측면과 보조를 맞추지 않고 가차 없이 추격해야 한다는 것을 만슈타인에게 상기시킬 필요가 없었다. 지금까지 얻은 추진력을 지속하려면 작전의 속도를 빠르게 유지하는 것이 필수적이었다.

6월 16일, 만슈타인의 부대는 라페르테-비담-스농슈-샤토뇌프앙티므레 La Ferté-Vidame-Senonches-Châteauneuf-en-Tymerais 선에서 이번 전역의 마지막 전투를 벌였다. 저녁에는 됭케르크에서 브레스트Brest로 후송된 제1·2·3경기계화사단 예하 부대들이 포진한 적군의 방어선을 돌파했다. 그때부터 추격의 속도는 가속화되었고, 목표는 점점 더 적군의 종심으로 옮겨갔다. 만슈타인은 좌익에서 따라오고 있던 제1군단에 제46사단을 파견하라는 명령을 받았다(제46사단은 훗날 다시 만슈타인의 휘하로 복귀한다). 제4군에서 가장 앞서 있던 두 군단(왼쪽의 제38군단과 오른쪽의 제15군단)에게 루아르 강 교두보를 확보하라는 임무가 떨어졌다. 6월 18일, 찜통 같은 더위를 뚫고 만슈타인의 1개 보병연대는 78킬로미터나 행군했고, 린데만Lindemann 대령이 이끄는 1개 전방 차량화분견대는 르망 서쪽으로 전진해갔다.

만슈타인은 "독일군 병사라고는 단 한 명도 보이지 않는 길"을 50킬로미터가량 운전해서 6월 19일에 린데만을 따라잡았다. 그는 항복한 1개 포병분견대를 포함해 프랑스군 상당수가 기강이 해이해져 있음을 목격했다. 프랑스군의 붕괴는 점점 더 자명해 보였다. 그런데 그가 린데만에게 향하기 전에 먼저 들른 곳이 있었다. 70년 전 그의 할아버지가 승리를 거머쥐었던 르망의 '웅장한 성당'이었다. 만슈타인은 이처럼 개인적으로 유람을 즐겼고, 매력적인 성들을 방문했다. 그는 6월 18/19일 밤에 '화려하게 장식된' 보네타블Bonnétable 성에서 묵은 뒤 "루아르 고성지대 옆에 있는 이 성은 내가 프랑스에서 방문한 성 중에서 가장 인상적이었다"는 기록을 남기기도 했다. 만슈타인이 어떻게 그만한 시간을 낼 수 있었는지는 수수께끼다.

　이번 전역에서 유혈 충돌과 문화생활을 자극적인 칵테일처럼 섞어서 즐긴 독일군 사령관은 만슈타인뿐만이 아니었다. 독일에는 "프랑스에서 신처럼 산다"라는 말이 있는데, 룬트슈테트에서 롬멜에 이르기까지 많은 이들이 프랑스에 주둔하는 동안 성에 군이나 집단군 사령부를 차리고 싶어했다. 성에서는 적절한 방식으로 효율적인 지휘가 가능하고 무엇보다 참모들과 지원 부대 병사들을 재우고 먹이고 보호할 수 있었기 때문이다. 이에 반해 몽고메리의 천막 캠프는 동부전선 대다수의 독일군 야전 사령부와 마찬가지로 궁핍했다. 하지만 이러한 상황은 자유로운 선택이라기보다는 군사적 필요성에서 비롯된 것이었다.

　전투가 아직 완전히 끝난 것은 아니었다. 만슈타인이 앙제Angers에서 북서쪽으로 22킬로미터 떨어진 르리옹당제Le Lion d'Angers에서 린데만을 따라잡았을 때, 독일군이 프랑스 전차 및 기관총의 정확한 공격에 맞서 옴짝달싹 못 하고 있는 것을 보았다. 그때 만슈타인은 교착상태에 빠진 부대를 다시 진군시키기 위해 또 한 번 전술적 수준에서 개입하기로 했다. 린데만은 1개 차량화포병대로부터 직간접 화력 지원을 받았음에도 불구하고 마옌Mayenne에서 다리를 지키고 있던 적군을 축출하는 데 실패했다. 만슈타인은 전방을 둘러보고는 다리를 바로 곁에 두고 있다는 것을 제외하면 적군에게 다른 강점이 거의 없다고 결론지었다. 그러고 나서 한 중대장에게 다리에서부터 강 하류로 수영해 가라고 지시하며 자신이 동행하겠다는 제안까지 했다. 군단장의 격려를 받은 중대는 옷을 벗고 강에 뛰어들어 반대쪽 강둑까지 아무런 피해 없이 도착한 뒤 다리 뒤쪽으로 침투하여 다리를 확보했다. 이 전형적인 소규모 교전으로 인해 다리에 접근하려던 많은 독일군 병사들이 목숨을 잃었고 8시간이나 지체하게 되었다. 선발대가 강을 건너자 만슈타인은 다시 전방으로 이동한 그의 지휘소로 돌아갔다. 그러나 그는 돌아가자마자 상급 부관인 그라프를 다시 린데만에게 보내 그날 밤 루아르 강을 건너라는 엄명을 전하게 했다.

　독일군은 현실적으로 가능한 한도 내에서 의사결정을 최대한 분권화함으로써 하위 부대에 주도권을 넘겨주는 임무형 지휘체계Auftragstaktik로 정평이 나 있었지만, 그렇다고 해서 각급 사령관이 무제한적인 자유를 누릴 수 있었던 것은 아니었다. 독일군 교리는 현명하게도 이에 대해 이렇게 언급했다.

"정신의 독립성이 독단으로 변질되어서는 안 된다. 그에 반해서 허용 범위 내에서 행위의 독립성은 대성공의 열쇠다."

실제로 프랑스 전역의 두 단계 동안 상부의 달갑지 않은 개입으로 작전기동이 여러 번 일시 정지되어야 했다. 하지만 전술적 수준에서 도전이야말로 병사들이 지쳤을 때 멈춘 기동을 다시 움직이게 할 만큼 대단한 힘을 가졌다. 레닌이 언급했다고 전해지는 "신뢰는 좋은 것이고 통제는 더 좋은 것이다"라는 말처럼 만슈타인은 본능적으로 언제 부하들을 감시해야 하는지를 알았으나 지나친 제재를 가하지는 않았다. 이는 린데만을 다룰 때도 예외는 아니었다. 만슈타인에 따르면, 그라프가 린데만의 선발대에 도착했을 때 그는 지칠 대로 지친 병사들이 이제 막 자리를 잡고 응당 누려야 할 휴식에 돌입한 것을 보았다. 사령관의 분명한 의도를 잘 알고 있던 그라프는 그들을 다시금 일으켜 세워 루아르 강을 건너는 첫 번째 배에 태울 수 있었다. 이처럼 드물게 능력 있는 부관을 둔 사령관들은 진짜 축복받은 것이다.

만슈타인은 그라프나 슈베르트너Schwerdtner 같은 젊은 장교들과 함께 있는 것을 좋아했던 것으로 보인다. 그라프와 슈베르트너는 나폴레옹, 폰 몰트케, 몽고메리의 부관들이 그랬던 것처럼 그의 개인비서이자 '감시 망원경' 역할을 했다. 이는 제2차 세계대전 동안 만슈타인이 보여준 지휘 스타일의 특징이었다. 사령관은 계급이 올라갈수록 휘하의 모든 부대를 방문할 시간이 없고, 지휘계통을 통해 항상 때맞춰 정보를 얻을 수 있다는 보장도 없다. 상황 보고서는 군사 행정체제 내에서 몇 단계를 거쳐 올라오느라 지체되기 일쑤이고 핵심적 세부사항이 빠질 위험도 있다. 따라서 사령관에게는 때때로 중요 지점에 파견할 수 있는, 그리고 자신 대신 지령을 전달하고 그 결과를 보고할 수 있는 미덥고 신중한 '눈과 귀', 그리고 목소리가 필요하다. 만슈타인은 이러한 체계를 충분히 활용했다. 그의 부관들은 사령관이 펼치는 작전의 맥락과 목적을 이해하고 그가 지시하는 까다로운 역할을 수행하기에 적격이었다.

6월 19일에 이르자, 만슈타인이 이끄는 사단들은 그들이 건너야만 했던 중요한 3개 강 가운데 마지막 강에 접근하고 있었다. 루아르 강 코앞에 다다른 것이었다. 그들은 보병연대들과 보조를 맞추며 맹렬한 속도로 "찌는 듯한 더위 속에서 하루에 60~70킬로미터씩 행군했다." 군단의 전쟁일지에는 이런 기록이 남아 있다.

적군에 대한 추격은 아주 적은 저항을 받았지만 계속되고 있다. 전쟁포로들의 증언에 따르면, 프랑스군은 해산 중인 것으로 보인다. 대단한 노력이 필요한 일이기는 하나, 가능한 한 빨리 루아르 강에 접근하여 적군에게 용의주도한 방어선을 구축할 시간을 주지 않는 것이 우리 군단의 임무다.

만슈타인이 쓴 이 기록에서 우리는 상황을 최대한 이용하기 위해 그의 부대들을 최대 한계까지 밀어붙이려고 한 그의 결심을 감지할 수 있다.

제38군단은 어느 모로 보나 난관을 잘 헤쳐나가고 있었지만, 쌓이는 피로만큼은 어찌할 도리가 없었다. 6월 19/20일 밤, 제6·27사단의 전방 분견대가 각각 잉그라드Ingrades와 샬론Chalonnes에서 루아르 강을 건넜다. 프랑스 저항군은 거의 괴멸되었지만, 만슈타인의 부대는 이제 지칠 대로 지친 상태였다. "추격은 가차 없이 계속되었다." 군단 소속 기록관은 여기에 덧붙여 불만을 토로했다. "그건 그렇고 어서 군화와 편자를 정비할 짬이 생겨야 한다. 지금까지는 잠깐이라도 휴식을 취할 기회가 전혀 없었다." 6월 22일, 앞서 가던 2개 사단이 모두 루아르 강 도하를 완료했고, 제46사단도 루아르 강에 접근해왔다. 다음날 만슈타인의 군단에는 정전협정이 체결되었다는 반가운 소식이 전해졌다. 전역이 끝난 것이었다.

평가

공식적으로 적대행위가 중단되자, 만슈타인은 일일명령Order of the Day을 내려 휘하의 사단들에게 그들의 희생과 용맹과 공적을 치하했다. 만슈타인 군단은 솜 강을 멋지게 도하한 뒤 기갑부대나 차량화부대의 지원 없이 500킬로미터나 추격하는 데 성공을 거두었다. 이는 '루아르 강으로의 돌격'이라는 이름이 붙어 마땅한 군사적 성과였다. 만슈타인이 기동부대 없이 이룬 성공이라는 점을 살짝 부풀린 것은 사실이지만, 그의 보병연대들은 실제로 2주 동안 하루에 평균 30킬로미터가 넘게 땡볕 더위를 뚫고 행군했다. 이는 로마군단에 필적하며 많은 군대들을 반성하게 만들 만한 업적이다. 1개 보병군단인 제38군단이 작전에서 이례적인 성과를 냈다는 공로를 인정받아 만슈타인은 7월 19일 기사철십자훈장을 수여받았다. 한편 6월 1일부로 만슈타인은 보병대장으로 진급했으나 솜 강에서 전투 중이었기 때문에 특별한 의식은 거행되지 않았다.

1940년 5월과 6월에 있었던 일련의 사건들은 작전계획자이자 전장에서의 전술지휘관으로서 만슈타인이 갖춘 탁월한 능력을 보여주었다. 그가 입안하고 할더와 히틀러가 전개한 눈부신 낫질 작전은 독일에 전례 없는 군사적 성공을 안겨주었다. 전역이 진행되는 동안 독일군의 지휘체계는 어느 모로 보나 완벽과는 거리가 멀었으나, 연합군의 내재적 약점과 전투 시의 실수 덕분에 독일군은 결정적으로 승리를 거머쥘 수 있었다. 그러나 독일군은 주로 질적인 면에서 이점을 갖고 있었다. 아주 독창적인 작전계획을 우월한 전술과 강력한 항공지원 하에서 실시하고, 황색 작전에서는 수적으로 불리한데도 승리를 쟁취했다는 사실이 그것을 뒷받침한다. 제2차 세계대전 종전 후에 이루어진 분석에서는 사기나 전투의지와 같은 이념적 요소는 종종 간과되었으나, 독일군의 높은 사기와 확고한 전투의지 역시 승리를 이끈 중요한 요소였다. 독일 육군과 공군은 됭케르크에서 전과를 확대하여 영국 해외파견군을 섬멸시키는 데 실패했지만, 단 6주 만에 네덜란드군, 벨기에군, 프랑스군을 격파하고 영국군을 유럽 대륙에서 내쫓았다.

솜 강을 도하한 뒤 적과 싸우면서 남쪽으로 진군하여 센 강을 넘고 루아르 강까지 밀어붙이는 과정에서 만슈타인은 휘하의 군단을 공격적으로, 그리고 단호하게 이끌었다. 그에게는 잘 훈련되고 정력적이며 능력이 뛰어난 사령부 참모들이 있었고, 만슈타인 또한 자신을 세게 몰아붙여 밤낮을 가리지 않고 일했다. 그의 지휘법은 단순했다. 만슈타인은 새벽부터 예하 부대들을 둘러보면서 바쁜 일과를 보내고 보통 20시에서 21시 사이에 사령부로 돌아왔다. 그 다음 그날의 경험과 감상을 참모들과 공유했고, 참모장으로부터 새로운 정보 보고를 받았다. 그러고 나서 보통 군단 작전 명령에 포함되어 있는 다음날 임무를 지시했다. 하지만 지시를 내리기 전에 그와 참모들은 육군에서 내려온 명령을 기다려야 했고 혹시라도 상부의 의도와 어긋나는 내용이 있는지를 살펴야 했다. 군단 명령을 작성하여 만슈타인의 서명을 받는 것은 그라프 대위의 몫이었는데, 그는 대개 23시를 넘겨서야 이 임무를 완수할 수 있었다. 그라프는 전형적인 서명 절차를 이렇게 회고했다.

사령관의 방에 들어서면 그는 언제나라고 해도 좋을 만큼 자주 우리 군단이 담당한 영역을 그린 지도 위로 몸을 굽히고 돋보기로 모든 습곡과 지형상의 특이점을 일일이 연구하고 있었다. 사령관이 명령을 조금이라도 수정하라고 요구하면, 대부분 그가 지상 조건에 대해 정확하게 알고 하는 말이라고 인정했다. 또한 사령관은 가끔 항상 들고 다니는 자기 소유의 타자기 앞에 앉아 직접 타자를 쳤다. 그때는 그가 타자기로 무엇을 쓰고 있는지 정확히 몰랐는데, 지금 돌이켜보니 아마도 나중에 책으로 출간할 자신의 전쟁일기였던 것 같다.

다음날 오전 5시에서 6시 사이에 만슈타인은 야간에 있었던 군사활동에 대한 보고를 받았다. 필요한 지시를 내리고 그는 다시 도로로 나섰다. 그는 이처럼 빡빡한 일정을 즐겼고 하루에 통상 5시간에서 6시간밖에 자지 않았다. 몽고메리가 요구한 '조기 취침' 요법은 만슈타인에게는 해당되지 않았다.

참모본부에서 일하는 것과 야전 사령관으로 일하는 것은 상황이 완전히 달랐으나, 만슈타인은 비슷한 모습을 보여주었다. 그는 자신의 역량과 판단을 믿고 아이디어든 그의 부대든 한계까지 밀어붙이기를 좋아했다. 이와 같은 재능 있는 인재를 보유한 것이 독일에게는 행운이었다. 그러나 이때 거둔 작전적 성공은 훗날 패배의 씨앗이 된다.

군사적 시각에서 독일은 벨기에, 프랑스, 네덜란드를 항복시키고 영국군을 대륙에서 쫓아냄으로써 쉽게 승리를 거뒀다고 주장할 수 있다. 경제적으로 독일은 전면전을 위한 준비를 갖춰야 했지만 무기 생산은 1944년에 가서야 최고조에 달했다. 그럼에도 불구하고 독일 국방군은 벌써부터 무적의 아우라를 내뿜기 시작했다. 독일군이 비교적 적은 피해를 입으면서 너무나 큰 성과를 달성한 탓에 본래 이성적이었던 참모본부 사람들의 마음속에는 과신이 싹트기 시작했다. 더욱 위험한 것은 이런 오만이 히틀러에게서 보다 두드러지게 나타났다는 사실이다. 그는 벌써 사고의 방향을 동쪽으로 돌리고 있었다. 폴란드에서 벌인 전격전과 뒤이은 프랑스 전역의 망령은 1941년부터 전쟁이 끝날 때까지 동부전선에서 싸우는 독일군을 따라다녔다. 따라서 프랑스에서 거둔 깜짝 놀랄 만한 승리는 독일군이 전략적 수준에서 안고 있는 약점을 덮어버렸다는 점에서 실로 '잃어버린 승리'였다. 소련에서 독일은 심각한 정보·인력·장비 부족의 대가를 톡톡히 치르게 될 터였다. 발칸 반도로의 짧은 외도를 제외하면 독일군은 다시는 대규모 전역에서 이때만큼 손쉽고 훌륭한 승리를 거두지 못한다.

한편 영국 공군은 1940년의 길고 뜨거운 여름 내내 영국 하늘 위에서 맹렬하게 싸웠다. 예상치 못한 과거의 군사적 성공은 미래의 적을 과소평가하게 만드는 부작용이 있다. 히틀러는 국방군 최고사령부와 고분고분한 각군 고위 지휘관들의 방조로 역사에 남을 결정을 내림으로써 이어지는 4년 동안 자기 자신과 독일 국민을 파멸로 몰아넣었다. 국가수반으로서 이와 같은 그릇된 결정을 내린 것은 히틀러가 처음도, 마지막도 아니라는 사실을 상기해야 할 것이다.

제8장
프랑스에서
소련으로

"우리의 앞길을 가로막는 모든 난관을 일소하고
영국을 패배시켜야 한다는 것은
전군을 고무시키는 자극제이자 전군의 소원이다."

− 제38군단 전쟁일지 −

루아르 강에서의 체류

사령관 휘하에는 부대뿐만 아니라 참모도 있다. 노련한 참모라면 사령관의 필요를 미리 파악하고 그가 무엇을 선호하는지 알아야 한다. 만슈타인의 사단들이 루아르 강으로 쇄도하는 동안 1940년 6월 19일에 제38군단 병영 책임자는 해자를 두른 성이 즐비한 루아르 강 고성지대의 보석인 세랑Serrant 성城을 징발했다. 만슈타인은 호화로운 성에서의 체류를 즐겼으며, '경이로운 서재'와 '으리으리한 계단'에 대해 기록했다. 그는 무엇보다도 웅장한 침실과 그에 딸린 '아름다운 옷방'의 화려한 장식에 감탄했다. 얄궂게도 만슈타인이 1940년 6월 중순 그 승리의 여름에 임시 숙소로 사용한 세랑 성만큼 안락한 임시 숙소에 다시 머물게 된 것은 한참 뒤의 일로, 제3제국이 몰락하고 있던 1945년 4월 말에 슐레비히-홀슈타인Schleswig-Holstein의 웅장한 바이센하우스Weissenhaus 성으로 도피했을 때, 그리고 잠시 후 영국 점령군의 관할 하에 그곳에 구금당했을 때였다.

한편 프랑스군은 백기를 들었다. 만슈타인은 이렇게 썼다.

"역사의 수레바퀴는 돌고 돈다. 1918년의 콩피에뉴Compiègne에서 1940년의 콩피에뉴로 가는 길은 길었다. 이 길의 끝에는 무엇이 있을까?"

그때는 종전이 코앞으로 다가온 듯 보였다. 독일에 패하지 않은 나라는 영국밖에 없었다. 하지만 알고 보면 만슈타인과 그의 부대들에게 이 시기는 단지 즐거운 간주곡일 뿐이었다.

1940년 6월 25일, 정전협정이 발효되자마자 제38군단 사령부는 동쪽의 루아르 강 중류로 이동하여 상세르Sancerre 근처에 주둔하라는 명령을 받았다. 썩 내키지 않는 이동이었다. 만슈타인과 참모들은 우아하고 유서 깊은 세랑을 떠나 쿠앵트로Cointreau 가문이 사용하던 작고 볼품없는 최신 건물로 향했다. 만슈타인은 '집주인의 졸부 근성'에 대한 경멸을 표현하면서 독일 황제와 빅토리아 여왕 등 유럽의 군주들, 그리고 가문의 이름을 딴 달콤한 오렌지 술을 보란 듯 치켜든 쿠앵트로 가의 노인을 그린 형편없는 초상화를 비웃었다. 부르고뉴Bourgogne 산 포도주를 즐기던 만슈타인은 세계적으로 유명한 쿠앵트로에 대해서는 아무런 평도 남기지 않았다. 기분 나쁜 액자는 떼어냈다. 물론 숙소의 시설을 훼손하는 것은 문제이기는 했지만, 귀족적인 고급 장교의 섬세한 감수성을 거스르는 것은 이처럼 물리적인 힘으로든 문학적인 표현으로든 과감하게 응징해야만 했다.

영국 역사학자 앨리스테어 혼Alistair Horne은 "정전협정이 발효된 직후의 여름날들은 실로 아무 걱정 없는 평온한 시기처럼 보였다"라는 아름다운 평을 남겼다. 그러나 만슈타인의 부대는 적대행위가 중지되었음에도 불구하고 권고받은 것과 달리 오래 쉬지 못했다. 어떤 군에서나 그렇겠지만, 기강을 유지하는 최고의 방법은 군인들을 분주하게 만드는 것이다. 제38군단의 전쟁일지에 분명히 기록되어 있듯이, 이 규칙에 있어서 제38군단도 예외는 아니었다.

정전협정 이후의 조용한 시간을 이용해 지금껏 드러난 모든 결함을 제거하고 무질서해진 부대 내의 군사적 통일성을 회복하고 있다. 후방 대대가 전투 중 부상자를 교체하여 사단들의 병력을 보강하고 있다. 또한 군단 수준에서 군사훈련·화기훈련, 승마 및 운동으로써 전투력 감소를 막고 있다.

게다가 외부로부터 주어진 임무도 있었다. 그중 하나는 전쟁포로수용소를 조직하고 수비하는 임무였다. 또 특별한 장소에 마련된 군대 행사 및 의식에 참가해야 했다. 예를 들어 6월 26일 저녁 늦게 만슈타인은 한 공병부대가 준비한 비팅 리트리트beating retreat 행사(전투 후 귀대를 상징하는 의식-옮긴이)에 참석했고, 다음날에는 사령부에서 열린 군 예배에 참석했다.

하지만 제38군단장이 가장 골머리를 앓은 일은 독일의 전승 기념으로 파리에서 열릴 예정인 대규모 국방군행진Wehrmachtsparade을 위해 의장병을 충분히 확보하는 것이었다. 만슈타인은 달랑 제740포병대대만을 할당받은 사실에 매우 화가 났다. 포병의 복장은 물론 근사했지만 지난 몇 주 동안 그의 지휘 하에서 열심히 싸운 3개 사단이 포함되지 않았기 때문이다. 전쟁일지의 기록대로라면 만슈타인은 "모든 사단이 적어도 1개 분견대를 보낼 수 있도록 모든 인맥을 동원했다." 이 문제에 대한 최종 결과는 기록되어 있지 않다.

독일군은 회복과 재편성이라는 긴급한 임무에 당면해 있었고, 무엇보다도 수천 명의 프랑스군 전쟁포로 및 난민과 씨름해야 했다. 그러나 곧 승자로서 프랑스를 만끽할 수 있는 시간이 다가왔다. 만슈타인은 이 단계에서 독일 점령군의 행동이 흠잡을 데 없었음을 열심히 설명하고 더 나아가 "내가 프랑스에 주둔한 6개월 동안 독일군과 프랑스 민간인의 관계를 저해시키는 일은 한 번도 일어나지 않았다"라고 기록했다. 그는 약탈이 철저하게 금지되었으며 규칙을 어기는 자는 엄벌에 처했다고 주장했다. 이는 다른 국방군 장교들의 주장과 일치했다. 예컨대 지그프리트 베스트팔은 "1940년 독일군의 기강은 프랑스인들도 인정했을 만큼 훌륭했으며, 이런 경우가 드물다는 것을 증명해 보였다"라고 말했다.

독일군 측에서 나온 이러한 주장들은 진실성이 검증되기 전이었음에도 불구하고 1950년대에 나치 친위대와는 달리 억압과 방종의 추문에 연루되지 않은 '깨끗한 독일군' 신화가 퍼져나가는 데 일조했다. 이때 독일은 아직 프랑스 노동자들을 독일 내 화약공장으로 강제 이송하거나, 프랑스 유대인들을 폴란드의 죽음의 수용소로 보내지는 않았다. 그러나 전체적으로 봤을 때 프랑스인들은 굴욕적이고 사악한 행위에 시달렸다. 영국 저널리스트 맥스 헤이스팅스Max Hastings는 우리에게 이 점을 상기시켰다. "전시 독일의 프랑스 점령은 현대 유럽 국가가 겪은 가장 충격적인 경험 중 하나였다." 지금도 '동족 간의 싸움, 부역, 배신, 희생, 저항의 공포'는 너무 쉽게 잊히고 있다.

의미심장하게도, 만슈타인은 소련 전역에서 휘하 부대들의 행동이 양호했다고 자신있게 주장하지 못했다. 어쨌든 대소련 전쟁은 바로 직전 프랑스 전역의 교전자들도 상상할 수 없을 정도로 잔인하고 비인간적인 아주 차원이 다른 전쟁이었기 때문이다. 이후 군인으로서 동부전선에서 궁핍과 위험을 경험했던 것과는 대조적으로 만슈타인은 프랑스를 장밋빛 시각으로 바라보았는데―1944년 6월 노르망디Normandy에서 격전을 경험하지 못했기 때문에― 1940년 프랑스에서 복무한 대부분의 독일군 역시 마찬가지였다.

나는 모두가 이 축복받은 땅의 마법에 빠졌다고 생각한다. 아름다운 경치, 수많은 고대 문화의 기념비적 건축물, 게다가 유명한 프랑스 요리가 주는 기쁨이란 더 말해야 입만 아프다. 게다가 상점에서 살 수 있는 그 물건들이라니! 인정하건대, 군인 월급의 아주 작은 비율만이 피점령국 화폐로 주어졌기 때문에 우리의 구매력은 한정될 수밖에 없었다. 이러한 제한이 특히 육군에게 엄격하게 적용되어 병사들은 쇼핑―국방군의 특권 중 가장 부러운 것 중 하나―을 하고 싶은 자연스런 충동을 억눌러야 했다. 여전히 가끔 파리로 여행을 가서 도시의 매력을 만끽하며 하루를 보내는 것이 고작이었다.

한편 히틀러는 특유의 자만에 찬 말투로 방금 전역에서 따낸 승리가 "사상 최고로 영광스러운 승리"라고 선언했다. 이런 지나친 과장은 당시 독일과 외국의 많은 사람들에게 정당한 표현으로 보였던 모양이다. 이러한 분위기가 지배적인 가운데 육군 최고사령부는 일부 보병사단의 해체를 고려하고, 일부는 기갑이나 차량화부대로 전환할 계획을 세웠다.

만슈타인의 군단 사령부에는 전환 준비를 하는 여러 사단을 감독하는 임무가 주어졌다. 루아르 강변에서의 기분 좋은 체류가 갑자기 끝났을 때 이 임무는 개시되기 전이었다. 만슈타인은 많은 상급 사령관들과 함께 베를린으로 소환되어 1940년 7월 19일 크롤 오페라하우스에서 열린 의회에 참석해서 히틀러의 서부 전역 종료 발표를 들었다. 총통은 관련된 사령관들의 공적을 치하하고 진급자 목록을 발표한 뒤, 대영제국이 전쟁에서 파멸할 것이라고 경고했다. 그러나 히틀러에 따르면 이는 절대 그가 의도한 바가 아니었다. 그는 마치 뒤늦게 생각난 듯 이렇게 덧붙였다.

지금 나는 양심을 걸고 다시 한 번 영국에 이성적으로 호소하는 것이 내 임무라고 생각한다. 나는 패자가 아니라 승자로서 상식에 입각해 말하고 있기 때문에 이것을 말할 자격이 있다고 생각한다. 나는 이 충돌이 계속되어야 할 이유가 없다고 본다.

만슈타인은 히틀러의 연설을 묘사하며 히틀러의 정치적 입장과 영국에 대한 아리송한 평화 제안에 대해서는 자세하게 설명하지 않았고, 대신 진급에 대해서는 조목조목 비판을 아끼지 않았다. 총통은 괴링을 제국원수 Reichsmarschall에 봉하고 육군 및 공군 장군 12명을 원수로 진급시켰다. 히틀러가 아낀 독일 육군 장성들 가운데 원수로 진급한 카이텔(국방군 최고사령관)은 만슈타인이 보기에 "야전에서 지휘를 해본 적도 참모장을 지낸 적도없었기 때문에 자격이 없다고 비난했다. 만슈타인은 폴란드 전역과 프랑스 전역을 승리로 이끈 브라우히치와 그의 전 집단군 사령관인 룬트슈테트의 원수 진급은 못마땅해하지 않았으나, 너무 많은 이들이 한꺼번에 원수로 진급하여 원수라는 계급의 권위가 약화되었다고 생각했다. "독일인들은 칭찬할 만한 군인에게 명예를 주는 것을 당연하다고 생각했지만, 우리 군인들은 이번 진급이 성격과 범위 면에서 필요한 선을 넘었다고 느꼈다." 만슈타인은 전통적으로 원수 진급의 근거가 되는 세 가지 행동을 들었다. "직접 전역을 이끌 것, 전투를 승리로 이끌 것, 혹은 요새를 탈취할 것."

나중에 살펴보겠지만 만슈타인은 자신이 직접 이끈 제11군이 세바스토폴을 함락함으로써 크림 반도 점령에 성공한 공로를 인정받아 1942년 7월 1일에 원수로 진급했다. 따라서 자신이 말한 조건을 깔끔하게 만족시킨 셈이다.

바다사자 작전 준비

의회가 열린 7월 19일, 만슈타인은 영국해협 해안으로 군단 사령부를 옮겨 영국 침공을 위한 바다사자 작전Operation Seelöwe 준비를 시작하라는 통보를 받았다. 히틀러는 1940년 7월 1일에 이미 이 작전에 대한 계획을 지시한 바 있었고, 국방군과 각 군 참모부 연구를 바탕으로 7월 16일에 총통명령 16호 '영국 상륙 작전 준비령'을 발표했다. 그는 이렇게 선언했다.

영국은 군사적으로 가망이 없는 상황에도 불구하고 화해의 기미를 보이고 있지 않기 때문에 나는 영국 상륙 작전을 준비하고, 필요한 경우 이를 실행하기로 결정했다. 이 작전의 목표는 독일에 대한 전쟁을 지속할 수 있는 기지로서 영국의 역할을 제거하는 것, 더 나아가 필요하다면 영국을 완전 점령하는 것이다.

대부분의 사람들은 히틀러나 독일 국방군이나 1940년 6월에 프랑스를 항복시키기 전까지 영국을 침공할 필요가 있다고 생각하지는 않았다고 본다. 그러나 이런 생각이 전부 맞는 것은 아니다. 만약에 대비한 영국 상륙 작전이 세세하게 계획되고 있었던 것은 아니지만, 독일 육군과 해군은 1940년 5월 10일 이전부터 침공 가능성을 살펴보고 있었다.

중요한 것은 덴마크와 노르웨이 침공의 경우와는 달리 국방군 최고사령부 주도의 합동작전이 없었다는 것이다. 영국 침공을 위해 각 군은 참모총장의 주도 하에 자체적으로 폭넓은 분석을 실시하고 나서 서로 의견을 교환했다. 1939년 12월 13일에 작성된 기존의 육군 참모본부 연구(암호명 '북서North West' 작전)는 1940년 여름에 이루어진 연구와 달리 공지·낙하작전 지원 하에 워시Wash 만과 템스Thames 강 사이의 영국 동부 해안에 침투한다는 계획을 세웠다. 하지만 1940년 5월 전까지 참모본부에서 다양한 연구를 실시했고, 그 결과 성공의 핵심 선행조건을 도출할 수 있었다. 그것은 바로 '확실한 제공권 확보'였다. 이는 독일군 호위함과 상륙부대를 위협하는 영국 공군과 해군을 제거하는 데 반드시 필요한 중요한 조건이었다. 그렇지 않으면 "영국 상륙을 목표로 한 합동작전은 거부될 수밖에 없었다."

총통명령 16호가 발표되고 첫 번째 목표 침공일은 8월 중순이었으나 나중에 9월 셋째 주로 미뤄졌다. 이때 독일 해군은 해결 불가능한 난관에 봉착해 있었다. 운송수단도 호위함도 부족했던 것이다. 1940년 여름에 독일군은 4년 뒤 오버로드 작전Operation Overlord을 계획하고 준비할 때의 연합군과 달리 시간과 (특히 해상 및 병참 지원 면에서) 자원이 넉넉지 않았다. 독일군은 연합군처럼 북아프리카, 시칠리아, 이탈리아 본토에서 예행연습을 하며 수륙 양쪽에서 전술, 기술, 절차를 공들여 가다듬을 기회도 없었다. 모든 것이 초고속으로 진행되는 통에 독일군의 기술적 독창성과 조직적 역량은 한계를 시험받았다. 폴란드, 프랑스, 소련 침공 전에는 계획 시간이 비교적 여유 있게 주어졌으나, 이번에는 1940년 7월 중순까지 3군을 연계하여 고도로 상호 의존적인 계획을 짜야 했을 뿐 아니라 상륙을 위한 전문 장비를 개발하고 병사들에게 알맞은 훈련을 시켜야 했다. 분명히 어려운 임무였다. 독일군 예하 사령부들이 각지에 흩어져 있었기 때문에 육·해·공군의 노력을 조율하기 더욱 까다로웠다. 얄궂게도 3년 후인 1943년 7월에 연합군도 시칠리아를 침공하는 허스키 작전Operation Husky에서 똑같은 실수를 한다.

1940년 7월 말, 제38군단은 양차 대전 사이 프랑스의 사회 지도층에게 인기가 높았던 우아한 해안 휴양지 르투케파리플라주Le Touquet-Paris-Plage로 이동했다. 제38군단 사령부를 그 유명한 루아얄 피카르디Royal Picardy 호텔에 마련했다는 사실로 미루어보건대, 만슈타인이나 그의 참모들 모두 안락한 생활을 하고 싶었던 것이 분명하다. 1930년에 문을 연 이 호텔은 객실 500개(전부 욕실이 딸려 있었다), 아파트형 숙소 50개, 라운지 120개, 수영장, 피트니스 센터가 있는 세계에서 가장 크고 호화로운 호텔이라고 알려져 있었다. 그라프는 루아얄 피카르디 호텔이 하도 넓어서 군단 사령부가 9개 층 가운데 2개 층밖에 차지하지 않았다고 회고했다. 그러나 만슈타인은 "프랑스 선박 거물이 소유했던 최고급 설비를 갖춘 아름다운 별장"에서 따로 살았다.

한편 세부 계획은 히틀러의 지시에 의해 착착 진행되고 있었다. 영국 침공 개시 조건은 이제 1939년 가을에 제시되었던 것과는 상당히 달랐다.

1940년 5월 전후에는 결정을 내리지 못하고 우유부단해서 영국해협 도하에 필요한 운송수단을 건조하거나 용도에 맞게 개조하지 못했지만, 독일 육군과 공군은 그와 달리 전투에서 입증되었듯이 좋은 상태였고 기강 또한 훌륭했다. 독일 해군은 이론상 노르웨이 북쪽에서 프랑스 남쪽까지 모든 항구를 사용할 수 있었으나, 노르웨이를 놓고 벌인 전투에서 영국 해군에게 입은 결정적인 손실(특히 구축함의 손실)은 되돌릴 수 없는 것이었다. 게다가 됭케르크에서 이미 패기를 과시한 바 있는 영국 공군을 무찔러야 한다는 것도 문제였다.

　1940년 여름 동안 독일 육군은 영국 침공을 위해 계획 2개를 세웠다. 보다 야심 찬 첫 번째 계획은 영국 남부의 기다란 해안에서 여러 번의 대규모 상륙을 실행하는 안이었다. 항공기 2,500대의 지원 하에 총 41개 사단이 4차에 걸쳐 상륙한다는 것이었다. 이들은 영국 전체를 수비하는 총 22개 사단 중 10개도 안 되는 영국군 또는 캐나다군 사단과 1,000대 미만의 영국 공군 전투기와 싸우게 될 것이다. 영국군 사단의 장비 및 훈련 상태는 아주 엉망이었고, 좋아봤자 겨우 작전을 수행할 수 있는 수준이었다. 그러나 독일군의 질적·양적 우세만으로 영국 남쪽 해안 상륙 작전의 성공을 장담할 수는 없었다. 독일 육군과 전투공병대는 어느 때보다도 자원이 넘쳤지만, 어쨌든 영국해협은 꽤나 넓었으므로 확실한 공중 및 해상 지원이 없다면 건너기 어려웠다. 공군은 제공권을 확보할 자신이 있었다. 그러나 해군은 힘을 모아 방해할 것이 뻔한 영국 해군과 공군에 대항하여 대규모 병력을 이송하고 보호할 수 있을지 자신이 없었다. 영국해협 전체는 물론이거니와 도버 해협Straits of Dover만 놓고 보아도 그랬다.

　독일 해군이 자세한 이유를 들며 최초 계획을 거세게 반대하고 나서자 육군 최고사령부는 1940년 8월 30일에 새로운 작전을 발표하며 강습하는 사단의 수를 줄였다. 1차에 9개 사단이 상륙하되 그중 5개 사단은 전체 인원을 투입하지 않는다는 것이었다(717쪽 지도 4 참조). A집단군의 주력부대인 제16군(제13·7사단)은 일차 목표로 포크스톤Folkestone과 헤이스팅스Hastings 사이에 상륙하여 제7낙하산사단의 지원 하에 도버Dover를 점령하고 깊이가 15킬로미터에 달하는 교두보를 확보해야 한다. 이와 동시에 서섹스 해안에 상륙한 제9군(만슈타인의 제38군단과 발터 하이츠Walther Heitz의 제8군단)은 벡스힐Bexhill과 워딩Worthing 사이에서 비슷한 깊이로 침투해야 한다. 2차 상륙에서는 2개 보병사단과 3개 기갑사단, 2개 차량화사단이 상륙한다. 3차에서는 6개 보병사단이, 그리고 예비대 공급의 성격을 띠는 4차에는 제6군 예하 2개 사단과 육군 최고사령부 예비대 소속 3개 사단이 상륙한다. 처음에 비해 규모가 줄어들기는 했지만 이 계획에도 총 30개나 되는 사단이 투입되었다.

공중에서는 알베르트 케셀링Albert Kesselring 원수가 이끄는 제2항공군이 제16군을, 후고 슈페를레Hugo Sperrle 원수가 이끄는 제3항공군이 제9군을 지원한다는 계획이었다. 정찰기를 제외한 독일 공군력은 전부 상륙부대에 직접 항공지원을 제공할 계획이었다. 그들의 목표는 영국 해군과 공군의 방해를 저지하고 영국 육군 예비대가 상륙지대로 이동하는 것을 차단하는 것이었다.

바다사자 작전에서 독일 해군의 계획은 영국해협을 건너는 독일 육군을 보호하고, 여기에 수반되는 필수적 인원, 지휘, 통제를 제공한다는 두 가지 임무에 초점을 맞추고 있었다. 그런데 상륙을 위한 함포 사격 지원용 군함이 부족했다. 노르웨이와의 해전에서 침몰하지 않은 구축함 10척와 고속 어뢰정 20척을 포함한 독일 해군의 주력은 영국해협 서쪽 측면에 배치되었고, 북동쪽 측면의 엄호는 고속 어뢰정 30척에게 맡겨졌다. 기뢰 부설과 잠수함 작전이 이들을 지원할 예정이었다. 병력과 수송선이 딸린 순양함 4척을 비롯하여 남아 있는 몇 안 되는 대형 함은 영국 동해안에서 암호명 '가을여행Herbstreise'이라는 양동작전을 펼침으로써 적에게 이것이 독일군 주공이라는 착각을 하도록 유도하여 영국해협에서 실시되는 작전들이 대규모 기만작전이라는 생각을 심어주기 위해 계획된 것이었다.

만슈타인은 전략적·작전적 수준에서 바다사자 작전계획에 손끝 하나 대지 않았지만, 제1차 상륙군에 포함된 4개 군단 가운데 하나를 지휘해야 하는 그의 역할은 결코 하찮은 것이 아니었다. 1940년 여름 내내 그와 참모들은 침공 준비에 골몰했다. 제38군단 사령부는 또한 르투케Le Touquet에 세워진 제16군 훈련소를 담당하여 병사들에게 영국해협 도하의 주된 수단으로 결정된, 엘베Elbe 강과 라인 강을 오가는 바지선에서 승하선하는 기술을 훈련시켰다. 독일군이 뒤늦게 깨달았듯이, 바지선으로 해협을 건너는 것은 육군 부대가 가장 어렵다고 여기는 대규모 강습도하보다 훨씬 더 복잡했다. 배의 수가 한정되어 있었기 때문에 제9군 각 사단 병력의 3분의 2만 1차에 수송할 수 있었다. 독일군은 보병 강습부대를 가능한 한 빨리 상륙시키고 공중과 해상에서 가장 효율적인 지원을 펼치는 데 중점을 두고 있었다. 나중에 1942년 8월 19일 디에프Dieppe와 1944년 6월 6일 오마하 해변 Omaha Beach에서 벌어진 유혈 전투에서 입증된 것처럼 모든 상륙작전에서 가장 어려운 일은 강력한 수비대가 버티고 선 적국의 해안을 최초로 점거하는 것이다.

아이러니하게도 독일군은 영국이 1940년 여름에 이미 독일 점령 하의 유럽 대륙에 침투하기 위해 상륙주정을 개발하고 있었다는 사실을 까맣게 몰랐다. 이 '반격의 도구'는 처칠의 지휘 하에 생산되고 있었다. 1940년 10월, 첫 번째 전차상륙정Landing-Craft Tank, LCT의 시험가동이 진행되었다. 한편 독일군은 나름대로 여러 바지선과 페리를 용도에 맞게 개조하여 독자적인 모델을 개발하고 심지어 기술적 독창성을 가미하여 미래지향적인 고속 수중익선의 설계를 연구하고 있었다. 한편, 수륙양용경전차Schwimmpanzer와 보다 묵직한 잠수전차Unterwasserpanzer를 시험 중이었다. 이는 노르망디 상륙작전에 투입되어 성공과 실패를 두루 겪은 미국의 복식 주행 셔먼Sherman 전차(일명 DD 전차)보다 앞선 것이었다. 바다사자 작전에서 만슈타인의 군단은 4개 수륙양용전차 및 잠수전차 대대 가운데 1개 대대의 지원을 받을 예정이었다. 잠수전차는 훗날 1941년 6월 부크Bug 강 도하를 비롯한 대소련 전쟁에 투입된다.

시간과 자원 부족을 벌충하기 위해 독일 육·해군은 1940년 늦여름 내내 뭐든 있는 것을 가지고 맹훈련을 계속했다. 어쩔 수 없는 지연과 차질에도 불구하고, 1940년 8월 1일 제38군단 전쟁일지에는 이렇게 기록되어 있다.

곧장 임무를 위한 준비가 시작되었다. 육상과 해상에서 훈련이 진행 중이다. 모든 것이 새롭기 때문에 무엇이든 일단 고안해내고, 시험해야 한다. 또 모든 부대가 각자의 아이디어로 일을 진척시키려고 노력해야 한다. 우리에게 주어진 많은 문제를 해결하기 위해서는 발명 정신이 절대적으로 필요하다. 우리의 앞길을 가로막는 모든 난관을 일소하고 영국을 패배시켜야 한다는 것은 전군을 고무시키는 자극제이자 전군의 소원이다.

이러한 자신감은 약간 과장된 것이었다. 제38군단 사령부는 짐작컨대 공습으로 인해 루아얄 피카르디 호텔을 떠나 표적으로 삼기 어려운, 아브빌Abbeville과 아미앵 사이의 자그마한 내륙 마을 플릭스쿠르Flixecourt로 이동했다.

1940년 8월 동안 만슈타인의 사단을 비롯한 강습부대들은 오스탕드Ostend에서 셰르부르Cherbourg에 이르는 영국해협 해안을 따라 해상 및 육상 훈련을 받았다. 그러나 열의나 에너지는 물론이고 많은 훈련으로도 영국 해군이나 미국 해병대가 개발한 것과 같은 상륙 전문 함정이 없다는 약점을 메울 수는 없었다. 독일 육군 소속 공학자들이 주요 장비로 제시한 전동 상륙용 공격주정과 공기 팽창식 래프트는 오로지 적절한 기상과 해상 조건 하에서 마지막으로 해안에 접근할 때만 적합했다. 최초로 상륙할 소수의 병사들 외에는 아무것도 실어 나를 수 없다는 것도 단점이었다. 따라서 독일군은 트롤 어선과 모터보트 등 잡다한 배 몇 척을 제외하면 엘베 강과 라인 강의 바지선 개량에 모든 희망을 걸어야 했다. 제대로 된 상륙정이 없는 상황에서 이는 기껏해야 형편없는 대안에 불과했다. 바지선에 하선용 램프ramp를 덧붙이는 작업은 독일 북서부와 저지대 국가들에 걸쳐 있는 조선소에서 이루어졌다. 개량을 마치자 바지선을 영국해협으로 끌고 가는 것도 문제였다. 바지선은 이동 중 공습에 속수무책이었고 몇 되지 않는 영국해협의 항구에 정박시킨 뒤에도 영국 공군의 공격에 노출되어 있었다. 그리고 군이 상상의 나래를 펴지 않아도 이런 배는 해상 조건이 최고로 좋을 때(해상 상태 2등급 이하)나 목적에 적합한 것으로 여겨졌다. 1940년 10월 이전에 영국해협을 건너지 못한다면 다음 기회는 1941년 5월까지 기다려야 했다.

이런저런 지연과 공습의 방해에도 불구하고 8월과 9월 둘째 주까지 개량 바지선의 수는 착실히 늘어났다. 하지만 훈련은 그만큼 성공적이지 못했다. 상륙정 대용품이 어설픈 탓에 여러 군인들이 예정에 없이 냉수를 뒤집어썼다. 하지만 침략군은 현실적인 조건 하에서 연습하고 새로운 기술을 완전히 익혀야만 했다. 사령관들과 참모들도 이에 동참했다. 국방군의 누구도 이렇게 대규모 상륙작전을 수행은커녕 계획조차 해본 적이 없었기 때문이었다. 만슈타인은 모든 전술적·기술적 발전을 주시하며 정기적으로 부대를 방문해서 준비 상태를 점검했다. 그의 부관은 이렇게 회상했다.

"우리는 사령관이 아주 익숙지 않은 새로운 것을 완전히 익히는 속도와 문제에 정면으로 달려드는 열정에 항상 놀랐다."

모든 난관에도 불구하고 만슈타인은 이렇게 기록했다.

"전원이 익숙지 않은 임무를 위한 훈련에 대단한 열의를 보여주었고, 우리는 다른 모든 것처럼 이 임무 역시 적절한 시기에 숙달될 것이라고 확신했다."

만슈타인은 여전히 병사들의 사기가 높았다고 주장했다. 독일 군부 내에서는 바다사자 작전의 성공 가능성에 대한 의견이 엇갈렸지만, 그라프는 만슈타인이 준비 기간 내내 "자신감을 내비쳤다"고 단언했다. 또한 여름 바닷가 훈련은 그만한 보상이 있었다. 배와 씨름하는 것은 큰 고생이었을지 몰라도, 점령국에서 언제 끝날지도 모르는 보초 노릇을 하는 것보다는 훨씬 나았다. 놀라운 일은 아니지만, 만슈타인과 그를 개인적으로 보좌하는 참모들은 영국해협에서 정기적으로 수영을 하기도 했다. 한번은 밀물 때를 잊고 있다가 해변에서 소중한 메르세데스 벤츠^{Mercedes-Benz} 참모 차량을 잃어버릴 뻔한 적도 있었다. 만슈타인에게 어떠한 상륙작전에서도 밀물과 썰물을 고려해야 한다는 소중한 교훈을 남겨준 일화였다.

불패의 영국 해군과 공군에 맞서 위험한 상륙을 감행해야 했던 이때, 그럴 만한 이유가 있었는가? 제38군단 예하 제34사단은 불로뉴^{Boulogne}에서 출발해 벡스힐 근방에서 상륙할 계획이었고, 제26사단은 에타플^{Etaples}에서 승선하여 1066년 9월 28일에 정복왕 윌리엄William이 아무런 저지 없이 상륙했던 이스트번Eastbourne 동쪽의 페번시Pevensey 만에 상륙할 계획이었다.

1940년 9월에 이르자 다가오는 침공을 준비하는 속도가 눈에 띄게 빨라졌다. 처리해야 할 세부사항이 산적해 있었는데, 보트 및 페리 탑재표를 만드는 것과 같은 새로운 업무가 대부분이었다. 군단 및 예하 부대 사령부는 이를 처리하느라 아주 분주했다. 군단 기록관은 9월 10일에 이렇게 썼다. "여러 번의 회의와 준비명령과 초안을 거쳐 '영국' 작전을 위한 첫 번째 작전계획이 작성되고 있다." 감찰과 순시 때문에 참모들도, 병사들도 민첩하게 움직여야 했다. 일례로 9월 12일에 폰 브라우히치 원수가 플릭스쿠르를 방문했다. 이에 대해 "제38군단, 그중에서도 특히 제26사단은 며칠 동안이나 준비를 했지만 해군 함정의 부족으로 인해 의도한 규모로 연습을 진행할 수 없었다"라는 기록이 남아 있다.

1940년 9월, 만슈타인은 앤드류 손A. F. A. N. Thorne(별명은 '벌지Bulgy') 대장이 이끄는 제12군단과 신설된 현지 자원 부대(훗날 국방시민군Home Guard)의 예하 부대들을 상대하도록 되어 있었다. 제12군단 휘하 3개 사단은 켄트Kent 와 이스트 서섹스East Sussex 해안을 따라 퍼져 있었는데, 진지에는 깊이가 없다시피 했고 강력한 예비대도 부족했다. 영국 제12군단은 독일군의 1차 상륙에서 9개 사단의 예하 부대들로 구성된 2개 군이 소속된 독일 집단군 전체의 공격을 가장 많이 받게 된다. 2개 공수사단을 빼더라도 디데이에 노르망디에 상륙한 연합군보다 더 많은 수였다. 그러나 생존을 위해 분투해야 했던 영국 공군과 달리, 다행히도 제7군단은 방어력을 시험받지 않았다.

한편 독일 공군은 최선을 다하고 있었음에도 불구하고 잉글랜드 남부와 영국해협 상공의 제공권을 장악할 수 없었다. 할더는 9월 14일에 영국 공격 준비에 대한 보고서를 받고 이렇게 평했다.

1. 침공에 성공하면 곧 승리로 이어지겠지만, 이는 완벽한 제공권 장악 여부에 달려 있다.
2. 지금까지는 악천후 때문에 공중을 완벽하게 장악하지 못했다.

3. 다른 모든 요소는 바라는 대로 이루어졌다.

더욱 중요한 사실은 할더가 "결정: 바다사자 작전은 아직 취소되지 않고 있다"라고 기록했다는 것이다. 이는 당시 국방군 최고사령부 내에서 의구심이 커지고 있었다는 것을 말해준다. 영국 공군의 전투기들은 영국 본토 항공전에서 승리했을 뿐만 아니라, 폭격기마저 9월 중순 영국해협을 건너기 위한 승선이 이루어질 항구들을 공습하여 독일군 침공 함대에 심각한 피해를 입혔다.

히틀러는 9월 14일로 예정된 확실한 침공 결정을 17일로 미룸으로써 침공 개시일 9월 27일까지 열흘간의 말미를 주었다. 9월 15일에 독일 공군이 영국 공군을 패퇴시키는 데 실패하면서 히틀러는 1940년 9월 17일에 다시 공지할 때까지 침공을 '당분간' 미룬다고 선언했다.

하지만 만슈타인의 군단에게 주어진 임무가 철회된 것은 아니었다. 상륙 작전이 실행될 가능성이 빠르게 감소하고 있다는 암시가 상부로부터 전해 졌음에도 불구하고 훈련은 계속되었다. 10월 7일, 군단의 전쟁일지 기록관은 이 명백한 모순에 대해 별다른 언급을 하지 않았다. 한편으로 "바다사자 작전이 실행될 가능성은 점차 줄어들고 있었지만" 다른 한편으로 "준비는 거침없이 계속되어야 했던" 것이다. 그날 오전, 만슈타인은 르투케에서 벌어진 승선 연습을 시찰하러 모래사장으로 향했고, 다음날에는 제254사단 사령부를 방문하여 병력 배치를 의논했다. 이런 식으로 만슈타인은 자신의 앞에 놓인 임무를 위해 육체적 건강과 적극적인 자세를 유지하려고 노력했다.

해가 짧고 해상조건이 악화되는 가을이 다가오고 영국과의 공중전에서 승리할 기미가 보이지 않자, 단 며칠 뒤인 10월 12일에 히틀러는 1940년에 바다사자 작전을 개시하지 않겠다는 최종 결정을 내렸다.

독일 공군이 목표를 영국 공군 패퇴에서 도시 폭격으로 전환했음에도 불구하고 영국인들의 사기는 꺾이지 않았다. 대공습Blitz 기간 동안 런던London이 화염에 휩싸였지만, 바다사자 작전의 핵심적인 전제조건이 충족되지 않았다는 기본적인 사실은 바뀌지 않았다. 간단히 말해 독일 해군과 공군 모두 상륙부대가 영국해협을 비교적 안전하게 건널 수 있도록 보장하기 어려웠고, 영국인들은 처칠의 지휘 하에 상황을 불문하고 싸울 준비가 되어 있었다. 돌이켜보면 히틀러가 정말로 이 작전을 마음에 들어 했는지는 미지수다. 그는 독일 군부의 다른 누구만큼이나 이 작전의 위험성을 잘 이해했을지도 모른다. 거대한 전략적 관점에서 그는 정치에 영향을 미칠 수 있는 군사적 차질만은 가능한 한 피하고 싶어했다. 만약 영국을 직접적으로 굴복시킬 수 없다면, 간접적인 방법을 찾아야 했다.

만슈타인의 전략 평가

흥미롭게도 만슈타인은 회고록에서 바다사자 작전의 작전적·전술적 혹은 기술적 세부사항에 관해 거의 언급하지 않았다. 이 침공 계획에 대한 그의 논평은 우선적으로 전략적 범위에 해당하는 내용이 중심이었다. 이는 만슈타인이 독일 국방군이 맞닥뜨린 어려움을 어떻게 평가했고, 당시 독일에게 열려 있었던 다른 선택지에 대해 어떻게 이해했는지를 보여주는 자료로서 훑어볼 가치가 있다. 만슈타인의 분석은 독일과 영국이 입장 차이를 좁혀야 한다는 놀라운 주장으로 시작한다.

양측 모두 상식에 입각해 화해의 수단을 추구하는 대신, 향후 몇 년 동안이나 유럽을 지배할 운명을 그렇게 짧은 기간 동안 정해버렸다는 것은 비극이다. 히틀러가 대영제국과 생사를 걸고 싸우기를 원치 않았다는 것만은 분명하다. 그의 주적은 동쪽에 있었기 때문이다.

히틀러의 숨은 동기에 대한 만슈타인의 평은 확실히 옳았지만 영국 정부, 국민, 국민성에 대한 평은 설득력이 덜하다. 그는 "일단 시작한 투쟁이라면 아무리 힘들어도 헤쳐나가고야 마는 영국인의 감탄할 만한 끈기"는 칭송했으나 히틀러와 나치 정권보다도 "형편없는 체계를 알아보지 못하는 무능력함"에 대해 비판했고, "영국인들은 소련이 거머쥔 권력과 세계를 지배하려는 야욕에 내재된 위험을 보지 못했다"라고 주장했다. 그러나 대다수의 영국인에게는 소련의 세계 지배라는 잠재적인 위협을 유럽을 히틀러에게 내준다는 현실적인 위협과 교환한다는 것은 조금도 달갑지 않았다.

앞에서 살펴봤듯이 만슈타인은 제1차 세계대전 발발 전인 청년기에 오스만튀르크 제국을 여행했고 양차 대전 사이에 체코슬로바키아, 이탈리아, 스페인, 소련을 방문했으며 제1·2차 세계대전 중에는 프랑스에서 참전했으나 영국을 방문한 적은 없었다. 1946년에서 1948년 사이, 전쟁포로의 신분으로 영국을 '방문'한 것이 전부였다. 따라서 영국 정치에 대한 그의 논평은 기껏해야 간접적으로 전해들은 것에서 비롯된 것이다. 만슈타인은 특히 처칠에 대해 완전히 잘못 짚고 있었다. "그자는 어쩌면 투사적 성향이 지나치게 강하다고 할 수 있었다." 만슈타인은 처칠이 "전투와 궁극적 승리에 지나치게 사로잡힌 나머지" 독일군의 패배를 넘어 "정치적 미래를 보지 못했다"고 평했다. 철의 장막을 예견하고 유럽의 통합을 요구한 남자에 대한 비판으로서는 설득력이 거의 없다.

만슈타인은 히틀러가 이끄는 독일에 굴복하지 않겠다는 영국의 결의를 고려하면 전쟁을 계속 하는 것 외에 현실적인 대안은 없다고 결론지었다. 따라서 문제는 "다음으로 무엇을 해야 할까"가 아니라 "어떻게 영국을 패배시킬까"였다. 만슈타인은 프랑스 항복 이후 독일이 선택할 수 있는 세 가지 전략적 방향을 제시했다. 보급을 차단함으로써 영국의 목을 옥죄는 것, 지중해에 있던 영국의 세력 기반을 없애는 것, 그리고 영국 제도를 침공하는 것이었다. 만슈타인은 전략적 공중전(당시 독일어로는 '작전적 공중전operativer Luftkrieg')을 벌인다는 네 번째 선택지도 잠시 고려했으나, 공군에게 이를 실행할 수단이 부족하여 불가능하다는 이유로 제외했다. 소련을 먼저 정복하여 영국을 고립시킨다는 다섯 번째 선택지는 히틀러가 바다사자 작전을 위한 전제조건을 달성하는 데 실패한 '뒤에' 결정한 것과 일치했다.

만슈타인이 보기에 영국을 봉쇄하여 항복을 얻어내는 것은 독일에게 충분한 수의 잠수함과 장거리 비행기, 심지어는 항공모함이 있어야만 현실적으로 가능한 전략이었다. 1940년 여름 독일에게는 그중 아무것도 없었다. 독일 공군은 영국 공군이 독일군의 잠수함(유보트U-boat)을 공격하지 못하도록 제공권을 충분히 확보해야 했고, 동시에 영국의 해상운송 및 항구 기반 시설, 나아가 비행기 제조시설까지 상당 기간에 걸쳐 공격할 수 있을 만큼 강력해야 했다.

'지중해' 선택지에 대해서 만슈타인은 대영제국의 생명선을 끊음으로써 심각한 일격을 가할 수 있다는 것은 인정했으나 이것이 필수적인 조치는 아니라고 판단했다. 멀긴 해도 희망봉을 돌아가는 항로가 영국과 중동 및 인도를 잇는 대안적인 병참로가 될 수 있기 때문이었다. 1941/1942년 독일은 지중해에 공군력을 집결시켜 영국에 막대한 피해를 입혔다. 그러나 만슈타인이 보기에 몰타Malta 점령을 진지하게 시도하지 않은 것은 이러한 노력을 허사로 만든 "아주 중요한 실수"였다. 또 독일군이 타 지역 부대들을 대거 끌어들여 지중해에 투입시키는 것을 보고 소련이 대독일 전쟁 유혹을 느낄지도 모른다는 것 역시 그만큼 중요했다.

만슈타인은 영국 침공에 대한 세밀한 분석으로 조사를 마무리했다. 그는 영국 제도 정복이 곧 영국 제국의 완벽한 패배를 의미하지는 않는다는 점을 인정했다. 처칠이 이끄는 영국 정부는 영연방 자치령들의 지원 하에 계속 싸웠을 것이다. 그러나 영국 제도를 정복하면, 독일을 패배시키는 것은 불가능까지는 아닐지 몰라도 훨씬 더 힘들었을 것이다. 군사적 관점에서 영국 침공은 성공할 가능성이 있었다면 "의심의 여지 없이 옳은 해법"이었다. 더 나아가 만슈타인은 1940년 여름 독일군이 오버로드 작전을 펼치던 1944년 6월의 연합군처럼 완벽하게 공중과 해상을 통제하지 못한 것은 사실이나, 그렇다고 해서 바다사자 작전이 꼭 실패했으리라는 법은 없다고 지적했다.

만슈타인은 침공에 성공하기 위한 전략적 핵심 전제조건 두 가지를 올바르게 짚어냈다. 첫째, 작전은 가능한 한 빠른 일자에 수행되어야 했다. 둘째, 독일군은 영국해협과 그 근방에서 영국 해군과 공군의 힘을 무력화시켜야 했다. 결과적으로 시간의 압박은 독일군에게 이중고를 안겨주었다. 영국해협을 늦게 도하할수록 영국군이 병력을 강화하고 수비를 조직할 시간적 여유는 많아지고 날씨와 해상 상태가 우호적일 가능성은 낮았다. 독일군의 준비 상태가 더 좋았더라면, 그래서 됭케르크 함락이나 프랑스 항복 직후인 1940년 6월에 바로 영국을 침공했더라면, 영국으로서는 대재앙을 맞을 수도 있었다.

만슈타인은 분석의 마지막 부분에서 히틀러의 대영국·대소련 정책에 대한 견해를 밝혔다. 근본적으로 그는 "히틀러가 언제나 '영국 본토 및 대영제국과의 다툼을 피하려 했다'는 것에는 이론의 여지가 없다"라고 단언했다. 만약 대영제국이 파괴된다면 독일보다는 미국, 일본, 혹은 소련이 이득을 볼 것이었다. 이러한 추론에 따르면, 히틀러의 대영 정책은 어느 정도 타당했다. 게다가 히틀러가 영국과 싸우기를 원치 않았고 프랑스 전역에서 쉽게 승리하리라고 예상하지 못했다는 것이 사실이라면, 바다사자 작전은 히틀러를 자신의 정치적 전망과 상충하는 전략적 방향으로 이끌었을 것이다.

만슈타인은 특히 히틀러의 구상이 "영국 침공을 지지하지 않았다는 사실"을 두고 "재앙과 같다"고 표현했다. 히틀러는 영국을 침공하면 얼마나 심각한 위험이 따를지 잘 알고 있었던 것이다. 침공 실패가 불러올 결과는 어마어마했다. 군사적 관점에서 독일 국방군은 약화될 테지만 군사력이 회복 불가능한 수준까지 피해를 입지는 않을 것이었다. 그러나 히틀러에게 무엇보다 더 중요했던 것은 정치적 관점이었다. 그는 영국 침공의 극적인 실패가 독일 및 타국에서 자신의 명성을 해치리라는 것을 걱정했다. 만슈타인은 히틀러가 그러한 위험을 감수하지 않기로 정함으로써 "커다란 판단 오류를 저질렀다"고 결론지었다. 보다 정확히 말하자면, 히틀러는 결정타를 날릴 유일한 기회를 놓쳤던 것이다. "영국과의 전쟁이 길게 늘어질수록 독일에 대한 동쪽의 위협은 더 커질 것이 분명했다."

70년 전의 사건들을 돌이켜보면, 작전적 수준에서 보았을 때 바다사자 작전은 전략적 조건이 갖춰졌다면 어느 정도 성공했을지도 모른다. 그러나 조건은 분명히 충족되지 않았다. 사건의 추이가 만슈타인이 바랐던 대로 진행되어 영국해협 공중에서 결전이 벌어졌더라도 결의에 찬 영국 공군과 해군에 맞서 독일군의 함대가 살아남았을지, 그리고 필사적인 영국 수비군에 맞서 독일군이 켄트와 서섹스 해안에 무사히 상륙할 수 있었을지는 위

는 이제 중부 유럽을 분할하는 불편한 단층선 하나를 사이에 두고 서로를 마주하고 있었다. 이 두 전체주의 국가는 서로 부딪쳐 지각 변동을 일으킬 운명이었다. 소련은 이미 독일과의 국경 뒤로 군대를 증원시키고 있었다. 사회경제적 관점에서 히틀러는 독일인에게 필요한 생활권과 농업, 산업, 석유를 포함한 관련 자원들을 얻으려면 동쪽으로 향하는 수밖에 없다고 생각했다. 히틀러에게 독일과 소련의 전쟁은 불가피한 것이었다. 만슈타인에 따르면, 따라서 히틀러는 "유럽 대륙에 유효한 적(프랑스 혹은 영국을 뜻함)이 남아 있지 않을 때 '예방전쟁'으로써 소련을 제거"할 수밖에 없었다. 그리하여 독일의 소련 침공, 즉 바르바로사 작전Operation Barbarossa이 탄생하게 된 것이다.

만슈타인은 오랫동안 기갑군단을 지휘하고 싶어했다. 프랑스 전역에서 공을 인정받아 기사철십자훈장을 받기는 했지만 기동전 전문가로서의 능력을 입증하고 싶었던 것이다. 어쩌면 구데리안과 롬멜처럼 걸출한 인물들이 이미 명성을 얻었다는 것을 의식했는지도 모른다. 1940/1941년 겨울 동안 영국해협에서 움츠린 채 몇 달을 보낸 뒤에야 비로소 만슈타인의 야망이 실현되었다. 그는 2월 말에 제38군단에 작별인사를 고하고 독일로 돌아가 1941년 3월 15일부로 베스트팔렌 동쪽 바트 잘추플렌Bad Salzuflen에 주둔한 제56(차량화)군단을 지휘하게 되었다. 아직 기갑군단이라는 이름이 붙기 전이었지만, 그는 새로운 군단을 맡음으로써 마침내 전투에서 기갑사단과 차량화보병사단을 지휘할 수 있게 된 것이었다.

만슈타인이 새로 맡은 제56(차량화)군단은 북부집단군의 관할 영역 내 제4기갑집단에 배속되어 있었다. 이번 전역은 전격전의 특징 가운데 하나인 종심기동작전으로 화려하게 막을 올릴 예정이었다. 만슈타인은 보병 출신이었지만 기갑부대를 지휘할 자격이 충분했고 상급자로부터 강력한 추천을 받았다. 프랑스에 주둔해 있던 제9군을 떠나며 그는 군 사령관 아돌프 슈트라우스Adolf Strauss 상급대장(콜베르크Kolberg에서 만슈타인의 연대장이었다.)으로부터 박수갈채를 받았다. 슈트라우스는 자신의 부하인 만슈타인을 "아주 영리하고 기민하며 정력적이고 외곬수"라고 평했다. 그에 따르면, 만슈타인은 "전투에서 탁월한 사령관임을 입증했고, 작전 후에는 예하 사단을 교육 및 훈련시키는 역할 역시 훌륭하게 소화했다." 전체적으로 지난 몇 년 동안 그가 이룬 성과는 "뛰어났다." 그래서 슈트라우스가 만슈타인을 "대규모 차량화부대 및 군 사령관"으로 천거했다.

만슈타인은 앞서 보았듯이 서유럽에서 성공적인 침공 계획을 세우는 데 핵심 역할을 했으나, 히틀러가 "신속한 군사작전으로 소련을 분쇄한다"는 목표를 세운 숙명적인 동부전선 작전계획에는 영향을 미치지 못했다. 만슈타인은 계획의 세부 사항을 "아주 늦게" 보게 되었는데, 그것이 "1941년 5월 어느 날"이었던 것으로 기억한다고 기록했다. 그는 일개 군단장에 지나지 않았기 때문에 1941년 3월 30일에 베를린의 새 수상관저에서 다가오는 전역에 대한 발표를 들은 고위 장교단(100여 명 남짓한 집단군 및 군 사령관과 참모장이 포함되었다)에 속하지 못했다. 그가 총통의 연설에 대해 자세한 내용을 전해 들었는지 여부는 알 수 없지만, 만슈타인이 4월 말까지 이에 대해 몰랐다면 이는 놀라운 일이 아닐 수 없다. 히틀러는 이때 단순히 동쪽에 대한 전략 지정학적 목표를 드러내는 것으로 그치지 않고, 그곳에서 수행하게 될 전쟁과 관련된 정책을 발표했다. 그 내용은 할더의 기록에서 간명하게 드러난다. 대소련 전쟁은 "볼셰비키 정치장교commissar(소련 공산당이 군을 지도하기 위해 군대 내에 설치한 정치부에 근무하던 장교–옮긴이)들과 공산주의자 지식인들을 절멸시키는" 것과 연관된 전쟁이었다. 할더는 더 나아가 이렇게까지 표현했다. "이 전쟁은 서쪽에서의 전쟁과는 크게 다를 것이다. 동쪽에서는 오늘의 가혹함이 곧 내일의 관대함을 의미한다. 사령관들은 자신의 개인적 양심을 극복하는 희생을 치러야 한다."

만슈타인이 상위 사령부로부터 지시를 받은 것만은 분명히 확인할 수 있다. 1941년 5월 초, 제4기갑집단 사령부에서 에리히 회프너 상급대장의 서명 하에 이런 명령이 내려왔다.

(대소련 전쟁은) 슬라브족에 대한 게르만족의 오랜 전쟁을 잇는 것이자 밀려드는 모스크바인과 아시아인의 홍수로부터 유럽 문화를 보호하고 유대 볼셰

비즘을 격퇴하는 일이다. 이 싸움의 목표는 동시대 러시아의 파괴이므로 막대한 폭력이 수반될 것이다. 모든 전투행동은 계획과 수행 단계를 가리지 않고 적을 무자비하게 절멸시키겠다는 굳센 의지의 지배를 받아야 한다. 특히 현재 러시아-볼셰비키 체계의 심부름꾼에게는 어떠한 자비도 있어서는 안 된다.

다른 주요 부대와 마찬가지로, 1941년 6월 12일 만슈타인이 예하 사단에 내린 명령에는 국방군 최고사령부의 '소련 내 군대 행동 지침'이 부록으로 붙어 있었다. 이 문서의 논조 역시 모호하지 않다. "볼셰비즘은 국가사회주의 독일 국민들에게 치명적인 적이다. 그들의 부패한 세계관과 그 지지자들은 독일의 고통을 정당화한다. 이 전투는 볼셰비스트 선동가, 게릴라, 파괴공작원들과 유대인에 맞서 가차 없고 강력하고 과감한 조치를 취할 것을 요구하며, 또한 능동적이든 수동적이든 모든 저항을 완전히 제거할 것을 요구한다." 이런 표현을 보면 대소련 전역이 이데올로기에 의해 주도된 것이며 독일군은 그 진정한 목적을 세뇌받았던 것이 분명하다.

만슈타인 휘하의 사단들은 전투를 위한 최종 준비를 마무리하며 사령관으로부터 다가오는 전쟁의 성격과 이 전쟁에 적용되는 특별한 조건들에 대해 설명을 들었다. 1941년 3월 30일 히틀러는 고위 장성들을 대상으로 연설을 펼친 뒤, 대소련 전역에서는 일반적인 군사법적 절차를 중단하라고 지시했다. 카이텔 원수는 국방군 최고사령관으로서 히틀러를 대신하여 5월 13일에 전투 중 붙잡힌 민간인 포로들을 보호하지 말고 제거하고, 그 임무를 수행하는 독일군 부대를 위한 특별 안전보장조치를 취하라는 명령을 내렸다. 영국 법무관 직무대리가 만슈타인의 전범재판에서 요약했듯이, '바르바로사 사법 명령'은 다음과 같았다.

"적국 민간인의 범죄는 군법회의에 회부하는 절차를 밟지 않는다. 게릴라병은 가차 없이 숙청하고, 혐의가 있는 부대는 장교에게 끌고 가서 그의 판단 하에 총살 여부를 결정한다. 반역적 공격(원문 그대로)이 일어난 지역에 대해서는 집단적인 무력 조치를 취한다."

이런 식으로 바르바로사 사법 명령은 히틀러가 동부전선에서 벌인 전쟁의 진정한 본질을 예고했으며, 이 전쟁이 이데올로기에 이끌린 예정된 살인의 길이라는 것을 여실히 보여주고 있다.

이와 마찬가지로 더 잘 알려진 1941년 6월의 정치장교 처리에 관한 명령 역시 소련 사회와 군 내에 있는 혐오스러운 볼셰비스트 정치체제의 대표자들을 제거하기 위한 불법적 수단이었다. 이 악명 높은 정치장교 처리에 관한 명령은 독일군 전쟁포로들이 "혐오스럽고 소름끼치고 비인간적인 대우"를 받는 것은 정치장교들의 책임이라는 생각을 근거로 정당화되었다. 독일 군대는 "정치장교들을 국제법에 준거하여 보호하고 대우해주는 것은 잘못된 것"이라는 사실과 정치장교들이 바로 "야만적이고 아시아적인 전투 방법의 선동자"라는 점을 분명히 알아야 했다. 정치장교들에게는 "무기로써 대응해야" 했다. 다시 말해, 그들은 즉각 총살당해야 했다.

정치장교 처리에 관한 명령에 대한 만슈타인의 견해는 이 문제에 대한 그의 내적 갈등을 보여준다. 그는 정치장교 처리에 관한 명령이 부당하다고 생각하며 부정에 가까운 태도를 보였다. 그러나 만슈타인은 전후에도 소련 정치장교들에 대해 여전히 이렇게 생각했다.

소련 정치장교들은 '군인이 아님에도' 광적인 투사였다. 그러나 전쟁의 전통적 의미에서 볼 때, 그들의 활동은 불법적인 것으로 여겨졌다. 그들의 임무는 소련 군사 지도자들을 정치적으로 감시하는 것뿐만 아니라, 심지어 전투에 가능한 한 극도의 잔인성을 주입하고 군인다운 행동에 대한 기존 인식과는 완전히 다른 행동을 하도록 조장하는 것이었다.

다른 한편으로 그는 "정치장교 처리에 관한 명령과 같은 명령은 전혀 군인답지 못한 것이며 이런 명령을 수행한다는 것은 우리 전투부대의 명예뿐만 아니라, 병사들의 기강도 해칠 것"이라고 인정했다. 도덕과 법 수준에서의 논쟁은 차치하고, 가장 실용적인 접근법은 가급적이면 이 명령의 시행을 피하는 것이었다. 만슈타인이 평했듯이 "이는 정치장교들이 가장 잔인한 방법에 의존하도록 조장하고, 소련 병사들을 끝까지 싸우도록 부추기는 자극제일 따름이었다."

제56군단 내에서 정치장교 처리에 관한 명령은 입에서 입으로 퍼져나가 화젯거리가 되었다. 만슈타인은 회고록에서 자신이 지휘하는 부대 내에서는 이 명령을 시행하기를 거절했고, 상관들에게 그렇게 보고했다고 적었다. 이에 대한 반증은 1941년 7월 9일 4명의 정치장교가 총살되었다는 애매모호한 보고 외에는 없다. 그러나 어쩌면 만슈타인이 개인적 편지에 정치장교 처리에 관한 명령에 반대한다는 언급을 전혀 하지 않았다는 사실로부터 그의 입장을 유추할 수 있을지도 모른다. 실제로 1941년 6월 20일에 아내에게 보낸 편지에서 그는 적군이 끈기를 보이는 것은 대개 "정치장교가 몰아붙이기 때문"이라고 폄하했다.

그사이 만슈타인이 1940년 2월 때처럼 곧 있을 전역에 대해 히틀러에게 조언할 수 있었다 해도, 동부전선에서 벌어진 전쟁의 최종 결과가 달라졌을 리는 없다. 스탈린에 맞서겠다는 히틀러의 결정은 대단히 신중하지 못한 것이었고, 고위 군사고문들의 조언 역시 그러했다. 스탈린이 벌인 숙청과 그전 겨울 핀란드에 맞서 적군이 맥을 못 췄다는 사실, 그리고 무엇보다도 독일 국방군이 서유럽에서 거둔 경이로운 승리가 위험할 정도로 지나친 낙관주의를 퍼뜨렸다.

만슈타인이 전쟁 '후에' 기록했듯이 스탈린이 이끄는 소련에 맞서 전역을 성공적으로 이끌 전략적 핵심 전제조건 같은 것은 애초부터 존재하지 않았다. 그가 보기에 실패의 기본적인 원인은 히틀러가 '소련 국가 체계의 힘, 그 힘의 원천과 적군의 전투력'을 과소평가했다는 데 있었다. 소련을 단 한 번의 전격전을 통해 군사적으로 패퇴시키려면 소련 내에서 내부적 붕괴가 일어나야 했다. 그것밖에는 방법이 없었다. 그러나 동유럽에서 펼쳐진 히틀러의 억압적 점령정책(만슈타인은 당연히 자신이 '간접적으로나마' 그것에 기여했다는 사실은 계속해서 언급하지 않았다)으로 인해 그런 일은 일어나지 않았다. "제국대표위원Reichskommissar과 나치 보안대SD를 통해 추구된" 이런 정책들은 "군 당국의 노력과는 완전히 정반대 되는 것이었다"는 만슈타인의 전후 주장은 이를 반증하는 증거가 너무 많이 드러난 오늘날에는 아주 신빙성이 떨어진다.

둘째로 만슈타인은 "히틀러와 군부(육군 최고사령부)가 공유하는 공통된 전략적 개념"의 부재가 전역 계획 및 수행에 큰 걸림돌이 되었다고 보았다. 히틀러는 육군 최고사령부가 모스크바 앞에 집결하리라고 예상한 적군을 패퇴시키는 데 집중하기보다는 레닌그라드, 우크라이나 동부의 산업지역인 도네츠Donets 분지, 캅카스 유전 등 정치·경제적 목표물에 중점을 두었다. 실제로 스탈린은 신설된 기계화부대의 대다수를 포함하여 많은 병력을 히틀러가 탐낼 것으로 우려되는 우크라이나에 투입했다.

물론 만슈타인의 사후 평가는 실제로 무슨 사건이 일어났는지 전부 아는 상태에서 쓰인 것이다. 회고록을 읽을 때 유념할 점이다. 그러나 소련 침공 최종 계획이 "군사적 노력을 측면으로 분산시켜" 위험했다는 그의 평은 분명히 옳았다. 독일군은 북부집단군은 발트 3국을 통해 레닌그라드로, 남부집단군은 우크라이나를 거쳐 키예프로 보냄으로써 병력을 분산시켰다. 벨로루시를 통해 모스크바로 가는 중앙 축에는 중부집단군만이 배치되었다. 따라서 소련의 대조국전쟁Great Patriotic War을 다룬 가장 중요한 연구에서 논했듯이, "바르바로사 작전은 착상 단계부터 모든 곳을 동시에 점령하려는 헛된 시도로 인해 독일군을 분산시키는 위험을 내포하고 있었다." 예하에 각각 2개 이상의 차량화군단과 2~4개 기동사단을 둔 4개 기갑집단(나중에 기갑군으로 명칭이 변경된다)을 투입했으나, 작전 지역이 광대해서 결정적 승부처에서 기갑부대와 공중 지원이 부족했고 병참 수단도 충분치 않았다.

이처럼 기본적으로 정치적 야망과 군사적 현실이 불일치했기 때문에 독일군 최고사령부는 실패할 수밖에 없었다. 소련을 침공하겠다는 히틀러의 결정은 거대한 전략적 오류였다. 이 오류의 심각성은 처음에는 독일의 공중·육상 작전이 거둔 성공, 잘 준비된 제병협동작전, 특히 '전쟁 초창기에' 적군이 보여준 무능력으로 인해 베일에 가려 있었다. 이렇게 숙명적인 전역이 시작되었다. 독일의 소련 침공은 1812년 나폴레옹의 패착보다도 더 큰 실수로 역사 속에 남게 된다.

(Vatutin).

5th Guards Army
Prokhorovka
Donets
69th Army
5th G
Tank

제9장
기갑군단장

"나는 언제나 모험을 해야 한다고 가르쳤다.
그렇기에 당연히 지금 모험을 감행하려 한다.
어쨌든 나는 기갑군단장이지 않은가!"

– 에리히 폰 만슈타인 –

전투의 전주곡

1941년 초여름, 독일의 소련 침공이 임박했다는 징후가 뚜렷하게 나타나고 있었다. 그러나 스탈린은 이때까지도 히틀러가 그렇게 위험천만한 모험에 뛰어들 거라고는 생각하지 않았다. 그래서 그는 어떤 대가를 치르더라도 평화를 지키려고 시도하면서 이와 동시에 부분 동원령을 내려 몰래 전쟁을 준비하는 전략적 절충을 선택했다. 히틀러를 도발하지 않기 위해 침공 당일까지 독일에 고가품을 보낸 것도 그 일환이었다. 그사이 독일 정보기관은 소련군 병력의 평시 규모와 동원령을 통해 확장할 수 있는 규모를 계속해서 과소평가하고 있었다.

소련군의 예방적 배치(히틀러는 이것을 보고 소련의 공격이 임박했음을 확신했다)는 반격에 대비한 전방 방어진지 유지와 종심 깊은 제대 편성을 절충한 것이었다. 이 일은 동시에 병력을 보강하고 각급 부대 구조를 완전히 재편성해야 했기 때문에 모든 것을 더 힘들게 만들었다. 1930년대 말에 스탈린이 장교단을 숙청함에 따라 지휘·통제·병참 면에서 약점이 불거진 소련군은 한층 더 난관에 빠졌다. 설상가상으로 전쟁이 발발하자마자 독일 공군에게 제공권을 빼앗기기까지 했다.

독일 북부집단군에 맞서고 있던 소련군은 발트 해 특별 군관구에 주둔해 있던 F. I. 쿠즈네초프Kuznetsov 상급대장 휘하의 소련군 부대들이었다. 대개 행정적 기준으로 묶인 이 부대들은 전쟁이 발발하자 북서전선군(독일의 집단군에 상응)으로 편제되었다. 이때 기계화군단을 거느린 소련군 제8군과 제11군은 이미 리투아니아와 독일의 국경 바로 뒤까지 전진 배치되어 있었다. 제27군은 라트비아-에스토니아-소련 3국의 접경지역 후방에서 400킬로미터 정도 거리에 멈춰 서 있었다. 게다가 북서전선군은 마음대로 활용할 수 있는 제5공수군단을 보유하고 있었다. 전쟁이 시작되자, 소련군의 2개 기계화군단 중 1개 기계화군단(제3기계화군단)에는 약 100대의 최신 T-34 전차와 KV-1 중전차가 주어졌는데, 두 전차 모두 탑재된 무기와 장갑 면에서 독일 전차보다 나았다. 독일 정보기관은 새로운 위협에 대해 어떠한 주의도 주지 않았다. 만슈타인의 입장에서 자신의 군단이 아니라 라인하르트의 군단이 강력한 소련 제3기계화군단을 향해 돌격했다는 것은 큰 행운이었다.

만슈타인은 전후에 1941년 6월 소련군의 배치가 사실상 공격적이라기보다는 주로 방어적이었다고 평했다. 소련군은 "거리를 좁혀서 공격 태세를 취할 수도 있었다." 하지만 그들은 전략적 결정에 따라 "모든 우발사태에 대비한" 배치를 유지했다. 그러나 바르바로사 작전 개시 후 격렬한 반격이 소련군 교리의 본질이라는 사실이 아주 빠르게 드러났다. 전쟁 초기에는 반격이 서툴렀지만 매복해 있다가 행군 중인 독일군을 습격하는 등 소련군의 완강한 방어 전술과 병참로에 대한 빨치산 작전은 곧 전역의 특징으로 자리매김했다.

동프로이센에서 발트 3국을 향한 북부집단군 공세의 선봉에 서 있던 제4기갑집단은 가능한 한 신속히 (많은 독일인들은 여전히 상트페테르부르크Sankt Peterburg라는 옛 이름으로 부르고 있던) 레닌그라드Leningrad로 진군해야 했다 (718쪽 지도 5 참조). 이 공격축에서 북부집단군의 최우선 임무는 다우가프필스Daugavpils(드빈스크Dvinsk) 시를 둘러싸고 흐르는 다우가바Daugava(드비나 Dvina) 강의 교량 확보였다. 좌익에서는 게오르크 폰 퀴흘러Georg von Küchler의 제18군이 발트 해안을 따라서 리가Riga로, 우익에서는 에른스트 부슈의 제16군이 카우나스Kaunas(코브노Kovno)로 진군하고 있었다.

제4기갑집단은 왼쪽에서 한스-게오르크 라인하르트Hans-Georg Reinhardt 장군의 제21(차량화)군단이 2개 기갑사단과 1개 차량화보병사단을 포함한 4

개 사단을 이끌고 공격하고, 오른쪽에서 만슈타인이 이끄는 제56군단이 제8기갑사단, 제3차량화보병사단, 제290보병사단을 이끌고 공격한다는 병행공격parallel attack 계획을 세웠다. 에리히 회프너Erich Hoepner는 SS 토텐코프Totenkopf 사단(차량화)을 예비대에 포함시켜 가장 앞서 나가는 군단을 강화하도록 했다. 만슈타인의 군단은 메멜Memel(네만Neman) 강 북쪽과 틸지트Tilsit(소베츠크Sovetsk) 동쪽에 위치한 삼림지대에서 동쪽을 향해 치고 나가 카우나스 북동쪽의 다우가프필스로 가는 주요 도로를 확보하라는 명령을 받았다. 한편 라인하르트의 군단은 예캅필스Jēkabpils(야콥슈타트Jakobstadt)로 향했다.

만슈타인은 1941년 6월 13일 금요일에 프라하Praha에서 열린 워게임에 참석한 뒤 리그니츠의 집에 들렀다가 6월 15일 일요일에 군단으로 복귀했다. 그때 제56군단은 오늘날 러시아의 칼리닌그라드Kaliningrad 주에 속한 인스터부르크Insterburg(체르냐홉스크Chernyakhovsk)와 틸지트 사이에 집결해 있었다. 6월 16일에 만슈타인은 곧장 북부집단군 사령관 빌헬름 리터 폰 레프 원수를 찾아갔다. 기갑집단장 회프너를 거치지 않고 제4기갑집단의 임무 분배에 대한 반대 의견을 직접 전하기 위해서였다.

북부집단군과 제4기갑집단의 계획을 실현하기 위한 공통의 전제조건은 다우가바 강을 건너는 다리를 빠르게 점거하여 레닌그라드로 향하는 주축을 뚫는 것이었다. 만슈타인이 표현했듯이 제4기갑집단의 진군은 "2개 군단 중 누가 먼저 다리에 도착하는지를 건 경주"가 될 터였다. 만슈타인은 승자가 되기로 결심했다. 그러나 그의 라이벌 군단에는 2개 기갑사단이 있었고, 화력 증원 포병대대도 1개가 아니라 4개에 달했다. 보다 거센 저항에 부닥칠 것으로 예상했기 때문이었다. 만슈타인은 이러한 병력 배치에 반박하고 나섰다. 상대적으로 적은 소련군을 마주칠 것으로 예상되는 '자신의' 군단이 성공할 확률이 높으니 기갑집단의 주력부대는 라인하르트가 아닌 자신의 군단이 되어야 한다는 논리였다.

그러나 레프는 만슈타인의 요청에 난색을 표했고, 결국 회프너의 원래 계획을 고수했다. 어쩌면 레프는 최근 발칸 반도 전투에 투입되었던 라인하르트가 사령관으로서 더 노련하다고 판단했을지도 모른다. 만슈타인은 실망한 채 제56군단으로 돌아왔고, 그날 오후 제290보병사단에서 주최한 워게임에 참석했다. 변한 것은 없었지만, 만슈타인이 회프너의 의견에 반대했다는 사실은 눈여겨볼 만하다. 만슈타인과 회프너는 1913년 육군대학에 입학한 동기였으나 각각 보병장군과 기병장군으로서 다른 길을 걸었고, 전역 내내 서로 의견이 엇갈렸다. 소련 영토에 가까워질수록 제56군단 예하 사단들은 전진에 어려움을 겪었고, 소련군의 저항도 심해졌다. 만슈타인은 직속 상관인 회프너의 위기 대처 방식에 갈수록 심한 좌절감을 맛봐야 했다. 나중에 살펴보겠지만, 두 사람은 소위 '서신 전투'에서 뜨거운 토론을 벌이게 된다.

소련 침공 개시일을 나흘 앞둔 6월 18일, 만슈타인은 여러 곳을 방문했다. 그는 제16군 사령부에서 오랜 친구 에른스트 ('파파Papa') 부슈와 아침식사를 했고, 구데리안의 제3기갑집단 예하 제18차량화보병사단에서 복무 중이던 맏아들 게로를 만났다. 그날 오전 만슈타인은 알렌부르크Allenburg(현재 러시아 드루즈바Druzhba)까지 가서 젊은 시절 복무했던 제2근위예비연대의 기념비를 방문했다. 그는 제2근위예비연대 소속으로 1914년 가을 제1차 마수리아 호수 전투 기간 동안 알레Alle 강에서 일어난 군사작전에 참가한 적이 있었다. 이것은 그에게 아주 가슴 아픈 기억임에 틀림없었다. 그가 그날 이후 게로와 함께 대화를 나누고 일광욕을 하고 수영을 하며 보낸 추억처럼 말이다. 만슈타인은 아들이 "명랑하고 건강한" 것을 확인하고는 일지에 "아이가 이렇게 활기 찬 것을 보고 굉장히 좋았다"고 적었다. 오랫동안 심한 천식을 앓던 맏아들의 군복 입은 건강한 모습을 보고 만슈타인은 매우 기뻤을 것이다.

만슈타인의 사단들은 이제 최종 공격 준비에 돌입하고 있었다. 작전 보안을 위해 제8기갑사단은 가능한 한 최후의 순간에 프라하에서 열차를 타고 이동했다. 그들은 6월 17/18일에야 인스터부르크에 도착했다. 제56군단의 집결지가 네만Neman 강 바로 북쪽의 독일 국경 바로 뒤에 있어서 공간이 제한된다는 것은 만슈타인이 최초 공격 시 왼쪽에 있는 제290보병사단과 오른쪽에 있는 제3차량화사단의 1개 연대가 보강된 제8기갑사단만을 사용할 수 있다는 것을 의미했다. 그는 제3차량화사단의 나머지 병력은 네만 강남쪽에 예비대로 남겨두었다. 공격을 맡은 사단들은 6월 19/20일과 20/21일, 짧은 여름밤을 틈타 전방의 집결지로 나아갔다.

6월 21일 토요일 13시, 만슈타인의 군단은 소련 침공이 다음날 아침에 개시된다는 통보를 받았다. 회프너는 제4기갑집단 병사들에게 호소했다. "내일 우리는 볼셰비키 노예들에 맞서 독일 국민과 우리의 후손들을 지키기 위한 대전투에 합류한다. 나는 제군의 군사적 능력과 대담성을 믿는다. 제군의 손으로 우리는 승리를 얻어낼 것이다. 신의 가호가 있길!"

만슈타인은 병사들을 격려하는 말을 따로 덧붙이지 않았다.

전투 속으로: 바르바로사 작전

히틀러의 대소련 전쟁은 1941년 6월 22일 새벽 03시 05분, 나폴레옹이 러시아를 침공한 지 정확히 129주년이 되는 날 시작되었다. 소련군의 허술한 전방 방어진지를 손쉽게 처치한 만슈타인의 부대는 곧 토치카로 이루어진 보다 정교한 방어선에 부딪혔다. 이는 훗날 독일군이 예전 러시아 국경의 스탈린선Stalin Line에서 마주치게 될 방어체계의 맛보기와 같았다. 독일군에게는 머뭇거릴 여유가 없었다. 다우가바 강의 교량들을 온전한 상태로 점거하려면 추진력을 유지하는 것이 핵심이었다.

만슈타인은 제1차 세계대전 때의 경험 덕분에 근방의 지형을 숙지하고 있다는 이점이 있었다. 그는 두비사Dubissa 강 중류의 협곡이 큰 장애물로서 소련군 방어의 중추가 될 수 있음을 이미 간파하고 있었다. 따라서 그는 침공 1일차에 국경에서 80킬로미터 떨어진 아이로골라Airogola의 교량을 점거해서 소련군이 두비사 강을 활용하지 못하게 해야 한다고 판단했다. 이는 실행하기 아주 힘든 일이었다. 그러나 22일 저녁, 에리히 브란덴부르거Erich Brandenburger 중장의 제8기갑사단 선발대가 중요한 첫 임무를 완수했다. 만슈타인은 측면 부대의 상황을 고려하지 않고 다우가프필스까지 밀고 나가야 한다고 확신했다. 큰 위험을 무릅쓴 결정이었다.

이처럼 침공 첫날은 전반적으로 프랑스 전역과는 상당히 다른 데다가 확실히 더 잔인했다. 만슈타인은 자정 직전, 자신의 일기에 "먼지를 뚫고 형편없는 도로를 운전해서 아주 힘들게 제8기갑사단으로 갔다." 그런 다음 "23시에 숲속의 지휘소로 복귀했다. 천막도, 음식도 없었다"라고 기록했다. 지난여름 프랑스 전역에서 누렸던 안락한 저택의 휴식은 먼 옛날의 기억처럼 느껴졌다. 하지만 그는 이내 곧 삼림지대의 야영지에서 늠름한 젊은 기병 출신 전속부관인 '페포Pepo' 슈페히트Specht와 텐트를 나눠 쓰며 캔버스천 하나만 덮고 자는 데 익숙해졌다.

만슈타인은 발트 3국과 소련 북서부의 무성한 삼림과 늪지대를 돌파하며 기갑군단장으로서 이름을 떨쳤다. 적이 강점을 활용하지 못하도록 선수를 치려면 도로가 나지 않은 곳으로 기동하는 것 외에는 방법이 없었다. 작전 개시 2주 후 아내에게 보내는 편지에서 묘사한 "한없이 펼쳐진 광활한 땅과 메마른 밭, 비참한 마을, 형편없는 도로, 엄청난 먼지, 그리고 기껏해야 빨래나 할 수 있을 만한 물"이라는 표현은 당시 "러시아의 실제 모습"이었다.

만슈타인의 군단이 새로운 난관에 부딪힌 것은 단지 작전 지역의 지형이 험했기 때문만은 아니었다. 만슈타인은 전역 첫날 연락이 두절되었던 수색 정찰대원들의 "끔찍하게 훼손된 시체"를 발견했다고 적었다. 그는 전쟁의 규칙을 무시하는 소련군에게는 절대 생포되지 말자고 슈펙트와 함께 다짐했다. 만슈타인은 작전 개시 전에 이미 휘하 부대에게 다음과 같이 경고한 바 있었다.

"포로를 포함하여 적군의 모든 병사들에 대해서는 각별히 주의해야 한다. 그들이 비열한 술수를 쓸지도 모르기 때문이다."

그렇다고 해서 소련 침공에 투입된 독일군이 훌륭하게 행동한 것은 아니다. 사실은 그 반대에 가깝다. 독일군은 참혹한 범죄를, 그것도 체계적으로 저질렀다. 주 희생자는 벨로루시, 우크라이나, 소련 본토의 민간인들이었다. 제2차 세계대전의 규모와 성격은 동부전선에서 전투가 개시된 이후 근본부터 바뀌었다.

전역 개시 단계에서 만슈타인은 기갑집단 사령관과 집단군 사령관으로부터 부대를 마음대로 지휘해도 된다는 허가를 받았다. 그는 이에 힘입어 무시무시한 속도로 전진해나갔다. 침공 3일차인 6월 26일, 만슈타인의 군단은 소련군의 미미한 저항을 뚫고 이미 후방으로 깊숙이 침투해 들어가고 있었다. 좌측(서쪽)의 인접 부대인 제41군단은 두비사 강에서 꼼짝 못 하고 한참 먼 거리에 떨어져 있었다. 만슈타인의 군단이 진군 중 T-34나 KV-1 전차와 맞닥뜨리지 않은 것은 천운이었다. 반면 라인하르트의 군단 예하 기갑사단들은 이들 전차에 맞서 고생하고 있었다. 우익 깊은 곳(남서쪽)에서는 제16군 예하 제10군단의 보병사단들이 거리를 좁히지 못하고 있었다. 따라서 만슈타인의 군단은 측면도, 병참로도 소련군에게 활짝 열려 있는 셈이었다. 만슈타인은 특유의 대수롭지 않은 투로 "상황이 점차 악화되고 있다"고 기록했다. 만슈타인은 상부로부터 진군을 계속하면 위험하다고 경고하는 애매모호한 지시만을 받았을 뿐, 무엇을 하라는 구체적인 명령은 받지 못했다.

결국 만슈타인은 직접 결정을 내려야 했다. 비슷한 상황에서 신중한 사령관이라면 일단 멈춰 서서 이웃한 부대들이 측면을 엄호하러 올라올 때까지 진지를 강화하려고 했을 것이다. 그러나 만슈타인은 참모대학에서 제시하는 그런 '소규모 전투용' 해법은 거들떠보지 않았다. 그는 어쨌거나 하던 대로 밀어붙이기로 결정했다. 이 결정에 대해 만슈타인은 독일군 전통의 임무형 지휘체계에 의거하여 다음과 같이 기록했다.

소련군은 퇴각 중이므로 우리는 아직 그들을 패배시켰다고 할 수 없다. 이것이 소련의 계획인지, 아니면 그들이 정말로 놀라서 도망가는 것인지 판단하기는 어렵다. 어느 쪽이든 이제 나는 사령관으로서 책임을 진다는 것이 어떤 의미인지 알겠다. 나는 언제나 모험을 해야 한다고 가르쳤다. 그렇기에 당연히 지금 모험을 감행하려 한다. 어쨌든 나는 기갑군단장이지 않은가!

위험을 감수하고 거둔 성과는 컸다. 제8기갑사단이 6월 26일 아침 다우가프필스에서 다우가바 강을 건너는 핵심 도로와 철교 둘 다를 확보하는 데 성공했던 것이다. 퇴각 중인 소련군 공병대가 다리를 폭파시키기 직전에 얻은 쾌거였다. 다음날 제3차량화사단이 더 많은 다리를 확보함으로서 기습은 의도한 바를 완수했다.

만슈타인의 군단은 단 나흘 만에 리투아니아를 통해 라트비아까지 거의 400킬로미터에 달하는 숨 가쁜 '기갑 진격'을 수행하여 적진 깊숙이 침투하는 데 성공했다. 프랑스 전역에서 있었던 어떠한 진군보다도 훨씬 빠른 속도였다. 이 대단한 업적에서 더욱 놀라운 것은 사상자가 비교적 적었다는 것이다. 공격의 속도 자체가 제56군단의 보호막이 되어주었기 때문이었다. 만슈타인은 이 놀라운 성과를 거둔 공로를 우수한 휘하 부대에게 돌리면서 "모든 장병들이 '뒤나부르크Dünaburg(다우가프필스Daugavpils)'를 가장 중요하게 생각하고 있었기 때문"이라고 설명했다.

이 시점에서 만슈타인의 군단은 너무 신장되어 있어서 위태로웠다. 가장 가까운 아군 부대는 후방으로부터 100~150킬로미터 떨어져 있었다. 소련군은 교량에 점점 격렬한 공습을 퍼부었지만 대공포의 반격에 부닥쳤다(소련군은 하루에 비행기를 64대나 잃은 날도 있었다). D. D. 렐류셴코Lelyushenko 소장이 이끄는 소련 제21기계화군단이 필사적인 반격을 가해오기도 했다. 만슈타인은 이렇게 회고했다.

"얼마 후 우리는 드비나 강 북안에서 기갑사단의 지원을 등에 업은 소련군의 공격을 막아내느라 아주 애를 먹었고, 여러 지점에서 진지가 위기에 처했다."

6월 29일, 삼림지대 지휘소에 있던 군단 사령부 예하 병참장교 막사가 공격을 받았다. 만슈타인은 운 좋게도 그곳을 막 떠난 참이어서 게릴라식 교전에서 포로로 잡혀 죽을 위기를 넘겼다.

이런 상황에서 만슈타인이 계속해서 공격을 밀어붙이는 것이 옳았는지 여부는 논란의 여지가 있다. 하지만 그는 회프너에게서 현 진지를 방어하라는 명령을 받았다. 회프너는 제41군단 역시 다우가바 강 너머로 진군할 수 있다는 점을 확실히 하고자 했다. 여기서 중요한 질문은 진군의 방향이었다. 레닌그라드를 향해 북동쪽으로 갈 것인가, 아니면 모스크바를 향해 남동쪽으로 갈 것인가?

제4기갑집단 사령관 회프너는 6월 27일에 뒷날의 계획을 논의하기 위해 제56군단을 찾았다. 만슈타인의 표현에 따르면 그때 그는 "무엇이 필요한지 갈피를 못 잡고" 있었다. 만슈타인은 이렇게 적었다.

"기갑집단을 지휘하는 자라면 미래의 목표에 대한 그림을 그리고 있을 것이라고 당연히 기대를 했겠지만, 사실은 그렇지 않았다."

두 장군의 관계는 확실히 껄끄러웠다. 결국 만슈타인은 교두보를 다우가바 강 건너까지 넓히고 제41군단과 제16군 좌익이 따라올 때까지 제자리걸음이나 하고 있으라는 명령을 받았다. 전술적 기회라면 호시탐탐 놓치지 않던 히틀러는 6월 27일 "회프너가 이끄는 기갑집단 전체로 드빈스크를 밀어버리기를" 바라고 있었다. 이는 만슈타인의 개인적 의견과도 일치하는 것이었으나, 히틀러는 이번만큼은 육군 최고사령부에게 자신의 의지를 관철시키지 않았다. 그렇다면 추구할 가치가 있는 대안이 될 만한 작전 방침이 있었는가? 만슈타인은 "기갑집단 전체가 모험을 감행하여 소련 내륙으로 들어가더라도 위험은 그에 정비례하여 커질 것"이라고 인정했다. 반면 독일군이 공격을 지연시킬수록 소련 측에서는 특히 불안한 부분을 재조직하고 보강할 수 있어 유리해지는 것도 사실이었다.

회프너의 생각은 어땠을까? 그 역시 예캅필스와 다우가프필스 사이 다우가바 강에서 강제로 대기해야 하는 것에 심기가 불편했다. 흔한 일이지만, 지휘 계통의 두 단계 사이에 긴장이 있으면 다른 단계에서도 똑같은 현상이 일어나기 마련이다. 만슈타인이 회프너를 비난하는 동안 회프너는 북부집단군과 상황을 엉망으로 몰고 간 제16·18군의 짐스러운 행동을 탓하고 있었다. 회프너는 7월 1일에 예하 사단장 2명에게 솔직한 편지—상관의 뜻에 반하는—를 보내 목표가 레닌그라드라는 점을 분명히 했다.

북부집단군 사령관은 기갑집단 홀로는 뒤나Düna(다우가바Daugava)와 레닌그라드 사이에서 소련군의 저항을 뚫을 수 없다는 생각에 사로잡혀서 보병을 기갑집단 가까이에 두려는 조치를 취하려 한다. 그러나 기갑집단은 본연의 모습으로 돌아가 신속하고 민첩한 침투작전을 펼치기 위해 보병으로부터 벗어나야 한다. 우리가 프스코프Pskov 남동쪽 지역을 빠르게 확보한다면, 그 다음 우리는 분명히 레닌그라드로 돌진해야 할 운명이다. 이 목표를 위해 의지를 불태우자!

회프너는 병사들에게 의욕을 불어넣으려 했으나 결정적으로 레닌그라드를 어떻게 공격할 것인지, 어디를 축으로 그곳까지 접근할 것인지는 밝히지 않았다. 그는 대체 어느 군단을 주력으로 삼으려고 했던 것일까? 답이 정해지지 않은 이 질문이 만슈타인과 회프너의 관계, 그리고 회프너와 폰 레프의 관계에 독이 되었다. 기갑집단이 전역 4일차에 이미 보급망 바깥까지 진출해 있었다는 점 역시 상황을 위태롭게 만들었다.

이렇듯 미래의 작전 수행 계획이 명료하지 않은 데다가, 야전의 300만 명이 넘는 병력을 유지하는 데 필요한 운송능력을 과소평가하는 독일군의 고질병이 더해졌다. 두 가지 모두 독일군 지휘계통에 내재된 문제였다. 북부집단군도 육군 최고사령부도 이번 전역의 결정적 단계에서 펼쳐질 최종 기동 계획을 확정하지 못한 상태였다. 7월 2일, 할더는 "다음 수를 어떻게 두어야 할 것인지에 대해 폰 레프와 회프너가 의견 일치를 보지 못하는 것 같다"는 사실을 알아차렸다. 그리고 "두 사람은 우리의 임박한 명령만을 기다리고 있었다"라고 덧붙여 말했다.

돌이켜보면 만슈타인이 아무리 최선을 다했어도, 마냥 좌절하고 있던 회프너와 뒤늦게 계획을 세운 할더의 잘못으로 인해 독일군은 다우가바 강에서 주춤할 수밖에 없었다. 게다가 설상가상으로 심각한 병참 문제까지 더해졌다. 이로 인해 방어하던 소련군은 물리적으로 회복하고 정신을 가다듬을 여유를 갖게 되었다. 독일군 공세작전이 정지 상태에 놓여 있던 6일 동안 경험이 없는 북서전선군 사령부는 그토록 바라던 숨 돌릴 여유를 얻을 수 있었다. 소련군은 1941년 6월 22일 최초의 충격으로 흔들렸던 균형을 비로소 바로잡기 시작했다. 다우가바 강 도하를 1940년의 5월 뫼즈 강 도하와 비교해보면 차이점이 단박에 드러난다. 만약 구데리안의 기갑부대가 똑같이 엿새 동안 스당에서 보병사단이 따라잡기를 얌전히 기다리고 있었더라면 프랑스를 함락시킬 수 있었을까? 단언컨대 그렇지 않다. 만슈타인이 씁쓸한 어조로 언급했듯이 다우가프필스를 향해 만슈타인의 군단이 빠르게 진군한 것과 같은 '기갑 진격'은 "적의 병참지대에 혼란과 패닉을 불러일으키며 적의 지휘계통을 단절시키고 대응책 마련을 사실상 불가능하게 만든다. 진지를 강화하고 기다리라는 제4기갑집단의 결정에 얼마나 대단한 이유가 있었는지는 모르겠지만, 그 때문에 이런 이점을 모조리 포기해야 했다."

만슈타인의 견해는 소련군의 종심전투이론과 일치했다. 소련은 훗날 상황이 유리해졌을 때 이를 실행에 옮겨 성공했다. 그들은 '충격 집단'으로 우선 독일군의 전선을 돌파하고 '기동 집단'으로 후방까지 빠르게 전과를 확대하여 독일군의 대기동을 무의미하게 만들었다. 방어체계를 물리적·정신적으로 무너뜨리는 방법이었다.

한편 하인츠 구데리안(제2기갑집단 지휘)과 헤르만 호트(제3기갑집단 지휘), 제4기갑집단의 라인하르트와 만슈타인과 같은 독일 기갑부대 주창자들은 최선의 작전 효과를 거두기 위해 어떻게 기동해야 하는지를 보여주고 있었다. 오늘날 군사교리에서 이러한 '기동주의 접근법'은 적국 영토의 점거보다 적군을 패퇴시키는 데 집중하는 접근법으로 설명된다. 기동주의 접근법의 목적은 적의 약점을 집중적으로 파고들고 모든 전술적 기회를 가차 없이 최대한 활용하여 주도권을 잡음으로써 적군의 응집력을 산산조각 내는 것이다. 1940년대의 기술력으로 이러한 접근법을 제대로 적용하려면 사령관들이 선두 부대 바로 뒤에 자리를 잡고 주 사령부와 무선으로 연락을 유지해야 했다. 지난여름 프랑스에서 자신의 지휘 스타일을 개발한 만슈타인은 이러한 '전방 지휘'에 탁월한 전문가였다.

전방 지휘

만슈타인이 제56군단장으로서 보여준 지휘법은 우리에게 군사교리를 적용하는 방법뿐만 아니라, 전쟁의 현실에 대해서도 알려준다는 점에서 교훈적이다. 만슈타인의 기록이 전방 지휘의 본질을 부각시키고 있으므로 한 번 훑어볼 가치가 있다. 전방 지휘란 사령관이 후방의 지휘소에서 군사행동에 대한 보고를 수동적으로 기다리기보다는 전방으로 나가서 군사행동을 직접 확인하고 필요하면 직접 지휘하는 것을 강조하는 능동적인 지휘법을 말한다. 만슈타인은 사령관이 "후방에 앉아서 전방 부대에서 보고가 들어오기만을 기다리고 있으면 결정을 너무 늦게 내림으로써 모든 기회를 놓친다"라고 주장했다. 또한 그는 과거 프랑스와 당시 소련에서의 경험을 근거로 교전이 끝나고 나면 "자연히 생기게 마련인 전투피로증에 대응하고 병사들에게 새로운 원기를 불어넣는 것이 필수적이다"라고 말했다. 패튼과 비슷하게 만슈타인은 "고위 사령관들은 가능한 한 자주 최전방 부대에 모습을 드러내야 한다"고 생각했다. 전방 지휘라는 접근법에서 그는 전투력의 정신적 요소를 상당히 존중하며 "고위 사령관은 임무를 달성하기 위해 요구만 계속하는 사람이 되어서는 안 된다. 그는 병사들의 협력자이자 동지여야 한다"라고 적었다. 이어 "사령관 자신도 전투 부대를 방문함으로써 새로운 에너지를 얻을 수 있다"라고 덧붙였다.

만슈타인은 기갑군단장 시절을 회고하며 상당한 자부심과 감상에 젖은 것으로 보인다. 그는 병사들이 종종 "기대한 것보다도 더 자신만만하고 낙관적이었다"고 칭송했다. 그는 최전선에 서서 담배 한 대를 태우면서 병사들과 허물없이 대화를 나누곤 했다. 나중에 그가 군 사령관이 되었을 때도 이러한 전방 지휘를 확인할 수 있는 장면을 많이 볼 수 있었다. 이는 군 사령관 시절의 소중한 순간들이었다. 그 당시 그는 "병사들에게서 물러서지 않고 계속해서 밀어붙이는 강력한 추진력과 기꺼이 젖 먹던 힘까지 쏟아붓는 전형적인 독일군의 특징을 발견했다."

만슈타인은 또한 유능한 사령관은 현실적이어야 하고 쉴새없이 서둘러 군사행동을 재촉해서는 안 되며 그 과정에서 위험을 무릅쓰고 그의 병참선보다 앞서 가서는 안 된다는 것을 아주 잘 알고 있었다. 충실한 조직과 지휘의 연속성을 위한 조건을 잘 인식하고 있었던 것이다. 이는 제38군단과 제56군단을 지휘하던 당시의 경험에서 어렵게 얻은 교훈임에 틀림없다. 사령부의 행정과 및 병참과는 전투 보급품이 원활하게 공급되도록 한 번에 며칠썩 한 자리에 머물러 있어야 하는 반면, 사령관과 작전과는 "기계화사단과 연락이 두절되는 사태를 막기 위해 하루에 한 번, 많게는 두 번까지도 전술사령부를 전방으로 이동해야 했다." 만슈타인은 사령부의 기동력을 높이는 유일한 방법은 "전술참모를 최소화하는 것(이는 지휘에 관한 한 항상 유익한 조치다)"과 "일상의 편안함을 완전히 포기하는 것"이라고 선언했다. 이는 몽고메리가 훗날 영국군에서 사용한 방법과 일치한다.

사령부의 능력은 오로지 그 구성원의 능력에 달려 있다. 만슈타인은 제56군단에서 역량이 아주 뛰어난 참모들을 부하로 두는 축복을 누렸다. 만슈타인은 참모장이었던 대령 하랄트 폰 엘버펠트Harald von Elverfeldt 남작과 재능 있는 작전참모(Ia) 데틀레프손Detleffson 소령에게 크게 의존했다고 인정했다. 그는 엘버펠트를 "냉정하고 고매하며 언제나 답을 주는 고문"으로 묘사했고, (차남 뤼디거의 기억에 따르면) 데틀레프손에 대해서는 "진짜 건방진 녀석"이라고 표현했다. 만슈타인은 정보참모(Ic) 귀도 폰 케셀Guido von Kessel 소령에 대해서도 마찬가지로 높이 평가했고, "지칠 줄 모르는 병참감" 클라인슈미트Kleinschmidt 소령과, 엥거스와 콜베르크에 있었을 때부터 오래 사귀어온 인사참모(IIa) 아도 폰 데어 마르비츠Ado von der Marwitz 소령으로부터 전폭적인 지원을 받았다. 그러나 만슈타인은 공군연락장교는 고사하고 포병대 및 공병대 사령관들에 대해서 아무런 언급을 하지 않았다.

소련 전역에서 만슈타인은 프랑스 전역에서 했던 일과를 그대로 따랐다. 기상하여 아침 보고를 듣고 군단 사령부에서 필수적인 지시를 내리고 난 뒤 곧장 예하 사단을 방문하러 나섰다. 정오에 다시 사령부에 돌아온 뒤에도 시간이 허락하면 오후에 다른 부대를 방문하러 갔다. 그동안 참모장은 계속해서 전술사령부에 머물러 있었다. 이처럼 유연한 전방지휘체계는 군단장과 사령부가 서로 긴밀하게 연락을 취할 수 있을 때에만 가능한 것이었기에, 만슈타인은 사령관 전용 차량을 타고 다닐 때 항상 믿음직한 통신장교 빌리 콜러Willy Kohler(훗날 참모본부에서 소령으로 진급한다)가 모는 무선통신차량과 동행했다. 안전을 위해 장갑차가 동행하는 경우도 있었다.

전방 지휘는 물론 나름대로 고충과 위험이 따랐다. 동부에서 작전이 펼쳐

지고 3주가 지난 7월 12일, 만슈타인은 "끝없이 달려드는 각다귀와 더위와 먼지"에 대해 불평하고 있었다. 8월 말 온화한 여름 날씨가 끝나자 소련의 흙길을 따라 이동하는 데 오랜 시간이 걸렸다. 9월 2일, 만슈타인은 겨우 30킬로미터를 이동하는 데 8시간이나 걸렸다고 기록했다. 차량이 진흙길에 자꾸 빠지는 통에 그날 하루에만도 여덟 번이나 SS(나치 친위대) 부대(만슈타인의 기록에 따르면 "괜찮은 청년들")의 건 트랙터gun tractor로 끌어내야 했다. 결국 차량은 견인되고 말았다. 전역 초기였던 7월 3일, 만슈타인은 이동 중 격렬한 포격에 노출되었고 운전수 프리츠 나겔 병장이 부상을 당했다. 그로부터 채 2주도 지나지 않은 7월 15일 밤, 전술사령부에 세운 만슈타인의 텐트에서 단 50미터 거리에 폭탄 2개가 떨어졌다. 니어 미스near miss(폭격이나 사격에서 명중하지 않았지만, 그에 상응한 피해를 줄 수 있을 만큼 표적에 가깝게 탄환이 떨어진 상태-옮긴이)였다. 9월 8일에는 지뢰 폭발이 있었지만 또 한 번 천운이 따라 참모 차량만 심하게 손상되고 만슈타인은 손끝 하나 다치지 않았다. 만슈타인은 전방에서 군단을 지휘하며 이처럼 많은 우여곡절을 겪었으나, 이를 통해 중요한 순간에, 때로는 결정적인 시점에 병사들의 기강과 역량을 정확히 판단할 수 있었다.

상부 사령부와의 의견 마찰

기동군단이 적군 배후지까지 침투해 들어가면 측면에서 공격받을 위험이 있고, 최악의 경우에는 전면 포위되어 파괴될 수도 있다. 기동군단이 더 깊숙이 침투하면 할수록 적군이―종심에 충분한 병력이 있다는 것을 고려하면― 공격군을 고립시키고 각개 격파할 가능성은 더 커진다. 이것이 바로 1941년 7월 중순, 제56군단이 소련군에게 일시적으로 포위되었을 때 직면한 상황이었다. 달갑지 않은 이러한 상황은 어느 정도 예상된 것이었다. 만슈타인은 곤경에서 빠져나가려고 애썼다. 그는 사실 7월 내내 회프너가 자신에게 적절한 임무를 주지 않는다고 느끼고 있었다. 만슈타인은 너무 똑똑해서 다루기 어려운 부하였다. 서류상에 기록된 회프너와 만슈타인의 의견 차이는 이 모든 것을 너무나 분명하게 보여준다.

7월 2일, 제4기갑집단은 다우가바 강에서 다시 진군을 시작했다. 만슈타인이 다우가프필스에서 교량을 점거하고 있는 동안 예콥필스 하류의 다리가 파괴되었다. 따라서 그곳에 새 다리를 놓아야 했는데, 그러려면 소중한 시간을 허비할 수밖에 없었다. 회프너는 이 상황에서 모종의 이유로 제56 군단에 제41군단의 2개 기갑사단을 배속 전환시키지 않고(만슈타인은 더 가까이 있던 제6기갑사단을 요구했다), 그 대신 SS 토텐코프 사단을 배정했다. 이로써 이제 두 군단 모두 3개의 '빠른' 사단을 거느리게 되었다. 두 군단은 오스트로프Ostrov를 향해 평행 축선을 따라 진군했지만, 소련군의 끈질긴 저항에 부닥쳐 똑같이 속도가 느렸다. 기갑집단은 이제 철저한 수비가 예상되는 강력한 요새 스탈린선에 접근하고 있었다. 회프너는 이 사실을 염두에 두고 제56군단을 동쪽으로 돌아가게 하여 프스코프Pskov 근방에 집결한 것으로 추측되는 소련군 기갑부대를 선제공격하기로 결정했다. 만슈타인이 예견했듯이 제8기갑사단과 제3차량화사단은 엄청난 늪지대로 접어들어 거의 속력을 내지 못했다. SS 토텐코프 사단은 그들보다 도로 사정이 좋았으나 소련군의 격렬한 저항에 부딪혀 많은 사상자가 발생했다.

전쟁 중에 접한 SS 사단들 중에서 '최고 수준'인 토텐코프 사단을 경험한 만슈타인은 그것에 근거해 나치 무장친위대Waffen SS에 대한 흥미로운 견해를 제시했다. 차량화사단인 토텐코프 사단은 훌륭한 행군 군기를 과시하면서 "항상 멋지게 돌격하고 군건하게 방어했으나" 훈련과 경험 부족으로 인해 장교와 부사관을 가리지 않고 과도한 손실을 입었다. 이를 염려한 만슈타인은 사단 사령부에 계획을 감독할 수 있는 노련한 참모장교를 증원해야 한다고 요청했다. 토텐코프 사단은 용기가 부족한 것은 아니었으나 종종 유리한 기회를 놓쳐서 전투를 필요 이상으로 질질 끄는 일이 많았고, 그래서 많은 사상자가 발생하는 악순환이 계속되었다. 바르바로사 작전이 개시된 지 단 열흘 만에 토텐코프 사단의 3개 연대가 2개로 줄었을 정도였다. 그러나 만슈타인은 친위대SS의 정치적 성격에도 불구하고 친위대SS 전사들에게 상당한 경의를 표했다. 그는 분명히 말했다.

1941년 여름 제56군단을 지휘할 당시의 모습. (Manstein archive)

1941년 여름 제8기갑사단장 에리히 브란덴베르거 소장과 함께한 만슈타인. (Bundesarchive)

우리는 어떤 상황에서도 친위대SS가 좋은 동지였고 최전선에서 육군과 어깨를 맞대고 싸웠으며 언제나 용기 있고 믿음직한 병사였음을 잊어서는 안 된다. 그들의 대다수가 하인리히 히믈러Heinrich Himmler 같은 사람의 관할에서 벗어나 육군에 편입되기를 기꺼이 바랐으리라는 것에는 의심의 여지가 없다.

하지만 만슈타인은 "그들을 독자적 군사조직으로 편성한 것은 용납할 수 없는 실수"이며, 그 때문에 "전체적으로 볼 때 실질적 이득에 견줄 수 없을 만큼 많은 피로써 대가를 치러야 했다"고 생각했다.

제56군단은 한 주 동안 새로운 진로를 뚫으려 헛수고를 한 끝에 다시 원래의 전진축으로 되돌아왔다. 한편 프스코프에 집결해 있을 것으로 예측되었던 소련군 기갑부대는 만슈타인의 표현에 따르면 '회프너의 상상 속 유령'에 지나지 않았다. 결국 도시를 포위하려고 늪지대까지 진출한 것도 무의미한 일이 되고 말았다. 이 모든 것은 결국 기갑집단 사령관이 "작전 초기부터 우익 대신 강한 좌익과 함께 잘못 전개한 탓이다. 그렇기는 해도 회프너는 상위 사령부가 정보의 부족으로 실체가 없는 '프스코프 기갑부대'의 소재와 의도에 대해 우려한 것에 영향을 받았을지 모른다. 예를 들어 할더는 6월 24일과 6월 25일에 이 기갑부대—소련군 제1기계화군단으로 잘못 추정—에 대해 언급한 적도 있었다.

여하튼 7월 9일 제4기갑집단은 오스트로프Ostrov 근방에 집결해 있었다. 파괴된 소련군 부대와 노획한 전리품의 목록은 나날이 늘어났지만, 북북서로 300킬로미터 떨어진 레닌그라드는 여전히 요원했다. 만슈타인은 레닌그라드로 "빠르게 일률적으로 곧장 진군할 것"을 주장했다. 그래야 "레닌그라드를 신속하게 점령할 수 있고 에스토니아로 퇴각하는 소련군을 제18군 앞쪽에서 단절시킬 수 있는 절호의 기회"를 만들어낼 수 있기 때문이었다. 그러나 만슈타인은 또다시 실망을 맛보았다. 루가Luga를 향하는 주요 도로는 제41군단에게 배정되었으니 길이 나지 않은 지역을 뚫고 북동쪽으로 포르호프Porkhov와 노브고로드Novgorod를 통과하여 추도보Chudovo로 향하라는 명령을 받은 것이었다. "가능한 한 빨리 레닌그라드와 모스크바 사이의 병참선을 단절시키기 위해서였다."

그 결과 2개 기갑군단은 서로 다른 축으로 전진하게 되었고, 따라서 전체적인 타격력이 크게 줄어들었다. 이 시점에서 SS 토텐코프 사단은 제4기갑집단 예비대로 돌아와 있었다. 7월 14일, 회프너는 발트 해안의 나르바Narva를 통해 퇴각 중인 소련군을 제18군의 진로 앞쪽에서 막기 위해 제41군단에 북서쪽으로 이동할 것을 명령했다. 만슈타인의 좌절감은 더욱 커졌다. 그는 펜을 들고 상관에게 보내는 편지에 단호한 투로 자신의 견해를 써내려갔다.

기갑집단의 작전적 주력을 플레스카우Pleskau-페테르부르크Petersburg(프스코프-레닌그라드) 도로 서쪽 지역의 좌익으로 옮기면 제56군단의 임무는 훨씬 더 어려질 수밖에 없습니다……. 3주 동안 계속된 행군과 전투를 겪고 그로 인해 여러 손실과 공격력 약화라는 난관에 봉착한 저는 제4기갑집단의 우익에 대한 전력 보강이 이루어져야 한다고 생각합니다. 따라서 저는 페테르부르크와 모스크바 사이의 병참선을 끊는 임무를 수행할 공격 집단을 편성할 것을 제안합니다. 이 공격 집단은 SS 토텐코프 사단을 포함한 제56군단과 제1군단으로 구성되어야 합니다.

그는 또한 남은 2개 사단(제8기갑사단과 제3차량화사단)에 ―전역 최초로― 휴식을 주어야 한다고 주장했다. 그러면 자연스럽게 제1군단이 따라붙을 시간을 충분히 확보할 수 있었다. 만슈타인은 "공격이 가능한 지형이기만 하면" 기계화사단과 보병사단이 함께 "가장 빠른 승리를 보장할 것"이라고 지적했다.

확신이 없는 회프너는 다음날 형식적으로 다음과 같이 대답했다. "지금까지 좌익에서 소련군의 저항이 우익보다 적었으므로 레닌그라드 돌파를 위해 제4기갑집단을 보다 북쪽에 집결시킬 것이다." 그는 특별한 임무를 수행할 공격 집단을 편성하자는 만슈타인의 아이디어에 "그러면 사나흘은 더 걸릴 것이고, 현재의 작전 틀을 넘어선 새로운 작전을 제시해야 하며, 제

41군단은 홀로 남겨지기 때문이다"라는 이유로 반대했다. 하지만 회프너는 제1군단을 동원해 제4기갑집단의 노출된 우익을 엄호하도록 북부집단군에 요청했다. 제4기갑집난의 우익을 강화해야 한다는 만슈타인의 주장을 인정한 것이었다. 그러나 회프너는 만슈타인의 특별 요청에도 불구하고 토텐코프 사단을 제56군단로 전속시키지 않았다. 단 휴식에 대해서 "자네에게 맡긴다"라는 말로 가능성을 열어두었다. 회프너는 전체적으로 볼 때 제4기갑집단의 진군이 지연되는 것은 괜찮지만, "완전히 정지되어서는 안 된다"고 덧붙였다.

한편 회프너의 답신이 채 도착하기도 전에 만슈타인 군단의 전술적 상황은 눈에 띄게 악화되었다. 7월 15일은 제56군단에게 그야말로 '마의 날'이었다. 제8기갑사단은 일멘Ilmen 호수에서 동쪽으로 약 40킬로미터 떨어진 솔치Soltsy를 통과하여 므샤가Mshaga 강과 셸론Shelon 강 사이에 길게 늘어서 있었다. 이때 소련 북서전선군 참모장인 N. F. 바투틴Vatutin 대장이 이끄는 (군단보다 더 큰 규모로 추측되는) 일련의 부대가 제8기갑사단의 측면으로 강력한 공격을 퍼붓고 병참선을 끊어버렸다. 그러자 제8기갑사단의 후방인 솔치 서쪽의 셸론 강에 위치해 있던 제56군단 사령부도 함께 고립되었다. 설상가상으로 북쪽의 제3차량화사단도 동시에 우세한 소련군의 공격을 받고 있었다. 제56군단의 상당 부분이 포위되고 만 것이었다. 상황이 위태롭게 흘러간 며칠 동안 제8기갑사단은 항공기를 통해 소화기 탄약과 빵을 보급받아야 했다.

제56군단은 맞서 싸우고 있는 상대가 강력한 포병 및 항공 지원을 받는 2개 전차와 다수의 소총사단이라고 판단했다. 사실 적의 정체는 스타브카Stavka(소련군 최고사령부)의 주도로 이루어진 솔치-드노Soltsy-Dno 공세로 알려진 반격을 위해 보강된 소련군 제11군이었다. 주코프 원수는 회고록에서 이 군사행동에 대해 자세히 상술했다.

"불시에 공격받은 독일군은 빠르게 꼬리를 내리고 철수하기 시작했다. 열띤 추격전 중 제11군이 독일군에 심각한 손해를 입혔다. 독일군 제16군이 접근해오고 있지 않았더라면 폰 만슈타인이 이끄는 제56기계화군단(원문 그대로)은 전멸했을 것이다."

결국 제8기갑사단은 솔치를 통해 서쪽으로 포위망을 빠져나갈 수 있었다. 제3차량화사단은 "무려 17번의 연속 공격을" 물리치고 철수 후 다시 전열을 가다듬었다. SS 토텐코프 사단이 제56군단의 주 보급로를 열어주었다. 만슈타인은 바로 이 목적을 위해 토텐코프 사단의 제56군단 전속을 요청한 바 있었다. 7월 18일 "위기는 끝난 것이나 다름없었고" 제56군단은 드노Dno 주위에 집결했다. 퇴각 직후였지만 전투력은 여전했다. 게다가 제16군 휘하 제1군단(제11·21보병사단)이 드노로 접근하고 있었기 때문에 만슈타인의 입지는 다시 안전해졌다.

전쟁에서 처음으로 큰 위기를 겪었음에도 만슈타인의 자신감은 꺾이지 않았다. 그러나 솔치에서의 차질은 작전에 무시할 수 없는 영향을 미쳤다. 그로 인해 북부집단군은 3주에 달하는 귀중한 시간을 잃었고, 제4기갑집단 휘하의 2개 차량화군단을 통합해 레닌그라드를 향한 집중공격을 벌일 기회도 사라졌다. 그나마 작은 위안은 소련군 역시 솔치-드노 작전으로 값비싼 대가를 치렀다는 사실이다. 제16군은 소련군 우편물 수송기에서 신설 북서전략방면군 사령관(그중에서도 북서전선군을 담당한) 보로실로프Kliment Yefremovich Voroshilov 장군이 서명한 편지를 노획했다. 이 편지에는 솔치에서 벌어진 전투에 대한 구체적인 언급과 함께 "소련군 부대 상당수가 전멸했다"는 내용이 담겨 있었다.

제56군단이 포위되어 있던 일시적인 위기 상황에서 만슈타인이 보여준 행동과 태도는 우리에게 유용한 정보를 준다. 한편으로 만슈타인은 자신만만한 기동전의 대가로서 침착하게 앞으로 벌어질 전투에 대해 끊임없이 명료하게 생각하면서 여전히 회프너와 제4기갑집단의 투입을 놓고 논쟁했다. 다른 한편으로 그는 개인 전쟁일기에 실제로 느꼈던 압박감을 기록했다. 그가 지나친 모험을 했던 것일까? 7월 16일에 그는 회프너에게 보낸 서신에서 제56군단이 루가와 레닌그라드를 잇는 주요 도로에 투입되어야 한다는 예전의 주장을 철회했다. 그 대신 제56군단이 나르바Narva 동쪽의 제41군단에 합류하고, 제4기갑집단 전체가 이용 가능한 4개 접근로를 전부 활용하여 레닌그라드를 공격해야 한다고 주장했다. 루가-레닌그라드 주요 도로가 기갑부대에게는 덫과 같다는 사실을 마침내 깨달은 것이었다. 숲이 빽빽하고 늪이 깊은 그 지역에서 만슈타인은 그의 기갑사단을 효과적으로 움직일 수 없었다.

한편, '포위 위기'가 최고조에 달한 7월 17일 만슈타인은 제8기갑사단에 탈주 명령을 내려야 한다는 사실을 확실히 깨달았다. 그는 탈주 뒤 서쪽에서 조직을 재편성하라고 지시했다. 군단 전체의 괴멸을 피하기 위해 적의 압박에서 벗어날 필요가 있었던 것이다. 만슈타인은 소련군이 다시 한 번 침입하려 한다는 것을 알았을 때 참모장이 보인 반응에 실망하여 이렇게 적었다.

"E(엘버펠트)는 수심에 차서 소식을 알리고는 나의 지시를 기다렸다. 내가 철수를 결정하려던 순간, E는 슬픈 표정만 짓고 있었는데 불행히도 그것은 사기에 전혀 도움이 되지 않았다."

그러나 두 사람 모두에게 다행스럽게도 엘버펠트는 이날만 평소 때와 다른 그답지 않은 모습을 보였는지 만슈타인의 일기에 더 이상 이와 같은 일은 등장하지 않는다.

한편 회프너의 리더십에 대한 만슈타인의 우려는 조금도 수그러들지 않았다. 게다가 그는 전투 사상자가 꾸준히 늘어나고 있는 것에 점차 불안을 느끼고 있었다. 특히 보병대대 내에서 출혈이 심했다. 7월 22일, 만슈타인은 다시금 상관에게 제56군단이 처한 전투 지형이 "너무 부적합하다"며 어려움을 토로했다. 그는 "드넓은 수풀, 숲과 늪이 펼쳐진 이러한 지형"에서는 "우세한 포병대를 제대로 활용할 수 없고 보병을 중점적으로 투입해야 한다"고 주장했다. '빠른' 기동부대의 이점을 살릴 수 없는 지형이라는 것이었다. 전투 4주차인 7월 20일까지 3개 기계화보병사단은 약 6,000명에 달하는 사상자(장교 262명, 부사관 및 병사 5,682명)가 발생했다. 만슈타인은 회프너에게 북부집단군에 요청해서 제56군단을 "기동부대의 역량에 걸맞은" 보다 적합한 지형에 재배치해달라고 호소했으나, 답변은 돌아오지 않았다. 만슈타인은 아내에게 보내는 편지에 군사기밀을 지키기 위해 "매일 적진으로 조금씩 더 깊이 침투할 수 있었던 행복한 시절은 당분간 오지 않을 것이오"라고만 썼다.

7월 25일에 제4기갑집단장은 제56군단 사령부를 방문해서 만슈타인으로부터 상황 보고를 받았다. 만슈타인은 "병력이 이만큼이나 소모된 상태에서 그냥 작전을 속행할 수는 없습니다"라고 강조했다. 그러나 회프너는 "자신이 대체 뭘 해야 하는지" 모르는 것처럼 보였고, 만슈타인의 좌절은 극에 달했다. 그날 만슈타인은 이렇게 적었다.

"병력이 분산되고 지형마저 말도 못하게 곤란하니 페테르부르크를 향한 진군은 완전히 멈춰버리게 될 것이다."

하지만 모든 것이 비관적이지만은 않았다. 다음날 회프너가 방문해서 개인적으로 반가운 소식 하나를 전해주었던 것이다. 만슈타인은 (7월 15일) 아들 게로가 잘 지내고 있으며 부사관으로 진급했다는 이야기를 들었다.

"지난 며칠간 우울했는데, 마침내 좋은 일이 하나 생겼다."

만슈타인은 일기에 이처럼 심경을 털어놓았다.

7월 26일, 육군 참모본부 작전 참모차장이었던 프리드리히 파울루스 Friedrich Paulus 중장이 제56군단 사령부를 방문했다. 이때 만슈타인은 기갑집단의 지휘에 대해 점차 깊어만 가는 좌절감을 어느 정도 드러냈다. 이날의 일은 두 가지 이유에서 의미가 깊다. 첫째로 만슈타인은 바르바로사 작전을 계획한 주요 인물 가운데 하나인 파울루스에게 현재 맞닥뜨린 어려움을 직접 설명할 수 있었고, 할더의 부관이었던 그를 통해 전략적 방향을 바꾸기는 어렵더라도 작전 수준에서는 변화를 줄 수 있었다. 만슈타인은 기갑집단 전체를 모스크바를 향해 재배치하여 전략적 주공으로 삼음으로써 결정적 전투에 대비해야 한다고 주장했다. 한편, 만약 레닌그라드가 여전히 목표라면 제56군단은 "도시에 대한 최후 공격을 위해 아껴두어야만 했다." 만슈타인은 신속한 승리를 위한 최선의 방법은 "모든 기갑집단을 북쪽으로 이동시켜 나르바 동쪽 지역에 집결시킨 뒤 레닌그라드로 곧장 진격하게 하는 것"이라고 설명을 이어나갔다. 파울루스는 만슈타인의 제안에 "전적으로 동의"했으며 —그날 저녁 파울루스의 보고를 받고— 할더 역시 이를 지지하는 듯 보였으나 구체적으로 바뀐 것은 하나도 없었다. 만슈타인과 파울루스 논의에서 두 번째로 중요한 점은 기록상 두 사람이 이것을 마지막으로 한동안 만난 적이 없다가 1942년 말에 펼쳐진 스탈린그라드 비극에서 다시 만나게 된다는 것이다. 스탈린그라드 전투에서 제6군을 지휘하던 파울루스는 만슈타인의 돈집단군 휘하에 배속된다.

그 다음 2주 동안 만슈타인의 군단은 루가와 레닌그라드를 향해 난 유일한 대로를 따라 전투를 계속해나갔다. 소련군은 자연장애물에 더해 지뢰와 대형 폭약을 광범위하게 매설하여 수비를 강화하기 시작했다. 그 결과 전투는 점점 더 지지부진해졌고 치러야 하는 대가는 늘어만 갔다. 그사이 제56군단은 재정비되었다. 만슈타인은 대빨치산 작전을 위해 제8기갑사단을 제4기갑집단(그리고 북부집단군)으로 전속시키고 그 대신 SS 경찰사단을 배속받았다. 불리한 거래였다. SS 토텐코프 사단은 일멘 호수에서 제16군에 합류했기 때문에 만슈타인에게 남은 기동부대라고는 제3차량화사단과 힘이 빠진 제269보병사단뿐이었다. 그는 루가 전투를 앞두고 걱정을 할 수밖에 없었다. 잘 방어된 도시에 전면공격을 가하면 병사들의 피해가 막심할 터였다. 따라서 그는 지형으로 인해 불리하다는 것을 알면서도 기습적인 양익포위를 실시하기로 했다. 잘하면 전면포위로 발전할 가능성이 있었다. 그러나 이 계획에는 상당한 병력 보강이 필요했다. SS 경찰사단과 제269보병사단이 각각 남쪽과 남서쪽에서 공격하고, 이와 함께 제28군단 일부 부대의 지원을 받은 제3차량화사단이 동쪽과 북동쪽에서 루가를 고립시키고, 제8기갑사단이 서쪽에서 공격한다는 계획이었다. 마지막으로 제36차량화사단이 북서쪽에서 전면포위망을 완성함으로써 화룡점정을 찍을 터였다. 만슈타인은 7월 31일 회프너에게 이 작전이 성공할 경우 "소련군의 페테르부르크 남서쪽 전선 가운데 구역이 단지 뚫리는 정도가 아니라 완전히 붕괴될 것이며, 그로 인해 레닌그라드로 가는 길이 열릴 것"이라는 낙관적인 결과를 약속했다.

8월 1일, 만슈타인은 또다시 회프너의 성의 없는 대답에 실망했다. 기갑집단장은 소련군 상태에 대한 만슈타인의 평가에 동의하고 루가 전면포위가 "바람직하다"고 인정했음에도 불구하고, 작전에 쓰라고 제8기갑사단이나 제36사단을 내주지 않았다. 만슈타인은 쉽게 포기하는 부하가 아니었기 때문에 8월 2일과 3일에 수정된 제안서를 제출했다. 그러나 전부 헛수고였다. 결국 가능성이 희박한 루가 공세는 거듭 지연되다가 8월 10일에 이르러서야 개시되었다. 루가 공세 진행 중 만슈타인에게 새로운 임무가 떨어졌다. 제56군단 사령부와 제3차량화사단이 마침내 북쪽의 제41군단에 합류하여 레닌그라드 공세에 참여하게 된 것이었다. 그러나 만슈타인으로서는 유감스럽게도, 제8기갑사단과 SS 토텐코프 사단은 여전히 기존 임무를 수행해야 했다. 이는 그 시점까지 대소련 전역의 특징이라 할 수 있는 전력 분산의 또 다른 사례를 보여주는 것이다. 만슈타인은 자신의 회고록에서 씁쓸한 어조로 "아낌없이 집중 강타하라"는 구데리안의 유명한 원칙이 전혀 지켜지지 않았으며 3개 기동사단을 하나의 기갑군단으로 묶어 함께 싸우게 하려는 모든 노력이 실패로 돌아갔다고 언급했다.

1941년 8월 중순 만슈타인은 여전히 승전을 자신했으나, 이 전역이 예상보다 어려워지고 있으며 겨울까지 지속될 수도 있으리라는 사실을 차차 깨닫고 있었다. 8월 14일에 아내에게 쓴 편지에서 그는 "우리가 있는 북익에서는 '소련군'이 한계에 달한 것처럼 보이오. 지금은 남쪽에서도 일이 순조롭게 풀리고 있소. 하지만 스탈린이 시베리아로 퇴각할 수도 있는데, 그렇게 되면 어떠한 결정적인 군사행동을 취할 가능성은 아예 사라지게 되오." 실제로 소련군은 죽음을 불사하고 불굴의 투지로 독일군에 맞서 싸웠기 때문에 패배와는 거리가 멀었다. 만슈타인은 소련군에 대한 개인적 견해를 수정하기 시작했다. 예를 들어 그는 1941년 7월 30일에 보낸 편지에서 아내에게 이렇게 인정했다.

"우리는 선전에서 소련군을 사악하게 그리고 있소. 실상은 그들이 항상 잔인한 건 아니라오. 어제는 포로로 잡혔던 병사 하나가 돌아왔는데, 탈출하기 전까지 좋은 대우를 받았다고 했소."

만슈타인은 아내와 편지를 주고받는 내내 자신이 끔찍한 전쟁에 연루되어 있으나 군인이기에 임무를 잘 수행해야 할 수밖에 없다는 사실을 암묵적으로 인정하고 있는 것처럼 보였다.

스타라야 루사 공세를 막아내다

1941년 8월 15일 정오, 루가에 있던 제56군단은 제1차 세계대전 때부터 만슈타인의 오랜 친구였던 게오르크 린데만Georg Lindemann 기병장군이 이끄는 제50군단과 교대했다. 그 직후 만슈타인은 8시간을 내리 운전해서 북쪽으로 200킬로미터 떨어진 삼로Samro 호수의 새 사령부로 향했다. 그런데 도착하자마자 제4기갑집단으로부터 새로운 명령이 내려왔다. 스트라야 루사Staraya Russa의 일멘 호수 남쪽으로 가서 제16군 휘하에서 "소련군 5, 6개 사단에 제10군단이 거의 전면포위를 당한" 상황을 복구하라는 것이었다. 만슈타인은 그날 저녁 일기에 "분노가 치밀어 올랐다"고 썼다. 레닌그라드를 향한 작전뿐 아니라, 새로 맡게 된 '소방수' 임무에도 제8기갑사단을 쓸 수 없었기 때문이었다. 다음날, 만슈타인은 13시간 동안 260킬로미터를 운전해서 제16군 사령부가 있는 드노Dno로 향했다. 부슈 상급대장으로부터 명령을 받기 위해서였다. 도착하자마자 게로가 잘 지내고 있으며 1급 철십자 훈장을 받았다는 소식을 들은 그는 지난 며칠 동안 부글부글 끓던 분노를 겨우 가라앉힐 수 있었다.

만슈타인만큼이나 제4기갑집단 사령부도 걱정하고 있었다. 제4기갑집단 전쟁일지를 보면 전역 수행에 대한 좌절감이 점점 커지고 있었다는 사실을 알 수 있다. 제56군단을 파견하라는 급작스러운 명령은 '폭탄처럼' 떨어졌다. 제4집단군은 만슈타인의 제56군단을 이용해 좌익을 보강하고 레닌그라드로 최종 공격을 가할 태세를 갖추려 했다. 그런데 상부에서 갑자기 오른쪽의 제16군을 지원하라는 임무를 제56군단에 맡긴 것이다. 전쟁일지 기록관은 제4기갑집단장의 감정을 가감 없이 기록했다.

"제4기갑집단장은 휘하 예비대를 포기해야 한다. 제16군도, 집단군도 제때 그들의 측면을 보호할 수 있는 예비대를 편성하지 않았기 때문이다. 이게 바로 우리의 최고사령부다!"

제16군은 소련군 스타브카가 지휘한 스타라야 루사 공세작전에서 공격

대상이 되었다. 바투틴Nikolai Fyodorovich Vatutin 중장에게는 다시 한 번 야심 찬 작전적 수준의 반격을 시도하라는 임무가 주어졌다. 레닌그라드를 향해 독일군이 최종 진격을 하기 전에 선수를 치기 위한 것일 뿐만 아니라, 일멘 호수 남서쪽의 솔치-스타라야 루사-드노 지역에 있는 북부집단군과 중부집단군 사이의 회랑을 뚫기 위해서였다. 신설된 소련군 제48군은 일멘 호수 북쪽의 노브고로드Novgorod로 가서 독일군 제1군단을 공격하고, 제34군(만슈타인은 제38군이라고 잘못 기록했다)은 제11군과 제27군의 지원을 등에 업고 일멘 호수 남쪽, 스타라야 루사-드노 축에 주공을 개시할 예정이었다. 원래 8월 3, 4일에 시작하기로 되어 있었던 소련의 공세는 8월 12일까지 연기되었다. 남쪽에서 소련군 제34군은 독일군 제10군단을 후방으로 밀어붙여 남쪽과 서쪽에서 거의 포위하는 데 성공했다. 손쉬운 승리였다. 그러나 제48군이 맡은 북쪽의 공격은 출발부터 순조로움과는 거리가 멀었다. 오히려 그들이 수비하고 있던 노브고로드가 8월 16일 독일군의 손에 넘어갔다.

만슈타인은 제10군단을 구하는 동시에 서쪽에서부터 남익을 공격해나가면서 소련군 제34군을 괴멸시키기 위해 —겨우 2개 차량화사단과 측면보호 지원 부대(즉석에서 조직된 1개 임시 여단인 리프Lieb 집단)를 이끌고— 반격을 실시하기로 했다. 8월 18일 만슈타인은 다음날 공격하기 위해 마련한 잘 위장된 전방 집결지로 부대들을 몰래 배치했다. 공격은 만슈타인이 바라는 대로 기습적으로 이루어졌다. 기습은 작전의 핵심이기도 했다. 볼프람 폰 리히트호펜Wolfram von Richthofen 상급대장이 이끄는 특별 지상공격단인 제8항공군단이 이 전역 최초로 효과적인 슈투카 급강하 폭격기 근접항공지원을 실시한 가운데 만슈타인의 사단은 모래로 뒤덮인 까다로운 지형에서 우세한 소련군을 압도했다. 제56군단은 공격을 개시한 제10군단과 밀접하게 연계하여 제34군을 결국 패퇴시켰고, 8월 22일에 스타라야 루사 남동쪽의 로바트Lovat 강에 도착했다.

만슈타인과 그의 2개 사단은 전술적 완승에 환호했다. 전쟁포로 1만 2,000명, 포 346대, 전차 141대에 달하는 전리품도 획득했다. 8월 21일 저녁에 만슈타인은 권총으로 잡은 들오리 요리를 먹으며 승리를 기념할 수 있었다(누구의 총으로 쏘았는지는 기록에 남아 있지 않다). 그러나 스타브카는 이번 공세로 또 한 번 북부집단군의 발목을 잡는 데 성공했고, 패배한 소련군은 잃어버린 병력을 독일 국방군보다 더 쉽게 채워넣을 수 있었다.

만슈타인의 군단은 로바트에서 아주 잠시 정지한 뒤, 일멘 호수 남쪽으로 과감히 추격하는 대신 제16군에 합류하여 천천히 동진하기 시작했다. 소련군의 저항이 거세지고 있었을 뿐더러 월말에 폭우가 쏟아진 바람에 길은 순식간에 진창으로 변해 있었다. 이 모든 것이 병사들에게 부담으로 다가왔고, 거의 2개월간 계속해서 군사작전에 참여한 제56군단은 지칠 대로 지쳐 있었다. 8월 29일, 만슈타인은 부슈에게 쓴 편지에서 휘하의 2개 차량화 보병사단이 전역 개시 이후 단 하루도 온전히 쉰 적이 없으며, 장비 역시 상태가 불량해졌고, 그 시점까지 사상자도 상당수(SS 토텐코프 사단: 4,800명, 제3차량화사단: 3,500명) 나왔음을 강조하면서 적절한 휴식, 재편성, 재정비 시간이 필요하다고 요청했다. 또한 제56군단이 전투력을 회복할 수 있도록 "적어도 1개 기갑사단", 가급적이면 제8기갑사단을 보내달라고 부탁했다. 만슈타인은 기갑사단이 없는 그의 군단은 "팔다리 없는 몸통과 같다"는 것을 강조하면서 최근 전투에서 소련군을 "추격하여 전멸시켜야 했는데" 기갑사단이 없어서 그러지 못했다고 덧붙였다.

부슈는 만슈타인의 보고에 대한 답신에서 그의 우려가 그럴 만하다고 동조했으나, 요구사항에 대해서는 단호한 태도를 취했다. 제8기갑사단은 다른 곳에서 교전 중이었으므로 현재로서는 당연히 배속을 전환할 수 없었다. 부슈는 "제56군단 휘하 모든 사단들은 제16군의 다른 모든 사단들과 마찬가지로 전투력이 크게 약화되었다"고 인정했으나, 핵심은 그 다음 문장이었다. "하지만 제16군과 제56군단의 모든 사단들이 휴식 기간을 갖는 것은 불가능하다는 사실을 잘 알고 있으리라 믿는다." 실제로 주어진 임무를 달성하기에 병력이 부족한 상태였다. 그래도 부슈는 만슈타인의 군단에 병력이 증강된 2개 보병연대를 보내주었고, 향후 데만스크Demyansk를 향한 작전에 기갑부대를 투입할 가능성을 내비쳤다.

만슈타인은 이에 굴하지 않고 북부집단군 사령부의 참모장이었던 쿠르트 브렌네케Kurt Brennecke 중장에게 호소했다. 만슈타인은 자신의 군단이 "전역 시작부터 나쁜 대우를 받았다"고 직설적으로 불평을 털어놓았다. "언제나 최악의 지형에 투입되었으며", "유일한 기갑사단은 성공을 코앞에 둔 루가에서 빼앗겼다"는 것이었다. 마지막으로 만슈타인은 브렌네케에게 "제56군단을 분별 있게 투입하기 위해" 가능한 모든 조치를 취해달라고 요청했다. 제8기갑사단을 돌려주는 등 적절한 재편성을 요구하기도 했다. 이렇듯 만슈타인은 있는 힘껏 저항했지만, 제56군단장으로 복무하는 동안 그중 어떠한 바람도 이루어지지 않았다.

열흘 동안 지칠 대로 지친 만슈타인의 군단은 이윽고 비를 뚫고 진흙탕을 밟아 가며 천천히 나아갔다. 그들은 점점 더 거세지는 적의 저항을 뚫고 폴라Pola 강 도하를 감행한 뒤 남동쪽으로 밀고 나가 '데만스크의 짧은 돌출부'까지 다다랐다. 9월 12일, 만슈타인은 제3차량화사단과 함께 움직이던 자신의 사령부가 중부집단군의 제9군 휘하로 들어갈 것이라는 통보를 받았다. 바로 그날 밤 늦게 참모 2명과 천막에서 브리지를 하고 있던 만슈타인은 놀랍게도 부슈로부터 걸려온 전화를 받았다.

"지금 앉아 있나, 서 있나?"

오래된 친구가 물었다. 만슈타인은 곧바로 최악의 상황을 떠올렸지만, 부슈는 곧 육군 최고사령부에서 온 통신문을 읽어주기 시작했다.

"폰 만슈타인 보병장군은 즉시 남부집단군으로 이동하여 제11군의 사령관을 맡기 바란다."

만슈타인의 표현에 따르면, 그는 이 순간 "기쁨에 할 말을 잃었다." 그는 "드디어 바라던 대로 군 사령관직을 맡게 된 데다가 담당 지역마저 좋았다"라고 기록했다.

평가

만슈타인의 군 사령관 진급은 두말할 필요 없이 당연한 것이었다. 그는 2개의 서로 다른 전역에서 군단장으로서의 능력을 입증해 보였다. 프랑스의 솜 강에서 루아르 강까지 추격을 감행하던 당시에는 첫 며칠이 지나고 나서 적군의 저항을 거의 받지 않았다. 반면 발트 3국과 소련 땅에서의 전투는 어느 모로 보나 훨씬 더 힘들었다. 바르바로사 작전이 개시되고 석 달 동안 그는 전방 지휘 능력을 확실히 입증해 보였고, 어려운 지형에서 끈질긴 적에 맞서 싸우는 휘하의 병사들에게 동기를 부여했고, 일시적인 차질이 생길 때에도 침착하게 그것을 만회했다. 공격과 방어, 추격과 퇴각 등 어떠한 상황에서도 지휘의 일관성을 유지했고 가능성을 모색하는 데 예리한 판단력을 보여주었다. 제56군단을 지휘하며 겪은 여러 전투 중에서도 특히 소련 침공 첫 나흘 동안 다우가바 강을 향해 행한 과감한 '기갑의 진격'과 1941년 8월 중순 스타라야 루사에서 행한 기습은 거장다운 면모를 잘 보여주는 작전으로 눈길을 끈다.

거의 쉼 없이 벌어진 전투 기간 중 만슈타인의 유일한 옥에 티는 상관인 회프너 상급대장과 관계가 틀어진 것이었다. 이는 제56군단의 잘못된 투입으로 인한 좌절감과 직결되어 있었다. 재능이 있으나 처세에 밝지 않은 부하와 우유부단하고 능력에 비해 너무 높이 지위까지 진급한 감이 있는 상관 사이에 불가피하게 생길 수밖에 없는 전형적인 갈등이었다(공평하게도 대부분의 군대에 이런 갈등은 있게 마련이다). 건방진 부하에 대한 회프너의 평가는 두 사람 사이의 팽팽한 긴장에 대해 많은 것을 보여준다. 독일군 평가서Beurteilung 특유의 간결한 어조로 그는 만슈타인을 "적극적이고 고집이 센 인물이다. 똑똑하고 수준 높은 군사교육을 받아 창의력이 있으며 작전에 대한 합리적인 시각을 지녔다"라고 평했다. 그는 여기까지 칭찬을 하고 이어 문제점을 지적했다. "그는 여전히 기동군단의 실전 지휘 경험이 부족하다." 회프너 자신은 프랑스에서 기동부대를 지휘하면서 구데리안이나 호트처럼 탁월한 성취를 거두지 못했으며, 소련에서도 기갑집단으로 확실한 승리를 얻지 못했다. 이를 감안했을 때 만슈타인은 이러한 평가가 부당하고 가혹하다고 여겼을 것이다. 만슈타인이 이에 대해 솔직한 심정을 기록하지는 않았으나, 회프너가 2개 군단을 지휘한 방식에 대해 지속적으로 비판한 것을 보면 굳이 설명할 필요가 없을 것 같다.

미래의 잠재력 면에서 회프너는 만슈타인을 "'한 수 앞선' 투입에 적격"이라고 평했다. 만슈타인을 지지하고 싶지 않았던 것이다. 다행히도 회프너의 보고서는 만슈타인의 훗날 경력에 아무런 영향을 미치지 못했다. 오히려 부슈가 덧붙인, 이와 비교도 안 되게 긍정적인 평이 더욱 중요하게 작용했다. 부슈는 특히 스타라야 루사 공세를 막아내는 데 한몫한 만슈타인의 역할을 칭찬했다. 집단군 사령관이었던 폰 레프는 같은 보고서에서 만슈타인을 "야심 차고 열정적인 사령관으로서 아이디어가 풍부하고 그것을 수행할 능력이 있다. 군 사령관으로 적합하다"라고 평가했다. 다음해 만슈타인은 크림 반도 전역에서 세바스토폴을 함락시킴으로써 역량을 가감 없이 드러내고 원수로 진급하면서 이러한 무미건조한 평가 이상의 능력을 입증해 보인다.

야전 사령관으로서 만슈타인의 재능은 고위 참모장교로서의 재능과는 달리 뒤늦게 인정받았다. 프로이센-독일 군사 전통에서는 능력이 뛰어난 참모장교라면 지휘도 당연히 마찬가지로 잘 해내리라고 가정하기 때문에 둘 사이에는 큰 차이가 없었다. 그가 받은 교육, 훈련, 자기계발은 모두 정확히 그런 목적을 위한 것이었다. 하지만 종종 참모장교체계는 기준에서 벗어나는 장교들을 배출하곤 했다. 참모장교로서는 탁월하나 고위 사령관으로서는 적합하지 않았던 대표적인 인물이 바로 파울루스다. 그렇기는 해도 영국군을 비롯한 다른 군대에서 볼 수 있는, 뛰어난 참모 능력과 지적 호기심을 가진 인재들에 대한 제도적인 편견은 독일군에서는 거의 찾아볼 수 없었다. 무엇보다도 만슈타인은 이미 입증된 그의 전술적 전문성에 더해 비상한 그의 작전적 능력을 발휘함으로써 이후 2년 반 동안 군 및 집단군 사령관으로서 두각을 나타냈다.

소련 침공 개시 후 첫 3개월 동안 만슈타인의 군단은 최고 속도로 전과를 확대하며 북부집단군의 선봉에 섰다. 히틀러의 독일 국방군은 힘들게나마 성공을 거뒀다. 그들은 엄청나게 많은 소련군 부대를 괴멸시키고 포로도 수없이 잡았다. 그러나 모든 것을 점령할 듯 자신만만했던 독일군은 곧 차질과 실망에 시달리게 된다. 1941년 늦여름 독일군에게 가장 시급했던 것은 지나치게 야심 찬 대소련 전역의 가혹한 현실을 총통에게 일깨워줄 냉철한 군사전략가였다. 카이텔도 할더도 히틀러를 제대로 저지하지 못했다. 만슈타인이 둘 중 누군가의 역할을 대신할 기회를 잡을 수 있을지는 차차 보게 될 것이다.

"우리는 가장 훌륭하고 가장 똑똑한 사령관을 모시고 있었다.
그는 우리의 완벽한 신뢰와 가장 깊은 곳에서 우러나온 존경을 받았다."

— 디트리히 폰 콜티츠Dietrich von Choltitz —

제11군 인수

독일 군사철학자 칼 폰 클라우제비츠는 위험은 "전쟁에서 일어나는 마찰의 일부"이고, "기회는 모든 것을 더욱 불확실하게 만든다"라고 말했다. 1941년 9월 12일 12시 30분, 피젤러 슈토르히Fieseler Storch 정찰기가 소련의 지뢰밭에 착륙하여 불길이 치솟는 순간 탑승해 있던 독일군 제11군 사령관 오이겐 리터 폰 쇼베르트Eugen Ritter von Schobert는 유명을 달리했다. 비행기 조종사와 쇼베르트 모두 즉사했던 것이다. 히틀러는 그날 저녁이 되기 전 쇼베르트의 후임을 임명했다. 그 후 열 달 동안 만슈타인은 크림 반도 대부분을 신속하게 점령하고, 1941/1942년 겨울에 영토를 되찾고자 죽을 각오로 덤벼드는 소련군의 시도를 좌절시키고, 한여름에 세바스토폴을 함락시켰다. 만슈타인이 썼듯이 크림 반도 전역은 "분리된 지역에서 1개 군이 최고사령부의 개입 없이 자신만의 장비를 이용해 독자적으로 작전을 펼칠 수 있었던 드문 사례 중 하나"였기 때문에 주목할 가치가 있다.

1941년 9월 17일 오후에 만슈타인은 부크Bug 강 남쪽 어귀 소련 해군 기지가 있는 니콜라예프Nikolayev의 새로운 사령부에 도착했다. 이때 제1·2기갑집단은 키예프Kiev를 수비하고 있던 소련 장군 부됸니Semyon Mikhailovich Budyonny의 남서전선군을 막 전면포위한 참이었다. 그 결과, 소련군은 총 43개 사단으로 구성된 4개 군을 잃었다. 막대한 손실이었다. 제11군은 이처럼 화려한 승리를 거두기는 했으나, 루마니아-소련 국경에서부터 꾸준히 행군해온 탓에 속도가 느렸고 사상자도 많았으며 병참선은 점점 길어지고 있었다. 소련 북쪽 삼림지대에서 차량화사단을 이끌었던 만슈타인은 이제 우크라이나 남부의 광활한 스텝 지대에서 '보병'을 지휘해야 했다. 만슈타인의 표현에 따르면, 우크라이나는 "전차를 쓰기에 안성맞춤인 지역"이었으나 얄궂게도 이제 만슈타인의 수중에는 전차가 없었다.

쇼베르트는 '불간섭주의' 사령관이었던 반면, 만슈타인은 모든 작전계획에 일일이 관여했다. 그는 제11군에 도착하기도 전에 이미 군 내에서 그의 명석한 사고로 이름이 자자했다. 참모장 한스 뵐러$^{Hans\ Wöhler}$ 대령은 참모회의에서 이렇게 조언했다. "새로운 군 사령관을 겁내지 마십시오. 그는 편안한 대화를 좋아합니다." 공교롭게도 이보다 앞서 전쟁일지에 이렇게 기록되어 있었다. "유대인 총살을 증언하는 것은 장교답지 못한 행동이다." 만슈타인은 남부집단군에서 또 다른 종류의 전쟁에 돌입하고 있었다.

만슈타인은 이번에도 능력이 특출한 참모들을 거느리는 복을 누렸다. 그중 한 명이 작전과장인 테오도어 부세$^{Theodor\ Busse}$ 대령이었다. 안경을 쓰고, 작전에 뛰어난 재능을 가진 그는 믿을 수 있는 장교로서 만슈타인과 평생 지기가 되었다. 분주한 작전사령부 내의 친밀한 근무 환경에서는 만슈타인의 똑 부러지는 태도가 거슬려 보였다. 부세는 전 사령관의 변호사인 레지널드 패짓$^{Reginald\ Paget}$(영국의 법률가이자 정치가. 전후 전범재판에서 만슈타인을 변호-옮긴이)에게 첫 몇 주 동안 자신이 만슈타인을 "꼴도 보기 싫어했으며 그를 만나고 돌아서면 항상 속이 쓰렸다"고 털어놓으면서 이어서 다음과 같이 고백했다.

하지만 저는 자신도 모르게 사령관의 놀라운 능력을 존경하고 있었습니다. 하루는 저녁 늦게 그가 저를 불러 이렇게 말하더군요. "부세, 자네가 우리 참모부에서 가장 열심히 일한다는 걸 알고 있네. 참 하기 싫은 부탁이네만, 이 서류들을 훑어보고 혹시 병사들에게 고생을 면하게 할 수 있는 방법이 있는지 찾아봐 줄 수 있겠나?"…… 그 이후로 저는 폰 만슈타인을 새로운 시선으로 보게 되었습니다. 그의 얼음처럼 차가운 겉모습 이면에는 친절하고 따뜻한 인간미가 숨어 있었습니다.

비겁한 행위로 군사법정에 회부된 경우, 만슈타인은 해당 병사가 속한 연대장의 동의 하에 사형 선고를 4주 뒤로 미뤘다. 만약 해당 병사가 "그 기간 동안 작전 중 자신의 잘못을 만회하면" 만슈타인은 판결을 파기했다. "만약 그가 또 한 번 실수하면, 선고는 집행되었다." 이런 처우를 받은 병사들 가운데 "소련군으로 넘어간 것은 오직 한 명뿐이었다. 다른 병사들은 모두 자신의 가치를 증명해 보이거나, 진정한 군인답게 동부전선에서 격전 중 전사했다."

1941년 9월 중순 제11군은 달갑지 않은 상황에 처했다. 수적으로 우세한 소련군(제9·18군)은 전선 너머에서 퇴각 중이었으나 전투력이 아직 상당했다. 더 나쁜 것은 만슈타인에게 이중 임무라는 독이 든 성배가 주어졌다는 점이었다. 그는 병력을 2개 축으로 분산시켜야 하는 냉혹한 운명에 직면해 있었다. 그는 동쪽으로 공격해가면서 아조프 해Sea of Azov의 북안을 따라 로스토프온돈Rostov-on-Don으로 진군해야 했고, 그와 동시에 남쪽으로 기동하여 크림 반도를 점령해야 하는 '특별 임무'가 주어졌다.

크림 반도 점령은 언뜻 보기에 주의를 분산시키기 위한 것으로 보였다. 하지만 크림 반도는 전략적 관점에서 중요한 의미를 지녔기 때문에 점령할 가치가 충분했다. 1941년 8월 12일, 남부집단군은 히틀러로부터 "루마니아 유전지대 공격 시 공군기지로 활용될 위험성이 있는 크림 반도를 점령하라"는 명령을 받았다. 9일 뒤, 총통은 다음과 같은 후속 지시를 내렸다.

"겨울이 오기 전에 달성해야 하는 가장 중요한 목표는 모스크바 점령이 아니라 크림 반도와 도네츠 분지의 산업·석탄 광산지대 점령이고, 캅카스에서 소련의 석유 공급을 차단하는 것이다."

만슈타인은 동쪽과 남쪽의 양면 전선에서 작전을 통제하기 위해 9월 21일부로 메마른 타브리야Tavriya 스텝 지대의 아스카니아 노바Askania Nova에 있는 집단농장에 전방 사령부를 세웠다. 소련 공군의 잦은 공습으로 이동은 지연되었다. 하지만 공중 상황이 우호적으로 돌아가자, 만슈타인은 보다 자유롭게 제11군 예하 군단장과 사단장들을 방문할 수 있었다. 그는 패짓에게 이렇게 털어놓았다.

"나의 전술적 결정은 직접 그 전술을 수행해야 하는 부대들의 기강에 크게 영향을 받았습니다."

부세는 다음과 같은 말로 이것이 사실임을 확인시켜주었다.

"만슈타인 원수가 병사들에게 말을 걸면, 병사들은 항상 군 사령관이 요구한 것을 해낼 수 있다고 느꼈습니다."

크림 반도의 독특한 지형은 방어자에게 아주 유리하다(719쪽 지도 6 참조). 크림 반도와 우크라이나 본토를 갈라놓는 것은 아조프 해에서 서쪽으로 30킬로미터가량 튀어나온, 갯벌과 해수 소택지로 구성된 시바시Syvash 만이었다. 얕은 시바시 만은 대규모 상륙작전에는 적합하지 않았다. 게다가 만슈타인의 군에 있는 배라고는 기껏해야 공병대의 공격단정assault boat이 전부였다.

북쪽에서 크림 반도에 접근할 수 있는 잠재적 진입로는 세 군데가 있었다. 우선 북서쪽에는 이슌Ishun 지협 맨 위쪽 좁고 긴 꼬불꼬불한 땅을 지나가는 도로와 철로가 있는 페레코프Perekop가 있다. 이곳은 역사적으로 크림반도로 들어가는 주요 관문이었다. 그러나 고대로부터 내려온 방어물인 타타르 수로Tatar Ditch가 1941년에도 여전히 이동에 상당한 걸림돌이 되고 있었다. 둘째로 북동쪽으로는 우크라이나 남부의 총하르 반도Chonhar peninsula가 살바코Salvako에 있는 지협을 통해 크림 반도와 연결되어 있었다. 둑길과 다리 위를 지나는 주요 철로와 도로가 키예프Kiev와 멜리토폴Melitopol에서 시바시를 지나 잔코이Dzhankoi와 심페로폴Simferopol까지 이어졌다. 그러나 겨우 2킬로미터 너비의 틈을 지나 둑길로 군단을 진격시키는 것은 자살행위나 다름없었다. 따라서 만슈타인의 계획에서 이 진입로는 당연히 "쓸모없는" 것으로 치부되었다. 좀 더 동쪽에는 게니체스크를 통한 마지막 접근로가 있었다. 아라바트Arabat 곶에서 발원한 짧은 물줄기에 의해 갈라진 게니체스크는 케르치 반도를 향해 거의 100킬로미터가량 남동쪽으로 뻗어나간 땅으로 폭이 아주 좁았다. 이 역시 대공격의 진로로는 부적절했다.

따라서 현실적으로 만슈타인이 크림 반도로 진입할 수 있는 유일한 곳은 정면공격을 해야 하는 부담이 있지만 페레코프밖에 없었다. 일단 지협을 돌파하고 나면 크림 반도 북쪽 3분의 2는 평탄한 스텝 지형이라 기갑작전에 유리했기 때문에 신속한 전과 확대에 안성맞춤이었다. 심페로폴Simferopol 남쪽과 동쪽에는 남부와 남동부 해안 위로 높이 솟은 크림 산맥이 있었다.

만슈타인은 제11군을 인수받으면서 한스 폰 잘무트Hans von Salmuth 보병장군의 제30군단, 루트비히 퀴블러Ludwig Kübler 보병장군의 제49산악군단, 에릭 한센Erik Hansen 기병장군의 제54군단을 지휘하게 되었다. 이와 별도로 1개 보병사단(제50사단)이 오데사Odessa에서 루마니아군을 지원하는 동시에 "흑해 해안 소탕 작전에 일부 관여"하고 있었다. 만슈타인 휘하의 추축국 병력 중 루마니아군 제3군은 1개 산악군단과 1개 기병군단으로 구성되어 있었고, 각 군단은 3개 여단으로 구성되어 있었다. 이는 2개 사단에 상응하는 병력으로, 이들의 역량은 불확실했다.

만슈타인이 직면한 최초의 작전적 결단은 소련군을 동쪽으로 추격하는 동시에 크림 반도를 점령할 방법을 결정하는 것이었다. 이 두 가지 임무를 동시에 수행해야 할까, 순차적으로 수행해야 할까? 그가 비장한 어조로 기록했듯이 이는 "사실 최고사령부가 책임져야 할 결정"이었다. 페레코프 공략은 제54군단에 맡겨졌으나, 제54군단 혼자 완수하기에는 너무 어려운 임무였다. 소련군 F. I. 쿠즈네초프 상급대장의 제51군은 최근 페레코프 방어를 위해 3개 민병 사단을 모집했고, 3개 사단을 더 모집 중이었다. 따라서 크림 반도에 주둔한 소련 병력은 곧 12개 소총병사단과 4개 기병사단으로 늘어날 터였다. 이들의 자질은 일정하지 않았다. 어쨌든 만슈타인이 결론을 내렸듯이, "단 3개 사단이 완강하게 방어하는 것만으로도 제54군단의 크림 반도 진입을 충분히 막을 수 있거나 적어도 지협을 통과하는 제54군단에게 심각한 전투 손실을 입힐 수 있었다."

페레코프와 남동쪽으로 30킬로미터 떨어진 이순 사이의 지역은 폭이 3킬로미터까지 좁아지는 지형으로, 강력한 야전방어시설로 강화되어 있었다. 페레코프의 제1방어구역에는 타타르 수로가 포함되어 있었다. 보다 종심의 제2방어구역은 1920년에 소련군이 벨로루시를 상대로 거둔 유명한 승리를 기념하기 위해 1930년대에 건설한 신도시인 크라스노페레콥스크

Krasnoperekopsk(붉은 페레코프Red Perekop)와 염호salt lake들이 연결되는 지역이었다. 이처럼 자연 장애물과 인공 장애물이 있고, 독일 공군이 동부전선 모든 곳에서 우위를 점할 수 없었기 때문에 소련군이 제공권을 장악한 이 지역에서 제11군은 "진이 빠지는 힘든 싸움"을 해야만 했다.

방어선 돌파를 전과 확대와 추격으로 전환시키려면 병력 보강이 필요했다. 이 시점에서 남아 있는 유일한 보강 병력은 동쪽을 압박하고 있던 2개 군단(제30·49군단)뿐이었다. 2개 작전을 동시에 시도한다면 두 마리 토끼를 전부 놓칠 위험이 있었기 때문에 만슈타인은 로스토프온돈Rostov-on-Don보다 크림 반도에 우선순위를 두기로 결정했다. 페레코프에서 크림 반도로 침입하기 위해 그는 가능한 모든 포병, 대전차, 공병대 부대들로 제54군단을 보강했고, 총하르 반도에서 양동작전을 실시하기로 했다. 그는 제54군단을 보강하기 위해 제50사단을 투입했고, 제49산악군단에는 "돌파 직후 신속하게 크림 반도를 점령하라"고 미리 일러두었다.

여러 어려움이 있을 것이라는 예상에도 불구하고 낙관한 만슈타인은 라이프슈탄다르테에 다른 차량화부대와 함께 신속한 기동집단을 형성하여 퇴각하는 소련군을 세바스토폴Sevastopol까지 추격하고 도시를 점령하라고 명령했다. 그리고 동부전선에서 차출된 그의 부대의 빈자리를 메우기 위해 독일군 병력으로 보강시킨 루마니아군 부대를 드네프르 강 만곡부에서 동쪽으로 약 100킬로미터 떨어진 스텝 지역의 취약한 방어선에 배치했다. 만슈타인은 이를 수행하면서 알면서도 큰 위험을 감수했다. 이는 "부족한 병력으로 크림 반도를 점령하려는 시도를 회피하려 한다면 반드시 대가를 치러야 한다"는 것을 의미했다.

페레코프를 향한 돌격과 아조프 해 전투

행군 방향에서 벗어나 갑작스럽게 이루어진 공격이 아니라 세세한 부분까지 준비된 계획적인 공격이 공격자와 방어자 어느 쪽에 더 유리한지는 양측이 마련해둔 자원의 상대적인 규모, 특히 화력지원 수준에 달려 있다. 페레코프에서 방어진지를 준비하고 기다리고 있던 결연한 적을 향해 만슈타인의 제11군처럼 정면공격을 가할 경우 독일 육군 교리의 표현을 빌리자면 "지배권을 잡기 위한 길고 집요한 싸움"으로 이어질 수 있었다. 실제로 그런 결과가 나타났다. 1941년 9월 24일에 공격을 개시한 제54군단은 타타르 수로를 최초로 돌파하기 위해 고군분투해야 했다. 26일에는 제73사단이 타타르 수로로 돌격했다. 한 젊은 장교가 이날 일을 이렇게 기록했다.

동이 트기 전이었던 4시 40분, 사단 포병대는 연대의 돌파 축선에 화력을 집중했다. 일제 엄호사격 하에 보병들은 전진해 타타르 수로까지 접근했다. 4시 50분에 포병대의 화력 지원이 중단되었다. 보병과 공병은 일제히 전진하면서 수로의 북쪽 가장자리를 가로질러 갔다. 그들은 수심이 20미터에 이르는 지점에서 수로 안으로 미끄러듯 들어갔다가 반대쪽으로 기어 올라왔고, 마침내 침투에 성공하여 진지를 차지했다.

다음날 밤 라이프슈탄다르테가 합세한 제54군단은 아르미얀스크Armyansk 남서쪽으로 돌파를 시작하는 동시에 이슌 호수 지역을 지나 공세를 가할 준비를 했다. 하지만 만슈타인이 기록했듯이 "어렵사리 얻은 이 승리로도 크림 반도 최종 진입이라는 과실을 수확하기는 아직 일렀다." 소련군 제9·18군은 12개 사단을 강력한 전차부대로 강화하고 9월 26일부터 루마니아군 제3군에 점점 더 심각한 위협을 가하고 있었던 것이다. 27일 아침, 소련군은 북쪽에서 페레코프로 향하는 제49군단과 루마니아군 사이로 침입해 들어왔다. 그러자 갑자기 동부 방어선에 심상치 않은 15킬로미터 너비의 '구멍'이 생겨버렸다.

9월 28일, 남동쪽의 제30군단 영역 내에서 상황은 더욱 악화되었다. 만슈타인은 이제 제11군을 온전히 지켜내기 위해 결단을 내려야 했다. 그는 이슌에서의 공세를 즉시 중지하지는 않았지만, 제54군단은 지쳐 있었고 새로운 위기에는 새로운 병력으로 대응해야 한다는 사실이 곧 명백해졌다. 그러나 독일군 최고사령부의 개입은 전혀 도움이 되지 않았다. ―"총통의 명령에 따라"― 만슈타인의 유일한 완전 기동부대인 라이프슈탄다르테를 아껴두었다가 제1기갑집단의 로스토프온돈 공격에 투입하기로 결정했던 것이었다.

만슈타인은 제49군단과 제50·22사단의 예하 부대 및 페레코프에서 불러들인 라이프슈탄다르테를 이끌고 반격을 가함으로써 9월 29일에 상황을 안정화시킬 수 있었다. 아찔한 위기를 겨우 벗어난 그는 전의를 다지기 위해 '위험지역'에 가까운 니시 세고로시Nish Segorosi에 작은 전술사령부를 세웠다. 그가 말했듯이 이러한 행동은

위기 시에 쓸모 있는 조치다. 만약 그것이 부하 참모들이 조기에 빠져나가는 것을 막고 병사들에게 나쁜 인상을 주지만 않는다면 말이다. 문제가 된 상황에서 많은 루마니아군 사령부 참모들이 그들의 위치를 너무 이르게 옮기는 경향을 고려하면 이는 아주 적절한 조치였다.

추축군에 대한 그의 우려는 경험에서 비롯된 것이었다. 그가 루마니아군을 직접 집결시켜야 한다고 생각한 적도 한두 번이 아니었다. "루마니아군 사령관의 참모 차량은 서쪽으로 마냥 달려나가고 있었기 때문"이었다.

하지만 전투에서 승리를 거두기 위해서는 만슈타인의 존재만으로는 부족했다. 긴급 요청에 따라 남부집단군은 결국 10월 1일에 폰 클라이스트의 제1기갑군에 소련군 제9·18군의 집결지 배후로 진군하라고 명령했다. 이러한 북쪽에서의 포위와 멜리토폴Melitopol 점령을 위해 동쪽을 공격하는 제11군의 분투는 아조프 해 전투Battle of the Sea of Azov의 운명을 결정지었다. 10월 10일까지 소련군의 손실은 전쟁포로 10만 6,362명, 전차 212대, 포 672대에 달했다. 만슈타인은 회고록에 소련이 반격을 더 잘 계획하고 수행했더라면 제11군이 드네프르까지 밀려났을지도 모른다고 기록했다. 어느 역사가가 평가했듯이 "독일군은 재난이 닥치기 직전에 승리를 얻어냈다."

만슈타인은 성격상 과장된 제스처를 취하는 인물은 아니었지만, 이번 전투는 인정받을 가치가 있다고 판단했다. 그는 1941년 10월 4일에 다음과

같이 병사들을 치하했다.

제11군과 루마니아군 제3군 제군들이여!
제군들은 충성스러운 전우애로써 적군의 공격에 맞서고 그들을 다시 공격한 활약상을 자랑스러워해도 좋다. 우리는 목숨과 피를 바쳐 우리를 최종 승리의 길에 올려놓은 전우들을 기억할 것이다.

이때 거둔 놀랄 만한 승리 덕분에 만슈타인은 1941년 10월 11일, 제2차 세계대전 일일 국방군 보고Wehrmachtsberichte에 처음으로 언급되었다.

아조프 해 전투의 결과로 인해 독일군 최고사령부는 계획을 재고할 필요가 있다고 생각하게 되었다. 마침내 제11군이 2개 작전을 동시에 수행한다는 계획이 얼마나 터무니없는지 깨달은 것이다. 만슈타인은 크림 반도 작전을 위해 제30군단과 제54군단을 보유하고 있었다. 총 6개 사단에서 오데사 근방에 투입되어 있던 제50군단 병력에 해당하는 3분의 1사단을 뺀 5와 3분의 2사단 규모였다. 육군 최고사령부는 여전히 크림 반도를 점령하고 케르치 지협을 통과하는 작전을 수행하여 쿠반 반도Kuban peninsula와 캅카스로 진입하는 것을 최우선으로 여기고 있었다. 만슈타인은 남부집단군에 "크림 반도 전역을 위해 3개 사단 규모의 1개 군단의 즉각 파병과 항공지원 증가를 요청했다. 제24·132보병사단을 거느린 제42군단이 만슈타인의 휘하로 배속 전환되었으나 이 정도 보강으로 "크림 반도 싹쓸이"가 가능할지는 두고봐야 할 문제였다. 만슈타인이 예견했듯이 소련군 최고사령부는 세바스토폴을 잃느니 차라리 오데사를 버리는 선택을 할 것이다.

10월 2~16일에 소련 해군은 오데사에서 해안군을 철수시키고, 증원 병력이 세바스토폴과 크림 반도 서쪽의 작은 항구들로 유입되기 시작했다. 이로 인해 만슈타인 앞에 놓인 문제는 더욱 해결이 어려워졌다. 소련 해군이 선박 일부를 잃은 것은 사실이었지만, 그렇다고 해서 독일 공군이나 해군에게 해상 병참로를 막을 만큼 충분한 병력이 있었던 것도 아니었다. 결과적으로 소련 육군 및 해군은 됭케르크 철수 때처럼 놀라운 대규모 작전을 성사시켜 별다른 손실 없이 군인 및 민간인 30만 명을 대피시켰다.

만슈타인이 10월 18일에 이슌 공세를 재개했을 때 6개 독일군 사단은 곧 "소련군 8개 소총병사단과 4개 기병사단"과 맞닥뜨렸다. 적의 수를 과대평가한 것일 수도 있으나, 어쨌든 만슈타인의 병력은 적을 압도하지 못했다. 제54군단은 마침내 제22·46·73보병사단과 함께 이슌 진지를 공격했다. 초반의 전개는 고통스러우리만치 지지부진했고 치러야 하는 대가는 컸다. 만슈타인은 제11군의 포병대를 한데 집결시켰지만, 이것으로 전장의 제공권 열세를 만회할 수는 없었다. 그는 이렇게 회고했다.

지협의 염생초원지대salt steppe는 팬케이크처럼 평평하고 식물이 전혀 없어서 공격자가 몸을 숨길 만한 곳을 찾을 수 없었다. 게다가 소련 공군이 제공권을 장악하고 있어서 표적이 눈에 띄기만 하면 그들의 전투기와 전투폭격기가 급강하했다. 참호를 파야 했던 것은 최전선 보병대 및 야포대뿐만이 아니었다. 소련군 항공기로부터 차량과 말을 보호하기 위해 전투지역 후방에도 참호가 필요했다. 상황이 어찌나 안 좋았던지, 대공 야포대는 더는 발포를 감행하지 못했다. 순식간에 공습을 받아 전멸당할지 몰랐기 때문이다.

항공지원 부족에 대한 만슈타인의 걱정은 이처럼 깊어만 갔다. 그는 결국 10월 20일 남부집단군 참모장인 조덴슈테른 장군에게 "공군을 과감하게 집결시킬 것"을 요청했다. 소련 공군을 패퇴시키고, 소련군의 포를 파괴하고, 약화된 보병 부대에게 필요한 "공세 시 사기"를 진작시키기 위해서였다. 나아가 만슈타인은 심페로폴과 세바스토폴 사이의 도로를 막아 소련군 병력의 퇴각로를 차단할 수 있도록 "적어도 1개 이상의 기동 기갑부대"를 요청했다.

10월 22일 만슈타인의 일지에는 그가 일단 이슌 진지를 공략해 "반격으로 소련군이 피를 흘리도록 만들고" 제4항공군을 집결시켜 소련 공군을 저지하면 그의 공세를 취소하는 방안까지도 고려했다는 내용이 담겨 있다. 하지만 만슈타인은 계속해서 밀고 나가기로 결정하며 이렇게 적었다. "승리를 5분 앞두고 날려버리지 말아야 한다고 몇 번이나 가르쳤던가." 묄더스 Mölders 전투비행단Jagdgeschwader 52이 도착하자 10월 26일부로 독일군은 주간에 현지 제공권을 확보할 수 있게 되었다.

한편 만슈타인은 대소련 전역의 고질병이라 할 수 있는 전투력 하락에 점점 더 커져가는 불안을 느끼고 있었다. '특히 뛰어난 사단'(제73보병사단)의 사단장이 그 주에만도 두 번이나 자신의 부대가 "더는 버틸 수 없다"고 보고해왔다. 전후에 만슈타인은 이 시기를 놓고 이렇게 평했다. "전투 결과가 좋지 않은 상황에서는 한 번쯤 그런 시기를 겪기 마련이다. 그럴 때일수록 신체적 한계까지 버티며 분투하는 공격자의 의지가 계속 저항하고자 하는 방어자의 의지보다 강하다는 것을 보여주어야 했다." 불굴의 의지를 지닌 쪽은 만슈타인의 병사들이었다. 10월 28일, 소련군이 먼저 무너졌다. 이제 독일군은 크림 반도로 추격을 시작할 수 있었다.

크림 반도로의 전과 확대

라이프슈탄다르테가 떠나자, 만슈타인에게는 소련군이 회복하기 전에 크림 반도로 진출해 전과를 확대할 수 있는 즉각적이고 확실한 수단이 하나도 남아 있지 않았다. 그래서 그는 프랑스 전역에서 제38군단을 지휘했을 때 사용한 낡은 수법을 동원했다. 그는 제22사단의 정찰대대와 보강된 루마니아군 차량화연대, 기타 여러 독일군 차량화부대를 그러모아 선발대를 편성했다. 만슈타인은 즉석에서 만든 기동선발대를 하인츠 치글러Heinz Ziegler 대령에게 맡기고 알마Alma 강을 향해 남진하라고 명령했다. 10월 31일, 치글러의 기동선발대는 세바스토폴과 심페로폴 사이의 도로를 차단했고, 다음날 크림 반도의 수도 심페로폴을 손에 넣었다.

이윽고 폭우로 인해 제11군 예하 보병사단들의 추격과 소련군의 결연한 후위 전투 둘 다에 제동이 걸렸다. 하지만 독일군 최고사령부는 그때까지 만슈타인이 거둔 성과에 크게 기뻐했다. 브라우히치는 9월 30일 치하의 말을 전했다. 크림 반도 방어선 돌파에서 탁월한 성과를 거둔 제11군 사령부와 병사들을 치하하며 행운을 빈다"는 내용이었다. 그러나 만슈타인은 그보다 더 시급한 문제가 있었다. 그는 신랄한 어투로 썼다. "1개 기갑사단을 받았더라면 훨씬 더 좋았을 텐데."

10월 30일, 만슈타인은 특유의 신중한 보고서에 자신의 의도를 담아 남부집단군 사령부에 전달했다. 그는 현시점에서 소련군에게 두 가지 군사행동이 가능하다고 평가했다. 해상 및 공중 작전의 확고한 기지로서 크림 반도 남부를 지키거나, 또는 전투력이 부족해 그럴 수 없을 경우 병력을 나누어 주력을 세바스토폴에, 나머지 병력을 케르치 반도에 보내는 것이었다. 만슈타인의 제11군에게 가장 매력적인 선택지는 케르치로 퇴각하는 제51군을 추격하는 것이었다. 그는 이를 통해 소련군을 산맥지대에서 나오도록 유인하여 세바스토폴 요새와 멀리 떨어진, 독일군에게 유리한 개활지에서 교전을 벌일 수 있기를 바랐다.

만슈타인은 이 보고서에서 소련군이 아직까지는 구사할 수 없는 정교한 작전을 상정했다. 그는 "소련군이 이런 작전을 결정할 가능성은 낮다. 아마도 세바스토폴 방어를 준비하기 위해 시간을 벌려고만 할 것이다"라고 적었다. 따라서 그는 심페로폴과 세바스토폴 사이에 집결할 것으로 예상되는 소련군을 상대하는 데 주력을 집중하고 세바스토폴로의 퇴각로를 차단하기로 했다. 이 단계에서 만슈타인은 세바스토폴에서 충분한 병력이 출정하기 전까지는 케르치에 모여 있는 소련군을 공격하지 않기로 했다. 하지만 소련군이 의외로 완강하게 저항하며 높은 회복력을 보이자 이 접근법은 어려워졌다. 케르치 반도는 11월 16일에 만슈타인의 부대에 의해 함락되었으나, 1941년 12월 말에 소련군에게 재점령되었고, 1942년 5월에는 다시 독일군의 손에 들어갔다. 그러나 세바스토폴은 1942년 7월 1일까지 저항했다.

11월 1일, 남부집단군 사령부로부터 자신의 계획을 승인받은 만슈타인은 기동계획을 확정했다. 제54군단과 제30군단은 총 4개 사단을 이끌고 세바스토폴 점령을 맡았다. 한편 독일군 3개 군단과 루마니아군 산악군단을 거느린 제42군단은 케르치를 향해 동진하기로 했다.

한편 크림 반도의 소련군 병사들은 꽤 질서정연하게 퇴각했지만, 이와 대조적으로 지휘구조는 엉망이었다. 10월 30일, 오데사에서 크림 반도로 재배치된 해안군 사령관 이반 에피모비치 페트로프Ivan Efimovich Petrov 중장은 세바스토폴에서 북쪽으로 40킬로미터 떨어진 소도시 에키바시Ekibash에서 전략회의를 소집했다. 그의 예하 부대 사령관이었던 I. A. 라스킨Laskin에 따르면 페트로프는 이렇게 선언했다.

쿠즈네초프 상급대장이 크림 반도 군 및 제51군 사령관직에서 해임되었다는 비공식 정보가 있다. 이곳의 상황은 빠르게 변하고 있고, 우리에게 유리하지 않다……. 우리에게는 두 가지 선택지, 2개의 길이 있다. 흑해 함대의 주 기지가 있는 세바스토폴로 가서 흑해함대와 함께 도시와 기지를 방어하거나, 케르치 반도로 가서 제51군에 합류하여 그곳에 방어망을 구축하는 것이다.

페트로프는 휘하 사단장들과 상의한 후 해안군이 세바스토폴로 퇴각하기로 결정하고 이것을 그의 휘하 사단들에 알렸다.

만슈타인은 최선을 다했으나, 그의 병력이 크림 반도 남부에 너무 산산이 흩어져 있었기 때문에 해안군이 산맥을 통해 세바스토폴로 돌진하거나 알루슈타Alushta와 얄타Yalta에서 해안도로를 따라 탈출하는 것을 막을 수 없었다. 세바스토폴에 누가 먼저 도착하느냐 하는 시간과의 싸움이 벌어진 상황에서 소련군은 행군로에서 벗어나 세바스토폴을 점령하려는 독일군의 시도를 아슬아슬하게 미연에 방지했다. 제11군은 이제 신중한 작전을 위해 요구되는 병력과 중포, 탄약을 준비할 시간이 필요했다. 그럼에도 불구하고 11월 첫 2주 동안은 무분별한 낙관주의가 우세했다. 할더의 발언에서 이를 실감할 수 있다. "크림 반도 전역에서 상당한 진전이 있었다. 그러나 나머지 소련군을 완전히 처리하려면 며칠이 더 걸릴 것이다." 그러나 소련군이 예상외로 끈질기게 저항하는 사이 겨울이 찾아오자 문제가 심각해지기 시작했다.

심페로폴(그리고 바흐치사라이Bakhchisarai에 있는 독일 육군의 주요 하역 지점)로 향하는 주요 철로가 1942년 1월에 재개될 때까지 모든 전투보급품은 대부분 크림 반도의 형편없는 비포장도로를 통해 수송되었다. 이와 대조적으로 소련 해군은 흑해를 장악하고 있었기 때문에 세바스토폴의 민간인과 소련군에게 생명 유지에 필수적인 물품들을 제공해주었다. 1941년 11월 9일, 크림 반도에는 여느 해보다 빨리 첫눈이 내렸다. 뒤이어 만슈타인이 11월 11일에 기록했듯이 "절망적인 비"가 계속 내려 독일군이 사용하던 도로가 전부 진창길이 되어버리자 "모든 것이 정지했다." 소련의 라스푸티차rasputitsa('도로가 없는 시기'라는 뜻)(러시아와 동유럽에서 겨울이 되기 전 비가 오거나 땅이 녹는 해빙기에 비포장도로가 사람이나 차량이 도저히 다닐 수 없을 정도로 진창길이 되는 시기-옮긴이)가 시작되자, 세바스토폴에 대해 신속한 공세를 가할 가능성은 완전히 사라져버렸다. 점점 악화되는 기후와 짧아지는 해는 방어하는 소련군에게 유리했다. 페트로프의 병사들은 귀중한 시간을 활용해 훌륭하게 위장된 벙커를 짓고 철조망과 지뢰, 기관총좌와 야포진지로 요새를 강화했다.

만슈타인의 사단들이 산악지대에서 빨치산의 결사적인 공격을 물리치며 힘겹게 세바스토폴과 케르치로 나아가는 동안 행정과[병참참모(Ib)와 함께]는 심페로폴 시내에 남긴 채, 만슈타인은 작전과(Ia)와 정보과(Ic)를 이끌고 사라부스Sarabus로 향했다. 그는 "소련인들이 사라부스에 신축한 학교들 중에서 본부로 쓰기에 아주 적합한 건물 하나를 찾았다." 만슈타인은 참모장과 함께 근처 농가에서 생활했다. 그는 "침대, 식탁, 의자, 세면대용 스툴stool(등받이 없는 의자-옮긴이), 옷걸이 몇 개"밖에 없는 "초라한 방"에 묵었다. 만슈타인도 그의 참모도 "사병이 누릴 수 없는 안락함에 빠져서는 안 된다"고 생각했다.

만슈타인은 임시 난로 2개로 난방을 한 교실 하나를 그의 사무실로 썼다. 모든 군대가 그렇듯이 작전이 정지될 때 '판에 박힌 일상적인' 행정 업무가 또다시 사령부의 생활을 지배한다. 패짓에 따르면 만슈타인은 "서류작업을 혐오했고 자기 앞에 놓인 보고서를 거의 읽지 않았다. 그는 장교들이 요점만 간결하게 구두로 보고하기를 바랐고, 보고를 받았다는 것을 표시하기 위해 보고서에 서명을 했다." 그러므로 자신의 유죄를 입증하는 문서들을 포함하여 수많은 문서를 읽은 기억이 없다는 전후 만슈타인의 증언은 어쩌면 일정 부분 사실인지 모른다.

소련군이 근처의 사라부스 비행장에 간헐적으로 공습을 퍼부은 탓에 참모 업무에 지장이 생기기도 했다. 만슈타인은 대부분의 시간을 예하 부대를 방문하며 길에서 보냈다. 여기에는 분명히 위험이 따랐다. 최전선에 배치된 그의 부대들 대다수가 매일 받는 위협과 전투에 대한 부담은 상당했다. 제11군은 1941년 11월 16일부로 세바스토폴 근처의 강력한 요새 지대를 제외하고는 크림 반도를 전부 점령했지만, 빨치산의 잦은 매복 공격으로 인해 어떠한 도로 이동도 안전하다고 할 수 없었으며, 특히 산악지대를 통과하는 것은 두말할 것도 없었다.

군인들에게 겨울은 언제나 괴로운 계절이다. 반원형으로 세바스토폴을 포위하고 있던 독일군 사병Landser들은 소련군의 포격과 공습에 노출되어 있었을 뿐 아니라 가혹한 생활조건으로 인해 심신이 약화되어갔다. 제22사단 기록관은 비통한 어조로 기록했다.

그렇게 춥지는 않았지만 바다로부터 불어온 폭풍우와 비가 섞인 눈 때문에 최전선에서의 생활은 비참했다. 의복은 매우 부족했다. 많은 병사들은 외투가 없었고, 장갑이나 모자가 있는 병사들은 그보다 훨씬 더 적었다. 이외에 육체적 피로까지 겹쳤다. (이런 상황에서는) 경상조차 사망에 이를 수 있었다.

육군 최고사령부는 소련에서 겨울 전역을 벌일 준비를 제대로 하지 않았다. 만슈타인은 제11군을 위해 최선을 다했지만, 제11군은 너무 신장된 보급로의 맨 끝에 있어서 보급품이 부족했다.

결손이 생긴 보병중대의 병사들은 휴식과 충원이 시급했으나 병력 부족으로 인해 이는 더욱 어려워졌다. 만슈타인 휘하의 7개 보병사단에서 11월 7일까지 전투와 황달을 비롯한 병으로 사망한 인원은 거의 4만 명에 달했다. 보충 병력 1만 6,000명이 도착했지만, 제11군은 여전히 최초 병력에서 25%가 감소한 상태였다. 크림 반도 전역의 개시 단계에서 소련군 역시 많은 대가를 치러야 했다. 독일군 정보기관은 1941년 10월 18일 이후로 소련군이 입은 병력 손실이 10만 명인 것으로 추정했는데, 그중 4분의 3이 전쟁포로였다. 그러나 그 후로도 크림 반도에서는 수천 명의 민간인 사상자가 발생했다.

세바스토폴 1차 방어

세바스토폴 중심부의 나히모프Nakhimov 광장(19세기의 유명한 러시아 장군파벨 나히모프Pavel Stepanovich Nakhimov의 이름을 땄다)에는 제2차 세계대전 중 세바스토폴의 영웅적 방어를 기리기 위한 소련군의 화강암 기념비가 서 있다. 과거를 상기시키는 이 거친 화강암 조각은 적군의 총검 2개를 막아내나 세 번째 총검에 굴복한 용감한 수비대를 묘사한 것으로, 세바스토폴이 만슈타인의 공격을 포함해 단 두 차례의 공격을 받았다는 독일의 설명과 달리 세 차례 큰 공격을 겪었다는 소련의 관점을 반영한 것이다. 블라디미르 카르포프Vladimir Karpov는 상을 받은 자신의 페트로프 평전 『사령관The Commander』에서 이 기록을 바로잡으려 했다. 그는 11월 초에 독일군이 세바스토폴을 공격했으나 실패했고, 이윽고 11월 말에 세바스토폴 점령을 목적으로 대규모 작전을 벌였다고 설명했다. 카르포프에 의하면, 만슈타인은 독일군이 실패를 반복한 11월을 "잊기로" 결정했다. 그러나 세바스토폴 시민들은 갑자기 공식 기록보다 거의 다섯 달 앞서 대조국전쟁에 참전하게 되었다.

전쟁 발발 당시 세바스토폴(러시아어로 '장엄한 도시'라는 뜻)은 우아한 거리, 빛나는 공공건축물, 넓게 뻗어나간 요새, 창고, 조선소 등을 갖춘 소련의 아름다운 보석이었다. 흑해함대 소속의 한 장교는 이렇게 기록했다.

크림 반도의 아름다운 어느 날 저녁이었다. ……도시의 모든 거리와 대로에 불이 밝혀졌다. 하얀 주택들은 빛의 물결에 휩싸여 있었고 클럽과 극장은 상륙 허가를 받은 해군들에게 들어오라고 손짓하는 듯했다. 도시의 거리와 공원에는 흰 옷을 입은 해군들과 현지 주민들이 가득했다.

이 평화로운 고요는 곧 날카로운 공습 사이렌 소리와 폭탄의 폭발음으로 산산이 깨졌다. 독일군의 공세가 시작된 것이었다. 독일군의 야간공습은 치밀하게 계획된 것이었음에도 불구하고 도시에 큰 피해를 입히지는 못했다. 특히 흑해함대는 별로 타격을 입지 않았다. 모스크바의 소련 해군 사령부가 낌새를 알아차리고 세바스토폴의 함대 사령부에 미리 경고를 했기 때문이었다. 흑해함대장인 F. S. 옥탸브르스키Oktyabrsky 준장은 1941년 6월 22일 새벽, 독일군 폭격기가 공격을 시작하기 직전에 도시와 함대의 불을 전부 꺼버렸다. 대공 부대들이 사격을 약간 망설였지만, 그는 모스크바에 "독일군 공세를 물리쳤다"고 보고했다.

그 후 도시의 일상생활은 거의 넉 달 동안 아무런 방해도 받지 않았다. 만슈타인의 제11군이 이순-페레코프를 통해 크림 반도의 방어선을 뚫기 전까지는 그랬다. 10월 중순에 이르자 세바스토폴은 오데사에서 이동한 수만 명의 민간인 난민과 육군 및 해군 병사들로 북새통을 이루었다. 1941년 11월 7일, 소련군 최고사령부는 옥탸브르스키를 세바스토폴 방어구역 총사령관에 임명했고, 페트로프에게는 육군 지휘를 맡겼다. 11월 중순이 되자 소련군의 전방 방어 진지로 이루어진 전초선은 길이가 44킬로미터에 달했다. 4개 지구로 나뉜 이 지역에는 총 42개 대대가 지키는 방어구역을 두기로 계획하고 요새 복합 단지와 항공 및 해안 방어포대, 대전차구, 그리고 까다로운 지형을 최대한 유리하게 활용하기 위한 벙커와 참호 같은 야전축성을 구축하기로 했다. 하지만 1941년 12월 만슈타인의 주공이 실시되었을 때 이 요새 지역(720쪽 지도 7 참조)은 아직 완공되기 한참 전이었다.

소련군의 관점에서 세바스토폴에 독일군이 최초로 결연한 공격을 가해온 것은 11월 11일, 페트로프의 해안군이 도시 방어를 위해 재집결한 바로 다음날이었다. 이때 만슈타인은 1941년 12월과 1942년 6월에 실시한 세바스토폴 점령 시도 때와는 달리, 얄타에서 세바스토폴로 향하는 해안로를 따라 남동쪽으로 크림 전쟁(1853~1856년 러시아와 오스만튀르크, 영국, 프랑스, 프로이센, 사르데냐 연합군이 크림 반도와 흑해를 둘러싸고 벌인 전쟁-옮긴이)의 유명한 격전지 발라클라바Balaklava 전장을 가로지르고 사푼 고라Sapun Gora

고지를 넘어 세바스토폴로 향하는 오래된 보론초프Vorontsov 길을 주요 접근로로 택했다. 1941년에 이 지역은 소련군 제1·2방어구역의 병사들이 수비하고 있었다. 무슨 수를 써서라도 발라클라바를 둘러싼 구릉지대와 카마리Kamary(현 오보론노에Oboronnoe)를 지키는 것이 그들의 임무였다.

제22보병사단으로 병력을 보강한 만슈타인의 제30군단은 11월 11~21일에 엄청난 항공지원 하에 반복적으로 공격을 가했다. 소련 방어군 역시 독일군만큼이나 맹렬하게 전투에 임했기 때문에 양측의 사상자는 빠르게 늘어갔다. 11월 15일에는 소련군 1개 연대(제514연대)에서만 사상자가 400명이나 발생했다. 페트로프는 자신이 직면한 위기의 중요성을 잘 이해하고 그날 이렇게 선언했다.

발라클라바의 상황은 급박해졌다. 적군이 발라클라바 바로 앞 212.1 고지를 점령했다. 이 고지는 독일군의 전진축에서 요지要地이므로 우리는 반드시 이곳을 재탈환해야 한다. 우리가 재탈환에 성공한다면 발라클라바 지역에 집결한 적군 전체가 덫에 걸려들 것이다. 이와 동시에 우리는 크림 반도 남부 구역 전체의 수비를 강화해야 하고, 적군의 측면을 공격해야 한다.

소련군은 11월 20일 적시에 역습을 가해 몇 번의 시도 끝에 카마리를 지켜냈다.

격전 후 양측은 진이 빠져 참호를 파고 그 자리에 눌러앉았다. 11월 말 그곳에 형성된 전선은 만슈타인이 세바스토폴 점령을 위한 최종 공격을 개시한 1942년 6월까지 그대로 유지되었다. 만슈타인은 회고록에서 6월 이전에 세바스토폴 전선에서 벌어진 전투들에 대해서는 거의 언급하지 않았다 해도 과언이 아니다. 그러나 그는 소련군이 "1941년 가을 (독일군) 제105보병연대가 발라클라바 요새를 대담하게 점령했을 때에도 굴하지 않았다"는 사실을 간략하게 인정했다. 그가 평했듯이 "일련의 요새화된 고지들은 바로 옆에 언덕이 꼭 하나씩 있었기 때문에 침투하기가 아주 어려웠다." 그러니 소련군의 방어가 그토록 성공적이었던 것도 놀랄 일은 아니다.

볼셰비키, 유대인, 빨치산, 그리고 전쟁포로

제2차 세계대전 종전 후 1949년에 기소된 만슈타인의 전쟁범죄 혐의 가운데 소련 전쟁포로와 크림 반도 내 유대인들에 대한 처우와 관련된 중범죄는 거의 없다. 총 17개 혐의 가운데 무려 11개가 1941년 9월 이후 제11군의 관할 영역 내에서 독일군이 저지른 것으로 생각되는 범죄와 관련된 것이었다. 만슈타인의 재판과 그 결과는 이후의 장에서 자세히 설명할 것이나, 1941년 11월 20일에 그가 (회고록에는 전혀 언급되지 않은) 악명 높은 명령을 내리게 된 배경은 여기서 설명하는 것이 옳을 것 같다.

그해 가을 동부전선 전체를 가로지르는 후방 지역 독일군 병참선이 공격에 취약하다는 사실이 드러났다. 퇴각 중 고립된 소련군 분견대들은 괴멸되거나 항복하기 전까지 끈질기게 싸웠다. 그러나 많은 소련군 병사들이 군민軍民 혼합 무장부대들의 중추를 형성하고 있어서 발견되지 않고 있었다. 보로실로프 장군의 빨치산 지도부에 의해 조직된 이 군민 혼합 무장부대들은 동부전선에서 독일군의 후방을 끊임없이 괴롭혔다. 크림 반도 역시 예외가 아니었다. 남부의 산악지대는 1944년 5월 소련이 해방되기 전까지 빨치산들에게 안전한 피난처를 제공해주었다. 독일군은 비정기적으로 출현하는 적들을 정식 전투부대로 인정하지 않았기 때문에 독일 점령군과 조국을 되찾으려는 빨치산 사이의 전투는 유독 잔인했다. 어느 쪽에서도 용서란 없었다.

1941년 10월 10일, 제6군 사령관 발터 폰 라이헤나우Walther von Reichenau 원수가 '동부전선 지역 군대 행동 지침'이라는 이름의 악명 높은 명령을 내렸다. 그는 "유대인-볼셰비키 체제에 맞선 전쟁의 가장 본질적인 목적은 체제의 권력 수단을 완전히 파괴하고 유럽 문화에서 아시아의 영향을 제거하는 것이다"라고 선언했다. 보다 구체적인 내용은 다음과 같다. "후방에서 화기를 사용하는 고립된 빨치산을 발견하면 극단적인 조치를 취하라." 짐작컨대 "총살하라"는 뜻으로 해석할 수 있는 명령이었다. 총통이 "훌륭하다"고 평한 라이헤나우 명령은 10월 28일에 동부전선의 다른 군에도 전송되었다. 이와 함께 "만약 이러한 지침이 아직 내려지지 않았다면, 그에 상응하는 지시를 내리라"는 요청을 덧붙였다. 따라서 라이헤나우의 명령이 만슈타인의 사령부에 도착한 날짜는 입증되지는 않았지만 어림잡아 11월 초로 짐작된다. 만슈타인은 1930년대에 히틀러와 반공주의자들을 열렬히 지지하기는 했지만, 폭력적인 반유대주의로 전향한 지 얼마 되지 않았다. 게다가 그는 히틀러의 정책을 대놓고 비판해왔으며 대소련 공세에도 반대하는 입장이었다. 전역 개시 후 그가 SS^{Schutzstaffel}(친위대) 산하의 악명 높은 이동학살부대인 아인자츠그루펜^{Einsatzgruppen}(특수임무부대)에 협력한 것은 사실이다. 하지만 만슈타인은 반공산주의 전쟁에서 우크라이나와 백러시아 민족을 주축으로 한 사단 육성을 요청하기도 했다. 히틀러는 가능한 한 많은 추가 병력이 필요한 상황이었는데도 이를 반대했다.

최고사령부에서 적극 권장한 라이헤나우 명령 외에도 만슈타인의 참모들에게는 제11군 내에 배포할 이와 비슷한 유인물을 준비해야 하는 다른 현지 사정이 있었다. 11월 19일, 제11군 사령부 전쟁일지 기록관은 이렇게 기록했다. "하루 종일 빨치산 활동이 눈에 띄게 활발했다. 주 병참로에서 행군 중이던 대열과 탄약수송대는 기관총으로 공격받았고, 때로는 포격을 받기도 했다." 이날의 모든 행군은 "대체로 계획대로 진행"되었으나, 병력이 부족하여 병참로의 안전을 보장할 수 없었고, 그래서 빨치산 문제도 해결할 수 없었다. 11월 20일, 제11군 정보보안과는 사령관에게 명령서 하나를 내밀며 서명을 요청했다. 만슈타인은 전후에 이 사건을 기억하지 못했다. 하지만 이 문서는 뉘른베르크 국제군사법정에서, 그리고 함부르크에서 이어진 만슈타인 본인의 재판에서 검찰측 증거로 나온 것 중 가장 강력하게 유죄를 시사하는 증거가 되었다.

만슈타인은 1946년 8월 10일 뉘른베르크에서 "이 명령은 전혀 기억이 나지 않는다"고 말하며 다음과 같이 주장했다.

나는 엄청나게 많은 보고서를 쓰고 읽어야 했다. 그러니 이 명령이 기억이 나지 않는다 해도 인정컨대 이는 전혀 놀라운 일이 아니다. 어쨌든 내가 알고 있는 것은 라이헤나우 명령과는 반대로 이 명령이 내 휘하 병사들에게 온당한 행동을 하도록 요구했음을 강력하게 보여준다는 것뿐이다. 결국 중요한 점은 바로 그것이다.

실제로 11월 20일에 만슈타인은 사령부에서 전날 페오도시야Feodosiya에 있는 제42군단장과 논의한 케르치 해협을 건너기 위한 계획(겨울놀이 작전 Operation Winter Game)을 작성하고 있었다. 제11군 소속 전쟁일지 기록관도 만슈타인도 11월 20일의 명령에 대해서는 아무것도 기록하지 않았다.

만슈타인의 명령은 감정과 어조를 볼 때 유대인과 빨치산을 규탄하고 그들에 대한 가혹행위를 요구하고 있다는 점에서 라이헤나우 명령을 그대로 따르고 있다고 볼 수 있다. 그러나 라이헤나우 명령과는 달리 민간인에 대한 군인의 행위에 대해 몇 가지 중요한 제약을 추가하고 있다. 이 명령의 첫 부분은 독자에게 다음과 같은 내용을 일깨우고 있다.

독일 국민은 6월 22일부터 볼셰비키 체제와 생사를 건 투쟁을 벌이고 있다. 이 투쟁은 유럽 전쟁 규칙에 의해 규정된 방식으로 소련군만을 상대로 벌어지고 있지 않다. 전선 뒤에서도 싸움은 계속되고 있다. 민간인 복장을 한 빨치산 저격수들은 병사 하나하나를 공격하고, 소부대들은 지뢰와 흉악한 장비들로 파괴 행위를 일삼으며 우리 군대의 재보급을 방해하고 있다……. 유대인은 후방의 적과 아직까지 맞서 싸우고 있는 소련 육군 및 사령부 사이의 중개인 역할을 하고 있다……. 유대인 볼셰비키 체제를 이번에 완전히 쓸어버려 다시는 유럽의 생활권을 침공하지 못하게 해야 한다……. 제군은 볼셰비키에 대한 공포심을 전파하는 유대인들에게 가혹한 벌을 내릴 필요가 있음을 이해해야 한다. 이는 유대인이 계획하는 봉기들을 미연에 방지하기 위해서도 꼭 필요하다.

이 내용은 그 자체로만 보면 다르게 해석할 여지가 없다. 만슈타인의 병사들은 전쟁 규칙을 무시하고, 빨치산에게 가급적이면 가혹행위를 하고, 특히 크림 반도의 유대인들을 억압하라는 백지수표를 받은 것으로 보인다. 여기에 한스 올렌도르프Hans Ohlendorf가 지휘한 독립부대 아인자츠그루펜 D

1941년 가을, 크림 반도의 제42군단장 프란츠 마텐클로트 장군을 만나 이야기를 나누는 만슈타인. (Manstein archive)

에 대한 언급이 빠진 것이 의미심장하다. 이 부대야말로 크림 반도에서 인종청소정책을 실행에 옮긴 주범이기 때문이다. SS 소속 분대인 아인자츠그루펜 D는 유대인을 대상으로 참혹한 '인종청소'를 여러 번 실행했다. 특히 정도가 심했던 심페로폴에서 그들은 한 번에 1만 명을 대량학살한 것으로 추정된다. 심페로폴 서쪽 외곽에는 주코프 장군 거리Marshal Zhukov Street에서 시작되는 지저분한 작은 녹지 한가운데 '수천 명의 학살 희생자'를 기리는 거대한 기념비가 있다. 오늘날 방문객들은 이것을 보면서 심페로폴의 비극적인 과거를 떠올린다.

만슈타인의 명령 후반부는 자주 간과되지만, 위와는 반대로 온건한 어조를 띠고 있다.

……점령국 재건 시 자발적인 협력은 경제적·정치적 목적을 달성하기 위해 절대적으로 필요하다. 볼셰비키를 따르지 않는 국민들이 있고, 그중에는 여러 해 동안 볼셰비키에 맞서 영웅적으로 싸워온 국민들도 있다. 이들을 정당하게 대우하는 것이야말로 반드시 선행되어야 할 조건이다. 이 땅을 통치하는 데에는 의무가 따른다. 우리는 자신에게 엄격해야 하고, 사적인 이익 추구는 가장 뒤로 미뤄야 한다. 모든 병사의 행동은 끊임없이 감시되고 있다. 이는 소련군의 적대적 선전을 불가능하게 하거나, 그에 대항할 무기가 되어줄 것이다. 만약 이 땅에서 독일군이 농부의 마지막 소와 씨돼지, 단 한 마리 남은 암탉, 옥수수 종자를 빼앗아간다면 경제 재활은 불가능해진다.

그런 다음 만슈타인은 그 뒤에 아주 중요한 점을 덧붙였는데, 이 말에는 현대의 반란 진압 작전에서도 유의미한, 시대를 넘나드는 교훈이 담겨 있다. "행동에서 중요한 것은 즉각적인 결과가 아니다. 모든 행동은 장기적인 효과를 고려해야 한다." 다시 말해 어떠한 전술행동의 가치는 그로부터 발생할 것으로 예상되는 소기의 작전적·전략적 결과와 견주어봐야 한다. 만슈타인은 또한 이렇게 썼다. "종교적 관습, 특히 이슬람교를 믿는 타타르인들의 관습을 끝까지 존중해줘야 한다." 만슈타인은 이처럼 크림 반도의 소련인과 타타르인을 이간하려 했고, 타타르인들은 대체로 독일군을 해방군으로 여겼다. 타타르인들은 편을 잘못 골라 지지하는 바람에 훗날 피로써 대가를 치르는 비극을 맞았다. 1944년 5월, 소련이 크림 반도를 재탈환하자 스탈린은 '반역자' 타타르인들을 중앙아시아로 대거 강제이주시켰다. 강제이주하는 과정에서, 그리고 강제이주하자마자 사망한 타타르인만도 수십만 명에 이르는 것으로 추산된다.

분명히 밝혀두건대, 만슈타인의 명령 마지막 부분은 다음을 요청했다. "제군은 당당하되 오만하지 않게 행동할 것. 포로들과 이성異性에 대해서는 자제할 것. 음식을 낭비하지 말 것." 마지막으로 이 명령은 "방종과 사익 추구, 타락과 기강 해이, 군인의 명예에 대한 모욕"에 대해서는 가장 가혹한 처벌이 내려질 것이라고 선언했다. 후반부의 온건한 내용에도 불구하고 전반부는 여전히 죄가 많아 보인다. 만슈타인이 언뜻 모순적으로 보이는 이 명령에 서명한 목적은 무엇이었을까? 뉘른베르크에서 그는 이 명령의 배경과 자신의 입장을 설명하려 했다.

이 명령서는 제가 작성한 게 절대 아닙니다. 저는 아마 초안 상태의 명령서를 보고 서명했을 것입니다. 명령의 전반부에서 볼셰비키 체제에 대한 투쟁과 근절, 그리고 지원군 역할을 하는 유대인에 대한 투쟁을 언급하고 있는 것은 맞습니다만, 모든 것을 고려하면 거기에는 나름대로 정당한 이유가 있었습니다. 그리고 이 모든 것은 유대인 절멸과는 아무런 관련이 없습니다. 저희의 목적은 유대인을 추방하고 유대인-볼셰비키 체제를 제거하는 것이었습니다. 그게 중요한 논점입니다.

독일의 학자 올리버 폰 브로헴Oliver vonWrochem은 만슈타인의 전쟁범죄에 대한 연구에서 1941년 11월 20일의 명령과 그 맥락을 정밀하게 분석하는 데 많은 부분을 할애했다. 그는 제11군 사령부가 크림 반도의 유대인 및 빨치산 숙청 계획에 밀접히 연관되어 있었다는 실질적 증거를 찾아냈다. 만슈타인은 계속해서 아무것도 몰랐다고 주장했지만, 브로헴의 연구는 전후 만슈타인 증언의 진실성을 상당히 의심케 한다.

뉘른베르크에서 만슈타인의 변호인은 아주 중요한 질문 하나를 던졌다. "9만 명의 유대인이 살해되었는데 전혀 모르고 있었다는 게 말이 됩니까?" 법정 안의 모든 사람들은 그의 답변을 기다렸다. 만슈타인 원수는 이에 대한 답변을 미리 준비해둔 상태였다.

언급하신 9만 명의 유대인은 저의 지휘 영역에서 살해되지 않았습니다. (증인인) 올렌도르프가 말했듯이 그의 영역은 세르나우티Cernauti, 즉 카르파티아 산맥에서 로스토프(온돈)에 이르렀는데 이는 길이 약 1,200킬로미터, 너비 약 300~400킬로미터에 해당하는 넓은 땅입니다. 이 광활한 영역 내에 주둔해 있던 것은 제11군과 제1기갑군, 루마니아군 제3·4군까지 합쳐 총 4개 군이었습니다. 1년에 걸쳐 살해된 것으로 추정되는 9만 명은 넓은 지역에 퍼져 있었고, 크림 반도 내 제11군 관할 영역은 그중 일부에 불과했습니다.

나중에 설명하겠지만 1949년에 있었던 만슈타인의 재판에서 검사 측은 만슈타인이 유대인 학살에 대해서 알았을 뿐만 아니라 그것을 중지시키기 위해 어떠한 노력도 하지 않았음을 증명하려 시도했다. 이 장에서는 일단 만슈타인이 유대인·집시·공산주의자·빨치산 학살과 관련된 가장 중대한 혐의에서 '무죄' 선고를 받았다는 사실만 언급하고 넘어가겠다.

세바스토폴 제1차 대공세

만슈타인 11월 중순 공격을 평가하면서 세바스토폴 주변의 지형을 곰곰이 생각했다. 비록 인정하지는 않았으나 발라클라바에서 제30군단이 어떠한 눈에 띄는 성과도 내지 못한 것에 마음이 무거웠던 것이다. 그는 지형을 되돌아보고는 전과 다른 공격축에 중점을 두기로 했다. 세바스토폴을 둘러싼 방어선을 침투하기 위해서는 세바스토폴 북쪽의 벨벡Belbeck 계곡에서 세바스토폴 만Sevastopol Bay(세베르나야 만Severnaya Bay, 북쪽 만이라고도 한다)을 향해 남진하는 것이 '상대적으로' 가능성이 있어 보였다. 지형이 험준한 세바스토폴 동쪽은 협곡, 거친 관목숲, 삼림지대, 암석 돌출부 등으로 인해 통과가 거의 불가능했다. 남동쪽은 흑해 해안에서 솟아오른 산맥과 언덕 지대가 있어 접근이 어려웠다. 주요 해안도로를 제외하면 쓸 만한 접근로가 없다는 것이 무엇보다도 큰 문제였다. 포병대가 쓰는 탄약과 같은 보급품을 공격부대로 보내기가 어려웠기 때문이다. 어쨌든 사푼 고라를 손에 넣은 소련 방어군은 크림 전쟁의 격전지였던 발라클라바를 훤히 내다볼 수 있었고, 유명한 남과 북의 '계곡'들도 감시할 수 있었다. 바로 그 때문에 사푼 고라 탈환은 더욱 힘겨울 것으로 예상되었다. 이는 최근의 전투에서도 입증된 사실이었다.

만슈타인은 모든 지리적 요소들을 염두에 두고 세바스토폴 점령 계획을 세워나갔다. 하지만 시간과 투입 가능 병력이라는 요소 역시 지형만큼이나 중요했고, 무엇보다도 적과 예상되는 적군 방어의 성격 역시 고려해야만 했다. 만슈타인은 "우리가 신속하게 공격하면 할수록 소련군이 방어망을 구축할 시간이 줄어들기 때문에 성공 가능성은 커진다"라고 적었다. 만슈타인과 대적하고 있던 유능한 페트로프는 이미 지난 몇 주 동안 소련군 방어망을 강화하는 데 상당한 임기응변 능력을 보여주었다. 소련군이 해상에서 우세하다는 사실을 감안하여 만슈타인은 1854년에 연합군이 써먹었던 계획을 뒤집어 세바스토폴 동쪽과 남동쪽 대신 북쪽과 북서쪽을 주 공격로로 삼기로 했다.

만슈타인은 주력인 제54군단(제22·50·132보병사단, 최근 도착한 제24보병사단, 포병대)을 요새 밀집 지역인 세바스토폴 북쪽에 배치했다. 제30군단(제72보병사단, 케르치에서 도착한 제170보병사단, 루마니아군 산악여단)은 남쪽에서 소련군을 붙들어두기 위한 견제공격을 담당했다. 만슈타인은 케르치에서 도착한 그의 제73보병사단도 제54군단을 강화하기 위해 재배치하기로 계획하고, 제42군단에는 크림 반도 동쪽 수비를 위한 1개 사단(제46사단)만 남겼다. 그는 루마니아군 산악군단에 산악지대에서 빨치산과 교전하라고 지시했다. 길고 취약한 크림 반도 해안 수비를 맡은 것은 루마니아군 1개 기병여단, 해안수비 포병대, 그리고 전투사단 및 후방지역 부대에서 차출된 잡다한 병력으로 구성된 혼합 부대가 전부였다.

겨울이 오고 병참 문제가 여전히 해결되지 않은 탓에 제11군의 공격 준비는 계속해서 차질을 빚었다. 11월 17일, 만슈타인의 수석 병참장교 프리드리히 빌헬름 하우크Friedrich Wilhelm Hauck는 드네프르 강 남쪽을 오가는 기관차 5대 중 4대가 된서리 때문에 운행 불가 상태에 놓였다고 보고했다. 도로교통수단의 절반 역시 못쓰게 되었다. 제11군 전체가 열차 한두 대분의 보급품으로 하루를 겨우 보내야 하는 날들도 있었다. 요컨대 "보급품은 당장 필요한 것을 겨우 메울 수 있는 정도였으므로 세바스토폴 공세를 위한 비축은 불가능했다."

만슈타인은 세바스토폴 공세를 11월 27일로 연기했다가 다시 12월 17일로 연기했다. 독일군 최고사령부는 계속되는 공세 지연이 달갑지 않았다. 히틀러는 1941년 12월 8일 지령 39호에서 동부전선에서 총공격 작전을 포기하라고 지시했다. 너무 빨리 찾아온 동장군 때문이었다. 하지만 "대체로 방어작전의 틀" 안에서 여러 "특별임무"가 제시되었는데, 그중 하나가 크림 반도에 관한 것으로 "가능한 한 빨리 세바스토폴을 점령하라"는 것이었다. 따라서 만슈타인은 틀림없이 빨리 승리를 거둬야 한다는 강한 압박을 받았을 것이다. 페트로프는 이를 알아차렸다. 그는 모스크바에서 동시에 전투가 벌어질 가능성을 염두에 두고 이렇게 선언했다고 전해진다. "우리는 세바스토폴을 지키고, 강력한 제11군을 묶어둘 것이다. 이 또한 큰 도움이 될 것이다.")

공격을 코앞에 둔 12월 17일, 로스토프온돈에서 뜻밖의 곤궁에 처한 제1기갑군에 보강 병력으로 제73·170보병사단을 보내라는 명령이 떨어지자 만슈타인의 좌절감은 더욱더 커졌다. 그는 남부집단군의 신임 사령관인 라이헤나우 원수에게 제170보병사단만은 휘하에 두겠다고 설득하는 데 성공했다. 그러나 유감스럽게도 제73사단은 결국 제1기갑군으로 재배치되었다. 이는 만슈타인이 세바스토폴 공세에 투입할 수 있는 사단이 5개에서 4개로 줄었음을 뜻했다.

세바스토폴 점령 계획에 따른 제1차 대공세는 끔찍한 악천후 속에서 2주 동안 지속된 끝에 독일군에 막대한 손실만을 안긴 채 실패했다. 포병대를 집결시켜놓은 덕분에 처음에는 제22·132사단의 공격 영역에서 성공을 거두었다. 하지만 만슈타인의 회상에 따르면 "제50·24사단은 어떠한 진전도 보이지 못하고 있었다. 아주 험한 산악 지대에서 관목이 우거진 지역은 거의 통과가 불가능했다." 항공지원이 충분하지 않고 날씨가 엉망인 데다가 해가 빨리 지는 악조건 하에서 만슈타인의 사단들은 참호 속에 버티고 선 소련군을 상대로 사력을 다했다. 만슈타인은 이때의 전투에 대해 기록했다. "토치카를 빼앗으려는 격전에서 소련군이 완강한 결의로 맞선 탓에 우리 병사들은 점점 진이 빠졌고, 이후 강추위에 노출되어 완전히 기력을 잃고 말았다." 소련군의 공습 및 대구경포 포격으로 독일군의 사상자 수는 늘어만 갔다. 독일군이 '막심 고리키 1세Maxim Gorki I'라고 부른 소련군 해안포대에는 각각 30.5센티미터(12인치) 대구경포 2개를 단 장갑포탑 2개가 달려 있었는데, 공습과 포격, 돌격포의 공격에도 끄떡없어 보였다. 실제로 이 무지막지한 화력에 수많은 독일군 공격이 분쇄되었다. 한편 평판이 좋은 제22(니더작센)사단은 벨벡 계곡의 적을 처리한 뒤 고립된 상태에서 세바스토폴을 향해 남쪽 깊숙이 침투하는 데 성공했으나, 큰 대가를 치러야 했다.

제22사단의 '선봉대'였던 디트리히 폰 콜티츠Dietrich von Choltitz 대령의 제16보병연대가 12월 30/31일 밤 동안 스탈린 요새에 침투했지만, 공격이 절정에 다다른 시점에 1개 중대 인원은 겨우 10~20명에 불과했다. 소련군은 "기가 꺾였고 의지도 약해진 상태"였지만, 사단의 기록에 따르면 "말로 표현하기 어려울 만큼 강력한 소련군의 포격으로 우리 병사들은 기진맥진해졌다. 우리에게 온전한 연대 하나만 있었더라면 해가 바뀌기 전에 세베르나야 만을 손에 넣었을 것이었다." 상황을 냉철하게 분석해보면, 그것은 단순한 희망사항에 지나지 않았다.

만슈타인은 공세를 너무 오래 끈 탓에 이제 임무를 완수할 남은 병력이 얼마 되지 않았다. 어쨌거나 소련군은 1941년 12월 26일과 29일 양일 동안 이미 케르치와 페오도시아에 대규모 병력을 상륙시킨 상태였다. 따라서 만슈타인은 세바스토폴 공세를 중지하고 벨벡 계곡을 향해 북쪽으로 퇴각을 명령할 수밖에 없었다. 소련군의 눈에는 만슈타인이 "무력한 분노에 사로잡혀" 히틀러에게 "크리스마스 선물"로 세바스토폴을 바치는 영광을 놓친 것으로 보였다. 용감한 방어자들이 얻어낸 성공은 "(소련) 국가와 국민들"에게 "아주 좋은 새해 선물"이 되었다.

만슈타인에게 1개 사단이 더 주어졌다 해도, 1941년 12월의 공세가 성공했을지 의심스럽다. 어쩌면 그는 하루나 이틀, 길게는 사흘 동안 보다 더 큰 손실을 감내하며 공세를 밀어붙일 유혹을 느꼈을지 모른다. 그러나 1941년에서 1942년으로 해가 넘어가는 시점에 세바스토폴의 소련군 방어망은 너무 강해서 중포의 지원 없이는 뚫기 어려웠다. 독일군은 많은 피를 흘렸음에도 불구하고 작전적 수준에서 이득이 거의 없는 것은 물론, 전술적 수준에서도 뚜렷한 성과를 내지 못하자 자신감이 심각하게 떨어지기 시작했다.

콜티츠와 같은 뛰어난 야전 사령관들은 병사들이 용맹하지 않아서가 아니라 너무 많은 임무가 주어져 성과가 미미했다고 생각했다. 따라서 그는 부담을 덜어줄 것을 요구했다. 만슈타인은 제2차 세계대전 중 최악의 위기를 맞은 와중에도 시간을 내어 제16보병연대를 방문했다. 콜티츠는 그의 사령관이 "감동적인 말로 병사들의 용맹을 치하했다"고 회상했다. 만슈타인은 심신이 지쳐 있던 ―그의 가장 뛰어난 연대장 가운데 한 명인― 콜티츠에게 병가를 허락해 독일로 돌아가게 했다. 제11군은 12월 17일~31일에 8,500명이 넘는 사상자가 발생했다. 가뜩이나 힘든 상황에서 이는 감당할 수 없는 손실이었다.

만슈타인은 한없이 해이해지는 군 기강을 걱정한 끝에 1942년 1월 7일에 예하 부대 사령관들에게 편지를 썼다. 그는 이 편지에서 병사들을 쇠잔하게 만든 "병력 손실, 물자 고갈, 해충, 겨울 날씨의 부담"과는 별도로 세바스토폴 공세를 갑자기 중단시키고 휴가를 중지시킨 결정이 충격을 주었음을 인정했다. 나아가 그는 예하 부대 사령관들에게 다음과 같은 내용을 명확히 함으로써 병사들의 원기를 북돋아 줄 것을 요청했다.

크림 반도 심페로폴 인근 사라부스에 있는 제11군 전술사령부에서 만슈타인의 핵심 참모인 테오도어 부세 대령(왼쪽)과 오토 뷜러 소장(오른쪽)과 이야기를 나누고 있는 만슈타인. (Manstein archive)

1941/1942년 겨울, 우크라이나 남부 심페로폴에서 수석 병참장교 프리드리히 빌헬름 하우크 대령(왼쪽)과 제11군 행정관 라부스(Rabus) 박사와 함께한 만슈타인. (Manstein archive)

제군은 이 전투가 우리나라의 존속과 미래를 위한 것이라는 점을 이해해야 한다. 하지만 이곳 크림 반도에서도 개인의 운명을 결정짓는 것은 방어 중이든 공격 중이든 승리뿐이다. 제군은 포로로 잡히는 것이 곧 죽음을 뜻하며 후퇴할 때마다 동지들이 위험에 빠진다는 것을 분명히 알아야 한다. 제군은 서로를 위해 싸운다는 동지애를 드높여야 한다. (게다가) 소련군이라고 나은 상황도 아니다. 오히려 우리보다 그들이 더 힘들 것이다……. 우리는 이제 소련군이 아니라 정복당해 억지로 전장에 끌려나온 캅카스 제민족 병사들과 싸우고 있다고 할 수 있다……. 하지만 우리는 무엇을 위해 싸우고 있는지 알고 있다. 소련군이 견딜 수 있다면, 독일군은 더 잘 버틸 수 있다!

사기가 떨어진 병사들에게 최고의 처방은 휴식, 병력 보강, 재훈련을 거친 뒤 다시 군사행동에 투입하는 것이다. 그러나 만슈타인의 병사들은 동부전선의 모든 독일군 부대들과 마찬가지로 1941/1942년의 혹독한 겨울 동안 숨 돌릴 틈조차 거의 갖지 못했다. 제11군의 사단들은 단호한 결의를 품고 버텼다. 소련군도 마찬가지였다.

겨울 위기의 극복

1941년 12월 말에 소련군은 동부전선 전역에 걸친 "스탈린 공세"의 일환으로 케르치 반도에 상륙했다. 11월 말에 남부집단군을 로스토프온돈에서 미우스Mius 강까지 밀어내는 데 성공한 소련군 스타브카는 남캅카스Transcaucasus 전선군에 "크림 반도의 발판"을 되찾고 크림 반도를 해방시키라고 명령했다. 남캅카스 전선군 예하 제44·51군은 흑해함대와 긴밀하게 협력하여 케르치-페오도시야 상륙작전을 펼쳤다. 목표는 케르치 반도를 장악하고 제11군을 괴멸시킴으로써 세바스토폴을 해방하는 것이었다.

만슈타인은 소련군을 가차 없이 쏟아붓는 무자비한 방식을 보고 스탈린의 '잔혹한 의도'를 비난하는 글을 썼다. 제2차 세계대전의 이 단계에서 소련군은 전술적 기교와 작전적 기술의 부족을 어마어마한 노력으로 메우고 있었다. 해군이 흑해 해상권을 쥐고 있다는 사실 역시 최대한 유리하게 활용했다. 크림 반도를 재탈환하려는 소련군의 연속적인 다양한 대규모 시도들은 만슈타인에게 큰 위협이 되었다. 수차례 그의 병력을 구한 것은 오로지 부족한 병력을 적시적소에 재배치하는 만슈타인 개인의 뛰어난 능력 덕분이었다. 희망이라곤 눈을 씻고 보아도 없던 1941~1942년 겨울에 제11군 사령관으로서 만슈타인은 노련하게 처신하며 역경에 처해서도 변함없는 태도와 그에 상응하는 결의를 보여주었다. 일련의 위기를 극복하는 데 있어서 그가 보여준 직관, 결단력, 임기응변 능력은 상관과 적으로부터 존경을 받기에 충분했다.

소련군 제51군이 케르치 반도에 상륙했을 때 만슈타인의 입장에서는 최악이었다. 제11군이 전부 전개된 상태였기 때문이다. 그의 주력군은 여전히 세바스토폴을 점령하기 위해 공격 중이었다. 이 공세에는 그의 7개 보병사단 중 6개가 투입되었다. 케르치 반도에서 벌어진 상황에 대응할 수 있었던 것은 제42군단의 유일한 독일군 사단인 제46보병사단과 루마니아군 제8기병여단, 1개 차량화연대가 전부였다. 만슈타인의 기록과 제11군의 전쟁일지에 따르면 제42군단장 한스 그라프 폰 슈포네크Hans Graf von Sponeck는 케르치 반도를 버리고 퇴각하여 반도의 목에 해당하는 파르파치Parpach(현 야치민네 Yachminne)에 방어 진지를 구축하기를 바랐다. 그곳이 소련군 공세를 가장 효율적으로 봉쇄할 수 있는 지점이라고 생각했기 때문이다.

만슈타인은 부하의 판단에 기본적으로 동의하지 않았다. 소련군이 크림 반도에 일단 든든한 기지를 구축하고 나면 대규모 반격작전 없이는 쫓아내기가 아주 어려울 것이라는 걱정 때문이었다(이는 훗날 사실로 드러난다). 따라서 만슈타인은 슈포네크에게 "(소련군이) 상륙 후 아직 균형을 잡지 못한 틈을 타 그들을 다시 바다로 내몰라"고 명령했다. 한편 12월 29일과 30일에 그는 한센이 이끄는 제54군단에 세바스토폴 공세 재개를 명령했다. 그리고 동부 해안에 소련군이 더 상륙하리라고 예상하고 2개 루마니아군 산악여단에 페오도시야로 이동하라고 명령하고, 제213보병연대(만슈타인 휘하에서 떠난 제73보병사단을 보강한 연대)를 다시 불러들여 페오도시야에 배치했다. 12월 27일과 28일 제46사단이 실시한 반격으로 대부분의 소련군이 제거되었음에도 불구하고 슈포네크는 또다시 퇴각 허가를 요청했다. 만슈타인은 또 한 번 이를 거부했다.

12월 29일 페오도시야에 소련군 제44군 예하 2개 사단이 연이어 상륙했을 때 그들을 맞은 것은 (세바스토폴에서 격전을 벌이고 회복 중이던 제46육군 공병대대를 주축으로 한) 몇 안 되는 독일군이었다. 만슈타인이 계획한 보강 병력은 아직 도착 전이었다. 케르치 반도에서 압박이 계속되는 가운데 새로운 전투가 벌어지자 제42군단은 괴멸할 위기에 처했고 슈포네크는 마침내 독단적으로 결정을 내려 케르치 반도를 떠나 파르파치로 퇴각했다. 페오도시야 북동쪽 해안에 소련군 부대가 더 상륙했다는 소식에 그의 머릿속에서는 상황이 더욱 극단으로 치달았다. 상륙한 소련군은 북쪽으로 우회하여 케르치 반도를 차단하고 그 과정에서 제42군단을 고립시켰다.

크림 반도 전역 전체를 조망해볼 때 1941년 12월 29일은 만슈타인에게 가장 위태로운 날 중 하나였던 것으로 보인다. 그 충격의 심각성은 다른 곳에서도 감지할 수 있다. 일례로 할더는 일지에 간결하게 언급했다. "운수가 아주 나쁜 하루였다! ……(슈포네크를) 즉시 해임했으나 손실은 복구하기 어려울 것이다."

슈포네크는 죽는 날까지 제46사단에 철수 명령을 내린 것이 올바른 판단이었다고 주장했다. (그는 1944년 7월 23일 히믈러의 지시로 처형당했다.) 돌이켜보면 만슈타인도 이것에 어느 정도 동의했던 것으로 보인다. 그는 1941년 12월 29일에 벌어진 일련의 사건의 결과로 슈포네크를 군사법정에 회부하기보다는 단지 전 제72보병사단장인 프란츠 마텐클로트Franz Mattenklott 을 군단장으로 진급시키기를 원했다. 만슈타인은 군사법정이 열린 날짜도 몰랐고, 전 부하를 위해 공식적으로 증언할 기회도 얻지 못했다. 1942년 1월 23일 슈포네크는 야전에서 불복종한 죄목으로 사형 선고를 받았다. 한 달 뒤, 히틀러는 이 사형 선고를 6년간의 '요새 억류'로 감형시켰다.

한편 독일군의 작전 상황은 악화일로를 걷고 있었다. 1942년 1월 4일, 만슈타인은 그답지 않게 비관적인 평가를 내렸다. 그는 "제11군의 현 상황은 전역 시작부터 주어진 임무로 인해 전력이 지나치게 약해진 결과다"라고 적었다. 바로 이 때문에 "제11군은 다른 군보다도 훨씬 더 힘이 빠졌고, 결과적으로 최종 임무인 세바스토폴 점령을 아직 완수하지 못한 것이다." 만슈타인은 소련군에 대해서는 이렇게 평했다.

소련군은 세바스토폴 해방이라는 부분적인 목표를 달성하려 하는 것이 아니다. 그들은 그보다 결정적인 목표인 제11군의 괴멸을 추구하고 있다. 이를 통해 남부집단군 측면 깊숙이 치고 들어가는 길을 뚫으려는 것이다. 소련군은 바다를 이미 손에 넣었고 분명히 충분한 캅카스 병력을 갖고 있다. 그들은 상륙작전을 통해 이 병력을 다른 지역으로 보낼 수도 있을 것이다. 실제로 그렇게 할 것이다. 성공한다면 제11군 전체가 옴짝달싹 못 하게 된다.

상륙작전이 뒤따를 것이라는 그의 예상은 옳았다. 만슈타인은 이어서 소련군이 남부와 서부 해안에 상륙할 때의 위험성을 가늠해보며 이렇게 평했다.

크림 반도에서 제11군이 처한 상황은 길게 이어진 동부전선에 투입된 여타 군과는 상이한 관점에서 바라보아야 한다. (다른 곳에서는) 소련군이 아무리 깊이 침투하더라도 겨울의 기상조건이라는 제약이 있다. 그러나 우리는 크림 반도에서 적군에게 완전히 차단당할 위험성이 아주 높다. 제11군뿐 아니라, 넓은 시각에서 보자면 동부전선 전체가 큰 위험을 떠안고 있는 것이다. 이 상황을 해결하는 것은 소련군의 동쪽 (케르치-페오도시야) 집결지를 파괴하는 데 달려 있다. 그래야만 적정 수준의 안전을 되찾을 수 있다. 제11군은 기동 가능한 모든 병력을 이 임무에 집중시켜 목적을 달성해야 한다.

만슈타인은 평가를 마친 뒤 그답지 않게 이 상황에 맞설 제11군의 능력에 자신없는 태도를 보였다. 그는 앞날을 내다본 것처럼 이런 말을 했다. "제11군의 병력이 케르치-페오도시야에 집결한 소련군에 빠르고 결정적인 공격을 가하기에 충분한지 여부는 확실치 않다. 여기서 완승을 거두지 않는다면 소련군이 더 상륙했을 때 지체 없이 방어하기란 불가능할 것이고, 따라서 회복도 어려워질 것이다."

만슈타인의 우려는 충분히 근거가 있었다. 소련군은 페오도시야의 교두보를 공고히 하며 1942년 1월 5일 서부 해안의 예프파토리야Yevpatoriya에 상륙했다. 여기서 독일군이 맞서야 했던 것은 정규 소련군만이 아니었다. 민간인 복장을 한 무장 '빨치산'과의 싸움도 계속되었던 것이다. 이틀 동안 팽팽한 전투가 이어진 끝에 독일군은 예프파토리야를 재탈환할 수 있었다. 만슈타인의 회고록 영문판에는 이 전투에 대한 묘사가 빠져 있다. 전투의 결과는 독일군이 자랑스럽게 여길 만한 것이 못 되었다. 독일군 2개 보병연대와 1개 정찰대대, 1개 공병대대가 난폭한 시가전에 투입되어 상황을 정리했다. 민간인 복장의 '빨치산' 1,200명이 즉결 처형되었고 통제 불능 상태에서 소련군 전쟁포로 150명이 총살당했다.

예프파토리야에서 저항하는 소련군을 처리한 뒤 만슈타인은 연이어 페오도시야의 소련군을 제거했다. 그러는 동안 소련군은 얼어붙은 길을 통해 쿠반Kuban으로부터 보강 병력을 충원해 케르치 반도의 입지를 공고히 했다. 해가 짧고 나쁜 날씨가 이어지는 크림 반도에서 독일 공군은 소련 병참로를 차단할 수 없었다. 케르치에서 또 한 번 성공적인 반격을 가하기에는 만슈타인의 병력이 모자랐다. 다행히도 1941년 연말에 소련군 제51군은 제46사단을 의욕적으로 추격하지 않았고, 제44군으로부터 고립시키려는 움직임도 보이지 않았다. 산산이 흩어진 제46사단은 포를 비롯한 많은 중장비를 잃기는 했으나, 이처럼 두 행운이 겹쳤기 때문에 강행군을 거듭하여 파르파치 지협에 도달할 수 있었다.

일반적으로 군사에서 적군의 강점을 과장함으로써 아군의 성과 부족을 정당화하는 것은 드문 일이 아니다. 특히 사령관의 회고록에서 이런 사례를 자주 볼 수 있다. 한 예로 영국군이 '사막의 여우' 롬멜에게 찬사를 보낸 것도 몽고메리가 도착하기 전까지 북아프리카 전역에서 영국군에게 내재되어 있던 체계적 약점을 가리기 위해서였다. 하지만 만슈타인은 이와 반대로 겨울 위기를 설명하며 적군에 대한 비판적 태도를 취했다.

소련군 사령관(코즐로프Kozlov)이 케르치에서 유리한 입장을 최대한 활용하여 제46사단을 마음먹고 추격하는 한편 페오도시야에서 퇴각하는 루마니아군을 쉬지 않고 공격했더라면, 제11군 전체는 바람 앞의 등불과도 같은 운명에 놓였을 것이다. 공교롭게도 그는 호기를 놓쳤다. 자기 앞에 펼쳐진 기회를 인식하지 못했거나, 인식은 했지만 호기를 잡기 위해 모험을 감행하지 않았거나 둘 중 하나다.

소련군이 케르치와 페오도시야의 유리한 입지에서 전과 확대에 열을 올리지 않음으로써 만슈타인의 제11군을 패퇴시킬 황금 같은 기회를 놓쳤다는 데에는 이견의 여지가 없다. 그들이 잔코이Dzhankoi나 심페로폴에서 주요 철로와 도로 중심지를 점령하여 독일군 병참로의 급소를 찔렀더라면 제11군의 운명은 그대로 끝났을 것이다. 따라서 카르포프Karpov의 극도로 비판적인 평가에 동의하지 않기란 힘들다. "신설 크림 전선군 사령부가 세바스토폴 방어군과 같은 군은 결의로 행동했더라면 완벽한 성공을 거둘 수 있었을 것이다. 그러나 그들은 알 수 없는 이유로 말도 안 되게 느린 속도로 움직였고 결정적 공세를 가하는 데 실패했다. 만슈타인마저 이를 의아하게 여겼다."

1942년 초에 코즐로프는 스탈린으로부터 어마어마한 압박을 받고 있었다. 1월 5일 스탈린은 그에게 이렇게 지시했다. "군함과 민간 선박을 내줬고, 병사도 보냈고, 날씨는 좋아질 거요. 더는 미루지 말고 늦어도 1월 12일에는 작전을 개시하시오." 하지만 크림 반도의 소련군 사령부는 여전히 느릿느릿 움직였다.

이처럼 소련군이 주도권을 잡지 못하고 있었음에도 불구하고 만슈타인이 페오도시야를 재탈환할 가능성은 그다지 낙관적으로 평가할 수 없었다. 1월 14일에 그는 이렇게 썼다. "앞으로 4, 5일은 더 기다려야 도착할 기갑부대 없이 약한 3개 사단과 부족한 포병대만을 이끌고 슈투카 급강하 폭격기의 지원이 불분명한 데다가 날씨조차 나쁜 상황에서 공격을 감행한다는 것은 몹시 어려운 결단이었다……. 하지만 이번이 마지막 기회다……. 위험을 감수할 수밖에 없다. 신의 가호가 있기를!" 1월 15일~18일의 작전은 기대 이상으로 순조롭게 진행되었지만, 만슈타인은 전과를 확대하여 내친김에 케르치 반도를 재탈환한다는 목표는 이루지 못했다. 1월 19일, 그의 군단장 2명이 모두 예하 사단들이 더는 공격을 계속할 수 없다고 보고했다. 제11군은 요청한 기갑부대와 추가 항공지원을 비롯해 필요한 병력을 보강받지 못했다. 반면 소련군은 케르치와 세바스토폴 양쪽에서 부대를 계속 증원하고 있었다.

만슈타인은 봄까지 새로운 병력을 전혀 받지 못했지만, 대신 루마니아군 (제18보병사단)과 현지 타타르인을 징집했다. 타타르인들의 마을을 빨치산 공격에서 보호하기 위해 그는 '자위대' 육성을 지시했다. 이에 더해 2,000명이 넘는 타타르인 자원병이 독일군 최전선 보병중대에 부족했던 소총수로 편입되었다.

1942년 초에는 다른 문제들이 만슈타인의 주의를 흩뜨리고 있었다. 1월 16일, 만슈타인은 히틀러의 수석 부관 슈문트로부터 자신감을 북돋는 전갈을 받고 승진에 대한 희망을 품게 되었다. 전갈의 내용은 다음과 같았다.

중요했던 지난 몇 주 동안 총통은 몇 번인가 상황이 위태로운 다른 지역에 장군을 투입하는 안을 고심했습니다. 크림 반도 위기를 제어할 수 있는 인물이 장군 뿐이라고 판단하지 않았더라면 진작 그렇게 했을 겁니다. 총통은 크림 반도의 위험이 제거될 때까지 (사령부에) 아무런 변화도 주지 않을 겁니다.

1월 30일, 만슈타인은 그의 일기에 롬멜이 상급대장으로 진급했다고 언급하면서 "물론 우리에게는 아무것도 없었다"라고 실망한 투로 덧붙였다. 만슈타인은 3월 6일에서야 비로소 원수로 진급했다. 그날 만슈타인은 그 날짜와 진급 사실만 밝히고 이에 대한 아무런 말도 더 이상 언급하지 않았다.

한편 1942년 2월 27일, 신설 크림 전선군이 공격을 해왔다. 제44·47·51 군(각각 보강된 독일군 1개 군단의 전력에 상응)으로 구성된 신설 크림 전선군 은 케르치 반도에서, 그리고 세바스토폴에서 해안군과 함께 독일군 진지를 집중공격했다. 만슈타인은 양면 전선에 전력을 쏟아붓느라 투입할 수 있는 예비대를 남겨두지 않았고, 따라서 제11군은 2주 동안 일촉즉발의 상황을 견뎌내야 했다. 만슈타인은 다시 한 번 냉철한 예측과 명료한 설명을 근거로 남부집단군에 보강을 요청했다. 이처럼 심각한 상황에서 증원 병력을 받지 못한다면 제11군과 크림 반도를 '전부' 잃을 가능성이 현실화될 것이라는 그의 말은 과장이 아니었다. 만슈타인은 피할 방도가 없는 소련군 공세를 막아내고 적시에 반격을 가하기 위해 2개 기갑사단과 아주 강력한 항공지원이 필요하다고 판단했다.

그러나 정작 육군 최고사령부가 제11군에 보내준 것은 새로 육성된 제22기갑사단과 제28경보병사단이었다. 소련군은 2월 말에서 3월까지 파르파치의 독일 진지에 지칠 줄 모르는 공격을 퍼부었다. 3월 20일에 독일군 제42군단이 반격했지만 실패로 돌아갔다. "새로운 기갑사단"이 "새벽 안개 속에 집합해 있는 소련군을 향해 곧장 달려들었기 때문"이었다. 병사 훈련의 전문가였던 만슈타인은 새로운 부대가 "연습에서 모부대와 발을 맞춰 보기 전에" 곧장 투입된 것이 시기상조였다고 인정했다. 그러나 파르파치에서 독일군 방어선이 취약했다는 것을 감안하면 만슈타인에게는 풋내기 사단을 즉시 전투에 투입하는 것 외에는 뾰족한 수가 없었다. 제22기갑사단은 첫 전투에서 미숙함을 보였지만, 곧 다른 소련군 공격을 막아내며 약간의 성과를 올렸다.

제28경보병사단이 도착한 뒤 독일군은 4월 9일~11일에 소련군 제44·51군이 가해온 최종 공세를 막아낼 수 있었다. 만슈타인에 따르면, 이 방어전에는 "6~8개 소총병사단이 투입되었고, 160대 전차가 지원되었다." 여기서 의미 있는 성공을 거둔 만슈타인은 이제 케르치와 세바스토폴에 집결해 있는 소련군을 공세로써 처리할 수 있었다. 언제나처럼 독일군 최고사령부는 조속히 결정적 승리를 얻어낼 것을 재촉했다.

케르치 반도 재탈환: 느시 사냥 작전

1942년 4월 5일에 내려온 히틀러의 지령 41호에는 1942년 여름의 독일군 공세, 일명 '청색 작전Operation Blue'의 전략적 근거와 작전 의도가 드러나 있다. 총통의 전반적 의도는 북쪽에서 레닌그라드를 점령하고 중앙에서 버티고 남쪽에서 "캅카스 유전을 확보하기 위해" 주요 작전에 "모든 가능한 병력"을 집중시키는 것이었다. 새로운 전역에서 결정타를 날리기 전에 몇 개 작전이 선행되어야 했다. 그중 하나가 "크림 반도 내 케르치 반도 소탕 작전과 세바스토폴 점령"이었다.

만슈타인은 이미 세바스토폴 공격을 다시 시도하기 전에 케르치 반도에 집결한 소련군이 제11군에 가하고 있는 주된 위협을 제거하는 것이 우선이라고 생각했다. "케르치의 소련군이 허사로 돌아간 지난 공격의 손실을 회복할 틈을 줘서는 안 된다. 세바스토폴 점령은 케르치 반도에서 소련군을 싹쓸이할 때까지 보류되어야 한다." 2개 증원 부대가 도착하기 전 만슈타인 휘하에 있던 병력의 규모는 독일군 7개 보병사단과 1개 연대가 전부였다. 만슈타인은 케르치 반도를 재탈환하고 나면 제22기갑사단을 되돌려 보내야 했다. 그는 제28경보병사단만큼은 크림 반도 전역이 끝날 때까지 남아 있기를 바랐다.

케르치 반도에서 강력한 소련군에 직면한 만슈타인은 적군의 무시할 수 없는 수적 우세를 약화시키기 위해 획기적인 방법을 찾아야 했다. (독일군 추산에 따르면, 이때 소련군의 규모는 17개 소총병사단, 3개 소총병여단, 2개 기병사단, 4개 독립기갑여단에 이르렀다.) 단순한 병력 증원 외에도 창의적인 공격 계획이 필요했고, 운도 따라야 했다. 소련군이 방어에서 실수를 범하는 행운이 따른다면 더할 나위 없이 좋을 테지만, 세바스토폴에서의 이전 경험에 근거하면 이는 별로 기대할 수 없는 것이었다.

만슈타인은 다시 한 번 동맹국에 지원을 요청했다. 제11군의 참모들은 1942년 4월 3일~6일에 안토네스쿠Ion Victor Antonescu 장군을 위해 대규모 시찰 행사를 준비했다. 만슈타인은 루마니아군 지휘자를 호위하며 그의 모든 매력과 외교술을 총동원하여 추가 지원 약속을 받아냈다. 그에게 지원된 병력은 제10·19보병사단과 사단으로 재편성된 제8기병여단이었다. 이러한 반가운 병력 보강에도 불구하고 만슈타인은 여전히 소련군 주 방어선 돌파에 필요한 병력을 채워넣기 위해 애썼다. 지금으로서는 전투를 마친 뒤 동쪽의 케르치 반도를 향해 전과를 확대하는 것은 언감생심이었고, 방어선 돌파조차 어려운 상황이었다. 그는 또 한 번 위험을 감수하기로 했다. 세바스토폴 요새 포위에 필요한 최소 병력만 남겨놓고 나머지를 빼돌리기로 한 것이었다.

4월 17일, 만슈타인은 소환되어 히틀러와 함께 미래의 작전을 의논했다. 2년여 전에 총통관저에서 서부 전역 작전에 대한 제안을 보고한 이후로 이러한 회동은 처음이었다. 만슈타인은 히틀러가 보낸 전용기 포케불프 200 콘도르Foke-Wulf 200 Condor 해상정찰폭격기를 타고 동프로이센 라스텐부르크에 있는 총통사령부인 볼프샨체Wolfschanze(늑대굴)로 향했다. 만슈타인은 그날 오후 도착 직후에 카이텔 원수와 사적인 만남을 가졌는데 그는 "아주 늙어 보였다."

히틀러와의 회동에서 만슈타인은 세바스토폴 요새 점령 전에 우선 케르치 반도의 소련군을 섬멸한다는 계획을 보고했다. 그는 2개 작전 모두에서 성공적인 결과를 보장받기 위해서는 병력 증원이 필요하다는 점을 강조했다. 총통은 "(더 많은) 사단을 줄 수는 없지만, (가능한 한) 최고로 강력한 항공지원과 물자지원을 해주겠다"고 대답했다. 만슈타인은 히틀러와의 대화에서 대체로 긍정적인 인상을 받았다. 총통은 "내 말에 귀를 기울여주었고, 케르치 공세와 세바스토폴 공격을 둘 다 수행하는 방법에 있어 제11군의 견해에 전적으로 동의했다. 그는 조금도 우리 계획을 방해하려 들지 않았다. 훗날 자주 그랬듯이 생산량을 자꾸 들먹이며 장광설을 늘어놓지도 않았다."

만슈타인은 히틀러의 전용기를 빌린 김에 다음날 아주 짧게나마 리그니츠에 들렀다. 7개월 전 제11군 지휘를 맡은 이래로 처음 집에 간 것이었다. 그는 이날 일기에 보기 드물게 개인적 감회를 털어놓았다. "사랑하는 사람을 보는 건 언제나 좋은 일이다." 야간비행으로 크림 반도로 돌아갈 때는 게로가 그와 동행했다. 두 사람은 4월 19일에 함께 심페로폴을 관광했다. 만슈타인은 "잠깐이라도 아들과 함께한 것은 크나큰 기쁨이었다"라고 적었다.

4월 20일에 맏아들이 떠나고 나자 만슈타인도 바쁘게 방문객을 맞고 끊임없이 시찰 길에 오르는 군 사령관의 분주한 일상으로 돌아갔다. 21일에는 제8항공군단장 볼프람 폰 리히트호펜Wolfram von Richthofen 상급대장이 공군 참모총장 한스 예쇼네크Hans Jeschonnek 상급대장과 함께 군 사령부를 방문했다. 히틀러가 추가 공중 지원 약속을 지킨 것이었다. 제8항공군단은 독일 공군 내에서 최고로 강력한 지상공격 부대였고, 가장 유능한 사령관이 지휘하고 있었다. 만슈타인과 리히트호펜의 만남은 한 역사학자의 평에 따르면, "똑똑하지만 건방진 두 인물 사이에서 불꽃 튀는 자존심 대결이 일어날 가능성이 있었음에도 불구하고 놀라우리만큼 순조롭게 진행되었다." 리히트호펜은 그날 저녁 그의 일기에 이렇게 썼다 "만슈타인은 의외로 부드럽고 협조적이었다. 그는 모든 것을 이해하고 있다. 굉장히 희망적인 만남이었다." 만슈타인은 두 사람 사이의 미묘한 마찰에도 불구하고 공군의 동료를 인정했다. "그는 제2차 세계대전에서 독일군이 보유한 가장 뛰어난 공군 지휘자다……. 나는 (그의) 업적과 제8항공군단이 거둔 성공을 기억하고 있으며 그에 대한 존경과 감사한 마음을 품고 있다."

만슈타인은 28일에 남부집단군 사령관인 폰 보크 원수를 방문하기 전에 세바스토폴과 케르치 전선을 시찰했다. 5월 3일에는 리히트호펜과 함께 제30·42군단 사령부로 돌아와 임박한 공세를 논의했다. 기상 악화로 공군 증원 병력의 도착이 지연되자, 공격 개시일도 자연히 5월 8일로 미뤄졌다.

만슈타인은 작전 수준에서 아군의 강점을 최대한 활용하고 적군의 약점을 파고드는 기동계획을 고안해야 했다. 지상에서는 적군 병력의 수를 아무리 낮게 잡아도 독일군이 2 대 1로 불리했기 때문에, 공세를 시작하기에 유리한 조건이라고는 할 수 없었다. 광범위한 전선을 가로질러 폭이 18킬로미터인 파르파치 지협의 소련군 전방 진지를 공격하면, 방어군을 타타르 수로에 있는 소련군의 후위 진지로 밀어낼 수 있을지는 몰라도 결정적인 결과는 이끌어낼 수 없을 것이다. 하지만 소련군이 전방으로 쏠린 형태로 진을 친 덕분에 북쪽에 집결해 있는 소련군 제51군의 많은 부분을 포위할 가능성이 있었다. 소련군의 방어선은 코이 아산Koi Assan(현 블라디슬라비브카

Vladyslavivka) 마을과 시바시 만 사이로 서쪽을 향해 10킬로미터가량 불거져 나와 있었다. 코이 아산 남쪽의 방어선은 흑해 해안을 향해 정남쪽으로 이어졌다. 소련군 제44군이 방어하고 있는 이 지역을 대규모 병력으로 침투하는 데 성공한다면 제51군의 취약한 남익과 후방으로 돌진할 수 있었다. 그 뒤에 기동이 자유로워진 제11군의 선발 부대가 가능한 한 빨리 동쪽의 케르치를 향해 전과를 확대해나가며 소련군 후방의 제47군을 괴멸한다는 계획이었다.

성공의 가능성을 조금이라도 높이기 위해서는 완전한 기습에 성공해야 하고, 양동작전이 필요하며, 공세 속도가 빨라야 했다. 만슈타인은 북쪽에서 소련군 제51군을 붙들어두기 위해 루마니아군 제7군단과 제42군단이 주축인 것처럼 보이도록 계획했다. '진짜' 주력은 남쪽에서 소련군 제44군과 맞서게 되는 제30군단(제50보병사단, 제28경보병사단, 제132보병사단, 제22기갑사단)이었다. 제22기갑사단은 소련군 제51군의 후방을 돌아 북진할 예정이었다. 이러한 기동계획을 통해 만슈타인은 전방에 있는 소련군 2개 군을 먼저 패퇴시킨 다음 종심의 세 번째 군을 처리한다는 목표를 세웠다. 주력에 보다 힘을 실어주기 위해 만슈타인은 남쪽에 포병대와 제8항공군단의 근접항공지원을 집중시켰다. 또한 명령이 떨어지면 제30군단을 보강하기 위해 제170보병사단, 제231보병연대, 루마니아군 제8기병사단을 대기시켰다. 마지막으로 상륙용 공격단정에 탄 1개 보병대대가 상륙하여 파르파치 진지의 최남단 측면을 노리는 상륙작전을 준비했다. 이 묘책은 거의 두 달 뒤 세바스토폴 공세의 최종 단계에서 이보다 더 큰 규모로 되풀이된다.

만슈타인이 회고록에서 선뜻 인정했듯이 이 계획의 실행 가능성은 2개 조건의 달성 여부에 달려 있었다. 첫째는 소련군이 가능한 한 오랫동안 "독일군의 결정적 공격이 북쪽에서 실시될 것이라고 믿게 만들어서 이 함정에서 빠져나오거나 예비대를 남쪽에 투입하려 할 때는 이미 때가 너무 늦게 만드는 것"이었다. 둘째는 "제30군단, 특히 제22기갑사단이 재빠르게 북쪽에 공세를 퍼붓는 것"이었다.

'돌출부' 아래 소련군 방어선을 아주 강하게 치는 예기치 못한 만슈타인의 '비열한' 공격은 소련군 사령부가 방어전을 계획하고 수행하는 데 무능했기 때문에 아주 원활하게 진행되었다. 만슈타인과 제11군의 대단한 성과를 폄하하려는 것은 아니지만, 크림 전선군 사령관들은 용납 불가능한 실수들을 저질러서 자승자박하는 꼴이 되었다. 이러한 무능력에 가장 큰 책임이 있었던 사람은 코즐로프와 그의 고문들일 것이다.

몇 차례 짧은 지연이 있었으나, 1942년 5월 8일에 제11군은 파르파치 진지 공격을 시작했다. 상륙작전은 먹혀들지 않았지만, 제30군단은 대전차 장애물을 통과하고 "소련군의 남익을 분쇄해버렸다." 하지만 만슈타인이 회상했듯이 "쉬운 전투는 아니었다." 소련군도 죽어라 싸웠기 때문이다. 5월 9일, 제22기갑사단이 공세에 가담했다. 소련군은 전차부대를 내세워 반격했다. 5월 10일에는 폭우가 쏟아져 움직임이 느려지고 항공지원에도 제한이 있었지만, 그럼에도 불구하고 독일군 제22기갑사단은 5월 11일에 북쪽 해안에 도착했고, "가면서 8개쯤 되는 소련군 사단을 봉쇄"하기까지 했다. 최남단 측면에서는 그로데크 여단 집단Brigade Group Grodeck이 소련군 후방으로 침투하여 신속히 동진해갔다. 소련군이 저지하지 못할 정도로 빠른 속도였다.

소련군 스타브카는 곧 잇따를 비난을 피하기 위한 이기적인 속셈으로 1급 정치장교인 L. Z. 메클리스Mekhlis를 스타브카 대표 중 한 명으로 파견했다. 5월 8일, 메클리스는 스탈린에게 케르치 반도에서 소련군이 곤경에 처했다고 보고하며 전부 코즐로프의 탓으로 돌렸다. 소련군 최고지도자인 스탈린은 여기에 넘어가지 않고 다음과 같이 답했다.

당신은 이상하게도 크림 반도 전선의 상황에 대한 어떠한 책임도 지려 하지 않는 무심한 관찰자의 입장을 취하고 있다. 아주 편하지만 알고 보면 구린내가 나는 처세다. 크림 반도 전선에서 당신은 무심한 구경꾼이 아니라 스타브카의 책임 있는 대표로서 모든 성공과 실패에 책임이 있으며 현지 사령부의 실수를 바로잡을 의무가 있다. 따라서 크림 반도 전선의 좌익이 아주 취약해진 책임은 현지 사령부와 당신에게 있다. 만약 "적군이 다음날 공격할 것이 명확한 상황이었는데도" 모든 가능한 조치를 동원해 적군을 막는 대신 수동적인 비판에만 매달려 있었다면, 당신 때문에 상황이 더 나빠진 것이다.

실제로 재앙이 일어났다. 소련군 지휘 구조는 독일군 공세 첫날부터 회복이 불가능한 상태였다. 한 역사학자가 적절하게 평했듯이, "만슈타인 대 메클리스는 상대가 되지 않는 싸움이었다. 크림 반도 전선에는 무시무시한 속도로 재앙이 펼쳐졌다."

패배를 앞둔 사령관들이 마냥 허둥대는 모습을 보고 안 그래도 구석에 몰린 소련군 병사들은 실망했다. 만슈타인은 전투 4일차에 추격을 명령했다. 5월 16일, 케르치 시가 제170보병사단과 제213보병연대의 손에 함락되었다. 하지만 소련군은 아지무시카이Adzhimushkai 채석장과 동굴, 지하 묘지에서 유의미한 저항을 계속했다. 소련 측 기록에 따르면, 잔류 부대가 1942년 10월 말까지 "영웅적인 전투를 벌였다"고 한다.

돌이켜보면 만슈타인은 불가능을 현실로 이룬 셈이었다. 그는 회고록에 소련군이 이 전투로 "전쟁포로 17만 명, 포 1,133대, 전차 258대"를 잃었다고 적었다. 그리고 의기양양하게 "진정한 의미의 전멸전에서 승리를 거두었다"라고 선언했다. 사실이었다. 느시 사냥 작전Operation Bustard Hunt은 만슈타인 개인이 작전적 기교와 전술적 기술을 크게 발휘하여 거둔 최고의 승리 중 하나였고, 덕분에 그는 1942년 5월 19일 일일 국방군 보고에서 다시한 번 언급되었다. 독일군 사상자는 8,000명이 넘지 않았다.

하지만 극적인 승리를 거둘 수 있게 도와준 또 다른 요소가 있었다. 지난 가을 페레코프 전투에서와 달리, 만슈타인은 작전 시작부터 히틀러로부터 효과적인 항공지원을 약속받았다. 만슈타인은 독일 공군의 결정적 역할에 정당한 공을 돌렸다. 리히트호펜의 제8항공군단은 약속대로 '공대지' 지원을 펼쳐 파괴적인 효과를 거뒀다. 제8항공군단은 (하리코프를 차지하기 위한 티모셴코Semyon Timoshenko 장군의 주요 공세를 막는 걸 돕기 위해) 핵심 부대들이 하리코프로 향하기 전에는 하루에 1,000~2,000소터 출격하고 그 이후에

1942년 5월, 제8항공군단장 볼프람 바론 폰 리히트호펜 상급대장과 협의하고 있는 만슈타인. (Manstein archive)

1942년 5월, 우크라이나 남부 케르치 전투를 주시하는 만슈타인. (Manstein archive)

는 300~800소티 출격하여 대단한 성과를 거두었다. 사실, 제8항공군단은 작전 개시 단계 내내 정밀공격으로 전방 방어선을 무너뜨리고 크림 전선군 예하 야전사령부와 지휘소의 지휘 및 통제 체계를 혼란에 빠뜨림으로써 소련군이 마비되어 독일군의 합동 및 다국적 공세에 대응할 수 없게 하는 데 상당한 역할을 했다.

육군과 공군 합동작전의 성공은 크림 반도에 남아 있던 만슈타인의 궁극적 목표, 즉 오래 기다려온 세바스토폴 점령의 길조로 여겨졌다. 만슈타인과 리히트호펜이 훌륭한 임무 완수에 대한 히틀러의 칭찬을 듣는 동안 스탈린은 무능력한 크림 전선군 사령관들을 지체 없이 처벌했다. 그들은 운 좋게도 목이 잘리는 대신 강등 처벌을 받는 것으로 끝났다. 그 처벌 명단에는 물론 밉살스러운 메클리스도 포함되어 있었다.

하지만 느시 사냥 작전은 어쩌면 너무 쉬웠는지 모른다. 독일군은 '한쪽으로 치우친 승리'를 거두며 "아군의 능력에 대한 자신감과 소련군의 능력에 대한 경멸을 확인"하게 되었다. 그러나 노련하고 결연한 수비군에 맞서 세바스토폴을 점령하는 데는 훨씬 더 유혈이 낭자한 전투가 따를 터였다. 이는 스탈린그라드에서 만슈타인이 겪게 될 더 끔찍한 전투의 전조이기도 했다.

세바스토폴 제2차 대공세 준비와 철갑상어 낚시 작전

지난 가을과 겨울 초에도 그러했듯이 만슈타인은 세바스토폴 공세 개시를 앞두고 지리적 어려움에 봉착했다. 어느 접근로를 택하든 지세가 험했기 때문이다. 게다가 그동안 정력적인 페트로프와 그의 병사들은 계속해서 야전축성을 더 구축해 가뜩이나 공격자에게 불리한 지형을 더욱 험준하게 만들어놓았다. 그들은 총 4개 방어구역에 체계적으로 포와 전차 진지를 넓게 확장하고, 그 사이의 사계射界(지정된 진지로부터 어떤 무기가 사격함으로써 유효하게 제압할 수 있는 지역-옮긴이)에 감쪽같이 지뢰밭을 새로 만들어놓았다. 만슈타인은 누가 봐도 부정적인 이러한 적군의 전개를 감안해 이전에 두 차례 큰 승리를 거뒀던 때보다 훨씬 더 밀도 높은 포병대 및 항공지원을 보장했다. 해가 길어지고 기상조건이 양호해진 것도 만슈타인에게 유리하게 작용했다. 하지만 병사들은 기온이 40도를 넘는 여름 불볕더위로 질식할 것만 같았다. 무엇보다 중요한 것은 만슈타인의 전투력이 요새도시이자 해군기지인 세바스토폴 점령을 완수하기에 부족해지는 시점이 곧 오리라는 사실이었다. 그렇게 되면 그때까지의 희생은 전부는 아닐지라도 대부분이 헛되게 될 것이었다.

만슈타인은 다시금 제11군 주공의 축을 북쪽으로 결정했다. 세바스토폴 동쪽과 남쪽보다는 세베르나야 만 위의 적군 요새가 "단연코 더 견고하고 수도 많았음"에도 불구하고 세바스토폴 방어선을 뚫으려면 남쪽보다 북쪽에서 접근하는 편이 "훨씬 쉬웠기" 때문이었다. 만슈타인은 이곳에 포병대와 항공지원을 보다 효율적으로 투입할 수 있다고 계산했다. 또 다른 의도는 "최대한 빠른 시일 내에 항만 통제권을 손에 넣어서" 적군의 이동과 재보급을 막겠다는 것이었다. 독일 공군의 힘으로 해상 병참로를 막는 데 한계가 있었기 때문이었다. 만슈타인이 다른 곳에 대한 공격도 소홀히 할 입장은 아니었다. 주공을 용이하게 하기 위해 소련 방어군을 그 자리에 묶어놓을 필요가 있었을 뿐만 아니라 그들의 전투부대를 물리쳐야 했기 때문이었다. 따라서 지난 12월과 동일하게 "남쪽 해안과 발라클라바에서 세바스토폴로 향하는 길 양쪽에 위치한" 사푼 진지를 탈취하기 위해 지원 공격을 실시하기로 했다.

만슈타인은 작전 및 병참참모들과 함께 세바스토폴 작전을 숙고했고, 공세 시작에 훨씬 앞서 이미 계획을 세워놓았다. 승리의 핵심 전제조건은 포병대와 공군이 사용할 탄약을 충분히 비축해두는 것이었다. 또 예하 군단, 사단, 연대가 각각 작전에서 맡은 구체적인 역할을 준비할 수 있도록 적시에 명령을 내려야 했다. 제11군은 1942년 5월 14일에 케르치 반도 재탈환 전투가 정점에 이르렀을 때 철갑상어 낚시 작전Operation Sturgeon Catch을 준비하라는 명령을 받았다. 이는 작전 수준에서 현재의 군사행동이 종료되기 전에 후속 전투 계획이 완성되어야 한다는 오래된 격언을 실제로 이용한 좋은 사례다.

만슈타인은 공격 개시일을 정할 때 대포와 탄약을 최대한 확보해야 한
다는 사실과 제8항공군단이 곧 A집단군의 주공을 지원하기 위해 캅카스
로 투입될 예정이라 그 기간에는 크림 반도에 대한 집중 지원이 제한될 수
도 있다는 것을 신중하게 고려해야 했다. 만슈타인은 1942년 5월 느시 사
냥 작전 동안 소련군의 하리코프 공세에 대응해 공군이 보여준 위력을 이
미 경험했기 때문에 시간이 자신의 편이 아니라는 것을 잘 알고 있었다.

제11군의 기동 계획(720쪽 지도 7 참조)은 1941년 12월의 계획과 유사
했다. 주공은 또다시 북쪽의 제54군단(서쪽에서 동쪽으로 있는 순서대로 제
132·22·50·24보병사단)에 맡겨졌다. 제54군단에 주어진 첫 임무는 견고하게
요새화된 구역을 뚫고 들어간 뒤 세베르나야 만 동쪽 끝의 북부 고지를 즉
시 점령하고, 가이타니Gaitany 고지와 그 바로 남동쪽 땅을 차지하기 위해 좌
익에 대한 지원 공격을 실시하는 것이었다. 이곳 요충지를 손에 넣으면 남
쪽의 루마니아군 산악군단이 후속 지원 공격을 펼치기에 용이했다. 산악군
단에 속한 제18보병사단이 제54군단의 남익을 돕고, 제1산악사단은 남쪽
에 있는 제30군단의 북익을 지원한다는 계획이었다.

만슈타인 휘하의 두 번째 독일군 군단인 제30군단은 사푼 고라를 향해
대규모 공격을 실시하기로 되어 있었다. 목표물을 점령하기 위해 제30군
단은 1941년 11월 대격전이 벌어졌던 '북쪽 코North Nose'와 '예배당 산Chapel
Mount', 카마리(오보론노에) 마을과 같이 공격자에게 불리한 지점을 주축으로
한 소련군의 외부 방어선을 뚫고, 길을 내고, "남쪽 발라클라바의 바위언덕
에서 날아오는 측면사격을 막아야 했다." 제72보병사단은 사푼 고라로 가
는 대로 양쪽에 공격을 퍼붓는 한편 제28경보병사단은 발라클라바 언덕을
확보하기 위해 지원 작전을 실시하기로 했다. 제170사단은 일단 군단 예비
대에 남았다. 제30군단장 막시밀리안 프레터-피코Maximilian Fretter-Pico 중장
은 만슈타인의 의도를 이해하고 공격에 추진력과 에너지가 필요하다고 확
신하고 있었다. 그는 이런 명령을 내렸다. "나는 모든 예하 부대 사령관이
과감하고 신속하게 행동함으로써 전과를 확대하여 모든 성공의 기회를 잡
기를 기대한다."

만슈타인이 직면한 최대 난관은 통찰력 있는 적이 눈치채지 않도록 가능한 한 오랫동안 자신의 의도를 숨기는 것이었다. 이 시점에서 만슈타인에게는 그럴 능력이 거의 없다시피 했다. 페트로프는 이미 세바스토폴에서 두 번의 공세를 막아냈고, 제11군이 움직이는 방식을 알았다. 게다가 지세와 공격축에 놓인 부대들의 배치만 보아도 북쪽에서 또 한 번의 대공세가 있으리라는 사실이 훤히 드러났다.

적을 기만하려 했던 만슈타인의 조치 중 실제로 도움이 된 것이 하나라도 있었는지는 불분명하다. 주공 개시 1주일 전인 6월 14일 독일군 정보기관 보고서는 세바스토폴 방어구역 내 총 75개 소련군 대대 가운데 무려 40개나 세베르나야 만 북쪽의 요새지역을 방어하고 있다고 추산했다. 이곳은 정확히 제11군이 주목표로 삼은 지점이었다. 만슈타인 사령부의 정보과가 통신 해독, 문건 입수, 포로 심문을 통해 알아낸 바에 따르면 소련 해안군은 6개 소총병사단과 1개 보기병사단, 3개 해군보병여단으로 구성되어 있었다.

적군, 험한 지형, 광범위한 방어시설을 마주한 만슈타인은 그해 여름 세바스토폴과 같은 견고한 요새를 공격하는 데는 지름길이 없다는 것을 깨달았다. 세바스토폴을 점령할 수 있는 유일한 방법은 —현대 군사용어를 빌려 표현하면— 공군과 포병의 '합동화력'을 조화롭게 사용하여 보병이 공병의 도움 하에 결연하게 공격할 수 있도록 지원해주는 것뿐이었다. 보병 공격 시 큰 대가를 치러야 할지라도 이 방법밖에는 없었다. 독일군이 사용할 수 있는 전력은 1개 전차대대(구형 전차와 무선조종식 자폭 무한궤도 차량)를 제외하면 전리품인 소련군 T-34s 전차로 즉석에서 구성한 1개 중대와 한정된 수량의 돌격포가 전부였다. 그밖에는 특수장갑공병차량을 제외하면 실질적으로 도시 돌파에 쓸 기갑 병력이랄 것이 없었다.

또한 화려한 기동을 벌일 기회도 없었다. 만슈타인은 병사들에게 "가망 없는 삼림 전투"를 명시적으로 금지했다. 치밀한 계획에 따라 벌어질 이번 전투에서는 양측 모두 병력 소모를 피할 수 없을 터였다. 따라서 만슈타인은 포병대의 준비 기간(6월 2일~6일)에 특히 주의를 기울였고, 자세한 4쪽짜리 지시서를 직접 작성했다. 그는 전투의 목적을 이렇게 정리했다.

공군과 합동작전을 펼쳐 적군의 사기를 떨어뜨릴 것, 폭격 기간을 연장해 보병 공격 시점을 적군이 알지 못하게 할 것, 특히 중요한 강력한 요새 혹은 보급기지를 파괴할 것, 적군의 포격을 유도하여 보병 공격 전에 적군의 포병 일부를 괴멸시킬 것.

1942년 6월 세바스토폴 공격에 투입된 포병대의 밀도와 규모는 독일 육군의 입장에서는 제2차 세계대전 동안 그들이 참가한 어떠한 전역에서도 전례를 찾아볼 수 없을 정도였다. 만슈타인은 36킬로미터 길이의 전선에 208개 포대에 611대가 넘는 포를 집중 배치했는데, 킬로미터당 17대를 배치한 셈이었다. 공격 구역은 이보다 밀도가 훨씬 더 높았다. 그러나 그렇다고는 해도 훗날 소련군의 킬로미터당 200대라는 밀도에는 미치지 못했다. 박격포 754대와 네벨트루페Nebeltruppe(화학·연막부대)의 로켓탄 발사기가 포병대를 보조하고, 추가적으로 60센티미터 구경 초중량 박격포 '칼Karl' 2대와 지금까지 동원된 대포 중에서 가장 큰 80센티미터 구경 대포 도라Dora가 바흐치사라이Bakhchisarai에서 포격을 실시하기로 했다. 만슈타인이 '괴물'이라고 부른 도라는 프랑스 마지노선 포격용으로 개발되었으나 제작 완료 전에 프랑스가 함락되어 사용되지 못했다. 기술적으로 인상적인 발명품이었지만, 만슈타인은 도라의 실제 효과가 "제작에 투입된 모든 노력과 비용에 부응하지 못했다"고 평했다.

이로써 다가올 전투를 위한 무대는 준비가 완료되었다. 공격 며칠 전 만슈타인에게 불운이 찾아왔다. 그는 남쪽 해안의 제30군단 사령부를 방문한 뒤 정찰용으로 사용하는 이탈리아제 쾌속 어뢰정을 타고 발라클라바로 향해 "군단 전체의 보강 병력과 보급품이 통과할 해안도로가 바다에서 얼마나 잘 보이는지, 그리고 바다 방면에서 포격에 노출될 가능성이 얼마나 되는지" 확인했다. 그런데 돌아오는 길에 이 쾌속정이 얄타에서 이륙한 소련군 전투기 2대와 교전에 휘말렸다. 소련군 조종사 한 명이 이날의 전투를 기록했다.

내가 급강하하자 쾌속정이 시야에 들어왔다. 나는 방아쇠를 당겼다. 배의 하얀 데크가 피로 붉게 물들었다. 어두운 형체들이 데크 주변에 몰려들더니 데크 위에 쓰러졌다. 나무 파편이 파도에 휩쓸려 떠다녔다. 나는 다시 하늘로 솟구쳐 올라가며 뒤를 돌아보았다. 지원 항공기가 포와 기관총으로 목표물을 공격하고 있었다.

피바다 속에서 쾌속정에 타고 있던 16명 중 7명이 죽거나 다쳤다. 천운이 따랐는지 만슈타인은 털끝 하나 다치지 않고 살아남았다. 그러나 1938년부터 그의 전속 운전병으로 일하던 프리츠 나겔 병장이 치명상을 입는 비극이 발생했다. 만슈타인은 깊은 상실감을 느꼈다. "여러 해 동안 그는 헌신적인 동지였고, 이후 진정한 친구가 되어주었"기 때문이었다. 만슈타인은 무덤가에서 나겔의 전우 수천 명들을 대신해서 추도사를 읽었다. 만슈타인은 개인적으로 애도를 표하며 다음과 같이 말했다.

5년 넘게 내 운전병이자 충성스러운 동료로서 자네는 우리 참모 차량의 내 좌석 바로 옆 운전석에 앉았지. 자네의 믿음직한 눈과 굳건한 손은 수천 킬로미터를 달려 우리를 여러 나라로 인도했네. 우리 사이에는 험한 말 한마디 오간 적이 없지. 우리는 함께 좋은 것을 많이 보았고, 여러 전역에서 큰 전투와 승리를 함께 겪었네. 그런 자네가 작년에 내 곁에서 부상을 당하고 이번에는 치명적인 총탄에 맞고 말다니. 여러 해 동안 일상과 대사건들을 함께 겪으며 우리는 친구가 되었어. 자네를 맞힌 반역자의 총탄으로도 우리를 묶은 우정의 끈을 자를 수는 없을걸세.

만슈타인은 얄타 근처 독일군 묘지에서 자신의 운전병 나겔에게 작별인사를 고했다. 나겔의 죽음은 4개월 뒤 찾아온, 그가 가장 아끼던 부관 '페포Pepo' 슈페히트Specht와 맏아들 게로의 죽음을 제외하고 만슈타인에게 가장 큰 고통을 안겨준 사건이었다.

세바스토폴 최종 공세

6월 2일에서 7일 사이에 독일군 포병대와 제8항공군단은 세바스토폴과 도시 수비대에 맹공을 퍼부었다. 소련군을 마비시키기 위한 공격준비사격이었다. 4개 방어구역 사령관들 가운데 한 명이었던 라스킨은 이렇게 회상했다.

독일군 비행기들은 하루 종일 우리 진지 위에 머물러 있었다. 우레 같은 대포 발사 소리와 포탄이 터지는 소리가 계속 들려 비행기 엔진 소리가 들리지 않았다. 폭격기 한 무리가 꼬리에 꼬리를 물고 빠르게 날아오는 모습은 마치 환상 속 흑조 떼 같았다. 모든 진지에서 불의 소용돌이가 솟아오르고 있었다……. 1,000개가 넘는 대포와 박격포가 좁은 제4방어구역을 향해 동시에 불을 내뿜고 있었다. 그리고 100대쯤 되는 폭격기가 우리 위로 폭탄을 비처럼 쏟아붓고 있었다.

한편 만슈타인과 제11군 작전과는 세바스토폴 중심부에서 동쪽으로 20 킬로미터 떨어진 그림 같은 석회암 협곡 속에 자리 잡은 타타르 민족 마을 유카리 카랄레스Yukhary Karales(현 잘레스노에Zalesnoe)에 있는 전방 지휘소로 이동했다. 독일군은 인근 체르케스-케르멘Cherkess-Kermen 동굴도시 근처에 완만하게 솟아 있는 옐 부룬Yel Burun 봉우리의 473.4 지점에 감시초소를 만들었다.

만슈타인과 참모들은 1942년 6/7일 밤에 곧 있을 공격을 지켜보기에 좋은 지점으로 올라갔다. 제2차 세계대전 중 군 사령관이 전장 대부분을 볼 수 있는 기회는 드물었다. 공격 개시 시각은 새벽 3시였다. 그러나 소련군은 독일군 전쟁포로를 심문해서 그 시각을 알아냈다. 페트로프는 선수를 쳐서 공격 개시 5분 전에 포격을 지시했다. 만슈타인의 기만 대책을 꿰뚫어 본 그는 공격개시선에서 노출된 독일군 보병을 잡으려고 했다. 카르포프에 따르면, 독일군이 각 구역에 가하는 포격과 폭격의 강도를 보고 "독일군 주공이 라스킨의 사단과 포타포프Potapov의 여단이 수비하고 있는 제4구역에

1942년 6월, 세바스토폴 포위작전 기간 중 제50보병사단 사령부를 방문한 만슈타인.
(Manstein archive)

서, 2차 공격이 남쪽의 얄타 고속도로를 따라 실시될 것"이라는 사실을 짐
작할 수 있었다.

전투의 첫 며칠 동안 양측에서 사망자가 무서울 속도로 쌓여갔다. 사령관
도 병사도 죄다 지쳐 있었고 모든 부대가 완전히 소진된 상태였다. 하지만
페트로프의 병사들이 압박을 가해오는데도 불구하고 독일군의 공격은 3일
차에 절정에 달한 듯 보였다. 만슈타인은 회고록에서 이 영웅적인 장면을
이렇게 묘사했다. "……독일군 병사들은 용기와 진취성, 자기희생 정신으로

소련군 병사들의 완강한 저항에 맞서 싸우고 있었다. 소련군은 지형의 이점을 안고 있었고, 소련 체제의 강요에 의해 강인함과 결연함으로 더욱더 강하게 무장되어 있었는데도 말이다."

사실, 만슈타인은 심각한 곤경에 처해 있었다. 그는 공격 개시 시점에 적의 허를 찌르는 데 완전히 실패했고, 공격 첫날의 목표는 어디서도 달성하지 못했다. 간단히 말해 그에게는 추가 병력이 시급했을 뿐만 아니라, 공격에 투입된 모든 부대를 한데 모아 전체적인 효과를 개선할 필요가 있었다. 세바스토폴을 점령할 가능성을 조금이라도 높이려면 신속히 조치를 취해야 했다.

만슈타인은 6월 8일에 전반적으로 공세에 진전이 없는 까닭을 "집결한 포병대의 화력과 공군력을 즉시 그리고 충분히 활용하지 못했기 때문"이라고 언급했다. 그는 언제나처럼 전문가답게 공격 1일차에 얻은 교훈을 썩히지 않고 곧바로 적용했다. 그는 공격에 돌입하는 보병을 보다 확실히 지원할 수 있도록 포병대에 여러 조치를 명령했고, 공군에는 주 임무를 다시 한번 강조했다. "군단 포병대가 아직 소련군 포대를 막아낼 수 있는 입지를 차지하지 못했으니, 우선 소련군의 포대를 진압하라. 그리고 슈투카(급강하 폭격기)를 통한 직접 지원이 필요하다." 만슈타인은 오늘날 아군 공격blue-on-blue이라고 부르는 위험이 따름에도 불구하고 아군과 위험하리만큼 가까운 거리에서 이루어지는 근접항공지원을 요구했다.

6월 9일, 만슈타인은 할더에게 제46군단을 케르치 반도에서 철수시켜 세바스토폴 공격에 투입하라고 요청했다. 또한 북쪽 축에 4개 사단이 아닌 5개 사단이 필요하다고 다시금 주장했다. 4개 사단은 이미 "적어도 1,000명의 병사"를 잃은 뒤였다. "지형은 아주 불리하고, 소련군은 끈질기고, 요새와 전투력 모두 막강한" 상황에서 만슈타인은 난관에 빠져 있었다. 더군다나 포로로 잡힌 소련군 병사들에 따르면, 소련군에는 '제9해양여단'이 증원된 상태라고 했다. 마침내 만슈타인은 제132보병사단 예하의 전력이 소진된 연대들과 비교적 상태가 좋은 제46사단 예하 부대들을 교환할 수 있었다. 육군 최고사령부는 케르치 반도에서 3개 보병연대의 방출을 허가했고, 이후 2개 보병연대를 더 보내주었다. 그들은 나중에 전장에 도착했다. 그사이 만슈타인은 어찌나 궁지에 몰렸던지 제1군 예비대에 유일하게 남아 있던 제22사단의 정찰대대를 제54군단으로 배속 전환하는 데 동의하기까지 했다.

그사이 제54군단 예하 사단들은 상당한 대가를 치러 가며 요새 지역에 깊숙이 침투하고 있었다. 6월 13일, 스탈린 요새가 제16보병연대의 손에 함락되었다. 이번에도 콜티츠가 이들을 지휘했다. 허사로 돌아갔던 겨울 공세에서 스탈린 요새에서 철수하는 아픔을 맛보았던 제16연대가 이번에는 성공한 것이었다. 이들이 스탈린 요새 함락에 성공한 것은 어찌 보면 당연했다. 6월 17일에 이르자 세바스토폴 북쪽의 외곽 요새들은 전부 점령되었다. 소련군이 과시하던 '막심 고리키 I' 장갑포대마저 제132사단 예하 부대의 손에 함락되었다. 그러나 제54군단이 세베르나야 만으로 향하는 최종 접근로를 확보한 것은 그로부터 며칠 뒤인 6월 21일이었다. 남쪽의 지원 공격 역시 이와 비슷한 난관에 직면해 있었다. 그러나 제30군단은 아직 사푼 고라를 뚫고 들어가지는 못했지만 그 바로 앞에서 "전방 진지들을 파고 드는 데" 성공했다.

한편 만슈타인은 루마니아군의 썩 좋지 않은 활약상에 우려를 품고 있었다. 그가 보기에 루마니아군의 몇몇 사령관들은 무능하거나, 그게 아니라면 우유부단했다. 갈등이 최고조에 달한 것은 6월 2일이었다. 만슈타인은 루마니아군 군단장에게 전날 지시대로 공격하지 않은 것에 대한 설명을 요구했다. 독일군 연락반의 지휘를 맡은 대령 폰 나겔von Nagel 남작이 루마니아군 군단장이 "모든 독일군 지시를 무시했으며, 제1산악사단이 부분적인 성공밖에 거두지 못한 것 역시 군단장과 사단장의 무능 탓"이라고 불평하자, 만슈타인은 더욱 언짢아졌다. 만슈타인은 6월 23일 루마니아군 군단 사령부로 운전해 가서 군단장의 행동을 따졌다. 그리고 후속 조치로 6월 28일에 루마니아군 제1산악사단 사령부를 방문하여 '지휘 불충분'의 문제를 제기하며, 사단장에게 보병과 포병 간 협력을 보장해야 한다는 것을 다시 한번 강조했다.

전 전투지역의 소련군은 예상보다 훨씬 더 강하게 방어했다. 그로 인해 독일군과 루마니아군의 피해는 커져만 갔다. 만슈타인은 휘하 사령관 및 병사들의 사기를 높이고 의사결정을 위한 정보를 얻기 위해 전장의 상황을 직접 확인하려 애썼다. 6월 중순에 장기간 전선을 둘러본 뒤 그는 소총병중대의 평균 병력이 겨우 20~30명 수준으로 떨어졌다는 사실을 알게 되었다. 제54군단은 1주일간 전투를 하는 동안 '각 사단'이 평균 2,275명의 병사를 잃었다. 만슈타인은 보병의 전투력 유지에 훗날 전투의 성공이 달려 있음을 잘 알고 있었다. 그러기 위해서는 상당한 규모의 기갑부대 근접지원이 필요했다. 그러나 제11군의 전선에는 하루에 겨우 24개 돌격포만 투입되었을 정도로 당시 기갑부대의 근접지원은 상당히 미약했다.

만슈타인이 최전선을 자주 방문했다는 사실은 그가 대중 만화 속에 흔히 등장하는 안락의자에 앉아 지시나 하는 장군들과는 거리가 멀다는 것을 분명히 보여준다. 전쟁일지의 기록은 만슈타인이 편안한 생활을 추구했다는 몇몇 평론가들의 주장이 근거 없음을 보여주는 증거다. 만슈타인은 공격의 선봉에 선 군인이 전투에서 가장 무거운 부담을 느낀다는 사실을 잊지 않았다. 6월 23일에 만슈타인은 막심 고리키 I 포대로 돌격한 중대장에게 1급 철십자훈장을, 습격분대장에게 2급 철십자훈장을 수여했다.

소련군의 끈질긴 방어에도 불구하고 만슈타인의 병사들은 매우 고통스럽고도 격렬한 전투가 2주째에 접어들던 6월 26일 오전에 마침내 북쪽 전선의 외곽 요새를 무너뜨렸다. 그들은 이 구역으로 진입하기 위해 소련군의 광적인 저항에 맞서 싸워야 했다. 세베르나야 만을 굽어보는 절벽 아래의 지하 저장소와 인케르만Inkerman 근방의 철도 터널에 숨어 있던 소련군은 항복을 거부했다. 그곳에는 수천 명의 민간인 피난민도 함께 있었다. 소련 정치장교들은 절벽을 무너뜨려 동굴 입구를 막아버렸다. 독일군에게 항복하느니 수천 명을 바위더미에 파묻는 편이 낫다고 생각한 것이다. 남쪽에서 제30군단은 제170보병사단을 전투에 투입하고 사푼 고라 진지를 향해 한 발짝 더 나아갔다. 제1산악사단은 마침내 의미 있는 성과를 냄으로써 루마니아군 군단의 명예를 회복했다. 한편 페트로프가 이끄는 소련 해안군은 사상자가 늘어갔다. 6월 22일까지 만슈타인의 병사들은 거의 1만 2,000명에 달하는 소련군을 포로로 잡았고, 독일군 공병대는 소련군이 전장에 흩뿌려놓은 6만 5,000개가 넘는 지뢰를 제거했다.

만슈타인은 어렵게 승리를 얻어냈지만 나날이 전투력이 감소하고 있다는 딜레마에 빠져 있었다. 그는 공격을 계속 밀어붙일지 결정해야 했다. 휘하의 사단들은 평균 2,000명의 병사를 잃은 뒤였다. 특별 제작한 1 대 2만 5,000 축척 지도로 매일같이 세바스토폴을 향한 진군 상황을 세밀하게 확인하던 히틀러조차 공격을 계속하는 것이 현명한지 의문을 품기 시작했다. 최우선 사항은 여름에 펼쳐질 캅카스 공세였기 때문이다. 동부전선에서는 또다시 공군력이 전반적으로 부족해지고 있었다. 진군 중인 A집단군과 B집단군을 엄호하는 전투폭격기는 걱정스러울 정도로 그 수가 줄어들고 있었다. 6월 7일에 이미 히틀러는 제11군에 투입된 항공지원의 규모에 대해 우려를 표하기 시작했다. 그는 확실한 뜻을 밝혔다. "만약 공세가 성공하지 못하면, 포위한 요새는 그대로 남겨두고 공세를 완전히 중단해야 한다. 결정을 밀어붙이기 위해 공군력을 보강하는 것은 불가능하다." 어쨌든 "세바스토폴 공격 때처럼 그렇게 많은 위력적인 중포가 투입된" 적은 없었다. 이번만큼은 히틀러의 평가가 옳았다. 전시 중 그저 평범한 하루였던 1942년 6월 14일에 제8항공군단은 항공기 803대를 전투에 투입했다고 보고했고, 그중 625대가 전투기 혹은 급강하 폭격기였다.

이미 세바스토폴에서 수많은 희생을 치렀음을 감안하면, 2주 동안이나 격전을 치른 뒤에 성공 가능성과 관계없이 공세를 밀어붙이겠다고 판단하는 것도 이해할 수 없는 결정은 아니다. 그러나 이는 위험한 사고방식이었다. 다가오는 겨울 스탈린그라드에서 독일군 최고사령부는 그 쓴맛을 톡톡히 보게 된다. 세바스토폴을 계속 포위하고 나아가 앞으로 소련군이 더 상륙하는 것을 막기 위해 상당수의 병력을 크림 반도에 주둔시킬 여유가 있는지는 아직까지 결론이 나지 않았다. 그러나 독일군은 두루 고려한 끝에 세바스토폴에 집결한 소련군을 괴멸시킴으로써 훗날 세바스토폴이 소련 해군기지로 사용될 가능성을 막고, 다른 곳에 투입 가능한 독일군 수를 최대화하는 것이 이득이라는 결론을 내렸다.

6월 27일, 만슈타인은 세바스토폴에 최종 공격을 실시한다는 그의 결정을 공식화했다. 그는 주공을 북쪽에서 남동쪽으로 변경해볼까 생각했으나, 작전을 상당 기간 중단하는 모험을 하지 않고서는 시간에 맞춰 대포와 탄약을 운반하는 것은 불가능했다. 그러다가 자칫하면 소련군에게 단비 같은 시간적 여유를 줄 위험성이 있었다. 따라서 주공은 변함없이 제54군단의 축에서 실시하기로 했다.

만슈타인이 세바스토폴을 점령하기 위해 세운 계획은 참신했다. 남쪽의 넓은 전선에서는 사푼 고라 능선을 손에 넣기 위해 강력한 지원 공격을 벌이기로 했다. 주공은 1,000미터 폭의 세베르나야 만에서 이루어질 예정이었다. 만슈타인은 공격주정을 이용한 상륙작전을 계획했다. 이 임무를 맡은 제22·24사단은 자신들이 얼마나 위험한 임무를 맡았는지 분명히 인식하고 있었다. 만슈타인의 무모해 보이는 모험은 부하들로부터 상당한 반대에 부닥쳤다. 만슈타인과 참모들을 정당하게 평가하면, 제11군은 1주일 전에 이미 병사들에게 "내부 요새 지역에서 공격을 계속할 것"이라는 준비명령을 제때 내린 바 있었다.

기습에 실패한 6월 7일의 아픔에 굴하지 않고 만슈타인은 다시 한 번 소련군을 기만하려 시도했다. 그는 "가능한 모든 수단을 사용해" 세베르나야 만 도하 준비를 숨겨야 하는 중요성을 강조했다. 여러 개의 기만대책 가운데 하나가 포병 사격이었다. 제11군은 공격 전날에 사격을 목표 구역에 집중시키지 않고 가능하면 공격 개시 시각 전에 준비사격도 하지 않기로 했다. 나아가 상륙용 공격주정을 불러들이는 것도 가능한 한 미루기로 했다. 특히 "벨벡Belbek 강 도하는 야간에 실시하기로 했다." 만슈타인은 회고록에서 '무시무시한 사푼 진지'를 혼란에 빠뜨린 세베르나야 만 도하를 신이 나서 묘사했다.

작전에 참가한 모두가 상당히 긴장했다. 북쪽 해변에서 들리는 소음을 가리기 위해 제8항공공단은 잠시도 쉬지 않고 세바스토폴에 공습을 퍼부었다. 남쪽 해안의 절벽 꼭대기에서는 포병대 전체가 어떠한 사격 조짐이라도 보이는 순간 죽음의 포격을 가하려고 대기 중이었다……. 하지만 반대편에서는 모든 것이 조용했다……. 1시에 제22·24사단의 선발대가 출발하여 반대편 해안으로 향했다……. 절벽 측면에서 소련군 방어대가 행동을 개시했을 때 우리의 기운찬 척탄병들은 이미 견고한 거점을 확보한 상태였다.

만슈타인의 입장에서는 다행스럽게도, 작전은 완전무결한 성공을 거두었다. 그 대담성과 속도 면에서 1759년 제임스 울프James Wolfe 장군의 퀘벡Quebec 에이브러햄Abraham 평원 전투와 견줄 만한 작전이었다.

세바스토폴 공격의 마지막 날은 다음과 같이 간단히 요약할 수 있다. 소련군은 지난 몇 주 동안 영웅적인 무용을 보여주었음에도 불구하고 제공권을 독일에게 뺏기고 지상에서 강력한 집중포화를 받고 무너졌다.

제54군단이 세베르나야 만을 건너고 남쪽 해안과 동쪽 끝의 인케르만을 점령하는 동안 제30군단은 사푼 고라 수비대에 공격을 개시했다. 병력을 증강시킨 제170보병사단은 대규모 포병 사격과 항공지원을 등에 업고 아주 좁은 전선에 허를 찌르는 공격을 가했다. 그들은 소련군 진지에 침투하는 데 성공했고, 곧 질서정연하게 방향을 바꾸어 소련군을 처치했다. 그 덕분에 제72·28사단도 진지에 접근할 수 있었다. 이윽고 6월 29일, 이 3개 사단(제170보병사단, 72·28사단)은 세바스토폴을 향한 공격을 계속했다. 그들은 헤르소네스Chersones 반도를 향해 기동하여 남쪽을 포위하려 시도했다. 한편 루마니아군 제4산악사단은 "발라클라바 방어선을 후방에서 쓸어버릴" 준비를 시작했고, 그 과정에서 무려 1만 명이나 되는 소련군을 포로로 잡았다. 만슈타인이 기록했듯이 제54군단이 세베르나야 만을 성공적으로 건너서 인케르만 언덕을 점령하고 제30군단이 사푼 고라 진지에 침투한 순간 "세바스토폴의 운명은 결정되었다."

일은 순조롭게 진행되었다. 독일군이 크림 전쟁에서 너무나도 고통스러운 전투가 벌어졌던 말라코프 고지의 방어진지를 점령함으로써 역사는 반복된다는 것을 보여주었다. 이제 독일군은 세바스토폴 도심을 직접 노릴

1942년 7월 초, 세바스토폴 함락 후 항구를 돌아보는 만슈타인. (Manstein archive)

수 있게 되었다. 1855년에 프랑스군이 말라코프 요새를 점령했을 때 러시아군은 도시를 버리고 세베르나야 만을 건너 북쪽으로 퇴각했다. 하지만 1942년에는 탈출로가 막혀 있었다. 만슈타인은 소련군이 "세바스토폴 외곽 방어선 뒤에서, 그리고 종국에는 도시 내에서 끝까지 버틸까봐" 걱정했다. 아군의 병력 손실을 막기 위해 그는 중포 사격과 공습에 의존했다. "시가전을 유도하여 우리에게서 피 한 방울이라도 더 짜내려는 기대를 버리라"는 뜻을 보여주기 위한 방편이었다.

1942년 7월 1일에 유독 뜨거운 포격으로 문을 연 것은 그런 연유였다. 남아 있던 해안군 부대들은 패배를 피할 수 없다는 사실을 자각하고 전날 밤 도시에서 철수를 시작했다. 헤르소네스 반도에서 '최후의 저항'을 벌이는 동안 해군이 가능한 한 많은 사람을 대피시킬 수 있기를 바란 것이었다. 만슈타인은 그 당시에 그것을 몰랐지만, 세바스토폴의 소련군 사령부는 서로 앞다퉈 탈출하려는 혼란 속에 붕괴하고 있었다. 상부의 혼란으로 인해 다수의 병사들에게는 세바스토폴에서 떠나라는 명령이 너무 늦게 내려졌다. 이어진 철수는 오데사에서 이루어진 질서정연한 철수와는 비교조차 할 수 없을 만큼 엉망이었다. 크림 반도 내 대규모 작전이 종료된 시점에 소련 군은 육군, 해병대, 해군을 아울러 무려 9만 명을 독일군에 포로로 내주었다. 헤르소네스 반도에서 붙잡힌 병력만도 3만 명에 달했다. 그렇다고 해서 전투가 완전히 종식된 것은 아니었다. 7월 4일 세바스토폴 점령이 선언된 뒤 1주일 동안 막심 고리키 II 포대에서는 저항을 이어나갔다. 그보다도 더 심상치 않았던 크림 산맥의 빨치산 활동은 독일 점령기가 끝날 때까지 사그라지지 않았다.

결과와 평가

사령관에게 주어지는 어떠한 훈장이나 명예도 휘하 부대원들의 존경보다 더 영예로운 것은 없을 것이다. 결국 자신감을 심어주는 성공보다 더 좋은 것은 없다. 만슈타인은 롬멜처럼 카리스마 넘치고 자기홍보에 강한 유형의 사령관은 아니었으나, 병사들은 그를 대단히 존경했다. 최전방 부대를 자주 방문한 만슈타인은 병사들에게 거리가 먼 존재가 아니었다. 따라서 그가 성에 틀어박혀 지휘했다는 비방은 부당하며 근거없는 것이다. 예하 부대 사령관들은 질책받을 걱정 없이 만슈타인에게 스스럼 없이 우려를 제기할 수 있었고, 그에 대한 답으로 명확한 지시와 지침을 받을 수 있었다. 콜티츠는 이렇게 썼다.

우리는 가장 훌륭하고 가장 똑똑한 사령관을 모시고 있었다. 그는 우리의 무한한 신뢰와 가장 깊은 곳에서 우러나온 존경을 한 몸에 받았다. 모든 최전방 군인들은 그를 알고 있었다. 사령관은 병사들의 고충에 귀를 기울이고 개인적으로 그들을 위한 해결책을 찾았다. 병사들에게 인기를 끌려 하지 않았지만, 다들 그가 병사들뿐만 아니라 적군과 민간인들에 대한 강한 인간적 신념을 품고 있다는 것을 알고 있었다……. 과장 없이 사실 그대로 덧붙여 말하건대, 모든 병사들이 사령관의 진급 소식에 꼭 자신이 포상을 받은 것처럼 기뻐했다.

만슈타인은 크림 반도 전역 내내 최고 수준의 지휘력을 보여주었다. 그는 전술적 수준에서 전투를 꿰뚫고 있었을 뿐만 아니라 작전적 수준에서 어떻게 싸워야 하는지를 알았고, 하나의 위험을 다른 위험에 견줘보면서 항상 자문을 구하고 숙고한 뒤 적시에 현실적인 결정을 내렸다. 공세 작전에서는 창의력과 대담성을 보였고, 방어 작전에서는 압박에 굴하지 않고 침착함을 유지했다. 어느 모로 보나 그는 자신감이 넘치는 의연한 사령관이었다. 그는 민첩한 지휘력으로 수적으로 우세하지만 체계적이지 않은 적군과 싸워 이겼다.

그러나 만슈타인이라고 해서 실수가 없었던 것은 아니다. 전투가 끝난 뒤에나 할 수 있는 분석이지만, 그의 가장 큰 실수는 1941년 10월 말에서 11월에 있었던 초기 전과 확대 단계에서 병력을 지나치게 넓게 분산시킨 것이었다. 그는 페레코프-이슌 진지 사이를 돌파하기 전 2개의 다른 방향에서 2개의 임무를 수행했을 때와 비슷하게 소련군 추격 주축을 세바스토폴과 케르치 반도로 양분하도록 명령을 내렸다. 행군 방향에서 벗어나 세바스토폴을 점령하는 데 실패한 뒤 만슈타인은 보다 확고한 통솔력을 보였다. 그는 남아 있는 소수의 패를 영리하게 활용하여 소련군의 케르치-페오도시야 작전을 막았고 그 다음 느시 사냥 작전에서 케르치에 집결한 소련군을 괴멸시켰다.

만슈타인은 작전 내내 부족한 병력으로 싸워야 했다. 1942년 초에 그는 "제11군의 현 상황은 전역 시작부터 주어진 임무로 인해 전력이 지나치게 약해진 결과"라는 점을 분명히 깨닫고 있었다. 세바스토폴 점령 6개월 '전' 에 그는 자기 휘하의 사단들이 "다른 군의 사단보다 훨씬 빠른 속도로 소모되고 있다"는 사실을 인정할 수밖에 없었다.

보다 넓은 전략적 관점에서 1942년 여름 만슈타인이 크림 반도에서 거둔 최종 승리는 동부전선 전체에 쏟아부은 노력 전체를 놓고 볼 때 '피루스의 승리Pyrrhic victory(막대한 희생을 치른 승리-옮긴이)'였다. 병력과 자원의 손실뿐 아니라 시간이 지체된 것도 문제였다. 독일군에게는 시간이 소중했고, 주 병력을 다른 곳에 낭비할 여유가 없었다. 전역의 마지막 3개월 동안은 육·공군 합동작전이 모범적으로 이루어졌지만, 공중과 해상에서 세바스토폴을 봉쇄하는 데 실패한 것은 작전의 설계와 실행 단계에서 독일군에게 결정적인 약점으로 작용했다(독일 해군은 쾌속 어뢰정보다 더 큰 전함을 흑해에 투입할 수 있는 처지가 아니었다.) 해상 지원이 부족한 탓에 만슈타인은 진이 빠지는 소모전을 치러야 했다. '합동 기동'은 거의 이루어지지 않았다 해도 과언이 아니었다. 소련군이 해상을 통해 지속적으로 병참로를 활용하고, 곳곳에서 상륙작전을 전개한 것과는 대조적인 모습이었다.

세바스토폴 전투에서 양측은 용감하게 싸웠으나, 수많은 인명이 희생당했다. 그 인명 피해는 그만한 가치가 있었을까? 크림 반도 전역 개시 단계에서 작전의 핵심으로 부상했던 의문은 끝까지 풀리지 않았다. 세바스토폴은 그냥 포위한 상태로 놔두고 세바스토폴을 완전히 점령하는 데 필요한 자원을 다른 곳에 투입하는 것이 낫지 않았을까? 독일의 공식 역사는 1942년 6~7월 공세 동안 발생한 독일군 사상자가 약 2만 5,000명에 달했으며, 도시를 점령하지 않고 고립시키는 데 발생했을 손실(만슈타인에 따르면 3, 4개 사단)이 시간, 노력, 자원, 인명 면에서 도시를 점령했을 때 발생한 손실보다 훨씬 더 적었을지는 의문이라고 기록하고 있다. 루마니아군의 노력도 빼놓을 수 없다. 루마니아군 장교단은 만슈타인에게 비난을 받았지만 병사들은 열심히 싸웠다.

독일군은 거대한 중포를 집결시키고 근접항공지원으로 힘을 실어주었으나 수많은 인명 손실을 막을 수는 없었다. 특히 보병대와 전투공병대의 노련한 하급 부사관들과 젊은 장교들을 여럿 잃었다. 따라서 세바스토폴 점령이라는 영광이 추축국 동맹에서 이렇게 많은 사상자를 낼 가치가 있었는지는 여전히 논란의 대상이 되고 있다. 믿을 만한 공식 기록은 없지만, 크림 반도 전역 전체에서 발생한 독일군의 사상자 수는 훨씬 더 많았다. 세바스토폴과 얄타를 잇는 도로변의 곤하르노에Goncharnoe에 독일군 묘지가 있다. 그곳을 방문하면 독일군이 얼마나 큰 손실을 입었는지 실감이 날 것이다.

넓고 침울한 묘지에는 4만 명이 넘는 사망자가 묻혀 있다.

만슈타인이 전쟁포로와 현지 민간인들을 다룬 방식은 여전히 뜨거운 감자다. 그러나 적어도 그는 적극적인 범죄행위를 하지는 않았다. 만슈타인의 잘못은 크림 반도에서 아인자츠그루펜 D의 학살을 규제하거나 막지 않았다는 것이다. 실제로 제11군 사령부와 아인자츠그루펜 사령부가 서로 협력했음을 보여주는 증거는 많이 있지만, 만슈타인이 이를 알고 있었다거나 개인적으로 참여했다는 물증은 거의 없다.

소련군 다수가 사푼 고라 근처의 전쟁기념관과 묘지에 묻혔다. 오데사와 세바스토폴을 방어하며 강력한 추축국 군대를 한동안 옴짝달싹 못 하게 한 페트로프는 살아남아 훗날 전선군 사령관이 되었다. 그러나 그는 전쟁에서의 활약상에도 불구하고 스탈린의 장군들 중에서는 대체로 잊힌 인물이다. 만슈타인 역시 그에 대해서는 주석에서 언급하는 수준으로 그쳤다. 그러나 페트로프는 300일의 공성전 동안 세바스토폴을 굳건히 지킴으로써 독일군 전체를 묶어두고 독일 육군이 막대한 피를 흘리게 만든 노련한 적으로서 인정받을 만한 가치가 있다.

(Vatutin)

5th Guards Army
Prokhorovka
Donets

69th Army

5th G
Tank

제11장
스탈린그라드를 향한 헛된 분투

"스탈린그라드는 모든 수단을 동원해 사수해야 한다"

– 아돌프 히틀러 –

루마니아에서 레닌그라드로

크림 반도의 전역을 마무리 짓는 데에는 독일군 원수의 존재가 필요하지 않았다. 내리 열 달 동안 제11군을 지휘한 만슈타인은 지쳐 있었고 휴식이 필요했다. 그때 단비 같은 휴가가 주어졌다. 1942년 5월 케르치 반도를 재탈환한 뒤, 루마니아군 지도자 안토네스쿠Antonescu 장군이 세바스토폴 함락에 성공하면 카르파티아 산맥으로 휴가를 보내러 오라고 초청한 적이 있었다. 만슈타인은 이를 받아들여 7월 4일 얄타의 리바디아Livadia 궁전에서 열린 승전 기념식을 마지막으로 크림 반도를 떠났다. 소련군은 이날 무례하게 공습을 퍼부어 기념식을 방해했다. 종전이 아직 요원하다는 강력한 신호였다. 다음날 비행기를 타고 리그니츠의 집으로 돌아간 만슈타인은 아내와 성홍열에서 회복 중이던 맏아들 게로와 함께 루마니아로 가서 월말까지 휴식을 취하고 기력을 회복했다.

가족과 함께 떠난 휴가는 그에게 사령관직에서 벗어나 잠시 한숨 돌릴 수 있는 여유를 주는 한편, 여러모로 독일-루마니아 관계를 강화하기 위한 선전 목적이 내포된 공식 방문의 형태를 취하고 있었다. 만슈타인은 귀빈으로서 극진히 대접받았으며 어디서나 따뜻한 환대를 받았다. 그는 "이만큼 세심한 예우와 보호를 받은 것은 이때가 유일했다"고 회상하며 약간 겸손하게 "평범한 여행객으로 지내는 것이 훨씬 더 편했기 때문에" 이러한 특별 대우에 "익숙해져야만 했다"고 썼다.

루마니아 체류의 하이라이트를 꼽으라면 두말할 것 없이 지벤뷔르겐

1942년 여름, 루마니아의 이온 안토네스쿠 원수와 함께한 만슈타인. (Manstein archive)

Siebenbürgen(트란실바니아Transylvania)의 독일계 소수민족 방문이었다. 가족과 주최 측 사이에서 미소 짓고 있는 신임 원수 만슈타인의 사진 속에서 크림 반도 합동 작전에서 루마니아군과 불화를 겪은 흔적은 전혀 찾아볼 수 없었다. 만슈타인이 루마니아에서 승리감을 만끽하고 관대한 호의를 누린 막간의 시간은 제2차 세계대전을 통틀어 그에게 개인적으로 최고의 시간이었으며, 이는 전반적으로 독일군이 전략적 행운을 누린 시기와도 일치했다.

소련군은 독일군의 강한 압박 하에 스탈린그라드와 캅카스까지 퇴각했고, 북아프리카에서는 영국군 제8군이 카이로Cairo와 나일Nile 강을 지키는 '최후'의 엘 알라메인El Alamein 기지까지 밀려났다. 양쪽 전역에서 승리의 여신이 손짓하는 듯했다.

1942년 8월에 만슈타인은 크림 반도로 복귀했다. 이전 계획대로라면 제11군은 케르치 해협을 도하하는 블뤼허 작전Operation Blücher에 투입되어 로스토프온돈에서 남쪽으로 진군하는 A집단군을 지원할 예정이었다. 한편 B집단군의 초점은 스탈린그라드로 바뀌어 있었다. 군부의 의도는 스탈린그라드와 캅카스를 순차적으로 목표물로 삼는 것이었으나, 여름 전역을 채한 달도 안 걸려 끝내고 지나친 자신감에 사로잡힌 히틀러는 다른 생각을 품고 있었다. 1942년 7월 23일의 지령에서 그는 "내가 설정한 동부전선 남익南翼의 큰 목표들은 대부분 달성되었다"라고 섣부르게 결론지었다. 그는 신기하게도 선견지명을 발휘하여 "적군이 (스탈린그라드를) 집요하게 방어할 것"이라고 내다봤으나, A집단군에는 여전히 카스피 해안Caspian coast의 바쿠Baku 유전지대를 향해 나아가라고 지시했다. 이와 동시에 만슈타인의 제11군을 캅카스를 향한 작전에 투입한다는 원래 계획은 '9월 초까지' 레닌그라드를 함락시키기 위한 북부집단군의 북극광 작전Operation Nordlicht에 제11군을 지원군으로 투입하는 것으로 바뀌었다.

히틀러는 공성전의 대가大家로 입증된 만슈타인이 세바스토폴에서 거둔 놀라운 성공을 북쪽에서도 거둘 수 있을 거라고 굳게 믿고 있었다. 그러나 독일군 자원이 너무 부족한 상태였기 때문에 전투에서 검증된 만슈타인의 3개 사단은 다른 임무로 전환되었다. 이로써 만슈타인에게 남은 것은 제54군단 사령부와 총 4개 사단으로 구성된 제30군단 그리고 레닌그라드에 배치할 공성용 중포부대가 전부였다. 만슈타인은 그의 베테랑 병사들이 뿔뿔이 흩어져야 하는 상황에 크게 슬퍼하며 "통탄스럽다"고 표현했다. "어려운 전투에서 함께 싸우며 얻은 상호 간의 친분과 신뢰는 전쟁에서 가장 중요한 요소로서 절대 무시해서는 안 된다"라는 만슈타인의 지적은 분명히 옳았다. 그러나 독일군의 최대 강점 중 하나가 공통의 교리, 조직, 훈련에서 비롯된 유연성이었다. 부대 원칙Einheitsprinzip 하에 표준화된 부대들(중대, 대대, 연대, 사단)은 전술적 통일성을 잃지 않고 필요에 따라 유연하게 추가되거나 파견될 수 있었다.

무엇보다도 만슈타인의 근본적인 걱정은 그해 여름 독일군 공세의 주력에서 제11군을 다른 임무로 전환했을 때 어떤 결과가 나올 것인가 하는 것이었다. 캅카스 및 스탈린그라드를 건 결전은 동부전선의 남익에서 벌어질 예정이었다. 만슈타인은 이렇게 단정 지었다. "이는 아무리 강한 병력으로도 결코 안심할 수 없는 임무였다." 실제로 닥쳐 보니 그 말이 옳았다. 히틀러는 너무 적은 병력으로 너무 많은 것을 얻으려고 독일군의 자원을 (A집단군과 B집단군의 경우처럼) 크게 두 갈래 축으로 분열시키는 짓을 또다시 재연했다. 게다가 전역 계획을 너무 야심 차게 짠 탓에 자원 부족이 심각했다. 1942년 여름, 소련군은 결코 패배하지 않을 것 같은 기세였다. 게다가 소련군은 독일군보다 훨씬 더 빠른 속도로 병력과 자원을 보충하고 있었다. 그러나 독일군은 소련군의 이러한 동향을 계속 무시했다.

1942년 8월 24일, 만슈타인은 우크라이나 서부, 빈니차Vinnitsa 외곽 스트리자브카Stryzhavka의 빽빽한 소나무숲에 숨겨져 있던 히틀러의 전방 사령부(암호명 늑대인간Werwolf)를 찾았다. 그는 원래 육군 참모총장인 할더와 미래 전역의 의도를 논하기 위해 이곳을 방문했으나, 불행히도 총통이 불운한 참모총장에게 기나긴 비난을 늘어놓는 장면을 목격하게 되었다. 할더는 이미 만슈타인에게 자신이 히틀러가 남쪽에서 펼친 군사전략에 동의하지 않았고, 히틀러가 제안한 대對레닌그라드Leningrad 작전에도 반대했음을 명확히 밝힌 바 있었다. 이 특별한 상황에서 히틀러는 르제프Rzhev 돌출부를 방어하고 있던 중부집단군 예하 제9군에 비난을 퍼부었다. 평소라면 비굴하게 처신했을 할더가 이때는 분통을 터뜨렸다. 그는 대낮에 이루어진 이 회동에서 히틀러의 주장을 '단호하게 반박하며' 현실적 요인들을 지적했다. 이에 총통은 격분했다. 크게 당황한 만슈타인은 품위 없는 다툼이 벌어지고 있던 지도실을 나와 "히틀러가 진정할 때까지 자리를 떠나 있었다." 그는 기회를 보다가 히틀러의 인사과장이었던 루돌프 슈문트 중장에게 조언했다. "히틀러는 육군 참모총장의 말을 들어야 하며, 적어도 그를 존중하는 태도를 보여야 옳다. 그렇지 않으면 할더는 자신에게 남겨진 유일한 길을 택할 수밖에 없다."

할더는 4주 후인 1942년 9월 24일에 해임되었고, 프랑스 D집단군의 룬트슈테트 사령부에서 참모장을 맡았던 정력적인 보병장군 쿠르트 차이츨러Kurt Zeitzler가 새 참모총장으로 임명되었다. 숨 막히는 열기와 불쾌한 분위기가 공존하는 '늑대인간'에서 만슈타인은 앞으로 총통을 대하며 겪게 될 쓴맛을 미리 본 참이었다.

그러나 당시 만슈타인은 크림 전역에서 상당한 자유 재량권을 누린 직후였고, 원수로 진급한 지도 얼마 되지 않았기 때문에 아직까지는 히틀러에 대한 깊은 회의를 품지 않았다. 이로부터 훨씬 뒤에 그는 회고록에서 위엄 있는 어조로 히틀러의 강점과 약점을 분석하며 신랄하게 비판했다. 그는 히틀러의 연이은 전략적 실수를 설득력 있게 보여줌으로써 자신의 의도를 충분히 전달했다. 히틀러가 "경험에서 비롯된 군사 능력"이 부족하고 "판단력이 전무"하면서도 개입을 그만두지 않는다는 비판은 만슈타인이 집단군 사령관으로 복무하던 당시의 경험에 기반을 둔 것이었다.

만슈타인은 독일의 '명분'—그리고 최종 승리의 필연성, 혹은 적어도 교착상태의 달성—을 믿고 (적어도 겉으로 보기에는) 변함 없이 충성을 다했기 때문에 히틀러의 성격과 의사결정에 내재된 만성적 결함과 소련과 서유럽 세력을 상대로 한 전장에서 독일군 전반에 나타난 전략적 약점을 빠르게 인식하지 못했다. 그러나 이제는 확실히 자신의 편인 집단군 참모들 앞에서 히틀러를 언급할 때 과거 오스만 튀르크 제국의 소위에 해당했던 계급명 '에펜디Effendi'로 부르면서 몰래 히틀러를 비판했다. 하지만 만슈타인은 어떠한 비판적 분석에서도 두 가지 근본적 문제를 지적하지 않았다. 첫째는 독일 내에서 그 누구도 히틀러에게 맞설 수 있는 입지가 아니었다는 것, 둘째는 독일 군부 전체가 1933년 이후로 히틀러에 저항하지 못했다는 것이다. 독일의 패배를 전부 히틀러의 탓으로 돌리는 것은 그전까지 독일이 거둔 승리를 전부 히틀러의 공으로 돌리는 것만큼이나 삐뚤어진 사고방식이다. 어쨌든 엘 알라메인과 스탈린그라드의 대실패를 겪기 이전인 1942년 여름, 히틀러는 이미 장군들을 신뢰하지 않았고 장군들도 점점 히틀러에 대한 믿음을 잃어가고 있었다. 당시 히틀러의 한 측근에 따르면, 그는 "고위 사령관 전체"를 놓고 "지적 자만심에 빠져 학습 능력이 전무하고, 나무를 보느라 숲을 보지 못한다"고 비난했다고 한다. 히틀러는 반대 의견이라면 무엇이든 격분할 만큼 싫어했고, 경멸하는 장군들과 동석하는 일도 가능한 한 피했다. 심지어 식사 자리마저 거부할 정도였다.

스탈린그라드에서 제6군을 구하기 위한 비운의 분투가 벌어지던 도중, 그리고 그 이후에도 만슈타인은 계속해서 작전 기동의 자유권을 얻어내려 애쓰고 있었다. 그러는 동안 만슈타인은 히틀러에 대해 나름대로 평가를 내렸다. 특히 그의 눈에 띤 것은 결코 위험을 감수하지 않으려는 히틀러의 태도였다. 여기서 만슈타인은 이미 입증된 히틀러의 정치적 기회주의와 군사적 위험을 감수하기를 극도로 꺼리는 태도를 신중하게 구별했다. 만슈타인은 후자를 두 가지로 설명했다. 우선 그는 히틀러가 작전, 특히 방어 작전을 '탄력적으로' 수행할 필요성을 이해하지 못한다고 불평했다. 이런 접근법에서는 '점령한 영토'를 기꺼이 포기할 줄도 알아야 하는데, 히틀러는 결코 그러지 않았다. 둘째로 히틀러는 "전투 요지에서는 병력이 아무리 많아도 충분하지 않으므로 결정적 목표를 달성하기 위해서 덜 중요한 전선은 버리거나 약화시킬 위험을 감수해야 한다"는 군사 원칙을 끝내 이해하지 못했다. 돌이켜보면 제11군을 레닌그라드로 잘못 전환시킨 것은 이러한 전략적 문제들이 작전에 불길하게 작용한 결과였다. 간단히 말해 히틀러는 한곳에 병력을 집중키려면 필연적으로 다른 곳에서 병력을 절약해야 한다는 당연한 사실을 이해하지 못했다. 그러나 히틀러는 "결전을 벌여 주요한 승리를 거둬야 하는 곳에 병력을 집중 투입하기 위해 이차적 전선이나 부수적인 전역을 버리는 것을 두려워했다. 심지어 그러지 않으면 위험해질 것이 분명한 상황에서도 마찬가지였다." 독자들은 이런 분석을 보고 그가 얼마나 큰 제약 하에서 작전을 이끌어야 했는지를 실감할 것이다. 이를 감안하면 그가 거둔 승리 하나하나는 훨씬 더 대단한 것이었다.

한편 1942년 8월 27일 만슈타인의 사령부는 레닌그라드를 향해 북쪽으로 이동했다. 핀란드군과 연계하여 "레닌그라드를 박살낸다는" 야심 찬 계획이었지만, 같은 날 라도가Ladoga 호수 남쪽에서 키릴 메레츠코프Kirill Meretskov 장군이 이끄는 볼호프 전선군Volkhov Front이 대규모 공세로 선수를 치는 바람에 수포로 돌아갔다. 제8·2충격군에 맡겨진 신야비노 작전Sinyavino Operation은 초반에 목표한 바를 얼마간 이루었고, 레닌그라드를 둘러싼 독일군 포위망을 위협했다. 특히 므가Mga 시와 라도가 호수 남안 사이의 축에서 서쪽으로 진군하는 제2충격군의 공격은 매우 위협적이었다. 히틀러는 이러한 상황 전개를 우려한 나머지 9월 4일 오후, 지휘계통 상의 북부집단군 사령부를 건너뛰고 만슈타인에게 직접 전화를 걸었다. 총통은 단도직입적으로 그에게 "공세 행동을 취해 상황을 복구하라"고 명령했다. 따라서 제11군은 레닌그라드에 대공세를 퍼붓는 대신 현지의 위기를 처리하기 위한 소방수로 투입되었다. 그러나 이 위기는 곧 대규모 전투로 변하여 양측은 한 달 동안이나 격전을 벌였다.

레닌그라드를 해방시키려는 소련군의 공격 실패, 이전 작전의 목표물이 중부집단군이었다는 점, 모스크바 근방에 남아 있던 강력한 전략적 예비대의 존재, 이 세 가지 요인 때문에 독일군 최고사령부는 스탈린그라드에서 대규모 반격이 일어나지 않으리라고 굳게 믿는 실수를 저질렀다. 소련군의 기만술(마스키로프카maskirovka)은 날이 갈수록 수준이 높아졌으나, 독일군은 소련군의 현저한 군사적 역량의 발전을 알아차리지 못했다. 게다가 독일군 정보참모들이 소련군 공격의 진짜 축과 가짜 축을 판별하는 데 연달아 실패함으로써 이러한 추세는 계속되었다.

라도가 호수에서 격전이 벌어지는 동안 만슈타인은 남쪽의 독일군 주공이 "캅카스와 스탈린그라드 문턱에서 점차 줄어들고 있다"고 지적했다. 옳은 평가였다. 9월 초에 이르자 제6군은 볼가Volga 강 서안에서 스탈린그라드로 침투하는 데 성공했지만, 사실 스탈린그라드는 단 한 번도 완벽하게 수비된 적이 없었다. 바실리 이바노비치 추이코프Vasily Ivanovich Chuikov 중장의 참신하면서도 무자비한 지휘 하에 소련군 제62군은 결사적으로 항전했다. 전

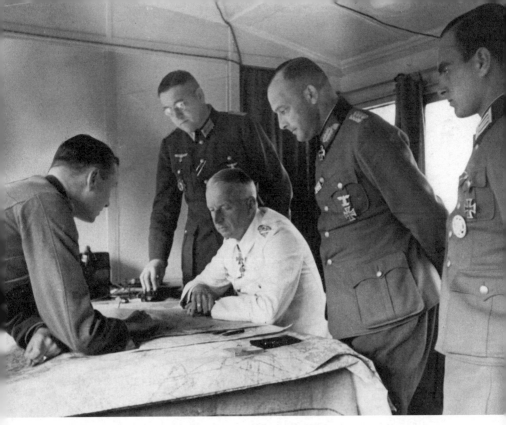

1942년 9월 20일, 만슈타인의 지휘차량에서 실시한 브리핑 모습. 만슈타인의 오른쪽은 작전과장인 테오도어 부세 대령, 왼쪽은 참모장 프리드리히 슐츠 소장과 전속부관 '페포' 슈페히트 중위. (Manstein archive)

투는 이내 공장, 주택, 지하실, 하수도에서도 잔인하게 백병전이 벌어지는 양상으로 변했고, 독일군은 이에 걸맞게 이 시가전을 '생쥐 전쟁Rattenkrieg' 이라고 불렀다.

1942년 초가을, 독일 육군은 동부전선의 남익에 전력을 쏟아부었다. 그러나 소련군의 저항이 점차 거세지는 상황에서 더 이상 전진을 고집하는 것은 강풍이 몰아치는 캅카스 고원에서든 스탈린그라드의 폐허가 된 시가지에서든 부질없는 짓이었기 때문에 전략적 측면까지는 아니더라도 작전적 측면에서 끝이 났다. 스탈린은 이미 1942년 7월 29일 유명한 지령 227호에서 "단 한 걸음도 물러서서는 안 된다"고 명령한 바 있었다.

후퇴는 제군과 나아가 우리 조국의 파국을 의미한다.…… 단 한 걸음도 물러서서는 안 된다! 이것이 지금부터 우리의 주요 구호다. 마지막 피 한 방울까지 짜내어 가능한 한 오랫동안 한 개의 진지를, 한 뙈기의 소련 땅을, 1미터의 소련 영토를 결연히 지켜내야 한다.

이 지령에서는 이어서 불복종에 대한 처벌과 엄격한 규율을 명시적으로 설명했다. 소련군은 독일군 제도를 본떠서 소련식으로 개량한 형벌부대shtrafnie voinskie podrazdeleniya를 도입했다. 주력 부대 뒤에는 '저지부대 zagradotryadi'가 배치되어 약한 부대와 병사들이 철수하는 것을 막았다. 게다가 스탈린은 자신의 이름이 붙은 도시 스탈린그라드(이전 이름은 차리친 Tsaritsyn)를 위한 전투에 투입할 예비대를 넉넉히 보유하고 있었다. 스탈린의 일생을 다룬 저명한 전기에 따르면, 1918년에 스탈린은 바로 이 도시에서 "활동가로서 자신감을 키웠고, 공포정치를 배웠으며, 레닌으로부터 신뢰를 얻고 트로츠키로부터 증오를 받았다." 24년 뒤 볼가 강변의 이 도시에서 벌어진 사투는 2개의 전체주의 정권이 충돌한 전형적인 사례였다. 어느 쪽에서도 용서란 없었다.

독일군이 1942년 9월부터 11월까지 전투를 하면서 스탈린그라드에서 얻은 전술적 이득은 전투에 투입된 막대한 자원과 병력과 비교하면 너무 미미했다. 스탈린그라드 전투는 표면적으로 세바스토폴 공성전의 재판으로 보였다. 그러나 도시를 방어하는 소련군의 정신만큼은 전과 달랐다. 무엇보다도 스탈린그라드의 소련군은 전술적 측면에서는 고전을 면치 못하는 듯 보였으나, 알고 보면 작전적 수준에서는 차츰 유리한 입지를 확보하고 있었다. 추이코프의 믿음직한 참모장 니콜라이 이바노비치 크릴로프 Nikolai Ivanovich Krylov 소장은 크림 전역 경험자로서 스탈린그라드 전투와 세바스토폴 공성전을 비교했다. "세바스토폴에서는 우리 병력이 점차 줄어들고 있었다. 하지만 여기서는 병력이 점점 채워지고 있었다. 두 전투 사이에는 공통점이 많다. 때로는 우리가 같은 전투를 계속하고 있다고 생각될 정도였다. 하지만 우리는 세바스토폴에서처럼 운이 다했다고 느끼지는 않았다."

아마 크림 전역을 겪은 만슈타인의 베테랑 사단 4개를 투입했더라도 스탈린그라드 전투의 결과에 유의미한 변화는 없었을 것이다. 오로지 전사자 명단만 늘어났을지 모른다. 스탈린그라드 전투의 결과를 바꿀 수 있는 조치는 두 가지가 있었다. 제11군의 병력을 보강시켜 노출된 측면을 수비하고 있던 추축국 군대를 지원하게 하거나, 종심인 도네츠^{Donets} 강과 돈^{Don} 강의 합류 지점에 작전 수준의 강력한 예비대로 남겨두는 것이었다. 그러나 이런 해결책이 히틀러의 선택을 받을 리 없었다. 그러려면 우선 히틀러가 레닌그라드를 점령한다는 꿈을 버려야 할 뿐만 아니라 남쪽에 독일군 예비대를 집중시켜야 했는데, 당시 독일군은 애초에 예비대가 없었으며 신속히 모병할 방도 역시 전무했다.

그럼에도 불구하고 A집단군과 B집단군 사이에서, 그리고 동부전선 전체에서 작전이 보다 조화롭게 이루어졌더라면 같은 수의 병력으로 보다 나은 결과를 기대할 수 있었을 것이다. 만슈타인이 주장했듯이 결전지인 동부전선 남익에 있는 독일군은 군 지휘 구조의 통일성이 부족했다. '최고사령부의 수정'이 필요한 상황이었다. 그러나 히틀러는 변화를 거부했다. 만슈타인의 주장에 의하면 "히틀러가 자신의 군사적 리더십이 부족하다는 사실을 이렇게 똑바로 직시해야 했던 경우는 이때가 유일했다." 1942년 9월 9일에 독단적으로 리스트 원수를 해임하고 직접 A집단군 지휘를 맡은 총통은 어떠한 지휘권도 인정하고 싶지 않았다. 그는 만슈타인에게 빈니차를 떠나고 나면 A집단군 사령관직을 맡기겠다고 내비쳤지만, 이 모호한 약속은 조용히 잊혀졌다.

남아 있는 증거들로 보건대, 히틀러는 만슈타인에 대해 복잡한 감정을 품고 있었던 것 같다. 카이텔의 회고록은 두 사람의 관계에 대해 흥미로운 관점을 제공한다. 브라우히치가 1941년 12월에 A집단군 사령관 자리에서 물러나고 히틀러가 직접 지휘권을 잡았을 때 카이텔은 육군 참모총장을 할더에서 요들로 바꾸어야 한다고 제안했다. 나아가 그는 만슈타인이 "국방군 최고사령관인 자신과 달리 새롭게 정의된 임무"를 수행하는 '국방군 참모총장'이 되어야 한다고 제안했다. 카이텔에 따르면, 히틀러는 이 제안을 즉각 거절하지는 않았지만, 요들과 할더의 직위를 그대로 유지하기로 결정하면서 할더를 "정직하고 충성스럽고 믿음직스러우며 순종적"이라고 평가했다. 카이텔이 보기에 "히틀러는 만슈타인을 높이 평가했으나 그의 독자적인 발상과 강한 성격을 두려워하고 있었다." 할더의 회고 역시 이러한 평가를 뒷받침한다. 그는 히틀러가 만슈타인을 이렇게 묘사했다고 적었다. "그는 천재적인 두뇌를 가졌지만 독립적 성격이 너무 강하다."

그 뒤로 동부전선의 지휘 구조에 변화를 가져오려는 모든 시도는 실패로 돌아갔다. 히틀러가 작전의 직접 통제권을 포기할 의향이 없었기 때문이다. 만슈타인은 슈문트의 친구인 마당발 헤닝 폰 트레스코브 중령을 통해 상부에서 무엇이 논의되고 있는지를 알고는 희망을 품게 되었다. 1941년 12월 13일, 트레스코브는 만슈타인에게 편지를 보내 "육군 최고사령부 내 직위에 만족하지 말고, 국방군 최고사령관 자리를 요구하라"고 촉구했다. 트레스코브는 머지않아 이런 움직임이 있으리라는 믿을 만한 "충분한 근거"를 가지고 있었지만, 만슈타인에게는 불행하게도 실제로 그 어떠한 제안도 오지 않았다. 그래서 그는 제11군 사령관 자리에 그대로 남았다.

만슈타인에게 두 번째 진급 기회가 온 것은 히틀러가 할더와 결별하기로 결정한 1942년 9월이었다. 카이텔은 "할더의 후계자로서 만슈타인 장군을 적극 추천했다." 그러나 히틀러는 "또다시 그 제안을 거절했다. 이번에는 현재 군 사령관 자리에 그가 꼭 필요하다는 핑계를 댔다." 짐작건대 히틀러는 이때 만슈타인을 레닌그라드 작전에 기용할 것을 염두에 두고 있었을 것이다. 흥미롭게도 카이텔은 다음으로 파울루스를 천거했는데 히틀러는 그마저도 거절했다. "스탈린그라드 전투 이후에" 요들의 자리를 넘겨주겠다는 계획이었다. 하지만 막상 뚜껑을 열어보니 할더의 자리를 메운 것은 차이츨러였고, 만슈타인은 한참 동안 제자리에 머물러 있다가 1942년에 돈집단군 사령관으로 발령받았다.

스탈린그라드의 소련군 전면 포위

한편 소련군은 대규모 반격을 가할 기회를 노리고 있었다. 스탈린그라드의 독일군 제6군 진지는 노출된 데다가 측면 역시 취약하여 대규모 포위작전의 개시 가능성이 높은 곳이었다. 소련군은 파시스트 침략자로부터 전략적 주도권을 확실히 빼앗기 위해 일련의 야심 찬 작전을 세우고 그 가운데 첫 번째로 스탈린그라드에 집결해 있던 추축국 군대를 패퇴시킨다는 목표를 세웠다. 스탈린은 스탈린그라드 지역 독일군을 괴멸시키기 위한 천왕성 작전Operation Uranus을 승인했다. 연이어 수행될 토성 작전Operation Saturn은 소련 남부의 '모든' 추축국 병력, 즉 A집단군과 B집단군 전체 제거를 목표로 삼았다.

이와 동시에 화성 작전Operation Mars은 르제프 돌출부로 밀고 들어가 독일군 예비대를 투입하게 만들고 가능한 한 막대한 손실을 입히기 위해 중부집단군을 표적으로 삼기로 했다. 하지만 화성 작전은 결과적으로 실패했고, 소련의 역사 기록에서 거의 삭제되었다. 반면 천왕성 작전은 엄청난 성공을 거두었으며 토성 작전 역시 그에 미치지는 못하나 훌륭하게 마무리되었다. 화성 작전은 여기에 가려 빛을 발하지 못했으나, 그렇다고 해서 단지 주의 끌기용 작전으로 치부할 수는 없다.

천왕성 작전은 '고전적인' 포위작전이었다(721쪽 지도 8 참조). 뛰어난 작전을 설계한 공은 스타브카의 G. K. 주코프 상급대장과 A. M. 바실레프스키Vasilevsky 원수뿐만 아니라 남서전선군을 이끈 41세의 N. F. 바투틴Vatutin 상급대장에게 돌려야 할 것이다. 제5전차군과 제21군을 포함한 남서전선군의 예하 부대들로 구성된 북쪽의 공격부대는 돈 전선군 예하 제65군의 지원을 받으며 남동쪽을 공격했다. 그들의 임무는 루마니아군 제3군과 독일군 제6군을 고립시키는 것이었다. 독일군의 남익에서는 A. I. 에레멘코Eremenko 장군의 스탈린그라드 전선군 예하 제51·57군이 포위망의 한쪽 측면을 형성하며 루마니아군 제4군을 뚫고 서쪽을 향해 공격했다. 이 두 공격축은 스탈린그라드에서 서쪽으로 75킬로미터 떨어진 칼라치온돈Kalach-on-Don 근방에서 만나도록 계획되었다. 이 계획의 성공을 위한 핵심 조건은 소련 공군이 스탈린그라드와 그 접근로 상공의 제공권을 장악해야 한다는 것이었다. 이를 위해 제8항공군에는 최신 항공기가 보강되었다.

그렇다면 독일군 정보과는 소련군이 이런 준비를 하고 있는 것을 감지하고 스탈린의 아주 위험한 계획 의도를 알아차렸을까? 전쟁이 끝날 무렵 FHOFremde Heere Ost(제2차 세계대전 이전과 전쟁 기간 동안 소련과 동유럽 국가들의 정보를 수집하던 나치 독일의 군정보조직-옮긴이)는 당연히 혹평을 받았다. FHO는 소련군의 반격 시점, 축, 강도를 예측하는 데 연이어 실패했다. 그 중에서도 특히 스탈린그라드에 관한 정보 부족은 너무나 심해서 1944년 6월 중부집단군의 괴멸 다음으로 독일군에게 가장 나쁜 전략적 결과를 초래했다. 1942년 8월 29일 FHO는 "소련군은 확실히 약화되었으나 그렇다고 완전히 패배한 것은 아니다"라고 결론짓고 "소련군 사령부가 독일 국방군과 동맹국에 작전 수준의 공격을 가할 가능성이 크다"라고 불길한 경고를 했다. 아이러니하게도 스탈린그라드를 향한 진군 도중 수비가 취약한 돈 강 측면에 내재된 위험을 정확하게 알아차린 사람은 히틀러였다. 1942년 8월 16일에 이미 히틀러는 1920년에 있었던 백러시아에 대한 볼셰비키의 극적인 승리를 언급하면서 할더가 발견한 지도를 근거로 이에 대한 우려를 표한 바 있었다. 그때 소련군은 세라피모비치Serafimovich(스탈린그라드에서 북서쪽으로 160킬로미터 거리)에서 돈 강 상류를 도하한 뒤 로스토프온돈을 향해 남서쪽으로 파고들었다.

FHO는 1942년 늦여름 세라피모비치 근처에 병력이 집결한 것이 중부집단군에 공격을 가하기 위한 준비일지 모른다고 평가한 반면, 히틀러는 B집단군이 안고 있는 잠재적 위험을 올바로 파악했다. 당시 B집단군은 노출된 머리—제6군—를 스탈린그라드의 치명적인 올가미에 들이밀고 있었다. 어느 저명한 역사학자가 언급했듯이 "히틀러의 우려는 성급한 면이 없지 않았지만, 그의 예측은 놀라울 정도로 정확했다." 그러나 적군의 의도를 올바르게 추론하는 것과 그것에 올바로 대처하는 것은 천지 차이다. 히틀러는 이탈리아군 제8군 후방 지역에 제22기갑사단과 제298보병사단을 예방적으로 배치했으나, 이것으로는 전략적 위험은커녕 작전적 위험조차도 제거하기에 충분치 않았다. 소련군의 반격은 완벽한 기습은 아니었지만, 큰 규모와 그에 따른 엄청난 효과는 확실히 독일군에게 충격을 안겨주었다.

1942년 여름, 상급대장 당시 만슈타인의 모습. (Manstein archive)

소련군이 스탈린그라드의 '전략적 공세 작전'을 준비하는 동안 만슈타인
은 개인적으로 두 가지 비극에 빠져 있었다. 첫 번째는 그가 가장 아끼던 부
관 페포 슈페히트 중위의 죽음이었다. 슈페히트는 새로 배치받은 연대로
향하던 길에 피젤러 슈토르히Fieseler Storch가 불시착하여 사망했다. 1942년
10월 25일에 열린 그의 장례식에서 만슈타인은 그의 죽음은 "우리 모두에
게, 특히 나에게 슬픈 충격을 안겨주었다"고 말했다. 장례식 직후에 만슈타
인은 비행기를 타고 빈니차로 가서 히틀러로부터 원수봉field marshal's baton을

받았다. 그는 슈페히트를 떠올리며 "그가 이번 비행을 함께 할 수 있었더라면 짜릿해했을 것"이라고 적었다.

만슈타인의 회고에 따르면, 10월 26일 히틀러는 필요 이상의 예의를 차리며 "유난히 상냥하게" 그를 맞았다. 히틀러가 라도가 호수에서 제11군이 거둔 성과를 칭찬하며 '승리를 이끈 지휘관'으로서 만슈타인에 대한 세간의 평가를 늘어놓자, 만슈타인은 상당히 흡족해했을 것이다. 그는 히틀러와 솔직하게 의견을 나눌 수 있는 기회를 놓치지 않고 동부전선에서 1년 이상이나 격전을 벌인 탓에 병력이 크게 부족해진 독일군 보병의 현상태에 대한 우려를 표했다. 보병연대들은 사상자가 발생해도 그 자리를 충분히 메울 수 없었기 때문에 정원 미달인 상태로 전투에 투입되고 있었고, 그 결과 전력 소모는 더욱더 커졌다. 특히 만슈타인을 화나게 만든 것은 최근에 22개 공군 '야전사단'이 창설되면서 병사 17만 명 이상이 그쪽으로 투입되었다는 사실이었다. 그는 이들 부대가 '일급 군인들'로 채워져야 한다는 것은 충분히 이해했으나, 그들이 "동부전선에서 싸우는 데 필요한 전투 경험을 대체 어디서 얻을 것인가?"라는 의문을 제기했다. "'공군'은 대체 어디서 필요한 사단장, 연대장, 대대장을 수급할 것인가?"라는 질문 역시 유효했다. 만슈타인은 이러한 전개가 "터무니없다"고 표현하면서 국방군 내 많은 인사들의 심정을 대변했다. 그러나 히틀러는 괴링의 심기를 거스를 배짱이 없었으므로 이 문제는 양보하지 않았다. 만슈타인의 회고에 따르면, 괴링은 "국가사회주의의 정신으로 키운 '자신의' 병사들을 아직도 군목軍牧이 있고 황제의 전통에 젖은 장교들이 이끄는 육군에 내줄" 의향이 없었다.

이상하게도 만슈타인은 악화되는 작전 상황과 돈 강으로 모여들고 있는 소련군, 특히 세라피모비치 교두보에서 감지된 소련군에 대한 히틀러의 우려는 기록하지 않았다. 다른 출전들은 히틀러가 그에게 보로네시Voronezh와 스탈린그라드 사이에서 불거진 '특별한 위험'에 대해 언급했음을 명시하고 있다. 히틀러의 의도는 추축국 병력(헝가리군 제2군, 이탈리아군 제8군, 루마니아군 제3군)을 이용해서 노출된 돈 집단군 북익을 강화하고, 처음 편성한 검증되지 않은 공군 야전사단 몇 개를 투입하자는 것이었다. 공군 야전

1942년 가을, 제16군 사령부를 방문해 오랜 친구 에른스트 부슈 사령관과 이야기를 나누고 있는 만슈타인. (Manstein archive)

사단은 예상한 대로 소련군 기갑부대와의 대격전에서 별다른 도움이 되지는 않았을 것이다. 어쨌든 히틀러가 제6군이 직면한 위협이 점점 더 커지고 있다는 것에 불안해하고 있었음은 분명하다. 만슈타인이 이를 기록에 남기지 않은 이유는 추측에 맡길 수밖에 없다. 어쩌면 만슈타인이 히틀러가 다가오는 재난을 먼저 알아차렸다는 것을 인정하고 싶지 않았을지도 모른다. 또는 FHO가 소련군의 의도를 계속해서 잘못 짚었다고 적는 것보다 모든 군사적 계산 실수의 유일한 원흉이 히틀러였음을 암시하는 것이 만슈타인의 기록 전체에 더 부합했을지도 모른다. 어쨌든 히틀러는 그의 초인적 직관을 효과적인 대응으로 연결시키지 못했다. 당시 그는 스탈린그라드 점령을 강행하는 것이 최선책이라고 생각했다. 스탈린그라드는 이제 군사적 목표를 넘어 정치적 목표가 되어 있었다. 이와 같은 역사는 또다시 되풀이되었다. 훗날 히틀러는 1944년. 여름에 연합군이 파드칼레Pas de Calais가 아닌 노르망디Normandie에 상륙할 것이라고 직관적으로 알아챘으면서도 노르망디의 독일군 병력을 충분히 보강시키지 않았다.

만슈타인은 빈니차에서 히틀러를 만난 뒤 얼마 되지 않아 두 번째 비극을 맞닥뜨렸다. 1942년 10월 29일, 맏아들 게로 만슈타인이 한때 만슈타인이 속했던 사단의 제51기갑척탄병연대에서 중위로 복무하던 중 전사한 것이었다. 10월 18일에 슈페히트와 함께 친구 부슈를 방문하러 제16군 사령부에 들렀을 때 아들을 만난 것이 두 사람의 마지막 추억이 되었다. 10월 31일, 만슈타인은 비통해하며 맏아들을 일멘Ilmen 호숫가에 묻었다. 게로는 다른 많은 군인들이 그랬듯이 "용감한 군인답게" 전사했다. 만슈타인이 그 뒤의 상실감을 묘사한 문단은 회고록 전체를 통틀어 가장 큰 감동을 불러일으킨다.

아들 게로에게는 어떠한 결점도 없었다. 겸손하고, 친절하고, 남을 기꺼이 도우려 하고, 진중하면서도 쾌활했던 아들은 자신을 생각하지 않고 오로지 동료애와 관용만 알았다. 그의 마음과 정신은 모든 바르고 좋은 것에 언제나 열려 있었다. 이는 오래된 군인 집안에서 물려받은 유산이었다. 그는 열정적인 독일 군인이 되었다는 바로 그 사실만으로 진정한 의미의 신사―신사이자 기독교도―였다.

만슈타인은 장례식을 치르고 며칠간 리그니츠에 머물며 가족을 위로했다. 이는 만슈타인의 말마따나 "사랑하는 아내와 나 자신, 우리 아이들에게 닥친 가장 견디기 힘든 고통이었다."

만슈타인은 냉정한 직업군인이었지만 아들 게로의 죽음에서 헤어나오는

1942년 10월 29일, 아들 게로를 만나 즐거운 한때를 보내고 있는 만슈타인. 이후 게로는 전사했고, 이것이 그들의 마지막 만남이 되었다. (Manstein archive)

데 오랜 시간이 걸렸다. 리히트호펜에 따르면, 그는 한 달 뒤에도 여전히 아들의 죽음을 애도하며 실의에 빠져 있었다. 가뜩이나 집단군을 이끌고 스탈린그라드에서 제6군을 구해낸다는 거의 불가능한 임무로 스트레스를 받고 있었는데 사별의 슬픔까지 겹친 것이다. 결국 독일군이 제2차 세계대전 개전 이후 최고의 위기를 맞고 있는 동안 만슈타인은 "최상부가 내린 결정에 대해 될 대로 되라는 식으로 자포자기했다." 1942년 11월 27일, 제48기갑군단 참모장으로 발령받은 폰 멜렌틴von Mellenthin 대령은 자신의 임무를 수행하기에 앞서 돈 집단군 사령부로 가서 보고했다. 시절이 훨씬 좋았던 1940년 3월에 만슈타인을 마지막으로 만났던 멜렌틴 대령은 돈 집단군 사령관이 된 그가 몹시 나이 들어 보이는 것에 충격을 받았다. 그러나 독일 국방군 소속 장군들 중에서 잘못 만들어진 전략이라는 모자에서 놀랄 만한 작전이라는 토끼를 꺼낼 수 있는 것은 만슈타인뿐이었다. 지금 이 순간 필요한 것은 개인적 회한에 잠겨 풀이 죽은 만슈타인이 아니라, 최고 능력을 발휘할 수 있는 만슈타인이었다. 스탈린그라드 전투를 벌이는 동안 만슈타인은 제2차 세계대전을 통틀어 그 어떤 독일군 장군이 느낀 것보다도 더 큰 부담을 느끼고 있었고, 그 어떤 서방 연합군 장군보다도 더 견고한 적군의 압박을 견뎌야 했다.

11월 초에 제11군 사령부는 비테브스크Vitebsk로 이동하여 예상되는 소련군 공세에 대응할 예정인 중부집단군 사령부 휘하에 들어갔다. 레닌그라드 작전을 부활시킬 수 있는 모든 희망은 사라진 지 오래였다. 만슈타인의 표현대로, 스탈린그라드에서 제6군과 제4기갑군 예하 부대의 운명이 정해지는 동안 비교적 고요했던 이 지역에서는 보고할 만한 '중요한' 일이 없었다.

11월 19일, 소련군은 천왕성 작전을 개시했다. 오늘날은 보편화된 일반포와 로켓포가 차가운 안개 속에서 불을 뿜으며 남서전선군의 공격을 알렸다. 다음날 스탈린그라드 전선군의 공세가 이어졌다. 소련군 전차는 두 지역에서 눈밭에 지나치게 넓게 퍼져 있던 루마니아군을 뿔뿔이 흩어지게 만들었다. 11월 23일 늦은 오후에는 칼라치Kalach에서 남서쪽으로 20킬로미터 떨어진 소비에트스키Sovietskii에서 2개 기갑부대가 협공작전으로 포위망을 완성했다. 동서로 50킬로미터, 남북으로 40킬로미터의 고립지대에 독일군 및 루마니아군 사단 22개, 즉 25만 명이 넘는 병사들이 갇혀버린 것이다.

이 작전이 제2차 세계대전에서 벌어진 포위작전 중에서 가장 깔끔하게 수행된 포위작전이었다는 데는 이론의 여지가 없다. 계획은 꼼꼼했고, 준비 과정은 개방된 스텝 지대에서도 은밀하게 진행되었으며, 실행은 과감했다. 만슈타인은 암담한 심정으로 이렇게 썼다. "2개 침투 지점에서 강력한 소련군 전차부대가 즉시 종심으로 밀고 들어왔다. 바로 우리에게서 배운 기동이었다." 약 2년 뒤 서방 연합군은 노르망디에서 이 업적을 또다시 재현하려 하나 실패한다. 당시 연합군 사령부의 주저와 단절로 인해 강력한 기갑병력이 부족하여 포위망을 완성할 수 없었기 때문에, 독일군 제5기갑군과 제7군을 가둔 팔레즈Falaise 고립지대를 완전히 봉쇄할 수 없었던 것이다.

히틀러는 뒤늦게 소련군의 반격을 간파했다. 그러나 그에게는 전략 수준에서 또 다른 골칫거리가 있었다. 스탈린그라드 위기 발발 직전인 1942년 11월 7/8일에 연합군이 카사블랑카Casablanca, 오랑Oran, 알제Algiers 근처의 북아프리카 연안 지대에 상륙하고, 롬멜이 엘 알라메인에서 패배했던 것이다. 히틀러는 롬멜의 충고를 무시하고 북아프리카에 병력을 보강하라는 즉각적인 반응을 보였다. 그리하여 동부전선에 가장 큰 병력 보강이 필요했던 시점에 국방군 최고사령부의 결정에 따라 8만 명이 넘는 병사가 250대의 수송기에 실려 튀니지로 향했다. 육군 최고사령부는 절망했다. 리히트호펜의 제4항공대가 전투기를 빼앗겼기 때문에 A·B집단군은 근접항공지원을 받을 수 없었고 반격하는 소련군의 행군로나 병참로를 차단할 수 없었다. 종합적으로 볼 때 이는 히틀러가 국방군 병력을 부차적인 전선에서 탕진해버린 또 한 번의 어이없는 사례였다. 대소련 전쟁에서 독일은 부족한 군사적 자원을 동부전선의 결정적 작전에 집중투입하지 않은 대가를 톡톡히 치르게 된다. 이어지는 몇 달 동안 히틀러는 여러 결정을 내리면서 공군과 육군 병력이 터무니없이 널리 분산되어 있다는 단순한 사실을 절대 인정하려들지 않았으며, 병력의 방향을 바꿔야 한다는 분별 있는 조언을 받아들이

지 않았다.

11월 8일, 뮌헨의 비어홀에서 독일의 지도자는 오래된 동지들 앞에서 선동적인 연설을 하면서 자기 자신을 '스탈린그라드의 정복자'로 일컬었다. 현대사는 우리에게 정치인들이 흔히 어떤 신념을 가졌든 '자신의' 군사적 성공을 섣부르게 알리고 그 과정에서 반대하는 전문가들의 조언을 무시하는 경향이 있음을 보여준다. 히틀러도 이런 면에서 예외가 아니었다. 일단 이런 치명적 실수가 저질러진 뒤에는 보통 되돌릴 길이 없다. 1942년 12월 12일 히틀러의 발언이 이를 증명한다.

우리는 어떤 상황에서도 스탈린그라드를 포기해서는 안 된다. 일단 스탈린그라드를 잃고 나면 되찾을 방법이 없을 것이다. 우리는 이것이 어떤 의미인지 안다 ……. 우리는 스탈린그라드에 내재된 가치를 무엇으로도 대체할 수 없다. 스탈린그라드를 포기하는 것은 이 전역의 목적 자체를 포기하는 것과 같다. 다시 스탈린그라드를 칠 수 있으리라는 것은 미친 생각이다……. 우리는 다시 돌아올 수 없기 때문에 이곳을 떠날 수 없다. 그러기에는 이미 너무 많은 피를 흘렸다.

히틀러는 융통성이 없고 과격하기는 했으나 완전히 바보는 아니었다. 3주 전, 소련군의 공격 개시로 제6군이 처한 크나큰 위험이 마침내 현실로 다가왔을 때 그는 스탈린그라드를 구하기 위해 새로운 지휘구조(돈 집단군)를 투입해야 할 필요성을 느꼈다. 그러나 독일군에는 당장 투입할 수 있는 예비 병력이 없었다.

호이징어Adolf Heusinger 장군은 히틀러가 1942년 11월 22일 저녁 보고에서 "안토네스쿠 장군이 처음에 예견한 것처럼 스탈린그라드 양쪽 사이에 새로운 집단군 사령부를 두기로" 결심하고 "이 일의 적임자는 만슈타인이다"라고 말했다고 회상했다. 실제로 돈 집단군 전쟁일지에는 이틀 전인 1942년 11월 20일 12시 30분에 제11군 사령부가 차이츨러로부터 "B집단군 구역에서 수행할 새로운 임무가 주어질 것"이라는 준비명령을 받았다는 사실이 기록되어 있다. 21일 새벽 육군 최고사령부에서 보다 구체적인 명

령이 내려왔다. "폰 만슈타인 원수는 제11군 참모들과 함께 제4기갑군, 제
6군, 루마니아군 제3군으로 구성된 돈 집단군의 지휘를 맡게 되었다." 그에
게 주어진 임무는 "적의 공격을 정지시키고 빼앗긴 진지를 재탈환하는 것"
이었다.

　전체적인 상황을 살펴본 만슈타인은 히틀러와 육군 최고사령부가 포위
된 제6군이 봉착한 큰 위험과 그로 인해 동부전선의 남익 전체가 괴멸할
가능성을 제대로 파악하지 못하고 있다는 결론을 내렸다. 그러나 스탈린그
라드 내의 너무나 많은 독일군이 만슈타인 단 한 사람에게 희망을 걸고 있
었다. 제6군의 병사들은 "할테트 아우스, 만슈타인 하우트 운스 라우스Haltet
aus, Manstein haut uns raus(기다려, 만슈타인이 우리를 구해줄 거야)"라고 부르짖고
있었다.

　아무리 노력해도 실패할 수밖에 없는 이처럼 곤란한 상황에서 단 한 명
의 사령관이 이렇게 큰 책임을 맡은 경우는 역사에서 찾아보기 힘들다. 스
탈린그라드에서 만슈타인은 뛰어난 군사 능력과 도덕성을 동시에 시험받
게 된다.

독이 든 성배

스탈린그라드를 놓고 만슈타인이 내린 결정은 여전히 뜨거운 논쟁의 대상
이다. 만슈타인의 회고록 『잃어버린 승리』에 나오는 제6군 구조를 위한 그
의 시도에 대한 설명은 이 회고록의 다른 어떤 부분보다도 더 많은 비판을
받아왔다. 많은 스탈린그라드의 생존자와 평론가들은 그가 불운한 파울루
스에게 책임을 전가했으며, 히틀러의 '항복 금지' 명령을 거부 없이 따름으
로써 병사 수만 명을 희생시킨 냉혈한이라고 생각했다. 만슈타인은 제6군
사령관 파울루스에게 즉각 탈출하라고 명령해야 하지 않았을까? 상황을 파
악하기 위해 고립지역을 직접 방문해야 하지 않았을까? 그가 탈출하라는
최종 명령을 실제로 내리기는 했을까? 그 뒤, 구출작전이 성공하리라는 희
망이 사라졌을 때 더 많은 인명 피해를 막기 위해 스탈린그라드의 병사들
에게 항복하라고 명령해야 하지 않았을까? 히틀러와 육군 최고사령부가 파

울루스에게 직접 명령을 내렸기 때문에 자신이 때때로 제6군 지휘계통에서 배제되었다는 만슈타인의 주장 역시 뜨거운 논쟁거리다. 스탈린그라드 전투에 대한 연구는 이미 많이 이루어졌지만, 이런 문제들을 세세하게 조망해보려면 책 한 권을 따로 써야 할 것이다. 여기서는 이런 한계점을 인식하고 만슈타인의 관점과 그의 논리를 검증하려 시도할 것이다.

11월 20일 육군 최고사령부로부터 비테브스크의 사령부로 명령이 내려왔을 때, 만슈타인은 예하 부대(제59군단)를 방문하느라 자리를 비운 상태였다. 당장 복귀하라는 호출이 있었으나, 만슈타인의 열차가 빨치산이 설치한 지뢰를 밟는 통에 그는 다음날 아침에야 사령부로 돌아올 수 있었다. 하지만 그는 이미 제6군이 처한 상황에 대한 최초 평가를 마친 뒤였다. 그는 유능한 보좌관(참모장 프리드리히 슐츠Friedrich Schulz 장군과 작전과장 테오도어 부세Theodor Busse 대령)을 통해 "B집단군 영역에서 상황을 복구시키기 위해서는 1개 군에 상응하는 병력의 투입이 필요하다"는 무선통신을 보내 차이츨러에게 조언했다. 이때 만슈타인은 해당 병력의 소집이 완료되기 전에 서둘러 이들을 투입해서는 안 되며, 앞으로 더 많은 병력이 필요해질 거라고 경고했다. 이후 일련의 사건들로 그의 평가가 정확했음이 판명되었다. 그러나 제때 충분한 병력 보강이 이루어질 거라는 기대는 지나친 낙관이었다.

동부전선의 독일군 작전 예비대와 다른 곳에서 보유한 전략적 예비대의 부족으로 인한 결과는 이제 분명하게 드러나고 있었다. 육군 최고사령부는 처음에는 1개 군단 사령부에 해당하는 병력과 1개 보병사단과 1개 기갑사단을 천천히 조금씩 투입했을 뿐이다. 하지만 이것으로는 충분하지 않았다. 당시 만슈타인은 요구사항을 정확하게 밝히지 않았으나, 적어도 기준 인원과 장비를 갖춘 12~16개 기갑 및 보병사단으로 잘 구성된 1개 기갑군이 필요했다. 스탈린그라드 전선을 다시 견고하게 구축하고 소련군의 미래 공격을 예방하는 것은 고사하고, 단지 제6군을 구할 가능성을 조금이나마 현실화하는 데만 이 정도 규모의 병력이 필요했다. 그러나 효과적인 구출작전을 펼치는 데 필요한 병력은 결코 충분히 주어지지 않았다. 스탈린그라드에서 추위와 굶주림에 시달리며 싸우고 있던 파울루스 장군과 그의 병사들로서는 비극이었다.

결국 만슈타인은 4개 기갑사단, 4개 보병사단(그중 1개는 산악사단), 전투력이 검증되지 않은 공군 3개 야전사단을 추가로 약속받았다. 이들은 2개 작전 집단으로 분류되어 있었다. 제4기갑군 내에서는 (전투력이 약한 제23기갑사단과 함께 A집단군에서 배속 전환된) 제57기갑군단 사령부와 서부전선에서 옮겨온 제6기갑사단, 공군 제15야전사단이 12월 3일까지 코텔니코보Kotelnikovo에 도착할 계획이었다. 한편 루마니아군 제3군이 담당한 북서쪽에서는 3개 보병사단(제62·294·336사단)과 제48기갑군단(제11·22기갑사단), 제3산악사단과 2개 공군 사단(제7·8사단)으로 즉석에서 만들어진 신설 홀리트Hollidt 파견군이 1942년 12월 5일 전후로 치르Chir 강 상류의 작전에 투입될 예정이었다. 그러나 상대적인 병력 비율을 어떻게 계산하더라도 이 정도의 보강으로는 임무를 수행하기에 불충분했다. 만에 하나 소련군이 친절히 기다려준다 해도 병력이 부족하기는 마찬가지였다. 물론 소련군이 얌전히 기다리고 있을 리도 만무했다.

만슈타인은 이미 11월 21일에 스탈린그라드의 독일군이 포위될 위험에 처했다는 것을 알아차렸다. 그래서 그는 B집단군 사령부에 무선통신으로 "제4기갑군과 제6군이 가급적이면 칼라치Kalach−니즈니 치르사카야Nizhne Chirskaya 선에 위치한 군단 휘하에서 서진이 가능한 부대를 편성할 수 있는지, 언제 편성이 가능한지" 알아봐달라고 요청했다. 만슈타인은 제6군에 이 지시가 전해졌는지 여부를 확인할 길이 없었다. 만약 그의 지시가 실행되었다 하더라도, 소련군 기갑부대가 11월 22일에 칼라치에서 중요한 돈 다리를 점령함으로써 독일군의 주요 병참로를 차단했기 때문에 때는 이미 늦었을 것이다.

1942년 11월 18일, 만슈타인은 로스토프온돈에서 북동쪽으로 직선상 35킬로미터 떨어진 노보체르카스크Novocherkassk로 사령부를 새로 이전할 준비를 하고 있었다. 그날 신임 부관이 첫 출근을 했다. 알렉산더 슈탈베르크Alexander Stahlberg 중위는 보수적이고 부유한 프로이센 구파 가문 출신이었다. 그는 1933년에는 폰 파펜von Papen 부총리의 비서로 일했고, 이윽고 1935년에는 나치당 가입을 피하기 위해 제6(프로이센)기병연대에 입대했으므로 정치계 및 군의 최고위 조직을 두루 겪은 셈이었다. 그는 프랑스, 플랑드르, 소련 북부에서 전투 경험이 있었고 복무 중 참모장교 교육생으로 발탁되었다. 슈탈베르크의 사촌 헤닝 폰 트레스코브에 의해 밝혀진 바에 따르면, 슈탈베르크는 만슈타인을 반히틀러 세력으로 끌어들일 적임자였다. 슈탈베르크는 제2차 세계대전이 끝날 때까지 만슈타인의 곁에 남아 있었다. 그의 회고록에는 만슈타인의 행동과 의사결정에 대한 귀중한 통찰이 여럿 담겨 있다.

집단군 사령관과 신임 부관은 처음부터 다정하고 서로에게 예의를 갖췄지만, 그렇다고 아주 친한 관계는 아니었다. 슈탈베르크가 새로운 상관을 처음 만났을 때 그는 언제나처럼 편안하게 흰 린넨 유니폼 재킷을 입고, 시가를 손에 쥐고 있었다. 그는 이런 말로 슈탈베르크에게 부관 자리를 제안했다. "괜찮으면, 서로 한번 잘 해보세." 슈탈베르크는 즉시 제안을 받아들였다. 그러자 만슈타인은 부연 설명을 덧붙였다. "자네는 언제나 내 곁에 있어야 할걸세. 내가 나누는 모든 대화에 참관하고, 일과 중에도 중요한 일이 있으면 간략하게 기록해둬야 하네. 내 전화 통화를 듣고, 내 대신 편지를 쓰고, 군사 서류와 일부 개인 서류를 관리해야 할걸세." 슈탈베르크는 만슈타인을 '신사'라고 표현했다. "그는 완전히 내 취향에 부합하는 상관이었다. 나는 핵심 인물인 그를 위해 일하게 되었고, 그로부터 최고의 신뢰를 받는 영광을 입었다. 만슈타인은 그의 부관에 대해 "모든 개인적 사안에 있어서 충성스러운 보좌관"이라고 표현했다.

돈 집단군 사령부를 세우고 스탈린그라드 지역의 독일군과 루마니아군 병력을 인수하기 전에 만슈타인과 작전참모들은 스타로벨스크Starobelsk의 B 집단군 사령부로부터 보고를 받아야 했다. 악천후 때문에 남쪽으로 비행이 불가능했던 터라 그와 그의 참모들은 지휘용 장갑열차를 타고 닷새 넘게 2,000킬로미터에 달하는 거리를 이동하여 노보체르카스크Novocherkassk까지 갔다. 물론 순조로운 여정은 아니었다. 11월 21일 18시에 비테브스크에서 열차가 출발하자마자 소련 빨치산들이 공격을 가해왔다. 파괴된 철로가 복구되는 동안 열차는 역진하여 시내로 돌아가야 했고, 출발은 다음날 아침 8시로 연기되었다. 이는 전쟁에서 피할 수 없는 마찰의 일부이자 독일군 병참로에 대한 위협이 점차 가중되고 있었다는 증거였다.

11월 22일, 만슈타인은 중부집단군 사령관 귄터 폰 클루게Günther von Kluge 원수로부터 전황 보고를 받기 위해 도중에 스몰렌스크Smolensk에서 잠시 멈췄다. 만슈타인의 열차가 요란한 엔진 소리를 내며 플랫폼에 들어오자, 클루게와 제11군 사령부 출신인 그의 참모장 오토 뵐러Otto Wöhler가 기다리고 있었다. 그들은 만슈타인이 탑승한 칸에 올라와 그와 참모들에게 상황을 보고했다. 작전 상황 소식만도 충분히 불길했으나, 그게 다가 아니었다. 클루게는 신임 집단군 사령관에게 히틀러가 전술에 개입하기 좋아하며, 심지어는 대대 수준에서 통제하려 들기도 한다고 친절히 일러주었다. "총통은 지난 겨울 대위기에 빠졌던 동부전선 육군이 살아난 것은 우리 병사들의 기강이 튼튼하거나 우리가 격무를 불사한 덕분이 아니라 온전히 자신의 기량 덕분이라고 말하고 있소." 클루게가 이처럼 주의의 말을 건네는 동안 슈탈베르크는 만슈타인을 유심히 관찰했다. "그는 얼굴을 두어 번 씰룩거렸으나 아무 말도 하지 않았다."

만슈타인의 장갑열차가 남쪽을 향해 기껏해야 시간당 30~50킬로미터 속도로 나아가는 사이, 만슈타인과 슈탈베르크는 상황의 압박에서 잠시 벗어나 서로를 알아가는 시간을 가졌다. 이때와 이어지는 기차 여행 동안 두 사람은 만슈타인의 휴대용 레코드플레이어로 클래식 음악을 들었다. 클래식은 고급 시가와 이따금 마시는 브랜디 외에 만슈타인의 유일한 호사였다. 그가 가장 좋아하는 작곡가는 모차르트Mozart로, 특히 피아노 협주곡과 오페라를 즐겨 들었다. 두 사람은 체스를 두기도 했다. 슈탈베르크는 만슈타인이 어느 모로 보나 더 실력이 나았으며 "언제나 공격적인 게임을 펼쳤고 체스판 위의 모든 말로 내가 체크메이트를 외치게 만드는 걸 즐겼다"라고 회상했다. 만슈타인은 슈탈베르크가 브리지bridge를 할 줄 모른다는 것을 알고 당황했고, 즉시 하급 장교 3명을 붙여 집중훈련을 시켰다.

1942년 11월 24일 아침 일찍 만슈타인은 장교들과 함께 자신의 55번째 생일을 축하했다. 슐츠 소장의 간략한 연설에 대한 응답으로 만슈타인은 짧게 감사를 표했다. 깜짝 놀란 슈탈베르크는 이렇게 언급했다. "그는 결코 달변가라고는 할 수 없었고, 많은 사람들 앞에서는 마음을 터놓지 않았다." 훗날 슈탈베르크는 이렇게 회상했다. "그는 친밀한 소규모 모임에서, 특히 단둘이 있을 때 남들을 매혹시키는 영향력을 발휘했다." 잘 교육받고 지적 능력이 탁월한 사람들이 흔히 그렇듯이 만슈타인은 면도날처럼 예리한 군사적 지성을 갖추었음에도 본질적으로는 수줍음을 타고 섬세한 인물로서, 무대나 영화에서 조악하게 묘사되는 것처럼 약자를 괴롭히기 좋아하고 허세가 가득한 나치 독일군 장교와는 거리가 먼 인물이었다.

그날 오전 9시경 스타로벨스크에 도착하자, 상급대장 막시밀리안 폰 바익스Maximilian von Weichs 남작과 B집단군의 참모장 게오르크 폰 조덴슈테른 Georg von Sodenstern 등이 만슈타인에게 말 그대로 끔찍한 상황을 설명해주었다. 그들은 제6군의 입지가 "가망이 없으며" 곧바로 "탈출해야 한다"고 확신하고 있었다. 제6군에 필요한 화약, 연료, 음식을 공중에서 재보급할 수 없다는 가정에 기반을 둔 결론이었는데, 닥쳐 보니 이러한 가정은 사실로 드러났다. 이때 히틀러와 육군 최고사령부, 공군(그리고 잠시나마 돈 집단군 사령부)에게 중요한 문제는 두 가지였다. 첫째로, 공중에서 제6군에 재보급한다는 것이 가능할까? 둘째로, 제6군이 정말로 탈출한다면 그 시기는 언제이어야 할까?

11월 19일에 천왕성 작전이 개시되었을 때, 히틀러는 동프로이센에 있는 육군 최고사령부와 차이츨러를 떠나 알프스 산맥에 있는 오버잘츠베르크Obersalzberg의 안락한 베르그호프Berghof 별장에서 머물고 있었다. 11월 20일에 소련군의 2차 공세가 시작되자, 그는 마침내 상황의 중요성을 이해했다. 히틀러는 만슈타인에게 임무 개시를 명했고, 제6군에 공중에서 재보급하는 가능성을 고려했다. 당시 괴링은 다른 일로 '너무 바빠서' 히틀러에게 직접 보고할 수 없었기 때문에 공군 참모총장 한스 예쇼네크를 소환했다. 그는 공군이 지난 겨울 몇 달에 걸쳐 데먄스크 고립지대에 병사 10만 명을 투입한 것을 기억하고 공군이 이러한 업적을 재현할 수 있을 것이라고 히틀러에게 즉석에서 장담했다. 그러나 스탈린그라드의 상황은 그때와는 크게 달랐다. 매일 300톤의 보급품을 실어 나르기 위해 Ju52 150대 이용을 보장하려면 예비까지 합해서 거의 500대가 필요했는데, 공군은 이미 기존 임무 수행을 위해 널리 퍼져 있었다. 특히 비행기가 많이 집결해 있던 지역은 지중해였다. 이런 상황에서 약 750톤에 이르는 제6군의 보급품을 나른다는 것은 불가능했다.

어느 전문가가 지적했듯이 히틀러는 "데먄스크 공수작전과 같은 규모나 기간의 공수작전"에 대한 고려 없이 예쇼네크의 속단을 받아들였다. 총통은 "여전히 만슈타인이 포위망을 뚫고 남부 전선을 복구할 수 있다고 믿었다." 따라서 "제6군은 그때까지만 공중보급을 받으면 될 터였다." 11월 22일 베르그호프에서 괴링은 참모장의 조언을 구하지 않고, "공군이 제6군 전체를 보급하는 것은 불가능하다고 믿고 있던" 현지 공군 사령관들과의 상의 없이 히틀러를 다시금 안심시켰다. 따라서 히틀러의 결의는 더욱 굳건해져만 갔다. 전날인 11월 21일 오후에 히틀러는 파울루스에게 도시 내에서 버티며 "일시적인 포위 위험에 굴하지 말고" 싸우라고 명령했다. 히틀러는 독일군이 '스탈린그라드 요새'라고 부르던 도시의 수비대가 "필요시 겨울 내내 버틸 것이고, 나는 봄에 공세를 펼쳐 그들을 해방시킬 것이다"라고 선언했다.

제6군의 일일 최소 보급량은 500톤으로 하향 조정되었으나 이조차도 충족되지 않았다. 공중가교로 보급을 한다는 생각 자체가 독일 공군의 역량이 공중과 지상 편제 면에서 모두 제한적이라는 사실을 무시한 데다가 겨울의 악천후와 소련 공군의 효과적인 차단이 있으리라는 사실을 고려하지 않았기 때문에 설득력이 없었다. 주요 공군 기지(타친스키Tatsinsky와 모로조프스크Morozovsk)에서 스탈린그라드 내 주 비행장(굼라크Gumrak와 피톰니크Pitomnik) 사이의 거리(각각 300킬로미터, 240킬로미터)는 오늘날의 기준으로는 그다지 먼 것은 아니었으나, 당시 수송대원들은 현실적으로 하루에 많아야 2회 이상 비행을 할 수 없었다. 그러기에는 비행기 수가 충분하지 않았다. 작전 개시 시점에 독일 공군은 Ju52 수송기 200대와 하인켈Heinkel

111 개량 폭격기 100대를 확보했으나, 이는 목표치인 1,000대에 훨씬 못 미쳤다. 그 이후로는 보강보다 손실이 더 컸다. 두 항공기 모두 2톤 이상은 운반할 수 없었다. 이는 최대 70톤을 4,000킬로미터 떨어진 곳에 실어 나를 수 있는 현대 보잉Boeing C-17 글로브마스터Globemaster III의 수송량에 비하면 우스울 정도로 적은 양이다.

공군은 1942년 11월 25일부터 1943년 1월 11일까지 하루 평균 3,196회의 출격으로 104.7톤을 수송했다. 유일하게 다행스러운 점은 그 과정에서 부상자 2만 4,910명이 후송되었다는 것이다. 현지의 공군 사령관들은 제6군에 공중으로 보급하는 것이 실용적이지 못하다고 입을 모아 말렸다. 우려는 현실로 드러났다. 어느 목격자가 말했듯이 "300톤, 500톤, 심지어는 600톤의 보급품이 눈보라, 안개, 끔찍한 추위 속에서 하늘에서 떨어졌고, 소련군의 군사행동과 악천후로 인해 거의 못 쓰게 될 정도로 부서졌다." 그리하여 스탈린그라드에 갇혀 있던 병사들은 나날이 약해졌고, 구출작전이 하루하루 연기되자 제6군이 구출군을 향해 기동할 충분한 힘을 모을 수 있으리라는 기대도 하기 어려웠다. 이것이 바로 제6군이 처한 돌이킬 수 없는 냉혹한 운명이었다. 기적이 일어나지 않는 한, 만슈타인은 물론 다른 어떤 사령관도 제6군을 구할 수 없었다. 히틀러는 스탈린그라드의 부서진 깃대에 정치적 깃발을 못 박음으로써 자승자박을 한 셈이었다.

스탈린그라드 전투에 대한 대부분의 설명들은 제6군이 고립지대에 잔류할지 탈출을 시도할지를 놓고 중대한 결정이 내려진 것이 1942년 11월 24일이라는 데 동의한다. 이 결정적인 위기 순간에 —아직 지휘권을 잡기 이전이었던— 만슈타인은 스타로벨스크Starobelsk에서 바익스와 상의하고 있었고, 히틀러는 동프로이센 라스텐부르크 근처의 '늑대굴' 사령부에, 차이츨러는 앙어부르크Angerburg 근처 마우어발트Mauerwald의 육군 최고사령부에서 가까운 곳에 있었다. 11월 22일~24일에는 관련 주요 사령관들과 고문들이 대부분 연락이 닿지 않았다. 최악의 시점에 연락이 두절되었던 것이다. 특히 괴링은 오버잘츠베르크를 떠나 파리에서 예술품이나 감상하며 노골적으로 직무를 유기하고 있었다.

만슈타인을 제외한 동부전선 육군 및 공군의 고위 장군들은 파울루스가 당장 탈출해야 한다는 데 합의했다. 이 위태로운 시점에 제6군 사령관은 머뭇거리고 있었다. 행동의 적기는 소련군이 내부와 외부의 포위망을 통합하기 전이었다. 만슈타인은 동부전선 남익 전체가 맞닥뜨린 대재난에 대해서 아직 완전히 알지 못해서인지 충분한 예비대를 제때 구출작전에 투입할 수 있을 것이라고 생각했다. 그는 제6군이 원조 없이 자력으로 탈출할 수 없을까 봐 걱정했다. 충분한 공중보급이 가능하다는 위험한 대전제 하에 만슈타인은 제대로 조직된 구출작전을 펼칠 수 있을 때까지 탈출 명령을 지연시키는 것이 최선이라고 판단했다. 그는 이를 염두에 두고 1942년 11월 24일 13시에 파울루스에게 다음과 같은 통신문을 보냈다.

나는 11월 26일부로 돈 집단군 지휘를 맡는다. 제6군을 탈출시키기 위해 무엇이든 할 것이다. 그러는 동안 제6군은 총통의 지시대로 볼가 강과 북쪽 전선에서 굳건히 버티는 동시에 필요시 일시적으로라도 남서쪽 병참로를 뚫기 위해 최대한 빨리 강력한 부대를 대기시켜라.

만슈타인의 명령이 제6군의 운명을 결정지은 것은 아니었다. 사실 제6군은 취약한 측면을 무모하게 노출시킨 채 스탈린그라드에 도착했을 때 이미 명운이 다해 있었다. 또한 소련군이 반격해올 경우에 대비한 작전 수준의 예비대가 전혀 없었기 때문에 위기는 더욱 심화되었다. 그렇기는 하지만 히틀러는 만슈타인의 최초 평가를 듣고 혹해서 제6군이 스탈린그라드에서 탈출을 시도하기보다는 그 안에 남아 있어야 한다는 생각을 더욱 확고하게 갖게 되었고, 이는 결국 끔찍한 결과를 낳았다.

돌이켜보면 만슈타인은 스타로벨스크에 도착했을 때 자신의 역량을 과신하고 있었는지 모른다. 그는 다른 이들(히틀러, 육군 최고사령부, B집단군 사령관 및 참모부)이 해결하지 못한 상황을 구제한다는 엄청난 책임이 주어진 직위를, 그것도 몹시 촉박하게 맡게 되었다. 물론 사령관은 누구에게도 책임을 돌릴 수 없다. 그러나 만슈타인은 "상황이 나쁘지만 우리는 어떻게든 해낼 겁니다"라는 관례적인 말로 만슈타인을 고무시킨 침착한 작전참모장 부세의 영향을 받았을지도 모른다. 어쨌든 두 사람은 지난 겨울 크림 반도에서 여러 위기를 함께 처리한 경험이 있었으니 말이다.

만슈타인이 제6군의 명운이 걸려 있던 11월 24일에 평소와 달리 위험할 정도로 과신한 것은 사실이다. 그는 무엇보다도 당시 공군의 제한된 역량을 완전히 이해하지 못한 듯 보였다. 만슈타인은 24일에 제4항공군 사령관인 리히트호펜에게 전화를 걸었으나, 두 사람이 이 상황을 놓고 토론한 것은 11월 27일 오전이 처음이었다. 리히트호펜은 만슈타인에게 공군이 스탈린그라드로 하루에 300톤 이상은 운반할 수 없다고 조언했다. 실제로 70일간의 작전 동안 이 목표치를 달성한 것은 단 하루뿐이었다. 따라서 만슈타인이 공수 작전의 잠재적 역량에 대한 괴링의 주장을 제삼자를 통해 듣고 그것에 의존해 잘못 판단을 내린 것은 아주 무분별하며 순진하다고까지 할 수 있다. 만슈타인은 나중에 자신이 속은 것에 대해 다음과 같이 설명했다. "괴링이 공수작전을 충분히 지원하겠다고 아주 경솔하게 약속하고 최소 필요량을 달성하기 위한 어떠한 조치도 취하지 않으리라고는 어떠한 군인도 예견할 수 없었을 것이다."

공수작전의 비실용성과는 별개로 스탈린그라드 제6군 구출작전의 정확한 목표에 대해서는 지휘 계통 내의 관련자 모두가 분명히 알고 있지 못했고 의견이 일치하지도 않았다. 목표는 제6군을 구하는 것인가, 스탈린그라드를 지키는 것인가? 11월 24일 파울루스에게 명령을 내린 직후 만슈타인은 육군 최고사령부에 전화해서 앞으로의 행동 방침을 제안했다. 그것은 바익스와 참모들의 의견과 달리 여전히 충분한 공중보급이 보장될 것이라는 가정에 근거하여 어떠한 탈출 명령도 지연시킨다는 것이었다.

제2차 세계대전에서 만슈타인이 내린 모든 결정 중에서 가장 뜨거운 논란을 불러일으킨 것은 제6군이 즉각 탈출해서는 안 된다는 결정이었다. 최근에 어느 역사가는 만슈타인의 잘못된 낙관주의가 "명작전을 펼쳐 '스탈린그라드의 구원자'로 등극하려는" 야망에서 비롯된 것이라고 신랄하게 비판했다. 파울루스 전기의 저자 역시 그만큼이나 만슈타인에게 비판적이었다. 그는 만슈타인이 제6군을 구출해야 한다는 필요성보다는 오로지 '상황을 복구해야 한다'는 요구에 이끌려 행동했다고 주장했다. 그는 또한 만슈타인이 육군 최고사령부에 파울루스가 당장 탈출해서는 안 된다고 조언함으로써 볼가 강에서 '버티라'는 히틀러의 명령에 반대하던 사람들의 계획을 망쳐놓았다고 강조했다.

사실 이 절체절명의 기간 동안 만슈타인이 자신의 일기에 자세하게 기록한 내용을 보면, 그는 제6군의 운명에 괴로워했으며 스탈린그라드에 붙들린 병사들의 위험한 입지나 그들의 생존에 있어 공중보급이 중요하다는 것을 냉철하게 인식하고 있었다. 1월 25일, 스타로벨스크에서 노보체르카스크Novocherkassk로 가는 기차 안에서 그는 이렇게 썼다. "간밤에 나는 최후의 구출 조치로서 당장 탈출을 시도해야 한다는 B집단군의 제안을 받아들이지 않은 것이 과연 옳았는지를 놓고 오랫동안 숙고했다. 나는 내 결정이 옳았다고 확신한다." 만슈타인은 이윽고 자신의 논리를 폈다. 히틀러는 '최후의 수단'일 경우에만 즉각 탈출에 동의했을 것이기 때문에, 어차피 탈출은 승인받지 못했을 것이다. 또한 만슈타인은 혹독한 겨울 날씨와 우세한 적군, 아주 제한적인 전투보급품이라는 악조건 하에서 제6군이 외부의 지원 없이 탈출할 수 있을지에 대해 회의적이었다. 결론은 이러했다.

현 상황에서 탈출의 성공 여부는 공중재보급과 포위망 외부 병력과의 협동작전에 달렸으며, 관련된 지휘 계통과 병사들의 대단한 노력이 요구된다. 만약 공중보급과 구출 병력 배치 둘 다에 성공할 수 있다면, 일시적으로는 제자리에 남아 있는 것이 낫다. 그러나 이러한 조건들이 달성되지 않는다면, 남은 선택지는 탈출 시도 하나뿐이다……. 아무튼 지금보다 상황이 더 악화될 가능성은 거의 없다.

이후 기록에 따르면, 그는 제6군이 외부 조력 없이 탈출할 수 있는 유일한 현실적 기회—"탈출이 가능했던 시점은 11월 20일~22일이었다."—는 이미 지나간 것으로 생각했다. 그리고 마지막으로 그는 "스탈린그라드와 결부된 명예는 내게 고려 사항이 아니었다"라고 강조했다.

기록상 만슈타인은 1942년 11월 27일 8시에야 비로소 돈 집단군 전체 지휘를 맡게 되었다. 그가 새로운 보직을 통보받은 지 6일 뒤, 소련군이 스탈린그라드를 포위한 지 4일 뒤였다. 위기에 처한 것은 제6군뿐만이 아니었다. 만슈타인은 이웃한 캅카스 남쪽의 A집단군과 그로부터 300킬로미터나 떨어져 있는 북쪽의 B집단군에 대한 소련군의 압박과 그에 대응하는 A집단군과 B집단군의 작전을 고려해야 했다. 바로 지금이 그 어느 때보다도 동부전선에서 공중과 육상에서 행해지는 군사작전 전체를 조율하기 위해 '동부전선' 합동사령관이 필요한 시점이었다. 결정적 전투가 일어나는 전선의 한 지점에 병력을 집중시키기 위해 비교적 안전한 전선의 다른 지점에서 위험을 감수한다는 판단을 내리려면 전선을 아우르는 단 한 명의 사령관이 있어야 했다. 육군 최고사령부가 집단군을 통제하기는 했으나, 실제로 전선 내에서 병력이 한곳에서 다른 곳으로 투입될 때 상당히 꾸물거리는 경우가 많았고 그러다 결국 시기가 늦는 경우도 종종 발생했다.

히틀러는 일단 스탈린그라드가 구조만 되면 지금까지 너무나도 많은 독일군이 피를 흘린 곳이자 무엇보다도 자신의 정치적 명성이 걸려 있는 볼가 강을 손에 넣기 위한 확고한 거점이 되어주리라는 헛된 믿음을 품고 있었다. 그의 부관 게르하르트 엥엘에 따르면, 1942년 11월 26일의 논의에서 총통은 "제6군을 스탈린그라드에서 빼낸 뒤 드네프르 강까지 퇴각시켜서 예비대를 모으고, 북쪽에서 흑해를 향해 새로운 측면 작전을 시작"한다는 만슈타인의 거대한 계획을 거절했다. 히틀러가 "그것을 전부 거절한 이유는 독일군이 약해 보이면 동맹국들에게 용납할 수 없는 영향을 줄 것"이기 때문이었다. 만슈타인에게는 "작전 수준에서 좋은 아이디어가 있었지만 전체 상황을 고려했을 때 그것은 단지 애매한 이론에 지나지 않았다."

11월 24일~26일에 기차를 타고 더 남쪽으로 향하면서 만슈타인은 잠시나마 행복한 추억들을 떠올렸다. 회고록에서 썼듯이 그는 1932년 "소련군의 캅카스 기동을 견학하러 똑같은 길을 따라 로스토프로 간 적이 있었다." 그때는 '온갖 흥미로운 광경'이 눈앞에 펼쳐졌었다. 10년 뒤, 필사적인 총력전의 한가운데에서 그는 깊은 생각에 빠졌다. "나와 참모들은 이 상황의 심각성을 냉철하게 인식하고 있었다. 우리는 또다시 스탈린그라드에 포위되어 있는 우리의 동지들에게로 마음이 쓰였다."

11월 26일 13시 30분, 만슈타인은 마침내 돈 카자크Don Cossacks의 옛 수도인 노보체르카스크Novocherkassk에 도착했다. 다음날 그는 그의 일기에 이렇게 썼다. "선택할 수 있는 방안은 2개뿐이다. 첫째는 총통의 지시대로 마지막 총알 한 발이 바닥날 때까지 싸우는 것이다. 둘째는 (필요한) 병력과 수단을 사용할 수 있고 외부의 구출 병력과 합동작전을 펼칠 수 있을 때 적시에 탈출하는 것이다." 이것이야말로 진짜 문제의 핵심이었다. 때가 오면 탈출해야 한다는 것을 만슈타인이 히틀러와 파울루스에게 설득할 수 있을까? 상황이 점점 더 나빠질 수도 있었다. "……전체 상황을 감안할 때, 소련군은 제6군을 괴멸시키기 위해 이탈리아군에 맞서고 A집단군과 우리 사이의 틈을 활용할 수 있는 방안들을 고려할 것이다. 따라서 이제 이것은 제6군만의 문제가 아니라 ……우리가 겨우내 남익을 지켜낼 수 있느냐 하는 문제이기도 했다." 동부전선 전체가 붕괴될 위험에 처해 있었던 것이다.

다음날 아침 8시, 만슈타인의 새로운 집단군 사령부는 풀가동되었다. 통신 및 참모 조직 덕분이었다. 만슈타인은 부관과 당번병들을 이끌고 제정 러시아 시대의 빌라로 짐을 옮겼다. 빌라는 예카테리나 여제Catherine the Great의 유명한 연인 포템킨Grigori Alexandrovich Potemkin 공의 건물이었으나, 귀족적인 슈탈베르크는 이곳에 대해 "내부의 세간은 건물 외관과는 전혀 어울리지 않았다. 가구는 상상 외로 너무 소박했다"라고 평했다. 더 기이한 것은 "키가 작고 붙임성 좋은 코사크 기병 한 명이 커다란 러시아 털모자를 머리에 쓰고 독일 군복을 입은 채 입구를 지키고 있었다"는 것이었다.

겨우 200킬로미터 떨어진 스탈린그라드에서 맹렬한 전투가 벌어지고 있었기 때문에 사소한 것에 골몰해 있을 틈은 없었다. 만슈타인이 노보체르카스크에서 보낸 첫날(11월 26일) 18시 35분에 11월 24일에 보낸 통신문에 대한 답변이 돌아왔다. 제6군 사령관인 파울루스는 수기로 작성한 긴 보고서에서 최근의 사건들을 설명하고 '지난 36시간 동안' 상위 사령부에서 어떠한 명령도 정보도 받지 못했다고 말했다. 그는 기존 명령에 따라 현 위치에 남아 있거나 '남서쪽으로 탈출한다'는 선택의 기로에 놓여 있었다. 두 번째 선택지와 관련하여 그는 총통에게 "필요한 경우 그런 최종 결정을 내릴 수 있는 자유권"을 요구했으나, 이에 대한 직답은 듣지 못했다. 파울루스는 "그런 상황에서 유일하게 가능한 명령을 너무 늦게 내리는 것만은 피해줄 것"과 '극도로 위급한 상황'에서만 그런 명령을 내릴 것이라고 강조하면서 만슈타인에게 자신의 말을 믿어달라고 했다. 그는 계속해서 "지난 사흘 동안 항공기로 운반된 보급품은 최소 요구치의 일부에 지나지 않았으나(600톤=일일 Ju52 300대 운송 분량), 병사들이 잠깐은 버틸 수 있다"고 말했다. 그러나 파울루스의 발언 가운데 주목해야 하는 것은 마지막 부분이었다. 여기에는 많은 의미가 담겨 있었다. "송구스럽지만 저는 만슈타인 원수께서 지휘를 맡은 것을 제6군을 돕기 위해 모든 가능한 조치를 취할 것이라는 보증으로 받아들이고 있습니다. 제 휘하의 사령관들과 용맹한 병사들은 원수의 신뢰를 헛되게 하지 않으려는 제 모든 노력에 동참할 것입니다."

돈 집단군 전쟁일지에는 파울루스가 보낸 편지의 요약본이 담겨 있다. 만슈타인이 답장을 보냈는지 여부는 기록되어 있지 않다. 짐작건대 그가 곧 직접 스탈린그라드로 비행해갈 계획이었기 때문이었을 것이다. 그는 스탈린그라드 제9대공포사단장이자 공군 고위 장교였던 볼프강 피케르트 Wolfgang Pickert 중장으로부터 제6군의 보급 실태에 대해 보다 자세한 정보를 듣고 연료 부족으로 인해 파울루스가 발이 묶여 있음을 알게 되었다. 따라서 빠르게 상황을 정리할 필요가 있었다. 하지만 탈출은 히틀러의 계획표에 없는 선택지였다. 11월 28일 아침에 차이츨러는 만슈타인에게 스탈린그라드는 모든 수단을 동원하여 사수하라고 지시했다.

같은 날 만슈타인은 참모장을 스탈린그라드로 들여보내 상황을 파악하고 제6군에 구출작전 계획을 알렸다. 이는 제2차 세계대전에서 만슈타인이 범한 가장 심각한 판단 오류 중 하나였다. 집단군 사령관으로서 그의 부하에 대해 개인적 책임이 있는 것은 오로지 그 자신뿐이었기 때문이었다. 만슈타인은 직접 비행기를 타고 스탈린그라드로 가서 앞일을 논의하고 어떠한 오해의 소지 없도록 그의 의도를 설명하고 급속도로 악화 중인 고립지대의 상황을 몸소 확인했어야 한다. 훗날 만슈타인은 "원래는 비행기를 타고 고립지대로 가서 파울루스와 대화할 계획이었으나" 그러지 말라는 슐츠와 부세의 조언에 따랐다고 궁색하게 변명했다. 그는 자신이 스탈린그라드에 이틀 정도 묶여 있어야 할지도 모른다는 이유로 이 결정을 합리화했다. 이틀이라는 시간은 "일촉즉발의 상황을 고려할 때 허비할 수 없는 시간이었고, 육군 최고사령부에 돈 집단군의 견해를 계속해서 알려야 할 필요도 있었다."

그러나 만슈타인의 주장은 그다지 이치에 맞지 않는다. 스탈린그라드에 진입한 뒤에도 충분히 돈 집단군 사령부 및 육군 최고사령부와 통신을 할 수 있었기 때문이었다. 따라서 그가 제6군을 방문하는 동안에도 아주 유동적이었던 작전적 상황을 파악할 수 있었으리라는 데에는 의문의 여지가 없다. 만슈타인은 우려되는 사태를 앞두고 총통의 뜻에 반할 것으로 보이는 탈출 개시 절차를 논의하기 위해 파울루스와 조속히 만나야 했다. 만약 만슈타인이 집단군 사령관으로서 탈출 결정에 대해 본인이 전적으로 책임지겠다는 내용을 부하를 통해 분명히 전달했더라면, 파울루스도 구출작전 도중에 보다 유연하게 대응할 수 있었을 것이다.

현실적 측면에서 만슈타인에게는 스탈린그라드의 상황을 직접 파악해야 할 군사적 의무가 있었다. 간단히 말해 그는 파울루스와 그 휘하의 군단장들과 직접 얼굴을 맞대고 이야기를 나눴어야 했다. 제6군 사령관은 11월 24일에 보낸 아부성 편지에서 만슈타인에게 경의를 표하면서 곤란한 상황을 해결해줄 만슈타인의 능력에 의존하고 있다고 밝혔다. 파울루스는 나약하고 고분고분한 인물로서 제6군 사령관에 오르기 전까지는 전투에서 대규모 부대를 이끌어본 경험이 없었다. 만슈타인은 그가 압박받는 상황에서 머뭇거리리라는 사실을 알고 있었다. 만슈타인이 이에 대해 고뇌했는지는 기록에 남아 있지 않지만, 파울루스를 막 대해도 되는 인물로 치부하지는 않았다고 가정하는 편이 온당하겠다. 독일군이 항복하고 12일 뒤인 1943년 2월 14일에 아내에게 보낸 편지에서 그는 자신의 견해를 밝혔고, 회고록에서도 이를 확실히 했다.

사실, 나는 비행기를 타고 스탈린그라드로 가고 싶었소. 그러나 기상 상태를 보고 그만두었소. 당일에 사령부로 다시 비행기를 타고 돌아올 수 있을지 확실치 않았고, 사령부를 이틀이나 비워둘 수는 없었소. 애초부터 나는 스탈린그라드에 대한 걱정뿐만이 아니라 더 광범위한 걱정거리들을 안고 있었소. 슐츠, 부세, 아이스만Hans-Georg Eismann은 전부 스탈린그라드에 한 번씩 방문했소. 나도 '도의상' 그러고 싶었으나 뜻대로 되지 않았소. 심지어 파울루스조차도 내게 오지 말라고 권유했소.

만슈타인이 스탈린그라드로 대변인만 수차례 보내지 말고 한 번이라도 직접 제6군을 방문했더라면 그의 평판이 훨씬 나아졌으리라는 데에는 이견이 없을 것이다.

허사로 돌아간 구출작전

스탈린그라드의 덫에 빠진 추축국 병력을 구해내려는 만슈타인의 공세는 처음부터 실패할 운명이었다. 강력한 소련군, 약한 독일 구출군, 탈출이 불가능한 제6군의 상태까지 모든 요소가 구출작전을 절망으로 내몰고 있었다. 그러나 만슈타인은 어쨌든 노력해보지 않을 수 없었다. 집단군 사령관자리를 처음 제의받고 채 1주일도 지나지 않은 11월 28일에 그는 이미 첫번째 계획을 완성했다. 그 계획은 제57군단이 12월 3일까지, 홀리트 파견군(그중에서도 특히 제48기갑군단의 기동부대)이 그로부터 6일 뒤인 12월 9일까지 투입 준비를 마치리라는 가정에 기반을 둔 것이었다. 만슈타인은 2개 공격 집단으로 구출작전을 수행할 작정이었다. 제57군단이 코텔니코보Kotelnikovo에서 북동쪽으로 치고 올라가는 사이, 제48군단이 치르Chir 강 중류에서 칼라치를 향해 동쪽으로 치고 나간다는 것이었다. 곧 상황이 얼마나위급한지 깨달은 만슈타인은 제6군이 더 버틸 수 없을 정도로 상황이 악화될 경우 제57군단만을 이끌고 공격하는 안을 고려했다. 결정적인 핵심은

"볼가 강 전선을 축소시킴으로써 얻은 기동 예비대를 집중 투입하여" 어떤 일이 있어도 남서쪽에서 공격을 감행함으로써 파울루스의 제6군과 협공하는 것이었다.

이 논리에 비추어보면 만슈타인은 제6군이 직접 공세에 참여하여 구출 병력과 연계하지 않고서는 절대 충분한 공격력을 얻지 못하리라 생각했음이 분명하다. 이는 스탈린그라드 전투의 다른 기록에서 자주 간과되나, 사실은 아주 의미 있는 고려 사항이다. 히틀러가 육상에서 자발적인 항복을 금지하고 파울루스에게 필요한 기동의 자유를 부여하는 핵심적인 전제조건조차 인정하지 않는 데다가 제6군에 내재된 약점들 때문에 구출작전을 위한 조건들은 충족되기 어려웠다고 해도 과언이 아니었다. 그것들은 '결코' 충족될 수가 없었다. 고립지대에 있던 자이들리츠-쿠르츠바흐Seydlitz-Kurzbach 장군은 이미 큰 곤경에 빠졌음을 인식하고 동료 군단장들에게 다가오는 재앙을 피하기 위해 당장 탈출하자고 촉구했다. 그러나 이러한 현실주의는 이내 패배주의로 해석되었다.

반대로 만슈타인은 계속해서 긍정적인 태도를 보였으나, 복잡하고 극도로 위험한 작전을 수행할 구출 병력이 모일 때까지 기다리며 기회를 엿봐야 했다. 참모부 내에서 만슈타인의 또 다른 자아와도 같았던 부세는 곤경에도 흔들림이 없었기 때문에 만슈타인이 어느 정도 안일한 마음을 갖는 데 영향을 미쳤을지 모른다. 어쨌든 스탈린그라드를 방문한 뒤 아주 낙관적인 전갈을 들고 돌아온 참모장 때문에 상황은 더욱 악화되었다. 슐츠 장군에 따르면, "위기 첫날을 넘긴 제6군에게는 당면한 위험이랄 것이 없었다. 계속해서 보급기가 들어오고 고립지대 상공에서 벌어진 항공전에서 독일 공군이 승리하고 있다는 사실은 독일 병사들에게 군건한 자신감과 기강을 심어주었다." 하지만 전부 허사였다. 소련군의 요격기와 대규모 대공포가 독일 수송기를 꾸준히 격추시키면서 제6군은 빠르게 약화되었기 때문이다.

사실 슐츠는 스탈린그라드를 짧게 방문하는 동안 대부분의 시간을 파울루스의 지나치게 자신만만한 참모 슈미트와 논의하며 보냈고, 파울루스와는 짧은 회의를 한 게 전부였다. 따라서 간접 정보라는 것을 감안하더라도 만슈타인은 파울루스가 탈출 명령에 어떻게 반응할지 올바로 판단할 수 없었다. 이는 치명적이고도 비극적인 실수였고, 파울루스를 직접 만나지 않은 만슈타인의 선택이 무책임했다는 근거가 된다. 11월 30일에 상급대장 진급을 축하하는 전화를 건 것도, 이후 멀리 떨어진 채 긴 대화를 나눈 것도 스탈린그라드로 직접 파울루스를 찾아가지 않은 선택을 결코 만회할 수 없었다. 만슈타인은 전후에 "파울루스는 노련한 전술가이자 사고가 명료한 사람이었지만 성격은 그의 참모장이 더 강해 보였다"고 인정했다. 두 사람의 관계를 알았더라면 그는 처음 기회가 생겼을 때 당장 스탈린그라드로 날아갔어야 했다. 그게 아니라면, 구출 병력이 스탈린그라드로 접근하던 12월 18일에 정보과장 아이스만 소령을 보내는 대신 자신이 직접 갔어야 했다. 앞으로 살펴보겠지만, 결정적인 시점이었던 이때 만슈타인은 파울루스에게 탈출하라고 직접 명령했어야 했다.

1942년 12월 1일 저녁, 만슈타인은 제6군 구출작전인 겨울폭풍 작전 Operation Wintergewitter을 위한 지령 1호를 내렸다(722쪽 지도 9 참조). 그가 회고록에 썼듯이 "문제의 핵심은 제6군 구출 기회를 만들려면 최대한 위험을 무릅써야 한다"는 것이었다. 수정된 계획에서는 12월 8일에 제4기갑군의 우익이 루마니아군 제4군 예하 부대의 엄호를 받으며 제57군단(제6·23기갑사단과 신설된 공군 제15야전사단)과 홀리트 파견군(제336보병사단, 제11기갑사단, 공군 제7야전사단)과 함께 공격하기로 되어 있었다. 이에 덧붙여 히틀러와 육군 최고사령부가 아직 돈 집단군에 투입하지 않았으나 만슈타인이 요청한 제17기갑사단이 여기 합류할 예정이었다. 그러는 동안 제6군은 모든 투입 가능한 기갑부대를 집중시켜 탈출로를 열고 제4기갑군과 연계할 계획이었다.

그러나 전쟁에서는 언제나 적이 결정권을 쥐고 있다. 막강한 소련군은 공세를 퍼부으며 제6군을 나날이 약화시켰다. 더욱 걱정스러운 것은 소련군이 로스토프온돈을 향해 또 한 차례 대규모 공세 작전을 펼칠 가능성이 높아지고 있다는 것이었다. 이 사실은 육군 최고사령부와 돈 집단군도 인식하고 있었다. 앞으로 있을 소련군의 대규모 공세 작전은 만슈타인의 돈 집단군 사령부뿐만 아니라 북캅카스에 여전히 발이 묶여 있어 거의 움직일 수 없는 A집단군을 차단하는 것이 목표였다. 실제로 소련군 스타브카는 바로 그 목표를 달성하기 위해 토성 작전을 계획 중이었다. 따라서 만슈타인은 딜레마에 빠졌다. 스탈린그라드 제6군 구출을 위해 소집 중인 2개 군단의 많지 않은 전투병력을 소련군의 새로운 공격에 대비해 아껴두어야 할까, 아니면 원래 계획대로 겨울폭풍 작전에 투입해야 할까? 그는 둘 중에서 오직 하나만 선택할 수 있다는 것을 알고 있었다. 히틀러(그리고 육군 최고사령부)는 약한 제17기갑사단을 '전략적 예비대'로 남겨둠으로써 두 가지 토끼를 모두 잡고 싶어했다. 이렇게 꾸물거리다가 시기를 놓치는 바람에 제17기갑사단은 제48군단과 제57기갑군단 어디에도 합류하지 못하게 되었다. 이처럼 독일군이 또다시 충분한 예비대를 남겨두지도 않고 그들을 결정적 시점(이 경우에는 바로 스탈린그라드 위기의 해결)에 투입하지도 않았다는 사실은 당시 독일군의 의사결정이 혼란스러웠다는 것을 말해준다.

작전 계획의 첫 번째 원칙에 의거해 만슈타인은 스탈린그라드로 밀고 들어감과 동시에 소련군의 반격을 막을 수 있는 전투력을 보유한 구출 병력을 제공해야 했다. 소련군의 배치(적어도 3개 군 예하의 강력한 부대들)를 감안했을 때 독일군은 집단군 수준의 대규모 역습을 가할 필요가 있었다.

그러나 현실은 영 달랐다. 만슈타인이 마음껏 쓸 수 있는 병력은 그가 필요로 한 것의 일부에 지나지 않았다. 제48군단이나 제17기갑사단의 부대들이 공격에 합류할 수 있을지 여부도 불투명했다. 제4군을 지휘하는 호트 Hermann Hoth 상급대장이 중요한 겨울폭풍 작전에 기용할 수 있는 병력은 보조 역할을 하는 약한 루마니아군(명목상 2개 군단)을 제외하면 오로지 제57기갑군단뿐이었다. 제57기갑군단 내에서도 제대로 전시 편제가 되어 있던 것은 전차 및 돌격포 160대를 보유하고 있던 제6기갑사단이 유일했다. 따라서 제6군이 구출될 한 가닥 희망은 제6기갑사단의 공격력에 달려 있었다. 그런데 제6기갑사단은 사용 가능한 전차가 20대뿐인 아주 약한 제23기갑사단의 지원을 받고 있었다. 어느 신랄한 평론가에 따르면, "독일군은

1854년 경기병대의 돌격(1853년 크림전쟁이 발발한 뒤 초창기 영국 군부의 전략적 오판과 그릇된 판단으로 부하들에게 자살 돌격을 강요했던 사건-옮긴이)을 연상시키는 장엄한 헛된 시도를 감행했다."

만슈타인이 구출작전을 시도하기 전, 돈 집단군은 소련군이 압박을 재개해 전체적으로 상황이 매우 안 좋았다. 1942년 12월 초에 만슈타인은 곳곳에서 터지는 위기를 막기 위해 병력을 쉴 새 없이 돌려야 했다. 그는 상부가 적시에 결정을 내려주고 긴급한 증원 병력을 보내주기를 기다렸으나 결코 기대대로 되지 않았다. 크림 전역의 예에서 알 수 있듯이 만슈타인은 종종 최악의 상황에서 최고의 능력을 뽐내곤 했다. 그러나 작전적 능력이 아무리 출중해도 전략적 상황을 바꿀 수는 없었다.

제6군이 계속되는 공격을 막아내고 있던 스탈린그라드 고립지대 바깥에서 소련군의 주공은 치르 강 하류에 얇게 형성된 전선으로 향했다. 독일군은 제5전차군의 공세를 막아내기 위해 큰 희생을 치러야 했다. 만슈타인은 다음과 같이 분석했다. "이곳에서 소련군이 돌파에 성공할 경우 모로조프스크Morozovsk와 타친스키Tatsinsky 비행장까지 이르는 길을 확보하게 된다……. 그러면 도네츠 강 다리와 로스토프로 가는 길도 위험해진다." 12월 4일에 이곳에서 소련군은 결사적인 맹공격을 개시했다. 그러자 만슈타인은 '제48군단(증원 병력으로 제11기갑사단과 제336보병사단이 도착함)'을 '전선 강화'에 투입해야 한다는 주장에 동의할 수밖에 없었다. 사령관과 참모장으로서 손발이 잘 맞기로 유명한 발크와 멜렌틴의 지휘 하에 제11기갑사단은 '진정한 소방수로서 괴멸될 위험에 처한 부대들이 경보음을 울릴 때마다 이곳에서 저곳으로 바삐 움직이며 전술적 성공을 거두었다. 그러나 제11기갑사단의 전술적 성공으로도 만슈타인이 작전 수준에서 행동의 자유가 극도로 제한되어 있었다는 사실을 숨길 수는 없었다. 상황의 주도권은 계속해서 소련군의 손에 있었다.

스탈린그라드가 함락될 때까지 계속된 가장 큰 제약은 제6군이 독자적 생존이 가능한 육상 통로가 개척되더라도 스탈린그라드를 떠나지 말고 끝까지 사수해야 한다는 히틀러의 결정이었다. 만슈타인은 근본적으로 이것에 동의하지 않았다. "그는 이것이 완전히 틀린 해법이며 참사를 피하기 위해서는 다시 작전적 유동성을 발휘하는 것이 필수라고 확신했다." '작전적 유동성'이라는 말은 결정적 반격을 위한 조건들을 마련하기 위해 방어 작전을 '탄력적으로' 수행해야 한다는 만슈타인의 기동 철학을 간단하게 압축해서 나타낸 것이다. 그러나 이런 접근법은 히틀러의 입맛에 맞지 않았다. 그는 상황상 불가피했던 몇 번의 경우를 제외하고 한 발짝이라도 후퇴하는 것을 승리를 위한 잠재적 전제조건이 아닌 패배 가능성으로 보았다.

1942년 12월에 만슈타인이 바라마지 않던 '작전적 자유'를 얻을 수 있었다 해도 구출작전을 수행하기 위해 필요한 병력이 충족되지 않는다면 아무런 의미가 없었을 것이다. (제48군단을 주축으로 한) 홀리트 파견군은 더 이상 공격할 수 있는 처지가 아니었으므로 모든 것이 제4기갑군 예하 제57기갑군단의 보강에 달려 있었다. 제57기갑군단은 만슈타인 휘하 부대 중에서 유일하게 투입되지 않은 부대였다. 만슈타인이 회고록에 쓸쓸한 어조로 썼듯이 "제6·23사단만으로 스탈린그라드까지 갈 수 없다는 것은 누구나 알 수 있었다." 만슈타인은 A집단군에서 제3기갑군단을 빼내는 데 실패했고, 제1기갑군의 노출된 북익을 엄호하고 있던 제16차량화보병사단을 빼올 방법도 찾지 못했다. 또 그는 육군 최고사령부로부터 어떠한 추가 증원 병력도 받지 못했다. 육군 최고사령부는 히틀러의 지시에 따라 여전히 제17기갑사단을 주지 않았다. 이처럼 손쓸 방법이 없는 상황에서 점점 커져가던 좌절감은 12월 9일의 분석에서 차분한 단어들로 표현되어 있다. 이 예언적인 분석에서 만슈타인은 구출작전이 성공하기 위한 전제들을 따져보았다.

제6군을 계속 스탈린그라드에 놔둔다는 결정은 곧 완전히 결말이 날 때까지 끝까지 싸우겠다는 것임에 틀림없다. 이를 위해서는 (i) 제6군이 방어력을 유지할 수 있도록 추가 병력을 지원하고, (ii) 인접한 (동맹군) 전선을 보강하고, 독일군이 준비되는 대로 결정적 공세를 가해야 할 것이다. 단기간에 필요한 병력을 그러모아 전투에 투입할 수 있는지 여부는 내가 판단할 사안이 아니다.

그러나 애초에 성공적인 구출작전을 위한 충분한 병력 없이 스탈린그라드를 사수하라는 것은 어불성설이었다. 총력을 기울여도 될까 말까 한 일이었다. 만슈타인은 이 사실을 알고 이와 같이 상황을 분석했으나, 어쨌든 시도는 해봐야겠다고 느꼈던 모양이다.

제6기갑사단장인 에르하르트 라우스Erhard Raus 소장은 구출작전에 대해 자세하게 설명하면서 제병협동전술 면에서 독일군이 우세했다고 기록했다. 그러나 힘들게 얻어낸 제6기갑사단의 승리에도 불구하고 라우스 소장은 물론 그의 군단장이나 군 사령관, 집단군 사령관조차도 작전 수준의 크나큰 불리함을 개선할 수는 없었다. 화창한 겨울날이었던 1942년 12월 12일 새벽, 마침내 교두보에서 구출작전이 개시되었다. 제57기갑군단 소속 프리드리히 키르히너Friedrich Kirchner 기갑대장의 2개 사단(전투력을 기준으로 하면 1.5개 사단에 미치지 못했다)은 한정된 포병대 및 항공지원만 받은 채 약 130킬로미터 떨어진 스탈린그라드를 향해 단조로운 갈색 스텝 지대에 놓인 철로를 따라 돌격해갔다. 해가 짧았음에도 불구하고 구출 병력은 초반에 놀랄 만큼 많이 전진했다. 그러나 그들은 곧 우세한 소련 병력과 맞붙어야 했다.

제4기갑군이 스탈린그라드로 공격을 개시하자, 작전의 주도권은 잠시 만슈타인에게 넘어갔다. 스타브카의 대표이자 야심 찬 토성 작전의 발안자였던 바실레프스키Aleksandr Vasilevsky는 "당장 행동하지 않으면 독일군의 스탈린그라드 제6군 구출작전을 막는다는 그의 주 임무가 위험에 처하리라"는 것을 인정할 수밖에 없었다. 따라서 소련군은 중심 목표였던 로스토프온돈을 버리고 수정된 소토성 작전을 채택했다. 소토성 작전은 남서전선군이 남쪽이 아니라 남동쪽의 모로조브스크Morozovsk를 향해 공세를 펼침으로써 이탈리아군 제8군과 홀리트 파견군을 얕게 포위하는 작전이었다. 만슈타인이 가장 우려한 것은 바실레프스키가 제57기갑군단을 차단하고 물리치기 위해 제51·57군을 지원할 새로운 1개 군을 보냈다는 사실이었다. 로디온 야코블레비치 말리노프스키Rodion Yakovlevich Malinovsky 장군이 이끄는 엘리트 제2근위군은 "소련군 내에서 훌륭한 장비를 가진 강력한 군으로서, 5개 소총병군단과 1개 기계화보병군단을 보유하고 있었다. 운 나쁘게도 눈보라가 치는 가운데 그들이 곧장 전투에 돌입하자, 독일군의 승리 가능성은 곤두박질쳤다. 한편 12월 16일에는 소토성 작전이 개시되었다. 이탈리아군 제8군은 소련군 남서전선군의 제1·3근위군과 제5전차군, 보로네시 전선군 Voronezh Front의 제6군이 가해온 공격에 뿔뿔이 흩어졌다.

스탈린그라드의 제6군 구출 시도에 짧게나마 한 줄기 희망의 빛이 비추기는 했다. 적군의 저항이 점차 거세지고 날씨도 악화되던 12월 19일 새벽, 라우스의 선봉대가 80킬로미터를 가까스로 돌파하고 미시코바Mishkova에 다다랐던 것이다. 제6기갑사단은 볼샤야-바실레프카Bolshaya-Vasilevka 마을에서 온전한 다리 하나를 점거함으로써 이제 가장 가까이 위치한 제6군 부대로부터 겨우 50킬로미터 떨어진 곳에 교두보—사실 발판이라기보다는 발가락을 겨우 올려놓을 수 있는 수준이었다—를 마련했다. 그러나 제6기갑사단의 선봉대는 연료와 탄약이 부족했고 곧 무시무시한 소련군 전차들의 공격을 받게 되었다. 스탈린그라드에서 이를 지켜보던 일부 독일 병사들은 구출 병력이 쏘는 포를 볼 수 있었다고 주장했으나, 제6군에게는 '가까이' 오는 것만으로는 부족했다.

마침내 제57기갑군단 휘하로 들어온 제17기갑사단은 12월 17일에 제6기갑사단 좌익에서 공격을 가했다. 제17기갑사단 역시 미시코바에 도착했으나 점점 심해지는 소련군의 압박으로 인해 강을 도하하지는 못했다. 1944년에 카시노를 굳건히 지켜낸 것으로 유명세를 얻게 되는 프리돌린 폰 젱어 운트 에털린Fridolin von Senger und Etterlin은 열성적으로 제17기갑사단을 지휘했으나, 작전에 투입할 수 있는 전차는 겨우 30대밖에 없었다. 따라서 미시코바의 끔찍한 눈보라 속에서 멈춰버린 구출작전을 재개시킬 추진력이 없었다. 젱어 운트 에털린은 전후에 씁쓸한 어조로 이렇게 썼다. "구출작전 초기에 내가 두려워했던 일이 현실로 나타나고 있었다. 소련군은 약한 1개 군단이 스탈린그라드의 대승을 망치도록 놔둘 생각이 눈곱만큼도 없었다." 소련군이 치르 강으로 새롭게 공세를 가하자 돈 집단군 전체가 흔들릴 위기에 놓였으나, 만슈타인은 아직 구출작전을 포기하려 들지 않았다.

스탈린그라드에 갇혀 있던 병사들에게 1942년 12월 18일~23일의 짧은 기간은 한 가닥 희망의 빛을 안겨주었다. 파울루스의 소극성과 스탈린그라드에서 군건히 버티라는 히틀러의 '군센 의지'로 인해 탈출 기회를 놓쳐버린 이후로부터 한 달 뒤의 일이었다. 만슈타인이 묘사했듯이 "(돈 집단군을) 인수받은 때부터 우리가 계속 기다리던 순간이 마침내 왔다. 구출 병력이 접근하여 제6군이 탈출할 기회가 온 것이다." 제6군이 포위된 이후로 계획했던 연계 작전을 실행할 수 있는 기회가 이제야 온 것이다. 따라서 12월 18일에 만슈타인은 차이츨러를 통해 히틀러에게 제6군의 탈출을 허가해달라고 요청했다. 회고록에 담긴 전문을 보면 그의 핵심 요구 사항은 두 가지였다.

제57기갑군단 홀로는 육상에서 회랑을 뚫기는커녕 제6군과 접선조차 불가능할 것으로 보이니, 이제 제6군 병사의 대다수, 특히 기동부대를 살리기 위한 가능한 마지막 수단은 남서쪽으로 탈출하는 것입니다.
탈출의 첫 번째 목적은 예리크 미시코바 근처에서 제57기갑사단과 접촉하는 것입니다. 이는 제6군이 점진적으로 남서쪽으로 이동하는 동안 요새 지역의 북쪽에서 점령한 영토를 점진적으로 포기해야만 가능합니다.

그날 저녁 히틀러의 사령부에서는 상황을 다시 논의했으나 어떠한 결정도 내리지 못했다. 엥엘은 이렇게 기록했다.

M(만슈타인)은 또다시 제6군의 탈출을 요청했다. 이것이 스탈린그라드와의 연계를 유지하고 (원문 그대로) 군의 대부분을 살릴 수 있는 유일한 방법이었다. 분위기는 침울했다. F(총통)는 Z(차이츨러)의 간절한 탄원에도 불구하고 다시금 탈출 허가를 거부했다. 부세와 폰 M(만슈타인)은 화가 머리끝까지 나서 전화를 걸어왔다. 이제 모든 예비대가 이탈리아군이 빠져나간 구멍을 메우기 위해 B집단군으로 향하고 있었기 때문이었다.

이처럼 만슈타인의 요청에도 돌아오는 답은 없었다. 제6군은 스탈린그라드에서 그저 버텨야 했다. 소련군은 상황의 심각성을 제대로 이해하고 제57군단에 대한 공격의 강도를 높였다. 노출되어 있던 제57군단의 입지는 시시각각 약화되었다. 설상가상으로 만슈타인은 소토성 작전의 개시로 다시 한 번 금이 가기 시작한 치르 전선을 복구하기 위해 이후 며칠 동안 제6기갑사단을 스탈린그라드 제6군 구출작전에서 빼내야만 했다.

1942년 12월 19일과 이어지는 한 주 동안의 사건에 대한 만슈타인의 기록은 여전히 논란의 대상이다. 특히 쟁점이 되는 것은 그가 실제로 히틀러의 명령에 불복하고 파울루스에게 탈출하라고 '명확한' 지시를 내렸는지 여부다. 논의의 핵심 문제는 돈 집단군의 12월 19일 18시 지령에 사용된 표현에 관한 것이다. 지령의 초반부(두 번째 문단)는 아주 명료했다. "제6군은 가능한 한 빨리 '겨울폭풍' 공세를 시작하라. 보급호송대를 통과시키기 위해 필요하다면 제57군단과 연계하여 돈스카야 차리차Donskaya Tsaritsa 너머까지 진군할 준비를 하라." 여기서 겨울폭풍 공세란 제4기갑군의 선봉대와 만나기 위해 제6군이 '직접' 탈출하라는 뜻이었다. 혼란을 불러일으킨 부분은 그 다음 덧붙인 미묘하게 다른 요구사항(세 번째 문단)이었다.

상황의 전개상 두 번째 문단의 임무를 미시코바 강까지 연장해야 할 필요가 있을지도 모른다. 암호문은 '천둥소리'다. 이 경우에도 기갑부대를 동원해 빠르게 제57군단과 연계하여 보급호송대를 통과시키고, 이어서 카르포프카Karpovka 하류와 체르블레나야Chervlenaya에서 측면을 엄호하는 동시에 요새 지역을 한 구역씩 빠져나와 제6군 전체가 미시코바 강을 향해 전진하는 것이 목표다. 상황에 따라 '겨울폭풍' 공세 직후에 '천둥소리' 작전을 수행해야 할지도 모른다.

만슈타인의 지령은 여러 면에서 비판받을 만하다. 첫째로 의도가 명료하지 못하다. 그는 파울루스에게 정확히 무엇을, 언제까지 하라고 명령한 것인가? 만슈타인은 제6군이 다른 곳에서 병력을 절약하지 않고 탈출을 위해 고립지대 남서쪽에 충분한 병력을 집중시킬 수 있는 처지가 아님을 알고 있었다. 따라서 병력 집중이란 ('천둥소리' 작전 하의 연장된 공세가 암시하듯이) '요새 지역'을 완전히는 아니더라도 일부 포기해야만 가능한 목표였다. 그러나 만슈타인은 히틀러의 버티라는 명령을 문자 그대로 따를 경우 수행이 불가능한 임무를 지시했다. 둘째로 집단군 사령관으로서 그는 제4기갑군에 제57군단을 도우라는 명확한 지시를 내리지 않았다. 공군에게 고립지대로 연료를 수송하라는 요청도, 제6군과 제57군단의 빠른 연계를 위해 작전에서 가장 결정적 시기인 개시 단계 혹은 그 이전에 소련군을 차단하라는 요청도 하지 않았다. 셋째로 그는 50킬로미터 거리를 좁힐 방법을 일러주지 않았다. 제6군은 이미 연료가 부족하여 30킬로미터밖에 이동할 수 없다고 보고한 터였다.

제6군이 괴멸을 피할 수 있었는지 여부는 뜨거운 논란거리다. 제6군에게는 광활한 스텝 지대에서 전멸 위험을 감수하거나, 스탈린그라드에서 똑같은 위험을 무릅쓰는 방법밖에 없었다. 게다가 사실상 제6군에게는 선택권이 없었다. 종전 후 오랜 시간이 지난 뒤, 슈미트는 제6군이 탈출에 성공할 현실적 가능성이 아예 없었다고 주장했다. 어찌 되었건 파울루스는 제6군에 이동을 명령하지 않았고, 만슈타인은 명령을 더는 밀어붙이지 않았다. 12월 말에 이르자 제57기갑군단은 우세한 소련군에게 격퇴되어 출발선까지 밀려났다. 이로써 모든 희망을 걸고 있던 유일한 구출 시도는 실패로 돌아갔다. 스탈린그라드의 고통은 1943년 2월 초까지 계속되었다.

결국 스탈린그라드의 운명을 판가름한 것은 만슈타인이 내린 지령의 명료성이 아니라, 임무 자체의 불가능성이었다. 만슈타인이 스탈린그라드에서 최고의 기량을 발휘하지 못한 게 사실이라 해도 구출 부대의 병사들과 공군 비행사들은 제몫을 훌륭히 해냈다. 그들과 스탈린그라드에 포위되어 있던 독일군이 용감했다는 데는 의심의 여지가 없다. 한편 소련군은 영웅적인 방어전과 놀라운 반격을 마쳤으므로 볼가 강에서 승리를 쟁취할 차례였다.

(Vatutin)

5th Guards Army
Prokhorovka
Donets

69th Army

5th G
Tank

sou
nstein

제12장
희미한 승리의 빛

"겨울 전역이 끝날 무렵 독일군은 다시 주도권을 쥐고 있었고,
소련군은 두 번의 패배를 맛본 뒤였다.

- 에리히 폰 만슈타인 -

볼가 강의 순교

전쟁에서 사람들은 흔히 "행운은 용기 있는 자의 편이다"라는 그럴듯한 말을 한다. 그러나 용기 있는 자가 행운을 얻을 자격이 있는지, 또 실제로 행운을 얻는지는 거의 묻지 않는다. 1942년 12월 말 스탈린그라드의 제6군은 여섯 달 전 세바스토폴의 소련군과 똑같은 운명에 처해 있었다. 마지막 행운마저 기대하기 어려운 상태였다. 두 공성전의 공통점은 참전 병사들의 용기와 극기심이 상당했다는 것이다. 그러나 두 전투의 결과는 전술적 수준에서 병사 개인이 보여준 위험 감수 의지나 용기가 대단하더라도 그것이 전반적인 작전과 전략 수준의 불리함을 반드시 극복할 수 있게 해주는 것은 아니라는 사실을 보여준다. 위험천만한 해외 전초기지로 자국의 아들딸들을 보내는 국가들은 이 점을 기억하는 것이 좋으리라. 이는 제2차 세계대전 이후 인도차이나, 이라크, 아프가니스탄 등 세계 곳곳의 분쟁에서 충분히 입증되었다.

만슈타인은 제6군의 '볼가 강 순교'에 대한 설명을 '그곳에서 굶주리고 추위에 떨다가 죽은 독일 병사들'에게 바쳤다. 그들의 희생을 기리는 기념비가 세워질 리 없음을 알고 있던 만슈타인은 웅변적으로 선언했다. "그들의 형언할 수 없는 고통, 누구도 따라할 수 없는 영웅적 행위, 충성, 의무에 대한 헌신에 대한 기억은 승자의 환호성이 사라진 뒤에도, 사별로 인해 환멸에 빠지고 가슴이 쓰라린 사람들의 목소리가 잠잠해진 뒤에도 오랫동안 계속될 것이다." 이 감동적인 추도사는 시모니데스Simonides가 테르모필라이

Thermopylae에서 한 남자의 손에 쓰러진 용감한 스파르타인들에게 바친 경구에서 영감을 얻은 것이었다. "이를 읽는 자는 가서 스파르타인들에게 말하라. 우리는 그들의 명령을 받들었고, 이곳에 죽어 누워 있다."

불굴의 용기에도 불구하고 독일군 20개 사단과 루마니아군 2개 사단 소속의 병사 22만 5,000명과 지원 병력이 희생되었다. 그럴 가치가 있었을까? 막대한 희생으로써 독일군은 대체 무엇을 이루었는가? 스탈린그라드 전투의 패배는 히틀러에게 전례 없는 재앙을 안겨주었다. 한 해 전 모스크바에서의 패배보다도 더 안 좋았다. 정치적·군사적 영향은 그때보다 더 심각했다. 스탈린그라드 양쪽에서 붕괴한 루마니아군 제3·4군, 돈 강 상류에서 패배한 이탈리아군 제8군, 이윽고 1943년 1월에 패퇴한 헝가리군 제2군의 피해까지 꼽는다면 소련군의 겨울 반격전은 추축국의 입장에서 전략 수준의 재앙이나 다름없었다. 이는 독일의 동맹국과 터키와 같은 '관련 있는' 중립국을 포함한 모든 관련 세력들에게 제3제국이 도를 넘은 욕심을 부렸음을, 그리고 대소련 전쟁에서 절대 승리를 기대할 수 없음을 보여주었다.

게다가 소련군이 스탈린그라드에서 반격을 가하고 겨울 전역에서 잇따른 작전을 펼친 결과 동부전선에 남아 있던 추축국 파견대가 제거되었고, 독일군은 캅카스에서 떠나야 했다. 이러한 성공을 거두는 과정에서 소련군 역시 크나큰 손실을 감수해야 했으나, 어쨌든 그들은 히틀러가 청색 작전에서 바라던 모든 가능성을 없애는 데 성공했다. 소련 남부 국경을 넘어 중동과 이란으로 진군한다는 환상은 그저 환상으로, 현실성이라곤 전혀 없는 헛된 꿈으로 남았다.

제6군의 '순교'가 낳은 작전적 이득이 있다면, 여러 소련군 병력을 아주 오랫동안 묶어둔 덕분에 토성 작전이 소토성 작전으로 격하되었다는 것이 유일하다. 독일군이 1942년 12월 토성 작전의 주된 목표 지역이었던 로스토프온돈에서 패배했더라면 A집단군, 특히 제1기갑군의 대부분이 파멸을 피할 수 없었을 것이다. 만슈타인과 차이츨러는 캅카스에서 퇴각해야 한다고 끊임없이 주장했다. 한시가 급한 상황이었음에도 히틀러는 뒤늦은 1942년 12월 29일에야 '돈 집단군의 주장에 따라' 일부 지역의 퇴각만을 허가했다. 그런데도 스탈린은 바람과 달리 동부의 독일군 '동방군Ostheer' 에 전력을 다해 치명타를 날릴 수 없었다. A집단군과 돈 집단군은 독일군 내 최강이었던 제6군을 잃은 통탄할 만한 비극에도 불구하고 하루를 더 맞서 싸웠다. 앞으로 보겠지만, 만슈타인은 결국 동부전선의 남익을 안정화시키는 데 성공했고 소련군의 겨울 공세는 1943년 3월에 극적으로 멈췄다. 독일군은 희미한 승리의 빛을 엿볼 수 있었다. 하지만 그사이 너무나 많은 추축국 병력(무려 55개 사단에 해당하는 병력)이 괴멸되어 "상황이 독일과 그 동맹국에게 완전히 불리하게 바뀌었다"는 가혹한 사실은 그 무엇으로도 감출 수가 없었다. 전략적 균형은 이제 소련과 서방 연합국 쪽으로 기울고 있었다.

게다가 독일 국민에게 스탈린그라드에서 일어난 엄청난 재앙과 그로 인한 정신적 타격을 숨길 방법이 없었다. 너무 많은 병사들의 편지가 고국에 도착한 상황이었기 때문에 재앙의 원인을 단순히 작전 차질로 돌릴 수는 없었다. 괴벨스는 1943년 2월 18일 베를린 슈포르트팔라스트Sportpalast의 유명한 연설에서 비통함과 패배주의에 맞서 '총력전'을 선포했다. 그러나 전략적 진실은 이미 전장에서 명명백백 밝혀져 있었다. 주코프 장군의 회고록은 전체적으로 과장된 어조를 띠고 있지만, 허풍을 걷어내면 그의 설명은 핵심을 짚어내고 있다. 주코프는 '독일군의 대실패 원인'과 소련군의 '획기적인 승리'를 이렇게 평했다.

1942년에 히틀러가 세운 모든 전략 계획의 실패는 소련의 병력과 잠재력, 소련 국민의 불굴의 의지를 과소평가한 결과였다. 반면 나치는 독일군의 병력과 역량을 과대평가하고 있었다. (또한) 기습 요소의 활용, 주공의 방향 선택, 적군 방어선의 약점 탐지, 이 세 가지를 모두 능숙하게 해낸 소련군은 천왕성·소토성·고리 작전에서 독일군을 패퇴시켰다.

주코프는 이와 함께 다른 몇 가지 요인을 밝혔는데, 특히 "군사위원회가 수행한 정당 및 정치 작업, …… 그리고 병사들에게 자신감과 용기를 심어주고 전장에서 집단 영웅주의를 고취한 사령관들"을 승리의 요인으로 꼽았다.

이 시점에서 양측 모두 물리적으로나 정신적으로나 반환점을 돈 셈이었다. 독일군의 공세 작전은 정점을 찍고 난 뒤였다. 소련군의 우세를 감안할 때 독일군이 선택할 수 있는 유일한 작전은 전략적 방어로 돌아서는 것뿐이었다. 그러나 작전적 수준에서 이것을 얼마나 과감하게 수행할 것인가는 시간, 공간, 가용 병력, 그리고 무엇보다도 병사들을 이끄는 사령관의 기술에 달려 있었다. 이제 곧 만슈타인이 보여주겠지만, 아직까지 전장에서 소련군을 패퇴시킬 가능성은 남아 있었다.

한편 스탈린그라드의 마지막 단말마는 짧게 울리고 사라져버렸다. 제2차 세계대전이라는 큰 틀을 놓고 볼 때 독일군이 볼가 강에서 맞은 패배는 '결정적 순간'으로 묘사할 수 있다. 이런 표현은 전역을 군사적 관점에서 객관적으로 세밀하게 분석했을 때 유효하나, 스탈린그라드 전투가 인재人災였다는 반박 불가능한 사실을 드러내기에는 부족한 면이 있다. 그런 맥락에서 만슈타인이 독자들에게 다음과 같은 내용을 상기시킨 것은 옳았다.

1942년~1943년 연말연시에 시작된 제6군의 사투에는 형언 불가능한 고통이 담겨 있었다. 제6군은 배신당한 이들의 절망과 씁쓸함을 느꼈으리라. 그러나 그와 동시에 제6군은 멈출 수 없는 불공정한 숙명에 맞서 결연함뿐 아니라 대단한 용기, 동지애, 의무감, 그리고 침착한 체념과 신에 대한 겸허한 믿음을 보여주었다.

그럼에도 불구하고 제6군이 점점 약화되어가던 마지막 몇 주 동안 히틀러와 만슈타인이 내린 의사결정은 검토해볼 가치가 있다. 어쨌든 병사 수만 명의 목숨이 정치 지도자 및 군사 지도자에게 달려 있었던 것이다.

1942년 12월 말 스탈린그라드에 포위된 병사들의 전투력은 급격하게 감소했다. 고립지대로 공수되는 보급품이 겨우 70톤에 지나지 않던 12월 26일, 파울루스는 "지독한 손실과 추위, 보급품 부족으로 인해 사단의 전투력이 심각하게 떨어졌다"고 보고했다. 그는 나아가 "회랑을 미리 차단하고

제6군에 병력과 보급품이 보충되지 않으면 탈출을 감행할 수 없다"고 주장
했다. 파울루스는 다가오는 재난의 성격을 명확하게 인지하고 있었던 것이
다. 그는 다음과 같은 간청으로 보고서를 끝맺었다. "이제 극단적 조치가 시
급합니다." 그러나 당장 가능한 조치는 하나도 없었다.

　동프로이센의 히틀러 사령부에서는 제6군을 구하기 위해 아무것도 할
수 없었기 때문에 좌절과 체념의 분위기가 감돌았다. 엥엘은 이렇게 기록
했다. "정말 암울했다. 거의 모두가 P(파울루스)가 위험을 감수하고 명령과
반대로 탈출을 감행하리라는, 말도 안 되는 희망을 버리지 못하고 있었다."
희망이 현실화될 가능성은 아주 낮았다. 그러나 엥엘은 군 사령관이라면
'자원 손실이 크더라도 다수의 병사를 탈출시켰어야 했는데'라고 생각했다.
하지만 실상은 "스탈린그라드에 어떤 후속 조치를 취해야 할지 아무도 모
르고 있었다." 전개되는 사건에 직면하여 엥엘은 아무것도 변화시킬 힘이
없었고, 총통은 "말수가 아주 줄어서 매일 열리는 상황 회의와 보고 때 말고
는 모습조차 거의 드러내지 않았다."

　연말에 호트의 제4기갑군은 출발선까지 밀려났고, 나아가 더 서쪽의 로
스토프온돈까지 후퇴해야 했다. 스탈린그라드 반격의 성공을 기반으로 소
련군이 돈 강 중류 작전을 펼치기 시작하자, 제6군의 운명은 완전히 결정되
었다. 주코프가 정확히 표현했듯이, 포위된 독일군 병력은 "구출될 가능성
이 전혀 없었고, 물자는 바닥났고, 병사들은 굶주리고 있었다. 병원은 발 디
딜 틈이 없었으며 부상과 질병으로 인한 사망률이 가파르게 상승했다. 끝
이 눈앞에 보였다."

　1932년 1월 9일, 모스크바 내 최고사령부의 명령에 따라 소련군 돈 전선
군은 제6군에 항복하라는 최후통첩을 보냈다. 파울루스는 히틀러의 지시대
로 당일에 그들의 요구를 곧장 거절했다. 만슈타인 역시 이날 항복에 반대
하는 입장이었다. 전후의 분명한 비판 여론을 잠재우기 위해서였는지 몰라
도, 그는 회고록에서 이 날짜에 항복하는 것이 부적절했던 이유를 설명하
는 데 많은 지면을 할애했다. 그러나 "모든 사령관이 자신의 입지가 가망 없
다고 여기자마자 바로 항복한다면 아무도 전쟁에서 이기지 못할 것"이라느

니 "희망이 전혀 없어 보이는 상황에서도 결국은 수가 생기는 법"이라느니 하는 진부한 문장들은 자기정당화에 별로 보탬이 되지 못했다. 그보다 훨씬 중요한 것은 그렇게 엄청난 인명을 대가로 내주면서까지 스탈린그라드 전투를 계속할 작전 수준의 논리가 있었는지의 여부다. 만슈타인이 반복해서 강조했듯이 스탈린그라드에 동부전선 남익 독일군 전체의 운명이 달려 있었다. 만슈타인의 다음 주장은 보다 근거가 탄탄했다.

이로써 우리는 항복을 거절하고 돈 집단군이 특정 시기에 이러한 행동을 지지하며 개입하지 못하게 막은 히틀러의 명령을 합리화하는 핵심에 다다른다. 제6군의 끈질긴 저항이 결국 헛된 것이었다 하더라도 —그들이 계속 싸울 수 있는 한— 여전히 그들은 전반적인 전략적 상황에서 결정적인 역할을 할 수 있었다. 제6군은 소련군을 가능한 한 오랫동안 묶어두려고 노력해야 했다.

엄밀히 말해 만슈타인의 평가는 옳았다. 제6군은 볼가 강에서 오랫동안 영웅적으로 버팀으로써 로코소프스키Konstantin Rokossovsky의 돈 전선군 예하 7개 군의 강력한 병력을 묶어둘 수 있었다. 그 병력은 제6군이 없었더라면 다른 곳에 투입되어 크나큰 성과를 거두었을지도 모른다. 그렇기는 해도 전쟁 수행을 단순히 정교한 체스 게임으로 치부해서는 안 된다. 패배한 전투를 적당한 때 종결 지음으로써 더 많은 인명 피해를 막는 인도주의적 명령이 군사적 고려사항에 우선해야 하는 것이다.

만슈타인은 죽는 날까지 독일이 스탈린그라드 전투의 결과로 인해 패배할 운명에 처한 게 아니라고 마음속 깊이 확신했다. 『잃어버린 승리』에서 그가 다룬 주요 주제 중 하나는 이 전쟁이 일종의 무승부로 끝날 수 있었다는 것이다. 지금 보기에는 환상에 불과한 견해다. 만슈타인은 전문 군인으로서는 능력이 탁월했으나 정치적으로 영악한 사람은 아니었다. 그는 신성한 조국(로디나Rodina)을 해방시킬 뿐 아니라 파시스트 침략자들을 벌하고 그들이 다시는 정복전쟁을 벌이지 못하도록 만들겠다는 스탈린과 소련 국민들의 단호한 결의를 이해하지 못하고 있었다. 그는 또한 카사블랑카 회담Casablanca conference(1943년 1월 14일~24일)에서 무조건 항복을 요구한 서방 연합국들이 독일에 품은 반감의 수준을 과소평가했다.

그러나 "당시에는 독일이 군사적 의미에서 전쟁에 패배하리라는 것을 결코 명확하게 예측할 수 없었다"고 주장한 만슈타인의 관점을 완전히 무시하는 것은 사안을 너무 단순하게 파악하는 처사다. 물론 군사력은 국력의 한 요소일 뿐이나, 1943년 초 독일은 아직까지 자국의 전시경제 잠재력을 완전히 실현하지 못하고 있었다. 알베르트 슈페어Albert Speer가 최선을 다한다는 가정 하에 전시경제의 완성은 1년이 더 걸릴 예정이었다. 게다가 국방군은 동부전선에서 심각한 손실을 입기는 했으나, 여전히 예비 병력과 장비를 얼마간 보유하고 있었다. 그것의 대부분은 아무 짝에도 쓸모없는 튀니지 방어에 낭비되거나 노르웨이와 발칸 반도 같은 부차적 전선에 분산되어 별 이득을 보지 못하고 있었지만 말이다. 만슈타인이 제기한 근본적 문제는 군사적 교착상태가 발생했을 수도 있었는지, 그리고 그것이 '정치 영역에서도 비슷한 상태'로 이어질 수 있었는지의 여부였다. 그는 "독일군 남익의 상황이 어떻게든 복구될 수 있다면 무승부로 전투를 끝내는 것도 절대 불가능하지 않다"고 생각했다. 스탈린그라드의 재앙이 벌어지던 도중에, 그리고 그 이후에 만슈타인이 쏟은 모든 노력은 바로 궁극적 승리의 추구가 아니라 패배를 면한다는 단 하나의 목표를 위한 것이었다.

제6군이 도전적으로 항복 요구를 거절한 뒤 몇 주 동안 소련군은 천천히, 그러나 분명히 독일군 방어선을 뒤로 밀어붙였다. 고립지대를 축소시키기 위한 고리 작전은 무자비할 만큼 가혹하게 수행되었다. 이 시기에 악천후와 격전으로 인해 공중 재보급마저 난항을 겪었다. 독일군 병사들은 추위에 무방비하게 노출되고 지친 상태였는데도 계속 싸웠다. 생존자들의 굶주림과 부상자들의 끔찍한 고통이 동시에 가중되고 있었다. 만슈타인은 스탈린그라드 병사들의 고통으로부터 자유로울 수 없었다. 그는 "(독일군) 최고사령부가 스탈린그라드의 용맹한 병사들에게 단 한 번의 마지막 희생을 요구한 것은 잔인한 전쟁에서 어쩔 수 없는 일이었다"고 평했다.

스탈린그라드 내부의 상황은 꾸준히 악화되었고 독일군의 손실은 위태로울 정도로 커져만 갔다. 빵 보급은 하루 200그램에서 100그램으로 줄어들었다. 말을 전부 살육하고 나서 개도 죽였다. 1월 12일과 22일에 차례로 피톰니크Pitomnik와 굴마크Gumrak 비행장을 빼앗긴 독일군에게는 불가피한 종말이 성큼 다가왔다. 더는 보급품이 유입되지 않았고, 부상자를 내보낼 수도 없었다. 1월 22일, 소련군이 독일군이 점령하고 있던 도심을 해방시키려고 연속으로 집중타를 날리기 시작하자, 이틀 뒤인 1월 24일에 파울루스는 다음과 같은 통신문을 보냈다. "요새는 이제 며칠밖에 지킬 수 없습니다. 병사들은 기력이 다했고 보급품이 도착하지 않아 장비를 움직일 수도 없습니다. 곧 마지막 비행장마저 잃고 나면 보급량은 최소 수준으로 떨어질 겁니다. 스탈린그라드 사수라는 임무를 수행할 근간이 전혀 남아 있지 않습니다." 그는 소규모 조직 단위로 탈출할 수 있도록 허가를 요청했다. 그러나 응답으로는 돌아온 것은 퉁명스러운 전갈이 다였다. "탈출에 대해: 최종결정권은 총통에게 있다." 하지만 총통은 끝까지 지시를 내리지 않았다.

막바지에 이르자 만슈타인은 스탈린그라드에서 아무리 희생을 치러도 소용이 없음을 깨달았다. 그는 파울루스가 항복 협상을 시작할 수 있게 해달라고 히틀러에게 강한 압박을 가했으나 단도직입적인 거절만이 돌아왔다. 같은 날(1943년 1월 24일) 소련군이 마지막까지 무너지지 않았던 전선을 돌파했고, 스탈린그라드에 남아 있던 독일군은 3개 무리로 분열되었다. 그로부터 1주일 안에 (소련군에게 생포되지 말라는 동기 부여로서 원수로 진급된) 파울루스와 그의 직속 참모들은 최후까지 사령부로 쓰고 있던 붉은 광장Red Square의 우니베르마크Univermag 백화점에서 항복했다.

역사의 가장 큰 아이러니 중 하나가 바로 이날 스탈린그라드의 적대행위 중단을 주선한 인물이 세바스토폴 방어전의 영웅이자 당시 소련 제64군의 참모장이었던 이반 안드레비치 라스킨Ivan Andreevich Laskin이었다는 사실이다. 2월 2일, 북쪽 고립지대에 남아 있던 제11군단의 마지막 병사들이 방어를 포기하자 총소리가 잠잠해졌다. 이때 붙잡힌 9만 명의 독일인 가운데 조국 땅을 다시 밟은 이들은 5,000명뿐이었다. 전투는 중단되었으나, 소련 전쟁포로수용소에서는 스탈린그라드에서 벌어진 일들이 또다시 재현되었다.

추위, 질병, 영양실조가 그대로 되풀이되는 가운데 그중에서 가장 강하고 유독 운이 좋은 자들만이 살아남았다.

만슈타인은 스탈린그라드를 해방시키려고 최선을 다했다. 병력이 부족했던 탓에 구출 시도가 실패했을 때 그는 군사적 논리에 따라, 그리고 히틀러의 지시에 따라 제6군에게 스탈린그라드 내에서 버티고 싸우라고 요구할 수밖에 없었다. 공중보급이 불가해지고 더 이상 저항을 이어나갈 군사적 근거가 사라지자 그는 뒤늦게나마 총통에게 항복에 동의하라고 요구했다. 만슈타인은 독일 지도자의 역할에 대해 이렇게 적었다.

히틀러가 희생양을 찾으려 들지 않고 전적으로 책임을 떠안은 것은 분명히 잘한 일이었다. 그러나 유감스럽게도 우리는 총통이 본인의 지휘 실수로 인한 패배로부터 미래를 위한 어떠한 결론도 내리지 못하는 상황에 직면해 있다.

스탈린그라드 전투의 결과, 히틀러는 1943년 초에 작전을 세세한 부분까지 통제하려는 욕심을 잠시 접었다. 그 덕에 독일군은 소련이 공격하기 전에 노출된 데먄스크와 르제프 돌출부의 병사들을 제때 대피시킬 수 있었고 계속 갈구했던 예비대를 편성할 수 있었다. 만슈타인 또한 이 상황을 활용하여 동부전선 남익을 3월 말까지 안정화시켰다. 그러나 기동의 충분한 자유 없이 그가 순간적이나마 작전 성공을 거둘 수 있었을지는 의문이다.

총통으로부터 어떠한 기동의 유연성도 허가받지 못한 만슈타인은 점차 진이 빠져갔다. 히틀러의 전쟁 방식에 대해 좌절감이 커져가던 그 시기에 그는 여러 번 사직을 고민했다. 히틀러로부터 제4기갑군의 긴급한 보강 요구를 거절당한 1943년 1월 5일, 그는 차이츨러에게 사의를 밝혔다.

이런 제안들이 승인되지 않고 집단군 사령부가 계속 종전과 같은 수준으로 묶여 있다면, 내가 돈 집단군 사령관으로 계속 있을 이유가 없다고 생각합니다. 사정이 그러하니 내 자리를 병참감 같은 하위 관리자가 대체하도록 하는 것이 더 적절할 것 같습니다.

히틀러는 그의 요청을 거절했다. 1월 말에 제6군의 항복을 허가해달라는 요구를 총통이 거부했을 때 곪은 상처가 다시 한 번 터졌다. 만슈타인의 부하들은 다시 한 번 그에게 사임하지 말라고 조언했다. 만슈타인의 설명에 따르면, 그의 '가장 긴밀한 협력자'였던 부세는 1942년에 이렇게 말했다고 한다. "내가 (만슈타인에게) 병사들을 위해 남으라고 계속 부탁하지 않았더라면 그는 이미 한참 전에 히틀러에게 사의를 표했을 것이다."

만슈타인은 퇴진 의사를 내비쳤으나, 한편으로는 히틀러가 자신의 사임을 허가하지 않으리라 생각하고 있었다. 옳은 추측이었다. 총통은 그 뒤로 한 해 동안은 그가 필요하다는 것을 알고 인내심을 발휘했다. 그리고 집단군 사령관이었던 만슈타인에게는 더 큰 직업적 야망이 있었다. 그는 자신이 차이츨러나 카이텔의 자리를 넘볼 자격이 충분하다는 것을 알았고, 경우에 따라서는 동부전선 전체의 지휘를 맡을 수도 있다고 여겼다. 동부전선을 총괄하는 사령관의 필요성은 작전 수행을 비판했던 많은 독일군 장군들이 공통적으로 인정하고 있었다. 예컨대 헤르만 발크Hermann Balck는 1943년 2월 17일 일지에 "육군 전체가 보편적으로 바라고 있는 해법은 만슈타인이 동부전선 최고사령관을 맡는 것"이라고 적었다.

만슈타인이 사임하지 '않는' 이유에 대해 덧붙인 말은 지금까지도 관심의 대상이 되고 있다. 그는 고위 사령관은 "일반 병사와 달리 아무 때나 짐을 싸서 집에 갈 수 있는 것이 아니다"라고 결론을 내렸다. "전장의 군인은 정치가와 달리 일이 잘못되거나 정부가 택한 행로가 자신의 입맛에 맞지 않는다고 해서 곧바로 밴드왜건band-wagon에서 내릴 수 있는 자유가 없다. 군인은 지시된 시간과 장소에서 싸워야만 한다." 이는 민주주의체제의 정치인에게는 옳은 말이다. 그러나 히틀러와 같은 독재자들은 물러나는 법이 없다. 독재자들은 대개 자연사할 때까지 정치계에 붙어 있거나, 이른 시기에 비참한 최후를 맞게 마련이다.

1943년 초, 소련군이 공세를 재개한 결과로 동부전선 남익이 분열되는 것을 막기 위해 만슈타인은 히틀러와 여러 번 아주 힘겨운 싸움을 벌여야 했다. 그는 처음 돈 집단군 지휘를 맡았을 때부터 이 문제와 씨름하고 있었다. 스탈린그라드는 함락 직전이었으므로 문제 해결이 그 어느 때보다도 시급했다. 국방군과 동부전선에서 보다 일관된 지휘체계를 만들어내야 한다는 것이 핵심이었다.

스탈린그라드 함락 이후 찾아온 중요한 방문자들

1943년 1월 26일 오후, 아조프 해안의 항구도시 타간로그Taganrog에 위치한 돈 집단군 사령부로 방문자 3명이 만슈타인을 찾아왔다. 히틀러의 제1부관인 루돌프 슈문트 중장, 1920년대에 드레스덴에서 만슈타인과 함께 복무하여 서로 말을 놓고 지내는 오랜 친구 에리히 펠기벨Erich Fellgiebel 장군, 그리고 만슈타인과 초면인 소령 클라우스 솅크 그라프 폰 슈타우펜베르크 Claus Schenk Graf von Stauffenberg 백작이었다. 마지막 방문자인 슈타우펜베르크는 베를린에 위치한 육군 참모본부의 편제과 소속 참모장교로서, 그로부터 18개월 뒤인 1944년 7월 20일에 폭탄을 설치하여 히틀러 암살을 꾀하나 아슬아슬하게 실패한다. 슈타우펜베르크가 이날 만슈타인을 방문한 대외적 목적은 차이츨러의 허가 하에 러시아인 의용대 육성을 논의하기 위해서였다. 그러나 만약 그의 진짜 의도가 히틀러에 대한 레지스탕스 가담을 놓고 만슈타인의 의향을 알아보는 것이었다면, 그는 퍽 실망한 채로 타간로그를 떠났을 것이다.

타간로그는 리투아니아의 타우로겐Tauroggen과 첫 글자가 같아 말장난을 칠 수 있다. 타우로겐은 1812년 12월 30일 프로이센과 러시아군 사이에 협정이 맺어진 곳이자 해방전쟁에서 프랑스 점령에 맞서 프로이센 봉기가 일어난 곳이기도 했다. 슈타우펜베르크는 만슈타인과의 대화에서 분명히 '타우로겐'이라는 단어를 언급했다고 전해진다. 대체 무엇을 암시하려는 것이었을까? 슈타우펜베르크가 만슈타인에게 소련인들과 교섭하라고 부추겼을 리는 없다. 그보다는 슈타우펜베르크가 독일의 정치적 행보에 변화를 불러오기 위해 원수의 충성심에 호소하고 있었을 가능성이 훨씬 높다.

만슈타인과 슈타우펜베르크 사이의 사적인 대화에서 어떤 말이 오갔는지는 영영 알 수 없을 것이다. 그럼에도 두 사람의 회동은 군부 내 히틀러 반대파의 역사에서 거의 전설적인 지위를 차지하고 있다. 슈탈베르크는 당시에 반쯤 열린 문을 통해 엿들은 대화 내용을 40년 뒤에 회상하여 기록했다. 그에 따르면, 두 사람은 총통이 최고사령부를 떠나야만 하는지, 그리고 강제로 그렇게 할 수 있는지를 놓고 격렬한 말다툼을 벌였다고 한다.

사실을 토대로 이날의 일을 살펴보면, 만슈타인의 방문자 3명은 사령부에서 각기 다른 회의에 참석했다. 만슈타인 원수는 개인 전쟁일지에 방문자들에 대해 아주 간략한 메모만을 남겼을 뿐 정확히 누가 그 자리에 있었는지는 밝히지 않았다.

슈문트는 펠기벨과 슈타우펜베르크와 함께 찾아왔다. 나는 긴 대화를 나누며 통일된 국방군 지휘구조의 필요성을 분명히 이해시키려고 애썼고, 총통이 자신이 진짜 신뢰하는 인물을 참모총장에 앉힐 것이라고 말했다. 나는 두 가지 이유에서 총통이 육군 지휘를 포기해야 한다는 생각은 완전히 오산이라고 역설했다. 첫째로 히틀러가 그런 제안을 받아들일 리 없었고, 둘째로 어차피 모든 것이 그의 개인적 신뢰에 달려 있었다.

여기에는 페터 호프만Peter Hoffman이 『독일 레지스탕스사History of the German Resistance』에서 주장한 바와 같이 그날 히틀러에 대한 쿠데타가 논의되었다는 암시는 없다. 그러나 만슈타인이 사적 대화에서 오간 내용을 전부 일지에 기록할 정도로 무모한 사람은 아니었다.

만슈타인이 언급하지 않은 것은 그가 슈문트와 다른 인물들을 맞은 '뒤에' 슈타우펜베르크와 두 번째 사적인 회동을 가졌다는 사실이었다. 슈탈베르크는 두 사람이 첫 번째 회동에서 단둘이 있었다고 주장했으며, 두 번째 회동의 존재에 대해서는 확언하지 않았다. 한스 브라이트하우프트Hans Breithaupt는 이날 벌어진 일에 대해 매우 신빙성 있는 설명을 내놓았다. 만슈타인의 참모장교였던 라반 폰 칸슈타인Raban von Canstein 남작은 그날 저녁 상관인 에버하르트 핑크Eberhard Finckh와 슈타우펜베르크를 만났다. 그는 그날 만슈타인 원수와의 대화 후 슈타우펜베르크가 보인 즉각적인 반응을 떠올리며 만슈타인이 독일의 정치 지도자를 바꾸려는 어떠한 행동도 실현 불가능함을 강조했다고 기억했다. 내적으로 "그것은 독일 국민에게 시기상조"였고, 외적으로는 최근 연합군이 카사블랑카에서 "무조건 항복을 선언했기 때문에 때가 너무 늦었다."

슈타우펜베르크는 소기의 목적을 달성하지 못하고 빈손으로 사령부를 떠났다. 다음날 만슈타인은 아내에게 쓴 편지에 수수께끼 같은 문장을 적었다.

어제 슈문트와 펠기벨이 이곳에 찾아왔고, 슈타우펜베르크 백작도 함께 왔소. 슈문트와 아주 긴 토론을 나누었는데, 그로부터 뭔가 결과가 나오기를 바라오. 다른 이들 역시 마치 내가 그들의 걱정거리를 해결해줄 수 있다는 듯이 문제를 잔뜩 꺼내놓았소. 신뢰란 언제나 몹시 감동적이지만, 내 힘으로 어찌할 길이 없고 실현 가능성도 없는 일을 내가 어찌 바꿀 수 있겠소.

1월 27일, 만슈타인은 슈문트 및 펠기벨과 함께 전날과 같은 문제를 놓고 다시 토론을 벌였다. 그의 일지에는 "펠기벨은 내가 총통에게 참모총장직을 요구하기를 바랐다"라고 기록되어 있다. 그러나 만슈타인은 이런 접근법을 거부했다. "참모총장직이란 내가 요구해서 얻어낼 때가 아니라 내게 주어질 때 의미가 있는 것이다. 그보다 덜 중요한 작전 수준의 제안조차도 충분한 신뢰가 있어야만 수용되지 않는가."

만슈타인은 움직이지 않았다. 스탈린그라드의 운명이 정해져버린 이때 만슈타인은 동부전선 남익을 위기에서 탈출시키는 데 초점을 맞춰야 했다. 제6군이 항복한 날, 그는 아내를 위로하며 "스탈린그라드 내의 많은 병사들이 내게 실망할 것"이라는 그녀의 걱정이 "조금도 중요하지 않다"고 적었다. 그는 이렇게 말을 이어나갔다. "많은 이들이 내게 희망을 품고 있었다는 건 사실일지 모르오. 어떤 이들은 이 상황을 해결할 수 있는 사람이 있다면 그건 나뿐일 거라고 편지를 쓰기도 했소." 그러나 만슈타인은 구출작전이 어차피 실패할 운명이었음을 인정했다. "아무리 해도 상황을 개선시키기란 불가능했소. 당신도 그 점만은 확실히 믿어도 되오." 이틀 뒤 그는 다시 스탈린그라드 함락에 대해 편지를 썼다. 이 편지에서 그는 제6군이 탈출하지 못한 이유나 구출 병력이 제6군과 연계하지 못한 까닭은 언급하지 않고, 주로 공군의 충분한 전투 지원 및 보급품 공중보급을 막은 악천후 탓을 했다. "악천후를 비롯하여 몇 가지 요소들은 내 영향력 범위 밖에 있었다."

경쟁적인 작전

누가 봐도 독일군이 직면한 전략적 상황은 아주 심각했다. 1943년 1월 중순, B집단군 휘하에 있던 헝가리 제2군과 이탈리아군 제8군의 남은 부대마저 돈 강 상류에서 괴멸되자, 보로네시 구역을 방어 중이던 독일군 제2군 아래쪽에 상당한 빈틈이 생겼다. 남쪽의 A집단군은 로스토프를 향해 북쪽으로 밀려나고 있었고 만슈타인의 돈집단군, 그중에서도 제4기갑군은 도하의 가능성을 열기 위해 돈 강 교량을 지키려 애썼다. 제4기갑군을 제외한 병력(홀리트 파견군과 프레터-피코Fretter-Pico 집단군)은 보로실로프그라드Voroshilovgrad(현 루간스크Lugansk)로 진군하는 소련군을 막으며 후방의 도네츠 강 중류에서 지연전을 벌이고 있었다.

소련군이 보기에 독일군 동부전선의 남익 전체는 붕괴 직전이거나 이미 붕괴되고 있는 상황이었다. 소련에서는 당연히 낙관주의가 피어나기 시작했다. 당시에 한 분석 전문가가 조사한 바에 따르면, 소련군 스타브카는 이제 공세를 가속화하여 독일군을 드네프르 강까지, 혹은 그보다 더 멀리까지 밀어낼 계획을 고려 중이었다. 보다 구체적인 계획은 다음과 같았다(723쪽 지도 10 참조).

1월 20일에서 23일 사이에 스타브카는 목적을 달성하기 위해 작전계획 2개를 승인했다. 첫째는 암호명 '질주' 작전Operation 'Skachok'(Gallop)으로, 돈바스Donbass 지역을 해방시키고 독일군을 드네프르 강 건너로 밀어내는 것이 목표였다. 둘째는 암호명 '별' 작전Operation 'Zvezda'(Star)으로, 하리코프를 해방시키고 독일군을 최대한 서쪽으로 밀어내는 것이 목표였다. 소련군이 최종적으로 스탈린그라드 고립지대를 좁혀나갈 준비를 하는 동안 2개 전선군이 동시에 작전을 펼칠 것이다. 동부전선의 다른 곳에서는 이미 지원공세가 개시되었다.

지금까지의 성공에서 얻은 추진력을 이용해 독일군을 더욱 약화시키기 위해 스타브카는 새로운 공세를 작전 중단 없이 수행해야 한다고 명령했다. 따라서 전선군의 군, 군단, 사단은 교체 병력을 거의 받지 못했고, 재장비 및 재보급을 받을 시간조차 없었다. 소련군에게 더 심각한 제약은 스탈린그라드의 독일군이 항복하기 전에는 포위전에 병력이 다수 묶인 상황이라 작전 수준에서 의미 있는 예비대가 없었다는 것이다. 그러나 소련군은 양쪽 작전 모두에서 수적 우세만큼은 분명히 보장받을 수 있었다.

질주 작전(돈바스 작전Donbass Operation으로도 불린다)의 선봉에는 바투틴의 남서전선군이 섰다. 북쪽에서는 보로네시 전선군이, 남쪽에서는 남부전선군이 이들을 지원했다. 별 작전(하리코프-쿠르스크 작전Kharkov-Kursk Operation으로도 불린다)은 F. I. 골리코프Golikov 장군의 보로네시 전선군이 단독으로 맡았다. 질주 작전은 1월 29일에, 별 작전은 그로부터 닷새 뒤에 개시되었다. 만슈타인은 물론 소련군의 계획을 세세한 부분까지 알지 못했으나, 스타브카의 의도는 대강 파악하고 있었다. 계획이 '아주 노골적이었기' 때문이었다. 그는 독일군 남익이 단절되어 아조프 해나 흑해까지 밀려나게 될까봐 두려워하고 있었다. 만슈타인이 볼 때 독일군 남익의 단절부는 독일군 최고사령부가 '은쟁반에 담아' 소련군에게 거저 준 것이나 다름없었다. 소련군이 이 기회를 활용한다면 "동부전선의 전체 운명은 당장이든 나중이든 정해진 것과 같았다." 따라서 전략적 문제의 핵심은 소련군이 A집단군과 돈집단군을 덫에 빠뜨리는 데 성공하느냐, 아니면 만슈타인이 그러한 재난을 피해가느냐 하는 것이었다.

만슈타인은 전쟁과 자신의 군 경력에서 아주 중요한 이 단계에서 자신의 고차원적인 리더십을 발휘해야 하는 여러 난관에 봉착했다. 그는 이용 가능한 제한된 선택 방안으로 소련군의 공세작전에 대항해야 했고, 필요한 결정과 계획에 필수적인 자원을 얻어내기 위해 히틀러와 계속해서 싸워야 했다. 회고록에서 그는 이 시기의 활동을 각 '단계'로 나눠 기술했다. 그러나 '단계'라는 말을 사용할 때는 주의가 요구된다. 그것은 서로 빈틈없이 맞물리는 여러 단계들로 구성된 일관된 전역 계획이 있었다는 것을 내포하기 때문이다. 그러나 당시 독일군에게 그런 전역 계획은 없었다. 만슈타인은 단지 지난 일을 되돌아보며 서술의 용이성을 위해 '단계'라는 단어를 사용했을 뿐이다.

스탈린그라드 사수가 불가능해지고 제6군이 패할 것이 분명한데도, 만슈타인은 모든 역경에도 불구하고 '심각한 위기를 승리로 탈바꿈시킬' 한 가지 방법이 있음을 깨달았다. 그의 작전계획은 독일군이 이 지역을 소련군에게 내주고 그가 선택한 특정 지역으로 소련군이 과도하게 확장해가도록 유인하는 것이었다. 소련군의 공세가 끝났을 때, 그는 적시에 특정 장소에서 소련군의 노출된 측면을 노려 반격을 가함으로써 허를 찌를 계획이었다. 이러한 '백핸드 공세Schlagen aus der Nachhand(의도적으로 후퇴한 뒤 벌이는 역습)'의 성공 가능성은 캅카스, 돈 강 하류, 도네츠 강, 그리고 서쪽으로 멀게는 드네프르 강 하류에서의 퇴각에 달려 있었다. 만슈타인은 전선의 길이를 줄임으로써 절약할 수 있는 병력을 하리코프 근방에 집결시킨 뒤 "추격해오는 소련군을 바다 쪽으로 밀어붙여서 괴멸시키는 포위작전"에 투입한다는 계획을 세웠다. 이처럼 갑자기 방어에서 공세로 세게 전환하는 계획은 클라우제비츠Carl von Clausewitz가 '번득이는 복수의 칼날'이라고 아주 생생하게 묘사한 전술을 모방한 것이었다.

이 기본 작전 개념은 만슈타인이 처음 계획했던 것처럼 대규모로 이루어지지는 못했으나, 어쨌든 1943년 2월과 3월에 수행되어 동부전선의 남익을 여름까지 안정화시킨 일련의 반격에 지적 자극제 역할을 했다. 만슈타인이 바라던 대로 A집단군, B집단군, 돈 집단군을 전부 포함한 대규모 기동을 계획하고 수행할 자유가 있었더라면, 동부전선에서 독일군은 패하지 않았을지도 모른다. 그는 1943년 1월 초와 3월에 육군 최고사령부에 자신의 견해를 전달했으나, 히틀러는 과감한 만큼이나 위험한 작전을 결코 승인하지 않았다. 1942년 여름에 큰 피해를 감수하고 점령한 땅을 곧바로 포기한다는 것은 독일 지도자의 본능에 반하는 것이었다. 이런 식의 반격은 히틀러의 작전적 이해 수준을 넘어선 것이기도 했다. 따라서 만슈타인은 정교하게 설계된 전역 계획을 실시하지 못하고 그때그때 즉석에서 작전을 펼수밖에 없었다. 그가 결정하고 지시한 것 대부분은 적군에게 몰리고 시간의 압박을 받는 이중고 속에서 아슬아슬한 마지막 순간에, 때로는 뒤늦게 큰 위험을 무릅쓰고 히틀러로부터 결정을 이끌어내어 즉흥적으로 이루어졌다.

총통은 어떠한 자진 철수도 격렬하게 반대했다. 특히 돈 강 분지처럼 제3제국이 공업적으로 유리하게 활용할 수 있는 지역은 두말할 것도 없었다. 만슈타인은 이러한 총통에 맞서 자신의 대계획의 일부 해법만을 달성할 수 있었다. 그중에는 북익과 남익에 방어선을 구축해 하리코프와 미우스Mius 진지를 사수하고, 북익과 남익 사이의 깔때기 모양으로 형성된 빈 공간으로 적군을 끌어들이는 한편, 도네츠 강과 드네프르 강 사이에 반격을 위한 충분한 타격력을 확보하기 위해 그의 기동부대를 동쪽에서 서쪽으로 이동시킨다는 방안도 포함되어 있었다. 이러한 합동기동 계획을 실행에 옮기기 위해 공군 및 육군 병력을 한데 집결시키는 것은 위험천만한 모험이었다. 계절은 도로와 철도 시설을 마음껏 이용할 수 없는 한겨울이었고, 소련군은 만슈타인이 움직이지 못하도록 계속해서 공격과 위협을 가하고 있었다.

만슈타인의 반격은 작전 및 병참 계획 측면에서 그리고 육군과 공군의 합동작전 측면에서 걸작임이 입증되었다. 제2차 세계대전에서 이보다 더 좋은 기동 사례는 찾아보기 힘들다. 따라서 이는 훗날 독일 참모본부 연구에서 인기 있는 주제이자 독일 연방군Bundeswehr은 물론 미 육군에서도 논의의 대상이 되었다. 냉전 시대에 우세를 점하고 있던 소련에 대처하는 유용한 접근법(또는 명백한 해법)으로 보였기 때문이었다. 영국군 장군으로서 훗날 원수의 자리에 오르는 나이절 배그널Nigel Bagnall 경 역시 만슈타인의 유연한 기동방어법에서 영감을 얻어 1980년 중반에 독일 내 영국군 제1군단과 나토NATO 북부집단군의 작전 접근법을 성공적으로 수정했다.

만슈타인이 처한 문제와 그의 참신한 해법을 완전히 이해하기 위해서는 고전적인 작전 요소인 병력, 공간, 시간을 고려하는 것이 도움이 된다.

제6군과 동맹군 소속 4개 군을 잃은 뒤 독일군은 심각한 수적 열세에 몰렸다. 만슈타인은 회고록에서 이 점을 크게 부각시켰다. 1943년 3월 말 그가 남부집단군(전前 돈 집단군)에서 재량껏 가용할 수 있는 사단은 32개였다. 반면 소련군은 "소총병사단, 기갑 또는 기계화보병여단, 기병사단을 비롯하여 341개에 달했다." 따라서 그는 소련군의 평균 전투력이 독일군에 비해 낮았음을 감안하더라도 전체적으로 7 대 1이나 되는 불리한 병력비로 싸워야 했던 셈이다. 그러나 최근의 연구 결과, 이 수치는 과장된 것으로 판명되었다. 예를 들어 질주 작전 개시 시점에 소련군 대 독일군의 병력비는 보병의 경우 2 대 1, 전차의 경우 4 대 1이었다. 그렇기는 하지만 소련군은 국지적으로, 특히 핵심 돌파지역의 경우 10 대 1에 이르는 높은 우세를 점해야 한다는 군사교리를 추구했고 대개 그 목표를 달성했다. 전투력을 양적으로 비교할 때는 장비, 물류, 교리, 훈련, 지휘의 질 역시 신중히 고려해야 한다. 제2차 세계대전의 이 단계에서 그리고 그 이후에 독일군은 전략과 작전 수준에서 굉장히 큰 제약을 받고 있었으나, 여전히 '전술' 수준에서는 대부분의 경우 소련군, 영국군, 미군보다 우세했다.

1943년 첫 세 달 동안 소련군과 독일군은 로스토프온돈 남쪽에서 캅카스에 이르는 남쪽 지역을 제외하더라도 꽤 넓은 지역을 무대로 경쟁적인 작전을 펼쳤다. 북쪽의 하리코프에서 남쪽의 아조프 해까지는 대략 700킬로미터, 동쪽의 돈 강이 크게 굽어지는 지점에서 서쪽의 드네프르 강 하류, 드네프로페트로프스크Dnepropetrovsk와 자포로제Zaporozhye의 교량까지는 400킬로미터가 넘는 거리였다. 여기에는 도네츠 분지(돈바스Donbass)의 중요한 석탄 및 철강 산지와 도네츠크Donetsk(전 스탈리노Stalino) 근방의 스모그로 가득한 공업도시 지역이 포함되어 있었다. 이 지역을 가로질러 남동쪽으로 흐르는 도네츠 강은 로스토프 북동쪽 100킬로미터 지점에서 돈 강에 합류했다. 도네츠 강 서쪽으로는 보다 작은 미우스 강이 타간로프 근처 아조프 해를 향해 남쪽으로 흘렀다. 이 드넓은 전투지대는 전체적으로 약 28만 제곱킬로미터에 달했으며, 우크라이나 땅의 동쪽 절반을 차지했다. 영국 영토보다는 넓지만 폴란드 영토보다는 작은 면적이었다.

만슈타인은 계속해서 시간에 쫓기고 있었다. 히틀러가 언제나 결정을 늦게, 때로는 너무 늦게 내렸기 때문이었다. 캅카스에서 제1기갑군을 철수시키는 결정을 오래 끈 것이 가장 대표적인 사례다. 따라서 만슈타인은 해빙기가 가까워져 대부분의 기동이 불가능해지는 3월 말까지 시간과 다퉈야 했다. 그는 소련군이 드네프르 강 교량과 로스토프의 요충지인 돈 강 교량을 점거하여 독일군이 계획한 대기동을 혼란에 빠뜨릴까봐 크게 걱정하고 있었다. 드네프르 강 하류의 자포로제는 돈 강 유역 카산카야Kasankaya의 소련군 전선에서 420킬로미터 떨어져 있었다. 만슈타인은 자신의 주장을 관철시키기 위해 소련군이 이와 같은 작전을 펼 가능성을 1941년 6월 자신이 제54군단을 앞세워 나흘 만에 기갑부대로 틸지트Tilsit에서 드빈스크Dvinsk까지 돌진한 경험과 비교했다. 그 당시 만슈타인은 "돈 강에서 이탈리아군이나 헝가리군이 저항했던 것보다 훨씬 더 거세게 저항한 적군에 맞서 싸웠다."

지휘와 기동의 문제

만슈타인이 도네츠 강과 드네프르 강 사이에서 소련군의 공세를 막아내고 나아가 패퇴시킨다는 계획을 달성할 수 있느냐 하는 것은 히틀러로부터 최대한 기동의 자유를 얻어내는 데 달려 있었다. 이와 동시에 그는 예하 부대의 기동의 자유도 지켜내야 했다. 그의 회고록『잃어버린 승리』는 그것 자체로 역사적 가치가 있다는 것 외에도 작전 지휘의 어려움을 잘 분석했다는 점에서 상당히 유용하다. 현대 분쟁에서는 작전의 배경, 규모, 범위가 만슈타인의 시대와 크게 다르지만, 오늘날 그의 분석을 반추해보는 것은 큰 이점이 있다. 대부대 수준(군단 이상 급)에서 대규모 전투 작전을 계획하고 수행하는 담당자들은 치열한 전투의 경험에서 비롯된 그의 실용적 조언에 귀를 기울임으로써 많은 교훈을 얻을 수 있다.

만슈타인은 1943년 초에 자신이 거둔 성공이 군 및 집단군 사령관과 참모들이 독일군의 두 가지 지휘 원칙을 고수한 덕분이라고 주장했다. 첫째는 "기동적이고 유연한 방식으로 작전을 수행할 것", 둘째는 "각급 사령관에게 최대한 주도권을 주고, 독립적으로 부대를 운용할 수 있도록 할 것"이었다. 만슈타인은 오랜 전통을 가진 이 두 원칙이 히틀러의 사고방식과는 크게 어긋나는 것이었다고 강조했다. 실제로 총통은 "자꾸 멋대로 구체적인 명령을 내림으로써 하위 사령부의 작전에 끼어들고자 했다." 일반 독자들과 신설 연방군 구성원에게 도움을 주려는 의도였는지 모르지만, 만슈타인은 두 번째 원칙에 대해 자세히 기술했다. 영국군이 임무형 지휘Aufragstaktik라고 이름 붙인 이 원칙은, 만슈타인이 이미 여러 번 이에 대해 설명한 바 있었다.

만슈타인은 전쟁 내내 독일군 전통의 지휘법을 고수하려 애썼으나, 히틀러의 노골적인 반대를 이기지 못했고, 궁극적으로는 실패했다. 만슈타인은 이에 대해 긴 인용을 덧붙였다.

독일군의 특장점은 언제나 예하 부대 사령관들에게 넓은 범위에서 독립적으로 움직일 자유를 주는 것, 즉 임무를 맡기되 수행의 방법은 사령관의 자유재량에 맡기는 것이었다. 아득한 옛날부터, 적어도 대몰트케Moltke the Elder 시대부터 독일군과 다른 나라 군대의 차이가 바로 이 원칙이었다. 다른 나라 군대는 전술 및 작전 수준에서 예하 부대 사령관에게 같은 수준의 재량권을 주기는커녕, 언제나 길고 세세한 지시사항으로 명령을 수행할 방식을 규정하거나 특정한 틀에 맞춰 전술 행위를 하도록 만드는 경향이 있다.

이와 대조적인 독일군의 방식에 대해 전문가인 만슈타인은 다음과 같이 설명했다.

……이는 사실 독일인의 국민성에 근거한 것이다. 독일인의 '맹목적 복종'에 대한 헛소리가 떠돌지만, 실은 정반대다. 독일인들은 개성이 강하고, 게르만 혈통의 유산 덕분인지 위험을 감수하는 데서 즐거움을 찾는다. 예하 부대 사령관들에게 이만큼 독립성을 부여한다는 것은 당연히 군사 위계 내의 모든 구성원

들이 (피와 살에) 전술 및 작전의 원칙을 새기고 있음을 전제로 한다. 어쩌면 이 와 같은 일관된 관점은 독일 참모대학만이 만들어낼 수 있는 것인지 모른다.

오늘날 누군가는 독일군만이 임무형 지휘를 수행할 수 있다는 견해에 대해 이의를 제기할지도 모른다. 그러나 주어진 권한의 틀 내에서 ―무모한 도박이 아닌― 계산된 위험을 기꺼이 감수하는 것이 이러한 임무형 지휘의 독특한 특징이다. 임무를 위임받은 독립심이 강한 사령관들은 주도권을 잡기를 원하고 목적에 따라 행동하는 동시에 상위 부대 사령관의 폭넓은 의도를 따라야 한다.

만슈타인이 고위 사령관이 예하 부대의 지휘에 개입할 가능성마저 아예 차단한 것은 아니었다. 모든 부하들의 역량이 동등하지 않고 특히 자세한 지시가 필요한 상황도 있기 때문이다. 그러나 만슈타인은 '과잉 지시'에 대해 분명히 경고했다. "상황이 복잡하고 가용 가능한 병력이 적을수록 (사령관은) 부하들의 일에 끼어들고 싶은 유혹을 느끼게 된다." 상부의 간섭은 무엇보다도 만슈타인 본인이 진저리나게 싫어하는 것이었다. 따라서 그는 예하 부대 사령부에 책임지지 못할 '비공식 조언'을 건네지 말라고 조언했다. 이는 "모든 주도권을 죽이고, 책임을 감추기 때문"이었다.

만슈타인은 집단군 사령부 내에서 어쩔 수 없는 긴급한 경우에만 자신이나 참모가 예하 군의 작전에 개입했다고 주장했다. 이 점에 있어서 그의 진술은 믿을 만하다. 대조적으로 히틀러(그리고 그의 지시에 따른 육군 최고사령부)는 밥 먹듯 과잉 지시를 내렸다. 더욱 절망적인 것은 히틀러가 "한시가 급한 결정을 내리는 데 있어 꾸물거리기 일쑤"였다는 사실이었다. 이 문제를 해결하기 위해 만슈타인과 참모들은 오래된 술수를 사용하곤 했다. 그들은 정해진 일시까지 상부의 지시가 도착하지 않으면 자기 재량껏 행동하겠다고 보고했다. 만슈타인은 조심스러웠는지 이러한 행동이 장기적으로 자신의 사령부와 육군 최고사령부 사이에 상호 이해와 신뢰를 향상시켰는지에 대해서는 회고록에 남기지 않았다.

일부 고위 사령관들은 이웃 부대의 흠을 잡곤 했다. 특히 타 부대의 행동으로 인해 자신들의 계획이 악영향을 받은 경우 그러했다. 만슈타인은 특히 A집단군이 캅카스에서 너무 늦게 철수한 것을 크게 비판했다. 히틀러가 중요한 결정을 1942년 12월 29일까지 미룬 결과, 1943년 1월 말 제1기갑군은 아직 로스토프에서 돈 강을 도하하여 도네츠 강 중류에 집결하기 전이었다. '도약' 계획'leapfrog' plan의 전제조건을 달성하지 못한 것이었다. 그나마 작은 위안은 제1기갑군의 북쪽 절반이 1월 27일 만슈타인의 휘하로 들어왔다는 것이었다. 그 덕분에 시급했던 제4기갑군 및 홀리트 파견군과의 합동작전이 용이해졌다. 만슈타인은 남쪽에 인접해 있던 부대를 직접 거론하며 사령부와 병사들이 방어 진지 내에만 너무 머물러 있고, 그 안에서 편안함을 누리려 한다고 비난했다. 계절이 겨울이었기 때문에 특히 더 그랬다. 만슈타인은 이것을 "기동작전이 정적인 전쟁으로 악화될 때마다 불가피하게 시작되는 경화 과정"이라고 설명하며 그로부터 비롯되는 결과를 신랄하게 비판했다. "병사와 부대 참모들은 기동전 중 매일같이 일어나는 변화에 빠르게 적응하는 기술을 잃어버리게 된다."

기동전에서는 고정된 전선이랄 것이 거의 없고, 진취적인 적이라면 빈틈을 활용할 수 있기 때문에 어떠한 사령부도 육상이나 공중 공격에서 안전하지 못하다. 일례로 1943년 1월 7일에 노보체르카스크Novocherkassk에 있던 돈 집단군 사령관과 참모들을 놀라게 만드는 상황이 발생했다. 돈 강 북안에서 20킬로미터 거리에 약한 1개 소련군 부대가 나타난 것이었다. 북안을 지키고 있던 코사크인 부대와 세관 및 국경경찰은 어디에도 보이지 않았다. 만슈타인은 참모부의 한 대위에게 근처 기갑 작업장에서 급조한 전차를 주어 소련군을 뒤쫓게 했다. 이는 뜨거운 전투의 한가운데에서 간단하지만 효율적인 방편이었다.

여기에는 현대에도 통하는 군사 운용의 교훈이 담겨 있다. 평화유지를 목적으로 한다 해도(심지어 반란진압작전이라 해도) 고정된 사령부와 부대 막사를 세우고 유지하는 것이 현명하다. 그러나 대규모 전투 작전에서는 꼭 그렇지만은 않다. 모든 부대와 부대 사령부(적어도 부대 내 '전방' 부대)는 전투형과 병참형을 막론하고 빠르고 효율적으로 움직일 수 있는 능력을 갖추어야 한다. 이런 면에서 만슈타인은 언행일치했다. 소련군의 압박 속에서 작전계획을 전개하기 위해 그는 1월 12일 노보체르카스크에서 타간로그로 집단군 사령부를 옮겼고, 나아가 29일에는 더 서쪽의 스탈리노Stalino로 이동했다. 만슈타인과 참모들은 2월 12일에야 자포로제의 드네프르 강 교량 근처에 '최종' 사령부를 세웠다.

히틀러와의 논쟁

독일군이 자랑하는 유연한 지휘체계는 전략과 지휘계통에 결함이 있는 경우에는 전술 수준에서도 작전 수준에서도 쓸모가 없었다. 히틀러가 지휘권을 잡은 1941년 한여름 이후에는 늘 그런 상태가 계속되었다. 만슈타인이 아무리 애써도 바꿀 수 없는 사실이었다. 정치와 경제 문제에 대해 아는 바가 적었던 그는 대전략의 문제에 대해서는 결코 히틀러에게 대들 수 없었지만, 군사 전략과 최고사령부의 문제에 대해서는 결연하게 자신의 입장을 옹호했다. 1943년 2월에 두 차례 중요한 기회가 찾아왔다. 그 두 차례 기회에서 그는 서로 밀접하게 연관된 중요한 문제들을 총통에게 제기했다. 첫 번째 기회는 2월 6일에 찾아왔다.

스탈린그라드 해방에 실패한 뒤 곤경에 빠진 만슈타인과 그의 병사들은 잠시도 쉴 틈이 없었다. 예하 부대 사령부(제1·4기갑군, 홀리트 파견군)들은 아직 계획한 지점에 다다르기 전이었다. 2개 기갑군은 도네츠 강 중류에 도달하여 소련군의 침투를 막기 위해 도네츠 강과 드네프르 강 사이에서 준비하기로 되어 있었고, 홀리트 파견군은 미우스 선에 도달하기로 되어 있었다. 만슈타인은 한정된 가용 자원으로 이 작전 계획을 실현시키기 위해서 돈 강 하류와 돈바스 동쪽 지역을 포기할 수밖에 없다고 주장하며 히틀러와 입씨름을 벌였다. 이는 만슈타인의 인내심과 설득력을 극한까지 몰고 갈 정도로 굉장한 논쟁거리였다.

히틀러는 석탄 산지인 돈바스 동쪽을 소련에 내주고 싶지 않았으나, 독일군은 충분한 병력이 신속하게 추가되지 않는 한 그 지역을 사수할 수 없었다. 1월 중순에는 상황이 더욱 악화되었다. 이미 보로실로프그라드에서 북쪽으로 보로네시까지 위태롭게 전개되어 있던 독일군 전선은 소련군에 의해 크게 단절될 위험에 직면했다. 소련군이 돌파에 성공한다면 서쪽의 하리코프까지 진군할 수 있었고, 나아가 도네츠 강을 넘어 드네프르 교량까지 남서쪽을 공격하거나 아조프 해까지 밀고 나가는 것도 가능했다. 실제로 M. M. 포포프Popov 대장이 이끄는 남서전선군의 주력 기동부대의 임무는 아조프 해 진출이었다. 포포프는 약한 4개 전차군단의 총 212대밖에 되지 않는 전차를 이끌고 300킬로미터 종심의 마리우폴Mariupol로 침투하여 돈바스에서 퇴각하는 독일군을 막으라는 명령을 받았다.

독일군 방어선에 유일하게 남아 있던 한 줄기 희망의 빛은 강력한 3개 기갑척탄병사단을 거느린 SS 기갑군단이 프랑스에서 동부로 이동 중이었다는 사실이었다. 그들은 2월 중순까지 하리코프 근방에 집결을 완료할 계획이었다. 그러나 SS 기갑군단조차 단절부를 메우기에는 역부족이었고, 도착 시일이 너무 늦어 돈 강 하류와 도네츠 강 사수 임무에 투입될 수 없었다. 만슈타인이 보기에 "독일군의 남익이 계속 돈 강 하류에 머물러 있으면 자력으로 이 단절부를 메울 수 없었다. 만약 증원 병력이 한참 뒤에 도착하여 후방 깊숙이 배치된다면 그때까지 고립된 상태로 계속 싸우는 것은 불가능했다." 회고록에서 만슈타인은 이 딜레마를 자신의 전매특허인 반박 불가능한 군사적 논리로써 설명했다.

독일군 남익의 전투와 증원 병력의 배치는 공간적 의미에서 서로 호흡이 맞아야만 작전이 일관성을 갖게 된다. 신규 병력은 신속히 상대적으로 동쪽 멀리 배치해야 한다. 이 경우, 집단군은 돈 강 하류와 도네츠 강에 머물 수 있다. 그게 아니라면 집단군을 후퇴시켜 증원 병력에 합류하게 해야 한다. 이 두 경로 중 하나를 선택하지 않는다면 소련군은 증원 병력이 존재감을 보이기 전에 남익 전체를 단절시킬 기회를 갖게 될 것이다.

만슈타인은 마치 이 문제에 어떤 이견이라도 있었던 양, 참모총장 차이즐러 장군도 자신의 의견에 동의했다고 덧붙였다. 그러나 차이즐러를 설득하는 것은 필요조건이기는 해도 충분조건은 아니었다. 만슈타인은 다른 사람이 아니라 히틀러에게 자신의 주장을 강경하게 내세워야 했다. 돈 집단군이 가용할 수 있는 병력만으로 돈-도네츠 '돌출부'를 사수하는 것은 그야말로 불가능했다.

2월 초 질주 작전의 결과로 독일군의 작전 상황은 급격하게 악화되었다. 보로실로프그라드 서쪽 만슈타인의 집단군 북동쪽 측면에서 소련군은 광정면廣正面의 도네츠 강 중류를 도하했다. 만약 좌측으로 급선회하여 슬라뱐스크Slavyansk 근방에서 남동쪽을 향해 치고 나갔더라면 홀리트 파견군이 아직 점령하지 못한 미우스 선을 흩뜨려놓을 수 있었을 것이다. 한편 집단군의 남동쪽 측면 상황도 좋지 않았다. 소련군은 로스토프에서 돈 강 너머 제1기갑군의 통과를 엄호하고 있던 제4기갑군을 더 강하게 압박했다. 그러자 보다 서쪽의 드네프르 강 교량을 잃을까봐 걱정이 된 만슈타인은 교량을 보호하기 위해 육군 최고사령부에 더 많은 증원 병력을 요청했다. 2월 3일, 그는 최근의 전개를 평가하며 자세한 상황 보고서를 작성했다.

다음날 만슈타인과 차이츨러 사이에는 두 차례 전화 통화가 오갔다. 어조는 공적이었으나, 내용을 보면 두 사람 모두 히틀러에게 격분하고 있었음이 드러난다. 아침에 만슈타인은 전화를 걸어 이렇게 말했다. "나는 이제 (소련군이) 곧 돈 강 너머 북쪽으로 공격을 개시하리라는 것을 무시할 수 없습니다." 이후 둘 간에 이런 대화가 오갔다.

차이츨러: 원수가 보낸 아주 훌륭한 포괄적인 상황 보고서(2월 3일)를 받았습니다. 이에 대해 특별히 감사를 표하고 싶습니다.

만슈타인: 근시일 내에 중대한 결정이 내려지지 않으면 이곳에서는 사태가 더욱 심각해질 것으로 보입니다. 소련군은 추가 병력을 스탈린그라드에서 쿠르스크와 남쪽으로까지 재배치할 것입니다.

차이츨러: 원수의 평가에 전적으로 동의합니다. 의지만으로 전쟁을 이길 수는 없는 법이지요.

만슈타인: 총통 각하께 제게는 지휘를 위해 기동의 자유가 절실하다고 한 번 더

말씀드려주십시오. 총통 각하는 늘 제가 더 빠른 퇴각을 위해 기동의 자유를 요구한다고 생각하십니다. 그러나 사실은 정반대입니다. 기동의 자유는 한 발 앞서 계획하기 위해 필요한 것입니다.

만슈타인은 그날 저녁 다시 한 번 차이츨러에게 전화했다. "저희가 예측한 그대로 상황이 전개되었습니다."

차이츨러: 오늘 정오에 원수의 전일자 상황 보고서를 총통 각하께 전달했습니다……. (그는) 현 상황을 몹시 낙관적으로 전망하고 있습니다. 긴 공세작전을 벌인 소련군이 곧 기력을 다할 것이니 진지를 고수하는 게 그 어느 때보다도 중요하다고 믿고 있더군요. 저는 제가 보기에 그런 순간은 아직 기대하기 어렵다고 답했습니다. 저는 원수의 제안이 반드시 채택되어야 하고 조금이라도 망설일 여지를 줘서는 절대로 안 된다고 생각합니다.
만슈타인: 전적으로 옳습니다. 기다릴수록 사태는 더욱 나빠질 뿐입니다. 총통 각하께서 저를 믿지 않는다면 다른 인물을 찾아야 할 겁니다.
차이츨러: 저도 같은 입장입니다.

2월 6일 아침, 히틀러는 점점 강해지는 참모총장의 압박을 받고 만슈타인에게 자신의 콘도르 비행기를 보냈다. 만슈타인은 히틀러의 전용기를 타고 동프로이센의 라스텐부르크로 향해서 저녁 보고에 참석했다. 만슈타인이 시인했듯이 진작에 열렸어야 했던 얼굴을 맞댄 회의는 최근 돈 집단군 사령부를 방문한 히틀러의 제1부관 슈문트가 부추겨 성사되었는지 모른다.
라스텐부르크 비행장에 도착한 직후 만슈타인은 지도가 펼쳐진 책상을 사이에 두고 히틀러와 4시간 동안 토의를 벌였다. 회의의 시작은 극적이었다. 슈탈베르크는 슈문트가 큰 소리로 "여러분, 총통 각하십니다"라고 총통의 도착을 알렸다고 기록했다.

기다리고 있던 사람들은 입을 다물었고 히틀러는 말없이 경례했다. 그는 주위를 한 번 흘끗 돌아보더니 참석자 중 유일하게 폰 만슈타인 원수와 악수를 나누었다. 방 안에는 마비된 듯 침묵만이 감돌았다.

이윽고 나는 절묘한 히틀러식 심리학을 목격했다. "여러분." 그는 이렇게 말문을 열었다. "우선 스탈린그라드에 대해 한마디하고 싶습니다. 스탈린그라드 사태는 전적으로 제 책임입니다. 그리고 지금은," 그는 차이츨러 장군에게로 몸을 돌리며 말을 이었다. "제발 동부전선의 현 상황만 이야기합시다."

당연히 최근의 전개로 인해 그날 저녁 히틀러의 '늑대굴' 사령부 분위기는 유독 냉랭했다. 엥엘이 기록했듯이, "대화는 우울하고 차가왔다. 일부 큰 무리의 사람들이 대화를 나누기도 했지만, 대체로 소규모 사람들 간에 대화가 오갔다. 폰 M(만슈타인)은 미우스 선으로 퇴각하고, 전선으로 더 많은 부대를 보내고, 도네츠 지역에서 철수하자는 명료한 요구사항을 참신한 방식으로 제시했다."

만슈타인은 나아가 미래 작전의 수행과는 별개로 중요한 문제 하나를 제기하고자 했다. 그는 히틀러에게 독일군 최고사령부에 변화가 시급하다고 설득하려 했다. 만슈타인은 이날의 회동에 대해 회고록에 다음과 같이 적었다. "(히틀러의) 지휘 방식의 결과로 스탈린그라드 사태가 벌어지는 것을 보고 나는 문제를 제기할 충분한 당위성을 찾았다." 히틀러와의 회동은 아주 좋은 기회였기에 놓칠 수 없었다. 그러나 만슈타인은 이때, 그리고 나중에도 히틀러에게 결코 사임하라거나 전쟁을 종식시키라는 요구를 하지는 않았다. 이 사실은 짚고 넘어갈 만하다. 물론 히틀러에게 사임을 촉구하는 것은 자살행위나 다름없었을 것이고, 만슈타인의 주된 관심사는 군사를 보다 일관성 있게 운영하는 방법을 찾는 것이었다. 이러한 해법 없이는 동부전선에서 비길 가망조차 없었다.

총통이 결코 국방군 최고사령관직을 포기하지 않으리라고 판단한 만슈타인은 "히틀러가 무조건 신뢰하는 동시에 그에 상응하는 책임과 권위를 부여할 수 있는 '단 한 명의' 참모총장"을 임명함으로써 통일된 지휘체계를 만들어야 한다고 주장했다. 그는 또한 카이텔이 이끄는 국방군 최고사령부와 차이츨러가 이끄는 육군 최고사령부가 경쟁하는 상황을 끝내야 하며, 총통으로부터 완전히 권한을 부여받은 새로운 군사고문단장직을 만들어야 한다고 주장했다. 만슈타인이 보기에 이는 "히틀러의 위신을 해치지 않으면서" 동시에 "훗날 완벽한 군사지휘를 보장할 수 있는" 해법이었다. 그의 말은 옳았을지도 모른다. 그러나 만슈타인은 1937년부터 독일군 최고사령부 조직 개선을 위해 이와 유사한 주장을 펼쳤음에도 불구하고 어떠한 결실도 얻지 못하고 있었다.

히틀러는 만슈타인의 제안을 받아들일 생각이 조금도 없었다. 그는 블롬베르크와 브라우히치에게 실망했던 사건을 들먹이며 만슈타인의 주장을 조용히 묵살했고, 괴링보다 높은 참모총장직을 만들 수 없다고 선언했다. 엥엘의 기록은 만슈타인의 설명을 뒷받침한다.

놀랍게도 F(총통)는 수동적인 태도로 만슈타인의 이야기를 들었다. 이윽고 두 사람은 단둘이 대화를 나누었다. 슈문트는 폰 M(만슈타인)이 육군 최고사령부 이야기를 꺼내며 동부전선군 최고사령관직과 국방군 참모총장직을 요구했음을 알게 되었다. 마지막 요구는 총통의 사령부에서 드디어 카이텔을 몰아내려는 목적이었다.

슬픈 사실은 스탈린그라드 참사 직후 독일군이 극도로 취약해진 순간에도 히틀러가 자신의 전쟁 수행 방식에 딴죽을 거는 고위 장군에게 유의미한 권한을 양도하려 들지 않았다는 것이다. 그는 앨런브룩Alanbrooke이나 마셜George Catlett Marshall에 상응하는 독일 장군들로부터 전문적인 전략 조언을 듣고 싶어하지 않았으며, 실제로도 듣지 않았다. 따라서 만슈타인과 다른 집단군 사령관들에게는 자기 뜻대로 작전을 이끌고 병사들을 지휘하는 것이 계속 난제로 남았다.

사실 만슈타인이 민감한 지휘 문제를 꺼낸 것은 히틀러와의 회동이 끝나가던 즈음이었다. 그는 회의 중 대부분의 시간 동안 기동의 자유만을 요구했다. 핵심 논점은 도네츠 강 하류에서 퇴각하여 그의 동쪽 측면을 미우스 강으로 끌어올 수 있게 허락해달라는 요구였다. 만슈타인은 총통에게서 원하는 결정을 얻어내는 것이 결코 쉽지 않음을 알았기에 일단 현 상황의 심각성을 내세워 히틀러에게 충격을 주고자 했다. 그는 도네츠 분지를 사수하는 데 매달리다가 자칫하면 돈 집단군, 나아가 A집단군까지 잃을 수 있음을 강조했다. 따라서 "우리에게 엄습할 수 있는 대재앙을 피하기 위한" 분별 있는 해결책은 "적당한 때 일부 지역을 버리는 것"뿐이었다. 그러나 이런 말로 총통이 태도를 바꿀 거라고 생각했다면 오산이었다. 만슈타인은 끊임없이 작전 논리를 설명해야 했고, 히틀러는 "아주 태연하게 들었다."

만슈타인은 아내에게 '에펜디Effendi'와의 장장 4시간에 걸친 토론이 "몹시 인상적이었으며 상당히 화기애애했다"고 전하고 이렇게 덧붙였다. "당신에게 아무것도 알려줄 수 없어 안타깝구려." 다음날 그는 작전 상황에 대해서 넌지시 말했다. "내가 우려하는 사항들과 내가 내려야 할 결정들에 있어서 후자 쪽에 보다 자유권이 있으면 일이 한결 쉬워질 것이라고만 말하겠소." 이때만큼은 총통이 이내 만슈타인이 그토록 원하던 여유를 일시적으로나마 그에게 주었기 때문에 그의 희망이 요원한 꿈은 아니었을 것이다.

한편 제1기갑군은 도네츠 강 중류를 향해 퇴각 중이었다. 만슈타인이 보기에 제4기갑군을 돈 강 하류에서 제1기갑군의 서쪽으로 이동시킴으로써 두 번째 '도약' 기동을 즉시 시작하는 것이 필수적이었다. "도네츠 강과 드네프르 강 사이에서 소련군이 실시하고 있는, 아직까지는 위협적이지 않으나 피할 길 없는 포위작전을 저지하기 위해서"였다. 대담한 기동과 곧 도착할 증원 병력의 투입만이 "독일군 동부전선 남익, 즉 아조프 해 해안부터 중앙집단군 우익까지 신장된 전선 전체의 상황을 복구할" 유일한 방법이었다. 위험이 굉장히 컸기 때문에 결정을 내리는 데 "단 하루라도 허비해서는 안 되었다."

물론 히틀러는 제4기갑군이 한 발짝이라도 물러나면 노출된 돈-도네츠 돌출부를 포기해야 하고 결과적으로 도네츠 분지를 잃게 되리라는 것을 인지하고 있었다. 히틀러와 만슈타인은 장시간 정치 및 경제 면에서 도네츠 분지를 유지해야 하는 이유와 버려도 되는 이유를 토의했다. 슈탈베르크는 두 사람이 "완벽하게 뜻이 엇갈렸다"고 평했다. 만슈타인은 "돈 강과 드네프르 강 사이에서 승리하는 방법"에 중점을 둔 반면, "히틀러의 생각은 광물, 석탄, 망간, 그리고 군비생산에 집중되어 있었다. 히틀러를 대하는 만슈타인의 태도는 군대 상관이 아니라 젊은 참모장교 훈련병을 대하는 것처럼 놀라울 정도로 편안해 보였다. 그러나 분위기는 냉랭했다."

히틀러는 완고한 자세를 유지했고, 필요한 결정을 유보했다. 그는 기후 조건을 들먹이며 봄에 해빙이 시작되면 돈 강은 "건널 수 없는 장애물이 되기 때문에 여름 전까지는 소련군이 공격할 수 없을 것"이라고 주장했다. 이쯤 되자 만슈타인은 참을 만큼 참았다고 생각했다. "어찌 될지 모르는 불순한 날씨 변화에 희망을 걸고" 돈 집단군 전체를 위험에 빠뜨릴 수는 없었다. 만슈타인이 완강히 고집하자, 총통은 마침내 돈 집단군의 노출된 동쪽 전선을 미우스 선의 마울부르프Maulwurf(두더지라는 뜻) 진지까지 후퇴시키는 데 동의했다.

만슈타인은 히틀러와의 회동에 대해 자세히 기술하면서 작전 수준의 지휘에 대한 자신과 히틀러의 접근법을 비교했다. 이는 만슈타인의 기록에서 군사적으로 가장 큰 교훈을 얻을 수 있는 부분 중 하나다.

작전 성격에 대한 모든 고려 사항은 궁극적으로—특히 적에게 주도권을 뺏겼을 때는— 평가(상황 평가)나 적군이 취할 것으로 예상되는 방책에 관한 추측을 기반으로 한다. 상황이 어떻게 전개될지는 누구도 미리 입증할 수 없다. 그럼에도 성공하는 사령관은 '앞일을 미리 생각할 줄 아는' 사령관이다. 사령관은 적군의 미래 행동을 가리고 있는 베일을 꿰뚫어보아야 한다. 그게 불가능하다면 적어도 적군과 자기 자신에게 어떤 가능성이 열려 있는지 올바로 판단할 줄 알아야 한다. 당연히 지휘 범위가 커질수록 더 멀리까지 내다보아야만 한다. 이동시켜야 하는 부대의 수가 많고 움직여야 하는 거리가 멀수록 결정이 가시적 결과를 낼 때까지 시간이 그만큼 더 오래 걸리기 때문이다.

그는 이러한 장기적 관점의 사고가 당연히 "히틀러의 입맛에는 맞지 않왔다"고 덧붙였다. 그러나 총통은 그가 원하기만 하면 미리 잘 계획할 수 있는 능력이 충분히 있었다. 단지 그럴 의향이 없었을 뿐이었다. 1944년 12월 아르덴Ardennes 반격 개시 결정을 내린 것이 그 증거였다. 만슈타인은 이때 결국 국방군 최고사령관 히틀러로부터 올바른 결정을 얻어내는 데 성공했지만, 자신의 작전계획을 여러 번 되풀이하여 보고해야 했다.

히틀러가 전략을 그럴듯하게 설명하고 특히 자신의 '의지'에 의존해 충동적으로 의사결정을 하는 것과는 아주 대조적으로, 노련한 체스 플레이어였던 만슈타인은 언제나 일련의 작전 기동과 대기동對機動의 고리를 꿰뚫어보려 했다. 적군의 심리를 파고들어야 하는 이러한 접근법은 과학이자 예술의 영역이라고 부르기에 모자람이 없었고, 기계적 과정이라기보다는 직관에 의존한 과정이었다. 그러나 현재와 미래의 병력, 시간, 공간을 정확히 파악한 정보 역시 아주 중요했다. 당면한 현재에만 집중하느라 좀처럼 미래를 내다보지 못하는 히틀러의 무능(혹은 그것을 꺼려함)에 대한 만슈타인의 좌절감은 이제 적극적인 비판으로 발전해갔다. 만슈타인은 차이츨러로부터 총통이 자신의 보고서(1943년 2월 11일자)를 보고 "너무 장기적인 관점을 취했다"고 비판했다는 얘기를 듣고 신랄하게 답했다. "집단군이라면 마땅히 4~8주 앞을 내다봐야 합니다. 사흘 이후의 앞일은 전혀 고려하지 않는 것처럼 보이는 최고사령부와는 다릅니다." 차이츨러의 입장에서는 좀 억울했다. 그는 계속해서 히틀러에게 만슈타인의 견해를 충실히 전달하고자 애썼기 때문이다. 그러나 군대에서는 '애꿎은 전령만 탓하는' 일이 흔했고, 독일군과 명성 높은 참모본부도 예외는 아니었다.

스탈린그라드 위기보다 더 큰 위기

작전 상황이 역동적으로 돌아가고 그와 관련해 새로운 결정이 요구되었기 때문에 만슈타인은 2월 17일~19일에 히틀러와 다시 만났다. 그사이 열흘 동안 소련군의 이중 공세(질주 작전과 별 작전)가 추진력을 얻어 동부전선 남익 전체가 포위될 위기에 처했다. 실로 위기의 연속이었다.

위기는 점차 심각해져갔다. 그러나 아직 정점에 달한 것은 아니었다. 보로네시 전선군은 2월 9일까지 별 작전을 펼쳐 하리코프 북쪽 B집단군의 영역 내 벨고로드Belgorod와 쿠르스크를 점령했다. 이제 하리코프에는 3개 군(제40·69군, 제3전차군)이 모여 있었다. 남쪽으로는 질주 작전이 계속되었고, 소련군 제6군은 서진하여 도네츠 강 북쪽 너머로 향했다. 소련군의 전진축과 그보다 훨씬 북쪽에 있던 중앙집단군 우익 사이에는 쿠르스크 서쪽으로 B집단군 예하 제2군의 난타당한 부대들과 산악부대장군 후버트 란츠 Hubert Lanz 휘하의 신설 파견군이 있었다. 이 병력은 지나치게 신장된 전면에서 하리코프 동쪽과 북동쪽에 걸쳐 넓은 호 모양으로 배치되어 교전 중이었다. 소련군을 저지하는 데 실패하고 전선이 크게 단절되는 것을 막지 못하면 독일군은 하리코프를 잃을 터였다. 게다가 소련군의 기갑 선봉대가 드네프로페트로프스크Dnepropetrovsk 북쪽의 드네프르 강으로 향하는 심각한 결과를 불러올 수도 있었다.

지난 몇 주 동안 만슈타인이 우려하고 있던 잠재적 위험이 현실로 다가오고 있었다. 돈 집단군의 측면이 종심 깊숙이까지 포위될 위기에 처했던 것이다. 최악의 경우, 소련군이 광정면에 있는 강을 건너는 데 성공한다면 크림 반도 접근로와 헤르손Kherson 교량을 차단할 수 있었다. 그렇다면 B집단군과 돈 집단군이 완전히 포위되고 A집단군은 쿠반 반도Kuban peninsula 교두보에서 꼼짝없이 고립될 터였다. 만슈타인은 다시 드네프르 강을 지키기 위한 긴급 증원(최소 6개 사단)과 약화된 B집단군을 강화시키기 위한 추가 병력을 요청했다. 이처럼 만슈타인은 자신의 집단군뿐 아니라 남북의 인접 집단군에도 책임감을 느끼고 있었다.

동부전선 남익이 대위기에 맞닥뜨리자, 육군 최고사령부는 뒤늦게 동부전선 지휘구조의 재편성이 시급함을 깨달았다. 그들은 1개 군(제17군)만으로 구성된 A집단군을 만슈타인 휘하에 넣는 합리적인 방안을 고려했으나, 이러한 급진적 조치는 취해지지 않았다. 1943년 2월 1일부로 A집단군 사령관 에발트 폰 클라이스트가 원수로 진급했다는 사실이 제약 요인이었는지 모른다. 하지만 B집단군은 해체되었다. B집단군의 제2군은 중앙집단군에, 란츠 파견군은 2월 12일부로 남부집단군이라는 이름으로 불리게 된 만슈타인의 확대된 사령부에 배속되었다. 만슈타인은 그의 사령부가 "결정적 장소에서, 결정적 순간에 광범위한 지휘를 할 수 있게 되었기 때문에" 이러한 변화를 기꺼이 받아들였다고 회고했다.

그러나 만슈타인을 가장 심하게 압박하던 문제는 그대로 남아 있었다. 그는 소련군에게 압도당하기 전에 필수 병력을 보강받고, 증원 병력을 배치할 충분한 시간을 벌어야 했다. 2월 11일, 그는 육군 최고사령부에 몇 가지 논점을 강조한 새로운 보고서를 송부했다. 그는 가장 먼저 병력의 부적절한 연계와 분배에 대해 불만을 표했다. 만슈타인의 수치 계산에 따르면, 북부집단군과 중앙집단군은 4 대 1로 우세한 적군과 싸우고 있었으나 B집단군과 돈 집단군은 최근 보강된 병력을 감안하더라도 적어도 8 대 1로 수세에 몰려 있었다. 둘째로 상이한 지형과 전술 조건들을 고려해야 할 필요가 있었다. 북부의 2개 집단군(북부집단군과 중앙집단군)은 잘 구축된 진지에 인접한 지역에서 방어하고 있었으나, 남부의 경우는 상황이 달랐다. 새로 도착한 SS 기갑집단을 제외하고 만슈타인의 사단들은 3개월 동안 개활지에서 격전을 벌이느라 기력이 소진된 상태였다. 마지막으로 만슈타인은 가장 중요한 주장을 펼쳤다. 독일군 남익이 계속해서 소련군 겨울 공세의 목표물이었다는 그의 말은 부정할 수 없는 사실이었다. 만슈타인은 이런 논점들을 종합했을 때 "남부의 수적 열세를 내버려둔다는 것은 있을 수 없는 일"이라고 주장했다.

만슈타인이 마지막 보고서를 제출했을 당시 소련군은 하리코프에 직접 강력한 위협을 가하고 있었다. 북쪽에는 제40군, 동쪽에는 제69군, 남동쪽과 남쪽에는 제3전차군이 포진해 있었다. 소련에서 네 번째로 큰 도시이자 공업중심지 중 하나였던 하리코프를 사수한다는 것은 히틀러에게 자신의 위신이 걸린 문제가 되어버렸다. 2월 13일, 그는 '어떤 대가를 치르더라도' 하리코프를 지키라고 명령했다. 만슈타인은 이에 대해 의문을 제기했으나 답변이 돌아오기 전에 이미 일이 터지고 말았다. 2월 14일, 하리코프 접근로와 교외에서 격전이 벌어진 뒤 도시는 포위될 급박한 위험에 처했다. 만슈타인은 이 상황을 놓고 "히틀러의 의지보다 상황의 힘이 더 강력했다"

라고 평했다. 하리코프 수비를 맡은 SS 기갑군단장이었던 파울 하우서Paul
Hausser SS 상급대장은 2월 15일, 히틀러와 란츠의 명시적인 지시에 반하여
도시를 버리겠다고 단독으로 결정했다. 개인적으로 하우서의 결정에 동의
했던 만슈타인은 이미 SS 기갑군단을 하리코프 내에 고립시킬 것이 아니라
공세에 투입해야 한다고 주장한 바 있었다.

하우서가 육군 소속 장군이었더라면 히틀러의 손에 군사법정으로 끌려갔
을 것이다. 그러나 히틀러는 이 경우를 크림 반도의 노출된 케르치 반도에서
퇴각하기로 결정했던 슈포네크Sponeck 백작을 처형한 유사 사례와 비교하기
를 거부했다. 하리코프를 잃은 책임을 진 것은 란츠였다. 그의 자리는 기갑
장교 출신인 베르너 켐프Werner Kempf 기갑대장이 차지했다. 그가 산악보병
출신인 란츠보다 더 적임자라는 설득력 없는 이유에서였다. 란츠가 좌천당
한 실제 이유는 SS 기갑군단을 확실히 통제하지 못했기 때문일 것이다.

2월 16일, 상황은 또 한 번 악화되었다. 중앙집단군은 쿠르스크 서부와
하리코프 북부 사이의 단절부를 메우는 데 실패했다. 이때 더욱 우려스러
운 정보가 도착했다. 강력한 소련군 부대가 란츠 파견군과 제1기갑군 사
이 150킬로미터 너비의 틈새로 파고들어 파블로그라드와 드네프로페트로
프스크를 향해 진군 중이라는 것이었다. 설상가상으로 약속된 증원 병력의
이동 속도는 느렸다. 위기는 빠르게 절정을 향해 갔다.

그날 밤 히틀러는 비행기를 타고 드네프르 강변의 자포로제 공업 중심지
에 새로 차려진 만슈타인의 사령부로 찾아왔다. 히틀러의 육군 부관인 엥
엘은 슈탈베르크에게 총통이 2월 17일에 도착해 3일간 묵을 것이라고 알
렸다. 슈탈베르크는 신임 작전과장 게오르크 슐체-뷔트거Georg Schulze-Büttger
대령에게 이를 통보하고 일련의 준비를 마친 뒤 집단군 사령관에게도 총통
의 방문을 알리는 것이 현명하리라 생각했다.

소식을 들은 만슈타인은 즉각 이렇게 반응했다. "그걸 말하려고 날 깨운
건가?" 부관이 자리를 뜨려던 찰나, 그는 물었다. "슈탈베르크, 말해보게. 에
펜디가 여기서 진정으로 원하는 게 뭘까?" 슈탈베르크는 답했다. "그건 제
가 판단할 문제가 아닙니다." 만슈타인은 이윽고 잠꼬대처럼 말했다. "그래,

그래. 에펜디는 선전 기회를 찾아내는 본능적 감각을 가지고 있지." 어쩌면 차이츨러가 만슈타인이 의도한 역습 가능성을 실제보다 높게 포장했을지도 몰랐다.

2월 17일 정오에 콘도르기 2대가 자포로제 비행장 위로 내려앉았다. 국방군 최고사령관은 만슈타인의 마중을 받고 부세와 함께 셋이서 조용히 대화를 나누었다. SS 친위대가 히틀러의 임시 숙소를 점검하는 동안 잠깐 지체한 뒤, 총통과 동행자들은 참모 차량을 타고 사령부로 향했다. 길 양쪽에서 현지 주민들은 조용히, 독일군 수비대는 환호성을 울리며 차량 행렬을 맞았다.

만슈타인은 도착하자마자 부관을 히틀러에게 소개했다. 히틀러는 슈탈베르크와 악수를 하고 그에게 외투를 건네주었다. 슈탈베르크는 이렇게 회상했다.

그 순간 나는 몸서리를 쳤다. 히틀러는 입 냄새가 끔찍했다. 외투를 받아들자 알자스산 암캐가 맹렬하게 짖어댔다. 솔직히 말하건대, 금방이라도 나를 덮칠 듯 웅크린 자세를 취하고 맨 이빨을 드러낸 녀석을 보고 마음이 좋지 않았다. 그러나…… 알고 보니 녀석은 훈련이 아주 잘 되어 있었다. "앉아, 블론디, 앉아!" 주인이 소리치자, 블론디는 단박에 복종했다. 나는 외투를 옷걸이에 걸었다. 주머니 안에…… 권총 두 자루가 들어 있는 것 같았다. 그게 아니라면 방탄 안감이 누벼져 있었던 것일 수도 있다. 어쨌거나 외투는 이상하리만치 무거웠다.

만슈타인과 슈탈베르크는 물러갔다가 나중에 따로 이동한 차이츨러가 도착하자 다시 호출되었다.

그날 오후 회담이 시작되었다. 슈탈베르크는 히틀러를 예리한 눈으로 관찰했다. "그의 외모는 충격적이었다. 누런빛을 띤 피부는 처져 있었다. 면도는 하지 않았고 회색 더블 버튼 유니폼에는 얼룩이 묻어 있었는데 딱 보아도 음식을 흘린 자국이었다. 그의 자세는 불쾌한 인상을 주었다. 그의 머리는 어깨 앞쪽에서 건들거렸고, 배는 절제 없이 툭 튀어나와 있었다. 그는 마

1943년 2월, 자포로제의 남부집단군 사령부에서 히틀러와 논의하고 있는 만슈타인. (Manstein archive)

치 지친 사람이나 병자처럼 보였다."

만슈타인은 첫 번째 회의를 상황에 대한 공식 평가로 시작했다. 북쪽에서 남쪽 순서로 상황은 다음과 같았다. 란츠 파견군은 하리코프를 떠나 남서쪽으로 퇴각한 상태였다. 제1기갑군은 도네츠 강 중류의 남쪽에서 격전을 벌여 소련군을 붙들어두었으나 "아직 소련군을 끝장내지는 못했다." 크라마토르스카야Kramatorskaya 지역의 전투는 "아직 승패가 결정되지 않았다." 홀리트 파견군은 "소련군이 바짝 추격하는 가운데" 미우스 선의 진지에 막 다다른 참이었다. 만슈타인은 이 단계에서 아직 투입되지 않은 호트의 제4기갑군에 대한 미래 계획은 언급하지 않았다.

여기까지는 괜찮았다. 그러나 만슈타인이 히틀러에게 자신의 공세 계획을 설명하기 시작하자, 분위기가 어색해졌다. 만슈타인은 소련군의 공격을 단지 막는 데 그치지 않고 아예 잘라낼 작정이었고, 크라스노그라드Krasnograd 지역에 있던 SS 기갑군단을 남쪽의 파블로그라드Pavlograd를 향해 이동시켜 파블로그라드 남쪽에서 북진 중이던 제4기갑군과 긴밀하게 연계시킨다는 계획을 세웠다. 이 병력들은 힘을 모아 "제1기갑군과 란츠 파견군 사이의 넓은 틈새 사이로 진군하는 소련군을 끝장낼" 것이었다. 이 첫 번째 작전이 성공적으로 완수되어 "제1기갑군과 홀리트 파견군이 단절될 위험이 완전히 사라져야만" 만슈타인이 "하리코프 지역에서 공격에 착수"할 수 있었다.

총통은 만슈타인이 바라던 일련의 작전에 반대했다. 그는 란츠 파견군과 제1기갑군 사이로 파고드는 소련군이 심각한 위협이라는 사실을 인정하려 들지 않았고, 드네프르 강과 도네츠 강 사이의 기동작전이 곧 진흙탕에 빠질 것이라고 염려했다. 만슈타인은 히틀러가 바라는 것이 "가능한 한 빠른 시일 내에, 즉 SS 기갑군단이 예하 사단의 준비를 완수하는 즉시 하리코프를 재탈환하는 것"임을 알아차렸다.

히틀러가 만슈타인의 계획에 반대한 까닭은 그가 집결된 소련군을 괴멸시키는 것보다 지역을 점령하는 목표에 보다 큰 비중을 두었기 때문이었다. 한편 총통보다는 작전술에 대한 이해가 훨씬 깊었던 남부집단군 사령관 만슈타인은 특히 수적으로 우세한 적군을 상대할 때는 정적인 방어작전 보다는 기동으로써 승리를 노리는 것이 보다 안정적임을 잘 알고 있었다. 전쟁이 계속되면서 도시 중심지를 사수하려는 히틀러의 굳건한 의지는 '광장 요새Feste Plätze'라는 이름의 공식 정책으로 진화했다. 그 결과, 수만 명의 독일군 병사들은 방어 불가능한 '요새'를 수비하느라 발이 묶여야 했다.

만슈타인은 다시 한 번 자신의 계획을 세부 사항까지 공들여 설명하며 작전의 바탕이 되는 논리를 입증해야 했다. 우선 그는 상황상 "하리코프를 향한 어떠한 공격도 먼저 드네프르 강 교량에 대한 위협을 제거해야만 가능하다"고 지적했다. 이어서 그는 극적으로 "드네프르 강 양쪽의 보급로가 단절되면 제1기갑군도 홀리트 파견군도 살아남지 못할 것이다"라는 비장의 카드를 꺼내들었다. 하리코프를 재탈환하려는 작전은 무조건 "제4기갑군의 협력, 적어도 일부 예하 부대의 협력이 필요했다." 그러나 히틀러가 여전히 요지부동이었기 때문에, 만슈타인은 총통의 주장 하나를 역으로 이용했다. 해빙기가 오면 기동작전을 펼칠 수 없으므로 "하리코프 주변, 특히 북쪽의 얼음이 녹기 전에" 도네츠 강과 드네프르 강 사이 지역에서 먼저 기동작전을 수행해야 한다는 것이었다. 이런 식으로 만슈타인은 란츠 파견군과 제1기갑군 사이로 진군하는 소련군을 패퇴시키는 첫 번째 작전을 완수한 뒤에도 하리코프 공세를 수행할 시간은 충분할 거라고 주장했다. 그리고 "두 작전을 순서를 바꿔 수행할 수 있는지의 여부는 아주 의심스럽다"고 결론을 내렸다.

히틀러는 여전히 만슈타인의 논리에 굴복하지 않았으므로 "또 한 번의 끝장 토론이 이어졌다." 만슈타인은 교착상태가 이어지리라는 예감에 시간을 벌기로 했다. SS 기갑군단은 어차피 2월 19일까지는 투입이 불가능하니 투입 지역(남쪽 혹은 북쪽)의 결정은 다음날까지 미뤄도 상관없었다. 히틀러에게는 알리지 않았으나, 제4기갑군 역시 그날까지 공격 준비를 마치지 못하리라는 사실을 알았기 때문에 그는 결정을 연기할 수 있었다.

슈탈베르크는 당연히 만슈타인의 심기를 눈치챘다. 그는 첫 회의를 요약하며 히틀러를 날카롭게 평가했다. "……그에게는 모든 것이 너무 위험해

보였다……. 그는 소련이 압도적인 수적 우위를 점한 상황에서 전면적인 기동전으로 양상을 바꾸는 것만이 우리의 유일한 희망임을 이해하지 못했다. 만슈타인처럼 특출한 군사 전문가가 알려주는데도 이를 받아들이지 못하는 히틀러의 무능에 나는 끊임없이 충격을 받았다."

그날 저녁, 슈탈베르크는 이미 할 일이 태산 같았던 만슈타인을 찾아가서 히틀러를 살해하기 위해 소련군이 사령부에 공습을 가할 가능성이 있다고 말했다. 만슈타인은 이렇게 반응했다.

그는 보고서에서 눈을 떼고 시가의 재를 털더니 내 상상력이 너무 풍부하다고 말했다. 이것이 현실적이지 못한 걱정이냐고 물었으나, 그는 오히려 그 반대라고 대답했다……. "친애하는 슈탈베르크." 그는 말문을 열었다. "잘 듣게. 이 전쟁에서 스탈린과 에펜디는 서로를 해하지 않을걸세. 나는 확신해. 음, 그리고 만약 내가 틀리고 자네가 맞는다면, 자네는 이미 내 조력 없이도 우리의 안전 문제를 해결했나 보군. 우리 두 사람은 지금 에펜디의 방 아래 이곳에 이렇게 앉아 있으니까!"

히틀러가 실제로 암살 위협에 노출되었는지의 여부는 알려지지 않았으나, 어쨌든 폭격은 없었다. 어쩌면 소련이 독일이 변덕스러운 지도자에게 끌려 다니는 것이 전쟁에 유리하다고 생각했는지도 모른다.

다음날 만슈타인은 히틀러와 두 번 더 회의를 진행했다. 아침 보고에서 그는 간밤에 극적으로 전개된 상황 소식을 전했다. 크라스노그라드 남쪽에서 발견된 소련군이 란츠 파견군과 제1기갑군 사이의 넓은 틈을 뚫고 들어가 파블로그라드를 점령했다는 것이었다. 독일군에게 금쪽같았던 드네프르 강 교량은 이제 직접적인 위협을 받고 있었다. 슈탈베르크는 이렇게 썼다. "모두가 군사상황지도상의 전투 전개를 지켜보는 가운데 방 안에는 형언할 수 없는 긴장감이 감돌았다."

역설적으로 또 다른 작전 차질로 보였던 것이 만슈타인에게는 하리코프 재탈환이 아니라 임박한 소련군을 향한 역습에 집중할 수 있는 절호의 기회가 되어주었다. SS 토텐코프 사단의 차륜장갑차부대가 "키예프Kiev와 폴타바Poltava 사이에 완전히 갇혔다"는 보고가 들어오자, 만슈타인은 "하리코프 재탈환을 위한 북쪽 공세를 가할 가능성이 사라졌기 때문에" 이것이 큰 행운이라고 생각했다. 따라서 이제 "유일한 대책은 남동쪽으로 공격을 가해 틈새를 비집고 들어오는 소련군을 괴멸시키는 것뿐"이었다. 히틀러도 현실적으로 어쩔 수 없이 만슈타인의 계획에 따를 수밖에 없었다. 그는 SS 기갑군단에서 유일하게 사용 가능했던 기갑척탄병사단 '다스 라이히Das Reich'사단을 제4기갑군에 합류시키기 전에 파블로그라드를 향한 예비 작전에 투입하는 데 동의했다.

만슈타인은 시급했던 전술적 결정을 얻어내고 나서 "장기적 관점에서 작전을 고려해보라"고 총통을 설득하기 시작했다. 그러면서 1943년 전체를 조망하는 전역 계획을 얻어내려 했으나 헛수고였다. 히틀러는 소련군이 이제 지쳤을 거라는 말만 되풀이했고, 소련군의 군사적 우위를 깎아내렸다. 만슈타인이 작전적 자유를 다시금 요구했을 때, 히틀러는 거절하며 경제적 요인과 군비 생산으로 화제를 돌렸다. 두 사람은 '완전히 다른 두 세계'에 살고 있는 거나 마찬가지였다. 슈탈베르크 역시 그렇게 느꼈다. "끝없이 이어지는 토론 내내 두 사람은 계속 동문서답을 하고 있었다."

저녁에 이어진 회의에서도 새로운 결정은 내려지지 않았다. 하지만 히틀러의 행동은 아니더라도 외양에는 상당한 변화가 생겼다. 슈탈베르크는 회의실에 '완전히 다른 히틀러'가 들어오는 것을 목격했다. "그는 전날이나 오늘 오전의 모습과는 비교할 수 없이 말쑥한 모습이었다. 실패자처럼 풀이 죽어 있던 남자가 갑자기 꼿꼿하고 산뜻하고 생기 넘치는 사람으로 변해 있었다." 약물의 힘이었을지 모르지만, 어쨌든 히틀러는 동부전선과 북아프리카에서 상황이 심각하게 전개되고 있는 와중에도 남부집단군 사령부 방문을 이제 조금 즐기는 듯했다. 다음날 그는 A집단군 사령관 에발트 폰 클라이스트를 회담에 호출했다.

만슈타인에 따르면, 클라이스트와의 회동에서 히틀러는 '근처의 예비대', 즉 A집단군의 병력을 남부집단군으로 보내는 데 동의했다. 하지만 슈탈베르크는 히틀러가 부하들을 조롱했다고 기억했다. "자, 여러분 사이에서 이미 합의를 도출한 모양이니 이 대화를 계속할 의미를 모르겠습니다." 이윽고 히틀러는 제1기갑군의 방출을 놓고 두 원수가 옥신각신하는 것을 보다가 두 사람의 대화에 끼어들었다. "여러분, 이쯤하면 됐습니다. 중요한 결정권은 내게 있어요. 이제 내 앞에서 말다툼은 그만두시죠!"

소련군 기갑부대(제25전차군단 예하 부대)가 북북서로 60킬로미터 거리인 시넬니코보Sinelnikovo 철로 교차점까지 접근했다는 소식이 전해지자, 상황을 정리해야 할 필요성이 커졌다. 총통이 그날 오후 빠르게 떠난 것은 이 때문이었을지도 모른다. 만슈타인에 따르면, 히틀러는 사령부를 방문함으로써 "동부전선 남익을 위협하는 포위작전의 위험성을 실감했다." 아이러니하게도 히틀러가 처음에 만슈타인의 역습을 반대한 의도는 위험이 크더라도 소련군이 점점 더 서쪽으로 깊이 진군하게 해서 독일군이 준비해둔 함정에 걸려들도록 하려는 것이었다.

히틀러는 회의 셋째 날 드디어 만슈타인의 제안을 이해했다. 작전 주도권을 되찾고 안정적인 전선을 복구하려면 결연한 공세 행동을 취할 수밖에 없었다. 그러기 위해서는 측면, 특히 기갑부대가 빠져나가야 하는 미우스선에서 상당한 위협을 무릅써야만 했다. 이 진지가 뚫린다면 소련군은 드네프르 강까지 거의 방해 없이 진군하여 남부집단군 전체를 포위할 수 있었다.

만슈타인은 회고록에서 히틀러가 사령부에 머문 진정한 목적이 "남부집단군에 의지를 심어주기 위해서였다"는 주장을 조목조목 반박했다. "너무나 많은 위기에 봉착했음에도 승리에 대한 의지가 이렇게 굳건한 사령부는 우리밖에 없었을 거라고 생각한다." 그러나 당시 만슈타인은 아내에게 히틀러의 방문이 "몹시 유용했다"고 털어놓았다. "어쨌든 가까이에서 보면 많은 것이 퍽 달라 보이는 법이다." 나아가 만슈타인은 자신이 총통을 잘 대했다고 자평했으나, "우리는 관점이 서로 다르기 때문에 서로의 견해를 이해하는 데 상당한 시간이 걸렸다"라고 덧붙였다. 그가 가족과 주고받은 편지에는 차남 뤼디거를 위한 것으로 보이는 약간의 유머도 섞여 있었다. 만슈타인의 애견 크니르프스Knirps가 "두 번이나 (히틀러의) 커다란 개(블론디 Blondi)를 내쫓았다"는 내용이었다. 그러나 만슈타인은 자신이 처한 전략적·개인적 상황을 머리에서 쉽게 지울 수 없었다. "로이터의 보도에 따르면, 처칠이 아프다고 하오. 그가 물러난다면 우리에게는 굉장한 승리나 다름없소. 차이츨러 말로는 이틀 전 로이터에서 내가 최고사령관이 되리라고 확언했다고 하오. 불신의 씨를 뿌리려는 못된 음모가 분명하오."

도네츠 강–드네프르 강 사이 전투

1943년 2월 19일 히틀러가 사령부를 떠나 빈니차Vinnitsa로 비행을 시작하자마자, 만슈타인과 참모들은 역습 명령을 내렸다. 한시가 급한 전투를 더는 연기할 수 없었다. 그날 저녁 남부집단군 사령부에서는 전체 목표를 확정하고 예하 군에게 새로운 임무를 하달했다.

> 남부집단군은 미우스–마울부르프 선, 슬라비안스크Slaviansk 남쪽의 도네츠 강 (북쪽 전선) 선을 방어하고, 신설 제4기갑군과 함께 제1기갑군과 란츠 파견군 사이의 틈에서 소련군을 패퇴시키고, 폴타바Poltava–아크티르카Akhtyrka 선 전방에서 공세를 가할 제4기갑군과 란츠 파견군의 왼쪽 측면 종심을 엄호한다.

소련군 제6군, 제1근위군, 포포프의 기동집단을 괴멸시키는 것을 목적으로 한 만슈타인의 역습에는 남부집단군의 거의 모든 기동부대 병력, 즉 7~10개 군과 SS 기갑사단이 투입되어야 했다. 처음에는 2개 보병사단이 이들을 지원할 예정이었다. 독소전쟁사의 권위자 데이비드 글랜츠David Glantz가 예리하게 평했듯이 만슈타인의 계획은

> 하나로 수렴된 전진축을 따라 집중된 병력의 공격에 의존했다. SS 기갑군단 예하 사단의 공격력과 수렴하는 선을 따라 인접한 축에서 공격하는 보다 약한 기갑사단의 시너지 효과를 이용한 것이었다. 본질적으로 공격력이 대부분 소진된 부대들에서 최대의 충격효과를 뽑아내려는 목적이었다. 계획 전체가 독일

군 군단에서 대대까지 각급 장 및 참모들의 유연성과 상상력에 크게 의존하고 있었다.

최종 기동계획(723쪽 지도 10 참조)에는 4개 충격집단이 포함되어 있었다. 왼쪽(서쪽)에서 오른쪽(동쪽)으로 SS 기갑군단, 제48기갑군단, 제57기갑군단, 제40기갑군단이 소련군을 측면과 후방에서 공격할 예정이었다. 독일군 전차와 돌격포의 수는 결코 많다고 할 수 없었다. 반격작전이 개시되는 시점에 그 수의 총합은 겨우 225대에 불과했다. 그러나 소련군 기갑여단 및 군단은 탄약과 연료가 소진됨에 따라 점점 더 기동력이 떨어져가고 있었고, 독일군은 적이 약해진 부분에 투입되어 최대 효과를 낼 수 있었다. 반격작전의 전술적 세부사항까지 자세하게 살펴볼 필요는 없다. 제4기갑군 내에서는 SS 기갑군단이 크라스노그라드에서 남동쪽으로 치고 나와 파블로그라드를 공격하기로 했고 제48기갑군단은 남쪽에서 북진하기로 되어 있었다. 이 2개 군단은 제57기갑군단과 함께 소련군 제6군의 노출된 돌출부를 뚫고 나간 뒤 로조보야^{Lozovoya}와 바르켄코보^{Barkenkovo}를 향한 공세를 계속하고, 도네츠 강 북쪽을 향해 북동쪽으로 전과를 확대할 예정이었다. 한편 제1기갑군의 제30기갑군단은 크라스노아르메이스크^{Krasnoarmeysk}에서 포포프 기동집단과 제1근위군 우익을 괴멸시키기 위해 북쪽으로 치고 나간다는 계획이었다. 이윽고 미우스 선에서 풀려난 제3기갑군단이 제1기갑군의 작전에 합류할 것이었다.

SS 기갑군단과 제40기갑군단 둘 다 2월 20일에 공격을 개시했다. 제48기갑군단은 배치가 완료된 2월 23일에 곧장 공격개시선을 넘었다. 만슈타인은 예하 군 사령관 및 군단장이 전투를 재량껏 지휘하도록 놔두었고, 육군 최고사령부에는 증원 병력을 계속해서 요청했으며, 미래 계획을 명확히 해달라고 압박을 넣었다. 그는 21일에 차이츨러에게 요구했다. "큰 해법을 제시해주시길 바랍니다. 그래야만 해빙기가 끝난 뒤 우리가 해야 할 일이 무엇인지 알 수 있을 테니까요." 그러나 히틀러도 육군 최고사령부도 동부전선 전쟁에 대한 어떠한 전략적 전망도 가지고 있지 않았기 때문에 만슈타인의 당연한 요청에 답을 줄 수가 없었다.

육군 최고사령부가 남부집단군에 배속되어야 할 병력을 북쪽에 인접한 폰 클루게 원수의 중앙집단군으로 돌리자, 즉각적으로 마찰이 일어났다. 파블로그라드로 향할 예정이었던 제332보병사단이 히틀러의 지시로 다른 곳에 배속 전환되었을 때 만슈타인은 좌절했다. "내가 보기에 이제 소련군은 키예프로 행군할 수 있게 되었다. 나는 이를 막을 길이 없다." 긍정적으로 말하면, 만슈타인의 역습은 대단한 진전을 보이고 있었다. 24일 저녁에 독일군 3개 충격집단은 바르벤코보^{Barvenkovo} 남쪽 로조바야 지역의 남동쪽에 있는 파블로그라드 선까지 돌파하는 성과를 얻었다. 제48기갑군단의 경우 약 60킬로미터나 진군한 셈이었다. 전선 전체에 걸쳐 독일군 기갑부대는 눈밭에 흩어져 있던 소련군을 분쇄했고, 소련군 기동집단(포포프의 기동부대, 제25전차군단, 제1근위기병군단)의 위협을 완전히 제거했다. 만슈타인은 이제 놀라운 성공을 이어나가는 한편, 공세의 추진력을 유지하기 위해 새로운 지시를 발령할 준비가 되어 있었다.

제6군을 지원하기 위해 이지움^{Izium}에서 도네츠 강 북쪽을 건너고 있던 새로운 소련군 병력이 독일 공군 정찰기에 포착되었다. 바투틴이 마침내 자신의 부대가 직접적인 위험에 노출되어 있음을 알아채고 남서전선군에 강 서쪽에서 방어태세를 취하라고 지시했다. 만슈타인의 계획은 이제 "도네츠 강 남부에 남아 있는 소련군 병력을 공격하여 괴멸시킴으로써 하리코프에 모여 있는 소련군의 남익으로 공격을 가할 작전적 자유를 얻어낸다"는 것이었다. 그는 "아직 얼어붙은 강을 건너 소련군을 추격하고 하리코프와 그 서쪽 후방에서 그들을 공격해야겠다는 강력한 유혹을 느꼈다."

전투 8일차인 2월 28일에 이르자 제4기갑군은 전차 156대와 포 178문을 포획하거나 파괴시켰으며 1만 5,000명이 넘는 사상자를 냈다고 보고했다. 제4기갑군 지휘를 맡은 헤르만 호트 상급대장은 3월 1일 남부집단군 사령관에게 "공세가 놀랄 정도로 순조롭게 진행되었다"고 보고했다. 그러나 제1·4기갑군이 얻어낸 전술적 승리에도 불구하고 민슈타인은 계속해서 현실 감각을 잃지 않았다. 전날 그는 차이츨러에게 "최근에 성공이 잇따랐지만 작전 상황에는 근본적인 변화가 있어야 합니다. 총통에게 그 점을 분명히 해주십시오"라고 강조했다.

3월 2일, 만슈타인은 반격의 결과를 만족스럽게 평가했다. 소련군 남서전선군이 도네츠 강과 드네프르 강 사이에서 대단한 손실을 입었다는 것은 분명했다. 그들은 일시적으로나마 더는 공세행동을 펼칠 수 없게 되었다. 그러나 칸나이 전투와 비견할 만한 상황은 아니었다. 전장에서 소련군은 총 2만 3,000명의 사상자가 발생했고 전차 615대 등 많은 장비가 파괴되었지만, 포로로 잡힌 소련군의 수는 9,000명으로 그리 많지 않았다. 만슈타인이 인정했듯이 "전차를 버린 소련군 병사들과 부대들이 달아날 수 있는 여지는 충분했다……. 도네츠 강이 아직 꽁꽁 얼어 있어서 경무장한 병사들이 충분히 걸어서 강을 건널 수 있었기 때문에 소련군 후방을 봉쇄하는 것은 불가능했다."

제3차 하리코프 전투

하리코프는 레닌그라드나 모스크바, 스탈린그라드처럼 많은 것을 떠올리게 하는 이름은 아니지만, 제2차 세계대전 중 전투를 네 차례나 치른 격전지로 유명하다. 우크라이나의 제2도시이자 양차 대전 사이 짧은 기간 동안 수도였던 하리코프는 상당한 가치를 품은 도시였다. 공업이 발전한 도시이기도 했고, 교통의 중심지이자 물류 시설이 널리 퍼져 있어 군사적 가치가 높았다. 만슈타인은 병사들이 많은 대가를 치러야 하는 시가전만은 피하길 바랐으나, SS 군단의 병사들은 제2차 하리코프 전투가 벌어졌던 1943년 2월에 이곳을 수치스럽게 떠나야 했으므로 명예를 회복할 기회가 필요했다. 이는 SS 군단에 전례 없는 오점을 남긴 사건이었다.

도네츠 강과 드네프르 강 사이에서 작전 주도권을 되찾은 만슈타인은 하리코프 지역에 위치한 보로네시 전선군을 공격하는 데 집중했다. 그가 강조했듯이 목표는 "하리코프 점령이 아니라 그곳에 위치한 소련군을 패배시키는 것—가능하면 괴멸시키는 것—이었다." 그럼에도 만슈타인은 도시 자체가 "전투에 참여하는 병사들과 하급 지휘관들에게 마법 같은 자극제가 될 것"이라고 인정했다. SS 기갑군단을 염두에 둔 말이었다. 그들은 "재탈환한 하리코프를 승리의 상징으로서 '총통의 발밑'에 바치고 싶어했으며 그러기 위해 기꺼이 최단 경로를 택할 작정이었다." 만슈타인은 하리코프를 기습으로 탈환하고 무슨 수를 써서라도 하리코프가 "공격 부대들이 별 수 없이 발이 묶이는 제2의 스탈린그라드"가 되지 않도록 막는 것이 목표였다. 그러나 히틀러의 영향력은 여전했다. 차이츨러는 1943년 3월 7일 만슈타인에게 "총통은 정치적 이유로 하리코프 점령을 크게 희망하고 있다"고 상기시켰다. 히틀러가 3월 10일 남부집단군 사령부에 또 한 번 방문한 것도 이 점을 강조하기 위해서였다. 만슈타인은 다시 총통에 대해 회고했다. "우리는 서로 다른 차원에서 사고하고 있으나, 대체로 (우리의 토론은) 만족스러웠다. 에펜디는 기술과 자원의 효과를 지나치게 강조한다. …… 그것들은 중요하기는 하지만 (목적을 위한) 수단일 뿐이다."

만슈타인의 우선순위는 하리코프 남서쪽 베레스토바Berestova 강에서 소련군 제3전차군으로 형성된 보로네시 전선군의 남익을 돌파하는 것이었다. 제3전차군 북쪽에는 제69·40·38군이 자리 잡고 있었다. 3월 5일까지 최초 목표인 돌파에 성공한 뒤 제4기갑군은 3개 사단으로 완전히 대열을 갖춘 SS 기갑군단을 선봉으로 삼아 크라스노그라드에서 하리코프를 향해 북동쪽으로 공격해갔다(724쪽 지도 11 참조). 하리코프 서쪽에서는 하우서의 기동에 따라 소련군의 압박이 줄어들자, 켐프 파견군이 때를 놓치지 않고 공세를 가했다. 보병을 보강받은 라우스 군단은 벨고로드Belgorod까지 향하는 축에서 하리코프 북쪽을 향해 동진했다. 기갑척탄병사단 그로스도이칠란트는 대단한 충격력으로 공격에 힘을 보태 제69군으로부터 제40군 일부를 떼어놓았다. 북쪽에서는 중앙집단군 예하 제2군이 마침내 제38군과 제40군의 교차지점에 압박을 가하고 있었다. 이와 동시에 제48기갑군단과 제1기갑군 소속 제40·3기갑군단은 도네츠 강을 향해 쇄도하며 대열이 흐트러지고 사기가 저하된 소련군을 일소했다.

다수의 작전이 적군에 대한 추격 작전 양상을 띠게 되었다. 도심을 피하라는 만슈타인의 명령에도 불구하고 SS 기갑군단은 사흘간의 격렬한 시가

전 끝에 하리코프를 1943년 3월 14일에 다시 함락했다. 하리코프를 빼앗긴 지 한 달 만이었다. 소련군의 마지막 저항은 1931년 9월에 만슈타인이 방문했었던 하리코프 동쪽 외곽의 거대한 트랙터 공장지대에서 분쇄되었다. 하우서의 군대는 그로스도이칠란트와 밀접히 연계하여 북쪽으로 공세를 이어나간 결과 19일 저녁에 벨고로드를 점령했다. 다음 며칠 동안 독일군은 1942년 여름 공세가 개시된 시점부터 고수하고 있던 도네츠 강 북쪽과 중류에 진지를 굳혔다. 미우스 진지는 작전 내내 견고하게 유지되었다. 3월 23일 해빙이 시작되자 양쪽 모두 기동작전을 멈췄다.

만슈타인이 이끈 유명한 반격작전의 2단계는 하리코프와 벨고로드 점령으로 막을 내렸다. 급격한 기후 변화와 공격 부대의 손실, 작전 예비대 부족, 그리고 무엇보다도 동부전선에 대한 일관적인 계획의 부재로 인해 만슈타인은 이때의 승리를 적극 활용할 수 없었다. 만슈타인은 중앙집단군과 긴밀하게 협동하여 쿠르스크에서 서쪽으로 불거져 나온 소련군 돌출부를 제거하길 바랐을 것이다. 그러나 히틀러는 새로이 얻은 주도권을 활용하기 위해 가능하면 빨리 이 작전을 수행하려 했던 만슈타인의 반복된 요청을 되풀이하여 거절했다.

평가

만슈타인의 반격은 그의 능력을 유감없이 발휘한 절묘한 기동작전의 걸작이었다. 수적으로 우세하나 너무 신장되어 있던 적에 맞서 연속해 두 번 전투를 치렀다. 첫 번째 전투는 도네츠 강과 드네프르 강 사이에서 벌어졌고, 이윽고 하리코프 재탈환과 도네츠 강 방어선 재구축이 뒤따랐다. 두 작전 모두 훌륭한 장비를 갖춘 SS 기갑군단과 기갑척탄병사단 그로스도이칠란트를 제외하고는 상대적으로 약한 기동병력으로 수행되었다.

소련군이 독일군의 성공을 깎아내린 것은 놀랄 일이 아니다. A. I. 에레멘코Eremenko 장군은 만슈타인이 회고록에서 "(1943년) 2월 말~3월 초에 히틀러주의자들이 몇 개 지역에서 얻은 하찮고도 우연한 승리 몇 개를 뛰어난 승리로 격상시키고 그로써 독일 국방군이 주도권을 잡았다고 주장했다"고 불평했다. 사실은 소련군의 과도한 낙관주의와 정보국의 심각한 실수들(스탈린그라드 전투 전 독일의 모습과 꼭 닮은)이 소련군 패배의 큰 원인이었다. 2월 17일까지도 남서전선군은 독일군의 반격 준비를 감지하기는커녕, 그들이 방어전을 벌이고 있다는 것조차 알아채지 못했다. 한 상급 참모는 보고서에서 "모든 정보가 독일군이 돈 분지를 떠나고 드네프르 강 너머까지 퇴각할 것이라고 단언하고 있다"고 적었다. 물론 만슈타인이 신중한 행동을 취했을 수도 있었겠지만, 히틀러는 이와 같은 중요한 후퇴 이동에 반대하면서 그것을 못하게 했을 것이다. 어쨌든 만슈타인은 당시의 위태로운 상황을 최대한 활용하여 드네프르 강 '동쪽'에서 결정적 전투를 벌이고자 했다. 만슈타인은 —전통적인 군대 사고방식에서 보았을 때— 너무 약해 방어조차 힘든 상황에서 공격을 가함으로써 적을 혼란에 빠뜨렸다.

바투틴 장군은 임박한 독일군 역습을 조금도 눈치채지 못하고 "독일군은 분명히 돈바스 강에서 드네프르 강 너머까지 병력을 퇴각시키느라 허둥지둥하고 있습니다"라는 참모의 조언에 동조했다. 실제로 소련군은 독일군의 전혀 예기치 못한 행동에 눈이 팔려 그의 계획을 조금도 눈치채지 못했다. 소련군은 하리코프에서 퇴각하는 하우서의 군단을 보고 이를 독일군이 전략적 후퇴를 벌이고 있다는 확증으로 잘못 해석했다. 그로부터 1주일 사이에 만슈타인의 병력이 반격을 가해왔고, 낫질작전에 버금가는 뛰어난 기습이 이루어졌다.

만슈타인의 천재성은 단지 소련군 공세를 절정으로 끌어올린 뒤에 작전적 결정타를 날릴 기회가 오리라는 것을 이해한 것에 그치지 않는다. 작전을 훌륭히 조율하여 히틀러의 의혹을 극복하고 소련군을 곤경에 빠뜨려 패배 목전에서 장엄한 승리를 낚아챘다는 점 역시 그의 탁월함을 입증해준다. 때때로 그는 소련군 사령부만큼이나 독일군 최고사령부를 당혹스럽게 만들었다. 2월 중순 반격 전날 저녁, 육군 최고사령부에서는 지도를 보고 크나큰 혼란에 빠졌다. 호이징어는 당시 그의 부하로서 훗날 독일 연방군의 훌륭한 장군이 되는 요한 아돌프 폰 킬만제크Johann Adolf von Kielmansegg 백작에게 이렇게 말했다. "나는 만슈타인이 어떻게 이걸 성공시킬지 도저히 모르겠네." 그러나 남부집단군 사령관인 만슈타인은 아주 역량이 뛰어난 예하 군 사령관과 군단장 및 사단장들로부터 훌륭한 보좌를 받으며 계획을 성공시켰다. 만슈타인의 부하들은 임무형 지휘 원칙을 가슴에 새기고 있었고, 제병협동작전에도 능숙했다.

만슈타인은 실로 대단한 성과를 거두었다. 그러나 소련군의 대패는 예상치 못했다. 만슈타인은 작전 수행 중 다음과 같이 통찰력 있는 말을 남겼다.

우리의 전쟁은 점점 아주 기이하게 전개되고 있다. 어쨌든 일반적인 도식을 들이밀어서는 안 될 상황이다. 전체적으로 볼 때 이 전쟁은 특이하다고 해도 과언이 아니다. 그러나 우리는 일시적인 상황에 흔들려서는 안 된다. 오히려 훨씬 더 넓고 큰 그림에 우리의 시선을 고정하고 주시해야 한다.

이처럼 그는 승리에 도취되지 않았다. 그는 1943년 2월 말에 집에 보낸 편지에 이렇게 썼다. "이번에 승리를 거두기는 했지만, 앞으로도 우리가 상황을 냉철하게 판단할 수 있길 바랄 뿐이오."

훗날 많은 전쟁사학자들과 군인들이 만슈타인의 반격을 정밀하게 분석했다. 1943년 봄에 그가 거둔 놀라운 성과는 스탈린그라드 구조에 실패한 뒤 잃었던 그의 평판을 여러 가지 의미에서 만회할 수 있게 해주었다. 이번 작전의 결과는 단지 만슈타인이 승리를 거두었다는 것에 그치지 않고 더 나아가 그가 동부전선의 완전한 붕괴를 막았다는 전략적 의미를 갖고 있었다. 만슈타인은 타고난 지휘술로써 모든 사람들의 의심과 여러 난관을 뚫고 승리했다. 그러나 그는 순진하게도 전장에서의 승리를 정치적 해법의 기반으로 여겼다. 그러나 히틀러도 스탈린도 '무승부Remisfrieden'에 동의할 리가 없었다. 따라서 만슈타인이 동부전선 남익을 안정화시키기 위해 쏟아부은 모든 노력은 또 하나의 '잃어버린 승리'에 다름없었다. "우리는 스탈린그라드에서 되돌릴 수 없는 확실한 주도권을 잡았다"라는 에레멘코의 결론은 옳았다. 스탈린이 모든 병력을 집결시켜 이 전과를 확대했더라면 만슈타인이 이렇듯 놀라운 성공을 거둘 수 있었을지는 미지수다.

그렇긴 해도 만슈타인의 대단한 업적을 과소평가해서는 안 될 일이다. 한 전문가는 이렇게 분석했다.

폰 만슈타인의 작전이 훌륭했음은 누구도 부정할 수 없다. 사실 그의 겨울 반격은 그 의미가 작전 수준에 머무르지 않고 전략 수준까지 이어졌기 때문에 보다 높은 차원의 역공이라고 주장할 만하다. 이는 폰 만슈타인의 작전이 단지 소련군의 돈바스 진군을 막아냈기 때문이 아니라, 독일군 동부전선 전체를 갈라놓으려던 소련군의 더 크고 야심 찬 노력을 좌절시켰기 때문이다.

반격의 성공 덕분에 독일군은 파괴로 점철되었던 끔찍한 패배의 겨울에서 잠시나마 회복할 수 있었다. 스탈린그라드에서 대실패를 겪은 독일군은 개활지에서 기동의 우세로써 잠깐이나마 반가운 승리의 빛을 엿보았다. 패짓R. T. Paget은 만슈타인의 업적을 알렉산드로스 대왕Alexander the Great의 가우가멜라 전투Battle of Gaugamela와 비교했다.

그는 그의 양쪽 측면이 포위된 상태에서 방향을 바꿔서, 우회기동을 벌이는 소련군의 중심을 향해 기갑부대를 돌진시켰다. 스탈린은 다리우스Darius와 거의 같은 수준의 수적 우세를 누렸다. 폰 만슈타인 휘하의 1개 사단은 제각기 8개 소련군 사단을 상대해야 했다. 전쟁사에서 이렇게 가망 없는 상황에서 놀라운 승리를 거둔 경우는 드물다.

만슈타인은 원수로서 본인이 당시 느낀 감정을 아내에게 보내는 편지에 이렇게 썼다. "이렇게 어려운 상황에서 명운이 완전히 뒤집어지는 사례는 역사적으로 드무오. 그러므로 우리는 신께 감사드리고, 또한 아주 큰 자부심을 느끼고 있소."

"러시아인들은 1941년 이후로 많은 것을 배웠다.
우리에게서 전쟁의 기술을 익힌 이상
그들은 더 이상 우둔한 시골뜨기들이 아니다"

– 헤르만 호트 상급대장 –

재난의 서곡

1943년 7월의 쿠르스크 전투는 스탈린그라드 전투와 함께 동부전선뿐 아니라 제2차 세계대전 전체의 전환점으로 간주된다. 독일 국방군은 지난 두 번의 여름 공세에서 소련군 전선 깊숙이 침투하는 데 성공했다. 그러나 이번은 상황이 달랐다. 소련군 스타브카는 "잘 준비된 방어 교두보에서 적군의 공격을 맞고, 공격해오는 독일군 부대들의 피를 마지막 한 방울까지 쥐어짜내고, 그 뒤 총공세를 개시할" 결의를 다지고 있었다. 소련군의 목표는 1916년 베르됭에 공세를 퍼부으며 "프랑스군의 피를 하얗게 말려버리겠다"고 공언했던 독일군 참모총장 팔켄하인Erich von Falkenhayn의 목표와 유사했다. 27년 전 프랑스군과 마찬가지로 쿠르스크에서 방어하던 소련군은 굉장한 대가를 치르며 독일군의 공세를 막아냈다. 곧이어 소련군은 독일 '동방군'을 드네프르 강과 그 너머까지 밀어내기 위해 두 번의 역습(쿠투초프 작전Operations Kutuzov과 루미안체프 작전Operation Rumiantsev)을 펼쳤다. 9월 말에 이르자 만슈타인의 집단군은 병력이 심각하게 줄어든 상태로 우크라이나의 드네프르 강 너머까지 퇴각해야만 했다.

결국 독일군 최고사령부는 쿠르스크에서 동부전선의 길이를 줄이고 소련군의 예비대를 소진시킴으로써 중앙집단군과 남부집단군과 맞붙을 소련군의 전투력을 감소시킨다는 계획에 실패했다. 인상적인 승리를 얻겠다는 정치적 과제 역시 마찬가지였다. 동방에서의 대성공은 그 시기 독일인에게 꼭 필요했던 심리적 활력소가 되어 사기를 북돋우고 동맹군의 자신감을 회복시킬 터였다. 따라서 실패는 용납될 수 없었다. 그러나 독일군의 바람은 물거품이 되었다. 전투가 끝난 뒤에 "독일 국방군은 더 이상 군사적 힘의 균형을 되돌릴 기회를 얻지 못했다." 독일이 전략적 주도권을 다시 잡을 가능성이 없었기 때문에 자연히 만슈타인이 마음속에 품고 있던 '무승부'라는 목표도 사라져버렸다.

오늘날 쿠르스크 전투는 독일군의 손실을 크게 과장한 소련의 선전에 힘입어 보통 독일군 기갑부대의 '스완송swan-song'(화가, 음악가 등의 마지막 작품. 또는 배우, 운동선수 등의 마지막 연기나 기량 발휘를 뜻함-옮긴이) 또는 '죽음의 질주'로 기억된다. 그 절정은 프로호로프카Prokhorovka에서 일어난 대규모 전차전이었다. "쿠르스크라는 지옥에서 티거Tiger 전차들은 화염에 휩싸였다." 대중이 알고 있는 쿠르스크 전투의 이미지는 이런 신화를 기반으로 하고 있다. 그러나 알고 보면 독일군이 입은 피해보다 독일군이 적군에 입힌 피해가 더 컸다. 사상자 수만 보아도 소련군이 '3배 이상 많았다'. 그러나 소련군은 육상과 공중에서 점점 큰 수적 우세를 누리고 있었으므로 끝까지 소모전을 치를 수 있었던 반면, 독일군은 그럴 수 없었다. 게다가 이 시점에 소련군은 수적인 이점에 더해 조직·훈련·지휘·작전 면에서 질적 발전을 이루고 있었다. 만슈타인을 비롯한 독일군은 소련군의 이러한 성장을 너무 늦게 알아차렸기 때문에 대응도 한 발 늦었다. 따라서 쿠르스크 전투의 결과는 독일군이 '잃어버린' 승리라기보다는 보강되고 개선되고 원기를 회복한 소련군이 '얻어낸' 승리라고 할 수 있었다. 쿠르스크에서 벌어진 단 한 번의 거대한 교전에 투입된 총 병력은 약 200만 명, 전차 및 박격포 7,400대, 비행기 5,000대에 달했다. 규모 면에서나 강도 면에서나 동시에 진행 중이었던 지중해 전역의 모든 전투가 하찮아 보일 정도로 큰 전투였다.

만슈타인은 "남부집단군의 2개 공격군에 맞선 소련군의 전쟁포로 및 사상자의 수는 독일군보다 4배나 많았다"고 정확하게 언급했다. 소련 지도부는 자신만만하게 승리를 예측했으나, 사실 전투 개시 전에는 보다 신중한 태도를 보였다. 스탈린은 독일군의 공세에 맞서 싸우고 종국에는 독일군을 패퇴시킨다는 목표를 세우고 전투 준비 기간 동안 조심스럽게 인력과 자원의 수적 우세를 쌓아갔다. 양측 다 이번 전투에 많은 것을 걸고 있었기 때문에 "예비 병력을 포함하여 소련군 기갑부대의 50퍼센트와 독일군 기갑부대의 64퍼센트가 쿠르스크 지역에 집결해 있었다."

쿠르스크 전투 이후 주도권은 되돌릴 방법 없이 소련군에게로 넘어갔고, 동부전선에서 독일군은 수세에 몰렸다. 그 뒤로 1944/1945년 겨울의 아르덴 반격 단 한 번을 제외하면 독일 국방군은 다시는 강력한 공격력을 모을 수 없었다. 전투 전에 승리에 대한 희망으로 가득했던 육군 및 공군 병사들은 패배의 쓴맛을 보았다. 1943년 7월 시칠리아Sicilia에 연합군이 상륙하자, 유럽에서 오랫동안 예상되었던 2차 전선이 열렸다. 독일군은 더 많은 병력을 이탈리아로 분기시켜야 했고, 그곳에서 종전 시까지 소모가 많은 전역을 치러야 했다.

최근 몇 개의 대규모 연구에서 쿠르스크 전투의 발발 단계부터 결과까지 전체적인 조사를 벌인 덕분에 학술적으로 많은 내용이 보강되었다. 새로 알려진 사항들을 통해 우리는 제2차 세계대전의 핵심적인 사건 중 하나였던 쿠르스크 전투에서 집단군 사령관으로서 계획과 수행에 참여했던 만슈타인의 역할을 재평가할 수 있다. 『잃어버린 승리』 영문판은 독일어 원본의 5분의 1로 줄인 축약 버전이다. 그 생략된 부분은 왜 영미권 평론가들이 만슈타인의 설명에 이의를 제기하지 못했는지 그 이유를 설명하는 데 어느 정도 도움이 된다. 만슈타인은 독일군이 7월 13일부로 절정에 달했던 전투에서 물러난 것은 "승리를 내동댕이친 것에 버금가는" 행위였다고 주장했으나, "동부전선 독일군의 마지막 공세가 대실패"였음은 인정했다. 쿠르스크 전투 이후 대부분의 동방군, 특히 남부집단군은 야전에 남아 있으라는 압박을 강하게 받았다. 만슈타인의 표현에 따르자면 "이 분투의 본질은 적군의 공격력을 점점 약화시키는 것으로 변해갔다." 오랫동안 이 상태가 지속되었으나, 궁극적으로 목표를 이루기 위한 노력은 허사로 돌아갔다.

놓쳐버린 기회?

쿠르스크 전투에 대한 모든 연구에서 공통적으로 던지는 가장 중요한 의문

하나는 1943년 5월~6월 사이에 독일군이 공격 개시를 계속 지연시킨 이유가 무엇인가 하는 것이다. 만슈타인에 따르면, 3월이나 4월에 놓쳐버린 기회가 한 번 있었다. 하리코프가 함락되기 1주일 전, 그는 육군 최고사령부의 계획에 좌절해서 차이츨러에게 전략적 수준의 사고를 촉구하고 있었다. 1943년 3월 7일 두 사람 사이에 오간 침착한 대화를 보면 최고사령부 내에 미래에 대한 명료한 계획이 없었고, 히틀러가 효율적인 군사적 조언을 받지 못해 적절한 지시를 내리지 못했다는 일련의 사실이 분명하게 드러난다.

> **만슈타인:** 이제 육군 최고사령부가 그리고 있는 큰 그림이 무엇인지 아는 것이 중요합니다.
>
> **차이츨러:** 무엇보다도 먼저 기동부대를 복구하는 것이지요.
>
> **만슈타인:** 그것만으로는 충분치 않습니다! 단지 수비만이 목적이라면 모든 가용 가능한 병력을 전선에 투입해야겠지요. 그러나 우리는 전선 전체를 수비하기에는 너무 약하고 어차피 적군의 침투를 피할 수 없을 겁니다……. 중앙집단군 우익과 긴밀한 합동작전으로 공세를 펼쳐 주도권을 유지하거나, 아니면 계속 방어태세를 취하면서 다시 한 번 수세로 끌고 들어갈 수밖에 없습니다. 어쨌든 25개 사단으로 700킬로미터 길이의 전선을 방어한다는 건 불가능합니다. 제6군이 포위되었던 상황을 기억해주십시오. 주도권을 놓치면 (도네츠 강처럼) 노출된 만곡부를 사수할 수 없습니다.
>
> **차이츨러:** 원수의 생각은 제 생각과 완전히 일치합니다. 따라서 우리는 추가 부대를 얻어내기 위해 우리가 할 수 있는 모든 것을 해야만 합니다.

만슈타인은 계속해서 쿠르스크에 집중해야 한다는 입장이었으나, 히틀러는 고집스럽게 도네츠 강의 교두보에 남아 있는 적군을 처리한다는 덜 중요한 임무에 우선순위를 두었다.

3월 8일, 만슈타인은 차이츨러에게 다시 전화해서 증원 병력을 요구했다. "앞으로의 작전을 위해 저희에게는 16개 사단이 추가로 필요합니다."

남부집단군 사령부의 전쟁일지에는 참모총장이 그 말에 "웃었다"고 기록되어 있다. 차이츨러의 웃음에 화가 난 만슈타인은 이렇게 대답했다. "진지하게 하는 말입니다. 오늘 해당 내용이 서면으로 갈 겁니다. 이제 모든 것은 우리가 주도권을 놓지 않는 데 달려 있습니다." 그는 다시 한 번 차이츨러에게 중앙집단군 제2군에게 공격 명령을 내리라고 촉구했다. 우익의 적군을 '압박'하기보다는 오흐티르카Okhtyrka를 공격하라고 지시하는 것이 낫다는 뜻이었다.

하리코프에서 만슈타인의 승리가 분명해진 3월 10일, 히틀러는 자포로제를 다시 방문하여 대규모 회의에 참석했다. 육군 및 공군의 원수 및 장성급 인사 16명이 참석한 이 회의의 참석자 명단은 마치 동부전선의 주요 인명사전과 같았다. 슈탈베르크에게는 총통의 갑작스런 사령부 재방문이 '역대 최고 사령관'으로 자처하는 독일의 지도자가 자기 자신을 "최근 동부전선에서 있었던 성공한 작전들과 결부 지으려는 선전 행위"에 불과하다고 보았다. 당연히 히틀러는 하리코프 공세에서 SS 기갑군단과 그가 아끼는 라이프슈탄다르테의 활약에 크게 만족하고 있었다. 슈탈베르크는 이어진 토론에서 "만슈타인이 이제 끝을 향해 가고 있는 전투보다는 소련에서 벌어질 미래의 전쟁에 더 집중하고 있었다"고 말했다.

만슈타인의 기록에 따르면, 당시 그는 "이제 막 시작된 해빙기가 끝날 무렵 작전을 어떻게 수행해야 하는지"를 놓고 히틀러를 설득하려 하고 있었다. 그는 다시 한 번 독일 육군이 우세한 기동성과 지휘능력을 활용하여 정적인 방어에 매달리기보다 기동전을 펼쳐야 한다고 권했다. 만슈타인은 이번에도 히틀러에게 '백핸드' 공격의 필요성을 설득하려 했다. 공세로써 소련군을 끌어낸 뒤 반격을 펼쳐 측면에서 결정적인 승리를 따낸다는 것이었다. 토론의 화제는 이제 만슈타인이 쿠르스크 '발코니balcony'라고 부르던 지역으로 넘어갔고, 직접적인 '포핸드forehand' 공격으로 쿠르스크를 침으로써 전선의 길이를 줄이고 새로운 예비대를 만드는 안이 논의되었다(725쪽 지도 12 참조). 히틀러는 사령부를 떠나면서 돈바스 사수의 중요성을 다시 한 번 강조했다.

사흘 뒤 히틀러는 비행기를 타고 스몰렌스크Smolensk 근방의 중앙집단군 사령부로 향했다. 그곳에는 클루게가 불러 모은 예하 군 사령관들이 집합해 있었다. 총통은 쿠르스크 돌출부 공격에 대한 '자신의' 계획을 밝혔으나, 청중은 '독일군 사단들의 약화, 기갑부대의 불균형, 확고한 소련군 방어태세'를 염려하며 이에 대해 회의적이었다.

3월 13일, 육군 최고사령부는 작전 지령 5호 '이후 몇 달간의 전투 수행을 위한 지시'를 발령했는데, 이것은 치타델(성채) 작전Operation Citadel의 기원이 되었다. 이 지령은 소련군이 "한동안 재보급과 재편성을 거친 뒤 겨울과 해빙기가 끝나면 공격을 재개할 것"이라 가정하고 "소련군이 공격하기 전에 우리가 가능한 한 전선의 많은 구역에서 공격할 때가 되었다"고 주장했다. 남부집단군은 도네츠 강 전선뿐만 아니라 미우스 강 전선 전체에서 '최고 수준의 방어준비태세'를 취하는 동시에 공세작전을 준비하라는 명령을 받았다. 자세한 지시 내용은 다음과 같다.

집단군의 북익北翼에서 강력한 1개 기갑군을 즉시 편성하고, 해빙기가 끝나갈 무렵 소련군이 공세를 가하기 전에 투입할 수 있도록 늦어도 4월 말까지는 준비를 마쳐라. 이 공세의 목표는 제2기갑군의 공격집단과 협력 하에 하리코프 지역에서 북쪽을 향해 공세를 펼쳐 제2군 전방의 적군을 괴멸시키는 것이다.

이러한 지령에도 불구하고 만슈타인은 육군 최고사령부가 여전히 늑장을 부리고, 미래를 내다보는 통찰력을 키우지 못한 것에 실망을 떨치지 못했다. 히틀러는 3월 14일 하리코프 재탈환에 성공한 것만으로 만족하고 있었으나, 아직 작전의 주도권을 유지하며 소련군을 가장 약한 지점에서 패퇴시킨다는 더 중요한 작전 수준의 목표들이 남아 있었다. 따라서 3월 18일에 남부집단군 사령관 만슈타인은 차이츨러에게 의견을 밝혔다. "남부집단군 좌익과 중앙집단군 우익 전방의 소련군은 전투력이 떨어지는 것 같습니다. 중앙집단군이 이제 어려움 없이 쿠르스크를 점령할 수 있으리라 믿습니다." 차이츨러가 "총통은 추가예프Chugayev에서 이지움Izyum으로 작전을 펼치기를 바랍니다"라고 대답했을 때, 만슈타인은 간결하게 반대했다.

우리도 그러길 바랍니다. 우리는 하고 싶은 게 정말 많습니다! 하지만 그러려면 지금 제가 사용할 수 있는 것보다 훨씬 많은 수의 병력이 필요할 겁니다. 총통에게 전해주십시오. 서쪽에서 계속 사단들을 재배치해준다면 (히틀러가 바라는 대로) 중심에 목표를 둔 작전들을 수행할 수 있다고 말입니다. 하지만 지금으로서는 불가능합니다. 그런 임무를 수행하기에는 병력이 너무 약화되어 있습니다. 현재 저희는 도네츠 강 서안의 적을 소탕해야 합니다. 좌익에서 이루어질 앞으로의 모든 작전은 제2군의 협동 여부에 달려 있습니다.

다음 며칠 동안 쿠르스크를 향한 작전을 연장할 필요성을 놓고 옥신각신 말다툼이 벌어졌다.

3월 20일 아침, 만슈타인은 반격을 즉시 재개할 것을 요청했다. "오늘과 내일 우리는 도네츠 강 서안을 소탕하고, 벨고로드에서 북쪽과 북서쪽으로 강력한 정찰대를 보낼 겁니다. 이것으로 쿠르스크를 향한 작전은 이제 시작된 것입니다. 그러나 중앙집단군의 협동이 없다면 작전은 불가능할 겁니다." 다음날 17시 45분 총통의 결정이 전달되었다. "쿠르스크를 향한 작전을 중지하고 남동쪽으로 작전을 펼칠 준비를 시작하라."

만슈타인의 관점에서 봤을 때 쿠르스크 돌출부를 제거하고 전선의 길이를 크게 (200킬로미터 이상) 줄이고 긴요한 작전 수준의 예비대를 다시 만들어낼 황금 같은 기회가 날아간 셈이었다. 히틀러의 거절로 인해 만슈타인은 북쪽으로 전과를 확대할 수 없었고 클루게의 중앙집단군은 쿠르스크로 동진할 수 없었다. 히틀러가 그런 결정을 내린 데에는 복잡한 배경이 있었다. 가장 확실한 이유는 전투에 투입 가능한 병력의 부족과 라스푸티차 때문이었다. 또한 히틀러는 언제나처럼 돈바스 공업지역을 잃을까봐 전전긍긍하고 있었다. 총통이 지금까지 만슈타인에게 도네츠 강 동안을 소탕하라고 크게 압박한 것 역시 돈바스 공업지역 때문이었다. 결국 이 계획들(표범 작전Operation Panther과 매 작전Operation Habicht)은 치타델 작전에 밀려 포기되었지만, 쿠르스크 공세를 지원하는 기만작전으로 이용되었다.

히틀러가 만슈타인의 의도에 반대한 또 다른 이유는 개인적인 것이었는지 모른다. 하리코프 공세에서 만슈타인에게 예외적인 작전적 자유를 주었던 히틀러가 사이 나쁜 부하에게 또 한 번 성공 기회를 주고 싶지 않았던 것은 아닌가 하는 추측이 가능하다. 어쩌면 독일의 독재자는 만슈타인이 또 한 번 성공할 경우 그를 더 큰 군사적 권한이 주어진 자리로 진급시켜야 할지도 모른다는 꼬인 생각을 갖고 있었는지 모른다. 히틀러가 남부집단군 사령부를 방문하고 돌아온 1943년 3월 11일 괴벨스의 일지에 적힌 대로라면 괴벨스가 만슈타인의 계획을 보이콧했을 수도 있다. "(총통은) 만슈타인이 그에게 얼마나 무례하게 행동했는지 모르는 듯하다." 괴벨스는 1944년 3월 말 만슈타인이 사령관에서 해임될 때까지 히믈러Heinrich Himmler와 함께 계속해서 그를 깎아내렸다. 히틀러는 중앙집단군과 남부집단군 간의 긴밀한 합동작전이 '동부' 최고사령관에 대한 요구의 목소리를 높이고 자신의 작전통제권을 약화시킬까 봐 걱정했는지 모른다.

그러나 한편으로 쿠르스크를 향해 직접적인 공세를 신속히 펼치지 않은 데에는 실용적인 이유도 있었을 것이다. 3월 셋째 주에 독일군, 특히 SS 기갑군단 내에서는 사상자 수가 위태로울 만큼 늘어났다. 많은 병사들이 하리코프의 격렬한 시가전에서 목숨을 잃었던 것이다. 게다가 소련군은 쿠르스크 지역에 만슈타인 몰래 제1근위전차군을 비롯하여 많은 신규 병력을 증원시키고 있었다. 따라서 공세를 계속했더라면 독일군 기갑부대는 진창에 빠지는 동시에 소련군에게 길이 막히는 이중고를 겪었을 가능성이 높았다. 중앙집단군이 3월 한 달 동안은 버펄로 작전Operation Buffalo을 수행하며 르제프 돌출부에서 신중한 단계를 밟아 퇴각 중이었기 때문에 여력이 없었다는 사실 역시 중요한 고려사항이었다. 특별히 성공적이었던 버펄로 작전의 퇴각 기동으로 발터 모델Walther Model 상급대장 휘하의 제9군은 치타델 작전의 공격에 가담할 수 있게 되었다. 반면 만슈타인의 남부집단군 바로 북쪽에 위치한 제2군은 쿠르스크로 향할 충분한 공격력을 끝까지 얻지 못했다.

3월 말의 하루는 구데리안이 자포로제Zaporozhye를 방문했다. 6주 전에 기갑총감에 임명된 그는 히틀러로부터 독일군 기갑부대가 당면한 문제들을 해결하라는 명령을 받았다. 그는 특히 최근 그로스도이칠란트와 SS 라이프슈탄다르테 아돌프 히틀러 사단 예하 티거대대가 하리코프 재탈환에서 기용된 방식을 연구하고 그로부터 교훈을 얻으려 했다. 훗날 구데리안은 하리코프 전투에 대해 "기갑부대를 작전 수준에서 바르게 활용하여 승리를 따냈다"고 평했다. 구데리안은 만슈타인을 잘 알았기 때문에 만슈타인과 총통을 정확하게 비교했다.

나는 히틀러가 역량이 뛰어나고 군인다운 만슈타인 같은 인물을 곁에 두지 않으려 하는 것이 얼마나 안타까운 일인지 다시금 깨달았다. 두 사람의 성격은 너무나 달랐다. 히틀러는 의지가 대단했고 상상력이 넘쳤다. 반면 만슈타인은 독일군 참모장교단의 산물로서 최고의 군사적 재능을 지닌 인물이었고, 합리적이며 차분한 이해력까지 갖추었다. 그는 독일군 최고의 작전가였다.

최초 계획의 고려 사항

1943년 3월 30일, 만슈타인은 시력이 점점 약해져 병가를 내어 독일로 돌아갔다. 브레슬라우Breslau(현 폴란드령 브로츠와프Wroctaw) 대학 안과병원에서 그는 백내장 진단을 받았다. 슈탈베르크의 기록에 따르면, SS 군복을 입은 디터Dieter 교수는 편도선 수술로 백내장 진행을 막을 수 있다고 단언했다. 만슈타인은 수술을 받은 뒤 리그니츠의 집으로 돌아가 휴식을 취했다. 모델과 폰 바익스가 5주간 만슈타인의 대리로 집단군 사령관직을 맡았다. 만슈타인은 천성적으로 집에서 느긋하게 쉬는 인물이 아니었으므로, 믿음직스러운 참모장 부세와의 서신 교환을 통해 군사적 상황 전개를 긴밀하게 보고받았다.

4월 15일, 히틀러는 육군 최고사령부를 통해 작전지령 제6호를 발령했다. 그것은 치타델 작전 계획을 상세히 열거한 것이었다. 총통은 이 작전에 대단한 중요성을 부여하며 "이 공세는 최고로 중요하기에 빨리 실행해야 한다"고 선언했다.

이번 작전으로 우리는 봄과 여름에 반드시 주도권을 잡아야 한다. 따라서 모든 준비를 아주 용의주도하고 진취적으로 수행해야 한다. 최고의 부대, 최고의 무기, 최고의 사령관, 그리고 다량의 탄약이 주 공격축에 투입될 것이다. 모든 사령관과 병사는 이번 공세가 아주 중요하다는 사실을 마음에 깊이 새겨야 한다. 쿠르스크의 승리는 전 세계를 향한 등대가 되어줄 것이다.

"최선最善은 선善의 적敵이다"라는 말이 있듯이, 이번에도 최고에 대한 고집이 역효과를 냈다. '최고'를 보장받기 위해 히틀러는 지령에 성공의 2개 핵심 전제조건을 명시했다. 그 내용은 다음과 같았다. 첫째, "우리는 적군이 공격 개시 일시를 절대 알 수 없도록 하여 반드시 기습을 추구한다." 둘째, "공격부대는 모든 공격 수단의 압도적인 국지적 우세를 점하기 위해 좁은 축에 집결한다."

후자의 전제조건을 충분히 보장하기 위해서는 시간이 필요했으나 작전 개시가 지연되면 역으로 전자의 조건이 위태로워졌다. 게다가 조금이라도 작전이 연기될 경우, 소련군이 쿠르스크 돌출부 및 다른 지역에 방어선을 구축하는 속도가 독일군이 공격 병력을 증원하는 속도보다 빨랐기 때문에 소련군이 유리했다. 무엇보다도 소련군은 독일군보다 훨씬 빠르게 비행기, 전차, 포를 생산할 수 있었다. 작전지령 제6호에서 히틀러는 불길하게도 '최대한 빠른 공격 날짜'를 5월 3일로 잡았다. 이는 작전 수행이 그보다 훨씬 더 늦춰질 수 있음을 암시하는 것이었다.

리그니츠에 있던 만슈타인은 이것이 무엇을 뜻하는지 완벽히 이해하고 있었다. 4월 18일, 그는 차이츨러에게 편지를 보내 히틀러의 주의를 일깨우려 했다. 그는 "치타델 작전이 빨리 시작될수록 도네츠 강에서 적군의 대공세가 일어날 가능성이 낮아진다"는 점을 강조했다. 그는 또한 "지금부터는 치타델 작전의 성공을 보장하기 위해 '무엇이든' 완전히 쏟아부어야 합니다. 집단군 전선의 다른 영역 몇 군데에서 일시적인 차질이 있더라도 쿠르스크에서의 승리가 모든 것을 보상해줄 겁니다"라고도 말했다. 만슈타인이 사용한 이 말에는 치타델 작전의 계획과 수행에 내재된 핵심적인 딜레마가 드러나 있다. 1943년, 동방군은 쿠르스크를 향해 대공세를 가하는 동시에 다른 지역을 굳건히 수비할 만큼 충분한 병력이 없었다. 따라서 공세에 필요한 기동 병력을 창출하기 위해서는 전선의 다른 영역에서 위험을 무릅써야 했다. 어쩌면 아르덴 공세 준비 때와 마찬가지로 독일군은 아주 큰 위험을 감수하고 있었는지 모른다.

만슈타인은 치타델 작전에서와 같은 '포핸드' 공격(현재 진지에서의 공격)이 자신이 도네츠 강과 드네프르 강 사이에서 모범 사례를 보인 '백핸드' 공격보다 못하다고 보았다. 만슈타인은 다시 "적군을 드네프르 강 하류를 향해 서쪽으로 끌어낸 뒤 측면을 공격해서 적군이 아조프해에서 우리가 흑해에서 당했던 것과 같은 운명에 처하도록 만드는" 작전계획을 제안했다. 그러나 히틀러는 이에 동의하지 않았고, 만슈타인의 표현에 따르면 "한 치의 땅도 내주지 않기 위해 싸워야 한다"고 고집하면서 "제안된 작전이 분명히 내포하고 있는 위험을" 두려워했다. 히틀러의 단점은 그게 다가 아니었다. 만슈타인이 보기에 독일의 독재자는 "자신이 위험을 헤쳐나갈 수 있다는 믿음이 없었다. 그는 전술에 대한 눈썰미는 있었으나 훌륭한 군사지도자가 될 능력은 여전히 부족했기 때문이었다."

『잃어버린 승리』의 독일어 원본에서 만슈타인은 자신이 제안한 작전에 큰 허점이 있었음을 인정했다. 어쨌든 1943년 봄에 "적군이 독일군에 유리하게 공세적으로 전투를 개시하리라는 보장이 전혀 없었다." 또한 "서유럽 열강들이 소련의 공세를 지원한다면"(만슈타인은 여기서 제2전선의 개시를 암시했다) "스탈린의 입장에서는 기다릴 이유가 충분했다." 스탈린은 많은 사람들의 설득에 의해 소련이 먼저 타격을 날리지 않고 독일군의 공격을 기다린다는 결정을 내렸다.

소련군 최고사령부 내에서는 전략에 대해 폭넓은 토론이 벌어지고 있었다. 동계 작전들을 봄까지 계속 이어가야 하는지, 혹은 강력한 독일군의 역습에 대비해 늦여름 공세를 염두에 두고 일단은 방어태세를 취하는 것이

나을지가 주요 사안이었다. 스탈린의 본능은 전자를 향해 있었다. 그러나 주코프를 위시한 소련군 장군들은 후자로 의견을 모았다. 독일군이 쿠르스트 돌출부에 협격을 가할 가능성은 불 보듯 뻔했다. 그러나 주코프는 쿠르스크 남북에 기갑 병력이 집중 배치된 것을 보고 독일군의 의도를 보다 정확하게 읽어냈다. 4월 8일에 그는 벌써 독일군이 쿠르스크를 향해 공격할 것을 예상하고 그에 따른 경계를 촉구했다. 주코프는 이렇게 썼다.

나는 향후 며칠 동안 우리 병사들이 예방적 공격을 실시할 필요가 없다고 생각한다. 그보다는 방어전을 치르면서 적군을 지치게 만들고 적군 전차를 파괴한 뒤 그들의 예비 병력을 소진시키는 총공격을 펼침으로써 적군의 주력을 끝장내는 것이 낫다.

독일군의 작전지령 제6호가 떨어지기 3일 전인 4월 12일, 스탈린은 고위 군사고문인 주코프, 바실레프스키Aleksandr Vasilevsky, 안토노프Aleksei Innokentievich Antonov와 회동을 가졌다. 소련군 참모본부 작전과의 S. M. 슈테멘코Shtemenko 소장은 회동의 결과를 이렇게 기록했다.

궁극적으로는 우리의 주력 부대를 쿠르스크 지역에 집중시키고, 이곳에서 방어 작전을 펼치면서 적군의 피를 짜낸 뒤 공세로 전환하여 적군을 완파시킨다는 결정이 내려졌다. 만일의 사태에 대비해 전략적 전선 전체에 걸쳐 깊고 튼튼한 방어선 구축이 필수라고 판단되었다. 특히 쿠르스크 지역의 방어선을 강화시켜야 한다.

스탈린은 쿠르스크 방어를 맡은 중앙전선군과 보로네시 전선군 후방에 전략 수준의 신규 예비대로 스텝 전선군(726쪽 지도 13 참조)을 편성하라고 명령했다. 그에 따라 I. S. 코네프Konev 상급대장 휘하에 50만 명이 넘는 대규모 병력이 5개 소총병군과 1개 전차군단, 그리고 2개 기계화보병군단과 3개 기병군단으로 구성된 1개 전차군을 형성했다. 이처럼 소련은 독일 국방군은 꿈도 꾸지 못할 정도로 인력을 풍부했다. 특히 거의 1,000대에 달하는 전차를 보유한 P. A. 로트미스트로프Rotmistrov 중장 휘하의 제5근위전차군은 다가오는 전투에서 비장의 카드 역할을 할 터였다. 나아가 소련군은 독일 공군으로부터 제공권을 기어코 뺏기 위해, 그리고 독일 전차에 최대한 큰 피해를 입히기 위해 공군 4개 군을 동부로 집결시켰다.

쿠르스크 돌출부 내부에서, 그리고 동쪽으로 이어지는 전략적 종심에서 소련군은 대규모 방어전을 철저하게 계획하고 준비했다. 『참모본부 연구 General Staff Study』에는 이렇게 기록되어 있다.

대규모 전차 부대의 공세에 최대한 안정적으로 대응하기 위해 최전선 사령관들은 가장 중요한 축을 막는 방어선을 5, 6겹 이상으로 구성하라는 명령을 받았다. 나아가 (소위 '국가 방어선'이라고 불리는) 돈 강 동안(쿠르스크에서 약 200킬로미터 거리) 역시 방어 준비를 마쳤고 스텝 군구 내의 병력은 리브니 Livny에서 노비 오스콜Novyi Oskol 지역의 크셴Kshen 및 오스콜Oskol 강 동안을 따라 (돈 강으로 향하는 중간 지점에) 방어선을 구축했다.

쿠르스크 돌출부 내에서 소련은 마을을 요새화하고 야전축성(콘크리트 요새, 거점 및 참호 체계), 철조망, 지뢰밭 등을 설치하여 마치 미로와 같은 방어 시설을 만들었다. 이 방어 시설은 관측사격으로 엄호되었다. 중앙전선군과 보로네시 전선군의 가장 취약한 영역에는 소련군 공병대가 킬로미터 당 무려 1,500개의 대전차 지뢰와 1,700개의 대인 지뢰를 설치해놓았다.

중앙전선군이 담당한 영역에서는 소련군 제13군이 쿠르스크를 향할 것으로 예상되는 독일군 주축을 방어했다. 소련군 제13군 소속 12개 소총병 사단이 3개 제대로 나뉘어 32킬로미터의 좁은 정면에 배치되었고, 1개 전차여단과 5개 전차연대가 이들을 보강했다. 돌출부의 전방 방어선에는 킬로미터 당 병사 4,500명, 전차 45대, 포 104문이 아주 빽빽이 밀집해 있어 병력 밀도가 가장 높았다. 보로네시 전선군에서는 제6·7군의 정면이 핵심이었는데, 여기서는 100킬로미터 너비의 영역을 14개 소총병사단이 2개 제대로 나뉘어 방어했다. 병력 밀도도 킬로미터 당 병사 2,500명, 전차 42대, 포 59문으로 다소 낮았다. 따라서 독일군의 돌파작전은 북쪽보다는 이곳에서 성공하기가 더 쉬워 보였을지도 모른다. 그러나 소련군의 방어선은 어디서나 깊이 형성되어 있었고 반격 가능성도 무시할 수 없었다. 이들 이외에도 전선군의 제1제대를 형성하는 전차여단과 전차연대를 보강하기 위한 전선군 예비대와 기동충격집단이 있었다. 여기에 만슈타인의 공격에 맞서기 위해 제69·35근위소총병군단과 제1전차군, 제54·2근위전차군단, 다수의 전차·기계화·차량화여단, 대전차소총병대대, 박격포연대 등이 추가되었다. 이 모든 소련군 부대들은 충분한 예행연습을 거친 반격 계획을 기반으로 신중하게 위치가 정해졌다.

한편 독일군의 치타델 작전 계획은 쿠르스크 돌출부를 떼어낸다는 것 외에도 여러 개의 목표를 가지고 있었다. 쿠르스크에 집결한 상당수의 적군을 포위하는 것 외에 전선을 줄이면 병력 일부를 다른 곳에 투입할 수 있었다. 두 번째 목표는 소련군의 작전적 예비대를 전장으로 끌어내어 괴멸시킴으로써 쿠르스크 이후의 공세작전에 유리한 조건을 만드는 것이었다. 스탈린과 소련군 참모본부가 우려한 것처럼 대규모 기갑부대가 돈 강을 향해 돌진한 다음 북쪽으로 선회해 모스크바를 향할 가능성은 거의 없었다. 그러나 만슈타인의 견해에 따르면, '포핸드' 공격의 위험은 "적군이 전투에서 진 군대를 재편성하는 시간에 정비례하여" 증가했다. 게다가 치타델 작전이 조금이라도 지연될 경우 소련군은 방어 준비를 하고 투입 가능한 예비대를 모을 수 있는 시간을 더 많이 갖게 될 터였다. 스텝 전선군은 가능한 한 공격적으로 이용할 예정이었다.

만슈타인은 1943년 5월 중순으로 예정된 쿠르스크 작전 개시 전에 충분한 여유를 두고 5월 4일에 그의 사령부로 돌아갈 준비를 하고 있었다. 만슈타인이 떠나기로 한 전날 부세가 리그니츠에 도착하여 히틀러가 만슈타인을 호출하여 다음날 뮌헨으로 향해야 한다는 소식을 전했다. 이 회동에는 만슈타인 외에도 클루게, 차이츨러, 구데리안, 예숀네크가 참석하기로 되어 있었다.

히틀러는 치타델 작전의 성공에 대해 의구심을 품기 시작했다. 4월 18일, 그는 차이츨러에게 중앙집단군과 남부집단군이 연합해 쿠르스크를 '협공'하는 대신 도시를 향해 동쪽으로 파고 들어가 정면공격을 감행한다는 대체 기동 계획을 제안했다. 차이츨러는 현재 병력의 배치를 조정하려면 독일군은 또 한 차례 지연해야 하는데, 현 상황에서 이는 감내할 수 없다고 설득했다. 예기치 못한 축에서 대규모 집중공격으로 적군을 분열시키면 소련군의 방어선을 파열시키기에 충분한 돌파와 충격 효과가 생길지도 몰랐다. 그렇긴 해도 새로운 작전에 따른 병력 재배치를 숨기고 작전 수준에서 기습을 달성하기란 어려웠다. 그러나 소련군은 1년 뒤 이와 동일한 술수를 쓴 바그라티온 작전Operation Bagration으로 독일군 중앙집단군을 괴멸시켰다.

치타델 작전의 전술에 이의를 제기한 것은 모델이었다. 그는 4월 26일에 히틀러에게 소련군의 방어력이 점차 증가하여 현재는 깊이가 20킬로미터에 이르렀음을 서면으로 경고한 바 있었다. 모델의 전기에 따르면, 제9군 사령관이었던 그는 "소련의 대전차 진지와 참호선을 찍은 항공사진을 근거로 공격이 적어도 1달 이상 연기되어야 하고, 그사이 제9군에 지금까지 크게 부족했던 증원 병력을 투입해야 한다고" 주장했다. 히틀러는 심정적으로 작전 연기에 찬성하고 있었기 때문에 모델은 활짝 열린 문으로 걸어 들어가는 거나 마찬가지였다. 5월 4일 히틀러와의 회동 전 구데리안이 만슈타인에게 설명했듯이, 총통은 공세에 투입되는 기갑부대의 수를 늘려 공격력을 강화시키고자 했다. 여기서 그는 중重전차(티거 전차와 페르디난트Ferdinand 구축전차)와 특히 독일이 소련군 T-34에 대응하기 위해 개발 중이던 새로운 중中전차 판터Panther 전차를 활용하고 싶어했다. 그러나 판터 전차는 아직 그 성능이 전투에서 입증되지 않아 신뢰할 수 없었다. 또한 그는 치타델 작전을 승인하기 전에 먼저 지중해 전역의 전개 양상을 지켜보고자 했다.

5월 4일 오후에 열린 4시간에 걸친 회동에서 총통은 자신이 공세를 연기하고자 하는 이유를 설명했다. 그는 소련군 방어에 대한 모델의 의구심을 언급하면서 불리한 병력비에 우려를 표하고 최근 독일군의 공세에서 보았듯이 강력한 화력 지원 없이는 사다리꼴 진지 안쪽 깊이 침투하기가 불가능함을 역설했다. 그러고 나서 히틀러는 이 작전의 실현 가능성에 대해 청중의 견해를 물었다.

처음 발언권을 얻은 것은 만슈타인이었다. 그는 정치적·군사적으로 상황을 넓게 조망했을 때 "동부전선에서 빠르게 승리를 쟁취하는 것이 필수적이고 바람직하다"는 사실을 무시할 수 없었다. 그러나 그의 병력, 그중에서도 특히 보병은 적군에 비해 약했다. 작전 개시 연기는 '더 많은 보병사단이 주어질 경우에만' 성공으로 이어질 터였다. 좀 더 구체적으로 말하면, 동부전선에서의 승리는 '튀니지가 함락되기 전에', 그리고 '서구 연합군이 새로운 전선을 만들기 전에' 달성되어야만 했다. 어떠한 지연도 "미우스-도네츠 전선에 더 큰 위협 요소가 될 터였다. 현재 미우스-도네츠 전선의 소련군은 공세가 불가능한 상태지만 아마도 6월에는 분명히 공격이 가능할 것이다." 만슈타인은 마지막으로 "독일군의 병력 증강이 소련군의 월간 전차 생산량, 사기 회복, 방어 진지 구축을 상쇄시킬 수 있을지"의 문제를 제기했다.

만슈타인은 덧붙여 중요한 몇 가지를 설명했다. 그는 "기갑부대를 더 보강하고 싶은 유혹이 아무리 강하더라도 즉시 공격해야 한다"고 주장했다. 만약 공격이 연기된다면 그의 남부집단군은 "적군 진지를 돌파하기 위해 추가 보병사단이 필요했다." 마지막으로 그는 치타델 작전이 "결코 쉬운 일이 아니며" 즉각적인 공세 개시 결정을 고수해야 한다고 덧붙였다.

한편 부하의 비관적인 평가에 화가 난 중앙집단군 사령관 클루게는 작전 연기를 강하게 비난했다. 만슈타인은 그가 이렇게 항의했다고 기억했다. "모델이 말하는 20킬로미터 깊이의 진지는 과장된 겁니다." 공세 개시를 연기시킴으로써 독일은 "수세에 몰릴 수도 있었고, 치타델 작전의 원안과 다르게 병력을 재배치해야 할 수도 있었다." 히틀러는 추가 보병사단에 대한 만슈타인의 요청에 대해서는 추가 기갑 병력으로 대체하라는 말로 일언지하에 거절한 뒤 클루게의 발언에 답했다. 그가 보기에 모델 상급대장은 보고 시 '완전히 확신에 차' 있었으며, 이 사안에 대해 회의적인 사람은 다름 아닌 본인—총통—이라고 했다.

이 대화에 대한 구데리안의 설명은 몇 가지 핵심적인 면에서 흥미롭다. 그는 클루게가 만슈타인 '다음에' 말했다는 것을 확인시켜주었을 뿐만 아니라 이렇게 회고했다. "만슈타인은 히틀러를 대면할 때면 종종 그러했듯이 최선을 다하지 않았다. 그의 의견은 공세가 성공할 좋은 기회는 4월에 있었으며 지금은 성공이 회의적이라는 것이었다." 기갑총감 구데리안은 또한 만슈타인이 "온전한 2개 사단이 더 필요하다"고 주장했다고 기억했다. 그러고 나서 만슈타인은 돌연 칼자루를 내려놓았다. "(히틀러가) 다시 질문을 반복했으나 불행히도 만슈타인으로부터 어떠한 분명한 대답도 듣지 못했다." 구데리안과 전쟁일지의 기록에 따르면, 이윽고 구데리안은 '명확하게 차이츨러의 계획을 편든' 클루게의 말을 이어받아 자신의 의견을 말했다. 구데리안은 앞선 사람들과 대조적으로 쿠르스크 공세 자체가 '무의미하다'고 주장했다. 특히 그는 독일이 참모총장 차이츨러의 계획에 따라 공격할 경우 "중(重)전차를 여럿 잃을 것이고, 1943년 내에 그 손실분을 대체할 수 없을 것"이라고 역설했다. 나아가 차이츨러(그리고 히틀러)가 "지나친 기대를 걸고 있는 새로운 판터 전차의 성능이 신규 장비 특유의 초반 문제들을 아직 해결하지 못한 상태"라고 지적했다.

만슈타인의 회고에 따르면, 기갑총감 구데리안은 모든 기갑 병력을 남부집단군이든 중앙집단군이든 하나의 공격지역에 모아 '압도적인 우세'를 점해야 한다고 주장했다. 구데리안 본인은 이에 대해 전혀 언급하지 않았으나, 어쨌든 전쟁일지에는 육상에서 노력을 한 지점에 집중시키고 투입 가능한 비행기를 전부 동원하여 힘을 실어준다는 안이 기록되어 있다. 적의 공군력 집결은 그들이 남부집단군에 대한 대규모 공세를 준비하고 있음을 보여주는 것이었다. 치타델 작전을 연기한다고 해도 독일 공군에 유의미한 수준의 보강이 이루어지지는 않을 것이었다. 기껏해야 2개 슈투카 집단이 전부일 터였다.

마지막으로 히틀러는 6월 10일까지 공격 개시를 지연시킨다고 다시 한번 반복하면서 "소련군 전차도 수가 늘어날 것이나, 추가된 독일군 티거·판터·페르디난트 전차의 기술적 우월성이 이를 상쇄할 것"이라고 말했다. 그러나 보병사단은 더 제공할 수 없다고 잘라 말했다. 히틀러는 쿠르스크 공세의 시기를 재고해보겠다는 말로 참석자들을 돌려보냈다. 다른 연구에서 지적했듯이 히틀러 휘하의 장군들이 작전 지연에 의구심을 품은 것은 "공세를 연기시키겠다는 히틀러의 결의만 더욱 다지게 하는 부작용"을 낳았을지도 모른다. 어쨌든 이 회담에 참석했던 이들의 종전 후 기록은 저마다 자신에게 유리하게 편집한 것이라는 인상을 지우기 어렵다.

치명적인 공격 개시 연기

5월 11일, 치타델 작전은 6월 12일까지 연기가 선언되었다. 동부전선의 두 집단군 사령관이 걱정한 그대로였다. 이틀 뒤, 튀니지에 집결해 있던 100만 추축국 병력의 4분의 1에 가까운 수가 봉 곶Cape Bon에서 항복했다. 스탈린그라드 뺨치는 규모의 군사적 재난이 벌어진 것이었다. 한편 보강이 약속된 기갑부대는 천천히 동부전선을 향해 이동하고 있었다. 공세는 몇 번 더 연기되어 마침내 6월 25일에 새로운 공격 개시 일자가 1943년 7월 5일로 정해졌다. 이 기간 동안 소련군의 방어는 점점 더 강해져만 갔고, 도네츠 강 지역에 가짜 전차를 집결시키는 표범 작전Operation Panther 등의 기만조치로써 자신들의 의도를 위장하려던 독일군은 적군을 속이는 데 실패했다.

기다림의 연속이었던 5월과 6월 동안 만슈타인은 예하 부대들의 작전계획과 훈련을 감독했고 '전선'을 자주 방문했다. 예를 들어, 그는 5월 10일에 하리코프 서쪽 보고두호프Bogodukhov에 위치한 호트의 사령부를 방문했다. 남부집단군 사령관은 기갑장군 오토 폰 크노벨스도르프Otto von Knobelsdorff(제48기갑군단)와 예하 사단장들을 한데 불러 모았다. 여기에는 유명한 발크(그로스도이칠란트)와 콜티츠(제11기갑사단)도 포함되어 있었다. 이날의 회의는 다가오는 공세의 방법과 수단을 놓고 전문가들끼리 자유롭게 토론하는 의견 교환의 장場으로 발전했다. 만슈타인은 보병사단이 부족했기 때문에 기갑부대로 압도적인 초동 공격을 벌이겠다고 이미 결정한 상태였다. 보병은 선봉에 선 기갑부대의 측면 엄호에 투입할 예정이었다. 그는 회의에 참석한 사람들 앞에서 "이 공세는 쉽지 않을 것이다! 우리 병사들이 (적군의) 첫 진지를 돌파하는 순간 주 전투가 시작될 것이다"라고 공언했다. 그러나 5월 중순에도 만슈타인은 독일군이 소련군의 1차 방어선을 뚫을 수 있을지 확신하지 못하고 있었다. 그는 예하 부대 사령관들에게 이 공격을 '가장 세세한 부분까지' 계획하고 연습하라고 강조했다. 또한 항공지원과 포병지원을 효율적으로 집결시켜야 할 필요성과 '초동 공격에 중▦전차를 투입해야 할 필요성', 포병과 협공을 펼쳐 소련군의 대전차 기지를 제압해야 함을 역설했다. 만슈타인은 마지막으로 장교들에게 '적군에 대한 큰 그림을 그려야 할 필요성'을 재차 강조하며 예언과도 같이 "적군의 공중 활동이 강력할 것이다"라고 경고했다.

다음날(5월 11일) 만슈타인은 하우서의 SS 기갑군단을 방문하러 하리코프로 향했다. 그곳에서 만슈타인은 3개 SS 기갑척탄병사단(라이프슈탄다르테, 다스 라이히, 토텐코프) 지휘관들로부터 현재의 전투력과 우려 사항에 대한 보고를 들었다. 하우서로부터 공격 계획의 개요를 보고받은 만슈타인은 SS 소속 부하들에게 점차 강해지는 소련군의 방어력에 대해 경고했다. "적군이 전선과 종심에서 계속 진지를 구축하리라고 가정해야 한다. 이번 공세를 가볍게 봐서는 안 된다. 정찰과 준비를 철저히 하라."

준비 기간 중 만슈타인은 많은 예하 부대를 방문하며 군과 군단은 물론 사단장들과도 대화할 수 있었다. 그러나 제9군을 이끄는 모델이 너무 지나치게 정력적이었던 것과 달리, 만슈타인은 부하들을 충분히 믿고 그들이 직접 작전의 전술적 세부 사항을 계획하게 하고, 병력 투입에 대한 예하 부대의 제안에 관심을 보였다. 그의 지휘 방식은 기동 계획을 연대 수준까지 하나하나 강요하기보다는 오히려 전반적인 것에 신경을 써서 훈련과 다른 준비에 집중했다. 그런데 지나고 나서 보니 만슈타인은 군, 군단, 사단 수준의 계획에서 몇 가지 심각한 오류를 알아차리지 못했고, 그 결과 독일군의 공격에는 심각한 애로사항이 있었다. 나중에 살펴보겠지만, 전쟁에서 자주 그러하듯이 최고의 계획을 좌절시킬 수 있는 것은 적군뿐만이 아니다.

다시 집단군 사령부로 돌아온 만슈타인에게는 약간의 여유 시간이 있었다. 슈탈베르크가 손을 써서 리그니츠에서 만슈타인의 말을 데려와서, 만슈

애마 오스만(Osman)을 타고 휴식을 취하는 모습. (Manstein archive)

타인 원수와 그의 부관 슈탈베르크는 자포로제 남쪽의 넓게 펼쳐진 평원에서 하루에 1시간씩 승마를 했다. 만슈타인은 "전성기에 이른, 다리가 긴 순혈의 회색 말"을 탔고 슈탈베르크의 말 역시 "탈 때마다 커다란 기쁨을 안겨주었다." 두 사람이 승마에 취미를 붙였다는 것을 곧 히틀러가 알게 되었다. 슈탈베르크는 그의 사촌 헤닝 폰 트레스코브에게서 이런 말을 들었다. "최근 히틀러는 만슈타인의 이름이 언급될 때마다 대단히 격분하는 모습을 보였다." 게다가 만슈타인과 그의 부관의 취미에 대한 이야기를 듣고 총통은 이렇게 말했다는 것이었다. "그렇다면 빨치산을 매복시켜서 두 사람을 손쉽게 한 번에 제거할 수 있겠군." 이런 말을 듣고 만슈타인의 부관은 군경 차량이 두 사람을 호위하도록 했다. 그러나 만슈타인이 왜 이러는 것이냐고 묻자 자초지종을 실토할 수밖에 없었고, 안장 위에서 보내던 한가로운 오후의 여흥은 갑자기 끝나버렸다.

승마를 하는 동안 생각에 사로잡혀 있었던 탓인지 다가오는 공세에 대한 만슈타인의 우려는 시간이 지나도 조금도 수그러들지 않았다. 6월 1일에 그는 차이츨러에게 편지를 써서 현 상황에 대한 가장 최근의 생각을 전했다. 원안대로라면 공격이 시작되었어야 하는 5월 중순에 비해 "치타델 작전의 성공 가능성은 높아지지 않았다." 쿠르스크 돌출부 내의 소련군 방어력과 병력이 늘어나고 있었을 뿐더러 "도네츠 강과 미우스 강에 대한 위협역시 상당히 증가했다." 치타델 작전에는 모든 가용 병력을 투입해야 하기때문에 다른 곳에서 위기를 맞을 가능성이 있었다. 어쨌든 "치타델 작전은 성공의 기회가 한정되어 있는 어려운 공세"였으며 성공한다 해도 소련군의 입장에서는 "부분적 일격"에 지나지 않았다. 만슈타인은 현실적인 결론을 내렸다. "적군의 예비대를 감안하면 현재의 병력 수준으로 동부전선 전투에서 승리한다는 것은 불가능하다." 승리하려면 "육군 최고사령부로부터더 많은 예비 병력을 얻어내야 할 것이다."

차이츨러는 놀라울 정도로 솔직하게 치타델 작전을 평가했다. "소련군은이제 우리 병력의 집결 상태와 의도, 주공의 축에 대해 아주 분명히 눈치챘을 것이다. 우리의 공세는 전보다 훨씬 단단히 구축된 진지를 뚫어야 할 뿐만 아니라, 잘 준비된 병력과 맞서야 한다." 그럼에도 육군 최고사령부는 쿠르스크 돌출부를 향한 현 계획을 유지하기로 했다.

한편 1943년 6월 3일~5일에 만슈타인은 치타델 작전 준비를 위한 대규모 워게임을 지휘했다. 워게임은 사흘 동안 아침마다 만슈타인 휘하의 기갑군단 사령부(제48기갑군단, 제2SS기갑군단, 제3기갑군단)에서 진행되었다. 이는 남부집단군 내부적으로 기동계획을 동기화하기 위한 것이었다. 이달 말, 만슈타인은 방문 중이던 터키군 참모총장 제밀 자히트 토이데미르Cemil Cahit Toydemir 상급대장을 위시한 터키군 대표단을 위해 벨고로드 근방에서 대규모 전차 시범을 선보였다. 터키 훈련Türkenübung이라는 이름 하에 진행된 이 행사의 계획과 수행은 켐프 파견군이 맡았다. 행사의 하이라이트는 최신 티거 전차와 합동화력전투에 쓰이는 다른 현대 무기들을 구비한 제503 중전차대대의 화려한 화력 시범이었다.

독일군 군사 계획가들은 동부전선에서 떠나 이탈리아에 병력을 보강하는 문제에 점점 더 집착했다. 6월 18일, 국방군 최고사령부 작전과에서 히틀러에게 전략보고서 한 부를 제출했다. 쿠르스크 공세가 지중해에서 예상되는 연합군의 공세와 겹쳐질 가능성이 점점 더 높아지고 있었기 때문에 (공교롭게도 만슈타인 역시 5월 4일 히틀러와의 회동에서 이 점을 강조했다), 작전과에서는 "상황이 정리될 때까지 치타델 작전을 잠정 취소하고 동부전선과 독일 내에서 최고사령부가 마음껏 활용할 수 있도록 강력한 작전적 예비대를 편성해야 한다"는 안을 추천했다. 같은 날, "히틀러는 국방군 최고사령부의 관점을 이해하기는 했으나 치타델 작전이 7월 3일에는 꼭 수행되어야 한다"고 결의했다. 그러나 그는 또 작전 개시일을 7월 5일로 미루었다.

공격 진행 결정에도 불구하고 독일 군부는 쿠르스크 내에서 늘어나고 있던 소련군 병력과 방어력에 대해 우려하지 않을 수 없었다. 육군 최고사령부와 중앙집단군 및 남부집단군 사령부의 쿠르스크 돌출부 '내의' 적군에 대한 평가는 아주 정확했다. 그러나 독일군 정보국은 소련군의 전략적 종심 뒤에 무엇이 있는지 거의 알지 못했다. 정보국은 스텝 군관구의 방어태세를 감지하는 데 실패하여 "코네프 장군이 지휘하는 부대의 규모, 구성, 기계화 정도, 잠재적 공격력에 대한 정보를 거의 갖고 있지 못했다." 이는 치명적인 실수였다.

독일이 스탈린의 가장 강력한 전략적 예비대를 파악하지 못했다는 것은 두 가지 이유에서 중요했다. 우선 소련군 방어선은 쿠르스크 내 진지와 함께 그 깊이가 총 300킬로미터에 달했는데, 이는 독일군의 상상을 초월하는 수준이었다. 둘째로, 앞으로 살펴보겠지만 7월 12일에 공세에 투입된 로트 미스트로프Pavel Alexyevic Rotmistrov의 제5근위전차군은 전투가 절정에 달한 시점에 프로호로프카에서 만슈타인의 공세를 둔화시키고 완전히 막아내는 데 성공했다. 소련군 기갑부대는 이 전투에서 큰 피해를 입었으나 소련의 방어전을 승리로 이끄는 데 결정적인 기여를 했다.

전투 준비 기간에 겔렌Reinhard Gehlen이 이끄는 육군 최고사령부 소속 동부 전선 외국군FHO의 보고서는 날이 갈수록 비관적인 빛을 띠었다. 6월 중순, 동부전선 외국군은 쿠르스크 지역에서 공세를 펼치는 독일군은 "138개 보병사단, 64개 전차여단, 전차 2,350대 이상과 맞서 싸워야 할 것"이라고 보고했다. 3주 뒤, 치타델 작전 개시 전야에 겔렌은 마치 예언과도 같은 결론을 내렸다.

소련군은 몇 주 동안 예상 지역에서 우리의 공격을 기다리고 있었다. 그들은 아주 깊게 구축된 진지의 적재적소에 병력을 정력적으로 배치하면서 우리의 공격을 신속히 막을 수 있도록 모든 조치를 취했다. 따라서 독일군의 공세가 돌파에 성공할 가능성은 현저히 낮다……. 나는 이번 작전이 중대한 실수로서 훗날 우리가 그 대가를 치러야 하리라고 생각한다.

따라서 치타델 작전의 성공을 위한 핵심 전제조건 2개 가운데 달성된 것은 하나도 없었다. 이제 작전 수준에서 기습을 벌일 희망도, 전술 수준에서 충분한 우세를 점하여 돌파에 성공할 희망도 없었다. 그 뒤로 소련군의 종심까지 기동해갈 가능성이 사라졌음은 물론이었다.

돌이켜보면 치타델 작전이 성공이 보장되지 않은 도박으로 보이지만, 당시에는 그렇지 않았던 모양이다. 어쨌든 독일군은 이전에 전격전으로 성공을 거둔 바 있었고, 만슈타인이 2~3월에 행한 반격은 반박의 여지없이 동부전선의 남익을 구조하는 데 성공했다. 물론 현재 쿠르스크에서의 상황은 상당히 달랐으나, 그렇다 해도 독일군은 자신감을 되찾은 상태였다. 따라서 독일 국방군 사령관들이 쿠르스크에서 다시 승리하리라고 믿은 것을 순전히 허황된 공상으로 치부할 수는 없다. 그들이 제도적으로 자신들의 역량을 과대평가하고 적군의 역량을 과소평가하도록 세뇌되어 있었음을 감안하면 더욱 그러하다. 따라서 만슈타인은 비관적인 정보에도 불구하고 "우리의 공세는 쉽지 않겠지만 끝내 성공으로 이어질 것"이라고 믿었다. 그는 도네츠 강 지역에서 또 한 번의 적군 공세가 이루어지리라는 것에는 회의적이었지만, 그럼에도 독자들에게 다음과 같이 공언했다. "나는 그러한 위기가 오더라도 쿠르스크에서 승리를 거둔 뒤에 전부 처리할 수 있다고 확신하고 있었다. 어쩌면 그로부터 더 큰 승리를 얻어낼지도 모르는 일이었다."

만슈타인의 회고록을 읽는 독자들은 쿠르스크 전투와 관련된 집단군 사령관들이 이 공세가 더 이상 의미가 없으며 수행되어서는 안 된다고 주장하지 않았던 것에 의문을 품을지도 모른다. 만슈타인은 이를 염두에 두고 당시 더욱 강경하게 반대를 표명하지 않은 것이 "실수였는지도 모른다"고 인정했다.

최종 배치 계획

차이츨러가 설계한 육군 최고사령부의 치타델 작전은 고전적인 이중 포위 작전이었다. 쿠르스크 돌출부 내의 소련군 병력을 덫에 가두고, 쿠르스크 근방에 비행기 및 전차를 최대한 집결시켜 남북에서 집중포화를 가함으로써 적군을 괴멸시킨다는 것이었다. 독일군이 이렇게 대규모 기동을 벌인 것은 1941년 2개 기갑집단이 동원된 키예프 공세가 마지막이었다. 참모본부는 전통적인 칸나이 전투의 사고방식과 교훈을 참고로 삼은 동시에 키예프 공세에서도 영감을 얻었을지 모른다. 그러나 키예프 전투에서 거의 2년이 지난 이때 독일군에 맞선 소련군은 과거보다 조직과 지휘 면에서 훨씬 개선된 상태였고, 예비 인력과 장비 모두 고갈되지 않을 만큼 보유하고 있었다. 무엇보다도 그들은 독일군의 공세를 예상했을 뿐만 아니라 훌륭하게 준비를 마친 상태였다. 따라서 독일군에게는 다가오는 소련군의 여름 공세에 앞서 작전 수준에서 예방적인 공격을 가하는 것 외에는 방도가 없었다.

그것이 앞으로 벌어질 '사태'를 지연시키거나 유의미하게 막을 수 있을지 여부는 두고 볼 문제였다. 독일군의 배치 계획을 분석해보면 그들이 얼마나 불리한 조건에서 싸웠는지 알 수 있다.

루돌프 슈미트 대장이 이끄는 중앙집단군 예하 제2기갑군은 허울뿐인 약체로서 14개 보병사단으로 구성된 3개 군단과 예비대에 단 1개 기갑사단만을 거느리고 오렐 강 돌출부의 북쪽과 남쪽 전선을 방어하고 있었다. 바로 여기에 치타델 작전 설계의 근본적인 흠이 있었다. 소련군이 오렐-쿠르스크 축에서 독일군 공세를 막아낼 최선의 방법은 오렐 돌출부에 반격을 가하는 것이었고, 이는 현실이 되었다. 만슈타인이 회고록에서 독일군 계획의 결점들에 대해 관심을 끈 것은 당연했다. 그는 제2기갑군에 보병(짐작건대 기갑 및 포병도)을 충분히 보강시켜서 불가피한 소련군 공세에 대응해야 한다고 주장했다. 그럼으로써 "적군이 제9군 후방에서 속전속결로 승리를 얻는 것을 막자는" 것이었다. 만슈타인이 보기에는 소련군의 방어선을 확실히 깨끗하게 돌파하려면 모델의 군과 자신의 남부집단군에도 보강이 필요했다. 만슈타인은 "필요한 병력을 소위 국방군 전역戰域인 노르웨이, 프랑스, 발칸 반도에서 차출하고 북아프리카에서 적시에 철수함으로써 얻을 수 있다"고 생각했다. 그러나 히틀러는 이 지역들을 위험에 노출시키면서까지 치타델 작전에 모든 것을 걸 의향이 없었다.

모델의 제9군은 오렐-쿠르스크 축에서 북쪽 공격 임무를 맡았다. 제9군 휘하의 5개 군단 중 3개 기갑군단(4개 기갑사단과 7개 보병사단을 보유한 제41·47·46기갑군단)이 주공을 맡았다. 좌측에서는 진군 중인 제23보병군단이, 우측에서는 제20군단이 엄호한다는 계획이었다. 예비대에는 2개 기갑사단과 1개 기갑척탄병사단을 거느린 에세베크 군단집단Korpsgruppe Esebeck이 있었다. 총 21개 사단 가운데 최초 공세에 투입된 것은 14개 사단뿐이었다. 모델은 보병부대를 먼저 내보내기로 결정했다. 기갑사단을 투입하기 전에 중전차(티거), 구축전차(페르디난트), 경돌격포(StG III)의 지원을 받은 보병부대가 소련군 제70군과 제13군을 무찌른다는 계획이었다. 제9군의 보병부대들은 "모든 유형의 공세작전에 완전히 적합하다"고 평가받은 1개 보병부대를 제외하고는 전부 편제 병력에 미달되는 상황이었다. 모델에게는 북쪽에서 원하는 대로 쓸 수 있는 전차, 구축전차, 돌격포가 총 988대 있었고, 일반포 및 로켓포 917문, 제1항공사단Fliegerdivision의 전투기 640대가 추가로 공격을 지원했다. 모델로서는 원통하게도, 약속되었던 신규 마크 V 판터Mark V Panther 전차는 전부 남부집단군에 할당되었다.

제9군 남쪽에는 발터 바이스Walter Weiss 상급대장의 제2군(제2기갑군과 혼동해서는 안 된다) 예하 2개 보병군단(총 8개 사단)이 세브스크Sevsk에서 수미Sumy 남쪽에 이르는 쿠르스크 돌출부의 서쪽 끝에 버티고 있었다. 200킬로미터가 넘는 신장된 영역에서 제2군을 지원한 것은 자주대전차포 100문이 전부였다. 즉, 제2군은 진정한 의미에서 병력 절약형 임무를 수행하고 있었던 것이다. 그럼에도 불구하고 제2군은 자신보다 규모가 훨씬 큰 소련군 병력을 오랫동안 묶어두는 데 성공했다.

히틀러의 작전지령 제6호가 만슈타인의 집단군에 부여한 임무는 다음과 같았다. "남부집단군은 벨고로드Belgorod-토마로프카Tomarovka 선에 집결한 다수의 부대를 거느리고 프릴레피Prilepy-오보얀Oboyan 선을 돌파한 다음 쿠르스크 동쪽에서 공세 중인 중부집단군 예하 군과 연계하라." 벨고로드-오보얀-쿠르스크 축에서 남쪽 집게발을 형성하고 있던 만슈타인의 공격 부대 제4기갑군(좌측)과 켐프 파견군(우측)은 모델의 병력보다 강했고, 특히 기갑 면에서 월등했다. 단 2개 사단뿐인 예비대를 제외하면 남부집단군에는 9개 기갑사단 혹은 기갑척탄병사단과 7개 보병사단이 있었다.

남부집단군의 주력은 호트의 제4기갑군이었다. 1개 보병군단(제52군단)과 2개 기갑군단(제48군단, 제2SS군단)을 거느린 호트의 제4기갑군은 중전차와 돌격포로 강력하게 무장되어 있었다. 아낌없는 장비 지원을 받고 있던 그로스도이칠란트와 3개 SS기갑척탄병사단은 '일반' 육군 기갑사단보다 전차와 돌격포의 수가 1.5배에 달했다. 그로스도이칠란트는 쿠르스크 전투에 참여한 독일군 기갑부대 가운데 가장 강력한 데다가 아직 실전에서 입증되기 전이었던 판터 전차 200대를 보유한 제10기갑여단으로 보강된 상태였다.

호트의 제4기갑군은 토마로프카에서 벨고로드 북서쪽으로 향하는 출발선에서 공격을 개시하여 소련군 제6근위군을 뚫고 쿠르스크로 향해야 했다. 호트는 좌익을 엄호하기 위해 제52군단의 2개 보병사단(제255·332사단)을 공격적으로 배치했다. 그의 주공은 그들의 첫 번째 목표인 오보얀을 향해 좁은 정면(25킬로미터)에서 공격을 실시할 예정이었다. 북쪽으로 약 50킬로미터 거리에 있는 오보얀은 쿠르스크로 향하는 거의 중간 지점에 있었다. 이 축에서 주요 공격을 맡은 것은 제167보병사단의 3분의 2, 제3·11기갑사단, 그로스도이칠란트를 보유한 제48기갑군단이었다. 우측의 평행한 축에는 제2SS기갑군단과 3개 중기갑척탄병사단과 제167보병사단 병력의 3분의 1이 배치되었다. 이 위력적인 2개 공격축에 배치된 전차 및 돌격포는 총 1,100대에 달했다. 제4기갑군 참모장에 따르면, 호트는 오보얀을 향한 직접 공격이 "문자 그대로 해석되어서는 안 된다"고 단언했다. 이 지역에서 소련군 병력은 점점 강해지고 있었고, 특히 제4기갑군의 동쪽 측면이 위험해지는 추세였으므로 호트는 공격이 개시되기 전에 "적군의 방어선을 돌파하고 나면 제2SS기갑군단은 프셀Psel 강을 건너 북진하는 대신 프로호로프카를 향해 날카롭게 북동쪽으로 틀어서, 그곳에 진을 치고 있을 소련군 전차를 파괴하라"고 지시했다. 만슈타인도 이에 동의했다. 이는 호트가 소련군이 예상한 것처럼 오보얀을 향해 북쪽으로 정진하는 대신 북동쪽으로 공격을 가하겠다는 뜻이었다. 그런데 이 기동계획에는 문제가 있었다. 제48군단이 바로 오른쪽 부대를 따라가지 않는 이상 제4기갑군의 기갑부대가 2개 축으로 분기되어야 한다는 단점이 있었던 것이다. 그럼에도 켐프가 프로호로프카를 향해 남쪽에서 빠르게 진군하며 충분한 지원을 해줄 수 있다면 위기를 감수할 가치가 있었다. 물론 전제조건의 충족 여부가 매우 중요했다.

켐프 파견군은 공세 중인 제4기갑군의 동쪽과 북동쪽에서 '공세 방호' 임무를 맡았다. 이 임무를 위해 켐프에게는 제3기갑군단과 제11군단(라우스 군단)이 할당되었다. 두 군단 사이에 3개 기갑사단(제6·7·19사단)과 3개 보병사단(제106·168·320사단)이 투입되었다. 세 번째 군단(제42군단)은 도네

1943년 5월 12일, 제6기갑사단장 에르하르트 라우스 소장과 이야기를 나누는 만슈타인 원수. 오른손에 원수봉을 쥐고 있다. (Manstein archive)

1943년 5월, 여단장에게 질문하고 있는 만슈타인 원수. 라우스 소장이 이를 지켜보고 있다. (Manstein archive)

츠 강 북쪽 전선을 수비하는 순수한 방어 기능을 맡았다. 켐프 파견군은 전체적으로 벨고로드Belgorod-볼찬스크Volchansk 영역에서 소련군 제7근위군 진지를 돌파하는 동안 두 가지 목표를 달성해야 했다. 라우스 군단이 도네츠 강 북부의 한 지류인 코로차Korocha 강 동안을 따라 형성된 방어 전선을 지키는 동안, 바로 좌측의 제3기갑군단은 벨고로드를 중심으로 북동쪽으로 70킬로미터 거리인 스코로드노예Skorodnoye를 향해 공세를 가한다는 계획이었다.

제4기갑군과 켐프 파견군의 최종 계획을 보면, 그들은 제2·3SS기갑군단의 공격이 남부집단군의 양측에서 이루어지도록 긴밀하게 조율하여 공격축을 프로호로프카로 수렴시킬 기회가 있었다. 쿠르스크를 향한 돌파가 성공한다면 공세에 돌입한 제4기갑군의 충격집단은 만슈타인의 말마따나 "그곳으로 돌진하는 적군의 작전 예비대를 패배시키는 데 한몫할" 수 있었다. 그러나 이 계획의 설계에는 가늠하기 힘든 요소가 있었다. 소련군 방어선을 뚫고, 종심을 향해 전과를 확대하고, 결정적인 조우전을 벌이는 동시에 노출된 측면을 성공적으로 방어하기에 병력이 충분하겠는가 하는 문제였다.

1943년 5월 10일~12일에 걸쳐 전선을 시찰한 만슈타인은 점점 늘어나는 적군의 예비대와 강화되는 방어에 대응하여 작전을 단계별로 치밀하게 짤 필요성을 느꼈다. 5월 18일, 그는 예하 군·군단·사단의 지휘관에게 구체적인 지시를 내렸다. 공격은 다음과 같은 연속적인 단계로 이루어질 터였다. 우선 강력한 항공 및 포병지원 하에 신중한 제병협동공격을 펼쳐 최전선 진지를 돌파한 다음 기갑사단의 일반적인 공격법을 사용하여 2차 진지로 빠르게 전과를 확대한다. 마지막으로 적군의 작전적 예비대에 맞서 개활지에서 전투를 벌인다. 이상하게도 만슈타인은 남부집단군의 얼마 안 되는 작전적 예비대가 어떤 역할을 맡을지에 대해서는 설명하지 않았다.

표면적으로는 만슈타인 휘하 2개 군의 작전계획에 중요한 차이가 있는 것처럼 보였다. 호트는 모델의 제9군이 북쪽에서 행하고 있던 작전과 마찬가지로, 적군이 완벽하게 예상하고 있을 축에서 적군의 주 방어선에 정면

공격을 가해야 했다. 호트가 만슈타인에게 "소련군의 방어체계를 돌파하는 것은 어렵고 많은 대가를 치러야 하며 오랜 시간이 걸릴 것이라고 생각합니다"라고 말한 것도 무리가 아니었다. 이는 만슈타인 본인의 평가를 되풀이한 것이나 다름없었다. 한편 켐프는 방어 병력의 수가 그나마 적었던 보로네시 전선군의 방어선 어깨 부분을 돌파한다는 임무를 맡았다. 이 경로는 다른 곳만큼 소련군에게 뻔히 읽히지는 않았으나, 그럼에도 보로네시 전선군의 방어선을 뚫는 것은 어려웠다. 소련군 제7근위군은 벨고로드 동쪽과 남동쪽의 리포비Lipovyi 강과 도네츠 강 북부에 몹시 강력한 방어선을 구축한 상태였다. 게다가 제69군 예하의 소총병사단과 대전차 예비대를 비롯하여 강력한 작전 적 예비대가 이 지역에 투입될 준비를 하고 있었다.

만슈타인은 북쪽에서 모델이 사용한 것과는 다른 접근법을 택했다. 1940년 5월 구데리안이 스당Sedan에서 활용한 것과 비슷한 방식으로, 만슈타인은 적군 방어선을 결정적으로 돌파하는 데 보병사단 아니라 기갑사단을 투입하기로 했다. 물론 상황은 그때와 크게 달랐다. 진지를 훌륭하게 구축한 적군을 상대할 때 전통적으로 쓰이는 전술을 적용하기에는 보병과 포병 모두 부족했지만, 문제는 그걸로 끝이 아니었다. 만슈타인, 호트, 켐프는 모두 기갑부대를 집중시키고 쉴 틈 없이 격전을 반복함으로써 소련군의 1차 진지를 충분히 돌파할 수 있으리라 예상했다. 기갑부대로 이처럼 대공세를 펼쳐서 적군 후방 기지로 뚫고 들어간 뒤, 조우전에서 후방의 기갑 예비대를 파괴시킬 추진력을 얻을 수 있을 거라고 생각한 것이었다.

만슈타인은 총 1,377대의 전차 및 돌격포를 보유하고 있었고, 포 및 로켓포 1,134문, 제8항공사단의 전투기 732대의 지원을 받았다. 공격에 투입 가능한 예비대로는 제24기갑군단이 남아 있었다. 소련군은 전략적·작전적 예비대가 충분했다. 그에 비해 만슈타인의 병력은 제17기갑사단과 제5SS 기갑척탄병사단 '바이킹Wiking'사단, 7월 7일에 보강된 제23기갑사단이 전부였다. 전차와 돌격포의 수는 다 합해봐야 181대에 불과했다. 예비 군단에는 13개 보병대대가 포함되어 있었기 때문에 만슈타인은 제3기갑군단이 개활지에 도달하고 나면 예비 군단을 그곳에 투입한다는 그림을 그리고 있었다. 그러고 나면 두 군단은 힘을 합해 소련군 전차 예비대가 펼칠 것으로 예상되는 기습작전을 물리치기 위해 기동할 터였다. 그러나 제24군단 투입의 '끈을 쥐고 있는' 것은 육군 최고사령부였다. 다시 말해 만슈타인은 예비 군단 투입을 놓고 상부의 허가를 받아야 했는데, 이는 그의 계획에 치명적인 결함을 안겨주었다. 집단군과 군 수준에서 진정한 의미의 예비대가 부재한 것은 남부집단군의 기동계획에서 심각한 문제였다. 계획은 결국 만족스럽게 수행되지 않았다.

만슈타인은 강력한 기갑부대를 보유하고 있었으며 근접항공지원을 보장받았으나, 한편으로 포병 및 보병 부족에 대해 당연히 걱정하지 않을 수 없었다. 그는 공격을 위해 완전히 강화된 보병사단 2개가 더 필요하다고 평가했다. 그러나 충분한 보병사단이 더 주어지는 일은 없었다. 7월 9일의 전투에서 만슈타인은 위험을 감수하기로 결정하고, 도네츠 전선에서 예비대로 묶여 있던 제198사단을 빼내서 켐프 파견군의 공격에 투입했다. 그러나 기갑 예비대는 여전히 부족했다. 육군 최고사령부는 더는 병력을 내줄 수 없다고 주장했다. 이미 '동방군'의 기갑부대 70퍼센트가 쿠르스크 작전을 위해 집결해 있던 터였다. 따라서 동부전선의 다른 모든 지역은 전차의 지원을 받을 수 없었다. 제1기갑군과 제6군이 총 21개 사단으로 각각 지키고 있던 도네츠 강과 미우스 강을 따라 형성된 600킬로미터에 달하는 만슈타인의 얇은 전선도 마찬가지였다. 중요한 사실은 소련군 스텝 전선군이 전략적 예비대를 보유하고 있었던 반면, 독일군은 그러지 못했다는 것이다. 따라서 독일군에게는 쿠르스크에서 공세를 승리를 이끌거나 소련군의 공세에 대항할 예비대가 없었다. 동부전선에서 기용이 가능한 모든 병력은 치타델 작전에 쏟아부었다. 독일군의 병력 운용은 무모한 도박사의 마지막 베팅과 모든 면에서 닮아 있었다.

1943년 7월 5일에 독일 국방군은 놀랍게도 병력의 심각한 열세를 안고 공격을 감행했다. 쿠르스크와 오렐 영역 양쪽에서 병력을 집결시킨 소련군은 독일군을 인원수에서 3.2 대 1, 기갑 수에서 3 대 1, 포병 수에서 5 대 1, 비행기 수에서 4.3 대 1로 앞섰다. 공격자가 방어자를 수적으로 최소한 3

대 1로 앞서야 하며 국지적으로는 6 대 1의 우세를 목표로 삼아야 한다는 군사 금언을 완전히 거스르며 치타델 작전을 개시한 독일군은 지금 돌이켜 보면 믿기 어려울 정도로 오만을 부렸던 것이다. 하지만 당시의 관점에서 보자면, 어떠한 진지도 포기하지 않고 기동해야 하는 상황에서 독일군에게 는 쿠르스크 공세 외에는 대안이 없었다. 독일군이 공격을 가하지 않았더 라면 소련군은 여름 공세에 더 많은 병력을 기용할 수 있었을 것이다. 그러 므로 만슈타인을 비롯한 독일군 고위 사령관들은 결과를 우려하면서도 공 격 외에는 대안이 없다고 확신했다. 그들은 쿠르스크 전투가 다른 어떤 전 투보다도 어려울 것이라고 내다봤다. 하지만 독일군은 훌륭히 준비를 마쳤 고 병사들, 특히 기갑부대들은 충분한 휴식을 취했다. 장비 역시 잘 정비되 어 있었다. 만슈타인은 회고록에서 다음과 같이 단언했다. "남부집단군 사 령부가 관여하는 한, 어렵긴 해도 승리를 거둘 수 있으리라고 확신했다." 이 를 보면 치타델 작전이 계속해서 연기되고 보병의 수가 부족했는데도 만슈 타인이 작전 전체의 취소를 강하게 요구하지 않은 이유를 알 수 있다. 기존 에 소련군은 독일군의 전격전에 버티지 못하고 무너졌다. 그러나 과거에서 배워야 한다는 것이 전쟁의 변함없는 교훈임에도 독일군은 소련군의 학습 능력에 충분한 주의를 기울이지 않고 있었다.

쿠르스크 공세 개시 직전에 만슈타인은 부쿠레슈티Bucureşti로 향할 예정 이었다. 세바스토폴 함락 1주년을 맞아 제작된 크림 전역 금방패를 안토네 스쿠 장군에게 선물하기 위해서였다. 이는 다가오는 공격의 날짜를 감추기 위한 전략적 기만 조치의 일환이기도 했다. 하지만 마지막 순간에 히틀러 가 동프로이센에 있는 사령부로 치타델 작전에 관련된 육군 및 공군 사령 관들을 전부 불러 모으면서 루마니아로의 비행은 연기되었다.

만슈타인의 회고에 따르면, 이 모임은 회의라기보다는 히틀러가 습관대 로 '일장연설을 벌일 기회'에 가까웠다. 총통은 자리에 모인 청중들에게 "성 공적인 작전은 독일의 동맹국과 독일 본토에 긍정적인 영향을 미칠 것"이 라고 상기시켰다. 그러고 나서 그는 공격이 7월 5일에 개시될 것이며 겨울 이 올 때까지, 혹은 2차 전선이 만들어질 때까지 적군이 공격하기만을 마냥 기다릴 수는 없다고 설명했다. 만슈타인이 보기에 그의 말에는 일리가 있었다.

만슈타인은 이 회동을 기회로 삼아 치타델 작전에 투입될 제4항공군 지휘를 당시 지중해 전역에서 활약하고 있던 폰 리히트호펜 원수에게 다시 맡겨달라고 요청했다. 리히트호펜의 후임인 오토 데슬로흐Otto Dessloch에게 개인적인 반감이 있었던 것은 아니었다. 그러나 만슈타인과 리히트호펜은 14개월 전 케르치 반도 재탈환 작전 이래로 아주 긴밀하게 협력해온 사이였다. 두 사람은 세바스토폴과 스탈린그라드에서 함께 우여곡절을 겪었고 1943년 봄 반격에서 최고로 성공적인 육·공 합동작전에 성공했다. 그러니 만슈타인이 손발이 척척 맞는 리히트호펜을 떠나보내는 일에 염려를 표한 것도 당연했다. 코럼Corum은 두 사람을 "제2차 세계대전에서 가장 성공적인 군사적 파트너 한 쌍"으로 묘사한 바 있었다. 그러나 괴링은 만슈타인의 요구를 일언지하에 거절했다. 괴링은 만슈타인의 의견을 듣고 "공군 전투부대를 지휘하는 데 있어 리히트호펜과 같은 인물이 얼마나 중요한지 인정할 의향이 없었다."

만슈타인은 1943년 7월 2일 라스텐부르크에서 부카레슈티로 비행해 가서 친구 안토네스쿠 장군에게 크림 방패를 선물했다. 공식 행사는 독일 측의 만슈타인 원수가 "장엄한 음악이 연주되는 동안 전사자들이 묻힌 국가 묘지에 화환을 바치는 것"으로 시작되었다. 다음날 만슈타인은 "소문이 무성한 루마니아의 수도에서 기자, 외교관, 정보원들이 (만슈타인의) 방문을 여전히 무선으로 알리고 있는 동안" 자포로제로 돌아갔다.

불운한 공세

공격 개시 전날이었던 7월 4일, 만슈타인과 그의 전투 참모들은 전방지휘소로 향했다. 전방지휘소는 하리코프 근방의 삼림지에 감춰진 '슈테펜라이터Steppenreiter' 지휘열차에 위치해 있었다. 만슈타인은 이곳에 수동적으로 머무르지 않고 열차를 이동식 사령부로 사용했다. 그가 적었듯이 열차는 근무와 생활에 적합한 공간이었을 뿐더러 많은 경우에 "전선을 향한 장기간 여행을 가능케 해주었고, 낮에 특정 지역의 참모들과 병사들을 방문한 뒤 밤에 이동할 수 있다는 점에서 편리했다."

몽고메리와 같은 연합군 사령관들이 북서유럽 전역에서 큰 대가를 치르고 알게 되었듯이 이러한 전방 지휘는 전투 중인 병력에 근접할 수 있다는 대단한 이점을 갖고 있었던 반면, 육군 사령관과 지원하는 공군 사령관을 떼어놓는다는 단점이 있었다. 데슬로흐의 제4항공군 사령부는 하리코프에서 서쪽으로 60킬로미터 떨어진 작은 마을 무라파Murafa에 위치해 있었고, 제4기갑군과 켐프 파견군을 직접 지원하는 제8항공군단 사령부는 벨고로드 남쪽 미코야노프카Mikoyanovka에 있었다. 그럼에도 불구하고 치타델 작전 도중 독일군 공군과 육군 사이의 합동작전은 아주 성공적이었다. 이는 독일군의 군에서 사단 수준까지 사령부마다 포진해 있던 뛰어난 공군 연락팀 덕분이었다.

독일군의 약점 가운데 하나는 비행기가 한곳에 밀집해 있다는 것이었는데, 특히 만슈타인의 집단군을 지원하는 공군 부대에서 이러한 점이 두드러졌다. 하리코프를 둘러싼 비행장 16개와 벨고로드를 비롯한 전방에 집결해 있던 독일 공군의 비행기는 소련군의 선제공격에 노출되어 있었다. 7월 5일 여명이 밝아올 즈음, 베르테르Werther의 정보와 전날 독일군의 예비 이동으로 상대의 공격이 임박했음을 알아차린 소련군은 제17항공군의 폭격기로 선수를 쳤다. 그러나 이 움직임은 프레야Freya 대공레이더를 장착한 독일군의 전투기 지휘 시스템에 포착되었고, 소련군 폭격기는 독일군 메서슈미트Messerschmitt Me109s 한 무리와 공중에서 마주쳐야 했다. '칠면조 사냥'이 벌어지면서 소련군은 하루에 비행기 400대, 다음 날 200대를 잃었다. 그러나 공세 개시 시점에 만슈타인에게 좋은 소식은 이것이 처음이자 마지막이었다. 다음 한 주 동안 대규모 공중전이 계속되었다. 독일 공군은 신규 개발된 소형 폭탄을 소련의 육상 목표물에 투하하는 데 성공하며 기술적 우위를 점했지만, 독일군의 전차와 병력이 집결한 곳에 위험한 공습을 실시하는 소련군 항공기를 모두 막는 데는 역부족이었다. 만슈타인이 예측한 대로 치타델 작전은 전차전만큼이나 치열한 공중전 양상을 띠었다. 그는 리히트호펜을 굉장히 그리워했다. 원래 남부집단군에 배정되었던 지상 공격기가 공세가 정점에 달한 시점에 제9군을 지원하기 위해 빠져나가자 승리보다는 실패의 가능성이 현저히 높아졌다.

북쪽에서 소련군 방어체계 내에 돌입한 모델의 부대는 빠르게 진창으로 빠져들고 있었다. 7월 6일 무렵, 모델의 군이 다수의 사상자를 내며 소련군 방어선을 돌파한 거리는 14킬로미터였다. 공세가 정점에 달한 사흘 뒤, 모델은 공격 개시선 전방으로 단 19킬로미터 진출하여 올호바트카Olkhovatka 고지에 다다랐고, 결과적으로 보병과 전차 면에서 감당할 수 없는 피해를 입게 되었다. 유독 어려웠던 이 작전에 대해 모델이 품었던 최악의 우려가 차츰 현실이 되고 있었다. 그는 7월 12일에 마지막으로 남아 있던 전차 예비대를 투입하여 소련군 방어선을 마저 돌파하고 쿠르스크로 진군하려는 필사의 노력을 펼쳤다. 같은 날 오렐 돌출부에서 노출되어 있던 독일군 제2기갑군 진지에 소련군이 대공세를 펼치자, 중앙집단군은 모델에게 이에 대응하여 전차의 방향을 돌려서 새로운 위협에 맞서라고 지시했다. 이러한 재배치로 모델은 쿠르스크를 향해 공세를 펼칠 기회를 영영 잃어버렸다.

남쪽에서 만슈타인의 군은 시작이 좋지 않았던 것치고 상대적으로 나은 상황에 놓여 있었다. 그러나 작전계획과 예하 부대의 연습에 아무리 공을 들였어도 실수를 되돌릴 수는 없었다. 큰 실수를 한 것은 제48기갑군단과 제3기갑군단이었다. 제10기갑여단이 지뢰밭으로 돌격하고 통제하기 힘든 풋내기 판터 파견대가 효과적으로 제병협동 전투에서 싸우는 동안, 그로스도이칠란트의 공격은 거의 실패할 뻔했다. 제10기갑여단이 7월 초에야 합류한 것이 화근이었다. 해당 부대는 시기가 너무 늦어서 예비 훈련에 참여할 수 없었고 신규 전차들은 신뢰할 수 없는 것으로 판명되었다. 브라이트Hermann Breith의 군단 좌측에서 제6기갑사단은 도네츠 강 도하에 실패한 뒤 차출되어 우측 멀리 제7기갑사단 뒤에 투입되었다. 이로 인해 제2SS기갑군이 이용할 수 있는 측면 보호 병력이 일거에 감소했다. 독일군 부대들은 소련군이 전술 수준에서 능란하게 기만 조치를 취하고 끈질기게 수비하는 것에 놀랄 수밖에 없었다. 만슈타인과 호트가 이미 경고한 바 있음에도 불구하고 이는 정말 기분 나쁜 충격이었다. 그렇긴 해도 전체적으로 남부집단군은 의미 있는 성과를 거두고 있었다.

독일군은 진군 속도가 느렸고, 특히 우측의 켐프 파견군 예하 군단들이 시간을 오래 끌었다. 그로 인해 실망의 분위기가 퍼져나갔으나, 이틀 동안 대격전을 벌인 뒤 호트의 전차들은 적군 진지의 1차 및 2차 방어선을 뚫는 데 성공했다. 하지만 만슈타인이 평했듯이 "적군의 방어체계를 돌파하는 것은 어려운 일로 드러났다. 특히 최초 돌파 작전에서 보병의 부족이 여실히 드러났다. 공세에 가담한 포병 역시 상대적으로 약했다." 크노벨스도르프Otto von Knobelsdorff가 이끄는 제48기갑군단은 첫날 오보얀 남쪽에서 프셀 강을 건넌다는 목표 달성에 실패했으나, 소련군 방어선의 많은 부분을 뚫는 데 성공했다. 가장 큰 진전을 보인 것은 하루 반나절 만에 25킬로미터를 돌파한 하우서의 제2기갑군단이었다. 그러나 그 과정에서 하우서는 큰 손실을 입었다.

공격에 투입된 3개 기갑군단은 모두 측면에서 소련군으로부터 점점 더 심한 압박을 받고 있었다. 기갑부대의 선봉이 소련군 측면으로 깊이 파고들수록 측면은 점점 신장되었다. 하우서의 우익과 브라이트의 좌익 사이에 단절부가 생기자 문제가 심화되었다. 두 측면 모두 맹공격을 받고 있었다. 사실 돌파 임무는 공격 사단이 아니라, 대전차 파견대로 강력하게 보강된 2선의 차량화보병사단에게 맡기는 것이 적격이었다. 그러나 호트와 켐프는 모든 사단을 최초 공격에 쏟아부었기 때문에 2선에 남아 있던 사단이 없었고, 집단군 수준에서 지원 가능한 예비대도 아직 없었다.

공격 둘째 날인 7월 6일이 되자 만슈타인은 벌써 병력 부족을 실감했다. 그는 차이츨러에게 전화해서 제24기갑군단을 당장 보내라고 요청했다. "그러지 않으면 문제가 해결되지 않을 것이오." 그러나 차이츨러의 반응은 실망스러웠고, 다음날 똑같은 요구를 반복했을 때도 만슈타인은 원하는 답을 얻어낼 수 없었다. 총통은 계속해서 도네츠 강의 위기를 염려하고 있었다. 만슈타인은 "성공을 보장하기 위해 그 정도 위험은 감수해야 한다"고 불평했다. 7월 8일, 만슈타인 원수는 다시금 기갑군단을 보내달라고 차이츨러를 압박했다. 전투 5일차인 7월 9일, 만슈타인은 마침내 제24기갑군단 없이는 전투에서 승리할 수 없다는 의견을 차이츨러를 통해 총통에게 전달했다. 그는 하리코프 근방에 군단을 집결시키겠다는 허가를 받아냈으나, 문제가 전부 해결된 것은 아니었다. 해당 병력은 여전히 '육군 최고사령부의 예비대'로 남아 있었던 것이다. 다시 말해 만슈타인은 허가를 받기 이전에는 제24기갑군단을 마음대로 사용할 수 없었다. 그리고 허가는 결코 내려지지 않았다.

제24군단의 기갑사단과 보병사단은 만슈타인에게 소중하고 유용한 자산이 되어주었을 것이다. 그러나 전투 초반이나 후반에 제24군단을 투입했다고 해서 결과에 유의미한 변화가 있었을지 여부는 그저 추측만 할 수 있을 뿐이다. 어쨌든 기갑이라는 창끝에 모아졌어야 하는 공격력이 창 자루를 보호하는 데 허투루 쓰인 것은 사실이었고, 그로 인해 독일군의 공격력은 숙명적으로 무뎌졌다. 깊게 구축된 소련군의 방어체계로 인해 독일군의 진군 속도는 지연되었다. 그 덕분에 소련군 사령관들은 방어선을 재조직하고 새로운 예비대를 들여올 충분한 시간을 벌 수 있었다. 이것이 쿠르스크 전투의 운명을 결정지은 패턴이었다. 『쿠르스크 전투The Battle of Kursk』의 저자인 글랜츠David M. Glantz와 하우스Jonathan M. House가 평했듯이, 쿠르스크에서 소련은 "공격해오는 독일군에게 치명적인 것으로 입증된 제병협동부대를 통합해 운영하는 법을 배웠다."

제48기갑군단 좌익에서 계속되는 압박으로 인해 크노벨스도르프의 공세는 추진력을 크게 잃어버렸다. 원래 기동계획에 따르면, 그로스도이칠란트 사단과 제11기갑사단이 오보얀을 향한 주축에서 나란히 공격하고, 제3기갑사단이 좌측의 두 번째 축을 따라 움직여야 했다. 제3기갑사단은 후방에서 제52군단 예하 제255·제332보병사단의 지원을 받았다. 7월 10일, 그로스도이칠란트 사단은 '좌익의 적군을 제거하기 위해' 남서쪽으로 방향을 돌려야 했다. 다음날 하루 종일 제11기갑사단 대원들은 그로스도이칠란트 사단이 돌아와서 함께 북진을 계속하기만을 초조하게 기다렸다.

이즈음 만슈타인은 쿠르스크를 향한 진군의 선봉에 설 주공이 하우서의 군단임을 알고 있었기 때문에 7월 9일에 근접항공지원의 우선권을 하우서에게 주었다. 그러나 크노벨스도르프를 괴롭히고 있던 문제와 거울처럼 꼭 닮은 문제가 발생했다. 하우서는 그의 병력 절반(다스라이히와 제167보병사단)을 노출된 우익 보호에 할애해야 했기 때문에 북진에 쓸 수 있는 병력은 라이프슈탄다르테 아돌프 히틀러와 토텐코프 사단뿐이었다. 그로스도이칠란트 사단과 제11기갑사단을 포함한 이 기갑 집단의 힘을 모으면 오보얀과 쿠르스크를 공격할 충분한 타격력이 나올지도 몰랐다. 그러나 호트가 전투 전에 예상했듯이 동쪽에서 점점 심해지는 위협 역시 해결해야 했다.

제3기갑군단의 진군 속도가 느려지자, 남부집단군의 기동계획은 더욱 흐트러지기 시작했다. 제3기갑군단은 계획과 달리 제4기갑군의 우익을 보호하지도, 소련군의 전략 수준 예비대를 가로막지도 못했다.

만슈타인은 치타델 작전의 첫 나흘 동안 어떠한 중요한 결정도 내리지 않은 것으로 보인다. 7월 9일에 제4기갑군의 양익을 안정화시키겠다는 호트의 중요한 요청을 허가하고 하우서를 프로호로프카로 진군시킨다는 결정을 내린 것이 전부였다. 치타델 작전의 1, 2단계는 대체로 군단 이하 수준에서 진행되었다. 만슈타인은 진군이 들쑥날쑥하게 진행되고 사상자가 쌓여감에도 불구하고 속으로는 자신감을 품고 있었다. 특히 보병부대와 기갑척탄병연대에 믿는 구석이 있었다. 적군은 대패 중이었고, 밀물 같은 독일군을 막아내느라 (제1전차군, 제2·5근위전차군단을 비롯한) 전술 및 작전 수준의 예비대를 정신없이 소진하고 있었다. 하지만 사건에 대한 만슈타인의 반응이 너무 늦었거나, 본인과 모델의 병력이 맞닥뜨린 난관으로 인해 쿠르스크를 향한 공격이 더는 실용적이지 않다는 사실을 뒤늦게 깨달았던 것은 아닐까? 만슈타인은 회고록에서 이 문제에 대해서는 함구하고 있다.

작전 수준에서 첫 위기가 찾아온 것은 7월 10일이었다. 켐프에게서 제3기갑군단이 더는 진군할 수 없다는 보고가 들어왔다. 제3기갑군단은 도네츠 강 전방 19킬로미터 지점에서 '옴짝달싹 못 하는' 상황에 놓여 있었다. 제2SS기갑군단에서 남쪽으로 한참 떨어진 위치였다. 만슈타인은 7월 10일 오전 노보 바바리아Novo Bavaria의 사령부로 찾아가 켐프에게 공세 속행을 명령했다. 그는 도네츠 전선의 제198보병사단을 트럭에 태워 급히 캠프 파견군을 보강시켰고, 자연스럽게 제7기갑사단은 방어 임무에서 벗어났다.

7월 11일에 공격에 대한 근본적인 검토가 이루어졌다. 만슈타인은 캠프 파견군 사령부에서 호트, 캠프와 군사회의를 열었다. 부세에 따르면, 만슈타인은 "병력의 상태, 소련군의 점점 높아지는 전투력, 무엇보다도 제9군의 공격이 7월 9일에 완전히 멈췄다는 점을 전부 고려할 때 공세가 계속되어야 하겠는가?"라고 질문을 던졌다. 캠프는 작전 중지를 추천했다. 그러나 호트는 "목표를 2개 군의 협공을 통해 프셀 강 남쪽의 소련군 부대들을 괴멸시킨다는 것으로 좁혀서 작전을 속행할 것"을 주장했다. 만슈타인은 다시 한 번 호트의 의견으로 마음이 기울었고, 진군에 대한 결정을 브라이트와 상의했다. 만슈타인은 돌아와서 남부집단군이 공세작전을 속행할 것임을 확정했다.

7월 11일 늦은 시각에 브라이트가 소련군의 2차 방어선을 돌파하면서 마침내 3개 기갑사단 전부 개활지로 진출하는 데 성공했다. 한편 같은 날 제2SS기갑군단과 제48기갑군단은 치열한 방어전을 치르며 소련군의 공격을 전부 물리쳤다. 지금이야말로 제24기갑군단을 투입할 시점이었다. 그러나 다음날 하우서가 프로호로프카를 공격할 준비를 하는 동안 바투틴은 새로운 병력을 그러모아 잘 조율된 공격으로 제4기갑군과 캠프 파견군을 괴멸시킬 계획을 세우고 있었다. 만슈타인은 처음에 의도한 것보다 훨씬 축소된 목표를 위해 작전을 계속하라는 지시를 내렸다. 그는 다음 며칠 동안 이미 접전을 벌인 적군 부대들과 앞으로 마주칠 적군 부대들을 패퇴시키고 다음 작전을 위한 기동의 자유를 얻는 것이 현 상황에서 가능한 최선의 행로라고 판단했다. 그렇게 되면 적어도 독일군이 전투에서 적군에게 최대한의 손실을 입힌 뒤 최초 공격 개시선으로 돌아올 수 있을 터였다.

만슈타인은 구체적으로 제3기갑군단의 우익은 계속해서 코로드샤(Korodscha)를 향해 공세를 펼치고, 좌익은 북서쪽으로 우회하여 제2SS군단 우익과 긴밀한 협동 하에 두 군단 사이의 소련군 제69군을 포위하여 괴멸시키라고 지시했다. 만슈타인과 호트는 제48군단과 제2SS기갑군단이 공세를 재개하여 오보얀 동쪽에서 프셀 강을 도하하고, 서쪽으로 방향을 틀어 전선 역방향에서 쿠르스크 돌출부 서쪽의 적군을 괴멸시킨다는 야심 찬 목표를 세웠다. 이 계획은 곧 롤란트 작전Operation Roland으로 발전했다. 기동 중인 부대들을 북쪽과 동쪽에서 예상되는 적군의 공격에서 보호하기 위해 켐프 집단군에는 보강 병력으로 제24군단이 주어졌다.

1943년 7월 12일의 사건들 중 역사적으로 관심의 대상이 된 것은 프로호로프카의 유명한 전차 전투지만, 만슈타인이 공세에 투입한 3개 군단(제48·3기갑군단, 제2SS기갑군단) 또한 12일과 13일에 걸쳐 격렬한 방어전을 치렀다. 하우서의 SS 부대들은 프로호로프카 바로 서쪽에서 혼란스러운 조우전에 휘말렸고, 전투 중 소련군 제5근위전차군의 전차와 기계화보병군단을 붕괴시켰다. 한편 제4기갑군의 북쪽과 왼쪽 측면에 위치한 크노벨스도르프의 전차와 척탄병사단은 소련군 제1전차군을 비롯한 여러 부대들의 필사적인 공격을 막아냈다. 만슈타인과 예하 부대 사령관들은 침착함을 유지한 채 국지적인 위기를 하나하나 처리해나가며 진지를 지켰다. 독일군 사상자 수는 위태롭게 증가했고, 특히 강한 압박을 받은 기갑척탄병연대와 보병연대의 타격이 심했으나 전차와 돌격포는 놀라울 정도로 잘 버티고 있었다. 만슈타인의 기갑사단과 기갑척탄병사단은 전투로 인해 지칠 대로 지쳐 있었지만 7월 14일에도 공세를 계속할 수 있었다. 게다가 작전 수준의 유일한 예비대였던 제24기갑군단은 여전히 육군 최고사령부의 허가 하에만 움직일 수 있었으나, 하리코프 서쪽에서 전투 준비를 마친 상태였다. 만슈타인에게는 제24기갑군단 외에 전투에 투입할 수 있는 병력이 더는 없었다. 적군의 위협을 받고 있는 도네츠 강과 미우스 강 전선에서 더는 모험을 감행하기 어려웠으므로, 유일하게 남아 있는 기동부대인 제16기갑척탄병사단은 건드릴 수 없었다. 이 사단은 남쪽 예비대에 그대로 남아 있었다.

치타델 작전은 빠르게 절정을 향해 가고 있었다. 고비였던 7월 13일, 만슈타인과 클루게는 동프로이센에서 열린 총통과의 회의에 호출되어 전장을 떠나야 했다. 만슈타인의 입장에서는 "히틀러가 전방의 2개 집단군 사령부로 직접 찾아왔어야 한다. 혹은 전략적 상황으로 인해 자리를 비울 수 없을 경우에는 참모총장을 보냈어야 한다"라고 말할 만도 했다. 그러나 독일의 지도자는 그렇게 행동하는 사람이 아니었고 그가 장군들을 불러 모은 것은 쿠르스크와 멀리 떨어진 곳에서 일어나고 있는 사건들 때문이었다. 히틀러는 이제 치타델 작전을 취소하고 싶어했다. 7월 10일에 연합군이 시칠리아 상륙에 성공하면서 이탈리아 붕괴 위협이 코앞으로 다가왔기 때문이었다.

만슈타인은 이 전략을 합리화하는 히틀러의 설명을 들으러 동프로이센으로 떠난 것이었다. 그의 여행은 자칫하면 웃음거리가 될 뻔했다. 슈탈베르크의 기록에 따르면, 그와 만슈타인은 하리코프를 너무 일찍 떠나서 뢰트첸Lötzen에 13일 오전에 도착했다. 저녁으로 계획된 총통과의 회동은 아직 한참 남아 있었다. 전쟁에서는 이런 사소한 문젯거리가 생기기 마련이다. 육군 최고사령부의 영빈관으로 안내받은 두 사람은 여유 시간을 활용하여 뜨거운 여름의 태양 아래에서 수영을 하기로 결정했다. 그러나 둘 다 수영복이 없었기 때문에 알몸으로 마우어 호수에 뛰어들 수밖에 없었다. 호숫가로 돌아온 두 사람을 기다리고 있던 사람이 과연 누구였을까? 바로 에르빈 롬멜Erwin Rommel 원수였다. 그는 히틀러의 대규모 회의에 참석하기 위해 이탈리아에서 막 돌아온 참이었는데, 이것이 만슈타인과 그가 조우한 처음이자 마지막 순간이었다.

그날 저녁 히틀러는 제3제국이 놓인 전략적 상황을 설명했다. "시칠리아는 잃게 될 가능성이 높다. 소련군은 이어서 발칸 반도 서부나 이탈리아 남부에 상륙을 시도할 수 있다." 이러한 위기에 대응하기 위해 히틀러에게는 "지치지 않은 병력이 필요했다." 병력을 빼낼 수 있는 유일한 출처가 동부전선이었으므로 치타델 작전은 취소되어야 한다는 것이 그의 입장이었다. 클루게는 이에 동의했다. 이미 병사 2만 명을 잃은 제9군은 더 진군할 수 없었고 모든 기동부대는 제2기갑군 영역에서 위기를 해결하는 데 투입된 상태였다. 클루게는 다음과 같이 결론지었다. "이런 이유로 인해 공격은 계속될 수도, 훗날 재개될 수도 없습니다."

그러나 만슈타인은 공격 속행을 간청하며 이렇게 주장했다. "지난 며칠 동안 방어전에 성공하며 사실상 소련군의 모든 작전 수준 예비대가 전투로 끌려 나왔으니, 승리가 코앞입니다." 만약 제9군이 "소련군을 전면에 계속 묶어둘 수 있다면, 그리고 나중에 공격을 재개할 수 있다면," 만슈타인은 자신의 부대들과 접전을 치른 소련군을 괴멸시킬 수 있을 거라고 주장했다. 그는 수정된 계획(롤란트 작전)의 청사진을 제시하며 제4기갑군을 서쪽으로 우회시키겠다고 제안했다. 만약 제9군이 오렐 돌출부의 상황을 복구한 뒤 치타델 작전에 합류할 수 없다 하더라도, 남부집단군은 상황을 정리함으로써 "마음대로 움직일 여유"를 얻을 수 있을 것이었다. 다시 말해, 남부집단군은 원활한 철수를 위해 적군을 강력하게 공격할 작정이었다.

클루게가 제9군이 공세 작전을 재개할 가능성이 전혀 없다고 단언하자, 히틀러는 치타델 작전을 취소할 의도를 확실히 했다. 지중해 전역으로 빠르게 병력을 이동시켜야 했기 때문이었다. 게다가 도네츠 강 영역에서 소련군의 공세가 예상되고 있었는데도 그는 제24군단을 남부집단군에 내주지 않았다. 만슈타인이 사령부에 전할 수 있었던 좋은 소식이라고는 접전을 벌이던 적군에게서 철수할 수 있는 적절한 조건을 만들기 위해 남부집단군 전면의 적군 병력을 괴멸시킨다는 그의 제안을 총통이 승인했다는 것이 유일했다.

만슈타인은 다음날 아침 전장으로 돌아가기 전에 롬멜과 클루게와 함께 육군 최고사령부 영빈관에서 밤을 보냈다. 슈탈베르크의 설명에 따르면, "훌륭한 프랑스산 적포도주가 있었기 때문에 말문이 열렸다." 클루게는 가장 먼저 숙소로 향하며 이런 말을 남겼다. "만슈타인, 끝은 안 좋을 거요. 전에도 한 말이지만, 나는 당신 아래에 들어갈 의향이 있소." 만슈타인과 롬멜, 슈탈베르크는 바에 남아서 포도주를 더 마셨다. 롬멜은 제3제국에 파멸이 닥칠 것이라고 예견했다. 카드로 쌓아올린 집이 곧 붕괴할 거라는 얘기였다. 만슈타인은 이에 동의하지 않고, 종말이 닥치기 전에 히틀러가 최고사령관직을 포기할 거라고 주장했다. 롬멜은 반박했다. "그는 절대 최고사령관직을 내려놓지 않을 거요. 폰 만슈타인 남작, 그를 더 잘 아는 건 나요." 그러고 나서 만슈타인은 숙소로 돌아가려고 자리에서 일어섰다. 그때 롬멜

1943년 7월 19일, 부세를 대동하고 발터 폰 휘너스도르프 중장의 장례식에 참석한 만슈타인. 그 뒤 헤르만 호트 준장(키 작은 사람)의 모습도 보인다. (Celle Military Museum)

이 선언했다. "나 역시 당신 아래에 들어갈 의향이 있소."

　다음 사흘 동안 만슈타인의 병사들은 소규모로 공격을 수행했으나 롤란트 계획을 실행에 옮기지는 않았다. 제24군단은 하리코프 군단에 남아 어디에도 투입되지 않았다. 7월 17일 육군 최고사령부가 제2SS기갑군단과 그로스도이칠란트 사단을 요청하면서 치타델 작전은 끝이 났다. 수많은 대가를 치르며 얻은 성과가 순식간에 이득도 없이 버려진 셈이었다.

평가

만슈타인은『잃어버린 승리』에서 쿠르스크 전투에 할애된 짧은 장을 마치며 전투가 실패로 돌아간 까닭을 상술하지 않았다. 독일어판에서 그는 기습 요소가 없었고, 병력이 부족했고, 공격 개시가 연달아 지체되었다는 점을 강조했다. 남부집단군이나 예하 부대의 계획에 대한 자아비판은 눈을 씻고 보아도 없다. 만슈타인은 "전투 실패를 병사들이나 지휘관의 역량으로 돌려서는 안 된다"고 주장했다. 게다가 그는 방어하던 소련군의 기술과 끈기를 인정하지 않고 단지 "양측의 사상자 수를 비교해보면 우리 병사들이 상대방에 비해 얼마나 우월한 역량을 갖추고 있었는지 알 수 있다"고만 역설했다.

만슈타인의 참모장 부세는 이러한 주장을 어느 정도 되풀이하며 "병사들의 기강, 태도, 자기희생은 아무리 찬사를 보내도 모자라다"고 강조했다. 그러나 부세는 전체적인 전투 계획에 대해 이의를 제기하며 "돌파 작전으로 적군을 개활지 전투로 끌어낸다는 것은 판단오류였다"고 비판하기도 했다. 부세의 견해로는 기갑 및 기갑척탄병사단의 수는 대승을 거두기에 충분했으나 "개활지에 도달한다는" 전제조건이 충족되어야 했다. 한편 독일군이 겪고 있던 난관의 하나는 (만슈타인이 공세 준비 단계에서 반복해 제기한 우려대로) 보병사단이 부족하다는 것이었다. 따라서 기동부대가 공격을 가하는 동안 독일군의 측면은 지나치게 신장되었고 전투력이 분산되었다. 무엇보다도 독일군이 공격 개시를 심각하게 지연시킨 것이 적군에게는 큰 이득이 되었다. "시간은 모든 면에서 적군의 편이었다." 따라서 "육군 최고사령부와 전투부대 지휘관들의 모든 불길한 예감은 현실이 되었다." 부세는 만슈타인의 의견에 동의했다. "치타델 작전은 시기가 늦춰졌음에도 여전히 부족한 병력으로 수행되었기 때문에 실패했다."

부세는 또한 '포핸드' 공격보다 '백핸드' 공격이 우월하다는 만슈타인의 의견을 지지했다. 그는 소련군이 1943년 여름에 "우리가 친절하게 첫 수를 두지 않았더라도" 어차피 공격을 가해왔으리라고 생각했다. 그는 "아직 단절되지 않은 전선으로 적군이 직접 공격을 가해와서 후방에 버티고 서 있던 강력한 기동 예비대와 맞서 싸운 끝에 병력이 소진되어버렸더라면 1943년의 전투들이 다르게 전개되었을 수도 있다"고 주장했다. 그러나 히틀러와 육군 최고사령부는 클루게와 만슈타인이라는 공범과 함께 공격을 해법으로 택했고, 그 해법은 가망 없이 야심만 가득한 것으로 드러났다. 게다가 만슈타인과 그의 충직한 참모장은 자신들의 계획 실수 때문에 작전 개시 단계와 그 후 공격에서 병사들이 심각한 난관에 처하게 되었다는 사실을 인정하지 않았다. 켐프를 비롯하여 상관들이 전부 무시하고 있던 기본적인 군사적 진리를 훗날 콕 짚어 지적한 인물이 있었다. 바로 라우스 군단장이었다. 그는 작전이 실패한 이유 중 하나는 "조건과 상황이 달라졌는데도 처음 작성한 전투 계획을 고수했기 때문"이라고 일침을 놓았다. 호트와 만슈타인, 그리고 명시되지는 않았으나 부세까지 이 세 사람은 비난을 받아 마땅했다. 세 사람의 잘못은 정도만 다를 뿐이었다. 의미심장하게도 만슈타인은 훗날 쿠르스크 전투에서 자신 또는 예하 군 사령관들의 의도나 기동계획에 대해 분석하지 않았다.

물론 쿠르스크 전투는 만슈타인이 착안한 것이 아니었다. 하지만 그가 개인적으로 쿠르스크 전투의 목적과 계획에 동의하지 않았다고 결론을 내리지 않기란 어렵다. 그는 병력의 부족과 시간 지체를 놓고 많은 우려를 품고 있었다. 그러나 영토를 점령하고(즉, 돌출부를 떼어내 전선의 길이를 줄이고) 적군의 작전 및 전략 수준의 예비대를 패퇴시킨다는 두 가지 목적의 균형을 잡을 수 있는 명확한 작전 아이디어를 표명하지 않았다. 훗날 뉴튼이 평했듯이, "주요 지역 점령을 시도하기 전에 전제조건"으로 소련군의 예비대를 처리해야 할 필요성을 먼저 인식한 것은 만슈타인이 아니라 호트였다. 만슈타인은 프로호로프카 근방에서 교전을 벌인다는 원안을 수정해야 하는 상황이 되자 호트의 의견을 따랐다. 그러나 그는 남부집단군이 결정적 순간에 중요한 전투에 확실히 집중할 수 있도록 호트와 켐프의 계획 둘 다를 조율하는 데에는 실패했다. 또한 만슈타인은 공격에 투입된 군이 전과를 확대할 수 있도록 원조할 충분한 전술 및 작전 예비대를 보장해야 했으나 그러지 못했다. 잘 조직되고 결사적으로 싸우는 적군의 방어선이 어디서 처음으로 뚫릴지는 결코 예상할 수 있는 범주가 아니었다. 만슈타인과 부하들은 자신들의 능력을 믿고 있었다. 이는 최근의 경험으로 정당화할 수 있었을지는 모르나, 결국에는 위험한 과신으로 발전했다.

"에리히 폰 만슈타인은 전술가이기 이전에 전략가였다"라는 뉴튼의 비평은 부정확한 일반화다. 만슈타인의 강점은 결코 전략도 전술도 아니고, 작전술이었기 때문이다. 그러나 쿠르스크에서 그는 초현실적일 만큼 뛰어난 작전적 육감을 잃은 듯했다. 3단계로 설계되었던 쿠르스크 전투 계획에서 그는 독일군의 지나치게 신장되고 노출된 측면에 소련군이 심각한 반격을 가할 것이라고 예측하지 못했고, 반격을 패퇴시킬 전술적·작전적 예비대를 준비하지 못했다. 독일군에게 유리한 개활지에서 소련군의 전략적 예비대와 조우할 가능성을 조금이라도 높이려면 소련군의 반격을 빠르게 물리쳐야 했다. 만슈타인이 예하 부대의 전투 계획과 결정을 보다 긴밀하게 감독했더라면 크노벨스도르프와 브라이트가 최초 공세에서 겪었던 문제 몇 가지는 피할 수 있었을 테고 호트와 켐프의 군 사이에 넓게 벌어져 있던 단절부도 좁힐 수 있었을 것이다. 그러나 이런 분석은 훗날 이루어진 것이니만큼 신빙성은 있지만 불공정하다. 앞서 보았듯이 만슈타인은 부하들을 신뢰해야 한다는 신조를 갖고 있었다. 그러나 이 경우에는 그가 부하들, 특히 의지가 강한 호트에게 지나친 자유를 준 것처럼 보인다.

만슈타인은 1943년에 드네프르 강을 놓고 벌인 전투에서 다음과 같은 중요한 교훈 하나를 얻었다. "작전 수준의 방책에 의존하라는 강요를 받을 때조차 단 한 순간이라도 작전의 기반에 깔린 기본적인 아이디어를 무시해서는 안 된다." 쿠르스크 전투 이전 만슈타인이 행한 주된 작전에서는 이처럼 기저에 깔린 주요한 작전 개념을 찾아낼 수 있다. 그러나 치타델 작전에서는 만슈타인의 상징과도 같은 지휘 능력을 찾아보기 힘들다. 그렇기 때문에 남부집단군의 최종 기동계획은 단지 예하 군의 기동계획의 총합에 지나지 않았다. 남부집단군은 집요한 저항에 맞서 대체로 독립적인 전투를 벌였다.

글랜츠와 하우스는 소련군이 성공한 이유를 다음과 같이 간결하게 설명했다. 이는 독일군 위주의 설명에 필요한 균형을 더해준다.

바투틴과 로코소프스키Konstantin Konstantinovich Rokossovsky를 비롯한 소련군 지휘관들은 비대한 독일군이 최악의 군사행동을 준비하는 동안 침착하게 기다리기 위해 상당한 자신감이 필요했다. 독일군이 최악의 선택을 마치자 소련군의 수적 우세와 특유의 완강한 끈기, 지휘관들의 개선된 전투 기술, 그리고 심각한 손실을 계속 보충할 수 있는 지속력이 치타델 작전의 명운을 결정지었다.

만슈타인이 쿠르스크에서 우월한 적과 싸워 졌다는 것을 인정했더라면 그의 회고록은 훨씬 더 높은 평가를 받았을 것이다. 만슈타인 휘하에 있던 독일군 병력이 안고 있던 모든 불리함을 감지한 그는 쿠르스크 전투가 자신의 군 경력에서 가장 빛나는 시기로 기록되지 않을 것임을 예감했을지도 모른다. 쿠르스크 전투는 이견의 여지 없이 소련군의 승리로 끝났으나 만슈타인은 결코 패배를 완전히 받아들이지 못했다.

(Vatutin)

5th Guards Army
Prokhorovka
69th Army
Donets
5th G
Tank

제14장
양면전

"내가 사령관직에 머물러 있는 동안은……
내 머리를 쓸 기회가 있을 것이다."

– 에리히 폰 만슈타인 –

히드라에 맞서다

"치타델 작전이 취소되었을 때, 동부 전역의 주도권은 마침내 소련인들의 손에 넘어갔다." 만슈타인은 자신의 회고록에 이렇게 썼다. 그 뒤로 거의 9개월 동안 쉼 없이 전투가 계속되었고, 소련군은 독일군을 꾸준히 밀어붙여 폴란드와 루마니아 국경까지 쫓아냈다. 만슈타인은 1944년 3월 말 히틀러에게 "이제 쉴 필요가 있는 것 같다"는 말로 해임되기 전까지 남부집단군 사령관직에 머물렀다. 그러나 만슈타인이 해임된 배경은 실제로 그에게 휴식이 필요해서가 아니었다. 총통은 괴벨스와 히믈러의 선동 하에 훌륭한 재능을 가졌지만 점점 더 다루기 어려워지는 부하를 더 이상 공적으로 인정하고 싶지 않았기 때문에 그와 결별했던 것이다.

만슈타인은 서로 밀접하게 연관된 2개의 난관에 직면해 있었다. 한편으로 그는 동부전선에서 가장 큰 위협에 노출된 영역에서 우월한 소련군을 상대로 일련의 힘든 방어전을 치러야 했다. 그 과정에서 도네츠-미우스 방어선과 하리코프에서 전투를 계속하며 드네프르 강까지 퇴각해야 했고, 키예프와 우크라이나 서부를 차례로 버려야 했다. 다른 한편으로는 기동의 자유를 얻고 '동방군'의 새로운 지휘구조를 구축하고자 개인적으로 히틀러와 논쟁을 벌이고 있었다. 이 역시 전투와 마찬가지로 진이 빠지는 일이었다. 그러나 양쪽 모두에서 만슈타인은 실패했다. 그는 이렇게 평했다. "1934~1944년 전역에서 독일 측의 중요한 특징은 작전적 필요성을 제때 인정받기 위해 애를 써야 했다는 것이다."

남부집단군은 치타델 작전 이후로 1944년 5월 초까지 동부전선에서 뚜렷한 중단 없이 계속된 소련군의 맹공을 막아내야 했다. 만슈타인은 스탈린그라드와 같은 또 한 번의 군사적 재난을 막는 데는 성공했으나, 소련군의 무자비한 맹습의 속도를 간신히 늦췄을 뿐이었다. 남부집단군은 언제나 "적의 행동에 대해 수세적이었다." 따라서 남부집단군은 "(수적으로) 우세한 적군의 승리를 막을 수 없었고, 단지 그 작전적 영향을 제한하는 것이 전부였다." 그러므로 만슈타인의 작전은 '임시방편'이라고 할 수 있었다. 만슈타인의 방어 개념은 "적군의 돌파를 막거나, 가능하면 역습을 수행하기 위해 덜 위협받는 영역에서 병력을 끌어다가 다른 곳에 집중시키는 것"에 의존했다. 이러한 조치가 전술적 수준에서 아무리 적극적으로 이루어졌다 하더라도, 만슈타인의 지휘는 작전 수준에서 능력이 점차 커져만 가는 적군에 대항해 거의 '반응하는 정도'에 지나지 않았다.

히틀러와 만슈타인은 소련군이 전성기를 맞았다는 사실을 인정하지 못했다. 하지만 남부집단군과 A집단군이 맞서 싸우고 있던 4개 전선군의 지휘는 기술적으로 대단했다. 소련군의 주요 작전은 흠잡을 데 없이 계획되었고, 독일군 정보국은 소련군의 기만조치와 보안조치에 자꾸 놀아났다. 소련군은 충분한 자원을 등에 업고 만슈타인의 지나치게 길어진 전선을 자유롭게 넘나들 수 있었으며 기술적으로도 점점 더 세련되어갔다. 소련군 기갑부대는 선택된 결정적 지점에서 공군 및 대규모 포병의 지원 하에 국지적으로 압도적인 우위를 점함으로써 독일군 방어선을 깊숙이 파고들기 일쑤였다. 독일군은 소련군의 선봉을 빠르게 쫓아내기가 점점 버거웠고 때로는 재난이 코앞으로 닥치기도 했다. 따라서 만슈타인은 쉴 없이 발발하는 위기에 대처하느라 빈약한 기갑 예비대를 한쪽 측면에서 반대쪽 측면으로 바삐 이동시켜야 했다. 저글링하듯 병력을 이동시키는 동안 부대들은 쉬거나 새로운 임무를 준비할 수 없었다.

불리한 확률을 떠안고 수행된 만슈타인의 작전들은 휘하 병력의 대단한 희생을 요구했다. 특히 군 수준에서 출혈이 컸다. 독일군 보병부대는 대체로 기동성이 없었고 부족한 포병 및 보급 지원은 여전히 말에 의존하고 있었다. 몇 안 되는 돌격포와 자주식 구축전차가 방어의 유일한 기반이 되어주었다. 병력이 고갈된 보병부대들은 줄어든 병력을 충분히 보충하지도, 전투에서 휴식을 취하지도 못했다. 전선으로 곧장 보내진 신병들은 훈련과 경험이 부족했기 때문에 오래 살아남지 못했다. 1943년 8월에 만슈타인은 이렇게 썼다. "사단 사상자는 이미 위험한 수준으로 늘어났고, 2개 사단은 연거푸 무리한 끝에 완전히 붕괴해버렸다." 만슈타인이 사령관직에서 물러날 즈음 남부집단군의 전투력은 크게 감소해서 육군 최고사령부는 무려 8개 보병사단의 해체를 명해야 했다. 1943년 하반기에 독일군은 군비 생산에서 큰 성과를 보였으나 바퀴형·궤도형 차량을 아무리 생산해도 손실분을 메울 수는 없었다. 결과적으로 만슈타인의 기갑사단과 기갑척탄병사단은 기준에 크게 미달한 수의 전차 및 돌격포를 가지고 싸워야 했고 연대급의 전투단Kampfgruppen으로 조직되기 일쑤였다. 그래도 보병과 비교했을 때 기갑부대는 적군에 비해 질적으로 거의 우세를 유지했다.

소련군도 큰 손해를 입었으나 독일 국방군과는 달리 성공적으로 재기할 수 있었다. 쿠르스크에서 난타를 당한 뒤에도 소련군 부대들, 특히 전차와 기계화보병사단은 빠르게 전투력을 회복했다. 소총병부대는 약화된 채로 다시 전투에 투입되었다. 만슈타인은 씁쓸한 어조로 기록했다. "사실 우리는 히드라와 맞서 싸우는 거나 마찬가지였다. 머리를 아무리 잘라내도 새로 머리 2개가 자라나는 것처럼 보였다." 그러는 동안 넓은 전장의 현지인들은 끔찍한 궁핍을 인내해야 했다. 우크라이나 땅의 많은 부분에 독일군의 악명 높은 '초토화' 정책이 남긴 상처가 그대로 남아 있다. 이는 1949년 전범재판에서 만슈타인에게 씌워진 주된 죄목이기도 했다.

한편 만슈타인과 히틀러의 관계는 여전히 직무상 유지되었으나 둘 사이의 긴장은 점점 심해졌다. 만슈타인은 반복적으로 추가 병력과 행동의 자유를 요구하며 총통의 인내심을 시험했다. 논리 정연하게 요구를 계속했음에도 만슈타인에게는 결코 작전 수준의 유연한 기동 재량권이 주어지지 않았다. 따라서 소련군과 맞서 싸워 휴전 상태에 이른다는 그의 목적도 이루어지지 않았다. 히틀러로부터 얻어낼 수 있었던 증원 병력은 너무 소박했고 히틀러가 마지못해 내려준 결정은 이미 때가 늦어서 전혀 효과가 없었다. 보다 큰 전략적 계획을 놓고 볼 때, 전술적 성공은 기껏해야 소련의 진군을 늦출 수 있었을 뿐 완전히 무산시킬 수는 없었다.

만슈타인은 크나큰 압박을 받고 있었음에도 군사적 상황에 대해서는 놀라울 정도로 낙관적이었다. 또한 만슈타인은 나치 정권의 수장을 치는 데 그를 끌어들이려는 독일 레지스탕스의 모든 시도를 물리쳤다. 고위 사령관의 위치에 있던 그는 전선에서 싸우고 있는 휘하 병사들을 실망시키고 불확실한 운명에 처하게 만드는 것은 무책임하다고 생각했던 것이다. 만슈타인은 겉으로는 총통에게 계속 충성했으나 히틀러 암살 음모를 꾸미던 사람들과 잘 알고 지냈다. 에리히 펠기벨Erich Fellgiebel, 헤닝 폰 트레스코브, 에버하르트 핀크Eberhard Finckh 등은 만슈타인과 밀접한 관계를 유지했다. 만슈타인은 그들을 배신하지 않았다. 작전과장이었던 게오르크 슐체-뷔트거Georg Schulze-Büttger 대령에 대해 만슈타인은 많은 이들의 마음을 대변하는 다음과 같은 평을 남겼다. "유독 능력이 출중한 장교이자 성품이 훌륭했던 이 남자는 불행히도 1944년 7월 20일의 암살 계획이 수포로 돌아간 뒤 다른 여러 희생자들과 함께 피로써 대가를 치러야 했다."

드네프르 강을 향한 퇴각 전투: 계속되는 히틀러와의 언쟁

1943년 7월 17일에 치타델 작전이 종료되자, 소련군은 미우스 강의 제6군과 도네츠 강 중류의 제1기갑군에 대해 미뤄왔던 공세를 개시했다. 만슈타인은 치타델 작전에 투입되지 않은 제24기갑군단을 비롯하여 남아 있던 예비대를 활용하여 남부전선군 및 남서전선군의 공세를 막아냈으나, 소련군이 두 강의 교두보를 점령하고 유지한다면 상황이 곧 불리해질 것임을 알았다. 당시 그에게는 기용 가능한 신규 병력이 없었기 때문에, 그는 "도네츠 강의 상황을 정리하기 위해" 북측에서 기갑부대를 빼돌렸다. 소련군이 남쪽에 가한 공세는 독일군의 주의를 돌리기 위한 조치였다는 것을 알아차리지 못한 것이었다. 만슈타인은 이에 더해 쿠르스크 전투에 묶여 있던 소련군 병력이 "몹시 지쳤기 때문에 이제 전선의 이쪽에는 숨 쉴 틈이 생길 것"이라고 추정하며 더 큰 실수를 저질렀다. 만슈타인 본인의 표현을 빌리자면, 이런 평가는 "재난과 같은" 결정이었다. "우리가 예상한 것보다 빠르게 적군이 이곳에 공세를 퍼부었기 때문"이었다.

소련군의 벨고로드-하리코프 대공세(루미안체프 작전Operation Rumiantsev)는 1943년 8월 3일에 개시되었고, 만슈타인의 병사들은 완전히 급습당해서 소련군에 두 도시를 내주어야 했다. 독일 동방군은 작전 내내 이처럼 소련군의 장단에 놀아났다. 남쪽에서 짧고도 예리한 역습(7월 30일~8월 2일)에 성공하여 미우스 전선을 일시적으로 복구했다는 것은 별로 중요하지 않은 소득이었다. 동부전선 남측을 괴멸시킬 주 위협이 남부집단군의 북측에 건재했기 때문이었다. 만슈타인은 1943년 8월 4일 국방군 일일보고에 다시금 이름을 올려 기뻤을 것이 분명하다. 그러나 자신을 인정하는 감동적인 말로도 압박감을 없앨 수는 없었다.

남부집단군 북측으로 뚫고 들어온 소련군 대부대는 중앙집단군과 남부집단군 사이의 연계를 위협했을 뿐만 아니라, 남부집단군과 A집단군 둘 다를 깊숙이 에워싸서 괴멸시킬 수도 있었다. 실제로 루미안체프 작전의 목표는 하리코프를 통해 드네프로페트로프스크Dnepropetrovsk까지 진군한 뒤 방향을 돌려 흑해 해안으로 향하면서 곧장 두 집단군의 파괴를 꾀하는 것이었다. 도네츠 강과 미우스 강의 독일군 진지, 나아가 서쪽의 드네프르 강 만곡부에는 새로운 위협이 가해지고 있었지만, 만슈타인은 "남부집단군의 북측이 작전 수준에서 더 중요하다"는 원칙을 고수하려 애썼다.

한편 소련군은 독일군이 상상조차 하지 못할 속도와 규모로 회복하고 있었다. 치타델 작전 이후 소련군의 대단한 회복력을 오판한 것은 만슈타인뿐만이 아니었다. 이 시기 내내 히틀러는 적군의 병력이 곧 고갈될 거라고 확신하고 있었다. 그러나 쿠르스크 전투의 결과로 스타브카가 입은 피해는 1943년 하반기에 동부전선 대부분으로 번져나간 일련의 공세를 연기해야 했다는 것뿐이었다. 스타브카는 위치와 시기를 노련하게 선정한 일련의 타격으로 독일군 방어선을 파열시켰다. 루미안체프 작전이 좋은 사례다. 공격 1일차에 소련군 제5근위전차군은 제4기갑군과 켐프 파견군 사이의 취약한 경계를 뚫고 26킬로미터나 돌파하는 데 성공했다. 이틀 뒤, 소련군이 벨고로드와 (쿠투초프 작전Operation Kutuzov의 일환으로) 오렐을 점령하자 스탈린은 모스크바에서 이를 기념하는 축포를 터뜨렸다.

8월 8일, 하리코프 북서쪽으로 제4기갑군과 캠프 파견군 사이에 55킬로미터의 단절부가 생겼다. 잔뜩 경계하고 있던 만슈타인에게는 이 단절부가 "폴타바Poltava를 통과하고 드네프르 강까지 진군할 수 있는" 통로로 보였다. 위기가 닥친 당일에 차이츨러가 남부집단군 사령부를 찾았다. 만슈타인은 북쪽에 배치된 2개 군이 얼마나 큰 위협을 감내하고 있는지 강조하며 차이츨러에게 독일군 남측의 괴멸을 막기 위해 시급한 결정을 내리라고 촉구했다. 그는 두 가지 행보를 제안했다. 첫째는 "남부집단군의 북익으로 병력을 보내고 최소한 남쪽에 있는 드네프르 강을 사수하기 위해 도네츠 강 지역에서 당장 철수하는 것"이었다. 둘째는 병력을 보강받는 것이었는데, 만슈타인이 요청한 병력 규모에 차이츨러는 깜짝 놀랐다. 만슈타인은 자그마치 20개 사단의 신속한 이동을 요구했다. "다른 전선에서 제4기갑군과 그 북쪽에 인접한 중앙집단군 소속 제2군의 전선으로 10개 사단을, 그리고 드네프르를 향한 군사행동에 투입할 수 있도록 10개 사단"을 신속히 이동시킬 것을 요구했다. 사실 상황을 해결하려면 두 가지 사안을 결합해야 했다. 전선을 줄이고 병력을 증원받는 것 둘 다 필수적인 조치였던 것이다. 게다가 만슈타인은 드네프르 강에 강력한 진지를 구축함으로써 방어에 깊이를 더해야 한다고 역설했다. 그는 1943년 2월부터 진지 건설을 주장했다.

만슈타인은 회고록에서 차이츨러의 방문에도 불구하고 "어떠한 효과적인 조치도 취해지지 않았다"고 통탄했다. 그러나 이는 사실과 다르다. 8월 11일, 히틀러는 아주 늦게나마 동부방벽Ostwall 건설을 허가했다. 그달 말에 남부집단군은 5개 보병사단과 1개 기갑사단을 추가로 지원받았다. 이러한 증원 병력이 치타델 작전 이전에 주어졌더라면 아주 유용했을 것이나 이미 때가 늦은 당시에는 육중한 소련군의 공격력을 막기에는 완전히 역부족이었다. 독일군은 그 뒤로도 루미안체프 작전에서 많은 피를 흘렸다. 제4기갑군과 캠프 파견군은 압박을 조금도 늦추지 않는 우세한 소련군에 맞서 생존을 위해 싸웠다.

소련군의 작전이 시작된 지 1주일 만에 만슈타인은 강력한 2개 기습 집단을 편성했다. 미우스 전선에서 철도편으로 불러들인 SS기갑척탄병사단인 다스라이히와 토텐코프를 포함한 제3기갑군단, 그리고 중앙집단군에서 돌아온 그로스도이칠란트를 포함한 제24군단이었다. 독일군은 보고두호프Bogodukhov와 오흐티르카Akhtyrka 근방에서 전차전을 벌여 제4기갑군 영역에서 일시적으로 상황을 안정화시키는 데 성공했으나, 하리코프는 계속해서 포위 위협에 놓여 있었고 켐프 파견군의 방어선은 위태로웠다. 히틀러는 8월 12일에 "하리코프는 어떤 대가를 치르고서라도 사수하라"고 지시했다. 그러나 만슈타인은 하리코프를 위해 "1개 군 전체를 희생시킬 의향이 없었다."

8월 16일과 18일에 말리노프스키Malinovsky의 남서전선군과 톨부힌Tolbukhin의 남부전선군은 도네츠 강 중류와 미우스 강을 향해 거센 공세를 개시했다. 소련군의 돈바스Donbas-멜리토폴Melitopol 작전은 단지 독일군의 주의를 흐트러뜨리려는 목적만 있었던 것이 아니었다. 이 작전에는 "독일군 제1기갑군과 제6군의 붕괴 속도를 높이고 도네츠 강 유역을 뺏는다"는 목적도 있었다. 이즈음 만슈타인은 이미 기갑부대의 대다수를 북쪽으로 이동시킨 상태였다. 그는 남쪽에서 새로운 공세가 이렇게 빠르게 찾아올 줄 몰랐다. 새로운 위기에 처한 남쪽을 보강하기 위한 예비대가 없는 상황이었으니 그가 8월 22일을 "굉장한 위기에 봉착한 날"이라고 기록한 것도 놀라운 일은 아니다. 제1기갑군은 적군의 공격을 "겨우 답보 상태에 몰아넣었으나…… 그 자신도 힘이 바닥나고 있었다." 그날 하리코프는 버려졌고, 이로써 제2차 세계대전 중 우크라이나의 공업도시를 놓고 벌어진 네 번째이자 마지막 전투(제4차 하리코프 공방전)는 공식적으로 종결되었다.

8월 27일에 이르자 루미안체프 작전은 점차 수그러들었다. 만슈타인은 "하리코프에서 수미Sumy까지 꽤 연속적인 전선"을 구축할 수 있었다. 제4기갑군과 제8군은 패배를 딛고 전열을 다시 가다듬었고, 소련군의 공세를 중지시킨 것에 자랑스러워하고 있었다. 보로네시 전선군과 스텝 전선군은 벨고로드-하리코프 작전에서 통틀어 25만 명의 병사를 잃었으나 독일 동방 군과 달리 이만큼 병력을 소모하고서도 위태롭지 않았다. 8월 20/21일, 만슈타인은 육군 최고사령부에 38개 보병사단과 14개 기갑사단에서 18 개 보병사단과 6개 기갑사단으로 전투력이 감소했음을 보고했다. 총 13만 3,000명의 병사가 부상을 당하거나 사망했지만, 만슈타인이 그달에 받은 대체 병력은 3만 3,000명뿐이었다.

만슈타인에게는 점점 늘어만 가는 사상자 명단 외에도 걱정이 많았다. 북 익에서는 한숨 돌릴 틈이 있었으나, 남쪽 상황은 "그 어느 때보다도 위험해 지고 있었다." 따라서 만슈타인은 이 영역에 병력을 증원받거나 후방의 전 선 길이를 줄이기 위해 기동의 자유를 얻어내야만 했다. 만슈타인의 '단정 적 요구'에 대응하기 위해 히틀러는 8월 27일에 비행기를 타고 만슈타인과 예하 군 사령관들을 만나러 빈니차로 향했다. 3주 동안 두 사람은 세 차례 회동을 갖게 된다. 만슈타인은 히틀러의 사정을 봐줄 상황이 아니었기 때 문에 총통에게 "도네츠 강은 현 병력으로 사수할 수 없으며, 남부집단군 북 익에 독일군 동부전선 남익 전체가 걸린 훨씬 더 큰 위험이 도사리고 있다" 고 역설했다. 결국 제8기갑군과 제4기갑군은 "드네프르 강을 향한 적군의 돌파를 막는 데 실패"할 터였다.

만슈타인은 히틀러에게 2개의 선택지를 주었다. 남부집단군에 "12개 사 단 이상의" 증원 병력을 보내거나, "도네츠 지역을 버려서 병력을 풀어달라" 는 것이었다. 만슈타인에 따르면, 히틀러는 "대화 내내 완전히 객관성을 유 지했다." 그는 남부집단군에 "강력한 지원이 주어져야 한다"는 것에 동의하 며, "북부집단군과 중앙집단군 지역에서 빼낼 수 있는 부대를 전부 지원하 겠다"고 약속했다. 만슈타인은 히틀러의 말을 그대로 믿고자 했다. 그러나 늘 그렇듯이 적에게도 선택권이 있었다. 만슈타인과 히틀러의 회동이 있기 하루 전인 8월 26일, 로코소프스키의 중앙전선군이 제2군에 공격을 가해 왔다. 이는 제4군과 제9군이 아직도 소련의 이전 공세를 막느라 애를 쓰고 있던 상황에서 중앙집단군의 방어선에 추가적인 압박으로 작용했다. 그 결 과 클루게는 단 1개 사단조차 내놓을 수 없었다. 히틀러의 약속은 결국 무산되었다.

빈니차 회동의 결과, 만슈타인은 히틀러가 자신이 보장할 수 없는 약속을 자신만만하게 늘어놓는 인물임을 다시 한 번 깨달았다. 작전 상황은 연거푸 악화일로를 걷고 있었다. 남쪽에서 제6군은 소련군의 강력한 압박 하에 진지를 사수할 수 없게 되었다. 8월 31일, 제6군은 "후퇴해도 된다"는 허가가 떨어지자, 마침내 만슈타인이 오래전부터 요구해온 대로 도네츠 강 지역에서 철수하기 시작했다. 히틀러는 마지못해 제6군과 제1기갑군 우익이 철수해도 된다고 허가했다. 만슈타인은 이러한 제한적인 포기가 "남익을 패배에서 구하는 효과밖에 거두지 못했다"고 유감스러운 어조로 말하면서 총통이 "단 몇 주만 빨리 결정을 내렸어도 남부집단군은 남익에서 보다 경제적으로 전투를 수행할 수 있는 입지를 다질 수 있었을 것"이라고 주장했다.

치타델 작전 이후에 상황이 점차 심각해지면서 클루게와 만슈타인은 무언가 조치를 분명히 취해야 한다고 생각했다. 두 사람은 전쟁에서 군사적 승리의 기회를 '만족스런' 결과로 연결시키려면 독일 국방군 상부 지휘구조에 급진적 변화가 필요하다고 보았다. 만슈타인은 회고록에서 폰 클루게 원수에게 동프로이센으로 함께 향해 히틀러에게 반기를 들자고 요청했다고 기록했다. 그러나 그런 목적으로 9월 3일의 회동에 참석한 것은 만슈타인뿐만이 아니었다. 만슈타인은 언급하지 않았으나, 클루게는 레지스탕스의 일원이었던 루돌프-크리스토프 폰 게르스도르프Rudolph-Christoph von Gersdorff 대령을 밀사 삼아 만슈타인의 의사를 미리 타진한 바 있었다.

클루게는 자포로제Zaporozhye로 향하는 게르스도르프에게 폰 만슈타인 원수를 만나면 "쿠데타 이후에 국방군 참모총장직, 즉 육·해·공군 통합 참모총장직을 그에게 제의할 예정"임을 밝히라고 지시했다. 트레스코브는 게르스도르프에게 서신 한 통을 건넸다. 독일군 장성들에게 히틀러에 대항하여 행동하라고 간청하고 있던 괴르델러Carl Friedrich Goerdeler와 포피츠Johannes Popitz가 쓴 서신이었다. 트레스코브는 만슈타인의 반응이 확실할 때에만 서신을 건네주라는 단서를 붙였다.

"똑똑한 한스Hans"라는 별명이 붙은 클루게는 독일군 내에서 가장 영민한 장군은 아니었을지 몰라도 변함없이 평판이 좋았다. 그는 히틀러 반대파에 공감했지만 트레스코브의 노력에도 불구하고 레지스탕스에 완전히 발을 담그지 않았다. 그러나 그는 반대파가 보다 넓은 지지를 받기를 바랐다. 그는 만슈타인의 마음과 전략적 관점을 예리하게 파악했다. 트레스코브의 부추김을 받은 클루게는 롬멜과의 대화를 비롯해 최근의 사건을 보았을 때 자신의 동료가 국방군 상부 지휘구조를 논하는 데 큰 관심을 보일 것이라고 확신했다. 따라서 게르스도르프는 이 사안에 대한 클루게의 생각을 전했다. 간단히 말하면 "국방군 최고사령부와 육군 최고사령부 사이의 갈등과 히틀러의 딜레탕트식(직업으로 하는 것이 아니고 취미 삼아 하는) 지휘로 인해 동부전선의 붕괴는 시간문제"라는 것이었다. 게르스도르프는 만슈타인이 이에 동의했다고 기억했다. "나도 클루게와 전적으로 동일한 의견이지만 히틀러에게 그런 의견을 전달하기에는 부적격이오. 그는 이제 나를 신임하지 않소. 이 임무를 맡을 수 있는 것은 룬트슈테트와 클루게뿐이오."

만슈타인은 게르스도르프와의 대화를 개인 일기에 있는 그대로 전부 기록하지 않았으나, 1943년 8월 8일자 일기를 보면 그가 클루게의 질문에 대해 숙고했음을 알 수 있다. 그 일기의 일부를 발췌한 아래 글에는 히틀러에 대해 위험할 정도로 솔직한 그의 입장이 잘 드러나 있다.

a) 대외 정책에 대한 견해: 소련군은 이제 손만 내밀면 승리를 거머쥘 수 있다고 생각하는 것처럼 보인다. 따라서 현재로서는 평화의 가능성이 없다.

b) 내부적 어려움의 문제: 나는 이것이 존재하는지 판단할 수 없다. 원칙적으로 군은 그런 문제와는 아무 관련이 없다. 군은 복종을 맹세했고, 복종의 임무가 있으며, (사회에서?) 언제까지나 충성하는 부류로 남을 것이다. 군 사령관들이 정치 지도자의 문제에 개입해야 한다는 생각은 군의 지휘체계를 약화시킬 것이다……. 어찌되었든 히틀러는 국민과 군인들로부터 신임받는 걸 즐기고 실제로 그러한 신뢰를 받고 있는 유일한 인물이다. 이런 지지 기반이 있는 사람은 히틀러밖에 없다.

c) 군사 지휘구조의 문제: 현 상황이 지휘 오류에서 비롯되었음은 의심의 여지

가 없다. 그러나 히틀러가 최고사령관직을 포기할 가능성은 전무하다. 따라서 총통에게 보고를 통해 합리적인 지휘 구조가 시급하다는 점을 일깨울 필요가 있다……. 우리는 총통이 고문들의 말에 귀를 기울이고 모든 것을 직접 지휘하려 하지 않는 상황을 이끌어내야 한다. 총통 겸 사령관으로서 그의 임무는 보다 높은 수준에 있다.

이러한 군사 지휘의 문제를 히틀러에게 제기하라는 클루게의 요청에 대해. 나는 이 임무를 직접 맡을 수 없다. 최고사령관직을 맡고 싶어하는 인물이라고 해외에서 나를 모함하고 있기 때문이다.

마지막 평에 대해 만슈타인이 단 주석은 독자들에게 여러 가지를 알려준다. "이틀 전 영국의 국제통신사 로이터Reuter(원문 그대로)가 내가 최고사령관을 맡게 될 거라고 주장했다는 이야기를 차이츨러에게서 들었다. 이는 불신을 퍼뜨리려는 시도다."

30년 뒤에 이 사건을 회상한 게르스도르프의 기억이 올바르다면, 만슈타인은 두 사람 사이에 오간 보다 솔직한 대화에 대해서는 기록하지 않았다. "어쩌면 각하와 다른 원수들이 히틀러에게 가서 가슴에 권총을 겨누어야 할지도 모릅니다." 게르스도르프는 이렇게 도발적으로 주장했다. 그의 기록에 따르면, 만슈타인은 군사적 반란에 대한 자신의 태도를 "프로이센 원수는 배신하지 않는다"는 말로써 간결하게 보여주었다. 이 말은 역사에 길이 남아 대중들에게 기억되었다. 만슈타인은 게르스도르프에게 만약 히틀러가 제거된다면 전쟁에서 승리하는 것은 고사하고 계속 싸우는 것조차 불가능해진다고 설명했다. 그러자 게르스도르프는 방향을 바꿔 국방군 참모총장직에 대한 클루게의 제안을 들이밀었다. 만슈타인은 이 자리에 대해서는 야망을 내비치며 흥미롭게도 모호한 대답을 했다고 전해진다. "폰 클루게 원수에게 나에 대한 신임에 감사한다고 전해주시오. 폰 만슈타인 원수는 적법한 국가 당국의 분부에 언제나 충성을 다할 것이오."

게르스도르프의 기록은 특히 후반부로 갈수록 정확성에 있어서 의심의 여지가 있다. 한 독일인 학자가 지적했듯이, 만슈타인이 거의 알지도 못하는 장교와 이렇게 터놓고 이야기했다는 것은 상상하기 어렵다. 어쩌면 클루게가 보낸 사절은 실제 회동에서는 대놓고 표현하지 못했으나 그가 말했어야 하는 것들이나 어쩌면 그가 듣기를 바랐던 것들을 훗날의 기록에 채워넣었는지도 모른다. 그러나 만슈타인은 뉘른베르크의 증언석에서 당시 회동의 면면을 확인했을 뿐더러 자신의 입장도 분명히 밝혔다.

다 지난 지금에 와서 생각해보니 분명히 내 의사를 알아보기 위해 나를 만나려는 시도가 여러 번 있었다. 한 번은 폰 게르스도르프 장군이 나를 방문했다. 훗날 그의 말에 따르면, 그는 괴르델러와 포피츠의 편지를 갖고 있었다. 내가 쿠데타에 협조하리라는 느낌이 들면 편지를 보여줄 작정이었다는 것이다. 그러나 나는 전쟁 중 히틀러를 제거하거나 암살하는 것은 혼란으로 이어질 뿐이라는 관점을 계속 고수하고 있었기 때문에 게르스도르프는 결국 내게 그 편지들을 보여주지 않았다. 나는 나중에야 여러 번의 방문이 나의 의사를 타진하기 위한 것이었음을 확실히 깨달았다. 나는 그러한 일에 참여하겠다는 약속을 누구에게도 한 적이 없다.

회고록에서 만슈타인은 레지스탕스에 대해서 애매모호한 입장을 보였다.

나는 야전에서 1개 집단군을 책임지고 있는 사람으로서 전시에 쿠데타라는 방안을 고려할 권리가 없다고 생각했다. 내가 볼 때 쿠데타는 전선의 즉시 붕괴로 이어질 것이고 독일 내에서 혼란이 일어날 게 뻔했기 때문이다. 여기에 군인 서약의 문제와, 정치적 목적을 위한 살인의 정당성 문제가 남아 있었다.

만슈타인은 이에 대해 좀 더 설명을 덧붙였다.

나는 재판에서 이렇게 증언했다. "여러 해 동안 병사들에게 승리를 위해 목숨을 바치기를 기대한 고위 군 사령관이라면, 절대 그 자신의 손으로 패배를 거들

수 없다."내가 보기에 아직은 그러한 행위가 유일한 해법은 아니다.

만슈타인은 동부에서 벌어진 전쟁범죄에 대해 도덕적 격분을 공개적으로 표명한 일이 없었다. 그는 또한 히틀러가 1943년이나 1944년에 제거되었더라면 소련인은 물론 독일인 병사 및 민간인 수백만 명의 목숨이 보전되었으리라는 사실을 결코 인정하지 않았다.

당시에 만슈타인은 독일이 전쟁에서 질 거라고, 또 히틀러가 제거되어야 한다고 생각하지 않았다. 그럼에도 불구하고 숨 막히던 1943년 우크라이나의 여름이 막바지에 다다랐을 즈음 그는 국방군 상부 지휘구조의 조직에 대해 히틀러에게 다시 한 번 문제를 제기해야 함을 확실히 깨달았다. 9월 2일, 이튿날 클루게와 히틀러와의 회동을 앞두고 만슈타인은 차이츨러에게 간결한 메모를 보냈다. "서구 적군들이 대륙에 상륙한 뒤에야 다른 전역에서 병력 보강이 이루어진다면 동부에서는 이미 때가 늦었을 겁니다." 참모총장이 이 메모를 히틀러에게 보여주자, 히틀러는 격노하며 "만슈타인은 단지 독창적인 작전을 수행하고 전쟁일지에 자기합리화를 기록하는 데에만 관심이 있다"고 잘라 말했다.

만슈타인이 총통의 사령부에 도착하자, 히틀러가 독일군 지휘구조의 합리화를 놓고 클루게나 만슈타인에게 어떠한 양보도 하지 않으리라는 사실이 곧 명확해졌다. 히틀러는 국방군 최고사령부가 담당한 전역을 차이츨러에게 이관시킴으로써 육군 참모총장에게 힘을 실어주는 것은 "전쟁 수행 전체를 조금도 변화시키거나 개선시키지 못할 것"이라고 선언했다. 따라서 동부전선을 제외한 모든 전역을 총괄하고 있던 국방군 최고사령부와 동부전선만을 맡고 있던 육군 최고사령부 사이에는 앞으로도 효과적인 협력이 이루어질 수 없게 되었다. 또한 총통은 동부전선을 방어하고 있는 4개 집단군(북부집단군, 중앙집단군, 남부집단군, A집단군)을 지휘할 동방군 총사령관을 임명하지 않을 것이었다. 남부집단군에게 더 내줄 수 있는 병력은 없었다. 따라서 클루게와 만슈타인 두 사람 모두 빈손으로 자신의 사령부로 돌아가야 했다.

장기적인 관점에서 이 회동은 히틀러와 만슈타인의 관계를 급속도로 악화시켰다. 그로부터 6개월 동안 두 사람은 점점 더 첨예하게 의견이 대립했고, 상호 이해와 신뢰는 거침없는 하향 곡선을 그렸다. 두 사람 사이에는 친밀감이 눈곱만큼도 없었다. 이제 두 사람은 모든 대화에서 얼음처럼 냉랭하게 격식을 차리기 시작했다.

남부집단군의 입지를 개선할 수 있는 결정은 내려지지 않았다. 9월 7일에 육군 최고사령부에 보낸 만슈타인의 전갈에서 그의 커져가던 격분이 드러난다. 그는 남부집단군이 "계속해서 상황을 통제하기를 바란다면 결정적인 행동이 시급하다"고 주장했다. 만슈타인의 극단적인 어휘 선택은 히틀러가 그에 대해 호의를 품게 하는 데 전혀 도움이 되지 않았다. 히틀러는 동부전선 남쪽과 중앙 지역의 상황 전개에 점점 더 당황했고, 철수를 허가해 달라는 끈질긴 요청에 기분이 좋을 리 없었다. 라스텐부르크에서 총통의 아첨꾼들은 만슈타인을 "역행하는 원수"라는 별명으로 불렀다. 차이츨러의 회상에 따르면, 히틀러는 부하들을 조롱하길 좋아했다. "나의 장군들은 오로지 후퇴만을 바라는군. 명성 높은 작전술은 어디로 갔는지 모르겠어."

9월 8일 히틀러는 자포로제에 위치한 만슈타인의 사령부를 세 번째이자 마지막으로 찾았다. 그에 따라 A집단군 사령관인 클라이스트 원수와 제17군 사령관인 루오프Ruoff 상급대장이 자포로제로 소환되었다. 만슈타인은 히틀러에게 보고하며 작전에 대한 문제만을 제기하려 했다. 바로 닷새 전에 지휘구조를 바꿔야 한다는 이야기를 꺼냈다가 퇴짜를 맞은 참이었기 때문이었다. 따라서 그는 남부집단군의 상황을 공들여 세세하게 설명했다.

남부집단군의 우익, 즉 남쪽의 부대들은 "곧 드네프르 강 너머로 퇴각해야 할 것"이었다. 히틀러는 어느 정도 퇴각이 필요하다는 주장을 마지못해 받아들였다. 그는 만슈타인에게 흑해 해안의 멜리토폴Melitopol에 위치한 제6군과 제1기갑군을 중간 지점(판터Panther 전차 진지)인 자포로제 후방의 드네프르 강 만곡부까지 후퇴시킬 권한을 주었다. 북익을 지켜내기 위해서는 더 많은 신규 병력이 필요했다. 총통은 중앙집단군이 제4기갑군과의 경계 지점에 1개 군단을 편성하도록 하는 안에 동의했다. 따라서 4개 추가 사단

1943년 9월, 히틀러와 함께한 만슈타인 원수. (Manstein archive)

1943년 9월, 우크라이나 자포로제 비행장에서 히틀러를 배웅하는 만슈타인. (Manstein archive)

이 드네프르 강 교량을 보호할 예정이었다. 이날 내려진 또 다른 중요한 결정은 A집단군이 마침내 쿠반Kuban 강 교량에서 철수한다는 것이었다. 운이 좋다면 제17군 휘하의 몇 개 사단이 병력을 더 필요로 하는 전선의 영역으로 재배치될 터였다. 히틀러는 자신을 배웅하러 비행장까지 따라온 만슈타인에게 "비행기에 타기 전에 병력 증원에 대한 약속을 되풀이했다."

만슈타인은 이전의 고통스러운 경험을 통해 히틀러가 마음을 바꿔 결정을 갑자기 뒤집는 사람임을 알았다. 따라서 그의 참모는 지체 없이 제1기갑군과 제6군에 기동 방어 전술을 채택하라는 지시를 내렸다. 2개 군은 지연전을 벌여 확고한 진지에 도달할 때까지 영토를 내주면서 시간을 끌 계획이었다. 북쪽에 있는 이 2개 군을 위해 만슈타인은 약속된 증원 병력으로 폴타바Poltava 근방 드네프르 강 전방의 적을 막을 수 있기를 바랐다.

그러나 총통의 장담에도 불구하고 남부집단군에는 어떠한 증원 병력도 도착하지 않았다. 만슈타인은 다음날(9월 9일) 히틀러에게 서신을 보내야 할 필요성을 느꼈다. 그는 총통의 전략적 지휘(혹은 전략적 지휘의 부재)에 대해 분명하게 문제를 제기했다.

겨울 전투가 끝난 시점부터 남부집단군은 끊임없이 투입 가능한 신규 병력 없이는 전선을 방어할 수 없다고 보고했고, 동부전선 내에서, 혹은 동부전선과 다른 전역 사이에서 병력을 급진적으로 조정할 것을 요청했으나 전부 헛수고였습니다.

자신의 최근 발언들이 히틀러의 심기를 불편하게 했음을 알아차린 만슈타인은 "이런 말을 쓰는" 자신의 동기가 "동부전선에서의 좋지 않은 전개에 대한 책임을 소급 적용하려는 것이 아니라, 앞으로 적시에 필요한 조치를 보장받기 위해서"라고 분명히 밝혔다.

완고한 어투의 서신과 차이츨러의 보고에도 불구하고 증원 병력의 약속은 결코 현실화되지 않았다. 히틀러는 중앙집단군에 새로운 공세가 가해질까 봐 두려워했고(이는 사실이었다), 중앙집단군이 드네프르 강 상류까지 퇴각할 입장이 아니라고 판단했다(이는 착오였다). 따라서 스타브카는 독일군 최고사령부를 붙들어 매서 확고한 하나의 진지에서 동부전선의 방어선을 재조정하지 못하게 하는 데 성공했다. 그 결과 제4기갑군은 "북쪽에서 포위당할 위협에 처해 키예프에서 남쪽으로 밀려나고 있었다." 만슈타인은 상황의 심각성을 단박에 알아차렸다. "이러한 전개는 드네프르 강 뒤에 새로운 전선을 형성하지 못하게 할 뿐만 아니라, 남부집단군을 즉각적인 포위 위협으로 내모는 것이었다." 일촉즉발의 위기에 놓인 만슈타인은 9월 14일 육군 최고사령부에 자신의 사령부가 "다음날 심지어 북익에 키예프 양쪽에서 드네프르 강 후방으로 후퇴하라고 명령을 내려야 할지도 모른다"고 보고했다.

히틀러는 자신의 부하가 보내온 이와 같은 노골적인 최후통첩을 받아들일 인물이 아니었다. 그 부하가 원수라 해도 마찬가지였느다. 만슈타인의 보고에 대한 응답으로 육군 최고사령부는 남부집단군 사령부에 총통과 논의하기 전에는 지시를 내리지 말라고 명했다. 그러자 만슈타인은 전과는 비교도 할 수 없이 격노했다. 그는 차이츨러만을 대동한 채 히틀러와 독대하지 않는 한 "그러한 회담은 무의미하다"고 대답했다. 히틀러가 만슈타인이 내세운 조건을 받아들이자, 9월 15일에 만슈타인은 다시 한 번 비행기를 타고 라스텐부르크로 향했다.

호전적이 된 만슈타인은 타협하지 않는 태도로 총통에게 보고했다. 그는 지금 남부집단군뿐만 아니라 동부전선 전체에 치명적인 결과를 불러올 수 있는 대위기가 닥쳤다고 설명하며 "제4기갑군이 드네프르 강을 다시 건너올 수 있을지 몹시 회의적"이라고 역설했다. 핵심적인 문제는 두 가지였다. 전선을 방어하기에 병력의 수가 부족하다는 문제만 해결한다고 능사가 아니었다. 당시 독일군이 곤경에 처한 것은 사실 히틀러가 내린 일련의 명령이 제대로 수행되지 않은 데서 비롯된 것이라고 할 수 있었다. 중앙집단군은 아직도 병력을 남부집단군에 넘겨주지 않고 있었다. 만슈타인은 대담하게 선언했다. "총통 각하, 최고사령부가 시급하다고 인정한 병력 이동이 아직도 이루어지지 않았다는 것은 용납할 수 없습니다."

이윽고 문제가 발생했다. "어쨌든 저는 저 자신의 명령이 수행될 거라고 확신합니다." 히틀러가 폰 만슈타인 원수를 그 자리에서 해임해버려도 이상하지 않을 반항적인 발언이었다. 만슈타인은 이로부터 채 반 년도 되지 않아 해임된다. 그사이에는 동부전선 전체, 특히 남익의 운명이 풍전등화와 같았기 때문에 만슈타인이 필요했다. 그것이 히틀러가 자신의 지휘법에 대한 노골적인 비판을 받아들인 유일한 이유였다. 그러나 만슈타인의 행위는 자신의 관에 못을 박는 거나 다름없었다. 그런 견책을 용납할 수 있는 독재자는 어디에도 없다. 만슈타인이 깔끔하게 표현했듯이, "양보하는 순간 독재는 끝난다."

히틀러는 중앙집단군 소속 4개 사단을 남부집단군에 보내달라는 요청에 동의했고, 나아가 약화된 보병부대를 보강하기 위해 남부집단군에 32개 대대에 해당하는 병력을 증원할 것이라고 약속했다. 총통이 마침내 드네프르 강까지 퇴각한다는 결정을 내린 것도 무시할 수 없는 수확이었다. 이는 만슈타인이 지난 3주 동안 끈질기고도 강경한 주장을 반복한 끝에 얻어낸 중요한 승리였다. 히틀러는 마침내 독일군 동부전선에 내재된 약점으로 인해 소련군이 전략적 우세를 얻게 되었다는 사실을 인정하고 어쩔 수 없이 고개를 숙였다. 연합군이 이탈리아 본토에 상륙하고 발칸 반도와 심지어는 프랑스에도 위협이 가해지고 있는 이 시점에 독일군에게는 준비된 예비대가 없었다. 한 전역을 강화시키기 위해 다른 전역에서 점령지를 포기하지 않고서는 예비대를 창출할 수 없었던 것이다. 언제나처럼 총통은 점령지를 포기하고 싶지 않았으나 다른 방도가 없었다.

그날(1943년 9월 15일) 저녁 남부집단군 사령부로 돌아온 만슈타인은 "멜리토폴에서 드네프르 강을 따라 키예프 바로 위 지점으로부터 데스나 강에 이르는 선까지" 전체적인 퇴각을 명령했다. 마침내 만슈타인은 생사가 걸린 퇴각을 시작할 수 있게 되었다.

초토화 정책: 드네프르 강 너머로의 퇴각

만슈타인의 남부집단군은 소련 공군과 육군으로부터 끊임없는 위협을 받으며 드네프르 강 후방으로 퇴각했다(727쪽 지도 14 참조). 당시 독일군은 맞서야 할 소련군 병력을 과대평가하고 있었다. 사실 소련군의 선봉에 있던 기갑부대는 최근의 전투로 기력이 소진했고 병참선은 길게 늘어난 상태였다. 그러나 기동부대는 최고의 상태가 아니었음에도 최대한 적극적으로 추격을 밀어붙였다. 따라서 만슈타인과 궁지에 몰린 그의 병사들이 직면한 난관은 결코 만만치 않았다. 만슈타인이 설명했듯이 "훨씬 우월한 적에게서 끊임없이 압박을 받으며 퇴각하는 것은 1943/44년 전역 동안 남부집단군이 수행해야 했던 작전 가운데 가장 힘든 작전이었다."

남부집단군 우측 끝의 제6군이 수행해야 하는 기동은 서류상으로는 간단하기 짝이 없었다. 남쪽의 2개 군단을 멜리토폴 북쪽에 준비되어 있던 진지로 끌어들이기만 하면 되었기 때문이다. 그러나 톨부힌의 남부전선군이 노가이스크Nogaisk 스텝 지대를 가로질러 추격해오자, 만슈타인의 제11군이 1941년 9월에 얻어낸 모든 것이 물거품이 되었다. 자포로제 교두보에 진입한 북쪽 군단을 제외한 제6군은 A집단군으로 전속되었다. 한편 제17군은 쿠반 반도에서 퇴각하여 크림 반도로 향했다. 만슈타인의 관점에서 휘하의 나머지 3개 군은 다음과 같은 문제에 직면해 있었다.

3개 군은 700킬로미터 길이의 전선에서 최대 5개의 드네프르 강 교량으로 집결해야 했다. 그러나 일단 드네프르 강을 건너고 나면 그들은 전에 형성했던 것만큼이나 넓은 방어 전선을 구축해야 했고, 적군이 강 남안에서 거점을 확보하기 전에 완벽하게 배치를 마쳐야 했다. 1개 군에 해당하는 병력을 1개 혹은 많아 봐야 2개 다리로 집중시키는 과정에서 적군은 아주 좋은 기회를 맞았다. 무엇보다도 적군은 독일군이 드네프로페트로프스크, 크레멘추크Kremenchug, 체르카시Cherkassy, 카네프Kanev, 키예프의 도하 지점을 통해 후퇴하는 사이에 드네프르 강을 다시 손에 넣을 수 있었다.

진군해오는 소련군을 막고, 그럼으로써 독일군의 후퇴를 용이하게 하기 위해 만슈타인은 히틀러의 '초토화 전략'을 적용했다. 그는 이것이 "지난해 소련군이 퇴각에서 사용한" 전략이라고 평했다. 그러나 6년 뒤 함부르크에서 열린 만슈타인의 전범재판에서 그의 주장은 정당성이 거의 없는 것으로 드러났다. 점령국으로서 독일은 현지 주민들을 보호할 의무가 있었다. 물론 만슈타인은 "독일군이 취한 모든 조치는 '군사적 필요성'에 따른 것이었다"고 힘주어 주장했다.

그렇다면 무엇이 문제였을까? 만슈타인은 드네프르 강 전방 20~30킬로미터 지역에서 "적군이 광정면에서 드네프르 강으로 직행할 수 있게 하는 모든 요소는 파괴하거나 제거했다. 여기에는 드네프르 강 진지 건너편에서 소련군 병사들에게 보호막이나 거처가 될 만한 모든 것들이 포함되었다." 더욱 논란이 된 것은 이 정책이 "소련군의 병참 문제를 해결할 수 있는 모든 것, 특히 식량 보급로로 쓰일 만한 것은 전부" 제거하라고 명령했다는 점이다. 게다가 이 지역에서 "식량과 경제적 가치가 있는 재화, 소련군의 군비 생산에 도움이 되는 기계는 전부 없애버리라"는 명령도 내려졌다. 만슈타인은 회고록에서 남부집단군 내에서는 이 조치가 "필수적인 기계와 마소"로 국한되어 있었다고 설명하며 독자들을 안심시켰다. 한편 소련군이 모든 신체 건강한 남성들을 징집하고 나머지 인구에게는 군사 노동을 시킬 가능성이 있다는 '최고사령부의 지시'로 인해 모든 민간인은 해당 지역에서 쫓겨났다.

만슈타인은 "초토화 전략이 소련 국민에게 굉장한 불운과 역경을 안겨주었음"을 인정했으나, 그의 관점에서 이는 "전시폭격을 견뎌내야 했던 독일의 민간인들이나 훗날 독일의 동쪽 영토에서 일어난 사태와는 비교조차 할 수 없는 것"이었다. 이 사안에 대해 만슈타인은 재판 중에, 그리고 그 후에도 수치심 없이 당당한 태도를 보였다. 전쟁 동안 독일군의 행동은 소련이 선전에 활용할 빌미를 수없이 제공했고, 그로 인해 소련군 병사들은 복수심에 불타올랐다. 보로네시 전선군 사령관이자 만슈타인의 주된 적수 가운데 하나였던 바투틴은 드네프르 강을 향해 빠르게 진격 중이던 병사들을 다음과 같은 슬로건으로 독려했다. "우리 빵을 태우고 있는 자들을 공격해야만 한다." 이 말에 병사들은 강을 향해 죽기 살기로 달려갔다.

노련한 사령관이었던 만슈타인은 퇴각에 내재된 위험을 속속들이 알고 있었다. 참모들의 엄격한 통제와 부대 내의 강철 같은 기강이 성공의 필수적인 전제조건이었다. 둘 중 하나라도 깨지면 작전은 위태로워지고, 최악의 경우 전열이 무너져 완패로 이어질 수 있었다. 따라서 만슈타인은 남부집단군에 대한 "모든 명령과 결정은 전열과 기강을 유지하는 부대만이 모든 난관을 극복할 수 있으며 전투력이나 안정성을 잃은 부대는 퇴각할 수 없다는 원칙을 최우선으로 하여 이루어질 것임"을 강조하는 지령을 내렸다. 만슈타인 휘하의 가장 능력 있는 군 사령관이었던 호트 역시 같은 필요성을 깨닫고 1943년 9월 18일에 군단장들에게 선언했다. "퇴각은 군에 주어지는 가장 어려운 임무 중 하나다. 완벽하게 수행해야 한다. 그러지 못하면 결과는 참담할 것이다. 퇴각은 성공해야만 한다." 만슈타인의 부하들이 상황을 최대한 유리하게 활용하려는 결의에 차 있었다는 것은 분명하다. 호트는 이런 말로 보고를 마무리했다. "제4기갑군은 병사 한 명, 무기 하나 잃지 않고 드네프르 강을 건널 결심을 하고 있습니다."

9월 30일, 만슈타인의 모든 군은 약해지기는 했지만 붕괴되지 않은 채 드네프르선에 다시 자리를 잡았다. 그러나 그들은 소련군 선봉대가 강 우안에서 교두보를 탈취할 것은 예상하지 못했다. 소련군은 다리를 놓을 장비가 없었음에도 페리선, 고무보트, 수영 등 다양한 도하 수단을 사용해서 수비가 얇은 영역을 돌파해갔다. 이는 기술적 임기응변과 전술적 기술, 군사적 의지가 함께 자아낸 승리였다. 이와 대조적으로 방어 중이던 독일군의 일부는 기강이 흐트러졌고, 드네프르 강(크레멘추크 지역에서 800~1,200미터 너비)이라는 자연적 장애물을 최대한 활용하기 위해 필요한 시간과 자원은 독일군에게 주어지지 않았다. 동부방벽의 부재는 훗날 치명적인 실수였음이 드러난다. 대서양 방벽에 우선순위를 두고 병사들의 후방에 견고한 후방 진지를 건설하는 것에 반대한 히틀러의 결정이 큰 여파를 낳은 것이다. 남부집단군은 자포로제, 드네프로페트로프스크, 크레멘추크, 키예프의 주요 교량을 자력으로 강화시켰으나, 그 사이의 영역에는 거의 노력을 기울이지 않았다. 최전선의 보병들은 그 수가 현저히 감소했기 때문에 많은 단절부가 그대로 남아 있었다.

만슈타인에 따르면, 독일군의 퇴각은 '대단한 기술적 발전'을 보여주었다. 2,500대의 열차가 20만 명의 부상자를 비롯해 독일군 장비와 소련에서 징발한 물품, 그리고 "독일군 편으로 돌아선 수십만 명의 소련 민간인"을 실어 날랐다. "이 소련인들은 강제로 납치된 것과는 거리가 멀었으며 독일군으로부터 가능한 모든 원조를 받았고, 마소를 포함하여 가져갈 수 있는 것은 전부 가져가도 좋다는 허가를 받았다." 만슈타인에 따르면, 퇴각 작전이 성공한 까닭은 오로지 "다재다능한 군 사령관들의 리더십과 병사들의 훌륭한 태도" 덕분이었다. 9월 29일에 퇴각을 마치고 만슈타인은 관할 부대에 다음과 같은 통신을 보내서 치하했다.

남부집단군의 병사들이여!
격렬한 공격에 맞서 몇 주 동안 방어전을 치르면서 남부집단군 휘하 군은 드네프르 강을 건너 퇴각했고, 보다 유리한 입지에서 적군을 다시 마주하게 되었다. 제군들이 방어전에서, 또는 역습에서 완파한 적군은 우리의 기동을 막아내지 못했다……. 적군은 강력한 전투력에도 불구하고 전체적으로는 우리가 원하는 대로 행동하는 것을 막지 못했다. 이로써 우리는 새로운 임무를 완벽히 수행할 수 있는 조건을 보장받게 되었다.
폰 만슈타인 원수

뒤에서 다시 다루게 될 초토화 정책의 문제에도 불구하고 만슈타인이 신속한 퇴각을 훌륭하게 계획하고 수행했다는 것은 모두가 동의할 것이다. 영국군 카버Michael Carver 원수는 이 작전이 "집단군 사령부부터 최전선의 병사들까지 각급의 군사적 기술과 결의가 빚어낸 업적으로서 다른 군이 이에 필적할 수 있을지 의문"이라고 평하며 극찬했다.

만슈타인에게는 한시도 성공에 안주하고 있을 틈이 없었다. 소련군은 드네프르 강 건너에서 키예프 양측과 드네프로페트로프스크 근방의 중요한 교두보를 몇 군데 장악하고 있었다. 9월 24/25일에 소련군은 불운하게도 부크린Bukrin 근방에서 낙하산 작전이 실패하는 차질을 겪었으나 드네프르 강 우안에 확고한 진지를 구축하고 있다는 사실에는 변함이 없었다. 지칠 대로 지친 독일군 병사들로서는 실망스럽게도, 방어의 기반으로 삼을 든든한 동부방벽도, 국지적 수준 이상의 위기에 대응할 충분한 기갑 예비대도 없었다. 곧 부족한 자원으로 드네프르선을 지키기 위한 비참한 전투가 시작되었다.

9월 중순에 만슈타인은 사령부를 자포로제에서 드네프르 강 만곡부 너머 키로보그라드Kirovograd로 이전했고, 10월 초에는 총통의 전 사령부가 위치해 있던 빈니차로 다시 옮겼다(728쪽 지도 15 참조). 그럼으로써 남부집단군 사령관과 참모들은 '베어볼프Werwolf'(늑대인간이라는 뜻–옮긴이) 단지 내 목조 사무실과 생활공간 등 편의시설을 만끽하게 되었다. "건물은 단순하게 건축되었으나 내장은 고급스러웠다." 슈탈베르크는 이렇게 회상했다.

원수는 히틀러가 쓰던 주택을 넘겨받았다……. 집 뒤편의 주거 공간에는 아름다운 거실과 서재, 침실과 화장실들이 딸려 있었다……. 만슈타인은 '총통 관저'를 거주 목적으로만 사용했다. 사무실은 다른 건물에 차렸고, 히틀러의 주택에 있는 큰 방은 저녁에 '소규모 회의'를 하는 데에만 사용했다.

슈탈베르크는 또한 만슈타인 원수가 키우던 "크니르프스Knirps라는 이름의 적갈색 털이 긴 멋진 닥스훈트"를 애정 어린 어조로 회상했다. 그는 이 개에게 "간식을 받기 전에 오른발을 들어올리도록" 훈련시키기까지 했다. 히틀러식 경례를 가르친 것이다! 만슈타인은 대규모 보건 단지가 있던 빈니차에 머물면서 군사병원과 스파를 자주 찾았다. 그러나 이처럼 가벼운 마음으로 즐길 수 있는 시간은 짧았다. 곧 작전 상황이 악화되었기 때문이다.

드네프르 강 전투와 키예프 전투

만슈타인은 소련군이 분명히 새로운 공세를 가해올 것임을 알았고, 키예프가 주목표일 것도 정확히 감지했다. 난점은 주공이 언제, 어디서 이루어질

지 알 수 없다는 것이었다. 만슈타인은 히틀러가 사수해야 한다고 고집하던 자포로제 교두보를 비롯한 남익을 무턱대고 위험에 노출시킬 수 없었다. 강력한 예비대를 편성하기는커녕 드네프르 강을 수비하기에도 병력이 불충분했으므로 독일군이 소련군을 현 교두보에서 쫓아낼 가능성은 전혀 없었다. 만슈타인은 방어선에 내재된 약점으로 인해 드네프르 강을 "오랫동안 방어할 수 있을지" 불분명하다고 보고했다.

소련군은 독일군이 공격의 시기, 축, 강도에 대해 가능한 한 오랫동안 갈피를 잡지 못하도록 전투 준비를 숨기는 데 굉장히 공을 들였다. 우크라이나의 수도를 해방시키는 것이 주목적이었던 키예프 '전략적 공세 작전'을 준비하던 바투틴은 최근의 경험을 통해 만슈타인의 병사들이 강력하게 저항할 것으로 예상하고 있었다. 1943년 10월 28일에 열린 소련군사회의에 참석했던 한 사람에 따르면, 바투틴은 독일군의 정찰 활동이 증가했음을 보여주는 정보 보고서를 읽으며 독일군을 다음과 같이 평가했다.

만슈타인은 이제 큰 소리로 열변을 토하며 소련군 병력과 공격 부대의 집결지에 대해 정확한 정보를 요구하고 있을 것이다. 그는 교활하고 영민하며 사납고 위험한 적이다. 히틀러주의자들은 여전히 전차 부대를 비롯해 전투에서 성과를 낼 수 있는 사단들을 상당수 보유하고 있다. 다가오는 전투는 격전이 될 것이다……

드네프르 강과 키예프를 놓고 치열한 전투가 벌어질 무대가 마련된 셈이었다. 다음 여섯 달 동안 남부집단군은 결국 정면이 완전히 포위되고 우크라이나 서쪽 국경까지 밀려나게 된다.

1943년 11월 초에 이르자 만슈타인에게는 키예프가 곧 함락될 테니 북익을 우회시켜야 한다는 것이 당연해 보였다. 이 지역에서 소련군은 방해만 받지 않는다면 남부집단군과 A집단군을 전부 포위하는 데 성공할 터였고, 독일군에는 전략적 재난이 닥칠 것이 불 보듯 뻔했다. 따라서 만슈타인은 강력한 역습으로 상황을 안정시키기 위해 제4기갑군을 보강시킬 필요가 있었다. 빠르게 투입할 수 있는 증원 병력(3개 기갑사단)은 전부 히틀러의 지시에 따라 드네프르 강 하류로 향할 운명이었으므로, 만슈타인은 이 사단들을 보다 큰 위기에 처한 북쪽 영역으로 재배치하기 위해 육군 최고 사령부의 허가를 받아야만 했다. 이들은 만슈타인의 계획대로라면 제1기갑군의 제40기갑군단 등 남익에서 빼낼 수 있는 다른 병력과 함께 반격 부대를 형성할 예정이었다. 상부로부터 결정이 내려오지 않자, 만슈타인은 11월 7일에 비행기를 타고 총통의 사령부로 가서 직접 문제를 논하기로 결정했다.

이어진 회동은 전과 다름없이 불만족스러웠다. 어떤 면에서 만슈타인은 자폭한 것이나 다름없었다. 그는 최근에 '작전적 임시방편'으로서 제40기갑군이 니코폴 교두보에서 남쪽으로 기습공격을 개시해 "제6군을 추격 중인 적군의 측면을 몰아붙여야 한다"고 제안했다. 만약 이 반격이 성공한다면 "제6군은 드네프르 강 앞쪽에 전선을 형성하고 현재 크림 반도에 고립되어 있는 제17군과 접촉을 유지할 수 있을 뿐만 아니라" 제1기갑군 우측 후방에 가해지고 있는 위협을 제거할 수도 있을 터였다. 이 기발한 아이디어는 작전 주도권을 잡기 위해 항상 적당한 기회를 엿보고 있던 "만슈타인다운 작품이었다." 그는 제40기갑군단이 크리보이 로크Krivoi Rog에서 적군의 공격을 패퇴시키며 얻은 국지적 승리를 확대시키려는 의도를 품고 있었다. 만슈타인은 이 전투의 결과를 놓고 "깔끔한 성공"이라고 평한 바 있었다. 그러나 막상 닥쳐 보니 계획된 공세는 수행이 불가능했다. 제6군이 예상보다 훨씬 이른 시기에 서쪽으로 퇴각해야 했기 때문이었다. 그러는 동안, 히틀러는 만슈타인이 제안한 작전을 놓고 망상에 빠진 결과 드네프르 강 하류를 사수할 수 있고 만슈타인이 약속했던 반격을 여전히 수행할 수 있다고 확신하게 되었다.

만슈타인이 남부집단군 북익을 강화시키는 계획의 청사진을 제시했을 때, 히틀러는 크림 반도를 사수할 수 있는 '첫 번째 기회'를 포기할 준비가 되어 있지 않았다. 만슈타인의 회고에 따르면, 총통은 키예프에서 남부집단군이 승리를 얻어내면 "그곳의 기갑부대가 남익 원조에 투입될 수 있기 때문에 매우 효과적일 것"이라고 생각했다. 이윽고 만슈타인과 히틀러는 이전처럼 의견이 격렬하게 충돌했다. 만슈타인은 작전 수준에서 군사적 주장을 밀어붙였고, 히틀러는 보다 넓은 전략 수준에서 경제적 문제를 주로 들먹이며 그의 주장을 반박했다. 이전의 언쟁에서 히틀러는 돈바스 지역의 석탄 산지를 잃을까 봐 걱정했다. 그리고 지금은 "망간 산지인 니코폴을 지켜내는 것이 전시경제의 핵심"이라고 주장했다. 크림 반도에 대한 히틀러의 주장은 거의 2년 전에 그곳 점령지(세바스토폴을 제외하면)에서 제11군을 이끄느라 크게 고생했던 만슈타인을 틀림없이 화나게 만들었을 것이다. "크림 반도는 적군이 루마니아 유전을 둘러싼 공중전을 벌일 기지로 활용할 수 있으니 절대로 재탈환당해서는 안 된다."

히틀러의 익숙한 주장들을 들으며 만슈타인은 자신이 외통수에 걸려들었다고 생각했다. 그러나 만슈타인은 이처럼 중요한 순간에 포기하는 초보 선수가 아니었기 때문에 나름대로 응수했다. 그는 이렇게 선언했다. "남부집단군 북익이 처한 위기가 너무 심각해지고 있습니다." 구체적으로 "제4기갑군이 처한 사태가 악화되면 남부집단군과 A집단군의 운명이 정해지는 건 시간문제입니다." 히틀러는 위기를 알아차렸으며, 악화된 상황을 인정하고 책임을 져야만 했다. 당시 만슈타인은 게임이 끝났다고 느꼈을지도 모른다. 그러나 놀랍게도 총통은 제4기갑군에 보강이 필요하다는 사실을 순순히 인정했다. 총통은 최근 새로 장비를 갖춘 노련한 부대인 제1기갑사단과 SS라이프슈탄다르테, 그리고 최근 육성된 제25기갑사단을 남부집단군에 내줄 계획이었다. 그러나 그럴려면 대가를 치러야 했다. 히틀러의 지시에 따라 제1기갑군은 "드네프르 강 만곡부의 위험한 진지"에 남아 있어야 했던 것이다.

현재로서는 만슈타인이 자신이 얻은 결과에 만족하는 수밖에 없었다. 알고 보면 배후에서 히틀러의 측근들이 계속해서 만슈타인에 반대하는 음모를 짜고 있었다. 괴벨스는 일지에 이렇게 썼다. "내가 베를린에서 들은 바로는 총통이 만슈타인을 총통사령부에서 맞았고, 예상과 달리 이 회동은 잘 흘러갔다고 한다. 만슈타인은 그의 직위을 유지할 것으로 보인다. 내가 보기에 이는 대재난이다." 이어지는 그의 평은 상처에 소금을 뿌리는 격이었다. "히믈러는 만슈타인을 일급 패배주의자로 여겼기 때문에 그를 완강히 반대했다. 만슈타인이 아니라 진정 역량 있는 인물이 그의 자리에 있었더라면 동부전선 남쪽 영역의 위기가 이렇게까지 심각하게 번지지는 않았을 것이다." 이러한 불공정하고 어이없는 비판으로 인해 만슈타인이 남부집단군 사령관직에서 물러날 날도 머지않았다.

남부의 작전은 사전에 많은 차질이 예상되었고, 준비한 대책들이 적시에 효과를 보리라는 보장 또한 없었다. 심각한 군사적 상황은 끔찍한 경제위기와 비슷하게 상황이 좋아지기보다는 점점 더 나빠지는 경향이 있다. 1943년 11월 궁지에 처한 제4기갑군의 경우가 그 생생한 사례다. 만슈타인에 따르면, 일개 연대나 여단 수준으로 전투력이 약화된 11개 보병사단과 기력이 소진된 2개 기갑사단을 거느린 호트의 제4기갑군은 제1선만 해도 20개 소총병사단, 4개 전차군단, 1개 기병군단을 내세운 바투틴의 우크라이나 제1전선군에 맞서 진지를 사수할 가능성이 거의 없다시피 했다.

그러나 바투틴의 성공은 단지 수적으로 우세했기 때문만은 아니었다. 앞서 보았듯이 바투틴은 만슈타인을 상당히 존경하고 있었으나, 본인 역시 빈틈없고 노련한 작전가였다. 키예프 바로 밑 벨리키 부크린Velikii Bukrin의 교두보에서 벗어나는 데 실패한 뒤 그는 계획을 교묘하게 수정하여 키예프 바로 북쪽 리우테츠Liutezh의 훨씬 규모가 작은 거점에 병력을 모았다. 이곳은 심한 늪지대여서 독일군은 이곳에서 소련군이 공격을 개시할 거라고는 생각조차 하지 못했다. 그러나 바투틴은 엄중한 작전 보안을 유지하며 예기치 못한 축에서 공격을 개시하는 교과서적인 작전을 수행했다. 그는 우선 제38군 예하 부대가 수비하고 있던 리우테츠 교두보로 제4근위전차군단을 투입했다. 다음으로 리발코Pavel Semjonovich Rybalko가 이끄는 제3전차군은 상당수 보강된 보병 및 포병과 함께 부크린에서 비밀리에 전열을 가다듬었다.

11월 1일, 바투틴의 제27군과 제40군이 부크린 교두보 지역에서 공세작전을 개시했다. 독일군은 이곳이 공격의 주축이라고 추정하여 부크린 사수를 위해 SS 다스 라이히를 비롯한 기동 예비대를 호출했다. 그러던 중 11월 3일, 난데없이 제38군이 공군 제2군의 지원을 등에 업고 리우테츠 교두보에 등장하자 완전히 허를 찔린 독일 방어군은 속수무책으로 압도당했다. 기만작전의 명작이었다.

곧 우크라이나 제1전선군은 드네프르 강 우안에서 거점을 넓혔으며, 또한 대승을 거둔 것에 만족하지 않고 신속하게 제3전차군으로 하여금 키예프-지토미르 간 통행로를 단절시키도록 하면서 전과를 확대해나갔다. 11월 5일 저녁에 제38군 예하 부대들은 키예프 북쪽 교외지대까지 전진한 상태였다. 제7군단을 잃을까 봐 걱정한 만슈타인은 키예프를 버리라고 명령할 수밖에 없었다. 다음날 아침 키예프는 소련군의 손에 넘어갔다. 이는 소련군에게 승기를 안겨준 가장 의미 있는 이정표였으므로 모스크바에서는 당연히 예포식이 열렸다. 키예프 탈환은 대애국전쟁의 제2기에서 소련군이 승리를 거두었다는 증표였다. 주코프는 의기양양해서 스탈린에게 통신문을 보냈다. "우크라이나의 아름다운 수도 키예프를 해방시키라는 각하의 명령을 우크라이나 제1전선군 병사들이 완수했음을 보고드릴 수 있어 대단히 기쁩니다. 이제 키예프에는 나치 침략자들이 코빼기도 보이지 않습니다."

리발코의 전차군은 지체 없이 코로스텐Korosten이 있는 북서쪽, 지토미르가 있는 서쪽, 파스토프가 있는 남서쪽으로 넓은 호를 그리며 퍼져나갔다. 그 과정에서 제4기갑군은 "상당히 거리가 떨어진 3개 집단으로 분산되어었다." 독일군이 소련군의 공세에 몰려 넓고 깊은 돌출부를 형성하게 되자 중앙집단군과 남부집단군은 위험에 노출되었고, 이는 소련군에게 공세를 지속할 강력한 발판 역할을 했다. 만슈타인의 관점에서 특히 우려되는 것은 소련군이 남서쪽을 향해 공격을 계속했을 때 좌익, 즉 서쪽 측면이 잘려나갈 수도 있다는 위험성이었다.

독일군 내에서 위기에도 침착하기로 유명했던 만슈타인은 냉정을 잃지 않았다. 그는 가능한 한 강력한 기습 병력을 편성하여 소련군 선봉대를 파괴하고 소련군 전체를 드네프르 강 뒤까지 몰아갈 계획을 세웠다. 만슈타인이 회고록에서 직접적인 비교를 하지 않았다 해도, 2월과 3월에 거두었던 극적인 승리를 되풀이하기를 바랐다고 가정하는 것도 무리는 아니다. 그때 만슈타인은 소련군 3개 군을 파괴하며 하리코프와 벨고로드를 깔끔하게 재탈환하는 데 성공했다. 작전에 걸린 전리품은 키예프였다. 그러나 늦가을의 상황은 이전 봄과는 크게 달랐다. 이번에 바투틴의 병사들은 병참로를 더욱 확장시킬 수 있었고, 보병은 대전차 무기를 더욱 풍족하게 보유하고 있었으며, 제병협동팀 내에서 전차 부대들을 전보다 더 잘 운용할 수 있었다. 따라서 독일군은 예전보다 훨씬 더 힘들게 싸워야 했다.

독일군은 발크 사령관과 멜렌틴 참모장이 이끄는 제48기갑군단으로 역습을 가했다. 두 사람은 손발이 척척 맞는 한 쌍이었다. 멜렌틴은 발크에 대해 이렇게 썼다. "그는 최고로 영리한 기갑부대 지휘관 가운데 한 명이다. 만슈타인이 제2차 세계대전에서 독일이 보유했던 최고의 전략가라면, 내 생각에 발크는 최고의 야전 사령관이라고 할 만한 자격이 충분하다."

(6개 기갑사단과 1개 보병사단으로 구성된) 제48기갑군단이 전열을 가다듬는 동안 키예프 남서쪽의 상황은 악화일로를 달렸다. 만슈타인은 군단의 집결지를 침범당하지 않기 위해 파스토프Fastov에 예비 공격을 가해야만 했다. 이때 풋내기인 제25기갑사단을 투입한 것이 재앙으로 이어졌다. 만슈타인은 이렇게 썼다. "이 조치는 파스토프 교차점 재탈환으로 이어지지 못했고, 동부에서 처음으로 전투에 투입된 병사들에게 심리적 좌절감을 안겨주었다." 멜렌틴의 묘사는 보다 생생했다. "전투에 익숙지 못한 병사들은 엉망진창으로 달아났다." 그는 이 일화를 다음과 같이 요약했다. "노련한 병사들은 소련군에 맞서 기동 우위를 점할 수 있는 데 반해, 제대로 훈련받지 못한 병력은 소련군에 맞서 이길 가능성이 희박하다는 사실을 제25기갑사단의 경험이 다시금 증명했다." 소련군은 실로 무시할 수 없는 군대로 성장한 것이었다.

11월 15일에 개시된 주공은 전보다 좋은 전과를 거두어 독일군은 지토미르Zhitomir와 북쪽의 코로스텐Korosten을 재탈환했고, 그 결과 중앙집단군과 연결되는 철로가 다시 열렸다. 12월에 이어진 일련의 반격들은 우크라이나 제1전선군의 측면에 흠집을 냈으나, 결정적 승리로는 이어지지 않았으며 독일군은 키예프를 다시 손에 넣는 데 실패했다. 양측 모두에서 상당한 사상자가 발생했다. 만슈타인이 소련군에 입혔다고 주장하는 피해 내역("참전한 보병사단의 3분의 2, 전차 4대, 1개 기계화군단과 1개 기병군단이 심각하게 약화되었다.")에는 반박의 여지가 있지만, 12월 25일에 다시 많은 보강을 받은 우크라이나 제1전선군이 대규모 기습으로 공격을 재개했다는 것은 사실이다. 독일군 정보망에 포착되지 않은 이 기습으로 인해 독일군은 바투틴의 주된 충격집단이 아니라 기만용 병력에 반격을 가하는 꼴이 되었다. 따라서 쿠르스크 때와 비슷하게 독일군이 얻은 어떠한 이득도 단기적인 수준에 불과했다. 히드라처럼 도무지 제압이 불가능한 소련군은 만슈타인의 말마따나 "뜸 들이지 않고 새로운 머리를 만들어냈다."

히틀러에게는 키예프를 내준 책임을 씌울 희생양이 필요했다. 지난 18개월 동안 훌륭하게 제4기갑군을 이끈 호트가 제물로 선택되었다. 만슈타인은 호트를 잃지 않으려고 분투했다. 그는 "드네프르 강 전선을 빼앗긴 것은 적군의 전투력이 우월하고 우리 사단들이 부진했기 때문이지, 군 지휘의 실수 때문이 아니었다"고 주장했다. 그러나 헛수고였다. 만슈타인은 그가 가장 존경하던 장군과 이별하고 크게 통탄했다. 그는 호트가 "자신의 견해를 명확하고 굳건하게 제시했다. 그의 지휘법은 어려운 상황 속에서도 뛰어난 유연성을 보였다"라고 평했다.

키예프 돌출부에 대한 역습 계획은 여러 회고록에서 내용이 상충된다. 멜렌틴의 주장에 따르면, 제48군단의 계획은 "강력한 병력이 파스토프에서 키예프로 곧장 진군하여 대규모 돌출부의 기반을 야금야금 잘라버리고 소련군이 더 이상 서진하지 못하게 막아 아주 많은 수의 병사들을 덫에 빠뜨려 괴멸시키는 것"이었다. 멜렌틴은 이 계획이 "지나치게 야심 차다"고 한 신임 제4기갑군 사령관인 에르하르트 라우스Erhard Raus에게 책임을 돌렸다. 라우스는 키예프로 우회하기 전에 지토미르 탈환이 우선이라고 판단하고 있었다. 따라서 "소련군 집결부 후방 깊숙한 곳을 번개처럼 공격한다는 계획은 정석적이기만 한 작전에 밀려 폐기되었다." 그러나 라우스는 자신이 12월 6일에 이루어진 제2차 공격 시에야 지휘권을 잡았다는 점을 명백히

하고, 자신의 기동계획은 만슈타인과 합의를 본 것이라고 변명했다. 만슈타인은 키예프를 향해 직접 공격을 계획했다는 언급은 전혀 하고 있지 않기 때문에 멜렌틴의 기록은 정확성을 의심받을 만하다.

히틀러에 대한 저항

키예프 돌출부에서 소련군이 겨울 공세를 재개하기 한 달 전, 만슈타인은 드네프르 전선 전체가 위험에 빠졌음을 알아차렸다. 어디서도 여유를 부릴 시간이 없었다. 적군은 여전히 예비대를 보유하고 있었으며, 다음 공격의 목표물을 자유롭게 고를 수 있었다. 독일 군부는 "작전 수준에서 결정적인 남부집단군의 북익 병력을 드네프르 강 만곡부의 지원작전에 투입하지 않을 터"였기 때문에, 남쪽에서 작전 수준의 돌파가 불가피했다. 11월 20일에 만슈타인은 육군 최고사령부에 다음과 같이 역설했다.

남부집난군은 병력이 거의 소진된 사단들의 역량을 크게 벗어난 전선을 사수하며 겨울을 나야 할 겁니다. 우리에게는 적군의 어떠한 대규모 공격도 막아낼 수 있는 자원이 없거니와 한 번에 여러 군데에서 전투가 벌어진다면 방어가 아예 불가능합니다. 따라서 남부집단군은 작전 수준에서 완전히 적의 손에 맡겨진 거나 다름없습니다. 저희 부대들의 전투력이 감소했음을 감안하면 매우 위험한 상태입니다.

만슈타인은 힘의 균형이 한쪽으로 치우친 상태에서 대결을 성공적으로 이어나가려면 "타격력이 강한 예비대가 여럿 필요하다"고 결론을 내렸다. 그리고 예비대가 주어지지 않으면 "남부집단군은 겨울을 버티지 못할 것"이라고 예상했다. 이는 아주 적절한 경고였다. 독일이 히틀러 휘하에서 승리할 수 있을지의 문제도 똑같이 불분명했다.

만슈타인의 회고록에는 기록되어 있지 않지만, 이즈음 독일 내 히틀러 반대파는 대의를 위해 히틀러를 쫓아내려는 최후의 시도를 했다. 1943년 11월 25일, 트레스코브는 제2군 참모장으로 신규 발령을 받아 임지로 향하던

중 빈니차의 남부집단군 사령부를 찾았다. 트레스코브의 전기에 따르면, 그
는 히틀러의 행동이 독일의 몰락을 부를 것이라고 주장하며 만슈타인을 같
은 편으로 끌어들이려 했다. 그는 총통에게 학습력이 없으나 "우리에게는
즉각 히틀러를 멈출 수 있는 힘이 있습니다. 우리가 하지 않으면 아무도 하
지 않을 겁니다"라고 주장하며 강조의 의미로 이렇게 덧붙였다. "우리에게
는 책임이 있습니다."

슈타우펜베르크와 게르스도르프가 시도했을 때와 동일하게, 만슈타인은
이러한 말들로도 마음을 바꾸지 않았다. 지금까지의 모든 경험에도 불구하
고 그는 여전히 행로를 바꾸도록 히틀러를 설득할 수 있다고 믿었다. 그는
총통을 제거하기 위해 군대를 이용한다는 방식에 반대했다. 이는 전선의
붕괴를 야기하고 확실한 패배를 낳을 것이 분명했기 때문이었다. 그날 두
번째 토론에서도 만슈타인과 트레스코브는 생각의 차이를 좁힐 수 없었다.
만슈타인의 참모였던 한스-아돌프 폰 블륌로더Hans-Adolf von Blümroder 대령의
기록에 따르면, 팽팽한 긴장이 감도는 회동을 잠시 멈추고 쉬는 시간에 만
슈타인은 이렇게 언성을 높였다고 한다. "트레스코브, 신의 이름으로 말하
건대 멍청한 정치질을 잠깐이라도 관둘 수 없나!"

영국의 전쟁포로로 잡힌 뒤 만슈타인은 공모자 중 한 명이었던 파비안
폰 슐라브렌도르프Fabian von Schlabrendorff가 자신과 트레스코브와의 최종 회동
에 대해 주장한 바를 반박하며 히틀러 전복 계획에 대한 견해를 밝혔다. 슐
라브렌도르프는『히틀러에 반대한 장교들Offiziere gegen Hitler』이라는 책에서
만슈타인이 "결정을 내리지 못하고", "온몸을 떨고 있었다"고 주장했다. 만
슈타인은 이에 대해 조목조목 반론을 펼쳤다.

강조하건대, 내가 사령관을 맡던 시절, 나도 부셰도 슐체-뷔트거도 동부전선
전쟁을 가망 없는 것으로 치부하지 않았다. 히틀러의 지휘에 결함이 있었던 것
은 사실이지만 그럼에도 우리는 제국 국경 앞에 버티고 선 소련군의 공격력을
무너뜨리는 데 성공할 거라고 확신하고 있었다. 히틀러라는 장애물에도 불구
하고 우리는 언제나 전선에서 대실패를 피해갈 수 있었다……. 히틀러를 암살

하고 쿠데타를 일으켰다면 당시 상황에서는 결국 패배로 이어졌을 것이다. 반면 히틀러 휘하에서 전쟁을 계속하면 일종의 무승부로 이어질 가능성이 있었다……. 트레스코브는 (이 상황이) 더는 계속되어서는 안 된다는 관점을 제시했다……. 나는 지금 유일한 활로는 히틀러에게 동부전선에서의 지휘를 포기할 것, 공적으로는 지휘관의 자리에 있어도 좋으니 실질적인 지휘만은 포기할 것을 설득하고 그 대신 책임을 맡을 참모총장을 임명하는 방법뿐이라고 말했다. 나는 히틀러와 나 사이(의 좋은 관계)는 길게 이어지지 않을 터였기 때문에 히틀러가 참모총장으로 나를 택할 가능성은 거의 없다고 덧붙였다.

트레스코브와의 대화에서는 순전히 군 상부구조에 변화를 주는 문제만을 다루었다. 트레스코브는 정치적 또는 도덕적 문제를 제기하지 않았다. 나 역시 두 가지 문제에 대해서는 할 말이 없었는데, 내 머릿속은 이미 군사 문제로 가득했기 때문이었다……

트레스코브가 말문을 열었을 때 내가 "온몸을 떨" 이유는 전혀 없었다. 물론 그것은 내 성격과도 어울리지 않는 행동이었다. 트레스코브는 내게 계획을 알리지 않았고, 나는 입장을 분명히 했다. 따라서 "그가 결코 내게서 명확한 긍정을 이끌어내지 못했다"는 문제는 애초에 존재하지도 않았다.

내 입장의 옳고 그름은 여기서 논란의 대상이 아니다. 문제가 되는 것은 내가 겁쟁이라서 혹은 유약해서 결정을 내리지 못했다거나, 애매한 말로 문제를 덮으려 했다는 주장들이다. 이는 사실이 아니다. 나는 어째서 트레스코브가 더 열린 태도로 대화하지 않았는지 모르겠다. 그러나 트레스코브는 어떤 일이 일어나든 내가 결코 군을 실망시키지 않으리라는 사실만은 잘 알고 있었다.

재판 내내, 그리고 회고록에서 만슈타인은 이런 입장을 유지했다. 그는 직접적인 요구를 받지 않았기 때문에 레지스탕스에 가담하지 않았다. 만약 제안을 받았더라면 그는 원칙에 따라 거절했을 것이다.

꼬리에 꼬리를 무는 위기

해가 바뀔 무렵, 그리고 1944년 첫 세 달 내내 만슈타인은 꼬리에 꼬리를 무는 위기를 헤쳐나가야 했다. 그에게 남아 있는 선택지는 퇴각해서 전열을 가다듬은 뒤 몇 안 되는 기동 예비대로 제한적인 공세를 펼쳐 소련군의 다음번 공격을 지연시킨다는 것 외에는 거의 없다시피 했다. 만슈타인이 사령관으로서 마지막 나날을 보내는 동안 히틀러와의 관계는 꾸준히 악화되었다. 그 결과는 오직 명성 높은 만슈타인 원수가 자리를 떠나는 것뿐이었다.

1943년 12월 말에 이르자, 남부집단군의 소중한 기갑 예비대 상당 부분이 키예프 서쪽에서 벌어진 전투에서 소모되어버렸다. 1943년 크리스마스 이브, 만슈타인은 위협에 노출된 북부 전선 바로 뒤에서 대기 중이던 제20기갑척탄병사단 예하의 연대원들과 시간을 보냈다. 그러던 중 그는 우크라이나 제1전선군이 지토미르Zhitomir로 공세를 펼치는 동시에 파스토프Fastov와 코로스텐Korosten을 향한 보조축으로 진군하고 있다는 소식을 접했다. 만슈타인이 서둘러 빈니차로 돌아와 보니 상황은 그가 예상한 것보다 암울했다. 주축으로 추정되는 공격로에 있는 소련군 충격집단은 제38근위군, 제1근위군, 제1전차군으로 구성되어 있었는데, 18개 보병사단과 6개 전차군단 혹은 기계화보병군단을 웃돌았다. 대단한 위협이었다. 게다가 독일군 정보국은 코로스텐을 향해 진군 중인 제60군과 제13군 후방에 6개 전차군단 혹은 기계화보병군단을 거느린 제3전차군이 집결해 있다는 사실을 (이번만은 올바르게) 알아냈다. 만슈타인은 "기동부대를 이렇게 집결시킨 것은 코로스텐을 거쳐 원거리 측면 공격을 가함으로써 지토미르 돌파를 지원하려는 의도"임을 알아챘다.

이쯤 되자 남부집단군 사령부는 동부전선 남익이 단절되어 어쩔 수 없이 남서쪽으로 후퇴함으로써 동방군 방어선에 커다란 단절부가 생길 가능성이 있다는 것을 분명히 인식했다. 대재난을 막기 위해 만슈타인은 12월 25일에 육군 최고사령부에 통신문을 보내 제4기갑군이 "대규모 보강을 필요로 한다"고 전했다. 또한 그는 북익에 "적어도 5, 6개 사단"을 보내기 위해 드네프르 강 만곡부 진지를 비울 결정권을 요구했다. 그는 북익에 가해진 소련군의 위협이 극심한 터라 "사단을 한 개씩 이동시키는 등 일시적인 조치로 남부집단군 북익 상황을 안정시킬 수 있는 시기는 이미 지났다"고 보고했다. 실로 그러했다. 남부집단군 전체가 전면포위와 괴멸의 위협에 빠져 있었다.

만슈타인의 회고에 따르면, 전체적인 상황은 지난 겨울과 비슷했다. 그때도 유일한 구원은 제1기갑군을 집단군 우측에서 좌측으로 '캐슬링castling' (체스에서 왕을 다른 말들의 안쪽으로 보내 보호하는 수―옮긴이)하여 새로운 반격용 병력을 창출하는 것이었다. 그는 드네프르 강 만곡부 동쪽을 포기하고 니코폴Nikopol에서 크리보이 로크 선까지 전선을 후퇴시킴으로써 병력 재배치를 완성하겠다고 제안했다. 남부에서 방어선의 길이를 줄이면 최대 12개 사단까지 빼낼 수 있었다. 그중 절반은 새로운 임무를 맡은 제1기갑군에 내주고, 나머지 6개 사단은 제6군에 배속시킨다는 계획이었다. 다시 만슈타인의 휘하에 돌아와 있던 제6군은 제1기갑군이 맡았던 진지를 넘겨받아 전선이 신장되어 있을 터였다.

12월 28일까지 육군 최고사령부에서 어떠한 결정도 내려오지 않자, 만슈타인은 다음날 일단 이동을 시작했다. 그러나 히틀러에게서 노출된 드네프르 강 만곡부를 포기해도 된다는 허가를 받지 못했기 때문에 전체 계획을 실행할 수는 없었다. 육군 최고사령부가 계속 꾸물대는 동안 상황은 더욱 나빠졌다. 육군 최고사령부에서 3개 사단을 더 지원해주다고 약속한 것만이 한 줄기 희망이었다. 그러나 히틀러는 이제 만슈타인을 대놓고 경멸하고 있었다. 이 시기에 히틀러가 요들 및 차이츨러와 나눈 격앙된 대화를 보면 히틀러가 남부집단군의 지휘 방식과 그의 관점에서 눈에 띄는 이득 없이 예비대가 빠르게 소진되는 것에 상당히 짜증을 내고 있음을 알 수 있다.

1943년 12월 28일에 총통은 이렇게 말했다. "(만슈타인은) 물론 키예프 외곽에서 딱한 호트가 겪어야 했던 일에 큰 충격을 받았다. 우리는 만슈타인이 얼마나 파괴적으로 일해왔는지 아주 서서히 알아가고 있다. 그야말로 최악의 패배주의가 솟아나는 원천이었다." 대화를 이어나가던 중 히틀러는 소련군의 진군을 막기 위해 만슈타인이 제안한 해결책을 조롱했다. "그 자는 '대항 작전'을 얘기하지만 사실 그건 도망이라고 부르는 편이 맞을 걸 세." 총통의 만슈타인에 대한 앙심은 조금도 수그러들지 않았다. 히틀러는 "그자의 병사들 일부가 기강이 완전히 엉망이 된 것은 상부의 분위기와 관련이 있다"라고도 평했다.

히틀러는 만슈타인이 만족할 줄 모르고 계속 추가 병력을 요구한다고 생각했다. "만슈타인만큼이나 많은 병력을 받은 전선은 어디에도 없다. 그렇다고 해서 그의 병력 비율이 다른 곳에 비해 현저히 처지는 것도 아니었다. 이는 순전히 그의 사고방식이 긍정적이지 못하고, 사령부 전체 분위기도 대단히 부정적이기 때문이다." 만슈타인이 마지막으로 보낸 통신문에 대해서는 "전보에 쓰인 말은 죄다 환상이다……. 그는 크림 반도에서 더 병력을 지원받지 못할 것이다. 어쨌든 그건 만슈타인이 관여할 바가 아니다"라고 잘라 말했다. 다음날인 12월 29일, 히틀러는 기존의 비판에 몇 마디를 더보탰다. "(만슈타인은) 마치 주워온 아이마냥 굴고 있다. 하지만 따져보면 실제로 지원을 받은 것은 그가 유일하다." 차이츨러는 평소답지 않게 이에 동의했다. "만슈타인은 그저 모든 걸 욕심낼 뿐입니다." 이러한 부당한 비난에도 불구하고 한 가지 놀라운 것은 히틀러가 그 뒤로도 3개월 동안 만슈타인을 해임하지 않았다는 것이다.

해가 바뀌어도 나아지는 것은 없었다. 중앙집단군과 간격이 벌어진 북쪽에는 만슈타인 인생 최대의 군사적 난관이 남아 있었다. 이제 제4기갑군은 양익에서 모두 공격당할 위험에 처해 있었다. 1월 초에 이르자, 라우스의 군은 빈니차에서 동쪽으로 70킬로미터 떨어진 방어선까지 밀려났다. 수비력이 약하고 들쭉날쭉한 이 방어선은 베르디체프Berdichev를 향해 북쪽으로 올라가다가 이전 소련-폴란드 국경을 향해 서쪽으로 꺾어졌다(729쪽 지도 16 참조). 소련군은 새로운 공격을 가해 제8군과 제6군을 남쪽에 묶어두고 있었다. 제4기갑군과 제1기갑군을 지원할 병력의 재편성을 막은 것이었다. 이러한 달갑지 않은 전개로 인해 만슈타인은 1월 4일 "집단군의 우익에서 좌익으로 병력을 완전히 옮길 필요성"을 설득하기 위해 히틀러를 찾아갔다.

총통사령부에 도착한 만슈타인은 작전적 관점에서 북익에 닥친 심각한 위기를 강조하며 보고를 시작했다. 동쪽에서 제3기갑군단, 북서쪽에서 제26기갑군단이 수행할 예정이었던 2개의 반격은 장기적 관점에서 "어떤 해결책도 제공하지 못한다"는 것이 그의 주장이었다. 그는 "이곳의 진지에서 적군을 완전히 몰아내지 않으면 동부전선 남익 전체가 치명적인 위험에 빠진다"라고 역설했다. 이러한 재난을 막기 위해 그는 드네프르 만곡부에서 전면 철수하여 부크 강 하류에서 제4기갑군의 현재 전투 진지까지 이르는 선까지 퇴각함으로써 전선의 길이를 상당 부분 줄일 것을 제안했다. 크림 반도를 버리고 제17군을 재배치하면 더 많은 병력을 창출할 수 있다는 것이 만슈타인의 논리였다.

이에 대한 대답으로 히틀러는 너무나 익숙한 보다 넓은 전략 수준의 이유들을 늘어놓았다. 만슈타인의 회상에 따르면, 히틀러는 "드네프르 강 만곡부를 버리거나 니코폴을 포기하는 것은 단호하게 반대했다……. 그러다가 크림 반도를 잃기라도 하면 터키와 불가리아, 루마니아가 변심할 것이라는 게 그 이유였다" 동부전선의 다른 영역에서나 다른 전역에서 병력을 끌어오기란 불가능했다. 따라서 히틀러는 선택 가능한 유일한 행로가 "서쪽에서 만사가 정리되고 신규 부대들이 전투할 준비가 되기까지 시간을 끄는 것뿐"이라고 주장했다. 만슈타인은 작전 상황의 심각성을 알고 있었기 때문에 이처럼 밋밋한 답변에 전혀 감명을 받지 못했다. 그는 "남부집단군 북익 너머 대략 로브노Rovno 지역에 신속하게 새로운 1개 군을 편성하여 대규모 포위의 위협에 대응할 필요성"을 느끼고 있었다. 총통의 널따란 일일 회의실에서는 아무것도 얻을 수 없었기 때문에, 만슈타인은 히틀러에게 사적인 면담을 요청했다. 만슈타인은 회고록에서 '군사 문제 처리'를 뿌리째 바꿔놓으려고 헛되이 시도했던 마지막 순간을 생생하게 묘사했다.

보고실에 히틀러, 만슈타인, 차이츨러 세 사람만이 남았다. 히틀러가 들을 준비가 되자, 만슈타인은 단도직입적으로 말했다. "총통 각하, 우리가 분명히 짚고 넘어가야 하는 사안은 현재 우리가 처한 극도로 위험한 상황이 단지 적군이 대단한 우세를 점하고 있어서만은 아니라는 겁니다. 이는 독일군의 지휘 방법 때문이기도 합니다."

만슈타인의 기록에 따르면, 히틀러는 즉각 대답하지 않았다. 그러나 만슈타인은 "몇 초 동안 우리 둘 사이에는 말 없는 의지의 싸움이 벌어진 것 같은" 강한 느낌을 받았다.

내가 말하는 동안 히틀러의 표정은 딱딱히 굳어갔다. 그는 말을 계속하고자 하는 나의 의지를 부숴버리고 싶다는 표정으로 나를 바라보고 있었다. 나는 그토록 강렬한 힘을 담은 인간의 시선은 본 적이 없었다. 야비하게 생긴 그의 얼굴에서 유일하게 매력적이고, 또 확실히 가장 인상적인 부분은 두 눈이었다. 그 눈이 마치 무릎을 꿇으라고 강요하는 것처럼 나를 뚫어져라 보고 있었다. 그 순간 내 머릿속에는 뱀을 부리는 인도인의 모습이 떠올랐다. 나 이전에도 많은 사람들이 저 눈을 보고 틀림없이 겁을 집어먹었을 것이다.

그러나 만슈타인은 숨 쉴 틈도 없이 요구 사항을 늘어놓았다. 그는 이전 두 차례의 경우와 같이 독일의 군 통솔력에 변화가 시급하다고 주장했다.

만슈타인은 다시 한 번 히틀러가 군사 정책을 위해 전적으로 의존할 수 있는 조언을 해줄 "참모총장을 임명해야 한다"고 요구했다. 히틀러는 "자기 자신만이 전역 간 병력의 균형을 결정할 수 있다"며 이 문제에 대해서는 꿈쩍도 하지 않았다. 만슈타인이 "대전략의 틀 내에서 완벽한 독립성을 가진" 동부전선 최고사령관 임명 문제를 제기하자, 히틀러는 분노했다. 히틀러가 전에도 종종 말했듯이, 제3제국의 어떠한 개인도 히틀러와 같은 권한을 누려서는 안 되었다. 그는 격분하여 이렇게 소리쳤다. "나조차도 원수들이 내 말을 따르게 할 수 없소." 그리고 만슈타인에게 물었다. "그들이 자네 말은 기꺼이 들을 것 같소? 최악의 상황에서 나는 원수들을 해임할 수 있지. 그 권한은 나 말고 누구도 가질 수 없소."

독일군 장군들의 대다수는 이 대목에서 입술을 깨물었을 것이다. 그러나 만슈타인은 과감하게도 '자신의' 명령은 언제나 수행되었다는 대답으로 응수했다. 히틀러는 더 말하지 않고 회동을 돌연히 끝내버렸다. 만슈타인이 던진 패가 그러한 결말을 불러왔다는 데에는 이론의 여지가 없다. 대체로 이날의 회동에서 이전에 만슈타인이 다른 집단군이 히틀러의 지시에 따르지 않는다고 불평했던 상황이 이상하게도 또다시 재현했다.

만슈타인은 히틀러와의 회동에서 또다시 빈손으로 돌아왔다. 그는 독재자 히틀러의 성격에 결함이 있음을 강조하며 자신의 실패를 정당화했다. "군인에게 권한을 양도하지 않으려 한 것은 그가 자신의 권력을 과신하고 있기 때문이었는지 모른다." 만슈타인은 이렇게 평했다. "그는 사적으로도 자신의 실수를 인정하거나 군사고문이 필요하다는 사실을 인정하려 들지 않았다." 히틀러가 중요한 패배에 대해 책임을 진 것으로 기록된 경우는 만슈타인이 앞서 회고록에 적었듯이 스탈린그라드의 실패 직후가 유일했다.

1944년 1월 동안 전선 전체에서 상황이 숨 돌릴 틈 없이 악화되는 것에 정비례하여 상부 지휘구조에 대한 만슈타인의 좌절감도 커져만 갔다. 그는 계속해서 차이츨러와 히틀러에게 불평불만이 가득한 분노의 편지를 보냈으나 소득이 전혀 없었다. 만슈타인에 대한 히틀러의 불신임만 더욱 깊어졌을 뿐이었다. 그의 표현에는 상호간에 느끼고 있던 경멸이 드러난다. 만슈타인에게는 '작전권'이 있었으나 그는 전략 수준에서 완고하게 반대하는 히틀러에 맞서 그 무엇도 진행시킬 수 없었다. 총통은 명료한 계획 없이 방어할 수 없는 것을 방어하라는 지시만 되풀이했고, 그 결과 '터무니없는 사태'가 발생했다. 1월에 만슈타인은 육군 최고사령부로 신랄한 어조의 편지를 보냈다. 여기서 만슈타인은 마치 육군대학 학생에게 강의하는 교수처럼 자신의 논점을 강조했다.

성공적인 리더십이란 모든 수준의 정책이 조화롭게 어우러질 때 가능합니다. 이는 상부의 명확한 지시와 적군의 상황에 대한 합의된 평가에 달려 있습니다. 남부집단군은 오늘내일 일만 생각하기도 벅찹니다. 적군이 측면 공격으로 사태를 해결할 준비를 하는 상황에서 이에 대항할 방도가 없는 병사들에게 어쨌거나 그 자리에서 버티며 방어를 계속하라는 지시는 부당합니다……. 만약 남부집단군이 제한된 활동 영역 내에서 내린 결론에 최고사령부가 지금처럼 눈 멀고 귀 먹은 답변만을 고집한다면, 조화로운 정책을 찾아내기란 불가능할 겁니다.

만슈타인의 명료한 편지에 대해 육군 최고사령부는 아무런 응답도 하지 않았다. 이어 히틀러에게 보낸 편지 역시 마찬가지였다. 1월 27일 만슈타인이 총통사령부에서 히틀러를 만났을 때, 이 모든 것이 불난 집에 부채질을 해 상황을 더욱 악화시켰다.

히틀러는 이날 모든 집단군 및 군 사령관과 다른 고급 장교들을 전부 불러 모아 군대 내 국가사회주의 교육의 필요성에 대한 격려 연설을 했다. 만슈타인은 자신의 집단군 병사들이 드네프르 강과 부크 강 사이에서 목숨을 걸고 싸우는 상황에서 정치적 열변에 귀를 기울일 성격이 아니었다. 히틀러가 "언젠가 끝이 온다면, 마지막까지 자리를 지켜야 하는 것은 원수와 장군들이어야 한다"라고 선언했을 때 만슈타인은 더 이상 참을 수가 없었다. 이는 지나친 모욕이었다. 만슈타인 본인의 표현에 따르면, 이때 "피가 머리로 치솟았다." 그는 이렇게 외쳤다. "그럴 겁니다, 총통 각하!" 전혀 예기치 못한 반응에 히틀러는 하려던 말을 잊어버렸다. 만슈타인은 히틀러가 자신 쪽으로 "서릿발처럼 차가운 시선을 던지며 '고맙소, 폰 만슈타인 원수'"라고 말했다고 회상했다. 예정에 없던 대화로 인해 히틀러의 연설은 "급작스럽게 끝나버렸다."

총통이 이처럼 공적인 자리에서 자신의 말을 자르고 자신의 권한에 대항한 사람을 가만둘 리 없었다. 잠시 뒤, 만슈타인은 차이츨러와 차를 한 잔 마시다가 카이텔의 입회 하에 총통과 회동을 가졌다. 예상한 대로 곧바로 히틀러가 질책했다. "만슈타인 원수, 내가 장군들 앞에서 연설을 하고 있을 때 방해해서는 안 되오. 당신의 부하들이 이런 행동을 한다면 용납하지 않을 것 아닌가."

만슈타인은 할 말이 없었으므로 침묵했다. 이대로 대화가 끝날 수도 있었으나, 히틀러는 새로운 문제를 꺼내 들었다. "그건 그렇고, 며칠 전에 보낸 상황 보고는 읽었소. 자네의 아이디어를 전쟁일지에 기록하여 후대에게 자기정당화를 하려는 목적이더군." 이는 히틀러의 케케묵은 어법이었다. 지난 9월에도 그는 이와 비슷한 말을 한 적이 있었다. 만슈타인은 이 부당한 비난에 잠자코 있지 않았다. 그는 전쟁일지에 국가수반과의 개인적인 의사소통은 기록되지 않는다고 설명했다. 실제로 문제의 서신은 참모총장을 통해 전달되었다. 만슈타인은 대담하게 한마디를 던졌다. "실례가 되지 않는다면 영어 표현을 쓰고 싶군요. 각하의 의견에 대해 제가 할 수 있는 말은, '제가' 젠틀맨(신사)이라는 것뿐입니다."

침묵이 흘렀다. 잠시 후 긴장을 깨고 히틀러가 대답했다. "정말 고맙네." 만슈타인은 이 짧은 말에 물러가야 했다. 총통은 저녁 회담 내내 만슈타인에게 그런대로 상냥하게 대했으나, 만슈타인은 그가 절대 오후의 일을 용서하지 않을 것임을 알았다. 만슈타인에 대한 히틀러의 부정적 태도는 두 사람 사이의 불편한 관계를 보도한 해외 언론에 영향을 받았을지도 모른다. 1944년 1월 10일에 《타임Time》 표지에는 만슈타인이 실렸다. 그 아래에는 이런 문구가 붙어 있었다. "후퇴는 뛰어났을지 모르지만, 승리는 반대방향에 있다."

최후의 전투

1월 28일에 남부집단군 사령부로 돌아온 만슈타인은 히틀러와의 문제를 곰곰이 생각해볼 틈이 없었다. 그가 전력을 다해 해결해야 하는 또 하나의 위기가 발생했기 때문이었다. 소련군이 제1기갑군과 제8군이 지키고 있던 드네프르 전선을 돌파한 결과, 독일군 2개 군단(제42·6군단)이 체르카시 남서쪽 지역에 포위되어 있었다. 만슈타인의 회고록과 독일 전쟁사에서는 앞으로 이어지는 전투를 '체르카시 포위전'이라고 불러서 혼동이 있을 수 있으나, 사실 이 고립지대는 중요한 비행장이 있는 코르순Korsun을 중심으로 하고 있었으며 체르카시는 포위망 바깥에 위치해 있었다. 코르순 포위전은 아주 긴박하게 전개되었다. 독일군은 스탈린그라드 때와는 달리 돌파를 시도했지만, 그 과정에서 굉장한 사상자가 발생했다. 히틀러와 만슈타인 사이에서는 다시 한 번 의지의 대격돌이 벌어졌고, 작전 수행에 있어 의견 차이는 점점 더 커져만 갔다. 독일군은 다시 한 번 크게 불리한 상황에서 고군분투해야 했다.

소련군 스타브카의 계획가들은 북쪽에서 드네프르 강을 따라 카네프 남서쪽으로 40킬로미터 체르카시 방향으로 뻗어나간 돌출부가 약 70킬로미터나 되는 동서 측면이 노출되어 있었기 때문에 손쉬운 먹잇감으로 보였다. 이곳의 독일군을 괴멸시키면 제8군의 대부분을 제거할 수 있을 뿐만 아니라 남부집단군 남익과 A집단군을 포위하는 길을 뚫을 수 있었다. 만슈타인이 여러 번 촉구했음에도 히틀러는 '드네프르 요새'를 유지하여 키예프 재탈환의 발판으로 삼으려는 욕심에 어떠한 퇴각도 금지했다. 1월 24일 바투틴의 우크라이나 제1전선군이 북서쪽에서, 코네프의 우크라이나 제2전선군이 남동쪽에서 공격을 가해왔다. 두 전선군의 선봉에 서 있던 기갑부대들(각각 제6전차군과 제5근위전차군)은 1월 28일에 즈베니고로드카 Zvenigorodka 근처에서 연계함으로써 독일군 6개 사단과 1개 여단의 병사 약 5만 명을 가두었다. 포위된 독일군 병력의 지휘관은 제11군단장인 포병장군 빌헬름 슈템머만Wilhelm Stemmermann이었다.

소련군에게는 고립지대를 봉쇄하고 남부집단군 쪽으로 주공을 펼쳐 만슈타인의 남부집단군을 파괴할 기회가 찾아왔다. 그러나 만슈타인으로서는 다행하게도, 소련군은 포위망 안에 갇힌 독일군 병력의 수를 과대평가했고 고립부를 제거하기 위해 조직적으로 움직였다. 따라서 만슈타인은 구조 공격을 가할 소중한 시간을 벌 수 있었다. 한편 히틀러의 야심은 그보다 훨씬 더 컸다. 그의 상상력은 모든 현실을 무시하고 있었다. 히틀러는 포위하고 있는 소련군 병력을 역으로 포위하고 더 나아가 키예프로 진군한다는 계획을 세웠다.

서면상으로 작전에 투입 가능한 병력은 9개 기갑사단과 1개 중기갑연대, 1개 보병사단이었다. 이들은 제3기갑군단과 제47기갑군단에 기반을 둔 2개 공격 집단으로 나뉘어 있었으나, 사실 병력의 대부분은 아직 다른 전투에 투입되어 있었다. 약체인 제47기갑군단이 수행한 1차 구조 공격은 눈밭에서 갑자기 멈췄고, 점점 안쪽으로 좁아지던 고립지대에서 한참 떨어진 진창길을 가던 중 또 한 번 멈췄다. 따라서 결과는 실패였다. 보다 강력한 제3기갑군단은 2월 11일에 서쪽에서 주공을 개시했으나 최선을 다했음에도 불구하고 15일에 작전을 중지해야 했다. 배케Franz Bäke의 중기갑연대를 선두로 한 독일군 기갑부대는 끔찍한 날씨 속에서 우세한 소련군에 맞서 싸우다가 연료가 바닥이 나는 바람에 더 이상 진군할 수 없었다. 만슈타인은 또다시 스탈린그라드와 비슷한 상황에 맞닥뜨렸다. 구조 병력은 조금도 옴짝달싹할 수 없었고, '슈템머만 집단'에게 유일한 출구는 남서쪽으로 13킬로미터 떨어진 제3기갑군단의 진지로 탈출하는 것뿐이었다.

망설일 시간이 없었다. 2월 16/17일 밤, 만슈타인은 히틀러의 허가를 기다리지 않고 바로 탈출 명령을 내렸다. 전방의 우만Uman으로 옮겨진 지휘 열차에 앉아서 만슈타인도 상당히 초조했을 것이다. 그러나 탈출하는 병사들은 소련군 포, 전차, 기관총의 화력 속에서 끔찍한 재난에 직면했다. 독일 측 기록에 따르면, 중상자와 대부분의 중장비를 남겨두고 '병사 약 3만 명'이 소련군의 방어선을 뚫고 탈출에 성공했다. 탈출전은 새벽에 이르자 대학살로 변했고 그 과정에서 슈템머만은 전사했다. 여기서 그나마 긍정적인 면이라고는 단지 운 좋은 몇 명이 살아남았다는 것이 전부였다. 독일군은 승리를 거두었다고 선전했으나, 이는 결코 승리가 아니었다. 만슈타인은 태연한 척 이렇게 기록했다.

따라서 2개 군단 모두 스탈린그라드에서 제6군이 겪어야 했던 운명을 피할 수 있었다. 이번에도 히틀러는 고립지대 내에서 방어를 계속하라고 요구했으나, 막판에 그는 남부집단군이 수행한 탈출작전이 옳았다는 데 동의했다……. 해방된 6개 반의 사단들이 일시적으로 방어선에서 물러나야 했던 것은 사실이다. 그러나 이러한 전투력의 손실은 남부집단군의 입지를 약화시키기는 했지만, 2개 군단의 병사들을 살려냈다는 기쁨으로 상쇄시킬 수 있었다.

만슈타인이 육군 최고사령부가 철회할 수 없는 탈출 명령을 내린 덕분에 제11군단과 제42군단은 완전히 괴멸되는 것을 막을 수 있었다. 그러나 그 탓에 히틀러와 만슈타인의 관계는 개선될 가능성을 잃었다. 게다가 만슈타인이 소련군 포위망의 약한 부분을 겨냥하여 빠르게 구조 공격을 명령했어야 했는지 여부는 논란의 대상이다. 만약 히틀러의 의도와 달리 만슈타인이 구조 공격을 재빨리 수행했더라면 포위되었던 병력의 더 많은 수가 구조되었을지도 모른다. 만슈타인 원수 역시 이 점을 알고 있었다.

위기는 이제 절정에 달해 있었다. 만슈타인이 코르순에 노력을 집중하는 사이 소련군은 측면으로 공세를 가해왔다. 북쪽에서는 우크라이나 제1전선군이 로브노와 루트스크Lutsk를 점령함으로써 남부집단군 후방으로 작전을 펼치기에 유리한 입지를 점했다. 드네프르 만곡부의 노출된 돌출부와 니코폴 교두보는 남쪽에서 우크라이나 제3·4전선군의 집중포화로 전부 파괴되었다. 1944년 3월 초에 이르자 소련군은 동시에 여러 공세를 펼쳐 드네프르 강 방어선을 쓸어버렸다(729쪽 지도 16 참조). 약한 사단 33개만을 보유하고 있던 남부집단군은 850킬로미터 길이의 전선을 방어할 수 없었다. 남부집단군은 이제 우크라이나 서부의 널따란 평원에서 각개격파를 당할 위험에 처해 있었다.

3월 초에 라스푸티차가 시작되었으나 소련군의 공세 작전은 중지되지 않았다. 소련군은 오히려 벨로루시 제1전선군으로 독일군 남부집단군의 좌익을 위협함으로써 동부전선 남익에 더 많은 노력을 집결시켰다. 5개 전선군의 공세에 직면한 만슈타인의 군은 방어선을 돌파당하거나, 더 나쁘게는 전면포위당할 위협에 노출되었다. 이처럼 적군이 심각한 압박을 가해오는 가운데 만슈타인은 3월 중순에 부크 강 후방을 향해 전체적인 퇴각을 명할 수밖에 없었다. 그러나 곧 부크 강마저도 적군에게 빼앗기고 나니 드네스트르Dnestr 강까지 퇴각할 도리밖에는 없었는데, 히틀러는 이에 단호하게 반대했다. 갈리시아Galicia를 수비하기 위해 육군 최고사령부가 "리보프Lvov 지역에 15~20개 사단으로 구성된 2개 군을 신설해야 한다"는 만슈타인의 요청은 실현되지 않았다. 충분한 예비대가 없었기 때문이었다. 어쨌든 히틀러는 동부전선보다 서부전선이 전략적 우선순위라고 선언한 바 있었고, 국방군이 짜낼 수 있는 자원은 소련과 서부 동맹군 양면 전선에 투입하기에는 부족했다.

이처럼 심각한 상황에서 만슈타인은 3월 19일, 오버잘츠베르크Obersalzberg로 소환되었다. 만슈타인을 비롯한 독일 고위 장군들이 서명한 히틀러에 대한 충성 선언문이 수여되는 것을 보기 위해서였다. 이때도 히틀러와 만슈타인은 뜻을 모으지 못했다. 총통은 장군들에게 어떠한 기동의 자유도 허락해주기를 거부했다. 반대로 그가 최근에 내린 '고정 요새' 명령은 마지막 병사 한 명까지도 방어에 힘쓰라고 명함으로써 타르노폴Tarnopol에서 무의미한 희생만을 낳았다. 이 정책은 훗날 더 많은 재난을 빚어낸다. 만슈타인이 남부집단군 사령부로 돌아와 보니 스탈린그라드 이후로 최대 규모의 위기가 그를 기다리고 있었다. 제1기갑군이 포위되어 있었던 것이었다. 이는 코르순 포위전과는 비교할 수 없는 큰 난관이었다. 만슈타인은 이때 마지막으로 지휘 능력을 시험받게 된다.

코르순 포위전 이후에 만슈타인은 프로스쿠로프Proskurov 근교에서 남부집단군 좌익인 제4기갑군과 제1기갑군 사이에 점점 더 위협이 커져가고 있음을 뒤늦게 알아챘고, 단절을 막기 위해 병력을 재편성하라고 지시했다. 그러나 최근 작전에 투입되어 약해진 제3기갑군단과 제48기갑군단을 배치하는 것만으로는 3월 4일에 개시된 우크라이나 제1전선군의 야심 찬 공격을 막아낼 수 없었다. 바투틴이 우크라이나 국가주의 빨치산들에게 총상을 입은 뒤 주코프가 지휘봉을 잡은 제1전선군은 루마니아 국경 근처의 체르노프치Chernovtsy로 공격을 가했다. 주코프의 병사들은 카투코프Mikhail Katukov의 제1전차군을 선봉으로 삼아 독일군 방어선을 돌파했고 지체 없이 3월 24일에 드네프르 강을 건너 만슈타인이 우려했던 대로 남부집단군 종심을 향해 진군해갔다. 이와 동시에 코네프의 우크라이나 제2전선군은 우만-보토샤니 작전Uman–Botoshany operation을 개시하여 3월 10일에 빈니차를 점령했고, 3월 21일에 드네스트르 강에 도달했다. 이제 21개 사단을 거느린 제1기갑군은 카메네츠-포돌스크Kamenets-Podolsk를 중심으로 한 고립지대에 포위되어 있었다.

만슈타인은 제1기갑군을 퇴각시켜도 된다는 히틀러의 허가를 제때 받아내지 못한 탓에 스탈린그라드 경우와 비슷한 규모의 작전적 재난에 직면해 있었다. 그때와 마찬가지로 가망이 없어 보이는 상황이었으나, 그는 포위된 군을 구조하기 위해 모든 노력을 집중할 도리밖에 없었다. 제1기갑군 사령관인 기갑장군 한스-발렌틴 후베Hans-Valentin Hube는 루마니아가 있는 남쪽 방향으로 탈출해야 한다고 했으나, 만슈타인은 전술 및 작전 수준에서 서쪽으로 탈출하는 것이 더 유리하다고 주장하면서 후베의 말에 반론을 펼쳤다. 서쪽으로 가야 드네스트르 강에 집결해 있는 소련군의 주 기갑집단에게 괴멸당할 위험을 덜 수 있고 소련군 병참로를 끊을 수 있었기 때문이었다. 또한 제1기갑군이 카르파티아 산맥 북쪽의 중요한 영역의 빈틈을 메울수 있어 집단군 전체 방어선을 복구하기에도 좋았다. 무엇보다도 서쪽으로의 탈출은 소련군을 놀라게 만들 수 있는 장점이 있었고, 이는 만슈타인의 계산에서 아주 중요한 요소였다.

만슈타인은 이를 염두에 두고 3월 24일 정오에 히틀러에게 직설적인 최후통첩을 보냈다. 그는 15시까지 적절한 지시를 받지 못하면 제1기갑군에게 탈출을 지시하겠다고 보고했다. 만슈타인은 이 보고에 대한 응답을 이렇게 회상했다.

16시에 우리는 총통으로부터 제1기갑군이 서쪽으로 통로를 뚫는다는 아이디어 자체에는 동의하나, 동시에 제1기갑군이 계속해서 드네스트르 강과 타르노폴 사이의 현 전선을 유지해야 한다는 애매모호한 대답을 받았다. 우리는 제1기갑군이 서쪽으로 돌진하는 동시에 적군의 병참지대를 차단할 수 있는 병력을 어디서 얻을 수 있는지 도대체 이해할 수 없었다.

만슈타인이 회고록에서 지적했듯이 이 상황은 1942년 12월 스탈린그라드 사태와 묘하게 닮아 있었다. 이때 히틀러는 제6군에게 탈출을 명할 의향이 있었으나, 동시에 제6군이 스탈린그라드를 사수해야 한다고 고집했다. 이때도 포위된 군에게 유일한 구원은 탈출뿐이었다. 만슈타인은 전화로 차이틀러에게 이 점을 소리 높여 주장했다. 그는 히틀러가 "이 상황의 중대성을 전혀 이해하지 못하고 있다"고 말했다. 다음날 총통에게 보고하라는 호출을 받은 만슈타인은 그날 저녁 떠나기 전 예방 조치로서 후베에게 서쪽으로 탈출할 채비를 갖추라는 준비명령을 내렸다.

만슈타인의 해임

3월 25일 아침 일찍, 만슈타인은 리보프에 위치해 있던 사령부에서 비행기를 타고 베르그호프Berghof에서 정오에 열리는 회담에 참석했다. 그는 총통에게 제1기갑군이 어디로 탈출해야 하는지를 설명했고, 제4기갑군이 반대편에서 연계할 수 있도록 증원 병력을 요청했다. 히틀러는 제1기갑군이 서쪽으로 탈출해야 한다는 사실을 받아들이려 하지 않았다. 이는 곧 동부전선에서 후퇴해야 한다는 뜻이었기 때문이다. 만슈타인은 인내심을 시험받고 있었다. 총통이 남부집단군이 처한 불리한 상황을 만슈타인 개인의 책임으로 돌리자, 마침내 만슈타인은 참을성이 완전히 바닥났다. 청중 앞에서두 사람 사이에는 '날카로운 말들'이 오갔고, 치타델 작전 이후의 사건들에 대해 누가 책임이 있느냐를 놓고 케케묵은 말다툼이 되풀이되었다.

히틀러는 남부집단군이 '기동'을 되풀이하며 퇴각만 연달아 하고 있다고 몰아붙였다. 만슈타인은 "당신(히틀러)이 우리의 남익을 강화시키도록 허락하는 대신 도네츠 강과 드네프르 강 유역을 사수하라고 지시하여 병력이 남부에 남아 있어야 했기 때문에 그렇게 될 수밖에 없었다"고 응수했다. 입씨름은 계속되었다. 마침내 만슈타인은 제1기갑군의 성공적인 탈출을 보장하기 위해서는 그날 명령을 내려야 한다고 요청했다. 히틀러는 이 요청을 거절했고, 그날 저녁 또 한 번의 회의에 참석하라고 명령했다.

만슈타인은 이제 행동하기로 결심했다. 그는 슈문트 장군에게 히틀러가 자신의 권고를 받아들이지 않는 한 자신이 "남부집단군 사령관직에 남아 있는 것은 무익하다"고 생각한다는 사실을 전해달라고 부탁했다. 만슈타인은 만약 히틀러가 자신의 군사행동을 승인하지 않는다면, 자신은 "남부집단군 사령관직을 다른 사람에게 맡길 것을 요구한다"고 전하라는 것이었다. 이토록 머릿속이 복잡한 때에 설상가상으로 부세에게서 전화가 걸려왔다. 후베가 서쪽이 아니라 드네스트르 강이 있는 남쪽으로 움직이겠다며 긴급 허가를 요구했다는 것이었다. 만슈타인은 부하에게 지시한 대로 서쪽으로 탈출하라고 명령했다. 남부집단군 사령관은 아직 자신이었기 때문이다!

히틀러와의 저녁 회의에서 만슈타인은 총통의 분위기와 대응 방식이 달라진 것에 놀랐다. 히틀러는 만슈타인에게 "문제를 다시 생각해보았고, 제1기갑군이 서쪽으로 탈출한다는 계획에 동의한다"고 말했다. 히틀러는 '몹시 꺼리는' 태도로 말을 이었다. 제4기갑군의 구조 공격에 1개 SS기갑군단 제공하기로 결정했다는 것이었다. 만슈타인은 히틀러가 평소보다 긍정적인 태도를 보이는 것을 놓치지 않고 제8군이 A집단군 휘하에 들어와야 하며 "동맹군을 포함하여 남부의 모든 병력을 아우르는" 통합지휘체계가 필요하다고 당돌하게 제안했다. 전자는 클라이스트로부터 동일한 요구가 있었기 때문에 지체 없이 시행되었다. 그러나 후자에 대해서는 대답이 없었다. 만슈타인은 다음날 남부집단군 사령부로 돌아가 라우스 장군과 제4기갑군의 미래 작전들에 대해 논했다.

이후로는 일이 빠르게 진행되었다. 3월 30일 오전, 클라이스트가 타고 있던 히틀러의 콘도르기가 만슈타인을 데리러 왔다. 그는 오버잘츠베르크로 향하던 중 리보프 비행장에서 차이츨러에게 전화를 걸어 예정에 없던 비행의 목적을 알아냈다. 클라이스트와 만슈타인 모두 해임될 예정이었던 것이다. 만슈타인은 총통과의 마지막 만남을 이렇게 기록했다.

저녁에 총통을 만났다. 그는 내게 백엽검기사십자훈장을 건네주고서는 남부집단군을 다른 사람(모델)의 손에 넘기기로 했다고 알렸다. 동부전선에서는 내가 특히 두각을 드러내던 대규모 작전의 시대가 끝났다는 이유였다. 그는 이제 우리가 가진 것을 지키는 것만이 중요하다고 고집스럽게 말했다. 새로운 사령관은 새로운 이름, 새로운 상징 하에 취임하게 될 것이었다. 따라서 그는 남부집단군의 사령관을 바꾸면서 그 이름도 바꿀 작정이었던 것이다.

만슈타인은 등 뒤에서 꾸며지고 있던 음모에 대해 알았으나, 자신을 해임한다는 히틀러의 결정은 기본적으로 3월 25일의 사건에서 비롯된 것이라고 생각했다. 그는 마지막으로 총통에게 아리송한 말을 남겼다. "총통 각하, 각하가 오늘 취한 조치는 어떠한 뜻밖의 부작용도 없을 거라고 믿습니다." 이 최후의 메시지는 "나 없이 군사적 상황이 개선될 거라고 믿지 말라"는 의미로 해석될 수 있다. 실제로도 상황은 나아지지 않았다.

만슈타인의 몰락은 오래전부터 계획된 것이었으며, 그 이유는 다양했다. 히틀러는 개인적으로 그를 싫어했으나 그의 군사적 능력은 존경했기 때문에 여러 번 부딪치면서도 예의를 갖췄다. 총통이 만슈타인을 달갑게 여기지 않은 이유 중 하나는 그가 귀족들이 점령한 참모본부로 대표되는 독일-프로이센 장교 계급을 매우 혐오했기 때문이었다. 여기에는 질투보다는 고질적인 불신에서 비롯된 어두운 증오가 도사리고 있었다. 히틀러에게 국가사회주의에 공감하는 모습을 보인 적이 없는 만슈타인은 정치적으로 믿을 만한 사람이 아니었다.

이 시기의 공식 독일사가 강조하듯이, 군사적 영역에서 총통은 "작전적 재능이 자신보다 우월하고 똑똑하며 자신감 넘치는 도전적인 인물"을 더 이상 견딜 수 없었다. 히틀러와 만슈타인은 작전의 계획과 수행에 대해 완전히 다른 견해를 갖고 있었다. 총통은 일련의 작전적 기동과 결정타에 대한 이해가 요구되는 방어 전역에서 까다로운 원수가 선택한 '백핸드' 기동이 얼마나 세련되고 큰 잠재력이 있는지 결코 알지 못했다. 4년 전의 낫질 작전에서처럼 히틀러는 가끔 '좋은 기회'를 알아보기는 했으나, 그 아래에 깔린 작전 아이디어의 역학을 이해하지는 못했다. 작전적 기동의 시대가 끝났다면, 만슈타인은 떠나야만 했다.

만슈타인의 해임은 절망과 복수의 결합이 낳은 결과였다. 히틀러는 내키지 않는 결정들을 어쩔 수 없이 연달아 승인해주는 동안 인내심이 바닥나버렸다. 결국 총통의 오만과 편견에 의해 두 사람은 결별해야 했다. 독일의 적들은 독일군에서 가장 능력 있고 위험한 사령관이 떠났다는 소식에 안도의 한숨을 내쉬었을 것이다.

(Vatutin)

5th Guards Army
Prokhorovka
Donets
69th Army
5th G
Tank

SOU
nstein

제15장
최후의 전투

"독일군 수비의 정수에는
독일에서 최고로 유능한 사령관, 폰 만슈타인 원수가 있었다."

– 지그프리트 베스트팔 –

유급 휴가

남부집단군을 떠난 만슈타인은 미지의 세계로 향해야 했으나, 그렇다고 해서 세상 사람들에게서 잊혀진 것은 아니었다. 그로부터 14개월 동안 연합군은 모든 전선에서 결정적 승리를 거두며 유럽에서의 전쟁을 종식시켰다. 만슈타인 원수는 영국군에 의해 전쟁포로로 억류되었다. 한때 승자였으나 단숨에 패잔병 신세로 추락한 그의 운명은 독일 전체의 운명을 상징하는 듯했다. 한때 막강했던 독일은 치욕을 맛보았고, 전쟁에서 완패당한 뒤 세상이 무너지는 듯한 충격을 받았다. 뒤따른 심판에서는 나치 침략자들의 잔혹하고 흉악한 행위가 전 세계 앞에 드러났다. 만슈타인은 독일군 참모본부와 최고사령부의 명예를 지키고, 전쟁범죄를 공모했다는 혐의를 부정하기 위해 국방군의 비공식적인 대변자로서 뉘른베르크 국제군사법정에 출두했다.

1944년 4월 2일 모델에게 남부집단군 지휘권을 넘겨준 뒤, 만슈타인은 실망과 수심에 잠긴 부하들을 뒤로한 채 개인용 Ju52기에 올랐다. 약 20개월 전 세바스토폴 점령 기념으로 Ju52기를 장식한 크림 방패Crimea Shield를 보니 더욱 가슴 아팠다. 그러나 만슈타인은 이제 지휘의 압박에서 벗어나 마음이 홀가분했다. 지금까지는 당연히 원수에게 결정권이 있는 사안들을 히틀러에게 보고하고 제때 의사결정을 얻어내기 위해 투쟁해왔는데, 앞으로는 그렇게 고생할 필요가 없었다. 그러나 만슈타인은 해임 후에도 계속 군사적 사안에 대해 큰 관심을 가졌고 전선에서 전해지는 소식이 점점 나빠지는 것에 연대책임을 느꼈다. 처음에 그는 병원에서 치료를 받고 회복한 뒤 신속하게 현역으로 복귀할 거라고 예상하고 있었다. 총통에게서 그가 과거의 상관이었던 룬트슈테트의 후임으로 서부전선 최고사령관으로 내정되었다는 귀띔을 들었기 때문이었다. 만슈타인이 현직에서 물러나 있는 동안 그의 충성스러운 참모들은 줄줄이 남부집단군 사령부에서 떠나겠다고 요청했다. 지휘의 연속성을 위해 모델 밑에서 몇 달을 더 일한 부세를 제외하면 만슈타인의 참모들은 전부 다른 사령부로 발령을 받았다.

만슈타인은 오른쪽 눈 백내장 수술의 여파로 많은 합병증에 시달렸으며 최악의 경우 시력을 잃을 위험에 처한 상태였다. 리그니츠의 집에서 고통스러운 회복 기간을 보내는 동안 만슈타인은 줄곧 암실에 머무르거나 색안경을 써야 했다. 그럼에도 그는 작전 상황을 놓치지 않으려고 슈탈베르크를 여러 사령부로 파견하여 정보를 수집하도록 했다. 슈탈베르크는 새 소식을 가지고 돌아와 만슈타인에게 전투 전개 상황을 보고하곤 했다. 슈탈베르크는 이렇게 평했다. "만슈타인의 지리적 지식은 끊임없이 나를 놀라게 했다. 그의 머릿속에는 온갖 지도가 들어 있었다. 원한다면 그는 '눈감고 체스두기 대회' 챔피언도 될 수 있을 것 같았다." 슈탈베르크와 이탈리아에서 벌어지고 있는 전쟁에 대해 토론을 나누던 중 만슈타인은 "크게 흥분했다." 만슈타인은 이탈리아 전역의 추축국과 연합국 사령부 모두에 낮은 점수를 주었다. 슈탈베르크는 그가 "케셀링Albert Kesselring 원수를 싫어한다"는 인상을 강하게 받았다. 적수였던 연합군 장군들에 대해 만슈타인은 이렇게 평했다. "이탈리아 사령부의 신사들은 지휘 실력이 형편없군 그래! …… 꼭 이탈리아에서 싸워야만 한다면, 포 계곡Po valley에서 단 한 번의 결전을 노려야 할걸세." 틀린 말은 아니었다. 그러나 이탈리아의 연합군은 포 계곡에 다다르기 전에 고딕 선Gothic Line(다른 이름으로는 녹색선이라고도 한다)을 돌파하느라 애를 먹을 터였다.

1944년 5월, 만슈타인은 여전히 휴식을 취해야 하는 상태였다. 근시일 내에 신임 발령을 받지 못할 것으로 보이자, 그는 당시까지 전쟁 피해가 비교적 적었던 드레스덴Dresden 교외의 바이서 히르쉬Weisser Hirsch 군인요양원에서 한동안 요양 생활을 했다. 시력과 체력은 천천히 회복되었다. 만슈타인은 그동안 끈기 있게 군대 복귀 명령을 기다렸으나 아무런 연락도 오지 않았다. 구데리안과 육군 인사국은 만슈타인 원수를 현역으로 복귀시키려 애썼지만 헛수고였다. 히틀러는 모든 제안에 퇴짜를 놓았다. 사실 그는 만슈타인이 해임되기 9개월 전부터 만슈타인이 고위 사령관직을 맡길 만한 사람인지 깊이 의심하고 있었다. 히틀러는 1943년 7월에 이미 슈문트에게 이렇게 밝혔다. "나는 클라이스트와 만슈타인을 믿지 않네." 두 사람은 "똑똑하고 영민하기는 해도 국가사회주의자는 아니기 때문"이었다. 히틀러는 이제 '젊은 군인들'에게 기대를 걸고 있었다. "롬멜, 모델, 쇠르너Ferdinand Schörner처럼 직관이 뛰어나고 에너지와 투지가 넘치는" 이들이 히틀러에게 보다 높은 점수를 받았다.

1944년에 군부에서는 세대교체가 이루어졌다. 만슈타인은 여전히 후보군에 남았다. 그는 예비역 사령관 목록에 이름을 올려놓고 발령받기를 마냥 기다려야 했다. 연합군의 노르망디Normandie 상륙이 성공하고 7월에 룬트슈테트가 해임되자, 후임으로 서부전선 최고사령관 자리에 오른 것은 만슈타인이 아닌 클루게였다. 이는 만슈타인에게 큰 실망을 안겨주었다. 그리고 클루게가 7월 20일에 있었던 히틀러 암살 음모에 연루되어 8월에 해임된 뒤 9월 초에 룬트슈테트가 다시 서부전선 최고사령관직에 복귀하자, 만슈타인의 좌절은 절정에 달했다. 그가 히틀러 휘하에서 다시 사령관직에 오르지 못하리라는 사실이 분명해졌기 때문이었다.

그러는 동안 슈탈베르크는 군사지휘계통과 레지스탕스와 아주 긴밀한 관계를 유지하고 있었다. 7월 11일에 베르히테스가덴Berchtesgaden으로 향한 그는 펠기벨 장군에게서 히틀러에 대한 암살 시도가 임박했다는 소식을 들었다. "슈탈베르크, 딱 적당한 때 왔군. 슈타우펜베르크가 폭탄이 든 서류가방을 가지고 베르그호프에 머물고 있네. 언제 슈타우펜베르크를 만나러 갈텐가?" 슈탈베르크는 베르그호프를 방문하는 동안 슈타우펜베르크를 만났다. 슈타우펜베르크는 만슈타인에 대해 물었다. 슈탈베르크는 1943년 1월 26일 타간로그에서의 회동 이후로 만슈타인의 입장에 변화가 없음을 넌지시 알렸다.

슈탈베르크는 리그니츠로 돌아와 만슈타인에게 이 소식을 전하기로 결심했다. 그는 만슈타인과 함께 공무용 차량을 타고 리그니츠와 브레슬라우를 잇는 아우토반을 달리면서 중대 사안을 꺼냈다. 당시 두 사람이 타고 있던 차는 전쟁 전에 생산된, 우아하고 힘이 좋은 메르세데스 540 K 쿠페coupé였다. 만슈타인과 슈탈베르크가 떠나기 전 사콜로프스키Sakolowski 병장은 연료의 질이 나쁘니 지나치게 속도를 내지 말라고 경고한 바 있었다. 운전대를 잡은 슈탈베르크는 이렇게 말문을 열었다. "각하, 오늘이나 향후 며칠 안에 총통이 암살당하리라는 사실을 보고드리는 것이 저의 의무라고 생각합니다." 만슈타인은 오랜 침묵 끝에 대답했다. "다시 한 번 말해보게나!" 슈탈베르크는 방금 한 말을 되풀이했다. 그 뒤로 두 사람은 드문드문 대화를 이어나갔다. 목적지에 다다를 무렵 만슈타인이 대화를 끝맺었다. "슈탈베르크, 우리 둘은 이제 상당히 중요한 사실을 알게 되었군."

만슈타인은 슈탈베르크가 귀띔해준 소식을 염두에 두고 발트 해에서 여름휴가를 보내기로 결정했다. 우세돔Usedom 섬 반진Bansin 리조트 단지 내의 해변 호텔 제슐로스Seeschloss에서 묵자는 슈탈베르크의 제의를 받아들인 것이었다. 두 사람이 선택한 숙소가 페네뮌데Peenemünde의 비밀실험기지와 가까웠던 것은 순전히 우연이었다. 알고 보면 이곳은 다름 아닌 V2 로켓의 설계자인 베르너 폰 브라운Wehrner von Braun이 단골로 찾는 호텔이었다. 슈탈베르크의 표현을 빌리자면, 발트 해 휴가의 진정한 목적은 "조금도 문제의 여지가 없는 알리바이를 만드는 것"이었다. 그러나 이런 식으로 암살 계획에서 거리를 둘 수 있다는 믿음은 순진한 착각이었다. 유럽 내 독일 점령지 가운데 게슈타포Gestapo의 마수가 뻗지 않은 곳은 단 한 군데도 없었기 때문이었다. 그의 가장 우선적인 목표는 만슈타인이 베를린 근처에서 목격되어 히틀러 반대파 인물들과 엮일 가능성을 최소화하는 것이었는지 모른다.

발트 해의 태양과 바다를 만끽하던 행복한 여름휴가는 7월 20일에 산산이 조각났다. 7월 20일 이른 저녁, 히틀러 암살 시도가 실패했다는 뉴스가 발표되었다. 슈탈베르크는 만슈타인을 대신해서 총통의 '늑대소굴' 사령부에 전화하여 펠기벨에게 자세한 설명을 요구했다. 위험천만한 임무였으나, 돌아온 대답은 퉁명스럽기 짝이 없었다. "전부 라디오에서 들은 대로네. 덧붙일 말은 없어. 원수 각하께 안부 전해주게나. 그럼 이만!"

그날 저녁 늦게 히틀러는 독일 국민을 상대로 선언했다.

야심에 눈이 먼 잔인한 장교 일파가 나를 제거할 음모를 꾸몄습니다. 그 정신 나간 범죄자들은 저와 독일 국방군 사령부의 군인들을 함께 쓸어버리려는 계획을 짰습니다……. (제가 살아난 것은) 신의 가호 덕분입니다. 신께서 제 임무를 승인하시고, 앞으로도 지금처럼 제 인생의 목표를 추구하라고 허락하신 것입니다…….

이로써 히틀러를 암살하고 새로운 정부를 세우려 했던 반대파의 음모 '발키리 작전Operation Valkyrie'은 멋지게 실패했다.

만슈타인은 아무것도 도울 수 없는 입장이었다. 슈탈베르크의 사촌 트레스코브가 예견한 것처럼 쿠데타는 실패했다. 그러나 쿠데타가 성공하지 못할 것이 뻔했다 해도, 독일의 명예를 조금이나마 회복시키려면 시도라도 해보아야 했다. 그로부터 얼마 지나지 않아 히틀러 반대파의 주 조직책이었던 헤닝 폰 트레스코브가 자살했다. 슈탈베르크는 그가 "구할 수 있는 것은 구하기 위해 자신의 목숨을 희생했다"라고 평했다. 히틀러는 이렇게 단언했다. "이번 사건은 국가사회주의 관례에 따라 처리할 것이다!" 실제로 독일 민족재판소에서는 곧 공개 재판과 처형이 시작되었다.

리그니츠 홀타이슈트라세Holteistrasse에 있던 만슈타인 가의 저택은 게슈타포의 노골적인 감시를 받고 있었다. 그러나 다행히도 만슈타인은 히틀러에 의해 자살을 강요받은 롬멜과 같은 끔찍한 운명은 피할 수 있었다. '사막의 여우' 롬멜은 암살 음모에 연루된 것은 사실이었으나, 슈타우펜베르크의 폭탄에 대해서는 사전에 알지도 못했고 아무런 관련도 없었다. 그럼에도 불구하고 비극적 운명을 피할 수 없었다. 만슈타인은 발키리 작전과 무관했고 계속해서 쿠데타 시도에 참여하기를 거부해왔으나, 레지스탕스의 주축이었던 슈타우펜베르크, 트레스코브, 게르스도르프와 만났다는 사실은 부인할 수 없었다. 그러니 슈탈베르크의 눈에 만슈타인이 점차 초조해하는 것처럼 보인 것도 당연했다. 만슈타인의 불안은 직업 면에서의 무기력과 가족에 대한 심려, 그리고 히틀러에게 피의 복수를 당할 이들에 대한 우려에서 비롯된 것이었다.

8월 말까지도 신규 발령을 받지 못한 만슈타인은 차이츨러의 후임으로 참모총장직을 맡은 구데리안에게 도움을 청했다. 그가 보낸 편지에는 답답하고 불만 어린 심정이 잘 표현되어 있었다. "할 일 없이 가만히 앉아만 있는 게 얼마나 견디기 힘든지 잘 알 거요. 리그니츠는 작은 마을이라 다들 아직 전쟁 중인데 왜 나는 집에 있냐고 묻는다오. 총통이 내게 새 자리를 맡길 생각이 없다는 뜻으로 이해할 수밖에 없소." 만슈타인은 뒤이어 구데리안에게 한 가지 미묘한 사항에 대해 조력을 구했다. 그 내용은 오늘날까지도 논란의 대상이 되고 있다. 어느 비판적인 논평가는 이렇게 주장했다. "만슈타인은 1944년 10월 총통이 자신에게 독일 제국을 구하는 임무를 맡기지 않을 것임을 확신하자마자 총통으로부터 받은 상당한 사례금과 가족이 저축한 돈으로 동프로이센의 부동산을 구입함으로써 전략과 정치에 대한 이해력을 보였다." 그러나 이는 틀린 얘기다.

사실은 이렇다. 만슈타인은 그때까지 포메른Pommern이나 슐레지엔Schlesien에 소규모 농지를 구입할 방법에 대해 여러 번 문의했으나 계약은커녕 부지를 선택하는 단계에도 이르지 못했다. 그는 구데리안에게 보낸 편지에서 자신이 기다리는 것은 히틀러의 선물이 아니라 매매를 해도 된다는 승인이라고 강조했다. 결론은 이러했다. "적당한 때 총통에게 내 요청을 전해주면 감사하겠소……. 강제로 무기력 상태에 빠져 있는 내 입장을 누구보다도 이해하리라 믿소." 만슈타인은 땅을 구입할 때 아내가 상속받은 재산과 자신의 자금을 사용할 예정이었다. 모든 고급 장교들과 공무원들은 현역과 퇴역을 막론하고 히틀러의 관대한 보조금 정책에 따라 월 4,000라이히스마르크에 해당하는 급여를 받았기 때문에 만슈타인에게는 상당한 자금이 있었다. 다만 1942년 10월, 60번째 생일을 맞아 25만 라이히스마르크짜리 수표를 받은 클루게나 같은 해 11월에 부동산 구입 명목으로 20만 라이히 스마르크에 가까운 돈을 받은 클라이스트와 달리, 만슈타인이 이런 식으로 히틀러에게 돈을 받았다는 증거는 없다. 1944년 10월 17일에 그가 실제로 받은 것은 땅을 구입해도 된다는 히틀러의 허가와 그 방법에 대한 식량농림부의 조언이 전부였다.

포메른은 군인이 퇴역 후 정착할 곳으로 즐겨 선택하는 지역은 아니었다. 슈탈베르크는 슐레스비히-홀슈타인Schleswig-Holstein이나 베스트팔렌Westfalen에서 적당한 매물을 고르는 것이 훨씬 합리적인 선택이라고 조언했으나, 만슈타인은 이미 동포메른으로 마음을 정한 상태였다. 포메른은 그가 콜베르크에서 대대장으로 근무하며 좋은 추억을 쌓은 지역이기도 했다. 만슈타인의 설명은 이러했다. "포메른이 패배하면 독일 전체가 패배하는 걸세." 1944년 늦여름 만슈타인은 전쟁이 무승부로 끝날 가능성이 완전히 사라졌음을 알았으나, 독일이 붕괴하여 동부 지역을 전부 잃게 될 것까지 내다보지는 못했다. 1937년에 확립된 독일 국경을 외국군이 침범한 일은 1944년 7월 20일 기준으로 한 번도 없었기 때문이었다. 그러나 이즈음 서쪽에서는 연합군이 노르망디에서 유럽 대륙으로 진군 중이었고 동쪽에서는 중부집단군이 파괴되고 있었다. 만슈타인은 순진하게도 연합군이 독일의 무조건 항복을 고집하고 있었으므로 제1차 세계대전과 비슷한 결과가 나오리라 예상하고 있었다. 즉, 독일이 패배할 것은 확실하나 영토가 분할되지는 않으리라 믿었던 것이다. 하지만 1944년 가을에 이르자 불길한 징조가 나타났다. 연합군은 프랑스 땅 대부분과 벨기에를 되찾았고, 소련군은 폴란드 비스와Wista 강에서 교두보를 장악했다. 동프로이센은 위기에 놓였다. 1945년 1월의 공격으로 소련군은 베를린에서 단 90킬로미터 거리인 오데르Oder 강 유역의 퀴스트린Küstrin까지 진군했다. 자연스레 동쪽 시골에서의 전원생활을 꿈꾸던 만슈타인의 희망은 깨져버렸다. 전쟁이 끝날 무렵에는 저금마저 바닥이 났다.

그사이 만슈타인은 친구들을 방문하고, 전 동료들과 서신을 교환하고, 회고록에 실을 글을 쓰고, 선행에 몰두했다. 그는 아버지가 크림 반도 내 제

11군에서 복무하던 중 전사하거나 치명상을 당하여 홀로 남겨진 자녀들을 위한 자선재단을 설립했고, 〈우리는 크림 반도를 정복했다〉라는 제목의 그림 앨범을 판매하여 얻은 수익금으로 사단당 최대 50명의 아이들에게 500 라이히스마르크가 저금된 통장을 선물했다. 이 시기 만슈타인이 군복을 입고 수행해야 했던 유일한 임무는 1944년 10월 7일에 탄넨베르크Tannenberg에서 열린 슈문트의 국장에 참석하는 것이었다. 슈문트는 슈타우펜베르크의 폭탄 테러 당시 입은 부상이 악화되어 사망했다. 이를 제외하면 만슈타인은 공식적으로는 아직 원수직에 있었음에도 불구하고 주로 평복을 입고 지냈다. 이는 새로운 임무가 맡겨지지 않는 것에 대한 무언의 시위였다.

1945년 1월 18일, 만슈타인은 아내와 아들과 함께 크라이스 남슬라우Kreis Namslau의 로첸도르프Lorzendorf에 있는 폰 만슈타인 부인의 슐레지엔 저택으로 마지막 여행을 떠났다. 슈탈베르크의 남동생 한스-콘라트Hans-Conrad Stahlberg와 유타-지빌레 폰 만슈타인의 조카였던 19세의 마리아 폰 뢰슈Maria von Loesch의 결혼식에 참석하기 위해서였다. 두 남녀는 근처 부셸스도르프Buchelsdorf의 등기소에서 약혼식을 올렸다. 만슈타인은 전쟁 전에 만들어진 품질 좋은 천을 구하기 위해 차를 타고 전 독일-폴란드 국경을 넘어 라이히탈Reichtal로 향하던 길에 독일 육군 장군을 마주쳤고, 그로부터 다음과 같은 보고를 들었다. "단 10킬로미터 거리에 소련군 전차부대가 있습니다. 그들은 저녁이면 오데르 강을 건너 공격할 것이 분명하나, 주변에는 다른 독일군이 전무합니다." 어린 신부의 기록에 따르면, 만슈타인은 로첸도르프로 돌아와서 하객들에게 음울한 소식을 전했다고 한다. "그는 거의 감정이 없이 쉰 목소리로 말했다. 마치 그가 너무나 즐기던 재미없는 농담을 던질 때처럼 말이다." 만슈타인은 식사 직후에 그와 가족 전부가 자리를 떠야 한다고 잘라 말했다. 원수 신분으로서 소련군에게 붙잡혀서는 안 되었기 때문이었다.

교회에서 식을 올린 뒤에 연회가 벌어졌다. "촛불을 밝혀 분위기는 축제 같았고, 맛있는 음식이 풍족했다." 그러나 초현실적인 상황 속에서 그 누구도 말문을 열지 않았다. 겨울이었던지라 바깥에서는 벌써 해가 지고 있었다. 마리아는 "단단히 얼어붙은 땅 위로 전차가 돌진하는 쇳소리를 멀리서 들을 수 있었다"고 회상했다. 소련군이 다가오고 있었던 것이다! 만슈타인은 모두에게 서둘라고 재촉했다. 긴 연설을 늘어놓을 시간이 없었기 때문에 그는 곧장 잔을 들었다. "지금 이 순간조차도 우리는 전투 중인 병사들과 총통 각하를 생각하고 있소!" 모두가 현실의 가혹함을 실감했다. 실내에는 얼음 같은 침묵만이 감돌았다. 만슈타인 맞은편에 앉아 있던 신부는 그가 이렇게 말했다고 기억했다. "그렇소. 이제 우리 독일 땅이 전쟁터가 될 테니, 우리는 전쟁이 정확히 어떤 의미인지도 곧 알게 될 것이오." 이때 남슬라우에서 전화 한 통이 걸려왔다. 서두르면 브레슬라우로 향하는 마지막 열차에 올라탈 수 있다는 것이었다. 한시도 지체할 여유가 없었다. 신혼부부와 하객들은 음식을 테이블 위에 남겨둔 채로 차와 썰매를 타고 역으로 가서 부상자로 발 디딜 틈 없는 객차에 몸을 밀어넣었다.

이제 슐레지엔 전체가 빠르게 진군하는 소련군의 위협에 노출되어 있었다. 1945년 1월 22일, 브레슬라우를 떠나라는 지시가 내려왔다. 유일하게 도시에 남은 수비대는 포위된 '요새 도시'를 종전 시까지 지켜냈다. 총통사령부의 지시에 따라 만슈타인은 리그니츠를 떠날 준비를 했다. 만슈타인 일가는 다음 지시를 기다리는 동안 베를린에 있는 친구들의 집에 얹혀 지냈다.

슈탈베르크의 기록에 따르면, 만슈타인은 1월 29일 아침에 갑자기 히틀러와 면담을 원했다. 그는 따로 약속을 잡는 대신, 포스슈트라세의 수상관저로 직접 찾아갔다. 만슈타인 원수와 그의 부관은 지붕 일부가 날아가고 심하게 망가진 접견실을 헤매며 지하 벙커의 입구를 겨우 찾아냈다. 그러나 두 사람은 경비의 지시에 따라 문 앞에서 품위 없게 기다려야 했다. 그러나 30분 뒤 경비는 히틀러가 들여보내지 말라고 했음을 전했다. 두 사람은 총통은 물론, 총통의 부관과도 이야기할 수 없었다.

만슈타인은 화가 나서 입을 꾹 다물고 총통관저 바깥으로 씩씩대며 걸어나갔다. 그 순간, 그는 과거 프랑스 전역 중 같은 건물에서 총통과 나누었던 중요한 대화를 회상했을 것이다. 만슈타인은 그 뒤로 4년 동안 독일을 충성스럽게 섬겼으나 이제 그의 몫으로 남은 것은 모욕뿐이었다. 만슈타인은 총통관저를 방문한 동기에 대해서는 전혀 언급하지 않았다. 그는 어쩌면 총통과 '특별한 순간'을 나눌 수 있기를 바랐는지도 몰랐다. 슈탈베르크는 그의 방문 목적이 히틀러가 1년 전에 묵시적으로 묘사했던 '최후의 전투'에 참전하고 싶다는 의사를 표명하려는 것이었다고 추측했다. 어쩌면 슈탈베르크의 의견과는 반대로, 슐레지엔에서 품위 없게 도망친 일이 아직 머릿속에 생생했던 만슈타인이 히틀러에게 모든 것을 잃기 전에 전쟁을 끝내라고 조언하려 했던 것일지도 모른다. 두 사람이 만났더라면 어떤 일이 일어났을지는 상상에 맡길 수밖에 없다. 그러나 히틀러 입장에서 생각해보면 자신이 10개월 전에 해임한 인물이 밤 11시가 넘은 늦은 시각에 찾아온 것을 이해하기란 쉽지 않았을 것이다.

만슈타인은 육군 최고사령부로부터 베를린에서 짧게 체류하는 동안 뤼네부르크Lüneburg 황야의 도르프마크Dorfmark 근처 베르겐Bergen 훈련장 서쪽 끝에 있는 아흐터베르크Achterberg에 머물러도 된다는 허가를 받았다. 그곳은 한때 프리치의 집이었다.

당시 15세였던 만슈타인의 아들 뤼디거는 당시 생활에 대해 이렇게 기록했다. "아흐터베르크는 평시와 다름없이 침착하고 질서정연했다. 최근 내가 경험한 것과는 믿을 수 없을 정도로 대조적이었다. 연합군 폭격기들이 계속해서 우리 머리 위를 날아가는 것만이 전쟁이 계속되고 있다는 사실을 일깨워주었다." 그로부터 몇 달 동안 만슈타인 일가의 집과 근처 건물들은 친구들, 친척들, 그리고 슐레지엔에서 그들을 위해 일하던 일꾼들의 집결지 내지는 휴식처 역할을 했다. 만슈타인의 장모였던 아말리 폰 뢰슈Amaly von Loesch 노부인도 한 무리의 사람들을 이끌고 슐레지엔을 빠져나왔으나 7월이 되어서야 아흐터베르크에 도착했다. 만슈타인의 결혼한 딸 기젤라 링엔탈은 임신으로 무거운 몸을 이끌고 베를린에서부터 자전거를 타고 아흐터베르크로 향했다. 그러나 5월에 그녀가 도착해보니 만슈타인 일가는 독일 항복 직후에 그곳을 떠나고 없었다.

만슈타인이 급히 아흐터베르크를 떠난 이유는 간단했다. 영국군 제2군이 4월 9일 베저Weser 강을 건너고 선봉대가 함부르크Hamburg가 있는 북동쪽으로 향하자 그전까지는 여유가 있었던 아흐터베르크 역시 위기에 처했다. 남쪽에서는 미 제9군의 전방 부대가 4월 10일에 하노버Hannover를 점령했다. 만슈타인은 독일이 항복하기 전에는 결코 연합군의 손아귀에 붙잡히지 않겠다고 결심했기 때문에 가족을 이끌고 가급적 빨리 움직여야 했다. 4월 19일에 만슈타인은 함부르크에 도착했다.

과거 자랑스러운 한자 동맹의 도시였던 함부르크는 심한 공격을 받은 뒤였다. 만슈타인은 오랜 친구 부슈가 지휘하고 있던 남서집단군 사령부를 찾았다. 부슈는 지난 여름 중앙집단군이 괴멸되면서 자연스럽게 해임되었으나 만슈타인과는 달리 다시 사령관직에 복귀했다. 원수이기 이전에 가까운 전우였던 두 사람이 절박한 상황을 논하는 동안 알베르트 슈페어가 대화에 합류했다. 그가 묘사한 히틀러의 벙커 내 상황은 극적이었다. "그 병자는 자기 사무실 안에 틀어박혀 프리드리히 대제의 초상화 아래 앉아 몸을 떨고 있을 뿐, 방문객의 말에는 귀를 거의 기울이지 않습니다." 독일 국민들로서는 더욱 당혹스럽게도 총통은 슈페어에게 적군이 도착하기 전에 독일 제국의 모든 공장들을 파괴하라고 명령했다. 슈페어는 자신이 히틀러의 광기 어린 초토화 정책을 진정시키고 있으며 가는 곳마다 사람들에게 히틀러의 지시에 불복을 권고하는 중이라고 설명했다.

만슈타인은 함부르크를 떠나기 전에 마지막으로 한 번의 호사를 누렸다. 그는 슈탈베르크에게 근사한 오찬을 할 수 있는 최고급 레스토랑을 알아보라고 지시했다. 전쟁 전에 함부르크에서 직업 교육을 받았으며 원래도 이런 쪽에는 정보가 빠삭했던 믿음직스러운 부관은 갠제마르크트Gänsemarkt의 레스토랑 엠케Ehmke를 추천했다. 도심지가 거의 파괴된 시점이었으나 이 레스토랑은 아직 영업을 하고 있었다. 슈탈베르크의 회상에 따르면, 엠케의 우아함은 그 높은 명성에 부합했다. 두 사람은 사적인 공간으로 안내받았고, 프록코트를 입은 웨이터들의 시중을 받으며 화려한 식사를 했다. 제2차 세계대전 막바지의 혼란 속에서 상당히 이질적인 순간이었다.

전쟁이 끝나고 만슈타인은 일시적인 억류 기간 동안 홀슈타인Holstein 올덴부르크Oldenburg 근처 발트 해안의 시골 저택 구트 바이센하우스Gut Weissenhaus

에 머물렀다. 슈탈베르크는 "이 집이 멋진 대저택이었다"고 회상했다. "1층은 킬 박물관Kiel Landesmuseum의 전시품으로 천장까지 가득 차 있었다." 저택의 주인인 클레멘스 플라텐Clemens Platen 백작과 그의 아내는 만슈타인 가족과 다른 이들을 살뜰히 돌보았다.

전쟁이 끝에 다다르면서 만슈타인 원수가 사령관직에 복귀할 기회가 생겼다. 4월 30일에 히틀러는 자살했고 5월 1일에 독일 국영 라디오에서는 히틀러가 베를린에서 "영웅적으로 서거했다"고 알렸다. 칼 되니츠Karl Dönitz 해군 총사령관이 히틀러 후임으로 국가수반 자리에 올랐다. 그는 총통의 서거 전에도 만슈타인을 다시 기용할 생각을 하고 있었다. 되니츠는 회고록에 이렇게 적었다.

내가 국가수반이 되기 직전이었던 4월 말에 폰 보크 원수와 폰 만슈타인 원수가 나를 방문했고, 우리는 군사 상황을 논의했다. 만슈타인은 동부전선에 배치된 군을 영국군과 미군 전선 근방의 진지까지 후퇴시킬 필요성을 특히 강조했다. 이는 나 자신의 견해와 완벽히 일치했다. 따라서 나는 5월 1일에 폰 만슈타인에게 당장 연락할 것을 지시했다. 그를 카이텔이 맡고 있던 (국방군) 참모총장직에 앉힐 계획이었다. 그러나 연락이 닿지 않았고, 그래서 국방군 최고사령부는 여전히 카이텔과 요들이 지휘하게 되었다.

따라서 만슈타인은 전쟁의 마지막 단계에서 자신의 희소한 재능을 발휘하지 못하고 백수 상태로 지냈다. 아들 뤼디거 만슈타인은 그 이유로 히믈러, 리벤트로프Joachim von Ribbentrop, 카이텔, 요들 같은 '전 시대의 대표자'들이 플뢴Plön에서 플렌스부르크Flensburg로 옮겨간 되니츠의 사령부에서 여전히 강력한 영향력을 발휘하고 있었기 때문이라고 설명했다. 이들이 진짜로 되니츠의 고문 역할을 하고 있었다면 만슈타인이 국방군 참모총장직에 임명되지 않은 것도 놀랍지 않다. 그러나 사실은 이와 달랐다. 알고 보면 되니츠는 히믈러나 리벤트로프를 싫어했고 그들을 신규 내각에서 빼버렸다. 한편 그는 요들에 대해서는 "명료한 사고를 아주 높이 평가하고 있었다."

되니츠가 조건부 항복을 협상할 때 만슈타인이 있었더라면 큰 도움이 되었을 것이다. 되니츠는 동부전선의 병사들이 소련의 전쟁포로로 잡히는 일을 최대한 막으려 했다. 그러나 아무리 만슈타인처럼 능력과 권한과 명성을 두루 갖춘 인물일지라도 군사적 상황에 의미 있는 변화를 불러오기에는 너무 늦은 상황이었다. 더 이상의 인명 손실 없이 전쟁을 가능한 한 신속히 끝내는 것만이 최선이었다.

종전 직전에 작은 비극이 일어났다. 만슈타인은 퇴역 후 근처 렌잔ᴸensahn에서 가족과 지내고 있던 폰 보크 원수를 바이센하우스로 초대했다. 차를 마시며 코앞에 다가온 조건부 항복을 논하고자 했던 것이다. 그러나 약속한 5월 3일, 슈탈베르크가 손님의 도착을 기다리는 동안 불길하게도 하늘을 가로질러 날아가는 영국 공군 전투기들이 보였다. 몇 분 뒤 그는 "영국군의 기관총 소리를 들었다." 보크가 타고 있던 차가 기관총에 맞은 것이었다. 보크의 아내와 딸은 그 자리에서 즉사했고 보크 본인은 치명상을 입어 근처의 올덴부르크 병원으로 옮겨졌다. 만슈타인과 슈탈베르크는 보크가 어디로 옮겨졌는지 알아내자마자 당장 병원으로 달려갔다. 그는 몸에 붕대를 친친 감은 채 겨우 말만 할 수 있는 상태였다. 보크는 만슈타인에게 16살 먹은 양자 딘니스 폰 데어 오스텐ᴰinnies von der Osten을 돌봐달라고 부탁했다. 만슈타인은 부탁을 받아들였다. 그러자 보크는 다시 입을 열어 힘겹게 유언을 남겼다. "만슈타인, 독일을 구해주시오." 그러나 때는 이미 늦었다.

보크는 몇 시간 뒤 되니츠의 사절인 한스 게오르크 폰 프리드부르크ᴴans Georg von Friedburg 장군이 뤼네부르크ᴸüneburg 남쪽 몽고메리 원수의 전술사령부에서 평화협정을 협상하고 있던 시점에 숨졌다. 하루 뒤인 1945년 5월 4일 18시 30분에 프리드부르크 장군은 네덜란드, 독일 북서부, 슐레스비히-홀슈타인, 덴마크의 모든 독일군 무장 병력에 관한 항복문서에 서명했다. 다음날 아침 8시에 모든 적대행위가 멈췄다. 어쨌든 유럽의 이 부분에서는 마침내 전쟁이 끝난 것이었다.

5월 5일 토요일, 만슈타인은 슈탈베르크에게 몽고메리에게 보낼 개인적인 편지를 영문으로 작성해달라고 요청했다. 그는 자신의 현 위치를 밝히고 자신을 제21집단군 사령관의 처분에 맡기겠다고 했다. 5월 6일 일요일, 슈탈베르크는 동도 트기 전에 만슈타인의 참모차량을 타고 플라텐 백작과 함께 영국군 전선으로 향했다. 그는 호위병을 차에 태우느라 여러 번 멈추고, 푸짐한 아침과 점심을 먹고, 오후에 몽고메리의 사령부에 도착했다. 슈탈베르크는 오래 기다린 끝에 "노타이 셔츠를 입고 계급을 나타내는 배지나 훈장은 전혀 달지 않은 작고 강단 있고 다부지게 생긴 남자"를 만났다. 그가 바로 유명한 영국 사령관 몽고메리였다. 그는 참모장교를 통해 답변을 전하겠노라고 했다. 또 한 번의 긴 기다림 끝에 슈탈베르크는 몽고메리의 서신을 받았다. 그 내용은 "폰 만슈타인 원수에게 다른 말이 있을 때까지 바이센하우스에 머무르며 그곳에서 소식을 기다리라고 전하라"는 것이었다. 플라텐과 슈탈베르크는 저녁 늦게 안전보장증명서를 들고 엘베Elbe 강을 건너 집으로 돌아갔다.

만슈타인이 카이텔의 후임으로 국방군 최고사령관직에 앉았더라면, 되니츠는 독일군 최고의 군인이었던 그를 몽고메리나 아이젠하워Dwight Eisenhower에게 보내서 항복을 논하게 했을 것이다. 이런 장면을 상상해보자. 훈장이 주렁주렁 달린 최고로 좋은 야전 군복을 입고 손에는 원수의 지휘봉을 쥔 키가 크고 귀족적인 독일인이 서 있다. 그 맞은편에는 카키색 재킷과 색이 바랜 코듀로이 바지를 입고, 자신의 트레이드마크인 규정에 위반되는 배지 2개가 달린 베레모를 쓰고, 양손을 등 뒤에서 꼭 쥐고 있는 금욕적인 분위기의 자그마한 아일랜드계 영국인이 서 있다. 쾌활한 몽고메리 원수는 자신의 전술사령부에서 독일군 사절들을 맞았을 때처럼 만슈타인을 가혹하게 대했을까? "대체 누구십니까? ……못 들어본 이름이군요. ……뭘 원하시는 거죠?"

이와 같은 잘 짜인 연극 대신에 몽고메리의 캐러밴 안에서 예의바른 대화가 오갔다면 상황이 이보다는 나았을지도 몰랐다. 어쨌든 두 사람은 같은 계급의 군인으로서 직업상 자랑스러운 성취를 거두었다는 공통점이 있었고, 늘 그랬듯이 조국을 위해 임무를 충실히 수행했을 것이다. 그러나 안타깝게도 이 유명한 두 원수는 만나지 못했다. 만슈타인과 몽고메리는 서로를 어떻게 생각했을까? 두 사람은 어떤 면에서는 정반대였으나 자국 최고의 작전가였다는 분명한 유사점이 있었다.

몽고메리는 만슈타인을 비롯한 독일군 장군들의 대우 문제에서 실수를 저지를 뻔했다. 1945년 5월 6일 이른 시각에 그는 독일군 고위 사령관들과 참모들(부슈, 블라스코비츠, 블루멘트리트)을 임시로 자신의 집단군과 예하 군 사령부에 배속시켜 감독하겠다는 뜻을 런던에 전했다. 그는 특유의 사고방식으로 "이런 운영법이야말로 앞에 놓여 있는 아주 복잡한 문제들을 서둘러 해결하는 가장 빠른 방법"이라고 판단했다. 이는 현명하고도 실용적인 해법이 맞았다. 그러나 '사령관급을 비롯하여 남은 군인들'을 전쟁포로수용소에 넣는다는 생각은 아니었다. 그날 늦게 처칠은 앞일을 내다보고 격분했다. "사령관들을 전쟁포로수용소에 넣을 필요가 대체 뭔가? 나중에 각 개인에 대한 전쟁범죄 혐의가 밝혀지면 몰라도 그 전에 일반적인 군사 계급 구분을 무시할 정도로 시설이 그렇게 부족한가?" 몽고메리는 처칠의 꾸짖음을 사람 좋게 받아들이고는 5월 7일에 이렇게 대답했다. "유감스럽게도 M578 세 번째 문단의 표현이 분명하지 않았던 것 같습니다. 물론 사령관들은 수용소에 넣지 않을 겁니다. 고급 장교들은 특별대우를 하겠습니다."

종전 직후 점령기 동안 몽고메리는 민덴Minden 근처 바트 외인하우젠Bad Oeynhausen에 있던 중앙사령부에서 차로 잠깐 거리인 슐로스 오스텐발데Schloss Ostenwalde의 17세기 대저택에 자신의 사령부를 차렸다. 그는 바이센하우스에 억류되어 있던 만슈타인에게 특별히 주의를 기울이거나 그를 따로 호출하지 않았다. 독일을 재기시키기 위한 새 임무에 매달려 있느라 독일인 개인에게 할애할 시간이 거의 없었던 것이다. 몽고메리는 독일이 처한 곤경을 모른 척하지 않았고, 1945년 5월 23일 런던에서 열린 통제위원회에서 이렇게 선언했다. "우리는 독일인들이 무질서와 질병에서 벗어나 양호한 생활을 누릴 수 있도록 민간 규율을 다시 세워야 하고, 안타깝게도 점령 과정에서 망가져버린 이 국가를 통치해야 합니다." 만슈타인 일가를 비롯하여 수백만 명의 독일인에게는 기본적인 생존이 문제였다. 전쟁 중 일반 독일 국민들은 음식, 잠잘 곳, 일자리가 끔찍하게 부족했다. 종전 후 점령기에도 미래 전망은 아무리 낙관적으로 보아도 확실히 좋다고는 할 수 없었다.

뤼디거 폰 만슈타인은 독일군이 항복한 직후 몇 달 동안 아버지가 영국 군에게서 좋은 대우를 받았다고 강조했다. 실제로 만슈타인은 고위 계급에게 주어지는 몇 가지 특혜를 받았다. 그는 수백만 명의 독일군 포로들이 갇혀 있던 '점령 반도'의 제한구역 F 내에 머물러야 했으나, 바이센하우스의 손님용 방에서 아내와 아들과 함께 지낼 수 있었으며, 참모차량과 운전수도 빼앗기지 않았다. 개인 무기도 소지할 수 있었다. 만슈타인의 입장에서 유일하게 거슬렸던 점은 질서와 기강이 해이해진 시점에 소중한 원수 지휘봉을 영국 군인에게 약탈당한 것이었다. 만슈타인은 서약에 따라 의료 목적으로 제한구역 바깥을 오갈 수도 있었다. 안구에 합병증이 재발한 데다가 주사를 잘못 맞은 탓에 종기마저 생겨 자칫하면 목숨이 위험한 상황이었기 때문이었다.

1945년 8월 26일, 장티푸스로 추정되던 병세에 대한 치료는 갑작스럽게 끝났다. 홀슈타인 올덴부르크 근방의 바닷가 마을인 하일리겐하펜 Heiligenhafen의 병원에서 치료받던 만슈타인은 한마디 설명도 듣지 못하고 영국 군경에 의해 쫓겨났다. 군경은 언제나 군 내에서 세심하지 못한 축에 속했지만, 그렇다 해도 만슈타인의 체포는 너무 갑작스러웠다. 영국인 및 독일인 의료진은 만슈타인이 이동해서는 안 되는 상태라고 항의했으나, 그는 뤼네부르크 근처의 전쟁포로수용소로 이송되었다. 이렇게 시작된 만슈타인의 수감 생활은 8년 반 동안 지속되어 1953년 5월에야 끝났다. 이즈음 알렉산더 슈탈베르크는 부관 임무가 종료되었다고 여기고 있었다. 그는 이미 전역 확인 문서를 받았기 때문에, 2년 반 동안 충실하게 섬겼던 원수와 함께 구금될 이유가 없었다. 바이센하우스의 만슈타인 일가를 방문했던 마리아 슈탈베르크에 따르면, 만슈타인 역시 슈탈베르크가 갑자기 떠난 것에 전혀 놀라지 않았다. 어쨌든 전쟁은 끝난 뒤였고, 포로가 된 만슈타인은 부관에게 이래라저래라 할 수 있는 입장이 아니었다.

뉘른베르크 법정에서의 증언: 변호를 준비하다

만슈타인은 이제 철조망이 쳐진 뤼네부르크 전쟁포로수용소 내에서 전보다 훨씬 갑갑한 수감 생활을 견뎌야 했다. 그는 소일거리로 목제 의자를 제작했고, 때로는 수용소를 둘러싼 울타리에서 농장 노동자로 변장한 아내와 대화를 나눌 수 있었다. 그는 1945년 10월 18일 함께 수감되어 있던 브라우히치와 바트 외인하우젠의 영국군 라인 강 사령부로 소환될 때까지 구금 생활을 견뎌야 했다.

다음날 두 사람은 '나치 도시'라는 별명이 붙은 뉘른베르크로 이송되어, 시내에서 그나마 피해가 덜했던 법원에 수감되었다. 이곳에서는 중요한 전범재판이 열려 나치 독일에서 생존한 주요 군사 및 민간 지도자 21명이 재판을 받았다. 군 관계자 중에는 괴링, 카이텔, 요들, 래더, 되니츠 외에 6개 집단과 조직이 기소되었다. 그중에는 '참모본부와 독일 국방군'도 포함되어 있었다. 만슈타인은 독일군 집단의 피고측 증인으로 소환되었다. 따라서 교도소에서 범죄자 구역이 아닌 증인 구역에 수감되었다. 1945년 8월 8일에 런던 협정에서 국제군사법정의 절차가 확립되었다. 이윽고 각 개인 및 조직이 '반평화 범죄', '전쟁범죄', '반인류 범죄'로 분류되는 범죄에 대해 재판을 받았다.

이번 재판에서 미국 검사단의 수석 검사는 대법관 로버트 H. 잭슨Robert H. Jackson, 차석 검사는 제1차 세계대전에서 명예훈장을 받고 제2차 세계대전에서는 전략사무국장을 맡은 윌리엄 J. 도너번William J. Donovan이었다. 도너번은 재판 준비 과정에서 제1차 세계대전 종전 시부터 1945년까지 독일군이 어떻게 발전해나갔는지에 대한 독일 측 설명을 필요로 했다. 그는 (훗날 1949년 만슈타인의 재판에 조력하게 되는) 레버퀸Leverkuehn 박사에게 도움을 요청했고, 레버퀸은 발터 폰 브라우히치 원수에게 접근하여 해당 임무를 맡겼다. 이에 전 육군 최고사령관은 만슈타인 원수, 프란츠 할더 상급대장, 발터 바를리몬트Walter Warlimont 포병장군, 지그프리트 베스트팔 기병장군에게 조력을 요구했다. 흥미롭게도 해군이나 공군 측 인사는 아무도 연락을 받지 못했다. 혹시 공군의 도움이 필요했다면 만슈타인의 감방 동료였던 알베르트 케셀링 원수가 역할을 할 수도 있었을 것이다. 만슈타인과 베스트팔은 타자기로 1920~1938년, 1942년 가을~1945년 두 시기를 다룬 134쪽짜리 원고를 집필했고, 그사이의 기간은 브라우히치와 할더, 그리고 요들의 바로 밑에서 일했던 바를리몬트가 맡았다. 세 사람은 국방군 최고사령부의 구조에 대해 세밀하게 기록했다. 집필 작업이 시작되면서 만슈타인은 갑자기 새로운 환경에 적응해야 했다.

영국군 수용소와 대조적으로 뉘른베르크에서의 옥살이는 몹시 혹독했다. 만슈타인이 증인 신분이었는데도 그랬다. 그는 아내에게 보낸 편지에서 이렇게 불평했다.

여기서는 전쟁포로에 관련된 제네바 회담의 규칙이 전혀 적용되고 있지 않소 ……. 군복을 입고 도착한 모든 장교들은 계급장을 뜯어내야 했소. 베스트팔을 비롯해 이에 저항한 몇 명은 독방에 가둬졌고 이틀 동안 굶는 벌을 받았소. 내가 민간복을 입고 있어 다행이오.

그러나 뉘른베르크에 대한 만슈타인 원수의 첫인상은 마냥 부정적이지만은 않았다. 그는 "(교도관인) 미국 군인들이 대체로 예의바르게 행동한다"고 평하기도 했다. 만슈타인은 자신이 아주 훌륭한 안과 치료를 받았다고 칭찬을 늘어놓았으나 아직까지 시력에 문제가 있는데도 지금은 안과 전문의를 만날 수 없다고 적었다. 아내가 보내온 예쁜 카드와 베스트팔과의 우정이 만슈타인에게 큰 힘이 되었다. "우리 둘 다 낙담에 빠져 있지만은 않았다. 우리는 상황을 바꿀 수 있는 입장이 아니기 때문에 운명을 그대로 받아들였다. ……어쨌든 모든 것에도 불구하고 우리 두 사람은 여전히 함께 웃을 수 있다. 다행한 일이다."

「독일군 1920~1945」의 집필 환경은 교도소 4인실보다 약간 나은 수준이었다. 독일군 고위 장교 5명은 법정의 빈 방에서 굉장한 시간적 압박을 받으며 일했다. 그러나 협력 조건으로 교도관에게 방해받지 않을 것을 요구했기 때문에 그들만의 시간을 즐길 수 있는 장점도 있었다. 그들은 공식 기록에 대한 접근권이 없었기 때문에 토론을 하고 기억을 바탕으로 문서를 작성했다. 때때로 레버퀸이 방문했다. 도너번에게 견본 문서를 제출했을 때 문제가 발생했다. 문서에 '유죄 인물들'의 이름이 보이지 않자 도너번이 실망하는 기색을 보인 것이다. 이에 집필팀은 어떻게 반응해야 할지 몰라 머뭇거렸다. 그러나 만슈타인과 베스트팔은 자신들의 목적이 검사측 업무를 돕는 것은 아니라고 확신하고 있었다. 두 사람의 견해가 받아들여져서 집필팀은 어떠한 개인의 유죄를 주장하는 내용 없이 1945년 11월 19일에 문서를 완성했다.

장군들이 작성한 문서는 전체적으로 국방군의 '무고함'에 대해 명확하고도 설득력 있는 논리를 펼치고 있었다. 독일 군부는 독일 국민의 신뢰를 얻어내어 이용한 총통에 의해 조종당했다는 것이었다. 독일군이 작전 수행에 실패한 주원인도 히틀러였다. 그러나 이 문서가 완전히 진실을 숨기기 위한 눈가림용이라고 치부하는 것은 너무 단순하고 부정확한 판단일 것이다. 이 문서는 만슈타인과 그 동료들의 변론을 위한 배경과 전후 사정을 제공하고 있어 역사적 가치가 높다. 특히 다음해 여름 재판과 만슈타인의 재판에서 피고들을 대질심문할 때 드러난 관점과 주제들이 담겨 있다는 점에서도 흥미롭다. 게다가 「독일군 1920~1945」에 정리된 주장과 만슈타인의 회고록에 실린 주장은 확실히 관련이 있다.

문서의 내용을 살펴보자. "히틀러는 참모본부도 장군도 믿지 않았다"라는 문장은 반박이 불가능하다. 그러나 역으로 군인들, 특히 고위 간부들이 전쟁 준비 기간과 초반에 히틀러를 믿은 이유에 대해서는 설득력 있는 논리가 제시되어 있지 않다. 물론 죽은 총통이 살아나 뉘른베르크에서 자기 변호를 할 수 있는 것도 아니었으니, 그의 결점을 부각시키고 그의 정책에 대해 군이 보낸 지지와 열정은 최소화하는 것이 유리했다. 의미심장하게도 문서 집필자들은 전쟁이 진행되는 동안 국방군이 점점 정치화되었다고 강조했다. "1941년 12월에 군 지휘권을 잡은 히틀러는 참모총장에게 '최고사령관의 주 임무는 군대에게 국가사회주의 교육을 시키는 것이다. 이 임무를 맡길 만한 육군 장군이 없으므로 내가 직접 최고사령관직에 오르기로

했다'라고 말했다." 물론 국방군이 육군과 동의어는 아니었음을 잊어서는
안 된다. 가령 공군은 설립 시점부터 정치화되어 있었다.

문제의 소지가 많은 '정치장교 처리에 관한 명령Commissar Order'은 육군 최
고사령부가 내린 것이 아니었고, 브라우히치가 병사들에게 올바르게 행동
할 것을 요구하는 보충 지시를 내렸다는 점을 들어 심각하게 다루어지지
않았다. 이 문서에서 놀라운 주장은 국방군 최고사령부와 육군 최고사령부
간에 훌륭한 협동이 이루어졌다는 것이다. 이는 만슈타인의 회고록 내용과
는 어긋나는 주장이다. 만슈타인은 본인의 불쾌한 경험을 근거 삼아 집단
군 사령관들이 작전을 수행할 때 느꼈던 심한 제약들을 강조했다. 예를 들
어, 집단군 사령관들은 자신의 담당 영역 바깥에서 전쟁이 어떻게 전개되
고 있는지 알 수 없었고, 이런 상황에서 "군사적 논리를 바탕으로 전략을 제
안할 수 없었다." 집단군 사령관들은 자신의 영역 내에서도 "지휘 의도를 놓
고 히틀러와 끊임없이 싸워야 했고 시간이 지남에 따라 히틀러와 불편한
관계에 놓였다." 1943년 이후의 작전 수행을 묘사하는 단락에서 만슈타인
은 이렇게 적었다.

동부 전역이 이렇게 전개된 핵심 원인은 최고 작전 수준에서 지휘가 불충분했
기 때문이다. 점령한 땅을 한 치라도 내줘서는 안 된다는 하나의 원칙 하에 부
대들은 연달아 희생되었다. 사실상 예비대가 없었기 때문에 상황은 더욱 악화
되었다. 소련군 대 독일군의 병력 비율은 대개 7 대 1이었다. 독일군이 소진되
고 있다는 경고는 전부 무시되었다.

문서 집필자들은 또한 문서에 독일의 점령지 지배를 포함시키면서 전범
문제를 다루었다. 이는 뉘른베르크 재판에서 참모본부와 국방군 최고사령
부에 씌워진 주요 죄목이었다. 집필자들은 독일군이라는 집단 전체의 무
죄를 입증하려는 의도를 품고 있었다. 그들은 "빨치산과 무법자 무리와 벌
인 전투에 관해 심각한 응징이 있었음을 부인할 수 없지만", 이런 사건이 상
관의 주의를 끈 경우에는 조사가 이루어졌다고 주장했다. 또한 점령지에서

후퇴하는 도중 초토화 정책이라는 명목 하에 이루어진 파괴 행위는 군사적 필요성을 근거로 정당화되었고, "전쟁 수행에 대한 일반 법칙들에 의거하여" 이루어졌다고 주장했다. 그러나 국제군사법정은 이를 사실로 받아들이지 않았다.

브라우히치를 필두로 한 집필자들은 결론에서 군이 히틀러에 반대했음을 강조했다. 신앙심이 깊었던 만슈타인은 이렇게 덧붙였다. "장교들은 특히 윗세대일수록 대다수가 기독교인으로서 성장했기 때문에 총사령관을 암살할 수 없었고 충성 서약을 깰 수조차 없었다." 이러한 변명은 독일군이 히틀러를 버리지 않은 이유를 합리화한 것이었다. "지난 전쟁(제1차 세계대전) 이후로 독일군은 정치에서 거리를 두어야 한다는 교훈을 얻었다. 그 결과 제2차 세계대전에서 가장 큰 위기가 닥쳤을 때 독일군에는 국가의 정치 지도자를 끌어내릴 인물도 수단도 없었다." 만슈타인은 참모본부 소속 군인들뿐만 아니라 국방군에서 복무했던 대다수의 군인들을 대변하여 말했다.

이 문서는 어떤 가치가 있었을까? 검사측의 미국인 변호사 텔포드 테일러Telford Taylor 대령의 말을 인용해보자. "도너번이 알아차렸듯이 이 문서는 그의 의도에 부합하지 않았다. 독일이 유감스러운 상태에 놓이게 된 책임을 군대에게서 히틀러로 돌리고, 카이텔이나 요들에게 개인적인 책임을 지우지 않았기 때문이다." 그러나 피고 측은 이 보고서를 활용하여 강력하지는 않더라도 얼마간 설득력 있는 변론의 틀을 짤 수 있었다.

만슈타인을 비롯하여 증인으로 불려나온 장군들은 독일군의 무죄를 입증하는 문서 작성을 완료한 뒤, 참모본부와 국방군 최고사령부에 대한 재판을 기다렸다. 1946년 1월 4일, 텔포드 테일러의 모두진술로 재판이 시작되었다. 그는 이렇게 선언했다. "이 고발장은 국제군사법정 헌장 제9조에서 11조를 근거로 6개 집단 및 조직이 자행한 범죄를 밝히려 합니다. 마지막 피고발 집단 가운데는 독일군 참모본부와 최고사령부가 포함됩니다." 그리고 이어지는 말은 다음과 같았다.

검사측은 이 집단의 모든 일원이 악한 자였다거나 그들이 모두 똑같이 유죄라고 주장하지 않습니다. 우리가 밝히려는 것은 이 집단이 히틀러에 협력하고 나치의 근본적 의도를 지지했을 뿐만 아니라, 나치 독일 계획의 성공에 핵심적이고도 근본적인 한 가지 요소, 즉 무력의 개발과 활용에 필요한 기술과 경험을 히틀러에게 제공했다는 사실입니다.

노련한 미 육군 변호사이자 정보장교였으며 훗날 저명한 제2차 세계대전 전문 전쟁사학자가 된 테일러는 뉘른베르크 법정에서 청산유수의 말솜씨를 뽐냈다. 그는 뛰어난 수사적 능력을 최대한 발휘하여 "장군들은 히틀러와 동일하게 인접국의 희생을 기반으로 독일의 확장을 희망했으며 무력이나 무력을 사용하겠다는 위협으로써 이 희망을 실행에 옮길 의향이 있었습니다"라고 비난했다. 그는 힘주어 선언했다.

나치는 독일군과 독일 국경을 확장함으로써 장군들이 성취하기를 바라는 많은 것을 얻어낼 기회를 제공했습니다. 이에 동의함으로써 장군들은 나치의 밴드웨건(악대차)에 올라탄 셈입니다. 처음에 장군들은 이 밴드웨건이 자신들이 바라는 방향대로 가고 있다고 생각했습니다. 그러니 나중에 그들이 직접 운전대를 쥐고 싶어했던 것도 당연합니다. 그런데 알고 보니 그 차를 운전하고 있던 것은 나치였고, 장군들은 그저 차를 얻어 탔을 뿐이었습니다. 이를 입증할 증거가 충분합니다. 한마디로 말해 히틀러는 정복이라는 화려한 빛으로써 장군들을 자기편으로 유혹했고, 그들을 정치적으로 끌어들이는 데 성공했습니다. 그리고 전쟁이 진행되면서 장군들은 히틀러의 도구가 되었습니다. 그러나 군사 지도자들이 실상 나치의 도구였을 뿐이라 해도, 그들이 이 법정에서 제기될 범죄에 일부만 참여했다거나 참여하면서도 그 사실을 몰랐다고 추정해서는 안 됩니다. 우리는 여기서 독일군 직업장교단이 기꺼이, 열렬히 나치와 한 패가 되려 했음을 속속들이 밝힐 것입니다.

테일러의 모두진술이 이처럼 상세하게 계속되는 바람에 공판이 하루 더 연장되어 1946년 1월 7일에야 끝이 났다.

한편 만슈타인은 쉴 틈이 없었다. 그는 오랜 시간 동안 피고측 주 변호사인 라테른저Laternser 박사를 도와 다양한 변호 전술과 변론에 활용 가능한 주장들을 제안했다. 1946년 봄까지 그는 「참모본부 변론에 대한 의견」이라는 가제 하에 수백 페이지의 원고를 작성했다. 열악한 작업 환경과 손상된 시력에도 불구하고 이렇게 많은 성과물을 냈다는 점에서 만슈타인의 결의와 에너지가 대단했음을 짐작할 수 있다.

만슈타인이 애쓴 결과물은 아들의 책 『20세기의 군인Soldat im 20. Jahrhundert』에 광범위하게 인용되어 있다. 만슈타인은 뉘른베르크에서 지내는 동안 법정에서 문제가 될 만한 내용을 파악하고 설득력 있는 응수를 준비하는 데 많은 시간을 보냈다. 만슈타인이 '반평화 범죄' 혐의를 반박하는 데 주안점을 둔 것은 침략전쟁을 계획하고 수행한 것이 독일 국방군이나 육군, 참모본부가 아니라 히틀러라는 사실이었다. 라테른저와 만슈타인은 이 주장에 어떤 위험이 내재되어 있는지 알고 있었다. 변론에 실패하면 "참모본부 소속 군인 수천 명은 계급을 막론하고 더 이상의 재판 없이 자동으로 유죄 판결을 받을 터였다."

만슈타인은 이렇게 주장했다. "헌법에 의거하여 전쟁과 평화에 대한 결정권은 히틀러가 쥐고 있었다……. 군 사령관들은 전쟁을 추천하지 않았고, 전쟁을 일으킬 생각도 없었다. 그들은 전쟁을 벌인다는 결정을 최대한 막으려 했다." 그러나 군대에는 "전쟁 행위가 국제 조약을 위반한다 해도 복종의 의무를 소멸시키는 법이 없었다." 만슈타인은 임무를 수행한 게 전부인 군인들을 범죄자로 취급해서는 안 된다고 주장했다. 그때까지 전쟁을 일으키는 것이 범죄로 간주된 적은 없었다. 그런 연유로 만슈타인은 참모본부와 국방군 최고사령관이 유죄를 선고받지 않으리라 확신하고 있었다. 독일군의 계획 행위는 모든 국가에서 행해지는 것과 본질적으로 동일했으므로, 집단이나 조직의 정의에 들어맞지도 않았다. 만슈타인의 예상은 들어맞았으나, 그러기까지 몇 달이나 되는 재판을 거쳐야 했다.

군에게 씌워진 전쟁범죄 혐의에 대해 만슈타인은 강경한 어조로 이렇게 썼다. "독일군 사령관들은 처음부터 끝까지 군법에 의거하여 적국 군대와 싸웠다." 특히 검사측 발언을 염두에 두고 만슈타인은 "적군에 대한 독일군 사령관들의 올바른 태도는 점령지 민간인에 대한 태도에도 그대로 반영되었다"라고 주장했다. 이어지는 만슈타인의 입장 설명은 제2차 세계대전뿐만 아니라 오늘날의 복잡한 작전 상황에서도 원칙적으로 유효하다.

전방에서 싸운다는 무거운 책임을 진 군 사령관의 유일한 관심사는 후방을 안정화시키는 것이다. 따라서 군 사령관은 전쟁 상황에서 현지 민간인들의 평화를 최대한 유지하기 위해 무엇이든 할 것이다. 이는 가혹 행위로는 달성할 수 없는 목표다. 군 사령관은 가혹 행위가 적국(민간인들)의 반발을 불러일으킬 것이고, 점령지에 대한 탄압이 마침내 민란으로 이어질 것임을 너무나 잘 안다 ……. 같은 맥락에서 후방에서 공공연히 일어나는 저항 행위는 용납이 불가능하다.

만슈타인은 독일군(나치 무장친위대Waffen SS를 제외한 육군, 공군, 해군)이 제2차 세계대전 전반에 걸쳐 대체로 올바르게 행동했음을 확신하고 있었다. 상당수의 독일군 부대들이 전쟁범죄를 저질렀거나 이에 조력했다는 사실이 반박의 여지 없이 증명된 뒤였으나, 만슈타인의 아들에 따르면 이는 만슈타인의 '도덕적 이해' 범위를 벗어나 있었으며 그가 직접 겪은 것과도 달랐다. 라테른저를 위해 작성한 문서의 결론에서 그는 독일군의 범죄 사실을 과감하게 부인하고 있다.

제2차 세계대전이 —양측 모두에서— 무력충돌법에 반하는 심각한 범죄를 야기했음은 부인할 수 없다. 이 전쟁의 전체적인 성격은 인류의 존엄성 측면에서 끔찍했다. 국제법의 기준은…… 여러 차례 위반되었다. 그러나 이것이 어떤 식으로든 독일군 사령관들의 계획에서 비롯되었다고 할 수는 없다. 그들은 (법에 대한) 기존 관점과 모순되는 명령을 따라야 했다. 즉, 그들은 폭격 작전에 투입된 다른 국가의 군인들과 똑같은 입장에 놓여 있었다.

한편 미국인 정신과 의사인 리언 골든슨^{Leon Goldensohn}은 여러 피고와 증인들 중에서 만슈타인에게 특별한 관심을 가졌다. 최근에 출판된 책에서 그는 만슈타인을 다음과 같이 매혹적으로 묘사했다.

약 180센티미터의 장신에 체격과 영양 상태가 좋다. 몇 년 전 백내장 수술을 받은 오른쪽 눈 위로 검은 안대를 쓰고 있다. 그는 참모본부 변호를 주도한 인물이자 뉘른베르크에 갇혀 있는 다른 원수 및 장군들 배후의 원동력이다. 변호 준비 과정에서 이 장교들에게 다양한 역할을 위임한 인물이 바로 만슈타인이었다.

증인들을 준비하고 변호전을 계획하는 데 있어 만슈타인이 핵심적인 역할을 했다는 확증은 베스트팔과 클라이스트의 발언에서도 찾을 수 있다. 클라이스트는 골든슨에게 이렇게 말했다.

(그는) 우리에게 분야를 1개씩 맡겼습니다……. 우리는 각각 할당된 분야를 중심으로 자료를 찾았습니다. 자료를 전부 제출하자, 만슈타인은 그 내용을 취합하여 라테른저 박사에게 주었습니다. 참모본부와 독일군 변호 책무를 맡은 만슈타인을 제외하고 나머지는 그 뒤로 할 일 없이 그저 앉아만 있습니다.

골든슨은 만슈타인 원수의 작업 방법에 대해 질문하고 그 대답을 기록했다.

나는 클라이스트에게 조심스럽게 만슈타인은 어떤 분야를 맡았는지, 그리고 대체적으로 참모본부 변호에서 그의 증언이 어떤 성격을 띠었는지 물었다. 클라이스트는 교활한 미소를 지으며 마치 "알고 싶지 않습니까?"라고 묻는 듯한 태도로 대답했다. 그가 실제로 한 말은 이러했다. "만슈타인은 제게 예상 질문을 주었고, 저는 대답을 만들고 있었습니다. 우리는 각자 예상 질문들을 할당받았습니다. 할더, 브라우히치, 베스트팔, 빌헬름 리스트, 빌헬름 리터 폰 레프, 룬트슈테트, 귄터 블루멘트리트 등은 특정 죄목에 대한 답을 맡았고, 특정 군사적 상황을 설명할 것입니다.

만슈타인이 동료들에게 발휘한 정신적·실질적 차원의 리더십은 골든슨에게 카이텔이 발령한 지시의 성격에 대한 질문을 받은 클라이스트의 답변에서 잘 드러난다. "그 지시들은 국제적인 윤리 규정을 위반하지 않았습니까?" 골든슨이 물었다. 클라이스트는 이렇게 답했다. "나는 참모본부와 독일군의 증인으로서 이곳에 출석한 것이고, 해당 사항은 우리 변호에서 중요한 사항이라 해도 과언이 아닙니다." 그는 말을 이었다. "의심의 여지 없이 검사측도 여기에 의존할 겁니다. 카이텔의 지시에 대해 어떠한 공식적인 입장을 표명하기 전에 심사숙고할 필요가 있습니다. 만슈타인과 이야기를 해봐야겠습니다."

다음으로 골든슨은 만슈타인에게 뉘른베르크에 깜짝 증인으로 출석한 파울루스 원수와 스탈린그라드에서 괴멸당한 제6군에 대해 물었다. "이러한 인명 손실로 당시에 슬펐습니까?" 골든슨이 물었다. "물론입니다." 만슈타인이 대답했다. "저 자신 역시 10만 명의 목숨을 책임지고 있는 사령관으로서 정신적으로 크나큰 죄책감을 느꼈습니다. 히틀러가 탈출을 금한 것은 사실입니다. 그러나 파울루스에게도 포위되기 전에 후방으로 탈출 결정을 내리지 않은 것에 대한 책임이 어느 정도는 있다고 생각합니다. 한편 저는 이미 파울루스의 제6군이 포위된 상황에서는 인명 손실이 있더라도 버티고 싸워야 한다는 히틀러의 의견에 동의하고 있었습니다. 그가 항복했더라면 독일은 그 즉시 패했을 것입니다." 만슈타인은 전 부하에 대한 동료애나 연민은 거의 보이지 않았다.

골든슨은 질문의 방향을 총통에게로 돌렸다. "히틀러에 대한 전반적인 감정은 어떠했습니까?" 만슈타인은 이렇게 대답했다. "그는 독특한 인물이었습니다. 그는 지능이 아주 높고, 남다른 의지력을 지니고 있었습니다." 골든슨은 이윽고 특이한 질문을 던졌다. "그 의지력이란 선을 향한 것이었습니까, 악을 향한 것이었습니까?" 만슈타인은 이에 대답했다. "그건 한쪽으로 잘라 말하기 어렵습니다……. 당시에 그의 의지력은 좋은 목적과 나쁜 목적 둘 다를 지니고 있었다고 할 수 있습니다." 이윽고 골든슨은 대화의 방향을 바꾸었다. "히틀러에게 양심의 가책이 없음을 처음 깨달은 것은 언제입니까?" 만슈타인이 대답했다. "전쟁이 끝난 뒤입니다. …… 어떤 일이 벌어졌는지 전부 들은 뒤에야 그것을 깨달았습니다." 만슈타인은 말을 이었다. "히틀러에게 도덕성이 결여되어 있음을 처음 느낀 것은 1944년 7월 20일의 일과 그에 이어진 재판, 처형 등을 보고 나서였습니다. 나중에는 유대인 말살 정책에 대해 듣고 그 사실을 다시금 실감했습니다." 이런 대답을 보면 만슈타인은 1934년 룀 위기와 관련된 살인 행위, 뉘른베르크 인종법, 그리고 무엇보다도 체코슬로바키아와 폴란드 침공에 대해 전부 잊은 것처럼 보였다. 종합하자면 그는 아주 뒤늦게야 나치들이 자행한 범죄에 대해 알았다는 점을 확실히 하고자 했다. 골든슨은 당연히 이런 입장에 대해 공격을 가했다.

크림 반도에서 벌어진 아인자츠그루펜의 행위에 대해서는 당연히 알고 있지 않았느냐는 질문에 대해 만슈타인은 "살짝 불편해 보였으나 침착하고 무심한 태도를 유지했다." 그는 이윽고 대답했다. "올렌도르프의 아인자츠그루펜은 내 영역 안에 있었습니다. 그러나 저는 뉘른베르크에서 처음 그들의 범죄에 대한 얘기를 들었습니다……. 그들이 뭘 했는지 나는 결단코 몰랐습니다." 그리고 이어서 다음과 같이 자세히 설명했다. "나는 개인적으로 아인자츠그루펜이 유대인을 대규모로 총살하는 것을 직접 보거나, 그에 대한 얘기를 확실히 들은 적이 없습니다. 그런 시설(원문 그대로)은 내 휘하에 있지 않았기 때문에, 어차피 현실적으로는 그들에게 어떠한 조치도 취할 수 없었습니다." 만슈타인 원수는 자신이 곧 뉘른베르크 증언대에서, 그리고 3년 뒤 함부르크의 피고석에서 겪게 될 대질심문의 핵심적 주제를 건드린 것이었다. 만슈타인을 기소한 검사측은 제11군 사령부와 사령관이 아인자츠그루펜의 범죄 행위에 어느 정도 공모했는지 알아내려 했다. 만슈타인은 얼마나 알고 있었으며, 무엇을 했는가? 충격적인 범죄를 방지하거나 최소한 약화시키기 위해 그가 할 수 있었던, 혹은 해야 했던 일은 무엇인가? 따라서 1946년 6월 14일에 이루어진 골든슨과 만슈타인의 면담은 여러모로 훗날 만슈타인이 받게 될 아주 난처한 질문들에 대한 연습과도 같았다.

뉘른베르크의 증인: 만슈타인의 증언

만슈타인의 증언은 공판 199일째 날이었던 1946년 8월 9일 금요일에 시작되어 8월 12일 월요일에 끝났다. 브라우히치에 뒤이어 라테른저가 내세운 두 번째 주 증인이 만슈타인이었다. 첫 번째 오후 공판에서 만슈타인은 제2차 세계대전 발발 전 참모본부 소속 참모장교와 사단장으로서의 역할에 대해 별 논란의 여지가 없는 질문을 여럿 받았다. 정말 흥미롭고도 많은 내용을 담고 있는 증언은 8월 11일 토요일 오전에 이루어졌다. 피고측 변호사가 그에게 소련에서의 전쟁에 대해 질문했을 때였다.

라테른저 박사: 정치장교 처리에 관한 명령을 받은 것이 맞습니까?

만슈타인: 그렇습니다.

라테른저 박사: 그 명령에 대해 어떠한 태도를 취했습니까?

만슈타인: 그때 저는 처음으로 군인으로서의 신념과 복종 의무 사이에서 갈등을 느꼈습니다. 사실 저는 복종했어야 했으나, 군인으로서 그런 행위에 협력할 수 없다고 판단하고 상관이었던 집단군 및 기갑집단 사령관에게 군인의 명예에 반하는 그런 명령은 수행할 수 없다고 말했습니다.

실제로도 그 명령은 수행되지 않았습니다. 제 휘하의 사단장들은 제 명령과 상관없이 이미 국가에서 명령을 받은 상태였으나 저와 의견을 같이했습니다. 이와 별개로 덧붙이자면, 소련군 정치장교들은 훌륭한 전사로서 마지막 순간까지 열렬히 방어했고 대부분 포로로 잡히기 전에 자살하거나 계급장을 떼어서 우리 병사들이 자신의 신분을 알아보지 못하도록 했습니다. 우리 병사들 역시 마음속으로 정치장교 처리에 관한 명령을 끔찍이 싫어하고 있었기 때문에 소련군 포로들 속에서 군이 정치장교를 찾아내려 하지 않았습니다.

흥미롭게도, 1949년 만슈타인의 전범재판에서 그에게 씌워진 혐의 가운데 하나는 정치장교 처리에 관한 명령을 휘하의 병사들에게 주입시켰다는 것이었다.

라테른저는 만슈타인의 상관들이 누구였는지 확인한 뒤, 그에게 어떻게

1946년 8월 9일, 뉘른베르크 법정에 증인으로 선 만슈타인. (Manstein archive)

‘군사적 복종에 대한 신념’을 품고도 불복종할 수 있었는지 물었다. 두 사람은 이미 복잡다단한 주장을 바탕으로 관련된 내용의 문답을 예행 연습한 바 있었다.

만슈타인: 군사적 복종은 물론 무조건적이고 불가분한 것입니다. 그러나 전쟁 중에는 고위 군사 지도자들이 명령에 복종하지 않거나 명령을 다르게 수행하는 경우가 비일비재합니다. 이것이 고위 군사 지도자가 지니는 더욱 높은 수준의 책임감의 일부입니다. 예컨대 자신이 패배할 수밖에 없다는 것을 알면서 전투에 참여할 군사 지도자가 어디 있겠습니까?

이러한 작전 수준의 문제 상황에서 군사 지도자에게는 승리한다는 전제 하에 명령을 곧이곧대로 수행하지 않을 권리가 있습니다. 특히 독일군에서는 과거부터 하위 부대 사령관의 독립성이 크게 강조되어왔습니다.

당시의 정치장교 처리에 관한 명령은 모든 군인들의 행위를 통제하는 지령과는 상당한 차이가 있습니다. 후자의 경우에는 일개 병사(원문 그대로)가 불복종하면 처벌받을 수 있습니다. 만약 같은 상황에서 고위 지도자가 명령에 불복종했다면 그는 자기 자신의 권한뿐만 아니라 전체 기강을 해침으로써 군사적 성공을 위험에 빠뜨리게 됩니다. 이런 경우에는 고위 사령관이 병사들이나 하위 사령관보다 더 명령에 충실해야 합니다. 솔선수범을 보여야 하는 것입니다.

라테른저 박사: 정치장교 처리에 관한 명령에 불복종함으로써 당신이 기강을 해치지는 않았습니까?

만슈타인: 아닙니다, 이 경우에는 그렇지 않습니다. 병사들도 저와 같은 생각이었기 때문입니다. 그때까지 우리가 병사들에게 불어넣은 군사 정신은 히틀러가 그들에게 주입하려 했던 정치적 의지와 반대되는 것이었습니다.

피고측 변호인은 계속해서 만슈타인이 동부전선에서 용납할 수 없을 만큼 가혹한 전쟁을 벌이게 된 정황과 '초토화 정책'을 펼친 이유를 상술할 기회를 충분히 주었다.

라테른저 박사: 파괴 행위가 전쟁 수행에 필수적이었습니까?

만슈타인: 드네프르 강 너머로의 퇴각 작전에 관해서라면, 절대적으로 그러했다고 답할 수밖에 없습니다. 우리는 드네프르 강에서 소련군을 저지해야 했습니다. 만약 소련군이 마음껏 돌파와 진군을 계속했더라면 우리가 전쟁에서 질 게 뻔한 상황이었습니다. 드네프르 강에는 요새가 없었습니다. 전에 요새를 쌓아야 한다고 제안한 적이 있었으나, 히틀러가 반대하여 드네프르 요새는 뒤늦게 건설되기 시작했습니다. 독일군에게는 소련군의 맹공격에 맞서 드네프르 강 방어선을 지켜낼 충분한 병력이 없었습니다. 따라서 소련군의 병참로를 방해함으로써 공격을 저지하지 못했더라면 동부전선 남쪽의 전투는 1943년 가을에 끝났을 테고, 결과적으로 독일은 동부전선에서 확실히 패배했을 겁니다. 이런 상황에서 군사적 필요성을 근거로 작전 수준의 목표를 결정할 수 있는 것은 최고위 사령관입니다. 하위 사령관은 판단력이 부족하고 자신의 담당 영역에 필요한 것만을 보기 때문에 이런 결정을 부인할 권리가 없습니다.

라테른저는 나중에 독일군이 점령지에서 약탈을 자행했다는 혐의를 제기했다. 만슈타인은 이에 대해서도 빈틈없는 대답을 준비해두었다. 그는 다시금 '초토화 정책'을 언급하며 이렇게 주장했다.

육군은 아주 엄격한 약탈 금지 명령을 내렸습니다. 그에 따라 약탈자는 철저히 처벌받았습니다. 징발할 수 있는 주체는 개인이 아니라 부대였고 징발 대상은 식품 배급 할당량 내에서 필요한 식량이 전부였습니다. 1943년에는 전쟁 수행에 특히 필요한 물건들을 확보해야 했습니다. 그러나 제가 내린 명시적인 지령에서 징발 대상은 우크라이나의 곡물, 지방 종자(기름을 짤 수 있는 씨앗류 - 옮긴이), 소량의 금속, 우리가 데려갈 수 있는 소 몇 마리로 한정되었습니다. 그리고 이는 결코 사유재산의 약탈이 아닌, 국유재산에 대한 국가적 징발이었습니다.

그러나 사유재산과 국유재산의 구별은 사실 말장난에 불과했다. 우크라이나 국민들은 생존을 위해 가축에 의존하고 있었고, 독일군이 "몇 마리"라고 표현한 소의 수는 수만, 심지어는 수십만 마리에 달했다. 1943년 9월에 소 8만 마리가 떼 지어 크레멘추크^{Kremenchug}에서 드네프르 강을 건넜다. 여기서 알 수 있듯이 만슈타인은 필요할 때면 훌륭한 기억력을 선택적으로 발휘하지 못하는 모습을 보였다.

심문은 계속되었다. 만슈타인은 집단수용소에 대해서는 눈곱만큼도 몰랐음을 명백히 밝혔다. 그러자 피고측 변호사는 전쟁의 성격에 대해 질문을 던졌다.

라테른저 박사: 현재 독일군 사령관들은 총살형을 집행했다는 혐의를 받고 있습니다. 전통적인 군인의 관점에서 이것이 반인류 범죄라고 생각합니까?
만슈타인: 1941년 소련 전역을 시작으로 지난 전쟁은 2개의 차원에서 치러졌다고 말할 수 있습니다. 첫 번째 차원은 우리 군인들이 수행하고 있던 군사적 전쟁이었고, 두 번째 차원은 우리 군인들과 무관한 다른 요소에 의해 결정된 이데

올로기적 전쟁이었습니다.

라테른저 박사: 1941년이라고 하셨습니까?

만슈타인: 네. 그전의 대폴란드 전쟁과 서방에서의 전쟁, 노르웨이와 발칸 반도에서의 전역은 순전히 군사적인 방식으로 수행되었다는 것이 저의 견해입니다. 적어도 전투 중에는 그러했습니다. 전쟁의 다른 면, 즉 이데올로기적인 면은 대소련 전역에서 시작되어 전투 지역의 확장과 함께 다른 점령지로 퍼져나갔습니다.

라테른저 박사: 그렇다면 독일 측에서 이 이데올로기 전쟁을 수행하고 있던 자들은 누구입니까?

만슈타인: 우리 군인들은 아닙니다. 제가 보기에 이데올로기 전쟁을 벌인 자는 히틀러와 그의 최측근, 그리고 제한된 수의 공범들입니다.

아인자츠그루펜 D의 사령관이었던 한스 올렌도르프는 1946년 1월 3일에 법정에서 독일군에 특히 불리한 증언을 했다. 그는 만슈타인이 제11군 사령관으로서 유대인 숙청에 대해 잘 알고 있었음을 시사했다. 일례로 그는 제11군이 사령부에서 200킬로미터 이상 떨어진 곳에서 숙청을 행하라는 내용의 명령을 니콜라예프Nikolaev로 전달했다고 주장했다. 또한 "심페로폴에서 제11군 사령부는 기근이 심해지고 주택이 크게 모자라다는 이유로 해당 지역의 아인자츠그루펜에게 숙청을 신속히 행할 것을 요청했다."라테른저는 이 소름끼치는 범죄의 핵심을 파악하고자 골든슨이 그랬던 것처럼 만슈타인에게 아인자츠그루펜에 대한 질문을 던졌다.

"이 집단에 맡겨진 임무에 대해 잘 알고 있었습니까?" 만슈타인은 다음과 같이 대답했다. "아인자츠그루펜의 임무에 대해 제가 알고 있던 사실은 그들이 정치적 행정 준비, 즉 동부전선의 점령지 사람들에 대한 정치적 검열을 수행하기 위해 조직되었고, 히믈러의 특별 지시에 따라 행동했다는 것뿐입니다." 만슈타인 원수는 유대인 학살 계획에 대해서는 몰랐다고 주장했다. "아니요, 저는 그런 일에 대해선 들은 바 없었습니다. 올렌도르프 증인이 말했듯이 이 지령은 히믈러가 구두로 아인자츠그루펜에 직접 내린 것입니다." 라테른저는 만슈타인에게 앞서 설명한 대로 9만 명의 유대인이 살해된 사건을 기억하지 못하는 이유를 밝히라고 요구했다. 만슈타인은 이 사건이 일어난 지역이 지리적으로 자신의 담당이 아니었음을 지적하며 질문을 회피했다. 그러자 라테른저 박사가 질문했다. "그러나 가령 크림 반도에서 수백 명의 유대인이 살해되었다면 당연히 그 소식을 듣지 않았겠습니까?"

만슈타인은 다시 한 번 반론을 펼쳤다. 그는 당시 자신이 전투 지역의 여러 전술사령부를 옮겨 다녔다고 설명했다. 크림 반도에서 그는 수도인 심페로폴 북쪽의 사라부스(그바르데이스코예Gvardeyskoye)에 사령부를 차리고 있었다. 제11군 병참감(핀크 대령)을 비롯한 부하들은 오직 '핵심 문제'에 대해서만 보고를 올렸다. 만슈타인은 "전투에 대한 걱정으로 머릿속이 꽉 차 있어서 다른 사안에 대해서는 오직 요점만을 보고받았습니다"라고 설명했다. 따라서 그는 제11군 사령관으로서 전투를 벌이는 동안에는 복잡한 점령 문제들에 대해서는 주의를 기울일 시간이 없었다고 주장했다.

라테른저 박사는 가장 강력한 질문을 심문의 마지막까지 미뤄두고 있었다. 이는 만슈타인에게 자신의 지휘가 얼마나 큰 제약 하에서 이루어졌는지, 그리고 어째서 명령을 따를 수밖에 없었는지 해명할 기회를 주려는 의도였다. 만슈타인이 나치 관리 코흐Koch, 로젠베르크Rosenberg, 자우켈Sauckel과의 교류가 아주 제한되어 있었다고 설명하자, 라테른저는 질문했다. "만슈타인 원수, 당신이 고위 사령관으로서 국제법 위반과 반인류 범죄를 용인한 까닭은 무엇입니까?"

만슈타인: ……제가 담당한 군사 지역에서 저는 그런 행위를 용인하지 않았습니다. 제 담당 영역 밖에서 일어난 이데올로기적 전투에 대해서는 알지 못합니다. 제 영향력과 지식의 범위 밖에서 일어나고 있는 일이었기 때문입니다. 제게는 그것을 막을 권력이나 권리가 없었으며, 그 뒤로 밝혀진 모든 혐오스러운 행위에 대해서도 결코 알지 못했습니다.

라테른저 박사: 군사적 복종 의무가 있기 때문에 모든 것을 용인해야 한다거나, 모든 것에 협력해야 했다는 뜻입니까?

만슈타인: 군인에게는 의심의 여지없이 절대적이고 불가분한 복종 의무가 있습니다. 불복종할 권리 또는 의무는 군인에게는 없다고 할 수 있습니다. 유대인 처형과 같은 문제에서는 군인에게도 도덕적 의무가 있을지도 모릅니다.

지금까지 심문은 오로지 라테른저 박사에 의해 진행되었다. 이윽고 텔포드 테일러 대령이 새롭게 대질심문을 진행했다. 그는 정치장교 처리에 관한 명령에 대한 질문을 던진 뒤, 아인자츠그루펜의 행위와 악명 높은 라이혜나우 명령으로 주의를 돌렸다.

테일러 대령: 동부전선 사령관들은 유대인과 소련군 정치장교를 숙청한다는 계획을 지원하기 위해 특별한 지시를 내리지 않았습니까?
만슈타인: 아니요, 그런 일은 전혀 없었습니다.
테일러 대령: 라이혜나우 장군이 그런 지시를 내렸습니까?
만슈타인: 아니요. 저는 라이혜나우 장군이 내린 지령은 법정에서 언급된 한 가지, 즉 동부전선 전투에 관한 것밖에 모릅니다. 이 명령은 히틀러의 지시에 의해 저희에게 참고용으로 보내졌습니다. 저는 개인적으로 그 내용을 거부했고, 제가 내린 명령에 어떤 식으로도 적용하지 않았습니다. 이 명령을 중시한 사령관은 제가 알기로는 없습니다.

이때 만슈타인은 법정에서 처음으로 실수를 했다. 테일러는 만슈타인을 함정에 빠뜨릴 결정적인 증거를 쥐고 있었다. 그가 라이혜나우 명령을 받고 어떤 조치를 취했는지 묻자, 만슈타인은 "저는 이에 대해 아무런 조치도 취하지 않았고, 이런 명령은 핵심에서 벗어나 있다고 생각했습니다. 다른 방식이 아니라 오로지 군사적인 방식으로만 싸우고 싶었기 때문입니다"라고 대답했다. 이로써 만슈타인은 점점 더 출구가 없는 깊은 함정 속으로 스스로를 밀어넣은 셈이었다. 테일러는 재빨리 치명타를 가했다. "증인은 다음 명령서를 보고 이것이 1941년 11월 20일에 증인 본인이 서명하여 증인의 사령부 이름으로 배포된 문서가 아닌지 확인하겠습니까?"

테일러는 이윽고 (제10장에 이미 인용된) 만슈타인의 명령과 라이헤나우의 명령이 "놀라울 정도로 유사하고, 날짜도 거의 같다"고 지적했다. 해당 문서가 낭독되는 동안 법정은 충격에 잠겨 고요해졌다. 만슈타인은 냉정을 유지한 채 침착하게 대답했다. "이 명령은 전혀 기억이 나지 않습니다. 서명과 마지막 부분을 보면 이 명령이 가짜가 아니라 제가 내린 것임을 추정할 수는 있습니다." 그러고 나서 만슈타인은 국제군사법정을 호도했다는 인상을 지우기 위해 이렇게 주장했다.

저는 법정에서 여러 문서와 더불어 라이헤나우 명령을 읽기 전까지 그 내용을 잊고 있었습니다. 제가 내린 이 명령에 대해서는 기억이 나지 않습니다. 어쨌든 제가 이 명령을 내린 것은 몇 년 전의 일이고, 그 뒤로도 수백 개, 어쩌면 수천 개의 명령에 서명했기 때문에 제가 모든 명령의 세세한 내용을 기억하지 못하는 것도 무리는 아닙니다.

테일러는 만슈타인이 형편없는 변명으로 위기를 모면하게 놔둘 인물이 아니었다. 그는 재차 물었다. "이런 명령 여러 개에 서명을 했습니까? 그래서 기억하기 어려웠던 건가요?" 만슈타인은 이에 응수했다.

아니요. 제가 이와 같은 명령 여러 개에 서명하지 않았다는 것은 확실합니다. 제 말은 다른 종류의 명령 여러 개에 서명했다는 뜻입니다. 제가 이 명령에 대해 잊었다는 사실은 인정합니다만, 저는 수많은 보고서를 읽거나 써야 했으니 크게 놀라운 일은 아닙니다. 어쨌든 내가 아는 유일한 것은 이 명령이 라이헤나우 명령과는 달리 제가 병사들에게 온당한 행동을 요구했음을 강력하게 보여준다는 것뿐입니다. 결국은 그게 중요한 것 아니겠습니까.

테일러는 이윽고 라이헤나우 명령과 만슈타인의 명령에 대해 더 캐물었다. 만슈타인이 언급한 대로 그가 전반부가 아닌 후반부만 작성했는지를 묻자 놀라운 대답이 나왔다. "저는 이 명령 자체를 직접 쓰지 않았습니다.

이 명령은 제게 초안 상태로 보고되었고 저는 아마 서명만 했을 가능성이 높습니다." 이어서 만슈타인 명령의 의도에 대한 문답이 오갔다. 결론은 다음과 같았다.

테일러 대령: 아인자츠그루펜이 행하고 있던 유대인 대학살을 정규군 병사들이 이해하고 나아가 공감하게 하려는 목적으로 이 명령이 아주 신중하게 작성되었다고 주장한다면, 증인은 동의하시겠습니까?

만슈타인: 제 명령 말입니까?

테일러 대령: 네.

만슈타인: 아닙니다. 저는 어떤 식으로든 제 병사들에게 아인자츠그루펜의 방식에 협력하라고 촉구한 적이 없습니다. 암암리에 그런 의도를 내비친 적도 결코 없습니다. 이 명령의 마지막 부분에서는 군인의 명예를 강조하고 있지 않습니까?

테일러 대령: 재판장님, 검사측은 이 증인에 대해 더 이상 질문이 없습니다.

재판장: 휴정하겠습니다.

테일러는 아인자츠그루펜에 대한 만슈타인의 증언이 진실하지 않다고 계속 의심하고 있었다. 국제군사법정 회고록에 그는 이렇게 썼다.

나는 대학살에 대해 전혀 몰랐다는 만슈타인의 주장을 단 한 순간도 믿지 않았다. 사실, 그가 대학살에 대해 인지하고 있었다고 고백할 것을 기대하지는 않았다. 나는 단지 군의 전방과 후방을 마음대로 오가는 학살 집단이 그의 주의를 끌지 않았다거나, 유독 경계심 많기로 알려진 그가 히틀러가 후원하는 특별 무장 부대의 활동을 궁금해하지 않았다는 것이 얼마나 말도 안 되는지 보여주려 했다.

1941년 11월 20일의 명령을 폭로하고 대질심문까지 마친 뒤, 검사측은 증인으로서 만슈타인의 신뢰성이 '깨졌다'고 보았다. 라테른저 박사는 테일러의 동료인 월터 랩Walter Rapp에게 이렇게 말했다고 전해진다. "내가 저 문서의 존재를 알았더라면 절대 만슈타인을 증언대에 세우지 않았을 거요." 이 말은 진심이었을지도 모른다. 그러나 라테른저 박사는 함부르크에서 열린 만슈타인의 재판에서도 변호인단의 주축으로 활약했다.

공판은 휴일인 일요일을 건너뛰고 1946년 8월 12일 월요일에 계속되었다. 소련측 차장검사인 G. A. 알렉산드로프G. A. Alexandrov 중장이 테일러로부터 바통을 넘겨받았다. 그는 아인자츠그루펜 D의 활동을 계속해서 파헤쳤다. 핵심 혐의는 두 가지였다. 첫째, 총살당한 유대인의 시계가 제11군에 넘겨졌다. 둘째, 정규 군인들도 총살에 참여했다. 이 두 가지 혐의는 만슈타인 본인의 재판에서도 그를 아주 괴롭히게 된다.

알렉산드로프 중장: 올렌도르프 증인이 해당 내용을 증언했음을 알고 있습니까? 올렌도르프가 법정에서 거짓 증언을 했다고 생각합니까?

만슈타인: 올렌도르프의 증언에 대해서는 알고 있습니다. 심페로폴 근방에서 군인들이 처형에 참여했다고 말했던 게 기억나는군요. 그러나 올렌도르프는 그들이 정확히 어떤 군인들인지 알 수 없었다고 덧붙였으며, 대개 보조적인 기술부대였으리라고 추정했습니다. 그 말인즉슨 그 군인들은 제 휘하의 정규 군인들이 아니었다는 얘깁니다. 어쨌든 제가 크림 반도에서 복무하는 동안 저는 유대인 처형에 군인이 참여했다는 얘기는 들은 적이 없었습니다.

알렉산드로프 중장: 제 질문에 대답해주시기 바랍니다. 올렌도르프의 증언이 거짓이라고 주장하겠습니까, 아니면 그 증언이 진실임을 인정하겠습니까?

만슈타인: 그가 실수를 한 것 같습니다. 어찌 되었든 저는 제11군의 정규 부대가 유대인 처형에 참여하지 않았다고 확신합니다. 올렌도르프가 보조적인 기술부대라는 말을 어떤 의미로 썼는지 저로서는 모르겠습니다.

알렉산드로프는 이어서 전쟁포로 대우 문제로 만슈타인을 들볶았고, 라이헤나우 명령을 다시 꺼내들며 테일러 대령이 다루었던 1941년 11월 20일자 만슈타인 명령에 대해 심문했다.

알렉산드로프는 만슈타인에게 "그러한 명령들은 작성자들이 군사적 전통이 아니라 나치 전통에서 성장한 장군들이라는 사실로만 설명 가능한 것 아니냐"고 도전적으로 물었다. 만슈타인은 재차 질문을 받고서야 그 의미를 이해하는 듯했다. 아니면 설득력 있는 대답을 준비하기 위해 시간을 끌려고 했는지도 모른다. 그는 자신의 명령이 두 부분으로 구성되어 있었다고 강조하며 전반부와 후반부의 차이를 이렇게 설명했다.

전반부는 공격에 대비해 후방을 엄호할 필요성 등을 언급하며 병사들에게 경계를 촉구하고 있습니다. 또한 대소련 전역의 의미에 대한 몇 가지 주장이 담겨 있습니다. 여기서 체제의 말살이란 정치체제 말살을 의미하는 것이지 인명을 말하는 게 아닙니다. 반대측에서 국가사회주의의 말살을 얘기할 때 뜻하는 바와 정확히 같다는 말입니다. 후반부는 저 자신의 생각을 담고 있다고 할 수 있습니다. 이 부분에서는 긍정적인 행동을 촉구하고 있으며, 병사들이 절대 임의로 행동하지 말아야 한다고 명백히 밝히고 있습니다. 나아가 군인의 명예를 저버리는 행동은 무엇이든 처벌받을 것을 명시하고 있습니다. 이 명령은 제가 정치인이 아닌 군인으로서 전쟁을 수행했다는 사실을 보여주는 증거입니다.

만슈타인이 법정에서 한 주요 진술은 이것이 마지막이었다. 그는 독일군이 적국 군대에 맞서 수행한 위법 사례가 없는 전통적인 전쟁과 SD와 같은 다른 부대들이 빨치산, 현지인, 유대인에 대해 벌인 '이데올로기 전쟁'을 확실히 구분 지으려 했다. 만슈타인이 이 목적에 성공했는지 확인하려면 재판의 경과를 조금 더 지켜보아야 한다.

뉘른베르크 재판 판결

1946년 9월 30일 월요일은 참모본부와 독일 국방군 최고사령부에 대한 판결이 내려지는 날이었다. 법정은 "참모본부와 군 통수기관에 대해서는 유죄를 선고할 수 없다"는 입장을 밝혔다. 이 두 기관이 "단지 군 장교들의 집합일 뿐 하나의 집단이나 조직으로 간주될 수 없다"는 것이었다. 여기까지는 만슈타인과 다른 장군들의 뜻대로 흘러갔다. 그러나 독일군의 유죄를 강력하게 입증하는 증거를 무시할 수는 없었다. 재판장은 "독일군 장교들이 침략 전쟁의 계획과 수행에 참여하고, 전쟁범죄와 반인류 범죄를 저질렀다는 증언이 여럿 있었다. 또한 명백하고 설득력 있는 증거가 다수 존재한다"라고 선언했다. 그는 노기 어린 목소리로 말을 이었다.

(이 인물들은) 수백만 명의 남녀와 아동이 겪은 고통과 비탄에 막중한 책임이 있습니다. 그들은 군인이라는 명예로운 직업을 욕보였습니다. 그들의 군사적 지도가 없었더라면 히틀러와 동료 나치들은 그저 탁상공론에 머물며 아무것도 실현시키지 못했을 겁니다. 독일군 장교들은 뉘른베르크 헌장의 분류에 따르면 집단으로 정의될 수 없으나, 그들이 무자비한 군사 계급이었던 점은 확실합니다.

판결은 참모본부와 국방군 최고사령부가 집단으로서 유죄가 아님을 분명히 밝혔다. 그러나 그 구성원 다수는 나치주의자들과 손을 잡고 히틀러와 함께 승리를 일궈냈으므로 국가사회주의가 벌인 최악의 월권행위와 그 이름으로 수행한 통탄할 만한 범죄에 대한 책임 역시 함께 져야 했다. 재판장의 최종 판결은 분명히 이런 내용을 담고 있었다. 그러나 만슈타인은 이를 전혀 다르게 해석했다. 그는 1946년 10월 2일 아내에게 다음과 같은 편지를 보냈다.

나는 뉘른베르크에서 참모본부가 유죄 판결을 받지 않은 것에 크게 만족했소. 변호를 위해 일한 지난 10개월 동안 나는 내가 평생 몸담았던 독일군에 마지막으로 큰 도움을 줄 수 있었던 것이오. 나는 독일군의 명예를 위한 이번 전투에 지금까지의 어떤 전투보다도 더 큰 열정을 품고 참여했소.

그러나 아무래도 이 판결에 담긴 부정적 평가를 완전히 무시할 수는 없었는지, 만슈타인은 이렇게 덧붙였다. "판결은 예상된 것이었고, 달라진 건 아무것도 없소."

베스트팔은 만슈타인이 변론에 크게 기여했다는 사실에 전적으로 동의했다. 그는 뉘른베르크 재판에 대해 이렇게 결론을 내렸다. "그가 피고측에 광범위한 지지를 보내지 않았더라면 우리는 목적을 달성하기 어려웠을 것이다. 만슈타인의 천재적인 기억력과 대단한 동기 부여, 독창적인 추진력은 우리의 변론에 없어서는 안 될 만큼 아주 중요했다."

참모본부가 집단으로서 유죄 판결을 받지 않았으니, 만슈타인은 최후의 전투에서 승리했다고 할 수 있었다. 그러나 이 승리를 위해 만슈타인 개인은 너무 큰 희생을 치러야 했다. 만슈타인과 다른 증인들에 대한 대질심문이 다음 재판, 특히 3년 뒤 함부르크에서 열린 만슈타인 본인의 재판의 기반이 되었기 때문이다. '테리어terrier'라는 별명의 텔포드 테일러는 만슈타인과 같은 고위 사령관들에 대한 유죄 판결을 이끌어내기 위해 안간힘을 썼다. 미국측 검사였던 테일러는 아인자츠그루펜 D가 자행한 가혹한 범죄들에 대해 몰랐다는 만슈타인의 주장이 거짓이라고 확신하고 있었다. 그는 나아가 법정에서 "독일 군국주의 부활을 위한 첫 걸음이 떨어졌음"을 우려하고 있었다. 그는 최종 발언에서 이렇게 주장했다.

독일군 참모본부는 1945년 봄 이후로 숙고할 시간이 충분했고, 이 재판에 무엇이 걸려 있는지도 잘 알고 있습니다. 독일 군인들은 자신들이 제3제국을 섬기며 저지른 악행을 인정하지 않음으로써 독일 국민이 다시금 군에 대한 믿음을 회복하길 기대하고 있습니다. 여기에 독일의 미래 군사력이 달려 있기 때문입니다.

1947년 초와 1949년 말 사이에 테일러를 주축으로 한 미국 전쟁범죄 담당 법무관실은 뉘른베르크에서 재판을 12차례 더 벌였다. 만슈타인은 이러한 '부차적인 뉘른베르크 재판'에 소환되지 않았으나, 테일러는 새로운 증거가 밝혀진 이상 만슈타인과 룬트슈테트가 피고석에 불려 나오면 검사측이 '압도적으로' 승리하리라고 생각하고 있었다. 새로운 증거가 몹시 강력했던 것이다. 따라서 만슈타인은 국제군사법정이라는 난관에서 헤어나지 못했다. 1949년 함부르크에서 열린 만슈타인의 재판에서는 피고에게 17개나 되는 혐의가 씌워졌다. 테일러는 영국측 검사들에게 사건을 인계하기 전에 상당한 물밑 작업을 해두었다.

그러나 이 재판을 보다 넓은 전략적 맥락에서 조망해보자. 만슈타인의 오래된 친구 발터 벵크Walther Wenck 장군이 뉘른베르크 재판이 끝나고 30년 뒤에 회상했듯이, 참모본부에 대한 변론이 성공하지 못했더라면 독일 연방군은 창설되지 못했을 것이고 독일이 유럽-대서양 안보에 기여하는 일도 없었을 것이다. 이 가설을 인정한다면 만슈타인은 자신의 재판에서 수많은 혐의와 씨름해야 했으나, 결과적으로는 독일에 굉장히 가치 있는 봉사를 한 셈이다. 만슈타인은 독일 국방군이 무고하다는 거짓된 믿음을 열렬히 지지했고, 군의 잘못에 대해 뉘우치는 태도는 전혀 보이지 않았다. 이런 의미에서 테일러는 만슈타인이라는 인물과 그의 목적 둘 다에 대해 올바르게 판단한 셈이었다.

"복수는 모든 만족 중에서 가장 희생이 크고 시간이 오래 걸립니다.
보복을 위한 기소는 모든 정치행위 중에서 가장 간악합니다."

– 윈스턴 처칠 –

아일랜드 팜

1946년 8월 말, 국제군사법정에서 대질심문이 끝난 뒤 만슈타인은 뉘른베르크를 떠나 영국에서 수감 생활을 시작했다. 그는 전쟁범죄자 심문기관이 있던 켄싱턴 팰리스 가든스Kensingtone Palace Gardens의 '런던 전쟁포로수용소'를 거쳐 웨일스Wales 브리젠드Bridgend의 제11특별수용소로 이송되었다. '아일랜드 팜Island Farm'이라는 이름으로 더 잘 알려진 이 수용소는 제2차 세계대전 도중 영국 내 독일 전쟁포로들이 최대 규모의 탈출 시도를 벌인 것으로 잘 알려진 곳이다. 1946년 1월 초 이후로 200명에 가까운 독일군 정규군 및 나치 친위대의 고급 장교들이 아일랜드 팜에 갇혀 있었다. 그중 가장 저명한 인물은 폰 룬트슈테트 원수로, 그는 아버지의 생활을 돕고자 수용소에 들어온 아들 한스 게르트Hans Gerd와 함께 지내고 있었다. 나이가 지긋했던 룬트슈테트 원수는 안락한 아일랜드 팜을 떠나 뉘른베르크의 국제군사법정의 증인수용소에 머무는 동안 그곳의 주거 환경을 "돼지우리 같다"고 표현한 바 있었다. 제11특별수용소의 정보장교이자 통역가였던 테드 리스Ted Lees 대위에 따르면, 룬트슈테트는 브리젠드의 '호텔과도 같은 아일랜드 팜'으로 복귀했을 때 크게 기뻐했다고 한다.

만슈타인은 1946년 9월 2일에 영국 전쟁포로 B33419번으로 아일랜드 팜에 입소했다. 그는 브라우히치와 룬트슈테트, 그리고 룬트슈테트의 아들과 더불어 1층짜리 오두막에 묵게 되었다. 이 오두막은 아일랜드 팜에서 가장 안락한 시설이었다. 서재와 침실을 따로 사용할 수 있는 특권은 룬트슈테트에게만 주어졌기 때문에 만슈타인은 침대와 책상, 의자가 딸린 방 하나로 만족해야 했다. 고급 장교들은 공용 목욕탕을 사용했고 식사는 장군 식당에서 했다. 낮 동안은 잡역병을 쓸 수도 있었다. 따라서 이 수용소에 대해 만슈타인이 매우 긍정적인 첫인상을 받은 것은 당연하다. 그는 도착하자마자 유타-지빌레에게 편지를 썼다.

이곳은 아주 합리적으로 돌아가오. 나는 특히 수용소 내에서 자유롭게 돌아다닐 권리를 만끽하고 있다오. 우리는 난방이 되는 석조 병영 건물에서 지내고 있소! 뉘른베르크에서 열 달을 보내고 나니 침구가 갖춰진 침대, 안락한 의자, 꽃, 남이 차려준 식사가 얼마나 큰 호사인지 가슴 깊이 깨닫게 된다오. 쇠그릇과 숟가락만 덜렁 주어졌던 뉘른베르크와 달리 이곳에서는 나이프와 포크로 밥을 먹는다오. 음식은 소박하지만 양이 충분하고, 아마도 당신이 독일에서 먹고 있는 것보다 나을 거요. 게다가 뉘른베르크에 팽배했던 혐오의 분위기를 이곳에서는 느낄 수 없다는 것도 축복이 아닐 수 없소. 영국의 주요 신문을 전부 받아볼 수 있다는 것이 마음에 쏙 드오. 이곳에는 도서관도 있소.

만슈타인은 작은 정원을 가꾸어도 된다는 허가를 받았다. 그는 근처 농장에서 하루에 6시간씩 노동해야 하는 하급 병사들과 달리 여유 시간이 있었다. 고위 장교들은 서약을 조건으로 철조망을 넘어 마을까지 드나들 수도 있었다. 수용소가 있던 지역인 브리젠드에서는 "산책을 나와서 샌드위치를 사거나 강에 있는 오리들에게 모이를 주는 장군들과 원수들의 모습을 심심찮게 볼 수 있었다." 만슈타인은 집에 보낸 편지에서 설명했듯이, 곧 뉘른베르크에서처럼 규칙적인 일과를 시작했다. "나는 건강하고, 시간은 빠르게 흐르고 있소. 오전에는 보통 청소를 하고 독서를 하오. 점심식사 뒤에는 1시간 동안 산책을 하오. 오후에는 독서를 하거나 글을 쓴다오."

함께 전쟁포로로 잡혀 있던 인물들 중에는 1942년 12월에 스탈린그라드를 구하기 위해 헛되이 공격을 가했던 제17기갑사단장 프리도 폰 젱어 운트 에털린Frido von Senger und Etterlin 장군이 있었다. 그는 회고록에 아일랜드 팜에서 생활하던 독일 포로들의 구성에 대해 유익한 정보를 기록했다.

장교들은 세 집단으로 나뉘었다. 내가 속해 있던 첫 번째 집단은 전후의 대차대조표를 작성하고, 불분명한 사실을 명확하게 하고, 결론을 내리는 것을 목표로 하고 있었다. 여기 속한 사람들은 나치 정권에 오랫동안 반대해온 이들로서 정권 붕괴 전부터 태도를 분명히 하고 있었다. 반면 수용소 내 포로들 가운데 히틀러 정권이 무너진 후에야 비판을 시작한 사람들은 정권의 결점이 예전부터 드러났음을 인정하지 않으려 했기 때문에, 이 집단에 속해 있는 것이 쉽지만은 않았다. 그럼에도 불구하고 여러 장군들이 이 집단에 들어왔다. 다른 장군들은 각각의 이유로 합류를 꺼렸다. 사실 첫 번째 집단에 합류하지 않은 반대 집단이 수적으로 우세했다. 이들은 독일 본토 내 평균적인 독일인들의 태도를 대변한다고 할 수 있었다. 마지막 세 번째 집단은 히틀러의 열렬한 추종자들로 구성되어 있었다. 그들은 당연히 나치 정권에 대한 토론에서 거리를 두었다.

젱어 운트 에털린은 만슈타인이 어떤 집단에 속했는지에 대해서는 아무런 단서도 남기지 않았으나, 첫 번째 집단보다는 두 번째 집단에 속했으리라 보는 것이 타당할 것이다. 젱어 운트 에털린은 "전혀 정당하지 않다고는 할 수 없는 비난이 장군들에게 쏟아졌다. 그들은 히틀러가 실수를 저지르지 않았더라면 전쟁에서 승리했을 것이라는 이유로 정권을 비판했기 때문이다"라고 썼는데, 이는 만슈타인을 염두에 두고 한 말인지도 모른다. 그렇지 않다면 만슈타인은 "독일이 패배한 이유를 히틀러의 무능으로 돌리면서 국가수반이 군을 정치적으로 통제해야 할 필요성을 전혀 이해하지 못하고 도덕적 이유로 나치 정권에 반대한 다른 히틀러 반대파"에 속했을지도 모른다. 젱어 운트 에털린은 두 번째 관점이 "특히 전통에 얽매여 있고 루터교적인 세계관을 지닌 프로이센 출신 장교들에게서 두드러졌다"고 느꼈다.

만슈타인은 거의 완벽한 독자 노선을 취했다. 그는 대단히 독립적인 성격의 소유자로서 하나의 유형으로 분류하기 까다로운 인물이다. 그는 다른 포로들 대다수와 거리를 유지했고, 많은 시간을 홀로 산책하며 보냈고 생활을 자기 주도적으로 이끌어나갔다. 아일랜드 팜에 수감되어 있던 만슈타인의 전 동료 가운데는 여러 원수들과 슈트라우스 상급대장, 폴란드 전역에서 만슈타인과 함께 복무했으며 서부전선 전역에서는 룬트슈테트의 참모장으로 일한 귄터 블루멘트리트 보병장군과 까마득한 과거 제3근위보병연대 시절 동료였던 프리드리히 헤어라인Friedrich Herrlein 보병장군이 있었다.

물론 어느 정도의 제약은 불가피했으나, 아일랜드 팜의 생활 조건은 많은 독일군 장군들이 수감되어 있던 레이크 디스트릭트Lake District의 앰블사이드Ambleside 근처에 있는 춥고 비좁은 그리즈데일 홀Grizedale Hall에 비해 월등히 나았다. 그리즈데일 홀은 룬트슈테트가 글라모건Glamorgan 해안 남쪽의 아일랜드 팜으로 보내지기 전에 수감되어 있던 곳이기도 했다. 아일랜드 팜은 "신중히 선발된, 영국 신사의 전형이라 할 만한 두 사령관이 번갈아 운영했다. 두 사람 모두 예의 바르고 호의적이며 정중했다. 한마디로 (그들은) 많은 수감자들의 마음을 열게 만들 줄 알았다." 공보 담당 장교였던 젱어 운트 에털린은 매주 독일어로 주간 보고서를 작성했고, 그 자신의 말을 빌리자면 "상당한 교육적 영향력을 행사할 수 있었다." 만슈타인에게는 그러한 자극이 필요 없었을 테지만, 그는 분명히 '선한 사람들'을 '귀로'로 이끄는 데 교육이 필요하다는 동료 장교의 뜻을 지지했을 것이다. 군인들은 "평범한 민간인의 삶, 필수적인 도덕규범을 존중하며 법과 질서를 바탕으로 돌아가는 민간 세계로 복귀해야 했다. 이는 국가 연합 내에서 우리 조국이 새로운 생명을 얻을 수 있는 유일한 기반이기 때문이었다."

원수급 가운데 아일랜드 팜에 구금되어 있던 이들은 대개 만슈타인과는 다른 모습을 보였다. 룬트슈테트는 고립을 자청하며 유일하게 가까운 친우인 블루멘트리트하고만 교류했고, "문서 기록을 남기거나 미래에 관심을 가지지 않았다." 쿠르트 디트마르Kurt Dittmar 대장은 리들 하트B. H. Liddell 대령에게 브라우히치가 "나이 든 수감자 중 가장 활기차고 사려 깊다"고 말했다. 아마 만슈타인이 지적인 면에서 아일랜드 팜의 그 어느 누구보다도 정력적이었음을 모르고 내린 평이리라. 만슈타인 원수의 지성은 결코 쉬는 법이 없었다. 그는 대부분의 시간을 『세계 평화로 가는 길Der Weg zum Weltfrieden』과

『반대편Die andere Seite』이라는 두 권의 책을 집필하며 보냈다. 만슈타인은 아내와 많은 서신을 주고받으며 생각을 가다듬기도 했다. 1947년 2월에 그는 아내에게 국가사회주의가 독일인들에게 그토록 인기를 끈 이유를 설명했다. "이 질문을 숙고하면 할수록 이런 결론에 다다르게 되오. 특히 (독일에서) 국가사회주의라는 질병이 발생해서 악독한 증상이 나타난 것은 독일 전반의 정치적·사회적·경제적 발전에 기반을 두고 있소."

만슈타인은 최근의 역사적 사건들을 장시간 재검토하면서 많이 정화된 듯했다. 그는 히틀러의 제3제국의 암울한 부정적 측면들을 마음속에서 지워버렸고(어쩌면 그러면서 기억마저 지워버렸고), 독일의 밝은 미래를 위해 긍정적 사고를 하기 시작했다. 만슈타인이 상황을 세세히 파헤쳐 얻어낸 답의 일부는 나중에 상황이 바뀌면서 실용성이 없어졌으나, 그럼에도 그는 이 작업에 쏟은 노력을 아까워하지 않았다. 그는 몇 년 뒤 독일에서 징역을 살던 중 아내에게 보낸 편지에 이렇게 적었다. "내가 쓴 글이 지금, 혹은 근시일 내에 아무런 효과가 없더라도 상심하지 마오. 어쨌든 나는 이런 사안들을 숙고하며 수감 생활을 견뎠고 나 자신도 생각을 정리할 수 있었소. 덕분에 머리가 굳지 않았음은 물론이오."

만슈타인은 유럽의 통합에 대해 심사숙고했다. 유럽의 통합은 독일과 프랑스, 그리고 훗날에는 소련과의 관계 회복을 위해 필요했다. 만슈타인은 로마 조약Treaty of Rome(1957년), 샤를 드골Charles de Gaulle과 콘라트 아데나우어Konrad Adenauer가 맺은 엘리제 조약Élyseé Treaty(1963년), 1960년대와 1970년대에 독일이 취한 동방정책Ostpolitik을 전부 예견했다. 크림 반도에서 함께 복무했던 친구 크리스토프 프라이허 폰 임호프Christoph Freiherr von Imhoff 남작에게 보낸 편지에서 만슈타인은 이렇게 선언했다. "우리 유럽인들은 새로운 형태의 민주주의를 찾아야만 한다. 대외정책의 방법으로 이를 달성할 수 있는 유일한 길은 (민족국가들을) 더 높은 단위에서 합병시키는 것이다. 경제적으로도 다른 대안이 없다." 그는 나아가 이렇게 제안했다. "그 첫 단계는 영국의 후원 하에 독일-프랑스-베네룩스 3국을 통합하는 것이다. 이 단계에 성공하고 나면 북유럽 국가들과 지중해 국가들이 순차적으로 합류할 것이다." 그는 『세계 평화로 가는 길』에도 선견지명을 담은 글을 적었다. 결론은 이러했다.

독일이 '통합된 유럽'의 틀 안에 위치하는 것이 가장 자연스럽다. 그러나 독일 은 동등하고 자유로운 파트너로서 승인되었을 때에만, 그리고 하나의 국가로 서 통합성과 자족성을 인정받을 때에만 이 틀 안에 들어가기를 선택할 것이다. '통합된 유럽'을 위한 전제조건은 프랑스와 독일 간의 최종적 화해다. 그러기 위해 두 국가는 과거지사에 어느 정도 선을 긋고 희생정신을 발휘해 잊을 것은 잊고 용기를 내어 서로를 신뢰할 필요가 있다. 독일은 또한 동유럽 국가들과도 우호적인 관계를 위해 노력해야 한다. 동유럽과 서유럽 사이의 가교가 되는 것 이 독일의 임무다.

만슈타인은 정치인도 미래학자도 아니었으나 향후 30년, 나아가 그 이상 의 기간 동안 독일의 대외정책이 어떤 방향으로 흘러갈지를 굉장히 정확하 게 예측했다. 이런 면에서 그는 분명히 고지식한 프로이센 융커Prussian Junker 계급의 관점을 초월했다. 그는 독일군 고위 사령관으로서 법의 심판대에 오를 '과거'를 지니고 있었으나, 아일랜드 팜에서 그의 주된 관심사는 미래 세계에서 독일의 위치였다.

만슈타인을 비롯한 수용소의 고위 장교들은 전쟁에 대해 회고할 기회가 수도 없이 있었다. 그러나 미군과 달리 영국군은 전 국방군 사령관들이 전 시의 경험을 토론하고 기록할 수 있도록 종합적인 전쟁사 프로그램을 운영 하지는 않았다. 미군은 서독 마르부르크Marburg 근처 알렌도르프Allendorf에서 유럽 역사분과 산하 특별 수용소를 운영했으나, 아일랜드 팜에서는 이와 유사한 방식으로 독일군 고위 사령관들을 활용하려는 시도가 전무했다. 은 퇴한 프란츠 할더 상급대장이 공동으로 이끈 미군의 역사 프로그램은 독일 군인들에게 자신의 관점에서 역사를 다시 씀으로써 명예를 회복할 이상적 인 기회를 제공했다고 비난받을지도 모른다. 그러나 영국군은 이에 상응하 는 프로그램을 개발하지 않음으로써 좋은 기회를 날린 셈이 되었다. 이는 자원이 부족했기 때문이기도 했으나, 과거의 작전으로부터 얻을 수 있는 교훈을 최대한 기록하고, 기억하고, 출판하는 것에 영국이 공식적인 관심을 보이지 않았기 때문이기도 했다.

역사 기록이 부족한 1945년에서 1947년 사이의 공백을 채우려 시도한 사람이 한 명 있었다. 리들 하트는 그리즈데일 홀을 열다섯 번이나 방문하며 독일군 장군들과 기나긴 대화를 나누었고, 그 내용을 1948년 1월에 유명한 저작 『언덕의 저편The Other Side of the Hill』으로 펴냈다. 그러나 안타깝게도 리들 하트는 1948년 3월까지 아일랜드 팜의 출입권을 얻지 못했으므로 그곳의 장군들과는 서신으로 이야기를 나누어야 했다. 젱어 운트 에털린이 말했듯이 영국인 리들 하트는 "독일인들에게 호의적이었다." 어떤 면에서는 지나치게 그러했다. 돌이켜보면 그의 순진함은 비난의 대상이 될 만했다. 리들 하트는 독일군 장군들을 이렇게 묘사했다. "그들은 본질적으로 기술자로서 자신들의 소임에 열중했고, 그 밖의 것들에 대해서는 거의 생각하지 않았다. 히틀러가 군부를 속이고 마음대로 주물러서 자신의 목적을 위한 수단으로 삼았다는 사실이 뻔히 보였다." 리들 하트는 만슈타인을 "그늘에 가린 군인들 중 한 명"으로 평했으나 그에 대한 칭찬을 아끼지 않았다. "독일군 장군들 중 가장 유능하다"고 말할 정도였다. 그는 이것이 "룬트슈테트를 위시하여 내가 전쟁에 대해 대화를 나눴던 대다수 장군들의 의견이었다"라고 덧붙였다.

리들 하트는 독일군 장군들에게 상당한 동경을 품고 있었으며 대놓고 애정 공세를 펼쳤다. 그는 독일군의 옹호자 역할을 했다. 만슈타인은 회고록에서 리들 하트와의 관계에 대해서는 일언반구도 하지 않았으나, 둘은 상당량의 서신을 교환했다. 두 사람은 1948년에서 1951년 사이에 정기적으로 연락을 주고받았고 그 뒤에도 가까운 관계를 유지했다. 리들 하트는 만슈타인 원수에게 깊은 감명을 받았기 때문에 만슈타인이 재판을 받는 동안, 그리고 그 이후에도 그를 충실하게 지지했으며 훗날 『잃어버린 승리』의 영문판 출간을 돕기도 했다.

만슈타인은 뉘른베르크에 증인으로 출두했고 이후에도 기소당할 수 있다는 잠재적 위험을 안고 있었으나, 반대로 자신이 전범재판을 받지 않으리라 믿을 만한 이유도 충분했다. 아일랜드 팜에서 몇 달을 보내는 동안 영국 정부는 전범 문제의 해결에 몹시 느긋했던 것이다. 그러나 1946년 10월에 오토 욘Otto John 박사가 수용소에 등장하자, 불길한 기운이 감돌기 시작했다. 히틀러 반대파로서 파란만장한 인생을 산 욘은 현대 독일사의 문제 인물이었다. 그는 히틀러 암살 시도가 실패한 뒤 스페인과 포르투갈을 거쳐 영국으로 달아났고, 이후로는 영국 선전용 라디오 방송국인 '칼레 병사 Soldatensender Calais'에서 일했다. 전쟁이 끝난 뒤 그는 참관인 자격으로 뉘른 베르크 법정에 섰으며, 영국 통제국 소속으로 아일랜드 팜에서 독일인 및 오스트리아인 심사 업무를 맡았다.

만슈타인이 아내에게 일렀듯이, 욘의 임무는 아일랜드 팜의 포로들을 "민주적 정신을 보이는 인물, 회색분자, 과격파 나치 또는 위험인물"로 분류하는 것이었다. 욘은 그 수단으로 공식적인 심문보다 훨씬 교묘한 방법을 택했다. 예컨대 그는 만슈타인을 심사하기 위해 그와 함께 브리스톨Bristol 해협이 내다보이는 조용한 해안 산책로를 거닐며 1944년 7월 20일의 사건에 대해 '흥미로운 토론'을 나누었다. 욘의 설명에 따르면, 몇 시간 동안 모래사장에서 대화를 나누고 담배를 피우는 동안 만슈타인은 "누구도 자신을 히틀러에 대한 음모에 끌어들이려 접근하지 않았고, 만약 그랬다 하더라도 자신은 공모하지 않았을 것"이라고 주장했다. 나아가 만슈타인은 독일이 소련에게 군사적으로 패배하는 것을 막을 수 있었다고 믿었고, "소련군의 독일 진군을 막아낼 인물로는 본인이 적격이었으나 히틀러가 동부전선 통합 최고사령관직을 적시에 넘겨주지 않았다"고 생각했다.

욘은 독일 군인들을 3개 집단으로 분류했다. A는 나치 정권 반대파, B는 정치적으로 무관심한 이들, C는 나치 정권의 열혈 옹호자들이었다. 심사 결과는 1947년 9월에 발표되었다. 전쟁범죄 및 안보용의자 중앙등록소Central Registry of War Crimes and Security Suspects, CROWCASS에 등록된 독일군 원수들은 전부 이 분류에서 제외되었다. 브라우히치, 만슈타인, 룬트슈테트, 슈트라우스 등 39명의 장교 이외에 나머지 전쟁포로들은 1948년에 석방될 예정이었다. 독일 군인들은 '적군에게 조력한' 욘에게 그다지 호의적이지 않았다. 만슈타인은 자신이 아일랜드 팜에 잔류하게 된 것이 오토 욘의 탓이라고 확신했다. 함부르크에서 만슈타인의 재판이 열렸을 때 욘이 기소측 통역사 및 보조역으로 활동한 것 역시 그에 대해 더 큰 반감을 갖게 만들었다. 만슈타인은 정치적 성향 심사를 받았음에도 불구하고 기소를 피할 수 있으리라고 낙관했다. 그는 아내에게 쓴 편지에서 만약 재판이 열린다면, 그리고 진정한 정의가 구현된다면 자신은 무죄를 선고받을 수밖에 없다고 적었다.

이즈음 만슈타인과 룬트슈테트는 사이가 나빠진 것으로 보인다. 두 사람 사이에 안 좋은 감정이 싹튼 이유는 명확하지 않으나 테드 리스의 말에 따르면, 룬트슈테트는 만슈타인이 "여전히 지나치게 나치 편을 들고 있다"고 판단했다고 한다. 어쨌든 두 원수는 곧 물리적으로도 멀어졌다. 1947년 10월 초, 만슈타인은 백내장이 도진 데다가 당뇨병이 의심되어 스태퍼드Stafford 근처 그레이트 헤이우드Great Haywood의 셔그버러 파크Shugborough Park에 위치한 제99군사병원으로 이송되었다. 이로써 장 문제로 4월부터 같은 병원에 입원해 있던 브라우히치에게는 새로운 말벗이 생겼다.

한편 미국은 뉘른베르크에서 소위 '최고사령부 재판'을 열어 14명의 해군 및 육군 장성들을 기소하기로 결정했다. 제11군에서 만슈타인의 참모장 및 예하 군 사령관으로 복무했던 오토 뵐러 보병장군도 피고인 중 한 명이었다. 1948년 초에 아내와 주고받은 편지를 보면 만슈타인은 전 부하를 위해 증인석에 서려 했으나 그러지 못했다. 처음에 그는 영국 정부가 자신의 출석을 막고 있다고 생각했다. 그러나 현실은 만슈타인의 생각보다 훨씬 더 복잡했다. 당시 영국 정부는 독일군 장군들을 어떻게 처리할지, 즉 미국에 넘겨 영국식 재판을 받게 할지 그냥 풀어줄지 결정하지 못한 상태였다. 4월 10일, 텔포드 테일러는 영국 육군 법무관실에 브라우히치, 만슈타인, 슈트라우스를 최고사령부 재판에 출두시키라고 요청했다. 해외재건위원회가 독일 내 서방연합군의 담당 구역에서 독일 국민들의 자신감을 회복시키기 위해 1948년 9월 1일 이후로는 전쟁범죄를 더 이상 추적하지 않겠다고 결정한 것은 그로부터 딱 이틀 뒤의 일이었다.

1948년경 게르트 폰 룬트슈테트 원수(가운데)와 영국 통역관(왼쪽 전투복 차림)과 함께한 만슈타인 (오른쪽). (Imperial War Museum, HU 44887)

아일랜드 팜에서의 나날은 끝을 향해 가고 있었다. 수용소가 7월에 문을 닫을 예정이었기 때문이었다. 젱어 운트 에털린을 비롯한 대다수의 포로들은 1948년 5월 12일에 석방되어 독일로 향했다. 그러나 영국에 구류되어 있던 3명의 원수는 귀국 대열에 합류하지 못하고 디스Diss 근처 서픽Suffolk의 레드그레이브 파크Redgrave Park에 위치한 제231전쟁포로병원으로 이송되었다. 실로 한 치 앞도 내다볼 수 없는 상황이었다. 룬트슈테트는 리들 하트에게 쓴 편지에서 자신들의 미래가 "매우 음울하고 불확실하다"고 썼다. 훗날 룬트슈테트의 전기 저자가 썼듯이, 세 사람에게 유일한 위안은 정권이 그들에게 호의적이었다는 것이었다.

브라우히치와 슈트라우스는 병에 걸려서 7월 16일에 병원선을 타고 독일로 돌아갔다. 그들은 뤼네부르크Lüneburg 근방 문스터라거Munsterlager의 제6전쟁포로병원에 입원했다. 건강 상태가 양호했던 만슈타인과 룬트슈테트는 7월 22일에 기차를 타고 런던으로 향해 그곳에서 비행기를 타고 뉘른베르크로 향했다. 뉘른베르크에 도착해보니 기이한 상황이 펼쳐져 있었다. 미국인들은 장군들을 당시 진행 중이었던 최고사령부 재판의 피고측 증인으로 세우고 싶어했으나, 장군들이 본인에 대한 기소가 임박했음을 모른다면 그렇게 할 생각은 없었다. 앞으로 보겠지만 영국 정부는 7월 5일에 독일 장군들을 기소하기로 결정했으나 대중에게, 무엇보다도 피고인 당사자들에게 그 사실을 알리지 않았다. 재판장은 증인으로 소환할 수 있는 이들이 이윽고 피고석에 설 가능성이 높으니, 그들에게 24시간의 말미를 주어 증언을 할 준비가 되었는지 확인하라는 법원명령을 내렸다. 7월 28일, 만슈타인과 룬트슈테트는 충분한 법적 조언과 준비 없이 증언하는 데 내재된 위험성을 깨닫고 피고측을 위한 증언을 하지 않겠다고 선언했다. 만슈타인에게 묄러를 위한 증언을 포기한다는 결정은 쉽지 않았을 것이다. 만슈타인과 룬트슈테트는 곧바로 문스터라거 향해 브라우히치와 슈트라우스와 합류했다.

만슈타인은 감시가 엄격한 뉘른베르크 생활이 달갑지 않았다. 그는 2주 뒤에 리들 하트에게 보낸 편지에서 이렇게 불평을 털어놓았다. "숙소, 음식, 치료는 좋았습니다. 그러나 방 문 앞에 (흑인) 교도관이 항상 지키고 선 탓에 우리 모두는 철저히 고립되어 있었습니다. 저는 '지배 민족'이 따로 있다는 멍청한 이론을 믿어본 적이 없으나, 침대 맡에 교도관으로 흑인을 배치했다는 것은 정도를 벗어난 일인 것ㄴ 같습니다."

만슈타인은 영국 포로수용소에 도착하자마자 다시 한 번 충격을 받았다. 그의 앞에는 비교적 안락했던 아일랜드 팜과는 대조적으로 아주 가혹한 생활이 기다리고 있었다. 독일군 고위 장교들은 뉘른베르크에서와 마찬가지로 다른 포로들과 격리되어 지속적인 감시를 받았다. 아들 뤼디거가 묘사했듯이 "뉘른베르크와 다른 점은 혐오의 분위기가 없다는 것뿐이었다." 만슈타인은 리들 하트에게 보낸 편지에 이렇게 썼다.

우리가 이런 대우에 몹시 실망했다는 것은 당신도 이해할 것입니다. 전쟁이 끝나고 3년이 지났는데 우리는 아직도 전쟁포로로 잡혀 있습니다. 종전 당시에 사령부에 남아 있던 것도 아닌데 말입니다……. 정말로 우리를 기소할 생각이었다면, 지난 3년 동안 그 사실을 미리 귀띔해주고 필요한 조사를 할 기회가 충분했을 겁니다. 우리가 얼마나 더 오래 수감 생활을 해야 하는지는 점점 더 불투명해지고 있습니다. 이는 우리 자신에게도 고문이지만, 기다리는 부인들은 더욱 괴로울 겁니다.

기소 결정

영국 정부는 오랜 망설임 끝에 만슈타인을 전쟁범죄 혐의로 기소한다는 결정을 내렸다. 뉘른베르크에서 내려진 독일 참모본부에 대한 판결에는 아주 중요한 권고 사항이 포함되어 있었다. "이자들 중 일부는 사실을 근거로 재판에 회부하여 유죄일 경우 범죄에 대한 처벌을 면치 못하게 해야 한다." 따라서 텔포드 테일러를 위시한 미국 조사관들은 영국에 구류된 독일 고위 장교의 범죄 행위에 대한 증거를 모아 82페이지 분량의 두꺼운 문서에 담았다. 동부전선에서 룬트슈테트, 브라우히치, 슈트라우스, 그리고 만슈타인이 범죄를 저질렀음을 강력히 보여주는 이 문서는 1947년 8월 영국 법무상에게 전달되었다. 한편 독일 내 영국군 라인 강 사령부와 영국군 고위 장교들은 어떠한 재판에도 반대했다. 영국은 소련과 적대관계에 놓여 있고, 소련이 침략해올 경우 서독의 지원을 받아야 할 필요가 있다는 상황을 고려한 것이었다. 당시 소련 정부는 독일을 통일된 중립국으로 유지시키겠다고 약속하고 있었다. 이런 상황에서 전쟁범죄 용의자들의 처분은 정의의 실현뿐만 아니라 지정학적 요구 역시 고려해 결정해야 했다.

1948년 6월 17일에 전쟁부장관 이매뉴얼 신웰Emanuel Shinwell은 영국 정부에 기소에 대한 찬반 주장을 담은 문서를 제출했다. 그는 "국내 및 해외 여론은 그들을 석방시키는 데 비판적"이라고 말하며 다음과 같이 주장했다. "우리는 전쟁범죄를 지시한 고위 장교들을 그냥 보내줄 수 없다." 한편 기소 반대 의견은 다음 내용을 강조했다. "이미 3년 가까이 우리 손에 있던 고위 장교들을 다시 재판에 회부하려면 시간, 비용, 인력이 필요하다." 장단점을 견주어본 뒤 결론은 이러했다. "이제 와서 이 장군들을 재판에 회부하는 막중한 임무를 수행하는 데에는 그만한 가치가 없다." 몽고메리 원수 역시 독일군 원수들에 대한 재판을 계속할 의미가 있는지 회의를 품고 있었다. 그는 1948년 7월 9일 파리에서 열린 불영연합 오찬에서 뉘른베르크 재판이 "패전국 장군들을 피고석에 앉히고 사형에 처함으로써 실패한 전쟁을 범죄로 치부했다"고 단언했다.

신웰이 제출한 문서의 결론과 반대로, 당시 영국 법무상이었던 하틀리 쇼크로스Hartley Shawcross 경은 전범재판을 강경하게 옹호했다. 쇼크로스는 훗날 뉘른베르크 재판에서 영국측 주 검사를 맡아 역사에 이름을 남기게 된다. 1948년 7월 5일, 영국 정부는 영국이 재판을 열지 않으면 국제 사회의 비난을 면할 수 없다는 결론을 내렸다. 이미 미국으로부터 증거서류를 건네받았고 폴란드와 소련으로부터 계속 범죄인 인도 요청을 받고 있는 상황이었기 때문이었다. 외무부장관 에른스트 베빈Ernst Bevin은 기소를 찬성하는 가장 강력한 주장을 제시했다. "영국 정부는 소련과 폴란드 정부에 독일군 장군들을 재판에 회부하겠다고 구체적으로 공언하지는 않았습니다. 그러나 우리가 장군들을 해당 국가에 인도하지 않은 데에는 우리가 그들의 재판을 진행하겠다는 전제가 깔려 있었습니다." 베빈은 이렇게 말을 이었다. "국제적 관점에서 볼 때, 장군들을 결국 재판에 회부할 거라면 가능한 한 빨리 하는 게 낫습니다."

1948년 9월 22일 외무부장관이 하원에 4명의 독일군 장군이 영국군의 감시 하에 독일로 돌아간 까닭은 재판을 받기 위해서라고 발표하자, 의회 내에서는 반대의 목소리가 터져나왔다. 레지널드 패짓Reginald Paget(노동당, 노샘프턴Northampton)은 이런 질문을 던졌다. "이들이 재판을 기다리는 동안 보석을 받아서는 안 될 이유라도 있습니까? 이미 3년간 수감 생활을 겪었으니 재판을 기다리는 동안 보석을 받아도 될 것 같습니다만." 외무부장관은 빈정대며 대답했다. "이 장군들과 똑같은 방식으로 수감된 가난한 죄수들은 그 결정에 퍽도 불만이 없겠군요." 리처드 스톡스Richard Stokes(노동당, 입스위치Ipswich)가 두 사람의 대화에 끼어들었다. "항의하는 이유가 뭡니까? 저는 장군들을 더 빨리 재판에 회부하지 못한 것이 통탄스러울 뿐입니다. 재판은 훨씬 전에 열렸어야 했다고 생각합니다." 다른 의원들도 이어서 우려를 표명했으나 영국 정부는 이미 결정을 내렸고, 결정된 사항을 착실히 수행했다. 되돌릴 길은 없었다.

한편 문스터라거에서 독일 장군들의 생활 조건은 리들 하트가 주도한 영국 언론 캠페인 이후에 개선되었다. 만슈타인은 1948년 8월 11일에 리들 하트에게 "고문에 가까운 방식으로 독방에 가둬졌음"을 불평했다. 리들 하트는 이 이야기를 듣고 《맨체스터 가디언Manchester Guardian》지 편집장에게 편지를 썼다. 그는 만슈타인의 편지에서 일부를 발췌해 옮기고 이렇게 요청했다. "우리의 법적 고문 절차에 대체 끝이란 없는 겁니까? 인간적 본능과 영국 전통에 비추어볼 때, 나이 들고 병든 사람들을 이렇게 대하는 것이 역겹지 않습니까?" 리들 하트는 같은 달에 《타임스The Times》와 《데일리 텔레그래프Daily Telegraph》지에도 항의 편지를 보냈다. 만슈타인은 독일군 장군들이 기소될 것이라는 영국 정부의 발표를 8월 27일 BBC 라디오 뉴스를 통해 들었다. 재판에 대한 저항운동의 첫 번째 물결이 정점을 찍은 것은 1948년 9월 3일이었다. 이날 《타임스》지에는 정치인 및 작가 9명이 서명한 항의 서한이 도착했다. "독일의 항복 이후 3년하고도 3개월이 지난 시점에 갑자기 이자들을 전쟁범죄자로 재판에 회부한다는 결정은 전체 상황에 하등 도움이 되지 않으며 오히려 부적절하다"라는 내용이었다.

영국 정부는 거센 반대에 대응하여 문스터라거의 가혹한 생활 조건을 개선시켰다. 리들 하트는 만슈타인에게 감사 편지를 받은 뒤 1948년 9월 21일 《타임스》독자들에게 이 소식을 알렸다. 그는 독일군 원수들과 그 부인들을 대신하여 "도량 넓게도 우리를 위해, 그리고 영국인의 정의와 인류애를 위해 탄원해주신 분들에게" 감사를 전했다. 이제 구금된 독일군 장군들은 부인들의 도움을 받을 수 있었다. 장군들이 바름베크Barmbek 교외의 제92(함부르크)영국군인병원으로 옮겨질 때 부인들이 동행했다.

그해 가을, 만슈타인의 오랜 친구 테오도어 부세가 함부르크에 도착했다. 그는 곧 퇴역 군인들에게 연락하여 증인석에 서겠다는 동의를 받고 증인 목록을 작성하기 시작했다. 부세는 예전 참모장 시절처럼 만슈타인과 그의 변호사들과 긴밀하게 일하며 변론 전략을 조율하는 데 핵심 역할을 했다. 그는 여전히 전시의 상관을 존경했고, 1948년 말에는 자신의 전 부하인 뵈

링어Boehringer 대령에게 쓴 편지에서 만슈타인에 대한 열렬한 찬사를 늘어 놓았다. "그는 여전히 그전 모습 그대롤세. 절대 굽히지 않고 맞서 싸울 태 세를 갖추고 있지. 이처럼 나무랄 데 없이 뛰어난 인물이 재판장 앞으로 끌 려 나와야 한다니 치욕일세."

리처드 스톡스는 10월에 함부르크의 독일 장군들을 방문했고, 10월 26 일에 하원으로 복귀하여 그들이 겪고 있는 역경에 문제를 제기했다. "장군 들이 처한 상황은 우리의 페어플레이 정신에 전적으로 위배된다고 주장합 니다. 이렇게 느끼는 것은 저뿐만이 아닙니다. 저는 영국과 해외의 다수 여 론을 대표하고 있다고 믿습니다." 조지 제프리스George Jeffreys(보수당, 피터스 필드Petersfield) 경이 지지 발언을 했다. "우리는 뛰어난 독일 장군들을 형편 없이 대우했습니다. 이는 대영제국과 우리 군인들의 전통, 여러 전쟁에서 우리가 보인 전례에 완전히 어긋나는 것입니다."

이에 대한 답변으로 전쟁부차관 마이클 스튜어트Michael Stewart는 독일 장 군들을 재판에 회부한다는 정부의 결정을 설명했다. 그가 강조한 첫 번째 이유는 "혐의가 아주 중대하기 때문"이었다. 두 번째 이유는 "문제의 독일 장군 4명의 부하들은 앞선 재판에 회부되어 현재 장군들에게 씌워진 것과 유사한 혐의로 유죄 선고를 받았기 때문"이었다. 세 번째 이유는 "영국 정 부에게는 이들을 영국 재판정에 세우지 않을 거라면 최근 전쟁에서 연합 을 맺었던 다른 나라 정부에 인계할 명백한 의무가 있기 때문"이었다. 그러 나 차관의 발언은 하원 내 분위기에 거의 영향을 미치지 못했다. 토론의 마 지막 발언권은 레지널드 패짓에게 주어졌다. "이 독일인들에 대한 재판은 …… 영국의 품위를 해친다. 지금 영국인들은 독일 장군들을 재판대에 세 운다는 결정이 참을 수 없을 만큼 무례하다고 느끼고 있다. 지금이라도 이 결정을 되돌릴 수 있지 않은가?"

이틀 뒤 영국 보수당 수장이자 재판 반대파였던 윈스턴 처칠이 하원에서 정부를 비판하자 일이 더 커졌다. 그는 "독일과의 화해에 쓸데없는 장애물 을 놓을 필요가 없다"고 말하며, "나이 지긋한 독일 장군들에게 외무부가 가 한 가혹하고 부당한 절차"를 통탄했다. 전시 영국을 이끌었던 처칠은 다가

올 재판이 "행정적·정치적 명청함을 드러내는 행위로서 법적으로도 부적절하며, 인도주의 정신에나 군인 정신에나 똑같이 위배된다"고 묘사했다. 그는 독일 장군들에 대한 관대한 처분을 요청했다.

복수는 모든 만족 중에서 가장 희생이 크고 시간이 오래 걸립니다. 보복을 위한 기소는 모든 정치행위 중에서 가장 간악합니다. 내가 언급한 아주 예외적인 상황에 대한 우리의 정책은 어렵더라도 과거의 범죄와 공포를 용서하고, 미래를 위해 우리의 구원을 추구해야 합니다.

처칠은 그럼으로써 자신의 정치적 입장을 명확히 했다. 그는 하원에 재판의 국제적 맥락을 상기시키며 큰 소리로 외쳤다. "독일인들이 적극적으로, 충성스럽게 우리에게 조력하지 않는 한 유럽은 재기할 수 없습니다." 독일군 원수들이 재판 절차를 소화할 수 있을 만큼 건강했는지 여부는 별개의 문제로서 앞으로 지켜봐야 할 터였다.

신체검진은 영국군과 영국 내무부 의료위원회가 합의를 보지 못해 한동안 지연되었다. 검진이 진행되는 동안 기소를 막으려는 시도가 있었는지는 확실히 알 수 없다. 영국 군의관들이 상부의 지시 하에 부정행위를 했다는 주장도 있었으나 확실히 증명되지는 않았다. 브라우히치는 검진을 받기 전에 시력을 잃었고 1948년 10월 18일, 67세의 나이로 심장마비에 걸려 사망했다.

1949년 3월 10일 영국 교도소 소속의 숙련된 의료장교 2명과 군의관 2명이 함부르크에 구금된 독일군 장군 3명을 검진했다. 그들은 만슈타인이 "정신이 말짱하고 협조적이었으며 고질적인 시력 문제를 제외하고는 건강했다"며 이렇게 결론을 내렸다.

그는 건강하여 법정에 설 수 있다. 그의 건강 상태는 재판이 열리는 동안 피고 측 변호인들에게 지시를 내리고 원한다면 증언을 하거나 대질심문을 받는 등 재판의 일반적 절차를 따를 수 있을 만큼 양호하다. 재판의 스트레스로 인해 쓰러질 가능성은 높지 않다고 본다.

반면 룬트슈테트와 슈트라우스는 재판을 받기 부적합한 상태라는 진단
을 받았다. 1949년 3월 28일, 완성된 의료 보고서를 받아든 신웰은 "룬트
슈테트와 슈트라우스에 대한 남은 절차는 포기하되 만슈타인만은 재판을
받아야 한다"고 권고했다.

1949년 5월 5일, 영국 정부는 독일 장군들의 건강 상태를 (챈슬러Chancellor
경의 2차 검진을 기반으로) 다시 한 번 논의했다. 결국 룬트슈테트와 슈트라
우스는 석방되고 만슈타인에 대한 재판만 진행하기로 결론이 났다. 정부
회의가 열린 날, 시의적절하게도 치체스터Chichester 주교 조지 벨George Bell이
상원에서 독일 전쟁범죄에 대한 토론을 요청했다. 귀족 출신의 성직자였던
그는 다음과 같이 말문을 열었다.

저는 제 이름을 걸고 독일 장군들의 재판에 정의, 인류애, 정치적 지혜의 관점
에서 문제를 제기합니다. 전범재판은 신설 서독 공화국을 비롯하여 독일과 독
일인 전체에 영향을 끼치는 사안입니다……. 그러나 이번 기소 행위는 우리 영
국인들 자신에게도, 영국의 정의와 인류애에 대한 평판에도 영향을 미칩니다.
바로 그렇기 때문에 저는 독일 장군 3명을 기소하고 어떠한 형태로든 재판을
계속하는 것에 반대합니다.

이어진 토론에서 조지 벨은 여러 동료들, 특히 모리스 핸키Maurice Hankey
경에게서 강력한 지지를 받았다. 그에 답하여 챈슬러 경은 이런 의견을 내
놓았다. "권고안을 결정하기 전에 저는 범죄의 중대성을 염두에 두어야 했
습니다. 혐의가 사실이라면 (만슈타인은) 제2차 세계대전을 통틀어 가장 거
물급 범죄자로 분류할 수 있습니다……. 그는 전쟁 상황을 남용하여 대규
모 학살을 저질렀다는 혐의를 받고 있습니다."

영국 상하원이 재판을 막기 위해 최선을 다했음에도 만슈타인은 결국 구
금되어 있던 독일 장군들 가운데 유일하게 법정에 서게 되었다. 룬트슈테

트는 1953년에 77세로 사망했다. 슈트라우스는 "감정적 흥분 상태와 관상동맥질환이 진행되고 있다는 증거"로 인해 기소에서 제외되었으나 천수를 누려 93세까지 살았다.

영국에서 정치적 토론과 의사결정이 차근차근 진행되는 동안 만슈타인은 변함없이 함부르크에 억류되어 있었다. 유타-지빌레가 그의 곁을 지켰고, 아들 뤼디거 역시 자주 아버지를 찾았다. 만슈타인 일가는 병원 단지 내에서는 최소한의 감시 하에 돌아다닐 수 있었다. 독일 북부에 주둔한 영국군 부대들이 경비 병력을 제공했다. 만슈타인 감시 임무는 영국군의 일상적 훈련 및 점령 업무에서 벗어나 머리를 식힐 수 있게 해주었다. 패짓에 따르면, 경비대원들은 만슈타인이 '까다로운 사람'이었으며 군사적 절차의 정당성을 꼬장꼬장하게 따지는 사람이었다고 평했다. "모든 것을 정확한 절차로 진행하지 않으면 그의 지적을 받기 일쑤였습니다." 그러나 만슈타인은 경비대원들로부터 과거에 부하로 데리고 있던 참모들과 비슷한 존경을 받았다. "피고측의 열렬한 지지자들은 모두 재판이 잘 풀리면 기뻐하고 불리한 증거가 나오면 분개했다."

만슈타인은 1949년 1월 1일에 자신에게 씌워진 혐의를 알게 되었다. 그러나 최종 수정을 거쳐 완성된 기소장을 받은 것은 반년이 더 지난 1949년 7월 14일에 이르러서였다. 타자기 원고로 40페이지에 달하는 아주 긴 기소장에는 만슈타인이 저지른 17개의 혐의와 함께 그와 관련된 총 174건에 달하는 사건들이 명시되어 있었다. 패짓이 회상했듯이 "어떤 기자는 이를 보고 동부전선에서 일어난 모든 일을 모아서 폰 만슈타인에게 덮어씌운 거나 마찬가지라고 정확하게 요약했다." 이 보도에는 진실이 담겨 있었다. 패짓 역시 날카롭게 평했다. "폰 만슈타인이 구체적으로 무엇을 했어야 했다는 것인지, 그리고 대체 어떤 법이나 관습을 위반했다는 것인지 상당히 모호했다." 세세한 죄목에 대해서는 뒷장에서 다룰 것이다. 1949년 8월 24일로 정해진 재판 개시 전 만슈타인은 당장 큰 문제에 맞닥뜨렸다. 바로 변호인단을 구성하고 그 비용을 지불하는 것이었다.

만슈타인의 독일측 변호 비용은 퇴역 상급대장 한스 폰 도나트Hans von

Donat가 주도한 모금으로 충당되었다. 만슈타인의 변호인으로 낙점된 사람은 그가 뉘른베르크의 참모본부 재판에서 긴밀하게 협업했던 한스 라테른저 박사와 파울 레버퀸Paul Leverkuehn 박사였다. 레버퀸은 영국과 미국에 거주한 경험이 있어 양국의 사법체계에 익숙했으나, 최대한 성공적인 변론을 위해서는 영국인 변호사가 필수라고 확신했다. 그는 1949년 7월 11일《타임스》에 보낸 편지에서 이렇게 설명했다.

나와 내 동료는 영국 변호사의 도움 없이 폰 만슈타인이 충분한 변론을 받을 수 없다는 의견입니다. 만슈타인은 영국 법조인들이 영국 절차와 영국 증거법칙에 따라 행동하는 영국 법정에 서게 될 겁니다. 우리는 그중 무엇과도 친숙하지 않습니다. 영국식 대질심문은 유럽 대륙의 변호사들에게는 상당히 낯섭니다. 이런 성격의 법정이 어떻게 돌아가는지를 완벽히 이해할 수 있는 것은 영국 변호사(가급적이면 영국군에서 복무한 경험이 있는)뿐이라는 것이 우리의 견해입니다.

탄원 결과, 모금운동이 벌어졌다. 드 릴 앤 더들리de L'Isle and Dudley 경과 브리지먼Bridgeman 경이 주도하고 사이먼 앤 핸키Simon and Hankey 경이 공개적으로 지지한 이 모금운동의 최초 모금인 가운데는 윈스턴 처칠도 있었다. 그는 25파운드를 기부했다. 한 달 동안 총 1,620파운드라는 상당액이 모였다.

레버퀸은 변호사를 물색하던 중 처음에는 물망에 오르지 않았던 패짓에게 생각이 미쳤다. 패짓은 처음에는 거절했다. "패소가 거의 확실한 악명 높은 사건의 변호를 맡아봤자 제 경력에 좋을 게 없습니다." 그러나 레버퀸이 재차 요청하자 패짓은 변론을 수락했다. 그는 이번 재판이 "사법적 문제라기보다는 정치적 문제"라며 수임료를 받지 않겠다고 했다. 패짓은 이윽고 함부르크로 향해 전시에 영국군에서 중령으로 복무했으며 일본군 전범재판에 참여한 경험이 있는 샘 실킨Sam Silkin과 합류했다. 패짓의 회상에 따르면, 유대인이었던 실킨이 "폰 만슈타인을 위해 최선을 다해 변론한 것은 독일 국민들에게 큰 감동을 주었다." 만슈타인의 변호인단에 세 번째로 합류한 영국인은 공교롭게도 전시에 레버퀸에 대항하여 작전을 펼쳤던 정보장교 출신 빌 크룸Bill Croome이었다. 두 사람은 과거에는 적었으나, 이제는 정의라는 공통된 영역 내에서 긴밀하게 협동하게 된 것이었다.

영국인과 독일인으로 구성된 변호인단은 부세의 후원을 받고 있었다. 패짓은 부세를 놓고 "모든 군사적 사안에서 의지할 수 있는 사람이었다…….그는 보상을 바라지 않고 자신의 전 상관을 변호하는 데 최선을 다했다"라고 묘사했다. 레버퀸 박사의 조수이자 변호인단의 서기 역할을 한 것은 과거 만슈타인 휘하에서 포병장교로 복무했던 알프레트 샤흐트Alfred Schacht 박사였다. 패짓은 샤흐트에 대한 칭찬을 아끼지 않았다. "그는 문서를 찾아내는 능력이 대단했고 국제법에 있어서는 우리 중 최고 전문가였다." 패짓은 변호인단 전체가 "폰 만슈타인의 변호를 일종의 십자군 전쟁으로 간주했고 밤낮을 가리지 않고 하루 종일 일할 준비가 되어 있었다. 그리고 그래야만 했다"라고 강조했다.

함부르크에서 만슈타인을 처음 만난 패짓은 다음과 같은 독특한 기록을 남겼다.

그의 외양과 성격은 둘 다 예상과 달랐다. 그가 원수인 줄 몰랐더라면 대학 총장이라고 생각했을 것이다. 한눈에 보기에도 지적 능력이 뛰어난 그는 호기심이 넘쳤고 학구열이 높았다……. (만슈타인은) 쌀쌀맞고 무서운 인물로 보였으나 돌연 유머와 인간미를 보여 나를 놀라게 만들었다. 나는 바로 이런 면 때문에 부하들이 그를 그토록 따랐을 거라고 생각한다.

패짓에게는 재판을 준비할 시간이 부족했으므로 변호 의뢰인과 거리를 좁히는 것이 급선무였다. 그는 만슈타인에게 "원수 각하께서 제대로 변호받지 못한다면 내 조국의 명예가 실추될 것이기 때문에 변론을 맡았다"고 솔직히 말했다. 만슈타인은 새로 만난 영국인 변호사에게 마음을 터놓고 이렇게 대답했다.

저는 이제 제게 무슨 일이 일어나도 크게 개의치 않습니다. 제 인생은 이미 끝난 거나 다름없습니다. 그러나 저는 저의 명예, 그리고 제가 이끌었던 독일군의 명예에는 신경을 쓰고 있습니다. 영국군은 독일군이 전투에서 명예로운 군인답게 싸웠음을 알았을 겁니다. 당신네들이 소련에서 우리가 야만인처럼 싸웠다고 믿는다면 그건 볼셰비키의 선전에 세뇌당한 겁니다. 그 말은 거짓입니다. 우리는 끔찍하게 힘든 전쟁을 벌이면서도 기강을 확실하게 유지했고 명예롭게 싸웠습니다. 저는 독일군의 명예를 지킬 결심을 하고 있습니다.

패깃은 따로 논평을 달지 않았으나, 만슈타인의 발언에서 우리는 많은 것을 알 수 있다. 무엇보다도 만슈타인은 이번 재판에서 비단 자신뿐만 아니라 전사한 독일 군인들의 '명예'를 지킬 결심을 하고 있었다. 사실 만슈타인은 뉘른베르크에서 이미 독일군의 명예 회복이라는 임무를 시작한 뒤였고, 함부르크에서 열린 자신의 재판에서도 같은 임무를 계속 수행했다. 그의 회고록 역시 독일군의 명예를 핵심으로 삼고 있다. 따라서 재판에서의 주요 쟁점은 만슈타인이 독일 군인의 명예를 얼마나 설득력 있고 신빙성 있게 변호할 수 있느냐 하는 것이었다.

재판의 시작

만슈타인의 재판은 공식적으로 일반 영국 군법재판의 형태를 취했고, 그 준비 과정은 '마르코 작전Operation Marco'이라 불렸다. 급작스럽게 재판장으로 호출된 것은 영국 체스터Chester에서 서부사령관으로 복무 중이던 프랭크 심슨Frank Simpson 상급대장이었다. 영국군 참모총장이었던 마셜 슬림Marshal Slim은 그에게 "지루하고 불쾌할지 모르는 일을 부탁드려 너무나 죄송합니다"라고 전했다. 슬림의 말은 사실이었다. 심슨과 함께 중장에서 대령까지 다양한 계급의 군인 6명이 판사단으로 임명받았다. 법적인 논점을 조언하고 증언을 요약하는 역할은 지방법원 재판장이었던 찰스 아서 콜링우드 Charles Arthur Collingwood 법무관이 맡았다. 담당 검사는 왕실 소속 법조인이었던 아서 스트레텔 커민스 카Arthur Strettell Comyns Carr와 플레이스토 지역 노동

1949년 8월, 함부르크 법정 피고인석에 앉아 있는 만슈타인. (Imperial War Museum, HU 42740)

당 하원의원이었던 프레드릭 엘윈-존스Frederick Elwyn-Jones였고, 독일에서 망명한 변호사 프레데릭 호니히Frederick Honig가 보조했다. 영국군 법무국 소속의 제럴드 드레이퍼Gerald Draper 대령과 S. 스미스Smith 중령, 오토 욘을 비롯한 대규모 지원인력이 검사단을 구성했다.

재판은 1949년 8월 23일부터 12월 19일까지 함부르크의 쿠리오 하우스Curio House 음악당에서 진행되었다. 오늘날 음악당 외벽의 명판에는 이 건물에서 1946~1948년에 '노이엔감메Neuengamme 강제수용소에서 범죄를 저지른 SS대원들'에 대한 영국 군사재판이 열렸다고 명시되어 있다. 그러나 만슈타인의 재판에 대해서는 적혀 있지 않다. 아마도 쿠리오 하우스가 독일 군국주의의 전당이 되는 것을 방지하기 위해서였을 것이다. 재판이 열린 62일 동안 법정은 영상 촬영이 있던 두 번을 제외하고는 언론 및 대중에게 개방되었다. 패짓은 만슈타인이 피고석에 "꼿꼿이 위엄 있게 서 있었다"고 회상했다. "앞이 거의 보이지 않고 거동조차 불편한 나이 든 독일군 원수의 이미지는 강압적인 방청객들의 이미지와 마찬가지로 언론의 상상이 꾸며낸 것이었다." 법정을 주시하고 있던 독일인 방청객 가운데 "수수하고 어두운 옷을 입어 눈에 띄지 않는 작은 몸집의 여인"이 있었다. 만슈타인 부인이었다.

재판 첫날 패짓은 판사단에 상당히 과감한 주장을 펼쳤다. 그는 1945년 6월 18일에 영국 왕실이 전쟁범죄자들에 대해 발부한 영장이 위법이라고 주장했다. 만슈타인이 재판에 회부된 근거인 영장 자체가 위법이므로, 자연스럽게 현 법정에는 사법권이 없다는 것이었다. 패짓은 특히 만슈타인이 여전히 전쟁포로 신분으로 국제법 하에 보호받고 있기 때문에 그를 억류하고 있는 주체가 포로의 신분을 마음대로 바꾸어서는 안 된다고 역설했다. 둘째로 그는 영국 왕실의 영장이 "전쟁포로에 대한 구형은 승전국 군대 소속의 전쟁포로들과 같은 절차에 따라 같은 법정에서 내려져야 한다"는 제네바 협정 제63조를 위반했다고 주장했다. 패짓은 나아가 영국 왕실의 영장은 만슈타인이 그와 동등한 원수 계급의 군인에게 판결을 받아야 한다는 사실을 무시했다고 지적했다. 또한 전문傳聞 증거의 제시를 허용한다면 공정한 재판이 불가능하며 따라서 심각한 오심誤審이 내려질 수 있다는 점에도 우려를 표했다. 패깃은 법정에 참석한 군인들의 명예와 정직성에 열정적으로 호소하며 다음과 같이 모두진술을 끝맺었다.

폰 만슈타인 원수는 군인으로서 대우받기를 요청합니다. 그가 원하는 것은 바로 여러분이 그의 자리에 서게 되면 요구할 것과 정확히 같습니다. 그는 동등한 계급의 군인에게 재판받기를 요청합니다. 여러분이 그의 자리에 서게 되면, 여러분의 생명과 자유와 군인으로서의 명예가 보호받기를 바랄 것입니다. 그 역시 이 세 가지에 대한 보호를 요청합니다. 영국과 영국군은 지난 몇 세기 동안 군법재판을 경험함으로써 발전해왔습니다. 우리의 군법재판체계는 피고 보호에 있어 필수적인 것으로 밝혀진 증거법칙과 절차의 지배를 받습니다. 모든 영국인에게는 법정에서 그런 대우를 받을 권리가 있습니다. 저는 영국인의 적이었던 피고에게도 같은 권리가 있다고 감히 주장합니다.

커민스 카는 만슈타인이 이제는 전쟁포로가 아니며 그를 보호하고 있던 조항이 전쟁범죄 용의자에게까지 확대 적용되지는 않는다고 주장했다. 만슈타인은 "전쟁포로이자 독일군 장군이라는 지위에서 물러나 전쟁범죄자로서 재판을 기다리고 있는 죄수로서 구금되었다"는 것이었다. 커민스 카는 재판이 불공정하게 진행되리라는 우려를 일축하고 난해한 법 용어를 늘어놓으며 이렇게 결론지었다. "왕실의 영장이 다른 증거법칙을 정했다는 이유만으로 이번 재판이 일반적 증거법칙에 의거한 재판에 비해 조금이라도 덜 공정하리라고 추정해서는 안 됩니다."

법정은 검사단의 복잡한 주장을 받아들여 패깃의 이의 제기를 기각했고, 다음날 재판은 예정대로 속행되었다. 우선 기소장 낭독이 있었다. 《타임스》의 보도에 따르면, 만슈타인은 법무관이 죄목을 하나하나 읽을 때마다 "일어나서 이어폰을 빼고 '무죄입니다'라고 대답했다." 커민스 카의 모두진술에는 이틀이 걸렸다. 그는 만슈타인의 전쟁 중 행적을 요약한 뒤 뉘른베르크 국제군사법정에서 참모본부에 내린 판결문을 인용하며 만슈타인이 참모본부와 공모했음을 암시했다.

현대 독일 군국주의는 최근에 국가사회주의와 손을 잡고 과거보다 훨씬 빠르게 번성했습니다. 많은 독일 군인들은 군사 명령에 복종하겠다는 서약을 조롱했습니다. 그들은 자신에게 유리하도록 어떨 때는 군사 명령에 복종할 수밖에 없었다고 주장하고, 히틀러의 잔혹한 범죄에 대해서는 복종하지 않았다고 주장합니다. 사실 그들은 모든 범죄에 적극적으로 동참했거나, 묵묵히 있음으로써 공범 노릇을 했습니다. 독일 군인들은 전 인류가 겪은 그 어떤 불행보다도 더 충격적이고 규모가 큰 범죄가 자행되는 것을 보고만 있었습니다. 이 점을 결코 무시해서는 안 됩니다.

커민스 카는 만슈타인이 폴란드 전역이 벌어지기 전, 1939년 8월 22일에 오버잘츠베르크에서 있었던 히틀러의 연설에 참석했음을 지적하며 "히틀러가 연 회담에 참석한 자라면 누구라도 독일이 폴란드에 대해 계획하고 있던 전쟁의 잔인한 성격을 분명히 예상했을 것"이라고 주장했다. 그는 같은 맥락에서 만슈타인을 비난했다. "피고인은 히틀러가 전역을 벌인 5년 동안 그의 야만적인 정책을 거리낌 없이 시행했습니다. 그는 실로 히틀러의 주 집행인이었습니다." 이 한마디로 그는 만슈타인에 대한 기소 내용을 효율적으로 요약했다.

첫 3개 혐의는 1939년 9월에서 10월 사이에 만슈타인이 남부집단군 참모장으로 폴란드에서 복무하던 시기와 관련되어 있었고, 나머지는 동부전선 사령관 시절과 관련되어 있었다. 첫 번째 혐의는 SS부대, 정규군 부대, SS보안대SD, 경찰부대에 의해 자행된 폴란드인 처형 및 학대 23건(재판에서는 1건이 철회되었다)에 대한 것이었다. 처형된 1,209명 가운데는 이전 장에서 보았듯이 콘스키에Końskie 마을 광장에서 총살된 유대인 22명이 포함되어 있었다. 오버슐레지엔에서 유대계 폴란드인들을 산San 강 너머로 내쫓아 버리고 돌아오지 못하게 한 사건 역시 그만큼이나 충격적이었다. 그 결과 "여성과 아동이 포함된 다수의 유대계 폴란드인들이 익사하거나, 군인들의

총에 사망했다." 만슈타인은 이러한 행위를 "감독하고, 승인했다"는 혐의를
받았다. 두 번째 혐의는 만슈타인이 그런 살해 및 학대 행위를 "자신의 권력
으로써 막을" 의무를 "고의로, 제멋대로" 태만히 했다는 것이었다.

　당연하게도 언론은 재판에 대한 보도에서 검사측이 내놓은 가장 선정적
이고도 강력한 증거를 부각시켰다. 가령《타임스》는 "폴란드 내 독일 범죄"
라는 제목의 문서에서 산 강 사건과 관련된 끔찍한 구절을 인용했다.

　게슈타포가 산 강둑에 서서 유대인들을 보트에 밀어넣었다. 많은 이들이 보트
　에 타지 못하고 급류에 휩쓸렸다. 물에 빠진 여인들은 아이들이 익사하지 않게
　머리 위로 들어 올리며 도와달라고 비명을 질렀다. 게슈타포는 물속에서 허우
　적대고 있는 사람들에게 총을 쏘았다. 총에 맞은 사람들의 피가 모든 방향으로
　퍼져 나가자 강물은 붉은 핏빛으로 물들었다.

　폴란드에서 있었던 일 중 만슈타인의 유죄를 가장 강력히 시사하는 것은
산 강 사건이었다. 당시 남부집단군 참모장이었던 만슈타인이 "(육군 최고사
령부의) 지령에 덧붙여서 유대인 난민들이 오버슐레지엔 동쪽으로 돌아오
지 못하도록 가능한 모든 수단으로 막으라"고 지시했다는 것이었다.

　커민스 카는 첫 번째와 두 번째 혐의를 이렇게 요약했다. "피고인이 폴란
드 민간인들에 대해 광범위하게 자행된 범죄를 몰랐다는 것은 불가능합니
다. 피고인은 범죄를 막으려 조치를 취하지 않았습니다. 산 강 사건의 경우
그는 희생자들을 더욱 곤궁에 밀어넣는 지시를 내렸습니다. 그는 이러한
혐오 행위가 (a) 전쟁 시작부터 철저히 계획되어 있었고 (b) 전쟁이 시작된
뒤에는 실제로 수행되었음을 잘 알면서도 막지 않고 방조했습니다." 만슈
타인에게 씌워진 세 번째 혐의는 폴란드인 전쟁포로 처형 및 가혹 행위 6
건과 관련이 있었다.

　남은 14개 혐의는 만슈타인이 군 또는 집단군 사령관으로 복무한 소련에
서 자행된 범죄와 관련되어 있었으며, 법정에서 소위 '러시아 혐의'라고 불
렸다. 검사단은 동부전선에서의 범죄를 다루기 전에 참모장과 사령관의 차

이에 대해 짚고 넘어갔다. "물론 참모장보다 사령관의 책임이 더 큽니다. 만 슈타인의 경우에는 두 직위의 의무를 다 고려해야 합니다. 만슈타인이 폴 란드 전역에서 참모장으로서 맡았던 책임이 축소될수록 소련 전역에서 사 령관으로서 맡은 책임은 더 커진다는 것을 명심해야 한다는 말입니다." 일 리 있는 지적이었다. 만슈타인은 첫 번째에서 세 번째 혐의는 가볍게 치부 할 수 있었고 실제로도 무죄 판결을 받았으나, 그로 인해 나머지 죄목에 대 해서는 어쩔 수 없이 더욱 큰 부담을 느껴야 했다.

네 번째 혐의는 만슈타인이 소련 전쟁포로들의 인간적 대우를 보장할 직 무를 고의로, 제멋대로 태만히 한 탓에 많은 포로들이 사망하거나 SD 부 대에 넘겨져 처형당했다는 것이었다. 이에 결부된 11건의 사건에서 7,393 명이 "사망하거나 SD 부대에 의해 처형당한" 것으로 추정되었다. 검사측 은 "피고인 휘하 제11군에 붙잡힌 전쟁포로들의 운명을 정한 것은 만슈타 인의 의도적인 직무태만, 그리고 만슈타인과 같은 뜻으로 군부의 기본적인 명령을 가혹하게 수행한 병사들이었습니다"라고 주장했다.

다섯 번째 혐의는 다음과 같았다. "만슈타인은 독일군 최고사령부의 명령 을 계속 수행했으며 본인도 1941년 9월 20일에 명령을 내렸습니다. 두 명 령의 여파로 소련군 군인들은 독일군에 붙들리는 즉시 빨치산, 게릴라, 비 정규병, 테러리스트로 대우받았고 재판 없이 처형되었습니다. 이는 불법적 인 행위였습니다." 이 죄목에는 8건의 사건이 결부되어 있었다. 검사는 만 슈타인이 '빨치산'이라는 용어를 최대한 광의로 해석했으며 "붙잡힌 소련 군을 전쟁포로로 간주할지, 아니면 빨치산으로 간주하여 즉시 처형할지를 장교 개인의 결정에 맡겼다"고 주장했다.

여섯 번째 혐의는 다섯 번째 혐의와 유사했다. "만슈타인은 육군 최고사 령부의 명령을 계속 수행하도록 허가했고 본인도 1941년 11월 27일에 명 령을 내렸습니다. 그 결과, 소련군 전쟁포로들은 만슈타인 휘하의 부대로 강제 징집되었습니다." 원래 이 죄목은 3건의 사건과 결부되어 있었으나 재 판 시점에는 1건이 취하되어 2건으로 줄었다. 검사단은 법정에 헤이그 협 정Hague Convention 제23조와 제45조에서 적국 군인이 조국에 대한 전쟁 수행에 강압적으로 투입되는 것을 명시적으로 금지하고 있음을 상기시키면서 만슈타인이 이 조항을 어겼음을 밝혔다. 만슈타인은 "소련군 전쟁포로들을 야전부대에 등록시켜 방금 전까지 자신이 속했던 부대와 맞서 싸우도록 했다"는 혐의를 받고 있었다.

일곱 번째 혐의는 만슈타인이 "소련군 전쟁포로들을 금지되었거나 위험한 작업에 강제 동원했다"는 것이었다. 이에 결부된 사건 16건 가운데 10건은 만슈타인이 1943년 7월~1944년 2월 사이에 있었던 드네프르 강을 향한 퇴각 작전과 우크라이나 서부 전투 중에 소련군 전쟁포로들을 방어기지 건설과 야전축성 작업에 투입했다는 것이었다. 나머지는 그보다 이전인 1942년 1월~9월에 제11군 내에서 "전쟁포로 4만 3,782명이 보급 임무에 투입"되었으며 "1만 3,198명이 피고인 휘하의 병사들이 사용할 병참창고 및 방어기지 건설에 투입되었다"는 것이었다. 이는 전부 "순수하게 군사적 성격의" 투입이었다.

여덟 번째 혐의는 만슈타인의 정규군 부대가 소위 정치장교 처리에 관한 명령에 따라 소련군 정치장교 및 하급 정치장교인 '폴리트루크politruk'를 직접 처형하거나 SD에 넘겨 처형시켰다는 것이었다. 검사단은 이것이 "잔인한 범죄였다"고 주장하며 이렇게 덧붙였다. "전통적으로 군사적 명예를 중시하는 토양에서 성장한 참모대학 출신 독일 장군들에게 이 명령은 전쟁, 도덕성, 군인의 품위에 전부 반하는 것이 명백했을 것입니다." 검사단이 암시하는 바는 분명했다. 피고인은 범죄 사실에 대해 답해야 했고, 군인으로서의 명예를 저버린 것에 대해서도 설명해야 했다.

검사측에서 핵심으로 삼은 아홉 번째에서 열두 번째 혐의는 아인자츠그루펜 D와 정규군 부대들이 주로 크림 반도에서 저지른 유대인 학살에 관련된 것이었다. 아홉 번째 혐의는 "만슈타인의 담당 영역 내 각지에서 아인자츠그루펜이 유대인, 집시, 크림차크Krimtschak(유대교를 믿는 크림 반도 내 소수민족-옮긴이), 기타 소련 민간인들을 총살, 교수형, 가스실 처형, 익사 등의 방법으로 대학살한 것"에 대해 만슈타인이 이러한 학살을 지시하고 승인했다는 것이었다. 23건의 사건이 이 혐의에 결부되어 있었다. 아인자츠그루펜의 학살 규모는 충격적일 만큼 컸다. 한 설명에 따르면, 1941년 9월 16일에서 30일 사이에 "유대인을 비롯한 2만 2,467명이 니콜라예프Nikolaev나 헤르손Chersoń, 혹은 그 근방에서 처형되었다." 다른 증거에 따르면 "1941년 11월 16일에서 12월 15일 사이에 유대인 1만 7,645명, 크림차크 2,504명, 집시 824명을 비롯한 소련 민간인 2만 1,185명이 아인자츠그루펜 D에 의해 심페로폴, 예프파토리야Eupatória, 알루차Aluschta(원문 그대로), 카라수바사르Karasubasar, 페오도시야Feodosia에서 처형되었다."

열 번째 혐의는 아홉 번째 혐의에 대한 보충의 성격을 띠고 있었다. 만슈타인은 "군 사령관으로서 민간인의 공공질서와 안전을 보장하고 가족의 명예와 권리, 개인의 생활을 존중할 직무를 고의로 태만히 했다"는 혐의를 받았다.

열한 번째 혐의는 만슈타인 휘하의 부대들이 소련 민간인들을 아인자츠그루펜 D에 인계했다는 죄목으로, 17건의 사건이 이에 결부되어 있었다. 검사는 간단히 설명했다. "피고인이 잘 알다시피 그들은 대학살에서 처형되었습니다."

검사단은 아홉, 열, 열한 번째 혐의를 연달아 발표한 뒤 아인자츠그루펜의 조직과 역할을 설명했고, 특히 아인자츠그루펜 D와 그에 배속되어 크림반도에서 활동한 아인자츠코만도Einsatzkommando의 행위를 부각시켰다. 커민스 카는 이렇게 설명했다.

SS대원들의 학살 행위가 얼마나 잔인하고 무자비하고 무시무시했는지는 앞으로 목격자들이 증언대에서 생생히 설명할 겁니다. 대학살을 수행한 주체는 아인자츠그루펜이었으나, 저희 검사단은 제11군과 훗날 돈 집단군의 조력 없이 아인자츠그루펜이 그러한 학살을 저지르기란 불가능했으리라고 주장합니다. 독일 정규군은 아인자츠그루펜이 자행한 학살에 대해 전부 알고 있었으며, 때때로 아인자츠그루펜의 이동에 대해 감시와 통제를 했고, 적어도 한 번 이상 대학살을 직접 지시했습니다.

커민스 카는 이어서 만슈타인이 "처음부터 끝까지 아인자츠그루펜의 학살 행위를 알았다"는 논점을 강조했다. 또한 아인자츠그루펜의 행위는 "만슈타인의 동의와 실질적인 협력이 없었더라면 수행될 수 없었다"고 주장했다. 만슈타인은 이들의 끔찍한 행위를 막기는커녕 헤이그 협약 제3조와 제46조, 그리고 인간 존엄성의 노골적 침해에 조력했다는 것이었다.

앞선 3개 혐의도 심각했으나, 열두 번째 혐의는 더욱 죄질이 나빴다. 여기서 만슈타인은 아인자츠그루펜 소속 병사들이 아니라 자신의 정규군 병사들을 '직접' 선동하여 "유대계 소련인들에 대한 가혹 행위를 하도록 부추겼다"는 혐의를 받았다. 이에 결부된 7건의 사건 중 최악은 "1941년 12월 1일~3일에 케르치의 유대인 2,500명, 반년 뒤인 1942년 6월 15일~30일에 케르치에 잔류해 있던 유대계 거주민 전부를 학살했다"는 것이었다.

열세 번째 혐의도 이와 비슷하게 충격적이었다. "만슈타인은 소련 시민들의 학살을 즐겼습니다. 앞서 말한 아인자츠그루펜 외에도 다른 이들이 폭력에 가담했고, 만슈타인 휘하의 병사들에 의해 수많은 민간인이 처형당했습니다." 이에 결부된 6건의 사건 중 가장 죄질이 나쁜 것은 1942년 1월 한 달 동안 "예프파토리야와 그 근방에서 민간인 1,300명을 살해한 죄"였다.

열네 번째 혐의는 만슈타인이 "소련 민간인을 (i) 재판 없이 (ii) 단지 폭력을 저질렀거나, 빨치산 활동에 가담했다는 혐의만으로 (iii) 처벌할 만큼 중죄를 짓지 않았음에도 처형하도록 하는 불법적 지시"를 발령하고 실행했다는 것이었다. 여기에는 7건의 사건이 결부되어 있었다.

열다섯 번째 혐의는 "군사작전 또는 그와 직결된 작업에 남녀 시민들을 강제로 투입한 죄"였다. 1943년 1월에서 1944년 2월 사이에 이루어진 요새 및 진지 건설과 참호 작업 25건이 이 혐의에 해당되었다. 그러나 재판 당시 열네 번째와 열다섯 번째 혐의는 증거 불충분으로 기각되었다.

열여섯 번째 혐의는 "남녀 민간인을 소련 외부에서 강제 노역 시킨 죄"로서 14건의 사건(이중 1건은 기각됨)이 결부되었다. 여기에는 점령지 민간인 수만 명을 독일 제국으로 이송시킨 죄가 포함되었다.

마지막 열일곱 번째 혐의는 만슈타인이 "자신의 집단군이 퇴각하는 동안

군이 점령한 영역에서 민간인을 강제 추방하고, 그들의 가축과 식량을 탈취하고, 집을 비롯해 경제적 가치가 있으나 가져갈 수 없는 것은 파괴하라는 명령을 내렸다"는 것이었다. 1943년 9월~12월 사이에 "사람, 뿔난 가축류, 양, 마차, 말, 기타 동물들" 수만과 밀 수만 톤이 강제로 탈취된 사건이 13건 있었다는 주장이었다.

검사는 만슈타인의 '초토화 정책' 작전을 마지막 혐의와 연결시키며 만슈타인이 동부전선에서 벌인 군사적 활동에 논란의 여지가 있음을 깔끔하게 설명했다.

캅카스와 돈 강에서 출발하여 도네츠 강, 도네츠 분지를 거쳐 드네프르 강까지 향한 폰 만슈타인의 퇴각은 전략적 걸작으로 묘사되곤 합니다. 그러나 알고 보면 그는 단지 1944년 봄에 맞게 될 운명을 한 해 늦췄을 따름이었습니다. 그 수단은 사람이 사용하거나 거주하기에 적합한 것은 모두 가차 없이 파괴하고, 집과 건물이 전부 무너져 갈 곳이 없어진 민간인들을 음식도 의복도 주지 않고 야지로 내몰아 수백 마일을 행군시키고, 나아가 하루에 10시간씩 독일군을 위해 노역하게 한 것이었습니다. 이 작전 중 수천만 명의 무고한 민간인이 기아와 체온 저하로 사망했습니다. 물론 강제 이송 대열에서 빠져나가려다 총에 맞은 이들도 많았습니다.

커민스 카는 만슈타인이 사령관으로 재임하는 동안 벌인 범죄 행위를 강력하게 규탄하며 모두진술을 마무리 지었다. 그의 표현에 따르면, 만슈타인 휘하에서는 "상상 가능한 모든 불법 행위와 온갖 잔혹 행위가 날마다 일어났다." 커민스 카는 인정사정 보지 않고 다음 내용을 강조했다.

이는 역사에 견줄 대상이 없는 온갖 범죄가 연속되었습니다. 그 책임은 어떤 관점에서 보더라도 피고에게 무겁게 지워져 있습니다. 그가 자신이 단지 유능한 군인이었을 뿐이라고, 그리고 몇 년 동안 자신이 담당한 지역에서 대량 학살이나 대규모 학대가 벌어지는 것에 신경 쓰지 못할 만큼 바빴다고 법정을 설득하는 데 성공하더라도, 그는 책임을 벗어날 수 없습니다. 그런 말은 검사단의 진술에 대한 변론이 되지 못합니다. 검사단은 전적으로 독일측 기록물로 이루어져 있으며 논란의 여지가 없는 증거물을 통해 만슈타인이 실제로는 그런 입장이 아니었음을 진술하는 바입니다. 그의 변명을 믿기에는 그가 끔찍한 범죄에 대해 알았을 뿐만 아니라 적극적으로 참여했다는 증거가 너무나 많습니다. 검사단은 앞으로 그 증거들을 만천하에 꺼내 보일 것입니다. 우리에게는 법정 앞에서 만슈타인이 잔인한 범죄자였음을 밝힐 의무가 있습니다.

검사는 뒤이어 20일의 재판일 동안 수집한 증거를 낭독함으로써 기소를 완료했다. 그동안 신문에는 이런 보도가 실렸다. "61세의 만슈타인 원수는 오늘 자신의 악행을 묘사한 수많은 문서의 낭독을 조용히 들었다. 특히 잔인한 묘사가 낭독될 때 그는 앞에 놓인 종이를 만지작거리거나 깊은 한숨을 쉬었다."

뉘른베르크 재판에서와 마찬가지로, 가장 난처한 순간은 1941년 11월 20일 크림 반도에서 제11군을 지휘하고 있을 당시 만슈타인이 내린 명령이 낭독되었을 때였다. 《뉴욕 헤럴드New York Herald》지는 이렇게 보도했다. "검사가 에리히 폰 만슈타인에게 문서 사본을 보여주자 그는 거북한 듯 자세를 바꾸었다." 3년 전 뉘른베르크 군사법정에서처럼 만슈타인 원수는 우선 자신이 이 명령에 대해 전혀 모른다고 발뺌했다. "저는 이 문서에 대해 전혀 기억이 없다고 진술할 수밖에 없습니다." 그러나 만슈타인은 이윽고 기억이 되살아났다며 그가 휘하의 Ic 장교에게 "폰 라이헤나우 장군이 쓴 것과 비슷한 명령의 초안을 작성하라"고 지시했음을 인정했다. 그는 이윽고 자신이 부하가 작성한 명령을 수정했다고 주장했고, "'말살되어야 한다'는 문장은 인명이 아니라 체제에 대한 것임을 지적했다." 그러나 제11군의 작전 지역 내에서 유대인 숙청이 일어났다는 것은 엄연한 사실이었다.

만슈타인은 이 지점에서 자신이 몹시 불안한 입지에 서 있음을 알고 있었다. 법정이 검사측 의견을 받아들인다면 만슈타인은 인종대학살에 공모한 셈이 되어 크게 불리해질 터였다. 이것이야말로 만슈타인에게 가장 큰 일격을 가할 수 있는 혐의였다. 그러나 만슈타인은 이 혐의에 대해 처음 심문받은 것이 아니었다. 3년 전, 뉘른베르크에서 텔포드 테일러에게 대질심문을 받은 뒤 그는 아내에게 보내는 편지에 다음과 같이 썼다.

그러고 나서 그들은 제11군이 내린 명령을 보여주었소. 그건 내 말의 신빙성을 깎아내리기 위한 의도가 분명했소. 첫 부분은 내가 싫어하는 선전용 명령의 일종이었지만, Ic 장교가 작성하고 내가 서명한 것으로 보였소. 그러나 두 번째 부분에서 나는 군인의 명예를 실추시킬 수 있는 행동과 개인의 임의적인 행동을 명시적으로 금지했소. 즉, 그 명령은 확실히 긍정적인 시각에서도 해석할 수 있다는 말이오.

함부르크 재판에서 검사가 바로 이 명령으로 인해 유대인들이 총살당한 게 아니냐고 묻자, 만슈타인은 이렇게 대답했다. "그런 사건을 목격한 군인들은 당시 내게 보고하지 않았습니다. 만약 보고를 받았더라면 나는 즉시 개입했을 겁니다." 법정은 이 혐의에 대해 만슈타인의 진술을 받아들였다.

패짓은 만슈타인 재판을 다룬 책에서 검사 측 모두진술이 역작이었다고 평했다. 검사가 증거를 전부 제출하고 나자 이제 변호인단이 할 수 있는 것은 하나뿐이었다. "우리는 재판이 끝날 때까지 법정이 그 훌륭한 모두진술을 전부 잊고, 단 한 가지 사실만 기억하게 해야 했다. 폰 만슈타인에 대한 기소 내용과 그것을 지지하는 증거 사이에 대단한 불일치가 있다는 것 말이다."

그로부터 60년이 지난 지금 되돌아보건대, 만슈타인에게 씌워진 자질구레한 죄목을 제쳐두면 판사단이 평가해야 했던 핵심 질문은 다음과 같았다. 우선 그들은 만슈타인이 국제법을 위반한 독일군의 다양한 범죄에 얼마나 책임이 있는지, 혹은 얼마나 연루되었는지 결론을 내려야 했다. 변호인단은 다음과 같은 전제로 변론을 진행했다. "만슈타인이 이 범죄들에 기여한 바가 있다면, 단지 위에서 받은 명령을 아래로 전달한 것, 혹은 위에서 받은 명령을 병사들이 따르도록 한 것이 전부였다." 이는 옳았을까? 그렇다면 만슈타인의 의무는 없었을까? 다시 말해, 만슈타인은 정확히 무엇을 알고 있었을까? 그가 실제로 '전쟁 규칙과 관습'을 위반하는 행위를 지시했을까? 그가 직접 전쟁범죄를 저지르지는 않았더라도 남들의 범법 행위에 공모한 것은 사실이 아닐까? 마지막으로, 그는 정말로 전쟁범죄의 실행을 막거나 반대할 수 있는 입장이 아니었을까?

사령관으로서 병사들의 행위에 책임을 지는 것이 만슈타인의 의무였음을 염두에 두면, 변호인단은 그가 자신의 책임 영역 내에서 벌어진 범죄에 대해 몰랐음을 입증해야 했다. 그러나 부법무감이 재판 및 선고 이후에 변호인측에 조언했듯이 "피고인이 상황을 몰랐다는 것은, 그 이유가 오로지 감시를 소홀히 했기 때문일 경우에는, 변론이 될 수 없다." 나아가 만슈타인이 자신의 집단군 소속은 아니나 그 지역 내에서 활동하던 군사들의 행위에 대해 책임져야 했는지의 문제 역시 중요했다. 대리책임의 문제는 만슈타인 재판에서 가장 중요한 법적 질문으로 부상했다. 이는 특히 만슈타인이 크림 반도에서 아인자츠그루펜의 학살 행위에 책임이 있으며, 그에 대해 전혀 몰랐다는 만슈타인의 진술이 거짓임을 증명하려 했던 검사측 주장의 주축이 되었다.

재판 첫 주 동안 만슈타인에 대한 논쟁의 핵심이 될 법한 중요한 이슈가 부각되었다. 과거 올렌도르프가 이끄는 아인자츠그루펜 D 소속의 장교들로서 미군에 구금되어 선고 확정을 기다리던 소위 '랜즈버그 죄수들Landsberg prisoners'의 증거서류를 인정할 수 있는지 여부였다. 1949년 1월, 영국 군법회의는 이들에게서 만슈타인에 대한 증거를 취했다. 실킨Silkin은 법정이 "본인이 학살을 저질렀다고 인정하고 사형선고를 받은 자들의 증거를 아주 조심스럽게 청취해야 한다"고 주장했다. "그들은 자신의 죄를 다른 이에게 떠넘길 동기가 충분하고도 남습니다." 이 논점에서 법정의 결정은 변호인단에 실망을 안겨주었다. 올렌도르프와 다른 '공범'들을 함부르크 법정에 세워 대질심문을 하지는 않겠지만, 증거서류는 유효하다는 것이었다. 패짓은 순간적으로 냉정을 잃었다. 그는 이후로도 법정에서 이런 모습을 자주 보였다. 그는 랜즈버그 죄수들이 "증언을 함으로써 목숨을 구했다"고 주장했다. 커민스 카는 "미국인들에 대한 패짓 씨의 정당치 못한 중상모략"에 대해 항변했고, 철회하라고 요구했다. 두 사람의 성난 대화로 인해 양측 모두 흥분했고, 법정의 분위기는 과열되었다.

그 후에 검사는 아인자츠그루펜 D가 만슈타인의 제11군과 "분명히 한통속이었으며" 만슈타인에게는 그들의 학살 작전을 막을 의무가 있었다고 주장했다. 이윽고 엘윈-존스Elwyn-Jones가 올렌도르프의 부하였던 칼 브라우네Karl Braune와 하인츠 슈베르트Heinz Schubert의 증언 녹취록을 소리 내어 읽었다. 제11군이 1941년 크리스마스 전에 심페로폴의 유대인 숙청을 위해 물류 지원을 제안했으나, 병사들이 총살에 직접 가담하지는 않았다는 진술이었다. 검사단은 1949년 9월 13일에 증거 제출을 완료했다. 변호인단은 변론 준비를 마치기 위해 2주간 휴정을 요구했다. 휴정은 이윽고 3주로 연장되었다.

10월 5일 수요일, 변호측 모두진술이 시작되었다. 패짓은 변호인단이 난관에 처해 있음을 지적하며 진술을 시작했다. "영국 왕실의 영장으로 재판이 시작되었음을 감안할 때, 패전국의 사령관이 승전국에서 무죄 선고를 받는다는 것은 실로 가망이 없는 일입니다." 그러나 패짓이 제기한 주된 의문은 "종전 이후 뉘른베르크 법의 적용"에 대한 것이었다. 그는 "폰 만슈타인이 행했다고 주장하는 행위들은 국제법 기준으로 범죄가 아닙니다"라고 주장했다. 이는 그의 책에서도 반복되는 내용이다.

이윽고 패짓은 상위 명령의 문제를 꺼내 들었다. 뉘른베르크 재판의 판결을 감안할 때, 패짓이 도마 위에 올린 문제는 법정 전체를 놀라게 했을지도 모른다.

장성의 복종 의무에는 법적 한계가 없습니다. 국가수반의 명령이 국제법에 합치하는지 여부는 정부의 문제이지 사령관의 문제가 아닙니다. 국가수반의 명령이 국제법을 명백하게 반한다 하더라도, 즉 민간인이나 중립국 국민의 처형을 지시한다 하더라도 장성에게는 여전히 복종의 의무가 있습니다.

이 진술에는 패짓의 중심 철학이 담겨 있었다. "국제법을 어긴 죗값을 개인에게 적용하는 것은 근본적으로 불공정합니다. 결과에 대한 책임을 져야 하는 것은 개인이 아닌 국가입니다." 패짓은 이 주장이 '부하' 장교에게는 불법적인 명령에 불복종할 의무가 있다는 사실과 모순되지 않는다고 보았다. 하급 장교의 경우에는 불법적인 명령을 보면 "상관이 내릴 권한이 없는 명령임을 명백히 알 수 있을 것이기 때문"이었다. 그러나 일개 개인이 아닌 자주 국가에는 "국제법을 위반하라는 명령을 포함하여 어떤 명령이든 내릴 권한이 있다." 패짓은 이로써 고위 장군이었던 만슈타인에게 명령에 대한 복종 외에 다른 길이 없었음을 시사했다.

패짓은 이윽고 화제를 만슈타인의 혐의로 돌렸다. 그의 견해로 만슈타인에게 씌워진 혐의들은 "폰 만슈타인이 실제로 한 행위가 아니라 히틀러가 이끈 독일군의 행위에 대한" 것이었다. 곧이어 패짓은 만슈타인 재판에 적용된 증거법칙을 비판했다. 특히 전문 증거의 사용은 "오히려 진실을 오도할 가능성이 높다"고 우려했다. 검사측에서 제출한 수많은 문서들에 대해서는 "피고인은 이 문서들을 단 한 번도 본 적이 없다"고 주장했다. 또한 문서의 내용이 "피고인의 무죄와 양립 가능하다면" 증거서류들을 기반으로 판결을 내려서는 안 된다고 법정에 경고를 보냈다. 나아가 "이 문서들은 가능하면 피고의 편에서 해석되어야 한다"는 것이 그의 주장이었다.

뉘른베르크 법의 적용과 검사측에서 제출한 증거의 가치 양쪽에 문제를 제기한 패짓의 접근법은 물론 만슈타인과 지지자들의 마음에 쏙 들었다. 한 뉴스 기자는 법정의 모습을 이렇게 묘사했다. "휴정 직후 만슈타인은 패짓과 따뜻한 악수를 나누었다. 그는 패짓의 손을 양손으로 꼭 움켜쥐고 그의 진술에 감사를 표했다." 패짓이 사흘에 걸쳐 약 14시간 반 동안 모두진술을 끝낸 뒤, 실킨, 라테른저, 레버퀸이 증거서류에 대한 심층 분석을 발표했다. 여기에는 7일이 더 걸렸다.

10월 21일 금요일, 만슈타인은 자신을 변호하기 위해 증언대에 올랐다. 그는 10일하고도 반나절 동안 증인으로 출두했고, 그중 후반 7일 동안은 대질심문을 받았다. 만슈타인은 철저히 준비한 문장들로 자신의 성장기와 초기 군인 생활, 이윽고 제2차 세계대전 이전 나치즘 및 히틀러 정권의 부상을 개략적으로 설명했다. 그리고 1941년 9월 17일 제11군 사령관으로 부임한 시점부터 1944년 3월 31일 남부집단군 사령관직에서 해임될 때까지 자신이 참여한 전역에 대해서는 보다 상세히 기술했다.

만슈타인의 설명은 솔직했다. 그는 종교인, 유대인, 귀족 계급에 대한 나치들의 박해가 혐오스러웠다고 묘사했다. 그는 "많은 나치당 괴수들의 행동이 역겨웠으며 특히 괴링의 탐욕과 과시욕에 충격을 받았다"고 말했다. 만슈타인은 처음에 히틀러에게서 강한 인상을 받았음은 인정했다. "나는 절대 히틀러가 군사적으로 무능하다고는 생각하지 않습니다." 만슈타인은 히틀러가 아르덴을 통한 낫질작전 제안을 받아들인 것에 대해 "몹시 합리적인 결정이었다"고 평했다. 그러나 만슈타인은 동부전선에서 집단군 사령관직에 오르며 총통의 직속 부하가 된 뒤에 "두 사람이 전쟁 지휘에 대해 전적으로 다른 관점을 갖고 있고, 히틀러는 고위 사령관이 되기에는 여러 자질이 부족하다는 것을 깨달았다." 그는 히틀러가 "점령지를 단 1보도 내주지 않으려 했으며 지휘에서 유일하게 결정적인 요소가 전투 의지라고 생각했다"고 힘주어 강조했다. 히틀러는 전장 지휘를 기술로 인정하지 않았으나 "폴란드와 프랑스 전역은 바로 전장 지휘 덕분에 이겼다." 만슈타인은 이것이 "(전문) 군인과 미치광이 정치인 사이의 견해 차이입니다"라고 설명했다.

만슈타인의 증언은 뉘른베르크 재판에서 라테른저 박사와 함께 구성했던 것과 비슷하게 노련한 자기변명으로 구성되었다. 전쟁 중 내려진 치명적인 결정들과 그에 수반된 범죄의 죗값은 살아남은 사령관들이 아니라 히틀러가 치러야 한다는 것이었다.

패짓은 피고가 법정을 훌륭히 지휘했다고 극찬했다. "만슈타인의 증언은 대단히 성공적이었다. 그의 대답은 강렬하고 대담했다. 작전 지도를 꺼내서 그가 벌인 전역을 설명하자 법정 전체가 숙연한 분위기로 집중했다." 게다가 만슈타인은 "자기 자신만이 아니라 독일군 전체를 변호하기 위해 증언대에 섰다. 그는 군이 수행한 모든 명령을 결의에 차서 변호했다. 그는 자신의 명령에 합치되게 행동한 모든 부하를 위해 싸웠다." 그러나 법정은 피고의 의견에 완전히 동조하지는 않은 모양이었다. 부재판장이었던 애쉬튼 웨이드Ashton Wade는 만슈타인에 대해 이렇게 평했다. "수수한 양복을 입고 증언대에 선 만슈타인은 재판 초반에는 마치 성공한 중년의 의사, 법조인 또는 학자처럼 보였다. 그는 거의 감정을 내비치지 않았고 대단히 많은 양의 필기를 했다." 대질심문이 시작되자 "만슈타인은 계속해서 길게 열변을 토했다. 7일째가 되어 전쟁포로 학대에 대해 까다로운 질문을 받자, 그는 마침내 대답을 더듬기 시작했고 자신감을 꽤나 잃은 것처럼 보였다." 웨이드는 소련군이 예프파토리아에 상륙한 뒤 빨치산 혹은 무기를 든 민간인 1,300명을 학살했다는 혐의에 대해 만슈타인이 보인 태도를 강조했다. "'그들이 교전 행위 중에 죽었는지 그 후에 죽었는지는 제게 중요하지 않았습니다. 저희는 심각한 위기에 처해 있었기 때문에 그런 건 신경 쓸 여유가 없었습니다'라는 진술이 만슈타인의 태도를 잘 드러낸다."

만슈타인의 증언이 끝나고, 11월 4일~22일에 뒤이어 16명의 증인이 호출되었다. 그중에는 소련 전역이 막이 오르던 당시 만슈타인의 제56군단 예하 제8기갑사단장으로 복무했던 에리히 브란덴부르거Erich Brandenburger 기갑장군이 포함되어 있었다. 그는 자신의 군단장이 정치장교 처리에 관한 명령의 적용을 금지했기 때문에 그 명령은 결코 수행되지 않았다고 증언했다. 그러나 변호인측이 무엇보다도 심혈을 기울인 사안은 가장 심각한 아홉 번째~열두 번째 혐의를 반박하는 것이었다. 이를 위해 변호인단은 제11군 참모부의 핵심 인물들을 소환했다. 그중에는 병참감이었던 프리드리히 빌헬름 하우크Friedrich Wilhelm Hauck 대령과 대빨치산 작전장이었던 콘라트 슈테파누스Konrad Stephanus가 있었다. 두 사람은 모두 유대인 학살에 참여하기는커녕 그런 학살이 벌어졌다는 것은 알지도 못했다고 부인했다.

하우크는 심페로폴에서 SD의 보급을 지원한 것을 본인의 책임으로 돌리며 그 사실을 만슈타인에게는 알리지 않았다고 진술했다. 재판 44일차였던 11월 9일에 카메라에 담긴 그의 증언은 만슈타인의 변론에 큰 역할을 했다. 하우크는 열정적으로 다음과 같이 진술했다.

저는 유대인 문제에 대해 사령관의 뜻을 확인하지 않았습니다. 이 주제에 대해 그와 한마디도 섞은 적이 없었고, 그 역시 먼저 얘기를 꺼내지 않았기 때문입니다……. 제가 보고를 올렸다 하더라도 상황은 한 치도 변하지 않았을 겁니다. SD는 저희 군 사령관의 부하가 아니었으니 말입니다……. 저는 군 사령관에게 SD의 활동에 대해 말하지 않기로 결정했습니다.

제11군의 로마 가톨릭 군목이었던 슈테판 그마이너Stephan Gmeiner와 작전장 테오도어 부세는 입을 모아 대학살에 대해 전혀 아는 바가 없다고 진술했다. 패짓은 책에서 묘한 사실 하나를 지적했다. 피고측 증인들이 "만슈타인에게 덜 헌신적이었더라면 보다 강한 인상을 남길 수 있었을 것"이라는 점이었다. 그러나 "만슈타인 본인이 굉장히 진실한 증언을 했기 때문에 큰 영향은 없었다." 재판장도 만슈타인의 증언을 믿었는지 여부는 판결에서 드러날 터였다.

패짓은 재판 51일차였던 11월 23일 수요일에 최종 진술을 시작했다. 다음날 아침, 만슈타인은 패짓에게 이렇게 요청했다. "오늘 아서 경이 최종 진술을 시작하지 못하게 해주십시오. 제 생일에 그자의 말을 듣게 되는 건 견딜 수 없습니다." 따라서 패짓은 만슈타인의 62번째 생일이었던 그날, "법정이 일반적으로 폐회하는 시각에 맞추어" 최종 진술을 끝맺었다. 그는 열변을 토했다. "이 재판의 정치적 목적은 독일군과 위대한 독일군 사령관의 평판을 깎아내리는 것이었습니다. 그러나 보다시피 완전히 실패했습니다!" 그의 장황한 연설은 다음과 같은 말로 끝났다.

이 법정의 누구도 만슈타인이 악인이라고 생각하지 않습니다. 그는 병사들과 참모들에게 사랑받는 사령관이었습니다. 적어도 그것만은 이 재판에서 분명히 밝혀졌습니다. 그가 관습적·가정적 덕목에 충실하다는 사실에 이의를 제기할 사람도 없습니다. 그에게 씌워진 가장 심각한 혐의는 그가 상관의 뜻을 수행했다는 것이 전부인데, 이는 만슈타인 개인이 아니라 독일이 저지른 범죄입니다……. 검사측은 만슈타인이 독일인으로서 이미 처벌받고 있는 범죄를 들이

밀며 "여기 동참하지 않았음을 입증하지 못하면 더 엄벌을 받을 것"이라고 말하고 있습니다. 이건 뿌리부터 불공정한 태도입니다. 완전히 전체주의적인 관점입니다. 국가의 범죄에 대해 한 개인에게 상징적인 속죄를 요구하는 것은 개인을 부정하는 것이기 때문입니다. 재판장님, 저는 폰 만슈타인의 무죄 판결을 요구합니다. 무죄 판결이 저의 조국에 명예로운 결과라고 믿습니다.

패짓의 감동적인 발언에 대해 만슈타인은 아주 인간적인 반응을 보였다. 그는 눈물을 펑펑 흘리더니 변호사의 손을 붙잡고 말했다. "내가 맞서 싸웠던 영국 국민인 당신이 내 마음에서 몇 년 치의 비통함을 지워주었소⋯⋯. 오늘은 근사한 생일이었소." 이것이 패짓과 만슈타인의 마지막 순간이었다. 패짓은 의원이자 법조인으로서 바빴기 때문에 검사측 최종 진술을 듣기 전에 함부르크를 떠났다.

이윽고 사흘 동안 커민스 카는 만슈타인에 대한 비난에 다시 불을 붙였다. 그가 모든 혐의에서 유죄라는 것이었다. 검사는 무엇보다도 만슈타인이 SD의 학살 행위를 멈출 수 있었고, 멈춰야만 했으나 그러지 않았다고 맹비난했다. 만슈타인이 실제로 조치를 취하는 데 성공했을지 여부는 중요하지 않았다. 중요한 것은 그가 아무런 조치를 취하지 않음으로써 유대인 숙청을 효과적으로 지원했다는 것이었다. 커민스 카는 패짓의 전략을 직접적으로 부정하며 진술을 마쳤다. "정치적 고려 사항은 전부 무시하고 피고인이 혐의에 대해 유죄임을 판결해주시기 바랍니다."

두 최종 진술이 끝난 뒤 법무관이 사건개요설명을 준비할 수 있도록 법정은 3주간 휴정했다. 판사단은 산적한 증거서류를 검토하는 동시에 50일에 걸친 재판을 되돌아보아야 했다. 게다가 뉘른베르크 재판에서 불거진, 국제법 적용의 골치 아픈 문제들을 염두에 두어야 했음을 감안하면 판결은 쉽게 내릴 수 없었다.

사건개요설명, 평결, 그리고 선고

콜링우드 법무관은 1949년 12월 12일 월요일, 재판 마지막 주를 열며 사건개요설명을 시작했다. 《타임스》는 "만슈타인은 온종일 법무관의 말에 집중했으며 방청석은 가득 찼다"라고 보도했다. 콜링우드는 법정에서 최초 권고안을 발표했다. "……만슈타인에 대한 기소가 정치적인 성격을 띠고 있다는 주장이 이 법정 내에서 여러 번 있었습니다……. 물론 이번 재판은 정치적인 성격을 띠고 있지 않습니다. 여러분이 그렇게 여기지 않으리라는 것은 두말할 것도 없습니다." 이로써 법무관은 만슈타인 재판이 정치적이라고 주장한 패깃의 전략을 비난했다.

다음으로 그는 만슈타인이 상부의 명령을 따랐을 뿐이라고 강조한 변론을 다루었다. "법에 어긋나는 명령에 복종했을 뿐이라는 사실이 전쟁범죄 가해자의 죄를 덜지는 않습니다." 그는 또한 "군사적 필요성이 모든 전쟁 규칙에 앞선다는 이론은 폐기하기 바란다"고 조언했다. 이로써 그는 자신의 방향을 분명히 했다. 전체적으로 그는 뉘른베르크 원칙을 고수했고, 헤이그 협약이 소련의 동참 여부와 관계없이 독일의 대소련 전쟁에 적용된다고 결정함으로써 변호인측의 반대 주장을 기각했다.

이윽고 나흘 동안 콜링우드 법무관은 각각의 혐의에 대한 증거와 반대 증거를 포괄적으로, 그러나 꼼꼼하게 살펴보았다. 그는 만슈타인이 크림 반도의 담당 영역 내에서 유대인 대학살이 일어난 것을 알았는지 여부와, 만약 알았더라면 그것을 막기 위해 필요한 조치를 취했는지 여부에 초점을 맞추었다. 만슈타인은 대질심문에서 자신은 어떤 일이 일어나고 있는지 몰랐기 때문에 아무런 조치도 취하지 않았다고 대답한 바 있었다. 법무관은 만슈타인의 발언을 되풀이한 뒤, 법정에 질문을 던졌다. "만슈타인 주변의 장교들 사이에 침묵의 모의가 없었음을 믿을 수 있습니까?"

다음으로 법무관은 법적으로 뜨거운 논란이 되었던, 사형선고를 받은 '랜즈버그 죄수들'의 증언을 다루었다. 그는 이 문제에 대해 증언을 채택해서는 안 된다고 중요한 결정을 내렸다. 공범들의 증언이기도 했고, 만슈타인이 여기에 공모했다는 독자적인 확증이 없었기 때문이었다. 법무관은 만슈타인이 아인자츠그루펜이 민간인을 체포하고 처형하는 것을 허용했는지, 그리고 그가 자신의 병사들로 하여금 유대인에 대해 가혹행위를 하도록 지시했는지에 대해서는 법정에서 판단하도록 하고 따로 의견을 덧붙이지 않았다. 후자를 가리키는 증거는 한정적이었다. 만슈타인이 부하들에게 가벼운 죄를 저질렀거나 빨치산으로 의심된다는 이유만으로 소련인을 재판 없이 처형할 권한을 부여했는지 여부 역시 판사단이 판단해야 했다.

재판 61일차였던 12월 16일 금요일에 법무관은 마지막 3개 혐의를 도마 위에 올렸다. 그는 초토화 정책으로 인한 기물의 파괴에 대해 가장 양심적이고도 공명정대하게 접근했다. 패짓이 기꺼이 인정했듯이 "그가 사실을 다룬 방식은 그 이상 더 공정할 수 없었다." 콜링우드 법무관은 1907년 헤이그 협약의 제23(g)조를 인용하며 "적군의 소유물을 파괴하거나 강탈하는 것은 전쟁의 필요에 의해 부득이한 경우를 제외하고는 금지되어 있다"라고 밝힌 뒤 법정에서 이렇게 말했다.

피고인의 결정으로 야기된 파괴 행위가 (군사적 필요라는) 근거로써 변명이 가능한지에 대해 결론을 내리려면, 이 상황을 사건이 벌어진 당시 피고인의 시각에서 볼 필요가 있습니다. 그 뒤의 사건 전개에 비추어 피고인의 결정을 판단하거나, 급박했던 전시 분위기를 무시하고 차분하고 신중한 분위기를 가정하는 것은 적절하지도 공정하지도 않은 처사입니다. 이 문제는 당시 피고인의 관점에서 판단해야 합니다. 피고인이 그때 자신의 직위에서, 그리고 주어진 조건하에서 자신의 행동이 법적으로 정당한 것이라고 정직하게 믿고 있었는지를 따져보아야 합니다.

그는 나아가 "강탈이나 파괴 사례에 대해서는 사실 여부를 밝힐 수 없으므로, 피고측에 유리하게 해석되어야 한다"고 조언했다. 콜링우드는 모든 혐의에 대해 이런 입장을 고수하고 있었다. 영국 형사법(그리고 영국 군사법)에는 불확실한 사실을 피고측에 유리하게 해석해야 한다는 원칙이 있었기 때문이었다. 이윽고 그는 검사측이 제시한 증거서류를 인용하여 다음 사실을 상기시킴으로써 양측의 균형을 맞추었다.

증거서류들은 피고인의 파괴 행위가 부득이한 필요성에서 비롯된 것이 아니라, 그보다 훨씬 전에 계획된 정책의 수행이었음을 밝히고 있습니다. 피고인은 전에도 두 차례 초토화 정책의 실행을 준비한 적이 있었습니다. 드네프르 강 퇴각 작전에서 그는 군사적 필요성의 문제와 관계없이 초토화 정책을 철저하게 수행했습니다.

따라서 만슈타인은 초토화 정책의 적용에 대해서는 자유롭지 못했다. 콜링우드는 마지막으로 법정에 입증 책임의 문제를 상기시켰다. "모든 혐의가 그러하듯이 입증 책임은 끝까지 검사측에 있습니다." 사건개요설명은 다음과 같은 말로 종료되었다.

피고측 변호인이 모두진술에서 말했듯이 만슈타인에게 씌워진 혐의 일부는 극악무도했습니다. 피고인은 한때 당신들과 같이 명예로운 군인으로서 고위직까지 승진했습니다. 그에게 씌워진 다수의 혐의에는 군인의 명예가 걸려 있습니다. 다른 설명이 불가능한 증거가 있는 게 아니라면, 만슈타인에게 유죄를 선고하지 않는 것이 이성적일 것입니다. 반대로 합리적인 의심의 여지가 없는 분명한 증거가 있다면, 재판 전의 맹세에 따라 유죄를 선고할 의무가 있습니다.

휴정이 선언되었고, 주말이 지난 뒤 재판 62일째였던 12월 19일 월요일에 판결이 내려졌다.

이날은 재판 마지막날이었다. 재판장 프랭크 심슨은 피고인이 8개 혐의에 대해 무죄임을 선고했다. 당연히 만슈타인은 폴란드에서 다른 이들이 자행한 범죄(첫 번째, 두 번째, 세 번째 혐의)에 대해 유죄 판결을 받지 않았다. 그는 일개 참모장에 불과했지 최고사령관은 아니었다. 재판장은 소련군 전쟁포로들을 독일군에 징용한 혐의(여섯 번째 혐의), SD와 독일 정규군의 유대인, 집시, 공산주의자 학살과 관련된 가장 무거운 혐의(아홉 번째, 열한 번째, 열두 번째 혐의), 민간인들을 '빨치산'으로 몰아 총살한 혐의(열네 번째 혐의)에 대해서도 무죄를 선고했다. 독일 국방군 최고사령부 재판에서 만슈타인의 부하들에게 내려진 판결과는 반대되는 것이었다.

그러나 만슈타인은 9개 혐의에 대해서는 유죄를 선고받았다. 일곱 번째, 열다섯 번째, 열여섯 번째 혐의는 수정 없이 그대로 유죄가 선고되었다. 나머지 6개 혐의(네 번째, 다섯 번째, 여덟 번째, 열 번째, 열세 번째, 열일곱 번째 혐의)는 기소 내용이 수정되었다. 상세한 죄목의 표현이 바뀐 덕분에 만슈타인의 죄는 경감되었다. 그중 가장 눈에 띄는 예는 네 번째 혐의와 열 번째 혐의에서 "고의로, 제멋대로"라는 단어를 삭제한 것이었다. 이는 전체적으로 만슈타인의 죄를 범죄 지시에서 직무태만으로 바꿔놓았다.

만슈타인은 징역 18년을 구형받았다. 애쉬튼 웨이드와 오토 욘은 만슈타인이 죄를 인정했더라면 보다 가벼운 형량을 받았으리라 생각했다. 그러나 만슈타인은 성격상 자신이 저질렀다고 생각하지 않는 범죄를 참회할 인물이 아니었다.

재판 종료가 가까워졌을 때 슬림은 심슨에게 편지를 썼다. "길고 지루한 재판이었습니다. 이를 맡아주신 것에 크게 감사드립니다." 심슨은 포상으로 1950년 미국에서 '커밋 루스벨트Kermit Roosevelt' 강연 여행에 초대받았다. 승자의 전리품과 패자의 운명은 이러했다. 한편 만슈타인의 변호사는 선고 내용을 듣고 깜짝 놀랐다. 패짓은 무죄 선고를 자신하고 있었던 것이다. 만슈타인 재판에 대한 그의 견해는 이러했다. "만슈타인은 자신이 위대한 군인일 뿐 아니라 훌륭한 인간임을 충분히 입증했다. 나는 영국 왕실 영장으로 시작된 이 재판에서 처음에는 무죄 선고가 불가능하다고 생각했으나, 만슈타인의 인격으로 악조건을 극복했다고 믿고 있었다."

"만슈타인은 독일인들의 영웅이며, 앞으로도 영웅으로 기억될 것이다. 그는 승리의 설계자이자 패배한 헥토르Hector였다……."

— 레지널드 패짓Reginald Paget —

투옥

만슈타인의 유죄 선고에 대한 반응은 국적과 정치적·개인적 관점에 따라 크게 엇갈렸다. 패짓은 깜짝 놀라서 1949년 12월 19일에 곧장 만슈타인에게 편지 한 통을 썼다. "오늘 소식을 듣고 이루 말할 수 없이 괴로웠습니다. 제가 보기에 이는 가장 불공정한 선고입니다. 제가 드릴 수 있는 말씀은 이것뿐이지만, 최선을 다해 감형을 받아내도록 하겠습니다." 언론은 만슈타인 재판의 결과를 상반된 어조로 보도했다. 《타임스》는 "변호인단은 법적인 요소를 근거로 재심 판사인 찰스 카이틀리Charles Keightley 중장에게 항소를 제기하고 감형을 요구할 계획"이라고 보도했다. 다음날 독일의 한 신문은 "야전사령관의 명령 수행에 결부된 책임"의 범위와 "서방 연합군을 대할 때와 소련군을 대할 때 상이한 도덕 원리 및 법칙이 적용되어야 하는지"를 논했다. 독일의 또 다른 신문은 무거운 징역 선고가 "국가주의를, 심지어는 군국주의를 부활시킬 것이나, 반대로 형이 가벼웠다 해도 어차피 결과는 같을 것"이라고 적었다. 그만큼이나 중요한 결과가 하나 더 있었다. "이번 선고 내용은 일전에 만슈타인의 재판이 전시 효과만을 노린 가짜 재판이라고 비판했던 소련인들에게 답이 되어줄 것이다."

만슈타인은 함부르크에서 재판이 끝난 뒤 도르트문트Dortmund에서 30킬로미터 동쪽에 위치한 베스트팔렌 지방의 작은 마을 베를Werl의 연합군 교도소로 이송되었다. 여기에는 '일반' 죄수들 외에도 영국 법정에서 유죄판결을 받은 전쟁범죄자들이 수감되어 있었다. 만슈타인은 쇄골 골절을 치료하느라 재소자를 위한 병원에 짧게 머물렀다가, 이윽고 교도소 제1관 B동 최상층의 VIP구역의 감방에 수감되었다. 그는 도착하자마자 아내에게 편지를 써서 징역형 선고에 대한 놀라움을 표현했고, 패짓이 감형을 받아내는 데 성공하기를 바란다고 썼다. 그리고 그는 다음과 같이 아내를 안심시켰다.

내가 운명을 탓하고 있지 않다는 걸 알아줬으면 하오. 나는 수감 생활을 우리의 사랑하는 조국 독일과, 내 심장의 주인인 병사들을 위해 품위 있게 견뎌내야 하는 하나의 임무로 생각하고 있소. 지금까지 나의 모든 행동은 내 휘하에서 전사한 병사들을 위한 것이었소. 짓지도 않은 죄로 인해 고통받고 있는 지금조차도 이에 대해서는 한 점 후회가 없다오.

1950년 1월 1일, 만슈타인은 타자기로 긴 문서를 작성하여 패짓에게 보냈다. 판결 내용을 조목조목 따져 항소의 근거가 될 내용을 담은 문서였다. 그는 여기에 개인적인 편지를 덧붙여 변호사에 대한 고마운 마음을 전했다. "제가 중형을 받았다고 해서 변호사님에 대한 고마운 마음이 조금이라도 줄어들지는 않습니다. 오히려 저는 전보다도 더 큰 고마움을 느끼게 되었습니다……. 제가 선고받은 대로 여생을 이 교도소에서 보내야 할지라도 단 하루라도 변호사님에게 깊은 감사와 대단한 존경을 느끼지 않는 날은 없을 겁니다." 만슈타인은 1950년 1월 11일에 패짓에게 다시 편지를 써서 그의 변론을 칭찬했다. "변호사님이 보여주신 진정한 정의를 위한 투쟁과 한때 적군에 속했던 저에 대한 태도는 제가 인생에서 겪은 그 무엇보다도 위대하고 훌륭했습니다. 저는 결코 이를 잊지 못할 것입니다. 그때까지 포로 생활을 하며 느낀 쓴맛을 전부 보상받았다고 느꼈습니다."

만슈타인이 기소에 대해 본격적으로 불만을 털어놓기 시작한 것은 1950년 1월 중순 리들 하트에게 보낸 장문의 편지에서였다. 하트와의 서신 교류는 만슈타인에게 분노를 삭이고 자신의 운명을 합리화하는 방편의 하나였다. "이제 내가 선고를 받고 얼마나 큰 환멸에 젖었는지 아실 겁니다." 만슈타인은 징역형 선고가 너무나 뜻밖이었다고 설명하며 이렇게 적었다. "우리는 모두 패짓 경의 뛰어난 최종 진술 뒤에 명예로운 무죄 판결이 뒤따르리라 확신하고 있었습니다." 만슈타인은 재판 결과를 보고 깊은 좌절에 빠졌다며 다음을 강조했다.

사실 저는 이해하기 힘듭니다. 뉘른베르크에서 정해진 규칙은 혐오와 복수심에서 비롯된 것이며 현대 전쟁의 현실, 특히 대소련 전쟁에 대한 완전한 오해를 기반으로 하고 있습니다. 그런데 저의 재판에 그 규칙이 적용되어 상식과 군사적 사고방식, 그리고 무엇보다도 지난 전쟁의 현실이 깡그리 무시되고 말았습니다. 이는 있을 수 없는 일입니다.

편지의 후반에 그는 다시 한 번 재판 이야기를 꺼내며 이렇게 단언했다. "저는 고위 군인들로 구성된 판사단이 어떻게 법무관의 권고에도 불구하고 이런 판결을 내렸는지 이해가 가지 않습니다. 그들의 판결은 현대 전쟁의 현실을 전적으로 부정하고, 특히 소련에서 볼셰비키주의자에 맞서 싸운 독일군이 처해 있던 조건을 무시하는 것이었습니다." 그는 다음과 같이 주장하며 논점을 강조했다.

누군가는 제가 히틀러 휘하에서 복무한 것 자체가 죄라고 할지 모르겠습니다. 그러나 저는 히틀러를 섬긴 게 아닙니다. 저는 크나큰 위험에 빠진 조국을 섬기고 있었습니다! 제게는 전쟁의 규칙과 관습을 지키지 않는 적에 맞서 격전을 벌이고 있던 제 병사들을 도울 임무가 있었습니다. 제가 법정에서 솔직하게 밝혔듯이, 독일 정부가 택한 몇 가지 조치는 현대 전쟁이라는 조건에서, 그리고 상대의 활동을 감안할 때 정당화됩니다. 제가 말하는 조치들은 보복행위(검사는 이를 '인질 처형'이라고 잘못 정의했습니다), 민간인 추방, 빨치산과 빨치산 조직 소속 정치장교 처형 등을 말합니다. 사실 제게는 헤이그 협약을 근거로 하더라도 이 조치들이 실제로 불법이었는지 여부가 몹시 의문스럽습니다. 헤이 그 협약은 굉장히 모호하지 않습니까. 전쟁의 필요에 의해 무방비한 도시를 파괴하고 폭격으로 시민들의 목숨을 뺏는 것은 용인되는데, 왜 앞서 말한 행위들만은 불법이라는 것인지 이해할 수 없습니다.

이런 발언을 보건대, 만슈타인이 사령관으로서 자신의 행위나 자기 부하들의 행위에 대해 어떠한 잘못을 인정하거나 죄책감을 느끼는 일은 전혀 없었다고 할 수 있다. 만슈타인은 리들 하트가 분명히 질문을 던지리라 예상하고 이렇게 덧붙였다.

SD에 의해 살해당한 유대인의 사안에 대해서는 한마디 덧붙여야겠군요. 저는 그런 끔찍한 행위가 벌어지고 있었음을 알았더라면 그것을 멈추기 위해 무엇이든 했을 거라고 법정에서 진술했습니다. 그러나 실제로 그랬더라면 제가 해임되었으리라는 것은 불 보듯 뻔합니다.

리들 하트에게 보낸 만슈타인의 편지를 보면 그가 히틀러의 대소련 침략 전쟁에서 자신이 맡은 역할에 대해 거의 후회하지 않았음이 명백히 입증된다. 그가 유대인 학살에 대해 알고 있었는지 여부는 증명할 수 없었으므로 판사단이 이 사안에 대해 무죄 추정의 원칙을 적용한 것은 옳았다. 그러나 뉘른베르크 국제군사법정의 판결도, 함부르크 재판에서의 판결도 만슈타인이 자신이 취했던 입장을 반성하거나 자신이 담당하고 있던 작전 영역 내에서 자행된 범죄에 대해 조금이라도 개인적 책무를 느끼게 하지는 못했다. 만슈타인이 조금도 뉘우치지 않는 것을 보고 부재판장 애쉬튼 웨이드 소장은 이런 결론을 내렸다.

대질심문이 끝날 무렵, 만슈타인에 대해 내가 조금이나마 품었던 연민은 역겨움으로 바뀌었다. 그는 계속해서 부하들 뒤에 숨어 있었고, 상부의 명령이라는 핑계에 끝없이 의존하고 있었다. 나는 케셀링이 재판에서 보인 태도와 만슈타인의 태도를 비교하지 않을 수 없었다……. (케셀링은) 자신의 지휘 영역 내에서 일어난 사건에 대해서는 결코 책임을 회피하려 들지 않았다.

웨이드는 유럽 재심위원회 회장을 역임하던 시기에 종신형을 선고받은 알베르트 케셀링 원수와 니콜라우스 폰 팔켄호르스트Nikolaus von Falkenhorst 상급대장과 같은 독일 군인들을 면담한 경험이 있었다. 그가 함부르크 재판이 열리기도 전에 만슈타인에게 이미 강한 반감을 품고 있었던 것은 그래서였는지도 모른다. 그는 만슈타인에게 유독 강경한 태도를 보이고 크고 확신에 찬 목소리로 유죄 선고와 장기 징역을 요구하며 법정을 압박했다. 웨이드 자신이 인정한 바에 따르면, 그에게는 '독일 민족 특유의 잔인성'을 그대로 앙갚음하려는 의도가 있었다.

한편 만슈타인이 리들 하트에게 편지를 보낸 1950년 1월 11일, 리들 하트는《타임스》에 편지를 썼다. 그는 만슈타인이 17개 혐의 중 2개 혐의에 대해서만 유죄 선고를 받았다며 나머지가 무혐의로 밝혀졌음을 강조했다. "문제가 되는 잔인한 정책들은 폰 만슈타인이 주도적으로 펼친 것이 아니었다. 그는 '휘하의 병사들에게 잔혹행위를 지시하거나 선동한 혐의'에 대해 무죄를 선고받았다. 이야말로 전쟁범죄의 혐의에서 가장 중요한 부분이다." 리들 하트의 편지는 다음과 같이 이어졌다. "폰 만슈타인이 전시에 비인간적 조치들을 완화시키는 데 솔선수범했음은 자명하다. 우리는 만슈타인에게 내려진 무자비한 징역을 감형시킴으로써 그와 같은 인간미를 보여야 한다. 이는 우리 영국인들의 평판을 위한 것이기도 하다." 여기에는 만슈타인의 최종선고를 위해 여론을 규합하려는 의도가 담겨 있었다. 웨이드는 이 편지를 읽고 격분했고, 특히 만슈타인에 대한 규탄이 "대단한 무지 또는 대단한 위선의 확연한 예"라는 리들 하트의 표현에 맹비난을 퍼부었다. 그는 법정에 대한 리들 하트의 비판이 "매우 놀랍고 공격적"이라고 평했다.

재심을 담당한 인물은 영국군 라인 강 사령부의 장관급 지휘관이었던 찰스 카이틀리 중장이었다. 그가 리들 하트의 탄원에 귀를 기울였는지 여부는 알 수 없다. 그러나 부재판장이었던 러셀 경은 단호한 태도를 보였다. 그는 1950년 1월 2일자에 제출된 만슈타인의 예비 항소장을 세밀하게 검토한 뒤 "법정에서 내려진 선고는 언뜻 과도한 것으로 보일 수 있다"라고 인정했다. 그러나 이어지는 내용은 다음과 같았다.

그럼에도 불구하고 감형 여부를 고려할 때 꼭 염두에 두어야 할 사실이 있다. 피고인은 여덟 번째 혐의와 열세 번째 혐의로 인해 징역을 받았는데, 열세 번째 혐의는 2,000명의 인질들을 재판 없이 불법 처형한 죄로, 국제법에 따르면 살인으로 간주된다. 법정의 판결은 이 2개 혐의를 기반으로 정당화된다 할 수 있다.

러셸은 만슈타인의 최종 항소장에 대한 법적 검토에서도 이와 유사하게 단호한 모습을 보였다. 예컨대 만슈타인은 항소장에서 열 번째 혐의를 놓고 "유대인의 학살은 검사측의 주장과 같이 항소인의 직무태만의 '결과'(원문의 강조 표시)일 수 없습니다. 항소인이 막을 수 없는 일이었기 때문입니다"라고 주장했다. 러셸은 이러한 항변이 합당하다고 생각했다. 그러나 결국 "법정은 폰 만슈타인이 대학살을 막을 수 있었으나 단지 그럴 생각이 없었다는 결론을 내릴 자격이 있다"고 판단했다.

러셸은 나아가 재판에서 드러나지 않았을 뿐 만슈타인이 민간인 처형에 대해 알고 있었다고 전제했다. 그는 "대학살이 일어난 것으로 알려진 장소…… 수천 명의 소련 민간인들이 학살된 장소들은 모두 제11군이 유동적으로 전투를 벌이던 지역 내에 위치해 있었다"고 지적했다. 그리고 만슈타인이 아인자츠그루펜의 임무 지시에 허점이 있는 것을 활용하지 않았음을 강조했다. "그는 아인자츠그루펜의 존재가 군사작전을 방해할 수 있다는 이유로 제11군 구역 바깥에 머무르게 할 수 있었음에도 그러지 않았다." 이어서 러셸은 가장 강력한 패를 꺼내 들었다.

만슈타인이 그렇게 했더라면, 아마 히틀러가 곧바로 이의를 제기했을 것이고 만슈타인은 히틀러를 상대해야 했을 것이다. 피고 본인이 아주 중요한 '군사적' 사안에 대해 총통과 의견 충돌이 있었다고 여러 번 증언했음을 감안하면, 피고에게는 히틀러의 의견에 대항할 의향이 있었을 것이다. 그러니 법정에서는 만슈타인이 단지 수십만 소련인이 학살당한 사건이 히틀러와 논쟁을 펼칠 가치가 없다고 생각했기 때문에 히틀러에게 맞서지 않았다는 결론을 내릴 수밖에 없다.

러셀이 이토록 강경한 주장을 펼쳤음을 염두에 두면, 결과는 뻔했다. "…… 이 항소에는 본건의 최종판결을 바꿀 근거가 충분하지 않다."

결국 1950년 2월 24일 카이틀리는 만슈타인의 유죄를 확정지었다. 단징역은 별다른 설명 없이 18년에서 12년으로 줄어들었다. 만슈타인은 이 소식을 베를로 찾아온 카이틀리의 참모에게서 들었다. 그는 다음날 패짓에게 쓴 편지에서 감형에 대한 의견을 밝혔다. "…… 카이틀리가 그렇게 확신에 차서 항소 내용을 검토했는데, 어떻게 형량이 줄어들었는지 설명이 되지 않습니다. 저로서는 상부로부터 명령이 있었다고 추론할 수밖에 없습니다."

만슈타인은 곧 베를에서 규칙적인 일과를 시작했다. 베를의 분위기는 '인간적'이었고 그는 동료 죄수들과 간수들 모두에게서 '존경심과 이해심, 이타심'을 느꼈다. 독일군 장군들은 일반 죄수들은 물론, 하급 군인들보다 상당히 온화한 대우를 받았다. 장군들은 일과 중에 자유롭게 교류할 수 있었고 점심시간에 함께 급식을 먹었다. 교도소장이었던 E. R. 비커스E. R. Vickers 중령에게서 작은 정원을 가꿀 수 있는 특권을 받은 장군들은 정원에서 신선한 채소를 재배하며 서로 어울리고 신선한 공기를 쐬었다. 방문객은 6주에 한 번밖에 만날 수 없었지만, 전해지는 이야기에 따르면, 비커스는 "교도소 안으로 몰래 들어오는 음식 꾸러미는 못 본 척했다"고 한다. 만슈타인의 딸 기젤라 링엔탈의 기록도 이 교도소의 규칙이 퍽 유연했음을 알려준다. 그녀는 아버지를 자주 방문했다고 회상했다. "아버지에게 술과 다른 물건들을 가져다주는 것은 그다지 어렵지 않았다. 교도관들의 소지품 검사는 형식적이었기 때문이다. 나는 코트 아래에 미니어처 브랜디를 숨겨 교도소에 들어갔다가 아버지의 회고록 초안을 숨겨 나오곤 했다."

정원 가꾸기 외에 만슈타인의 주된 소일거리는 아일랜드 팜에서와 마찬가지로 글쓰기였다. 케셀링은 본인의 회고록을 집필하는 한편 미 육군 역

베를 연합군 교도소 정원에서. (왼쪽부터) 쿠르트 갈렌캄프 포병장군, 쿠르트 볼프 중장, 에버하르트 폰 마켄젠 상급대장, 만슈타인. (*After the Battle*에 나오는 사진)

사분과의 작업에 조력했으나, 만슈타인은 미군에 협력하기를 거부하고 자신의 일에만 집중했다. 처음에 그는 레버퀸이나 부세를 통해 출판할 생각으로 자신의 재판에 대한 책을 썼으나, 1950년 5월부터는 전시 경험을 담은 회고록의 초안을 쓰는 데 집중했다. 요청에 따라 전쟁사 사료를 이용할수 있게 되자 작업에 힘이 실렸다. 물론 작업물은 출판은커녕 교도소 바깥으로 반출시키는 것 자체가 금지되어 있었으나, 만슈타인은 앞서 보았듯이 느슨한 감시망을 통해 이러한 제약을 빠져나갔다.

만슈타인의 석방

만슈타인은 1953년 5월에 최종 석방되었다. 이는 그가 법정에 서게 된 것과 마찬가지로 정치적 결정에 의한 것이었다. 독일에서 다양한 인물들이 만슈타인을 석방시키라고 압박했다. 부세, 호이징어, 슈페델, 베스트팔을 비롯한 장군들은 만슈타인을 향해 지칠 줄 모르는 충성심과 끈기를 보여주었다. 그 밖에도 성직자들과 많은 기자들, 정치인들이 만슈타인의 석방을 위해 애썼다. 만슈타인의 형량을 재검토해달라고 요청한 사람은 연방 대통령이었던 테오도어 호이스Theodor Heuss와 연방의회 의장이었던 헤르만 엘러스Hermann Ehlers였다. 특히 명성 높은 콘라트 아데나우어 총리는 서독 재무장의 실질적 전제조건으로 연합국에서 징역을 살고 있는 독일인들의 석방을 꼽았다. 1950년 중반에 그는 서독 재무장의 필요조건 두 가지가 "독일 군인의 명예훼손을 중지하고, 전쟁범죄에 대한 형량을 만족스럽게 조정하는 것"이라고 밝힌 바 있었다. 그럼으로써 이 두 가지는 서방 연합국으로부터 호의를 기대하거나 자비를 구하는 것 이상의 문제가 되었다. 만슈타인의 석방은 독일·독일군·독일인의 명예를 회복하는 문제, 그리고 소련의 위협에 대응할 수 있도록 독일을 재무장시키는 문제와 관련되어 있었다. 후자는 그 자체로 상당한 논란거리였다. 독일 내 중도파 정당(자민당FDP)과 중도우파 정당(기민당CDU)은 독일 장군들의 투옥이 불공정했다는 주장을 고수하며 석방 혹은 감형을 요구했다. 독일 여론에서는 '전쟁범죄자Kriegsverbrecher'보다 '전쟁피고인Kriegsverurteilte'이라는 용어를 훨씬 선호했다.

한편 '암트 블랑크Amt Blank(서독 국방부의 전신으로서 테오도어 블랑크가 이끎)'에서 '기술자문'으로 일하던 슈파이델Hans Speidel과 호이징어는 서독이 대서양 연합에 가입하고 신설 독일 연방군 내에 장교단을 구축하기 위해서는 '해법'이 필요하다는 것을 너무나 잘 알고 있었다. 《타임스》가 1950년 말에 보도한 바에 따르면, 암트 블랑크의 고위 대표들과 연합국 대표들 사이에서 첫 번째로 논의된 사안은 "훗날 유럽군 내의 독일 파견대가 평등한 권리를 누릴 기반이 될 독일 군인의 명예 회복"에 대한 것이었다.

영국 내에서 리들 하트는 레지널드 패짓과 함께 독일 장군 문제에 대한 논의의 중심이 되었다. 나중에는 1951년 10월의 총선거에서 다시 총리로 선출된 윈스턴 처칠이 사건을 맡았다. 1950년대 초반에 리들 하트는 서독을 여러 번 방문하며 연합국의 전범재판에 관한 전직 군인들의 여론을 충분히 조사했다. 그러자 재무장에 대한 독일 내 여론이 장군들의 문제를 '해결'하는 데 달려 있다는 사실이 금세 분명해졌다. 재무장에 관해 정치계가 어떻게 결정하든, 케셀링과 만슈타인 같은 독일군의 상징적인 인물들이 교도소에 남아 있는 상황에서는 12개 사단에 해당하는 신규 군인을 모집하기 어려울 터였다. 여기서 리들 하트가 매우 중요한 역할을 맡았다는 것은 1952년 6월 9일 본Bonn에서 그를 맞은 아데나우어의 태도에서 잘 드러난다. 두 사람은 수감된 장군들의 문제를 놓고 토론을 벌였다.

여전히 베를에서 수감 생활을 하던 만슈타인 역시 석방 운동을 두 손 놓고 보고만 있지는 않았다. 그는 집에 쓴 편지에서 다음과 같이 자신의 입장을 표명했다.

이건 전부 독일 군인의 명예 및 평등과 관련된 사안이오. 다시 말해 상당히 핵심적인 문제라는 말이오. 물론 독일의 운명, 즉 독일이 서방 연합국에 합류하고 유럽 방어에 기여할 것인지 여부가 우리 개인의 운명에 달려서는 안 될 일이오. 그러나 독일의 운명은 명예, 정의, 평등의 문제에 상당히 의존하고 있소.

만슈타인은 심지어 1952년 2월《프랑크푸르터 알게마이네 차이퉁Frankfurter Allgemeine Zeitung》에 익명으로 편지를 보내기까지 했다. 그는 여기서 앞선 주장을 되풀이했다. "알고 보면 문제는 세 가지입니다. 독일을 위한 법과 정의와 평등한 권리, 그리고 독일이라는 나라의 명예가 그것입니다." 그때쯤 이 주장은 모두에게 익숙한 것이었다.

독일 정부는 독일 장군들을 위해 정치적인 압박을 가했으며, 언론계에 종사하는 만슈타인 지지자들은 홍보 캠페인을 벌였다. 그러나 만슈타인 석방의 결정권을 쥔 것은 그 누구도 아닌 런던의 영국 정부였다. 1950년 후반에 서독 문제를 위한 연합군 고등판무관의 영국 대표 이본 킬패트릭Ivone Kilpatrick은 독일 죄수들의 형량을 조정하려고 시도했다. 그러나 외무부는 정부에 "만슈타인에게는 특별대우가 주어지지 않을 것이다"라는 문서를 보낸 것에서 드러나듯이, 뜨뜻미지근한 태도를 보였다. 같은 문서에서 외무부는 "독일 내에 전범재판과 기소에 대한 강한 반감"이 있으며, 이를 염두에 두면 "우리가 공정하고 올바른 행동에서 벗어나서는 안 된다는 것은 명백하나…… 독일 국민들의 공분을 달래는 것은 우리에게 큰 이득이 된다"라고 인정하기는 했다. 하지만 영국 정부는 고집스럽게 1951년 5월에 고등판무관의 감형권을 박탈하기로 결정했다. 감형 여부를 결정할 때 "독일 여론에 좌우되는 것을 막기 위해서"였다.

《타임스》의 독자 의견란에는 계속해서 만슈타인의 재판과 구형에 대한 편지가 날아들었다. 1951년 9월, 패짓은 다음과 같이 논점을 밀어붙였다.

제대로 된 영국인이라면 알렉산더 원수와 몽고메리 원수를 감옥에 보내려는 이들과 동료로서 군 복무를 하고 싶어할 리 없습니다. 독일의 전직 군인들은 케셀링과 만슈타인 같은 이들이 징역살이를 하는 동안은 군 복무를 하지 않겠다는 의지를 명백히 보였습니다……. 유럽군에 독일군을 포함시키고 싶다면, 우리는 독일군과 나치 정치인들을 구분하고 독일군이 조국을 위해 훌륭히 싸웠음을 인정해야 합니다. 우리는 악행을 주도한 이들과 군사 명령에 복종했을 따름인 이들을 구분하고, 후자를 명예롭게 석방시켜야 합니다. 그러지 않으면, 생각이 제대로 박힌 독일인 중 그 누구도 유럽군에 합류하지 않을 것이기 때문입니다.

이는 패짓이 함부르크에서 만슈타인을 변론했던 내용에 최근 쟁점으로 부상한 독일 재무장이라는 새로운 맥락을 더해 표현만 조금 바꾼 것이었다. 패짓은 분명 자신이 전 의뢰인에게 유용한 도움을 주고 있다고 생각했을 것이다. 그러나 공교롭게도 만슈타인 재판에 대한 패짓의 기록이 막 책으로 출판된 참이었다. 법정 및 법무관의 역량에 대한 패짓의 비판은 상무부 장관이었던 하틀리 쇼크로스를 격분하게 만들었다. 쇼크로스는 독특하게 공식 성명을 발표함으로써 이에 대응했다. 그 내용은 다음과 같았다.

당시 법무상이었던 나는 패짓이 제기한 비판을 공식적으로 부인하는 한편, 그가 이런 비판이 온당하다고 생각했다는 것에 대해 유감을 표해야 마땅하다고 생각한다……. (법무관은) 대단히 공정한 태도로 자신의 소임을 다했고 뛰어난 인내심을 보였다. 만슈타인의 재판은 오히려 피고인 만슈타인에게 자유를 허용했다는 점에서 다른 재판에 비해 눈에 띈다.

이에 대한 답변으로 패짓은 대담하게도 장관에게 자신의 책을 직접 읽어보라고 하면서 "읽어보시면 깨닫는 바가 있으실 것"이라고 말했다.

만슈타인의 처분 문제가 실제로 진척되기 시작한 것은 그로부터 거의 1년 뒤의 일이었다. 그사이 헛된 기대도 많이 했지만, 크리스마스까지 아무도 석방되지 않자 큰 기대는 하지 않게 되었다. 1952년 초에 킬패트릭은 "만슈타인이 단지 그의 뜻을 지지해주는 친구들이 많다는 이유만으로 특별 고려 대상이 된다는 건 '말도 안 된다'"고 강조했다. 그러나 그 이면에서 처칠 정부는 그와 정반대의 입장에서 전쟁범죄자 문제를 일소해버리려는 교활한 계획을 세우고 있었다. 만슈타인이 징역형을 선고받기 전에 전쟁포로로서 보낸 구금 일수를 형기에 포함시키는 것이었다. 모범수라는 이유로 형량의 3분의 1을 줄이고, 혹시나 문제의 소지가 있을 경우에는 그가 질병으로 인해 남은 수감 생활을 마칠 수 없다고 선언한다면 만슈타인은 아무리 늦어도 1953년 5월에 석방될 수 있었다. 이는 독일이 항복한 뒤 총 8년 동안 그가 '징역'을 살았다는 계산에 근거한 것이었다.

1952년 동안 베를 교도소의 수감 조건은 꾸준히 개선되었다. 만슈타인에게는 우편 교환의 제약이 완화되었다는 것이 특히 반가웠다. 만슈타인 부인이 독일 정부에서 재정적 지원을 받고 미망인 연금을 보장받게 되었다는 반가운 소식도 전해졌다. 그러나 유타-지빌레의 건강은 상당히 악화된 상태였다. 만슈타인은 과거 1930년대에 두 사람이 함께 휴가를 보냈던 프로이덴슈타트에서 아내가 대수술을 받는 동안 그녀의 곁을 지킬 수 있도록 특별 휴가를 받았다. 1952년 6월, 만슈타인은 베를 교도소에서 정신과 의사에게 수감 생활을 견딜 수 있을 만큼 양호한 상태인지 검진을 받았다. 문제는 그가 건강상의 이유로 즉각 석방되기에는 신체적으로나 정신적으로나 너무 건강했다는 것이었다. 만슈타인은 이 상황을 다음과 같이 묘사했다. "나는 정신과 의사를 찾을 만한 상태가 아니었고, 그렇다고 신경과민에 걸린 척할 사람도 아니다." 그럼에도 1952년 8월에 영국 당국은 만슈타인을 건강상의 이유로 가석방했고, 덕분에 만슈타인은 킬Kiel의 개인병원에서 백내장을 치료받을 수 있었다. 1944년 봄에 브레슬라우에서 만슈타인의 오른쪽 눈을 성공적으로 치료했던 디터 교수가 왼쪽 눈에도 똑같은 수술을 집도했다. 그는 외부, 특히 언론과 접촉하지 않는다는 엄격한 조건 하에 교도소 바깥을 오갈 수 있었다.

수술은 10월 말에 성공적으로 끝났다. 만슈타인은 영국 관계자들의 승인 하에 1953년 2월까지 킬에 머물렀다. 이윽고 영국은 더욱 관대한 아량을 베풀었다. 만슈타인 부인이 임시로 머물고 있던 폰 프라이베르크von Freyberg 남작의 성이 있는, 울름Ulm에서 서쪽으로 30킬로미터 떨어진 소도시 알멘딩엔Allmendingen에서 지낼 수 있도록 요양 기간을 연장해준 것이었다. 주머니 사정은 여전히 궁했지만, 만슈타인은 다행히 마지막 '징역' 기간을 유쾌하고 친근한 귀족적 환경에서 보낼 수 있었다. 만약 만슈타인이 소련으로 인도되었더라면 훨씬 불편한 수감 생활을 견뎌야 했을 것이고, 살아서 교도소를 나왔을 가능성은 희박하다.

1953년 5월 7일, 만슈타인은 가택연금에서 풀려났다. 구금을 포함하여 형기가 정확히 8년을 채운 날이었다. 만슈타인과 그의 가족뿐 아니라 알멘딩엔 전체가 크게 기뻐했다. 알멘딩엔 시장은 동네 학교에 1일 휴교령을 내리고 마을 전체에 축제를 열었다. 만슈타인은 한곳에 모인 주민들에게 자신이 옥살이를 하는 동안 아내를 따뜻하게 돌봐준 것에 대한 감사를 표한 다음 관대한 어조로 말했다. "이제 과거의 고통보다는 미래를 생각하도록 합시다. 우리의 희망은 국가 간의 화해와 유럽의 통합에 달려 있습니다." 마치 외교관이나 정치인의 말처럼 들리는 이 발언은 아데나우어의 발언이라 해도 믿을 만했다.

다음 몇 주 동안 만슈타인에게는 옛 친구들과 지인들의 인사와 안부가 쇄도했다. 그는 독일 총리로부터 자필로 안부 편지를 받는 영광도 누렸다. 만슈타인이 뉘른베르크, 브리젠드, 문스터라거, 함부르크, 베를에서 보낸 8

1953년 5월 7일 공식 석방일에 울름 인근 알멘딩엔에서 함께한 만슈타인 원수 부부. (Manstein archive)

년의 구금 생활이 시작되기 전에 방문한 적이 있는 바트 외인하우젠의 라인 강 영국군 사령부에 공식적으로 초대되었다. 훗날 만슈타인의 아들이 말했듯이, 이러한 화해의 제스처를 통해 "과거의 정치적 문제들이 미래의 군사적 협력에 부정적 영향을 미치거나 양국 군인들 사이의 관계를 망치지 않게" 되었다. 1945년이라면 상상도 하지 못했을 의미 있는 진전이었다. 독일이 NATO에 가입하고 1955년에 독일 연방군이 창설된 이후 영국군과 독일군은 베를린 장벽이 무너진 1989년 11월까지 어깨를 맞대고 잠재적인 소련의 침략에 맞서 유럽을 수비했다. 만슈타인은 독일 분단선에 근접하여 '전방 방어'를 수행하는 역할을 맡은 신설 독일 연방군을 설계하는 데 핵심적인 역할을 하게 된다. 유일하게 만슈타인의 속을 썩였던 문제는 그가 '탈나치화'의 행정적 절차를 완수해야 했다는 것이었다. 1953년에 모든 절차가 완료되자, 만슈타인은 바라던 내로 완전히 사면되었다.

회고록

알멘딩엔에서 만슈타인이 석방된 뒤, 만슈타인 부부는 뷔르템베르크Württemberg의 시골 마을에 잠깐 머물렀다가 에센Essen에 있던 아들을 만나러 갔다. 이 무렵 뤼디거 폰 만슈타인은 1950년대 독일의 경제 기적과 함께 빠르게 확장하고 있던 지멘스Siemens 소속의 잘 나가는 회사원이었다. 만슈타인은 일자리를 찾아 본과 베스트팔렌의 뮌스터Münster(니더작센Niedersachsen의 문스터와는 다른 곳이다)를 전전하다가 결국 1958년에 뮌헨 근처 바트 텔츠-볼프라츠하우젠Bad Tölz-Wolfratshausen에 정착했다. 그는 회고록 판매 수입으로 이르셴하우젠Irschenhausen(현 행정구역은 이킹Icking)의 작은 마을에 안락한 집을 한 채 지을 수 있었다. 이곳은 제1차 세계대전 이전에 D. H. 로렌스D. H. Lawrence가 매혹되었을 만큼 아름다운 풍경을 자랑하는 지역이었다.

물론 만슈타인의 저작은 로렌스의 『아들과 연인Sons and Lovers』처럼 후끈한 연애소설은 아니었다! 그의 최우선순위는 전시의 경험을 담은 『잃어버린 승리』의 완성이었다. 1955년에 독일에서 『잃어버린 승리Verlorene Siege』라는 제목으로 출판된 그의 회고록은 스탈린그라드 사태와 히틀러 반대파에 대한 그의 태도로 인해 비판을 피할 수는 없었으나, 엄청난 성공을 거두었다. 이윽고 리들 하트의 큰 도움으로 출판된 영문판은 만슈타인이 오래도록 국제적 명성을 얻게 된 기반이 되었다.

1955년 10월, 리들 하트는 에센에 사는 만슈타인 부부를 방문했다. 만슈타인은 그에게 "이 책의 영문 번역을 준비하고 짧은 서문을 써달라고" 부탁했다. 리들 하트는 영국으로 돌아가 런던 소재 출판사 메수엔Methuen의 문학자문이었던 고전학자 E. V. 류E. V. Rieu에게 연락을 취했다. 리들 하트는 만슈타인을 대신해 인세를 협상했을 뿐더러, "만슈타인의 회고록은 구데리안의 회고록보다 뛰어나며 더 많은 관심을 끌 것"이라고 강조했다. 우연히도 메수엔에서는 이미 『잃어버린 승리』의 독문판 출판사인 본의 아테내움 페를라크Athenäum Verlag에 연락하여 계약을 성사한 뒤였다. 앤서니 파웰Anthony Powell은 1957년 봄까지 『잃어버린 승리』의 축약본 번역을 거의 완료했고, 책이 완성되기 전에 리들 하트에게 연락하여 책소개 글의 표현이 적절한지 확인해달라고 부탁했다. 메수엔의 편집자였던 존 컬린John Cullen은 리들 하트에게 25기니라는 쥐꼬리만한 사례금을 주고 서문을 의뢰했다. 또한 『잃어버린 승리』라는 제목이 자신의 의견으로는 "적어도 몇몇 영국 평론가들의 심기를 건드릴 것 같은데" 리들 하트의 의견은 어떤지 물었다. 리들 하트는 앤서니 파웰을 통해 "박탈당한 전쟁", "덧없는 승리", "사라진 승리", "거짓된 승리"와 같은 제목들을 대안으로 제시했다. 그러나 만슈타인이 현명하게도 직역을 고수한 덕분에 결국 책표지에 박힌 것은 "잃어버린 승리"라는 상징적인 제목이었다.

번역이 거의 끝난 1958년 초에 리들 하트의 서문도 준비되었다. 만슈타인의 경력을 극찬하는 서문은 다음과 같은 문장으로 끝났다. "그로써 연합군의 가장 두려운 적이었던 한 군인의 활약은 끝이 났다. 그는 현대적인 기동의 개념을 고전적인 기동 감각과 결합시킨, 정밀한 기술과 강력한 추진력의 대가였다." 이는 의도적인 과장법이 아니었다. 『위대한 장군들의 본모습Great Captains Unveiled』과 『나폴레옹의 유령The Ghost of Napoleon』, 『전략: 우회적 접근법Strategy: the Indirect Approach』 등을 저술한 리들 하트의 펜에서는 이런 표현이 자연스럽게 흘러나왔다. 어쨌든, 리들 하트는 하인츠 구데리안의 자서전 『기갑부대 지휘관Panzer Leader』 영문판에서 그랬던 것처럼 여기서까지 자기 저작에 대한 자화자찬을 늘어놓지는 않았다. 한편 컬린은 리들 하트에게 파웰이 축약하면서 잘라낸 분량이 전체 내용의 "20%에 미치지 않는다"고 일러주었다. 저자는 "약 25% 정도는 잘라내도 괜찮다"고 허락한 바 있었다. 결과적으로 쿠르스크 전투를 다룬 제14장이 상당 부분 가위질되었으나 "그것은 만슈타인의 제안에 따른 것이었다." 어쨌든 쿠르스크 전투는 만슈타인의 전성기라고는 할 수 없었으니 납득이 가는 제안이다. 『잃어버린 승리』는 《선데이 디스패치Sunday Dispatch》의 연재를 거쳐 마침내 1958년 5월 런던에서 출간되었다.

영국 내에서 『잃어버린 승리』는 압도적인 호평을 받았다. 《데일리 텔레그래프Daily Telegraph》는 독일 지휘체계에 대한 만슈타인의 설명에 초점을 맞추며 다른 내용에 대해서는 거의 논평하지 않았으나, 《선데이 타임스The Sunday Times》는 아주 균형 잡힌 서평을 실었다. "전체적으로 저자는 최고사령관으로서 히틀러의 단점을 통렬하게 비판하면서도 그에 대해 공정한 태도를 취하는 데 성공했다. 다만 그는 총통의 잘못을 과장함으로써 육군의 실수를 변명하려는 유혹을 피해가지는 못했다. 《리스너Listener》는 더 호평했다.

『잃어버린 승리』는 스탈린그라드에서 파울루스 휘하의 제6군이 포위된 순간부터 절정에 달한다. 상세하며 어떠한 문제도 회피하지 않기 때문에 —만슈타인 원수는 자신의 논점이 흐려질까 염려하여 때로는 중요한 내용을 반복하기도 한다— 그저 읽기 쉬운 책을 좋아하는 사람들의 마음에 들 것이라고 장담할 수는 없다. 반면에 교육 수준과 상관없이 지성을 갖춘 독자라면 분명히 이 책을 읽음으로써 넓은 공간에서 벌어지는 전투의 성질을 보다 명확히 이해할 수 있을 것이다.

왕립합동군사연구소Royal United Services Institute에서 발간하는 학술지는 이 회고록이 "고위 장교가 집필한 제2차 세계대전 관련 문헌 가운데 가장 흥미로운 저서 중 하나"라고 평했다.

　이 회고록을 가장 강하게 비판한 것은 폴 존슨Paul Johnson이 런던의《이브
닝 스탠다드Evening Standard》지에 "만슈타인의 신화: 장군들을 탓하지 마오"
라는 제목으로 실은 서평이었다. 그는 만슈타인의 회고록이 "(독일군) 장군
들에게 전략을 통제할 권한이 주어졌더라면…… 소련군은 진압되고 독일
군은 유럽 대륙을 계속 정복할 수 있었을 것이라는 신화에 가공할 만한 기
여를 했다"고 보았다.

　1958년 가을, 시카고의 출판인 헨리 레그너리Henry Regnery는 『잃어버린 승
리』미국판을 출판했다. 이 역시 열광적인 반응이 뒤따랐다. 가령《볼티모
어 이브닝 선Baltimore Evening Sun》은 만슈타인이 히틀러를 "비범할 정도로 예
리하게 묘사했다"며 『잃어버린 승리』가 "연합군과 동맹군을 통틀어 제2차
세계대전 회고록 가운데 최고의 반열에 드는 저작"이라고 결론을 내렸다.
가장 권위 있는 찬사는 전 미 육군 소속 최고 전쟁사관이었던 S. L. A. 마셜
S. L. A. Marshall 준장의 평이었다. 그는《뉴욕 타임스New York Times》에 이렇게 기
고했다. "만슈타인은 히틀러에게 그 어떤 고위 사령관보다도 유용했고, 히
틀러를 여러 번 곤경에서 구출해주거나 자신의 지략을 활용하여 군대를 이
끌었다. 히틀러가 군사적 천재라는 미신은 바로 그의 손에서 만들어졌다."
평론은 이렇게 이어졌다. "(만슈타인의) 아름다운 저작에는 진정으로 탁월한
군인의 독창적인 접근법과 부하 관리 역량이 담겨 있다. 만슈타인은 언제
나 어려운 전역을 치렀다. 상황은 점차 그에게 불리해져갔으나, 그는 가중
되는 책임에도 불구하고 끊임없이 그의 위상을 높여갔다."

　만슈타인의 회고록은 미 육군에서 발행하는 영향력 있는 학술지《군사
비평Military Review》으로부터도 화려한 찬사를 받았다. "걸출한 군인이 쓴 중요
한 군사 기록으로서, 정독할 가치가 있고 그만큼 보상이 따른다. 고위 사령
관의 자질에 관심이 있는 직업 군인이라면 이 책에서 풍부한 일차 자료를
찾을 수 있을 것이다." 냉전이 절정에 달했을 때 쓰인 이러한 극찬들은 독
일 국방군이 소련군을 성공적으로 방어한 것에 미군이 매료되어 있었다는
사실을 반영하고 있다. 의미심장하게도 미국 측 서평에는 전쟁범죄에 대한

언급은 전혀 없었다.

만슈타인의 두 번째 회고록『한 군인의 삶으로부터Aus einem Soldatenleben 1887-1939』는 1958년에 독일에서 출간되었다. 만슈타인은 이 회고록에서 유년기와 초기 군인 생활을 간략하게 설명한 뒤 제국군과 히틀러의 부상, 새로운 국방군의 창설을 자세하게 묘사했다. 전쟁의 긴박함을 담은『잃어버린 승리』는 여러 언어로 번역되었고 오늘날까지도 계속 출판되고 있으나 제2차 세계대전 이전을 다룬 두 번째 책은 양차 대전 사이의 중요한 정치 및 군사 사건들을 묘사하고 있는데도 불구하고, 뤼디거 만슈타인의 표현을 빌리자면 "『잃어버린 승리』와 같은 큰 반응을 얻지는 못했다." 그러나 이 책이 해당 기간에 대해 중요한 정보를 제공해주는 것은 분명한 사실이다.

만슈타인은 1950년대에 회고록 외에도 여러 권의 책을 썼다. 그는 친하게 지내던 리들 하트가 소련군에 관해 쓴 책에서 "소련군의 발전: 1942-45년"이라는 장chapter을 집필하기도 했다. 리들 하트의 책은 1956년에 출간되었다. 만슈타인은 여기서 "소련군 고위 사령부가 제2차 세계대전의 첫 몇 해 동안 많은 것을 배웠으며" (독일식으로) 기갑부대를 훌륭히 키워냈음을 인정했으나, 소련군 지휘관들은 자신과 달리 "수적으로 우세한 적에 맞서 싸워야 하는 상황에 있지 않았음"을 강조했다. 나아가 그들은 "수적으로 우세한 적에게서 승리를 쟁취하라는 요청을 받지도 않았다."

만슈타인은 1955년 11월부터 1957년 4월까지 미국《해병대 관보Marine Corps Gazette》에 네 편의 글을 기고했다. "서부 전역에서의 독일군 작전계획", "1941-42년 크림 반도 전역", "치타델 작전: 지휘결정에 관한 연구", "1943-44년 소련 남부에서의 방어 작전"이 그것이었다. 첫 두 기고문의 내용은 대부분『잃어버린 승리』에서 이미 다뤄진 것들이었다. 그러나 세 번째 기고문은 영문판에서 생략된 내용을 온전히 실어 가치가 높고, 리들 하트가 주석을 단 네 번째 기고문은 내용이 아주 충실하다. 이 글에서 만슈타인은 동부전선에서 패배한 것은 "적군이 전장에 내보낼 수 있는 병력의 수가 몇 배로 많았을 뿐만 아니라, 독일군 최상부에서 저지른 기본적인 실수 때문이었다"고 다시금 강조했다. 그리고 결론에서는 여지없이 히틀러를 비판했다.

히틀러는 점령지의 단 일보라도 내주지 말고 방어한다는 원칙을 고수하며 소련군이 공격 중 피해를 입을 것이라고 기대했다. 병력이 충분한 상황에서는 이런 방어 방식이 얼마간 정당화될 수 있다. 그러나 우리가 보유한 전방 병력으로 이는 불가능했다……. (히틀러의 지시로 인해) 우리는 새로운 위기를 맞았고 포위될 위험에 처했다. 그뿐 아니라 (힘을 분산시키는 바람에) 독일 병사들과 지휘관이 전략적 기동전에 우세하다는 장점을 활용할 수 없었다.

냉전 기간에 이로부터 얻을 수 있는 교훈은 분명했다. 소련군에 대한 만슈타인의 평가와 히틀러의 군사 전략에 대한 그의 비판이 주는 교훈은 서유럽이 소련의 공격에 대비해 믿음직한 방어 수단을 마련해야 한다는 것이었다. 그러려면 강력하고 유연한 NATO군이 필요했고, 여기에는 서독의 참여가 필수적이었다.

새로운 군의 창설

1950년대 중반에 독일 연방군의 발전에 만슈타인이 어떤 기여를 했는지 포괄적으로 설명하고 평가하려면 별도의 연구가 필요할 것이다. 서독 정부 고문역으로 임명된 만슈타인의 역할이 "실질적이라기보다는 상징적이었다"는 최근의 주장과 반대로, 그의 역할은 두 가지 면에서 중요했다. 우선 만슈타인은 자신의 경험을 최대한 살려 전문 군인으로서 소중한 기여를 했고, 그로 인해 큰 존경을 받았다. 둘째로 만슈타인은 이 일을 맡은 덕분에 독일 사회에 빠르게 정착할 수 있었다. 25년도 더 전에 병무국에서 대령으로 근무하던 당시 그는 제국군에 대해 급진적인 제안을 한 바 있었다. 그때 그의 아이디어는 히틀러의 국방군으로 결실을 맺었다. 그리고 이제 만슈타인에게는 완전히 새로운 독일군 조직에 자신의 의견을 반영할 수 있는 기회가 주어졌다. 그가 독일 연방군 조직에 몰두한 것은 공식적 요청이 있었기 때문이기도 했지만, 개인적 확신을 품고 있었기 때문이기도 했다. 그는 이미 퇴역한 뒤였는데도 변두리에 머무르며 국가 안보에 조력할 책임을 피할 수 없다고 느꼈다. 만슈타인이 손을 댄 핵심 안건은 NATO에 포함될 신설 독일연방공화국 연방군의 조직이었다.

1955년 가을에 암트 블랑크는 만슈타인과 다른 10명의 전 고위 장교들을 마인츠Mainz 근방 외스트리히Oestrich에서 열린 회담에 초청했다. 이 행사의 목적은 독일군 조직의 청사진에 대한 의견을 모으는 것이었다. 알프레트 호이징어와 한스 뢰티거 장군은 군사력 및 구조 면에서 전 국방군과 유사한 12개 사단을 창설하고 군단과 군 수준에서 보강시킨다는 공식적인 입장을 밝혔다.

만슈타인은 이 제안을 비판했다. 훗날 유럽에서 분쟁이 벌어졌을 때 NATO가 공중에서 우위를 점할 수 있다는 보장이 없었다. 전략적 핵무기 사용도 배제할 수 없는 상황이었다. 이런 현실을 감안할 때 만슈타인은 경직된 '구식' 조직을 그대로 본뜨는 것에 찬성할 수 없었다. 그는 강력하고 독립적인 3개 여단으로 1개 사단을 구성하여 지휘의 용이성을 높이고 단독으로 전투를 벌이기 쉽게 한다는 안을 제시했다. 이로써 탄생하는 합동 화력부대들은 가장 기본적 수준의 '작전부대'가 될 터였다. 당시로서는 급진적이었던 주장을 펼치며 만슈타인은 과거에 안주하기보다는 미래를 내다보고 있었다. 미 육군 역시 우연히도 그로부터 얼마 지나지 않아 반자율적인 5개 전투사단으로 분리될 수 있는 '펜토믹 사단Pentomic division'(오각사단)이라는 형태의 구조적 해법을 도입했다. 미군은 1960년대 초반에 다시 이 구조를 바꾸었으나 결국 미군, 영국군, 독일 연방군은 모두 만슈타인이 설계한 것과 유사한 구조를 갖게 된다. 벵크가 평했듯이 "만슈타인은 언제나처럼 군사적 혁신의 선봉에 서 있었다."

만슈타인의 아이디어는 외스터리히에서 상반된 반응을 불러일으켰고, 암트 블랑크에서는 일언지하에 거절당했다. 만슈타인은 굴하지 않고 자신의 개념을 발전시키는 한편 친구 벵크와 베스트팔에게 조언을 구했다. 그는 1955년 11월 초에 공식 문서를 작성하여 한때 병무국에서 자기 밑에 있었던 호이징어에게 보내며 "내 제안은 처음에는 별로 달갑지 않을 겁니다. 이전에 계획한 사항을 죄다 엎어야 하는 제안이기 때문입니다"라고 덧붙였다. "아주 공정한 태도로 제 제안을 읽고, 우리가 'T₁ 시절' 카이텔의 기동계획이 실행되기 직전에 그걸 취소하고 상황에 보다 걸맞은 해법을 실행했던 것을 기억해주시기 바랍니다."

만슈타인은 암트 블랑크에서 호이징어의 주도로 계획한 조직을 크게 네 가지 이유로 반대했다. 첫째, "작전부대의 수가 너무 적어서 병사 대 작전부대의 비율이 바람직하지 않다." 둘째, "기본 부대의 조직이 미래 전쟁의 조건에 맞지 않는다. 충분히 민첩하지 못하고, 작전적 조건과 전술적 조건 어느 쪽도 만족시키지 못한다." 셋째, "참모 인원수와 부대시설은 '권장 수준'에서 '최소 수준'으로 하향조정해야 한다. 그래야만 전투 병력과 지원 병력의 최적 비율을 달성하기 위한 유연한 병력 운용이 가능해진다." 넷째, 만슈타인은 현 군사 육성 프로그램이 "군사적 측면에서 불편하고, 정치·군사적 측면에서 부적절하며, 군대가 정치화될 가능성에 충분한 주의를 기울이고 있지 않다"고 비판했다.

만슈타인이 외스터리히에서 제시한 아이디어에는 바로 이런 문제들에 대한 해법이 담겨 있었다. 만슈타인이 보기에 신설 연방군(육군, 해군, 공군) 내에서 육군의 평시 편제는 병사 36만 6,000명이 적당했다. 그는 그중 15만 7,700명은 군부대에 배정하고 20만 8,000명은 최전선 여단 및 사단에 배정한다는 계획을 세웠다. 병력의 배분은 6개 기갑사단과 6개 기갑척탄병사단 대신, 8개 기갑사단과 4개 기갑척탄병사단이어야 한다고 제안했다. 즉, 1개 기갑사단과 1개 기갑척탄병사단으로 구성된 4개 군단을 없애서 기갑사단과 기갑척탄병사단의 비율을 2 대 1로 맞추자는 것이었다. 확장 시에는 각 사단이 처음 계획처럼 최대 3개 대대로 구성된 2개 전투집단이 아니라, 강력한 3개 여단을 거느리게 하자는 것이 만슈타인의 계획이었다. 각 기갑여단은 최소 2개 기갑대대, 2개 기갑척탄병대대, 2개 포병대대로 구성될 터였다. 여기에 별개의 소총병대대, 공병대대, 대공 및 대전차대대가 더해졌다. 각 여단의 병사 수는 총 7,500명으로 이름만 여단일 뿐 사실은 소규모 사단에 버금가는 규모였다. 7,300명으로 구성된 기갑척탄병여단은 3개 척탄병대대와 1개 전차대대로 구성될 예정이었다.

만슈타인의 제안에 따르면, 신규 사단의 병력 수는 약 2만 5,000명이 될 터였다. 그의 청사진에서 유독 눈에 띄는 것은 병참 지원을 사단급 이상에 집중시킴으로써 최소화했다는 것이다. 만슈타인은 전투부대(18개 전차대대, 5개 기갑척탄병대대, 10개 포병대대)의 수를 늘리기 위해 일반 부대, 특히 지원 영역의 수를 크게 줄일 수밖에 없었다. 만슈타인은 병력을 동원하는 데 충분한 경고 시간이 주어지리라고 가정함으로써 병참 면에서의 위험 감수(병참 및 공병부대는 고작 10퍼센트만이 현역이었다)를 정당화했다. 그의 아이디어는 그대로 채택되지는 않았지만, 1970년대에 독일군 및 영국군 내에서는 2개 전차대대와 2개 기계화보병 혹은 기갑척탄병대대로 균형 있게 구성된 기갑여단이 보편화되었다.

독일 연방군의 발전에 만슈타인이 마지막으로 크게 기여한 것은 1956년 6월의 일이었다. 그는 퇴역 장군 라인하르트, 부세, 직스트Sixt의 조력을 받아 징병제도 복무 기간에 대한 연구를 수행했고, 1956년 6월 20일에 서독 국방위원회에 초청되어 그 결과를 발표했다. 만슈타인은 잘 훈련받고, 지시를 효율적으로 수행할 수 있으며, 수비력이 충분한 부대를 육성하기 위해서는 복무 기간을 18개월로 하는 것이 적합하다고 주장했다. NATO나 바르샤바 조약 기구Warsaw Treaty Organization에서 핵무기를 사용할 가능성이 있기는 했으나, 어쨌든 만슈타인이 보기에 독일 연방군은 전통적인 의미에서 결코 강한 군대가 될 수 없었다. 그는 이를 염두에 두고 후방 방어를 위해 군 복무 경험이 있는 예비군으로 추가 병력을 편성한다는 제안을 했다. 이 역시 시대를 앞서간 아이디어로, 먼 훗날 향토방위여단Heimatschutzbrigaden의 형태로 실현되었다. 최초로 징집된 병사들은 18개월이 아닌 12개월을 복무했고, 다음 차수로 입대한 병사들은 18개월을 복무했다. 만슈타인은 다음과 같은 말로 발표를 끝맺었다. "독일연방공화국이 재무장해야 한다는 사실은 여러 관점에서 유감스럽게 여겨질 수 있습니다. 그러나 독일이 현재 특별히 위태로운 상황에 처해 있음을 감안하면, 안보를 강화하기 위해

1967년 11월 24일 80세 생일에 연방군 총감찰관 울리히 드 메지에르 장군과 함께한 만슈타인 원수.
(Manstein archive)

오랜 친구 발터 벤크(왼쪽에 앉아 있는 사람)와 테오도르 부세(서 있는 사람)와 함께한 만년의 만슈타인.
(Manstein archive)

가능한 범위 내에서는 무엇이든 해야 합니다." 이로써 만슈타인은 서독 연방군에 마지막으로 공식적인 기여를 했다.

마지막 작별

1966년, 유타-지빌레 만슈타인 부인은 오랜 투병 끝에 46세의 나이로 세상을 떠났다. 그녀는 폰 뢰슈 가문이 슐레지엔을 떠나 새로 정착한 바트 팔링보스텔Bad Fallingbostel 근처 도르프마르크Dorfmark에 묻혔다. 아내에게 지극히 헌신적이었던 만슈타인은 그녀를 떠나보낸 뒤 가정부 2명과 충실한 친구들, 가까운 친척들의 보살핌을 받았다. 만슈타인은 인생의 황혼기를 이르셴하우젠Irschenhausen에서 보냈다. 독서와 서신 교환, 그리고 전 국방군 동료로서 가깝게 지내던 부세, 베스트팔, 벵크와의 정기적인 만남이 그의 소일거리였다.

독일 연방군은 만슈타인 원수의 80세 생일을 성대하고 화려하게 기념했다. 문스터의 전투병과학교 연례 동창회는 만슈타인을 위해 대규모 분열 행진을 준비했다. 행사 당일, 연방군 총감찰관Generalinspekteur 울리히 드 메지에르Ulrich de Mazière가 연방군 대표로 인사를 전하러 이르셴하우젠을 찾았다. 뮌헨 사관학교 합창단이 오래된 군가를 부르며 만슈타인과 각지에서 모여든 손님들을 즐겁게 해주었다.

단언컨대 이 행사의 하이라이트는 『퇴역은 없다Nie Ausser Dienst』라는 제목의 기념 논문집 발표였다. 여기에는 호이징어, 부세, 벵크를 비롯한 전 장군들 및 동료들이 쓴 만슈타인에 대한 찬사뿐 아니라, 저명한 독일 전쟁사학자 안드레아스 힐그루버Andreas Hillgruber 박사의 비평 에세이도 실려 있었다. 드 메지에르는 서문에 이렇게 썼다. "에리히 폰 만슈타인은 그저 한결같은 길을 걸어온 것처럼 보이나, 사실 그의 인생은 파란만장했다. 이 책에 기여한 이들도 그와 같다." 그는 논문집에 참여한 각양각색의 저자들이 입을 모아 "만슈타인의 명예와 우월한 지성, 군 사령관으로서 그가 일궈낸 성과를 인정했다"고 강조했다.

드 메지에르는 만슈타인의 자택에서 그에게 논문집을 선물하며 찬사의 말을 아끼지 않았다.

리들 하트는 독자적으로 만슈타인 장군께서 제2차 세계대전에서 가장 유능한 독일군 사령관이었다고 평가한 바 있습니다. 저희 역시 확신을 품고 그의 판단에 동의합니다……. 장군께서는 많은 군인들을 대표하여 승자의 법정에 섰습니다. 그리고 장군께서는 모든 실망과 부당한 대우를 꿋꿋이 견디며 선고와 징역 생활을 받아들이셨습니다. 저희 독일 연방군은 연방군이 계획 및 육성되는 기간 동안 정부와 의회의 요청에 따라 장군께서 제공해주신 가치 있는 조언과 조력에 깊은 감사를 표합니다.

만슈타인의 85번째 생일에는 드 메지에르의 후임인 아르민 짐머만Armin Zimmermann 장군이 방문했다. 그는 서독 국방부장관의 개인적 안부 및 감사 인사, 그리고 연방군 군인들 전체의 인사를 전했다. 정원에서 군악대가 음악을 연주했다.

만슈타인은 86세부터 건강이 눈에 띄게 나빠졌다. 좋은 시절이 지나간 것이다. 1973년 성령 강림절 주에 만슈타인은 상태가 악화되었고, 결국 6월 9/10일 밤에 뇌졸중으로 세상을 떠났다. 그는 1973년 6월 15일에 도르프마르크 마을 묘지의 아내 곁에 묻혔다. 만슈타인의 아들에 따르면, 군사적 의례의 격식에 따라 치러진 그의 장례식에는 만슈타인의 가족, 친구, 손님들뿐 아니라 '전·현직 군인 수백 명'이 참석했다. 짐머만 장군을 위시한 연방군 대표단에는 근처 문스터에 주둔해 있던 제9전차교도여단 소속의 군악대와 의장병이 포함되어 있었다. 소대 규모의 파견대를 지휘한 것은 젊은 기갑장교 에르하르트 드레브스Erhard Drews 소위였다. 36년 뒤 그는 만슈타인의 장례식을 이렇게 회상했다. "더운 여름날이었죠. 생생히 기억하고 있습니다. 예의를 갖춰 맞아야 할 높은 손님들이 하도 많아서 경례를 붙이느라 오른팔이 아플 정도였습니다. 장례는 아주 고귀하고도 특별한 행사였기 때문에 저는 대단히 깊은 인상을 받았습니다. 다른 사람들도 저와 같았으리라 확신합니다."

장례는 마을 교회에서 열렸다. 인파로 가득한 작은 교회 안에서 테오도어 부세가 추도문을 읽었다. 가장 친한 친구를 떠나보내는 그의 진심 어린 추도사는 참석한 이들의 심금을 울렸을 것이 분명하다.

다정한 군인이자 위대한 군 사령관이었던 만슈타인은 진정 고귀한 인물이었습니다. 그는 모든 면에서 우리에게 귀감이 되었습니다. 그는 과감하고, 생각과 행동이 민첩하고, 자신에게 엄격한 반면 남에게는 지나친 요구를 하지 않는 사람이었습니다. 대단한 성공을 거둔 순간조차 겸허했고, 운명의 좌절에 맞서서도 꿋꿋했습니다. 적을 마주할 때는 기사도 정신을 발휘했고, 휘하의 병사들을 대할 때는 사려 깊었습니다. 바로 이러한 점 때문에 우리에게 만슈타인은 더 없이 소중한 사람이었습니다. 우리 마음속에서 만슈타인은 이런 사람으로 기억될 것입니다.

그를 위해, 또 그와 함께 일하는 것은 기쁨이자 혜택이었습니다. 만슈타인의 부하들은 탁월하고도 과단성 있는 리더십을 발휘한 그를 기탄없이 믿었고 기꺼이 따랐습니다. 그 덕분에 만슈타인은 뛰어난 능력을 가감 없이 발휘하여 위대한 승리를 얻어내고, 눈앞이 막막한 위기에서 탈출할 수 있었습니다.

만슈타인을 매장한 뒤 짐머만 장군이 마지막 작별 인사를 읊었다. "연방군 군인들은 폰 만슈타인으로 알려진 에리히 폰 레빈스키 원수에게 작별을 고합니다. 기사도적인 태도와 군인으로서의 정확한 판단력, 책임감과 공공선을 섬기는 정신으로 빚어진 한 군인의 긴 삶이 끝났습니다." 짐머만은 이윽고 만슈타인의 군인 이력을 읊은 뒤 아까와 마찬가지로 감동적인 말로 인사를 끝맺었다. "연방군의 군인들은 영원을 향해 떠나는 폰 만슈타인 원수 앞에 고개를 숙입니다. 우리에게 그의 기억은 귀중한 유산으로 남을 것입니다."

만슈타인의 부고 기사는 그의 회고록이 출간된 이후로 국방군에 대한 여론이 비판적인 상황을 반영하면서 이와는 상반된 평을 내놓았다. 영국의 《타임스》는 "히틀러가 그를 사령관직에서 해임시켰을 때, 소련과 그 연합군의 승리를 향한 진로에 놓여 있던 가장 무시무시한 장애물이 사라졌다"라고 하면서 만슈타인의 군사적 업적을 깔끔하게 요약했다. 그리고 그의 징역에 대해 이렇게 덧붙였다. "이는 만슈타인이 초기부터 히틀러에 종종 반대하면서도 그의 동료 장군들 대부분과 마찬가지로 나치 정권과 그 만행에 제때 결연히 들고 일어나지 못한 것에 대해 내려진 징벌이자 응징이었다." 좌파 성향의 독일《슈피겔Spiegel》은 예상대로 만슈타인에 대해 비판적인 태도를 보였다. "그는 프로이센-독일 군인의 퇴보와 몰락의 현신이었다. 그는 맹목적인 임무감에 오도되어 재난으로의 진군에 조력했다." 비난은 계속되었다. "소련에서 그는 '유대-볼셰비키주의 체계는 완전히 절멸되어야 한다'라고 외치며 병사들이 인종 전쟁을 벌이도록 선동했다."

만슈타인의 군인 인생에 대한 평가

마르셀 슈타인Marcel Stein은 만슈타인의 전쟁범죄를 강조한 비판적 전기에 "야누스의 머리The Janus Head"라는 부제를 붙였다. 눈길을 끄는 이 부제는 언뜻 적절해 보인다. 인터넷에서 만슈타인을 잠깐 검색해보기만 해도 이 인물에게 2개의 굉장히 상반되는 얼굴이 있음을 알 수 있기 때문이다. 한 얼굴은 제2차 세계대전에서 독일군이 보유했던 가장 재능 있는 작전가의 얼굴이고, 다른 하나는 수많은 질문에 답해야 했던 전쟁범죄자의 얼굴이다. 그러나 실제로 그의 모습은 이보다 훨씬 더 복잡하다. 시간이 지나면 '선'과 '악'은 역사 속에서 더 이상 정반대의 위치에 고정되어 있지 않다. 그렇듯이 만슈타인의 인생은 모순과 역설의 삶이었다.

황제의 군인으로 시작하여 제국군, 국방군, 8년 동안 영국군에 구금되었던 간주와도 같았던 시기, 마지막으로 신생 연방군의 자문까지 두루 경험한 만슈타인의 군인 인생은 여러모로 다른 수천 명의 독일 군인들의 전형이라 할 수 있다. 그러나 만슈타인의 삶이 특별했던 이유는 그가 군 사령관으로서 여러 번 승리를 거두며 동료들로부터는 존경과 신임, 부하들로부터는 무한한 신뢰를 얻었을 뿐만 아니라, 아군과 적군을 가리지 않고 누구나 그의 지성과 판단력, 그리고 이길 때나 질 때나 정확했던 의사결정을 높이 평가했기 때문이었다. 그는 독실한 기독교인으로서 자신이 이끌던 군 및 집단군 내에 군종사제를 두는 것을 지지했다. 그는 형편없는 사령관이 이끌던 영국 사막군과 맞서 싸우며 '숭배의 대상'이 된 롬멜처럼 대중적으로 큰 인기를 끌지는 못했으나, 알고 보면 동부전선이라는 더 넓고 어두운 전장戰場에서 만슈타인의 작전 능력은 롬멜보다 훨씬 우위에 있었다. 그러므로 만슈타인은 높은 평가를 받아 마땅하다.

그러나 이러한 업적과는 대조적으로 히틀러 반대파에 조력을 거부했다는 점은 차치하고 전쟁범죄 혐의가 반감을 품게 만든다. 많은 사실이 폭로되고 독일 국방군이 과거보다 더 큰 비난을 받고 있는 오늘날, 만슈타인의 장밋빛 초상도 과거보다는 색이 많이 바랬다. 최근의 학술 연구에서는 만슈타인이 보안대SD와 어느 선까지 공모했다는 설도 제기되었다. 이는 그의 재판에서는 입증되지 않은 사실이다. 그러나 만슈타인을 깎아내리는 자들의 관점에서 그는 불법적인 명령을 받았을 때, (만슈타인은 존재 자체를 몰랐다고 주장한) SD의 학살 행위를 알았을 때, 그리고 히틀러 반대파에게서 그런 범죄행위가 있었음을 들었을 때 도덕적 용기와 고결함을 발휘하지 못했다. 쿠데타가 성공했다 하더라도 그 결과로 동부전선이 붕괴하고 독일 내에서는 내전이 일어났으리라는 만슈타인의 정교한 주장을 부인할 수는 없다. 그러나 만슈타인은 국가의 명예가 흔들릴 때조차 머릿속에서 개인적 충성의 범위를 조정하려 들지 않았다. 마찬가지로 그는 쿠데타가 성공할 가능성이 전혀 없다 하더라도 히틀러를 퇴위시킬 시도만은 해보아야 한다는 트레스코브의 견해를 결코 지지하지 않았다.

그러나 전후 법정에서 독일군의 명예가 위협을 받고 있다고 생각했을 때, 그는 결연한 태도로 독일군을 옹호했다. 가끔은 독일군이 (특히 SD에 조력함으로써) 크림 반도에서 유대인 숙청에 관여했다는 부인할 수 없는 사실마저도 부인하려 애썼다. 만슈타인은 어떤 식으로든 속죄하기는커녕 공모 사실조차 인정하지 않았다. '어떤 대가를 치르고라도' 독일군의 명예를 지키겠다는 기본적 입장을 고수했기 때문이다. 물론, 세밀한 연구가 이루어진 뒤인 21세기의 시각에서는 함부르크 재판에서 만슈타인이 증언한 내용의 진실성을 쉽게 의심할 수 있고, 그가 소련에서 유대인과 기타 민간인들의 생명을 보호하지 못했다고 비난할 수 있다. 그는 법정에서는 무죄 추정의 원칙에 수혜를 입었으나, 그렇다고 해서 의구심이 전부 사라진 것은 아니다.

뉘른베르크에서 열린 국제군사재판 및 미국측 재판 양쪽에서 내려진 판결에도 불구하고 만슈타인은 제2차 세계대전, 특히 동부전선에서의 잔혹행위로 심판대에 오른 독일 국방군의 상징, 어쩌면 희생양과 같은 존재가되었다. 자신의 명예와 부하들의 명예를 지키려는 결의로 인해 만슈타인은함부르크에서 징역형 선고라는 쓸쓸한 대가를 치러야 했다. 그는 분명히 중형을 받았다. 그러나 소련으로 인도되었더라면 처형당했을 가능성도 있었으니, 영국 군사법정에서 재판을 받은 것이 만슈타인으로서는 다행이었다.

만슈타인의 재판은 고위 사령관이 전쟁에서 불법적인, 혹은 불법까지는아니더라도 비윤리적이고 정치적인 명령에 직면했을 때 처할 수 있는 극도로 심각한 도덕적 딜레마를 보여준다. 만슈타인을 판단하려면 그가 군 사령관으로서, 또 집단군 사령관으로서 쥐고 있던 실질적인 선택지가 무엇이었는지 검토해보는 것이 중요하다. 상부에 반대하는 수단으로서 저항하거나 사임한다는 결정은 전시의 고위 사령관에게 쉽거나 믿음직스러운 해결책이 아니다. 야전 사령관이 상부의 명령에 동의하지 않는다면 그는 어떤수준까지 맞설 자격이 있을까? 만슈타인은 여러 번 사의를 표했으나 1944년 3월에 최종적으로 해임되기 전까지 계속해서 히틀러에게 사의를 반려당했다. 그리고 전선의 여느 병사와 마찬가지로 사령관에게는 해임되기 전까지 '군인으로서 버틸' 의무와 책임이 있다. 물론 개인의 권리를 보호해주는 안전장치가 있는 '자유국가'라면 개인이 불법적 명령을 거부하고 공식적으로 불만을 제기할 수 있다. 만슈타인이 선택할 수 있었던 길 하나는 히틀러 암살 음모에 가담하는 것이었다. 그가 쿠데타 계획에 대해 어느 정도알고 있었는지는 불명확하다. 그가 직접적으로 쿠데타에 가담하라는 요청을 받았는지 여부 역시 여전히 뜨거운 논란의 대상이다. 그러나 실제로 요구를 받았다 하더라도 그가 거절했을 것은 불 보듯 뻔하다.

뛰어난 참모장교로서, 그리고 성공한 작전 사령관으로서(이에 대해서는 현재 독일군 내에서 이견이 없다) 만슈타인에게는 적의 행동을 예측하고, 결정적인 기동을 지시하고, 기동 결과를 최대한 활용할 방법을 직관적으로 찾아내는 귀중한 능력이 있었다. 브리지와 체스에 능했던 그는 언제나 몇 수 앞을 내다보고 있었다. 프리드리히 대제Frederick the Great, 나폴레옹 보나파르트Napoleon Bonaparte, 로버트 E. 리Robert E. Lee(미국 남북전쟁 시 남부군 총사령관-옮긴이) 등 다른 위대한 장군들과 마찬가지로 그 역시 실수와 오판에서 자유로울 수 없었으나, 그럼에도 불구하고 대부분의 작전과 전투에서 그들만큼이나 뛰어난 성공을 거두었다. 만슈타인의 재능은《더 리스너》에 실린 『잃어버린 승리』 서평에 잘 요약되어 있다.

(만슈타인은) 군사의 모든 영역에 통달해 있었다. 그는 창의적인 일급 참모장교였고, 과감하고도 노련한 보병군단장이었다. 그는 근위병 출신으로서 기갑에 대한 전문 훈련을 받지 않았음에도 불구하고 벼락 같은 속도로 기갑군단에 맞서 싸웠다. 그러나 만슈타인이 좋은 기회를 알아보는 혜안과 그 기회를 활용하는 능력을 갖춘 진실로 위대한 군인임이 드러난 것은 '군단급 이상', 즉 군 및 집단군을 지휘한 때였다.

만슈타인이 무너진 것은 자신이 메울 수 없는 만큼의 병력을 마음껏 쏟아부을 수 있는, 수적으로 우월한 적과 싸워야 했기 때문이었다. 동부전선에서 쿠르스크 전투 이후로 재난이 벌어진 것이 그 좋은 예다. 그러나 만슈타인의 생각과 달리 그가 패배한 것은 단지 전장에서 소련군이 수적으로 우세했기 때문만도, 히틀러의 지시로 인해 독일군이 정적인 방어 전략에 발이 묶여야 했기 때문만도 아니었다. 만슈타인의 맹점은 독일군 장군들에게 흔한 것이었다. 그는 자신이 맞서 싸워야 하는 소련군이 얼마나 교활하고 유연하고 결의에 차 있는지를 과소평가했다. 소련군 사령관의 훌륭한 기만 능력을 무시한 것 역시 잘못이었다. 그 결과가 1943년 11월 키예프에서 잘 드러난다.

작전 수준의 기동에 있어서는 만슈타인과 어깨를 나란히 할 자가 없다 해도 과언이 아니다. 전통적인 전쟁에서 작전 수준의 기동을 장기적 전략 수준의 승리로 발전시키기 위해서는 사령관의 두뇌, 시간과 공간과 병력, 그리고 물론 행운이 꼭 알맞게 따라주어야 한다. 사실 아무리 성공적인 작전 계획이라 해도 전략을 결정짓지는 않는다. 오히려 작전은 본디 전략의 틀 내에서 결정되는 것이다. 따라서 전쟁, 병사, 기계, 기타 자원의 개념을 이해하고 이 도구들을 독창적이고 효과적으로 활용하지 않으면, 전쟁은 물론 전역 하나라도 이길 수 없다. 만슈타인은 거의 항상 자원이 부족했고 위기에서 진가를 발휘했다. 물론 대담한 자에게도 행운이 따른다. 그러나 준비를 잘 갖추고 자원을 충분히 확보한 자들에게 더 큰 행운이 따른다는 것은 엄연한 사실이다. 전술 혹은 (만슈타인의 전문 분야였던) 작전 수준에서 아무리 탁월해도 전반적인 전략 수준의 불리함을 극복하거나 정책의 기본적 오류들을 교정할 수는 없다. 이는 백 번 강조해도 모자라다.

만슈타인의 군사적 성공의 아이러니와 비극은 그의 군사적 성공이 전장에서만큼 공장에서도 전략적으로 진 독일의 전쟁 수행 노력에 내재된 근본적인 약점을 종종 가렸다는 것이다. 히틀러의 (뉘른베르크 원칙을 사후 소급적용한다면) '범죄적인' 침략 전쟁을 수행하기 위해 흘린 수백만 명의 피와 독일의 모든 희생은 전부 물거품이 되었다. 합법적 전쟁이든 불법적 전쟁이든 돈을 아끼고서는 이길 수 없다. 그리고 만슈타인은 뉘른베르크에서 분명한 증거를 대면하기 전까지 편하게 무시하고 있었으나, 히틀러의 전쟁은 명백히 불법적 전쟁이었다.

만슈타인은 35년 6개월 동안 이병에서 원수로 진급했다. 정권 교체에 따라 군복은 몇 번인가 바뀌었다. 만슈타인은 군인 생활 내내 프로이센-독일 특유의 명예, 충성, 복종이라는 미덕이 깊이 뿌리 내린, 몹시 편협하고 권위주의적인 군사적 위계질서 내에 갇혀 있었다. 그는 군주의 자리에 있는 자가 황제 빌헬름 2세든 히틀러든 똑같이 과도할 정도로 경의를 표했고, 조국의 민주주의에 대해서는 태생적으로 불신을 품고 있었으며, 외국의 볼셰비키주의는 경멸했다. 만슈타인뿐 아니라 수천 명의 독일인들이 이와 같은 비난에서 자유롭지 못하다. 그러나 그는 대다수의 동료 장군들이 갇혀 있던 틀을 깨고 작전적 논리로써 자신의 주장을 밀어붙이고 정치적 사안에는 반대를 표하지 못했으나 군사적 사안에서만큼은 총통에 맞섰다. 그는 군사적 목표에만 매진했고 강경한 태도를 보였다. 군 지휘를 너무 정치에 맞추려는 경향이 있는 현대의 많은 고위 군 지도자들은 만슈타인에게서 유용한 교훈을 얻을 수 있을 것이다. 만슈타인은 처음에 스탈린그라드에서 제6군의 상황을 지나치게 낙관한 것과 치타델 작전에 대한 견고한 반대 논리를 밀어붙이는 데 실패한 것을 제외하면, 언제나 히틀러에게 믿음직한 군사적 조언을 해주었다. 히틀러는 만슈타인 원수가 자신을 간파하고 있음을 알아채고 불편한 부하를 해임해버렸다. 무릇 독재자라면 비난을 견디지 못하는 법이다. 특히 그 비난이 군부의 위계질서 내에서 공론화된다면 더욱 그러하다.

  인간으로서의 만슈타인은 어떠했는가? 그의 출신 배경과 계급에서 예상할 수 있듯이 그는 세련된 말투를 구사하는 다독가이자 교양인이었다. 예술과 음악에 관심이 많았으며, 무엇보다도 가정에 충실했다. 사령관으로서 장점과 단점이 있었지만 장점이 훨씬 더 많았다. 그는 거의 오만하다 해도 좋을 만큼 야심 찼고, 굼뜬 자에게는 성마르게 굴었으며, 재능이 부족한 자는 용납하지 않았다. 때로는 자만했을지도 모르나 몽고메리만큼 자신의 허세를 드러내지는 않았다. 어쨌든 몽고메리의 비대한 군사적 자아를 능가하기란 쉽지 않은 법이다. 영국군의 적수 몽고메리와 마찬가지로 만슈타인 역시 필요할 때면 가차 없는 태도를 보였다. 그러나 그가 직접 부하를 해임하거나 해임에 관여한 경우(폰 슈포네크, 란츠, 켐프)는 드물었다. 제2차 세계대전 중이었음을 감안하면 다른 군과 비교했을 때 평범한 수준이었다.

  특히 돋보이는 만슈타인의 장점은 아이젠하워와 마찬가지로 말을 할 때나 글을 쓸 때나 몹시 명료하게 의견을 표명했다는 것이었다. 그는 또한 군사 훈련에서 몽고메리와 견줄 만큼 특출한 능력을 입증했고, 작전적 두뇌가 비범했으며, 위기에 처해서도 언제나 침착하고 안정적인 모습을 보였다. 그는 패튼이나 롬멜처럼 대담한 전술을 펼쳤지만 머릿속에서는 언제나 작전 수준의 큰 그림을 우선시했다. 한 번의 전투를 놓고 안달복달하는 것은 그답지 않았다. 만슈타인은 늘 당장 손에 떨어진 일뿐만 아니라 그 다음 일에도 집중하고 있었다. 그는 타고난 계획가였으나 전방의 병사들 앞에도 자주 모습을 드러냈다. 헬멧을 쓰거나 경호원을 대동하지 않은 채 전방까지 나아가 의사결정을 전달하곤 했고, 전투지역의 사병과도 아무렇지 않게 대화를 나누었다. 때로는 참모차량에서 내려 전방 혹은 그 근처의 병사들과 함께 담배를 피우기도 했다. 만슈타인은 병사들을 마음 깊이 아꼈고 부상자를 방문할 기회를 가능하면 놓치지 않았다. 그런 그에게 아이러니하게도 '샤토château 장군'(샤토는 성城이라는 뜻-옮긴이)이라는 잘못된 이미지가 덧씌워졌는데, 이는 회고록에서 프랑스 성의 아름다운 건축에 대해 너무 자세하게 언급했기 때문이다.

만슈타인의 참모들은 상관에게 헌신적이었다. 수많은 전 부하들이 증언대에 서기 위해 함부르크에 집결했고, 마지막으로 경의를 표하기 위해 도르프마르크에 모였다는 사실이 그 증거다. 만슈타인은 자신이 지휘하는 병사들에게, 더 나아가 다른 병사들에게까지 신뢰와 확신을 불어넣었다. 가까운 친우들에게는 근무 중이나 휴가 중에도 교양 있고 유쾌한 친구가 되어 주었다. 만슈타인은 결코 명성을 좇지 않았고, 세바스토폴에서 승리를 거둔 단 한 번을 제외하고는 그가 이끄는 군단, 군, 집단군의 승리가 괴벨의 선전용으로 쓰인 경우도 없었다. 롬멜의 '아프리카 군단' 또는 '아프리카 기갑부대'와는 사뭇 다른 양상이었다. 그는 루마니아인들과도 좋은 관계를 유지했다. 크림 반도에서는 얼마간 인내심을 시험받아야 했지만 말이다. 그는 특히 루마니아군 지도자인 이온 안토네스쿠 장군과 긴밀한 관계를 맺었다. 이런 면에서 만슈타인은 국방군 고위 장군의 전형에서 벗어나 있었다. 장군들 대부분은 히틀러의 태도를 답습하여 형제 동맹군을 거의 대놓고 업신여겼다.

요컨대 만슈타인의 인생은 승리와 비극 사이에 커다란 호를 그리고 있다. 그는 승리를 누렸으며 실패에도 굴하지 않았던 독일군의 상징적 인물이었다. 제2차 세계대전에서 그가 거둔 군사적 성취는 그 어떤 독일군 장군도 능가할 수 없다. 만슈타인의 지휘법과 뛰어난 작전 아이디어는 오늘날까지도 전문적인 군사 연구의 대상이 되고 있다. 그는 애국자였으나, 불행히도 다른 수백만 명의 독일인처럼 범죄적인 정권을 맹목적으로 섬겼고, 그 정권이 태생적으로 결점이 있는 전략을 펼치고 끔찍한 만행을 저질렀다는 사실을 뒤늦게야 깨달았다. 존경받는 고위 사령관으로서 만슈타인은 히틀러에게 군사적 문제를 제기할 수 있는 입장이었고, 실제로 반복해서 그에게 대들었다. 그러나 정치적으로는 히틀러에게 맞설 수 있는 지위가 아니었으며 그럴 생각도 없었다. 프로이센의 피가 흐르는 군인이었기 때문이었다. 그는 자신의 병사들이 '아버지의 나라'를 위해 결연히 싸우고 있는 동안 반란을 일으킨다는 생각을 결코 용납하지 않았다.

제2차 세계대전 이후 만슈타인은 동부전선에서 자행된 많은 범죄에 대한 설명을 요구받았다. 그런 그를 '승자의 정의'의 무고한 희생자로 묘사하는 것은 살아남지 못한 수백만 명의 잔혹한 운명을 잊는 것만큼이나 불공정한 처사일 것이다. 만슈타인은 8년간 투옥되었고, 국방군의 대학살 공모 문제가 마무리된 냉전시대에 독일 연방군 창시자의 일원으로서 재기했다. 그러니 결과적으로 만슈타인은 헥토르도 아킬레우스Achilleus도 아니었다. 그러나 그는 20세기의 뛰어난 군인 중 한 명으로서 기억될 자격이 있고, 나아가 존경을 받아 마땅하다. 오늘날까지도 만슈타인은 우리에게 많은 교훈을 남기고 있다.

〈지도 1〉 1939년 9월 폴란드 전역

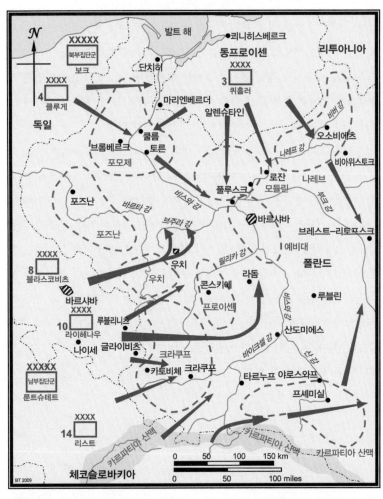

기호 설명

XXXXX	집단군 또는 전선군	**XX**	사단	(보병 기호)	보병 또는 소총병
XXXX	군	**X**	여단	(기계화 기호)	기계화
XXX	군단	(기갑 기호)	기갑	(산악 기호)	산악부대

파란색: 독일군

갈색: 헝가리군, 이탈리아군, 루마니아군

빨간색: 프랑스군, 폴란드군, 소련군

〈지도 2〉 1939년 11월 만슈타인의 낫질 작전 계획

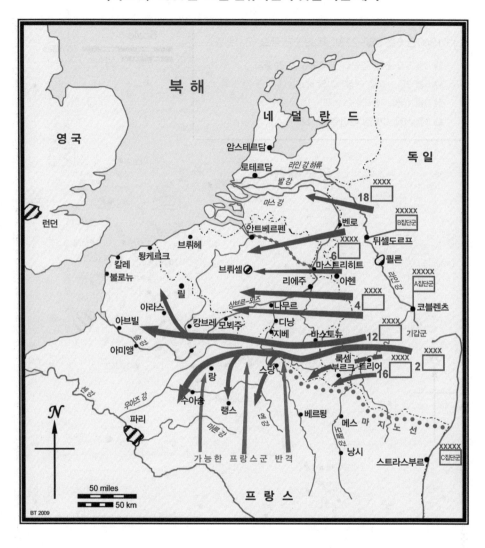

북 해

네 덜 란 드

영국

암스테르담

로테르담 · 라인 강 하류
발 강
마스 강

벤로

런던

안트베르펜

브뤼헤

뒹케르크

XXXX 6
마스트리히트

칼레

브뤼셀

릴

리에주

아헨

아브빌

아라스

상브르-뫼즈 · 나무르

캉브레 모뵈주

디낭

지베

바스토뉴

XXXX 4

아미앵

랑

스당

룩셈
부르크 트리어

수아송

랭스

XXXX 16

베르됭

메스 마 지 노 선

파리

낭시

스트라스부르

가능한 프 랑 스 군 반격

프 랑 스

50 miles

50 km

BT 2009

독일

XXXX 18

XXXXX B집단군

뒤셀도르프

퀼른

라인 강

XXXXX A집단군

코블렌츠

XXXX 기갑군 12

XXXX 2

XXXXX C집단군

〈지도 3〉 1940년 6월 만슈타인의 루아르 강 추격

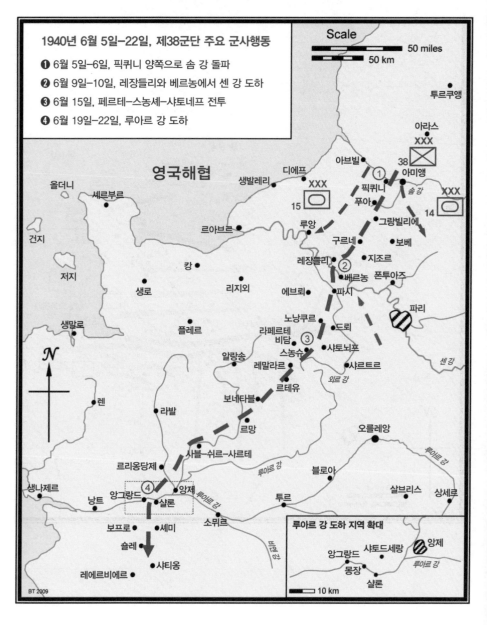

1940년 6월 5일–22일, 제38군단 주요 군사행동

❶ 6월 5일–6일, 픽퀴니 양쪽으로 솜 강 돌파
❷ 6월 9일–10일, 레장들리와 베르농에서 센 강 도하
❸ 6월 15일, 페르테-스농셰-샤토네프 전투
❹ 6월 19일–22일, 루아르 강 도하

Scale

50 miles
50 km

영국해협

올더니
셰르부르
건지
저지
생말로
렌
라발
생나제르
낭트
보프로
솔레
레에르비에르
샤티옹
셰미
앙그랑드
샬론
앙제
리리옹당제
사블-쉬르-사르테
르망
르테유
보네타블
레말라르
알랑송
플레르
생로
리지외
캉
르아브르
디에프
생발레리
아브빌
픽퀴니
푸아
그랑빌리에
보베
구르네
루앙
레장들리
지조르
폰투아즈
베르농
파시
에브뢰
노낭쿠르
라페르테비담
스농슈
드뢰
샤토뇌프
샤르트르
파리
센 강
외르 강
라발
투르쿠앵
아라스
아미앵
솜 강
루아르 강
오를레앙
블루아
투르
소뮈르
샤브리스
상세르
루아르 강
비엔 강

XXX 38
XXX 15
XXX 14

N

루아르 강 도하 지역 확대

앙그랑드
샤토드세랑
앙제
몽장
샬론
루아르 강

10 km

BT 2009

〈지도 4〉 1940년 여름 바다사자 작전(최종 계획)

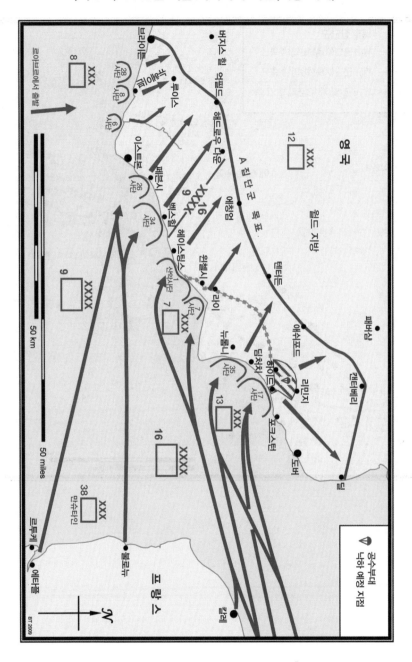

〈지도 5〉 1941년 6월–9월, 바르바로사 작전: 제56군단 작전

북부집단군

- → ▶ 제41군단(차량화)의 주축
- → 제56군단(차량화)의 주축
- ━▶ 제16군 및 제18군의 초기 축

핀란드
핀란드 만
라도가 호
레닌그라드
(상트페테르부르크)
나르바
제41군단 8/16
(차량화) 삼로 호 루가
노브고로드
발트 해
페이푸스 호
에스토니아
8/15
7/15 일멘 호
솔치
스타라야
루사
데먄스크
포르호프 드노 8/19 9/13
프스코프
로바치 강
리가 만
오스트로프
제8기갑사단
홀름
라트비아
소 련
예캅필스 오포치카
벨리키예 루키
리가 (드비나 강) (야코프슈타트)
다우가바 강
6/29
SS 토텐코프 사단
7/3
6/26-27 제베쉬
6/26
18 XXXX 리투아니아 다우가프필스
퀴흘러 제56군단(차량화) (드빈스키)
6/22 저녁 울레나
제41군단(차량화) 6/24
아이로골라 빌코미르
XXXX 틸지트 메멜 강
4 (소베츠크) 카우나스
회프너 (코프노) 빌나
쾨니히스베르크 XXXX
(칼리닌그라드) 16
부슈

0   50   100   150 miles
150 km
BT 2009

N
↑

〈지도 6〉 1941년 9월–12월, 독일군의 크림 반도 정복

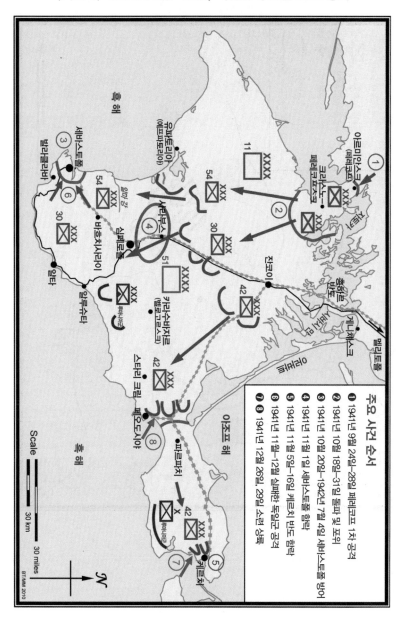

주요 사건 순서

❶ 1941년 9월 24일–28일 페레코프 1차 공격
❷ 1941년 10월 18일–31일 돌파 및 포위
❸ 1941년 10월 20일–1942년 7월 4일 세바스토폴 방어
❹ 1941년 11월 1일 세바스토폴 함락
❺ 1941년 11월 5일–16일 케르치 반도 함락
❻ 1941년 11월–12월 실패한 독일군 공격
❼ ❽ 1941년 12월 26일, 29일 소련 상륙

Scale
30 km
30 miles

BT/MM 2010

흑 해

아조프 해

〈지도 7〉 세바스토폴: 철갑상어 낚시 작전(1942년 6월 2일 병력 배치)

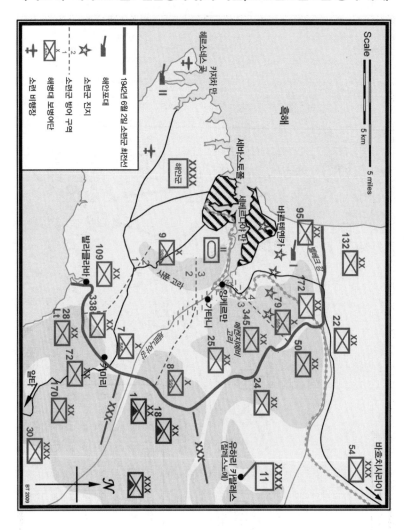

⟨지도 8⟩ 스탈린그라드: 천왕성 작전(1942년 11월)

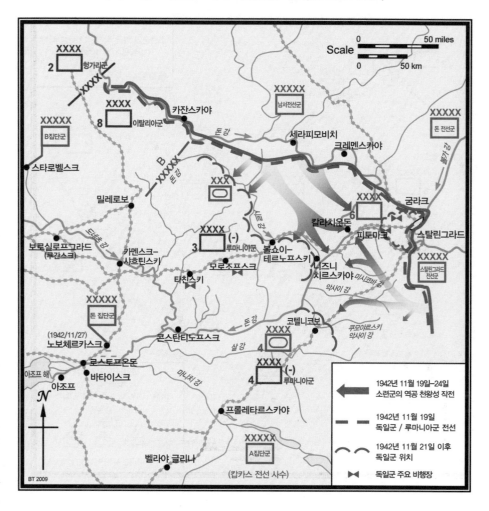

〈지도 9〉 스탈린그라드: 겨울폭풍 작전과 소토성 작전(1942년 12월)

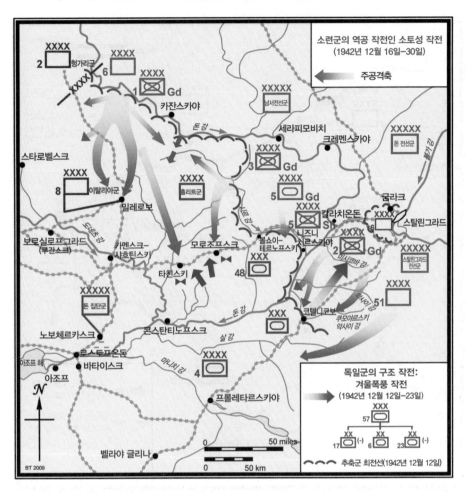

소련군의 역공 작전인 소토성 작전
(1942년 12월 16일-30일)

◀ 주공격축

독일군의 구조 작전:
겨울폭풍 작전
(1942년 12월 12일-23일)

추축군 최전선(1942년 12월 12일)

2 헝가리군   6   1 Gd 카잔스카야   남서전선군   세라피모비치 크레멘스카야   돈 전선군

스타로벨스크   8 이탈리아군   밀레로보   홀리트군   3 Gd   5 Gd   굼라크
보로실로프그라드
(루간스크)   카멘스크-사흐틴스키   모로조프스크   볼쇼이-테르노프스키   니즈니치르스카야   칼라치온돈   5 S   6 Gd   스탈린그라드   스탈린그라드 전선군

타친스키   48   비스트바 강   51
노보체르카스크   돈 집단군   콘스탄티노프스크   돈 강   코텔니코보   쿠모야르스키 악사이 강
아조프 해   로스토프온돈   살 강
아조프   바타이스크   마니치 강   4   57   51
벨라야 글리나   프롤레타르스카야   17 (-)   6   23 (-)

N   0   50 miles
    0   50 km
BT 2009

722 • 만슈타인

〈지도 10〉 만슈타인의 반격 1단계: 도네츠 강과 드네프르 강 사이의 전투(1943년 2월)

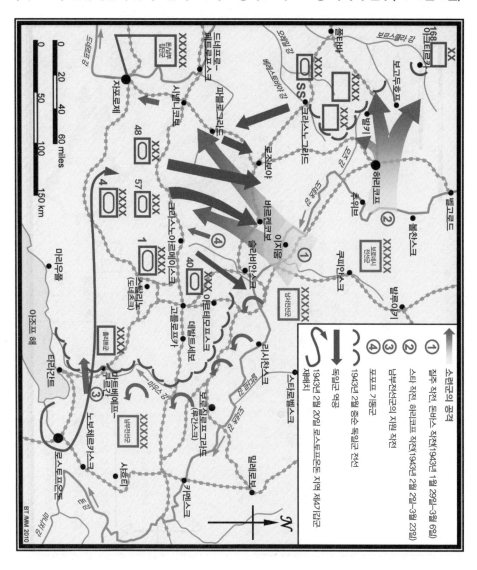

〈지도 11〉 만슈타인의 반격 2단계: 하리코프 재탈환(1942년 3월)

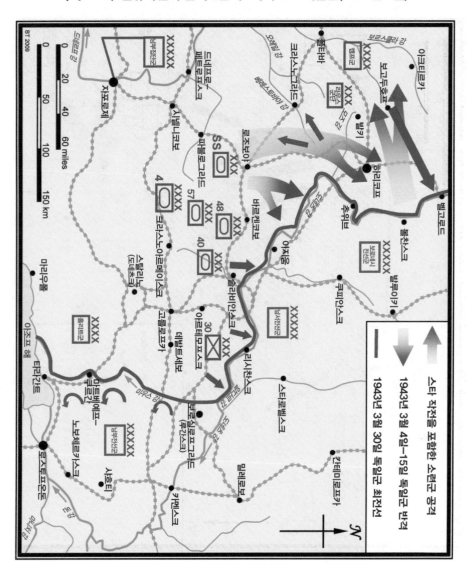

〈지도 12〉 1943년 여름, 동부전선 남익: 선택 가능한 작전 행동 경로

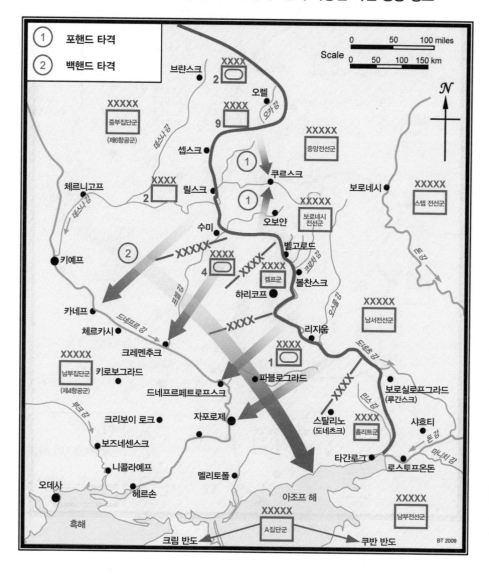

① 포핸드 타격
② 백핸드 타격

〈지도 13〉 치타델 작전을 위한 독일군의 계획(1943년 7월)

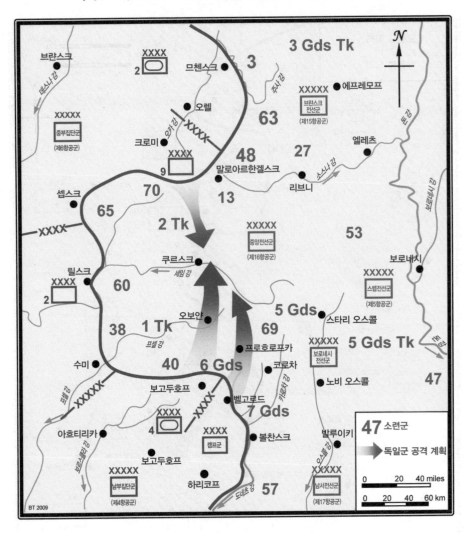

〈지도 14〉 드네프르 강으로 퇴각(1943년 7월–9월)

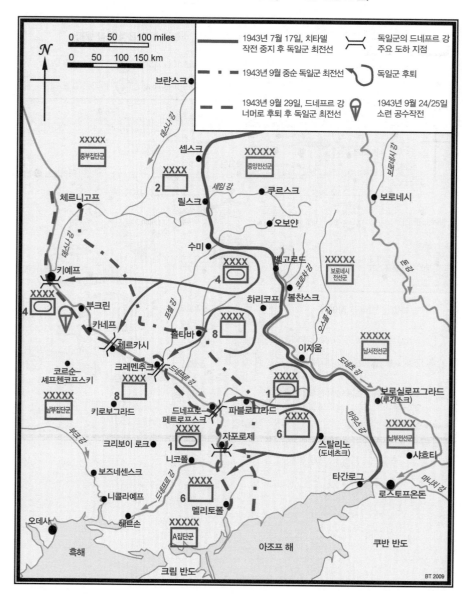

1943년 7월 17일, 치타델 작전 중지 후 독일군 최전선

독일군의 드네프르 강 주요 도하 지점

1943년 9월 중순 독일군 최전선

독일군 후퇴

1943년 9월 29일, 드네프르 강 너머로 후퇴 후 독일군 최전선

1943년 9월 24/25일 소련 공수작전

브랸스크

XXXXX 중부집단군

세스크

XXXX 2

XXXXX 중앙전선군

체르니고프

릴스크

세임 강

쿠르스크

보로네시

오보얀

수미

XXXX 4

벨고로드

XXXXX 보로네시 전선군

키예프

XXXX 4

부크린

하리코프

볼찬스크

카네프

체르카시

폴타바

XXXX 8

이지움

XXXXX 남서전선군

코르순 셰프첸코프스키

크레멘추크

드네프르 강

XXXX 1

보로실로프그라드 (루간스크)

XXXXX 남부집단군

XXXX 8

키로보그라드

드네프로 페트로프스크

파블로그라드

XXXX 6

XXXXX 남부전선군

크리보이 로크

XXXX 1

니코폴

자포로제

스탈리노 (도네츠크)

샤흐티

보즈네센스크

니콜라예프

타간로그

로스토프온돈

XXXX 6

멜리토폴

오데사

헤르손

XXXXX A집단군

흑해

아조프 해

쿠반 반도

크림 반도

BT 2009

〈지도 15〉 드네프르 강 선 방어(1943년 가을)

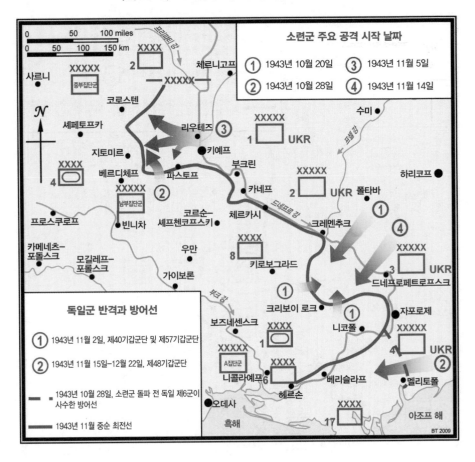

소련군 주요 공격 시작 날짜

① 1943년 10월 20일 ③ 1943년 11월 5일
② 1943년 10월 28일 ④ 1943년 11월 14일

독일군 반격과 방어선

① 1943년 11월 2일, 제40기갑군단 및 제57기갑군단
② 1943년 11월 15일-12월 22일, 제48기갑군단
- 1943년 10월 28일, 소련군 돌파 전 독일 제6군이 사수한 방어선
— 1943년 11월 중순 최전선

BT 2009

〈지도 16〉 만슈타인의 마지막 전투(1944년 3월 3일-4월 6일)

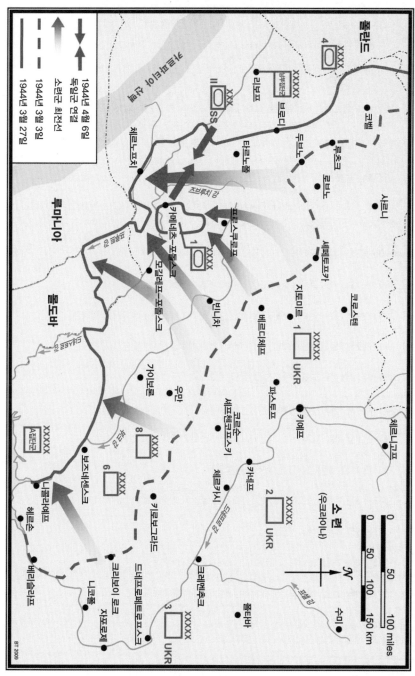

| 에리히 폰 만슈타인 연표 |

1887년 11월 24일: 베를린에서 에두아르트 폰 레빈스키 포병대장(1829-1906)과 헬레네 폰 레빈스키(처녀 적 성은 폰 슈펠링)(1847-1910)의 아들로 출생. 자녀가 없던 이모 헤드비히 (1852-1910)와 게오르크 폰 만슈타인(1844-1913) 보병대장 부부에 입양됨.

1894년: 스트라스부르에서 학교 입학.

1900년 부활절: 플뢴 소년사관학교에서 생도 생활 시작. 1902-1906년 베를린-리히터펠데 중앙소년사관학교 생도 및 황제 빌헬름 2세의 견습사관단 생활. 1906년 아비투어 시험 통과.

1906년 3월 6일: 베를린 프로이센군 제3근위보병연대 현역 입대.

1907년 1월 27일: 소위 진급(임관은 1905년 6월 14일로 소급 적용).

1910년 1월 1일-1910년 6월 30일: 베를린 남쪽 뷘스도르프 군사체육기관 파견.

1911년 7월 1일: 제3근위보병연대 예하 대대장 부관 및 군사재판장교 임명.

1913년 10월 1일: 베를린 육군대학 입학, 참모장교 훈련 시작.

1914년 6월 19일: 중위 진급.

1914년 8월 2일: 제2예비보병연대장 부관 임명. 벨기에 및 동부전선에 참전.

1914년 11월 17일: 동부전선에서 중상을 입음.

1915년 6월 17일: 참모장교로서 폴란드 및 세르비아의 갈비츠 집단군에 배속.

1915년 7월 24일: 대위 진급.

1915년 8월 19일: 폴란드 및 세르비아의 제12군 부관 임명.

1916년 1월 22일: 참모장교로서 베르됭 전선의 제11군에 배속.

1916년 7월: 참모장교로서 솜 강 제1군에 배속.

1917년 10월 1일: 작전장교(la)로서 에스토니아 쿠를란드 제4기병사단에 배속.

1918년 5월 4일: 위와 동일한 신분으로 서부전선 제213(공격)예비사단으로 전속.

1919년 1월 7일: 제3근위보병연대 소속으로 제국군 발령 대기.

1919년 2월 14일: 참모장교로서 브레슬라우의 국경수비군(동부 국경수비사령부) 배속.

1919년 6월 10일: 미래군 위원장 폰 로스베르크 장군의 개인비서로 임명.

1919년 8월 13일: 참모장교로서 카셀 제2집단사령부에 배속.

1920년 6월 10일: 슐레지엔 크라이스 남슬라우 로어첸도르프에서 유타-지빌레 폰 뢰슈와 결혼.

1921년 4월 24일: 딸 기젤라 출생.

1921년 10월 1일: 앙어뮌데 제5보병연대 제6중대장 임명.

1922년 12월 31일: 아들 게로 출생(1942년 10월 29일 소련 북부 일멘 호수에서 전사).

1923년 10월 1일: 참모장교로서 슈테틴 제2관구에 배속. 전술 및 전쟁사 교관.

1924년 10월 1일: 참모장교로서 드레스덴 제4관구에 배속. 전술 및 전쟁사 교관.

1927년 10월 1일: 참모장교로서 막데부르크 제4보병사령부에 배속.

1928년 2월 1일: 소령 진급(1927년 2월 1일로 소급 적용).

1929년 10월 1일: 베를린 병무국 작전과장 임명.

1929년 11월 19일: 아들 뤼디거 출생.

1931년 4월 1일: 중령 진급.

1932년 10월 1일: 콜베르크 제4보병연대 제2(예거)대대장 임명.

1933년 12월 1일: 대령 진급.

1934년 2월 1일: 베를린 제3관구사령부 참모장 임명.

1935년 7월 1일: 베를린 육군 참모본부 작전과장 임명.

1936년 10월 1일: 소장 진급.

1936년 10월 6일: 육군 참모총장 루트비히 베크 포병장군 직속 제1참모차장 임명.

1938년 2월 4일: 리그니츠 제18보병사단장 임명. (1938년 3월 31일까지 참모본부 근무, 그사이 독일의 오스트리아 합병.)

1938년 4월 1일: 중장 진급.

1938년 9–10월: 주데텐란트 합병이 진행되는 동안 제12군 참모장으로서 잠시 참모본부에 배속.

1939년 5–8월: 폴란드 전역 계획을 위해 일시적으로 '룬트슈테트 실무 참모진'으로 파견.

1939년 8월 18일: 폴란드 전역 동안 남부집단군(게르트 폰 룬트슈테트 상급대장 지휘) 참모장으로 임명.

1939년 10월 22일: 서부전선(코블렌츠)의 A집단군(룬트슈테트 상급대장 지휘) 참모장으로 임명.

1940년 2월 15일: 제38군단장으로 임명. 1940년 5–6월 프랑스 전역 동안 군단 지휘.

1940년 6월 1일: 보병대장 진급.

1940년 7–9월: 바다사자 작전을 위한 준비 및 훈련. 이윽고 프랑스에서 수비대 임무 수행.

1941년 2월 15일: 제56(차량화)군단장으로 임명. 1941년 6월 22일부터 소련 침공 참전.

1941년 9월 13일: 소련의 남부집단군(룬트슈테트 상급대장 지휘) 예하 제11군 사령관으로 임명.

1942년 3월 7일: 상급대장 진급(1942년 1월 1일로 소급 적용).

1942년 7월 1일: 세바스토폴 탈환 성공 이후 원수 진급.

1942년 11월 22일: 돈 집단군(1943년 2월에 남부집단군으로 이름이 바뀜) 사령관으로 임명.

1944년 3월 30일: 히틀러에 의해 해임되고 예비역 편입. 리그니츠의 집으로 돌아와 제2차 세계대전 종전 시까지 새로운 보직을 받지 못함.

1945년 1–4월: 소련군의 진군에 따라 가족과 함께 슐레지엔에서 베를린, 니더작센을 거쳐 슐레스비히–홀슈타인으로 피난.

1945년 5월 8일: 슐레스비히–홀슈타인의 제한구역 F내에 억류됨.

1945년 8월 23일: 하일리겐하펜의 군사병원에서 체포되어 뤼네부르크 근방 문스터라거 수용소에 수감됨.

1945년 9월 18일: 뉘른베르크 국제군사법정에서 독일 참모본부 변호측 주요 증인으로 활동. 1946년 8월 말 영국군에 구금됨.

1946년 9월 2일: 런던 지역 수용소를 거쳐 아일랜드 팜 제11특별수용소로 이송됨.

1947년 10월: 스태퍼드 근방 그레이트 헤이우드 셔그버러 파크의 제99군사병원으로 이송됨.

1948년 4월 30일: 서폴크 디스 근방 레드그레이브 파크의 제231전쟁포로병원으로 이송됨.

1948년 8월 16일: 잠시 뉘른베르크로 돌아갔다가 문스터라거 수용소로 이송됨. 이윽고 1948년 12월에 함부르크 영국군사병원으로 이송됨.

1949년 8월 23일: 함부르크의 영국 군사법정에서 전범재판 시작.

1949년 12월 19일: 징역 18년 구형. 후에 징역 12년으로 감형됨. 동베스트팔렌 베를의 영국 군사교도소로 이송됨.

1952년 8월~1953년 5월: 슈투트가르트 근방 킬과 알멘딩엔에서 치료차 요양.

1953년 5월 7일: 알멘딩엔에서 가택 연금 해제.

1956년 여름: 본에서 독일 연방 상·하원 안보위원회 대표로 징병제도 및 연방군의 발전에 대한 외부 전문고문으로 활동.

1958년: 뮌헨 근방 이르셴하우젠(현 이킹)에 정착.

1966년: 유타-지빌레 폰 만슈타인 사망.

1973년 6월 10일: 바이에른 이르셴하우젠에서 사망.

1973년 6월 15일: 니더작센 바트 팔링스보스텔 근방 도르프마르크에서 군장 거행.

| 훈장 및 수상 내역 |

[제1차 세계대전]

프로이센 호헨촐레른 왕실 검 기사철십자훈장

프로이센 1급 철십자훈장(1914)·약장(1939)

프로이센 2급 철십자훈장(1914)·약장(1939)

뷔르템베르크 프리드리히 1급 기사십자훈장

샤움부르크-리페 십자충성훈장

함부르크 한자 십자훈장

1914-1918 전투 기념십자훈장

흑색 부상장 - 제1차 세계대전 기념

[제2차 세계대전]

기사철십자훈장: 1940년 7월 19일

백엽기사철십자훈장(제209호): 1943년 3월 14일

백엽검기사철십자훈장(제59호): 1944년 3월 30일

1941/1942년 겨울 소련 전역 기념 메달(동부전선 참전장)

크림 전역 기념 금방패(일반 동방패의 특별판으로 만슈타인과 루마니아의 이온 안토네스쿠 장
군만이 수여받음)

[기타, 해외 수상 내역]

독일군 3급 장기복무상(복무 12주년 기념 메달)

독일군 1급 장기복무상(복무 25주년 기념십자)

오스트리아군 3급 공로십자훈장과 전쟁훈장

터키 전쟁 메달(소위 '철초승달 훈장')

루마니아 2급 미하이 무공훈장: 1942년 7월 16일(칙령 제2029호)

루마니아 3급 미하이 무공훈장: 1941년 11월 25일(칙령 제3258호)

불가리아 2급 성 알렉산더 훈장: 제2차 세계대전 이전의 훈장으로, 검은 포함되지 않음.

| 저서 및 출판물 |

『반대편(Die andere Seite)』과 『세계 평화로 가는 길(Der Weg zum Weltfrieden)』, 미출간,
1946−1948.

『잃어버린 승리(Verlorene Siege)』(Bonn: Athenäum Verlag, 1955). 영문판 『잃어버린 승리
(Lost Victories)』는 영국 및 미국에서 1958년 출간. 이후 프랑스, 스페인, 아르헨티나, 전 유고
슬라비아공화국, 소련에서 번역 출간됨.

"서부 전역에서의 독일군 작전계획", 《해병대 관보(Marine Corps Gazette)》, 1955년 11월,
39, 11, pp. 42−52.

"1941−1942년 크림 반도 전역", 《해병대 관보》, 1956년 5월, 40, 5, pp. 32−47.

"치타델 작전: 지휘 결정에 관한 연구", 《해병대 관보》, 1956년 8월, 40, 8, pp. 44−47.

"소련군의 발전: 1942−1945년", B. H. 리들 하트 『소련군』(London:Weidenfeld & Nicolson,
1956) pp. 140−152.

"1943−1944년 소련 남부에서의 방어 작전", 《해병대 관보》, 1957년 4월, 41, 4, pp. 40−53.

『한 군인의 삶으로부터(Aus einem Soldatenleben 1887−1939)』, (Bonn: Athenäum
Verlag, 1958).

| 감사의 말 |

● 이 책은 가족, 친구, 동료, 다양한 군 및 학술기관 직원들의 관심과 조언, 지지가 없었더라면 쓸 수 없었을 것이다. 나는 5년에 걸친 연구와 집필 및 교열 과정에서 그들에게 한결같은 격려와 지원을 받았다. 그러나 이 책에 피력된 의견과 사실에 대한 오류가 있다면 그것은 전적으로 내 책임이다.

우선 저작권이 있는 자료를 인용할 수 있도록 허가해준 런던 킹스 칼리지King's College London의 리들 하트 군사기록센터Liddell Hart Centre for Military Archives에 감사의 말을 전하고 싶다. 특히 아낌없는 후원과 이 책의 착상 단계에서부터 많은 조언을 해준 전 샌드허스트 사관학교 소속 역사학자이자 킹스 칼리지 전쟁연구학과장을 역임한 브라이언 홀든 레이드Brian Holden Reid 교수에게 감사드린다. 영국 채텀의 육군 공병대 박물관·도서관·기록실Royal Engineers Museum, Library and Archive, 런던 화이트홀Whitehall의 국방부 도서관Ministry of Defence Library, 올더숏Aldershot의 프린스 콘소트 도서관Prince Consort Library, 샌드허스트의 왕립사관학교 도서관, 슈리븐햄Shrivenham의 국방아카데미 도서관 관계자들의 큰 도움에 감사드린다. 영국뿐 아니라 독일에도 고마운 이들이 많다. 프라이부르크Freiburg의 독일연방군기록소Bundes-Archiv Militär-Archiv, BA-MA와 포츠담Potsdam의 독일군역사연구소Militärgeschichtliches Forschungsamt. MGFA, 뮌헨의 현대사연구소Institut für Zeitgeschichte 소장 및 직원들에게 감사드린다. 독일 라인달렌Rheindahlen의 사령부 도서관에서도 대단한 조력을 받았고, 무엇보다도 묀헨글라트바흐Mönchengladbach 시립 도서관에서는 이 책에 인용한 대다수의 독일어 원문을 제공해주었다.

누구보다 깊은 감사를 드려야 할 사람은 뤼디거 폰 만슈타인과 기젤라 링엔탈 부인이다. 두 사람은 아량 넓게도 내가 가족 문서를 자유로이 열람

하고 인용할 수 있도록 허가해주었고, 이 책에 실린 대다수의 사진을 제공해주었다. 또한 아버지의 직업과 인생, 과거의 추억에 대한 나의 많은 질문에 답해주기도 했다. 나를 만슈타인 일가에 소개해준 것은 내 오래된 멘토 헬게 한센Helge Hansen 장군이다. 그는 내게 다양한 군사적 지혜를 전해주었고 나를 든든히 지지해주었다. 중장으로 예편한 데이비드 T. 자베키David T. Zabecki 박사는 내게 친근한 조언을 건네주는 한편, 조사를 위한 프라이부르크 독일연방군기록소 방문을 알선해주었다. 독일군역사연구소 소장을 역임한 대령 한스 엘러트Hans Ehlert 박사와 그의 동료들인 롤프-디터 뮐러Rolf-Dieter Müller 교수, 대령 빈프리트 하이네만Winfried Heinemann 박사, 칼-하인츠 프리저Karl-Heinz Frieser 퇴역대령에게도 전문가다운 식견을 들려준 것에 감사한다. 호르스트-칼 귄터-뤼버스Horst-Karl Guenther-Luebbers는 열정적으로 나를 지지해주었다. 한스 아담 폰 함머슈타인-게스몰트Hans-Adam von Hammerstein-Gesmold 남작과 도르프마르크의 에그베르트 폰 슐첸도르프Egbert von Schulzendorff와 그의 가족, 현대사연구소의 크리스티안 하르트만Christian Hartmann 박사는 귀중한 정보를 제공해주었다.

영국 국방아카데미의 분쟁연구센터Conflict Studies Research Centre, CSRC 센터장을 역임한 찰스 딕Charles Dick의 도움이 없었다면 이 책은 지금보다 형편없었을 것이다. 방대한 개인 서재를 개방해주고, 소련군과 내부 교리에 대해 전문적인 자문을 해주고, 초고를 읽고 건설적인 논평을 해준 것에 감사드린다. 국방아카데미 교장을 역임한 대장 존 키즐리John Kiszely 경과 에릭 모리스Eric Morris에게도 소중한 시간을 할애하여 원고를 읽어준 것에 감사를 표한다. 국방아카데미 고급연구평가그룹Advanced Research and Assessment Group, ARAG 소속 연구원이었던 아이린 클림척Irene Klymchuk은 이 책의 몇 장을 읽어주었고, 러시아어를 여러 번 번역해주었다. 바버라 테일러Barbara Taylor는 지도 제작에 대한 귀중한 조언을 해주었을 뿐만 아니라 이 책에 수록된 근사한 지도 16개는 그녀의 작품이다. 브리젠드 소재 이그솔 브린텍 학교Ygsol Brynteg School의 교사 수전 호손Susan Hawthorne은 아일랜드 팜 제11특별수용소를 연구할 때 도움을 주었고, 육군 역사분과 출신인 존 하딩John Harding은 만슈타인 재판에 대해 처음 조사를 시작할 때 큰 도움을 주었다. 제프 블랙킷Jeff Blackett 판사는 법무관 사무실 자료 열람을 허가해주었고, 나아가 법적인 사안을 자문해주었다. 그의 동료 마이클 헌터Michael Hunter 판사는 내게 다른 참고문헌을 대여해주었다. 전 유고슬라비아에서 열린 국제전범재판에서 주 검사였던 댄 색슨Dan Saxon과 엠마 브라운Emma Browne과 최근에 전쟁범죄에 대해 나눈 대화도 상당한 도움이 되었다. 이들 모두에게 감사드린다.

만슈타인의 자취를 좇으며 우크라이나 곳곳을 여행하는 동안 나는 키예프의 우크라이나 국립국방대학 학장인 비탈리 라데츠키Vitalii Radetsky 장군, 우크라이나군 최고사령관 이반 스비다Ivan Svida 장군, 우크라이나 국립국방대학 전쟁사 교수 세르게이 시도로프Sergei Sidorov 퇴역대령에게서 친절한 도움을 받았다. 키예프에서 통역가이자 연구원으로 활동하는 크세니아 베르즈비츠카Ksenia Verzhbytska는 여러 답사에 조력했을 뿐만 아니라, 러시아어 용어에 관한 조언을 해주고 소련 전시기록을 번역해주었다. 크림 반도 답사에서는 에두아르트 로고프스키Eduard Rogovskiy가 세바스토폴과 심페로폴 근방을 여러 번 안내해주었고, 세르게이 시도로프가 페오도시야와 케르치 답사를 도왔다. 두 사람의 도움에 감사드린다.

미국에서는 우선 데이비드 글랜츠David Glantz 대령에게 감사를 표하고 싶다. 동부전선 연구를 이끄는 전문가이자 소련군 및 대애국전쟁을 다룬 굵직한 저작을 여럿 집필한 그는 내 원고를 읽고 전문적인 논평을 해주었다. 제2차 세계대전을 전공한 저명한 역사학자이자 퓰리처 상 수상인인 릭 앳킨슨Rick Atkinson의 격려와 상담 역시 고맙게 생각한다.

다시 영국으로 돌아가, 리처드 홈즈Richard Holmes 교수, 개리 셰필드Gary Sheffield 교수, 크리스토퍼 벨라미Christopher Bellamy 교수와 크리스 도넬리 Chris Donnelly는 내게 흔쾌히 학문적 조언을 해주는 등 여러모로 도움을 주었다. 마이클 오어Michael Orr 명예간사와 세브 콕스Seb Cox, 찰스 메신저Charles Messenger, 존 피티John Peaty를 비롯한 영국 전쟁사위원회의 연구원들은 내 연구에 따뜻한 관심과 지지를 보내주었다. 상급대장 데이비드 리처즈David Richards 경과 공군중장 스튜어트 피치Stuart Peach 경, 대장 닉 파커Nick Parker 경,

대장 리처드 시레프Richard Shirreff 경은 내가 이 책을 집필할 수 있도록 격려해주었다.

나의 전 동료들에게도 감사한다. 킹슬리 도널드슨Kingsley Donaldson 소령과 도널드 스미스Donald Smith 소령, 애드리언 패스크Adrian Pask 대위와 리치 로버츠Rich Roberts 대위, 콜린 고든Colin Gordon, 마틴 하이두크Martin Hajduk, 렌 랑Renn Lang은 우크라이나와 독일에서 나를 도와주었다. 만슈타인이 세바스토폴 전장을 굽어보았던 엘 부론El Buron 관측점을 찾아내고, 크림 반도 내에서 만슈타인 사령부의 위치를 확정지을 수 있었던 것은 킹슬리 도널드슨과 애드리언 패스크, 크세니아 베르즈비츠카의 조력 덕분이었다. 그들은 이 책의 준비 과정에서 결정적 순간들을 함께했다.

런던에 있는 내 에이전트 로버트 더들리Robert Dudley와 와이든펠드 앤 니콜슨Weidenfeld & Nicolson의 편집자 이언 드루리Ian Drury, 앨런 샘슨Alan Sampson에게도 감사드린다. 이들은 나를 끊임없이 지원해주었다. 가장 마지막으로 이 책을 담당한 편집자 키스 로우Keith Lowe는 책이 출간되기까지 지난 18개월 동안의 여정을 함께해주었다.

마지막으로 나의 가족에게 고마운 마음을 전한다. 나의 두 딸 캐서린Catharine과 스테파니Stephanie는 원고를 읽어주고, 참고문헌 조사에 협력해주었다. 아들 스튜어트Stuart는 사진 조사를 도왔다. 그러나 가장 깊은 감사를 받아야 할 사람은 오랫동안 고생한 내 아내 지기Sigi일 것이다. 그녀는 내가 이 책 집필에 전념하는 동안 인내심을 발휘해주었으며, 한결같은 도움을 주었다. 번역이 올바른지 확인하고, 내가 작성한 독일어 서신을 교정하고, 영문 원고 초안을 검토하고, 특히 내가 국내 및 해외 조사를 위해 집을 떠나 있어야 했던 오랜 기간을 쾌활하게 견뎌준 것에 감사한다. 그보다 더 깊은 이해나 개인적인 지지는 기대할 수 없었을 것이다. 그녀의 가장 큰 희생에 고마운 마음을 전한다.

2010년 4월
윈저 성에서, 멍고 멜빈

한국국방안보포럼(KODEF)은 21세기 국방정론을 발전시키고 국가안보에 대한 미래 전략적 대안을 제시하기 위해 뜻있는 군 · 정치 · 언론 · 법조 · 경제 · 문화 마니아 집단이 만든 사단법인입니다. 온 · 오프라인을 통해 국방정책을 논의하고, 국방정책에 관한 조사 · 연구 · 자문 · 지원 활동을 하고 있으며, 국방 관련 단체 및 기관과 공조하여 국방 교육 자료를 개발하고 안보의식을 고양하는 사업을 하고 있습니다.
http://www.kodef.net

KODEF
안보총서
90

히틀러의 최고 두뇌, 기동전의 대가

만슈타인
MANSTEIN
HITLER'S GREATEST GENERAL

초판 1쇄 인쇄 | 2017년 4월 18일
초판 1쇄 발행 | 2017년 4월 24일

지은이 | 멍고 멜빈
옮긴이 | 박다솜
펴낸이 | 김세영

펴낸곳 | 도서출판 플래닛미디어
주소 | 04035 서울시 마포구 월드컵로8길 40-9 3층
전화 | 02-3143-3366
팩스 | 02-3143-3360
블로그 | http://blog.naver.com/planetmedia7
이메일 | webmaster@planetmedia.co.kr
출판등록 | 2005년 9월 12일 제313-2005-000197호

ISBN | 979-11-87822-04-2 03990